沈家本新传

沈小兰　蔡小雪

著

创于1897
商务印书馆
The Commercial Press

图书在版编目(CIP)数据

沈家本新传/沈小兰,蔡小雪著. —北京:商务印书馆,2022
ISBN 978 - 7 - 100 - 21005 - 8

Ⅰ. ①沈⋯　Ⅱ. ①沈⋯ ②蔡⋯　Ⅲ. ①沈家本(1840－1913)—传记　Ⅳ. ①K825.19

中国版本图书馆 CIP 数据核字(2022)第 058228 号

沈家本新传

沈小兰　蔡小雪　著

商 务 印 书 馆 出 版
(北京王府井大街 36 号　邮政编码 100710)
商 务 印 书 馆 发 行
北京艺辉伊航图文有限公司印刷
ISBN 978 - 7 - 100 - 21005 - 8

2022 年 9 月第 1 版　　　开本 710×1000　1/16
2022 年 9 月北京第 1 次印刷　　印张 42　插页 1
定价:188.00 元

引言：圆先贤法治之梦

今年是我的高祖沈家本诞辰 180 周年。他出生之时，正是第一次鸦片战争爆发之际，积贫积弱的中国不堪一击，那场战争带给中国人民的只有屈辱。此后，除了外敌入侵之患，还遭遇了太平天国之乱，中国百姓生活在水深火热之中。

沈家本自幼习儒家经典，抱着存疑求真治学的谨慎态度，善于独立思索，不失中国士大夫之风范。在他随母去贵州与父相会的路途中，耳闻目睹官府腐败，兵匪横行，百业凋敝，民不聊生。在日记中，他用"官兵胜于匪"表达了对官府的不满，对国运衰落的担忧。他怀有忧国忧民之情，希望找到一条救国图强之路。

因父亲被弹劾去官回乡，沈家本援例到刑部任郎中，开始学习法律。然而，沈家本未因年少入仕而志得意满；也未因没有取得科举功名，不受重用而消沉，苦研大清律例，从而精通律法。43 岁中进士后受赏识。53 岁出任天津知府，纯熟运用宽猛相济古训，深得百姓赞许。调任保定知府后，在处理一外国教堂被过境军士毁坏事件中，按法据理力争，处理妥善。八国联军入侵之保定，法国教士为报争地索款未成之恨，诬沈私通义和团，遭洋人关押审讯。通过自辩，法国教士诬陷之罪，因查无实据而未获罪。

沈家本与伍廷芳（1842—1922）被任命为修律大臣后，受西方法律思想之影响，两人力主废除酷刑。在朝廷中受到强大的保守派的非议与阻碍，伍廷芳因不堪忍受，拂袖而去。尽管修律压力巨大、阻力重重，沈家本仍默默坚守，连续向朝廷上呈了一系列有关法律改革的奏折，其中最为重要的为《大清刑事民事诉讼法草案》，并撰文《禁革买卖人口变通旧例议》，力主废除奴婢制。沈家本调任大理院正卿，成为中国近代最高法院第一任院长，此任期间，初步建立了独立于政府的审判组织、律师制度和现代审判制度。在礼法之争中，以张之洞为首的礼教派，与以他为代表的法理派之间的激烈的思想交锋，法理派虽败犹胜。至少是在思想与理论层面上，明显占上风。退出官场以后，年老体弱的他，并没有颐养天年，而是以极大的热忱，继续他的著述与编纂。他的著述与编纂，丰富而深刻。

沈家本一生艰难坎坷、跌宕起伏，他遇到险恶之危时，从未退却，而是默默坚守。他对自己的评价："驽钝"。也只有像他这样驽钝的人，才能在那么险恶的局面中坚持修律，而不致拂袖而去。因为驽钝，他的研究，他的学问，所下的都是笨功夫，收获全在于日复一日，年复一年的坚持。他认为，法学之衰也，可决其政之必衰。也就是说，法学盛衰即使不能必然导致政治兴衰，也能对政治产生重要影响。他认为："我法之不善者，当去之。当去而不去，是之为悖。彼法之善者，当取之。当取而不取，是之为愚。"他在立法中主张，参考古今，博稽中外。

他有一个"梦"，这个梦就是希望中国制定出参考古今，博稽中外的善法及建立完整的法律体系，人人依法办事，早一天建成真正的法治国家。

沈家本逝世已一百多年，多灾多难的中国，很长一段时间仍处于政治动荡与战火之中，法治制度无从谈起。中华人民共和国成立后，因种种原因，法治建设未正式提到议事日程，特别是在"文革"期间，砸烂公检法，仅有的一些法律也被弃用，上至国家主席，下至平民百姓，无数人蒙受冤屈，乃至被迫害致死。打倒"四人帮"后，党和人民痛定思痛，深感法律的重要，公正的价值。党的十一届三中全会以后，在党的领导下，开始加强法律制度的建设。经过几十年的努力，特别是法律人的共同艰辛探索与艰苦细致的国情研究，我国的社会主义法律制度体系初步建立。但是，我们应当清醒地认识到，我国有上千年封建专制的历史，封建思想仍在许多人的脑袋里，甚至在一些领导干部的脑袋里也根深蒂固，它是阻碍法治中国建设的最大障碍。因此说，建立法治中国，圆先贤法治之梦仍任重而道远。

我们每个法律人都应学习沈家本的驽钝精神，在建设法治中国的进程中，无论遇到何种艰难险阻，决不退缩，日复一日，年复一年地坚持，将我国建成民主、法治、公平、正义、安全的社会主义国家。到那时，手握权力的掌权者必须依法行使手中的权力，同时受到制度的有效监督，一旦滥用将会受到法律的追究；所有人的合法权益都会得到充分的保护，成为真正的法治国家，此时也就圆了先贤的法治之梦。

蔡小雪

2020 年 11 月 20 日于北京

序

1988 年，我写作了《沈家本法制改革述论》发表在《比较法研究》上。在该文中，我对沈家本在近代法制改革中发挥的重要作用作了阐述。多年来，我一直关注学术界对沈家本的研究和发掘，在工作之余，我也时常阅读《历代刑法考》《寄簃文存》等书籍，受益良多。近日，沈家本第五代孙沈小兰和蔡小雪合著《沈家本新传》（原书名《修律大臣沈家本》），盛约作序，我欣然命笔。

对于沈家本的历史地位，蔡枢衡先生在 1939 年的一篇文章中说："尽管习法者能知外国法及外国法律家甚多且详，却不一定知道中国法律史和法学史上有个沈家本。这不能不算是中国法律学教育的失败和耻辱。"中国传统的封建学术中，无论是法学还是律学，均非正学。尤其是清代，研究法学而为世所重者不过数人，国无专科，群相鄙弃。斯时，清廷编辑的文字浩繁的《四库全书》总目政书类法令目按语称："刑为盛世所不能废，而亦盛世所不尚，兹所录者，略存梗概而已，不求备也。"这种现象直到清末才稍有改观。薛允升、赵舒翘等皆以研究律学闻世，而沈家本是传统法学尤其是传统刑法学的集大成者，其对于历代刑法制度、刑官建制、监狱设置、刑罚方式等作了巨细无遗的考订，以《历代刑法考》为代表的著作成为开创性、总结性的重要文献，奠定了其在近世法学巨擘的地位。

沈家本以修律为世所闻，以法学为世所颂。1901 年仓皇出逃的慈禧太后下诏变法。鉴于沈家本在研究旧法学上的突出造诣，清廷谕令沈家本为修律大臣。沈家本在修律中有着化合中西的高度理论自觉性和强烈的使命感，这种情感既是传统的，又是朴真的。他并不以收回领事裁判权为目的，而是期望修律能够成为变法自强的枢纽，以"默收长驾远驭之效"。他警示清廷："近日日本明治维新，亦以改律为基础。新律未颁，即将磔罪、枭首、籍没、墨刑先后废止，卒至民风丕变，国势骎骎日盛，今且为亚东之强国矣。"敦促清廷"幡然改计"，不要"以一国而与环球之国抗"。同时，他也注意中西法律文化渊源不同，且中西政教、风俗各异，如果墨守先型，则修律将成为空话；如果照搬西学，则必然忤逆清廷意旨，也不容于政教礼俗。所以，"旧有旧之是，新有新之是，究其真是，何旧何新"，"会而通之"，"彼法之善者，当取之，当取而不取，是之为愚"，"古今中外，归于一致，不必为左右祖"，方可行之无弊。

中国封建立法的最大弊端在于刑罚严酷。沈家本处刑部部曹者三十余载，痛恨秦律、元律刑罚酷劣，推崇唐律、汉律之宽简，尝谓"治国之道以仁政为先"，"行仁政而王，沛然莫之能御也"。在修律之初，他以"外人訾议中法之不仁者，亦惟此数端为最甚"为由，即力主删除凌迟、枭首、戮尸等重刑，沈家本为表示删除此等恶款之决心，彻夜跪立朝堂，清廷最终删去旧律中相关条款。在修律过程中，面对顽固保守派的诘问，沈家本从国之根本上予以反击："今者五洲悬绝，梯航毕通，为千古未见之变局，惟是智力日出，方可进无已，天演物竞，强盛乎？弱胜乎？幡然为计，发愤为雄，将必取人之长补吾之短。"沈家本盛赞西法以保护治安为宗旨，人人有自由之便利，人人不稍越法律之范围，"19世纪以来，科学大明，而精研政法者复朋兴辈作，乃能有今日之强盛"；而旧法"以刻核为宗旨，恃威相劫，实专制之尤"，"秦善督责，法弊秦亡，隋逞淫威，法坏隋灭"。在与顽固保守派的斗争中，其主持制定了包括《大清新刑律》《刑事民事诉讼法草案》《大清商律草案》《大清民律草案》等数十部法律，其立法速度之快、范围之广、质量之高，令今人惊叹不已。特别是，沈家本将大量体现民主进步思想的法律原则贯彻其中，不仅确定了民法中的契约自

序

由、私有财产所有权原则，刑法中的罪刑法定、罪行相适应原则，诉讼法中的公开审判、辩论及证据原则等，而且确立了近代国家的律师制度、独立审判制度、公司法制度等制度。

在引进西学方面，沈家本匪懈匪怠，孜孜以求，参酌各国法律，悉心考订。在他的主持下，从1905年到1907年就翻译了包括法、德、荷、意、日等国法律23种，之后又陆续译出数十种，其中翻译日本法律达28部，为修律积累了丰富的参考文献。在此期间，沈家本延揽翻译人才，字斟句酌，反复讨论，务得其解，翻译质量很高。这批译述在移入新思想、新观念的同时，也使一大批日本语汇和表达方式汇融到汉语当中，促进了汉语法律语汇的丰富和发展。特别是日本明治维新时期使用的法律术语，几乎原样不动融入汉语，为法制现代化奠定了语汇基础。译述之外，沈家本还开办了修订法律馆，之后又设立新式京师法律学堂，创办几年，毕业者近千人，其中的许多人成为民国时期的法学家和政治活动家，新中国第一任最高人民法院院长沈钧儒就是其中的杰出代表。

这些活动，促进了法治的划时代进步，也奠定了沈家本在中国近代法制现代化进程中的卓越地位。黄静嘉誉之为"我国法制现代化之父"，当非虚言。但是，沈家本的这些活动也招致了顽固派的攻讦。1911年，沈家本辞去修律大臣职务，回到法部侍郎本任。

以对法学的贡献而言，沈家本亦卓绝清流。沈家本自幼酷爱读书，勤于思考，笔耕不辍，终生孜孜不倦。《清史稿》记载沈家本"少读书，好深湛之思，于《周官》多创获"。及弱冠，立广学之志，锐意读律，吏牍填委，钩核精审，对法律旧籍的搜求达到如醉痴狂的地步，官府所录，民间所藏，无不在精研细阅之内。仅21岁至25岁五年间就阅读了384部书，范围遍及经史子集、神仙志怪，甚至《测量法义》《几何原理》《海录》等西方传教士的著作亦有览阅。因久困场屋，四十余岁方考取进士。之后，沈家本遂"专心法律之学"，"以法律鸣于时"，十多年里，又撰写了《刺字集》《压线编》《律例杂说》《刑法杂考》等大量法学著作。即便在外放天津知府期间，亦有大量著述问世。其勤奋程度可见一斑。

在修律活动中，沈家本精研旧法，博采西法，延访法学名流，大量翻译外国法律，复设法律学堂造就人才，中国法学亦于此萌芽。沈家本提出"有其法尤贵有其人"的著名论断，即"大抵用法者得其人，法即严厉，亦能施其仁于法之中，用法者失其人，法即宽平，亦能逞其暴于法之外"。于法学研究，沈家本提出"法学之盛衰与政之治乱，实息息相通"，"然当学之盛也，不能必政之皆盛；而当学之衰也，可决其政之必衰"，"将人人有法学之思想，一法立而天下共守之，而世局亦随法学为转移。法学之盛，馨香祝之矣"。对于沈家本的贡献而言，民国法学家杨鸿烈说："沈氏是深入了解中国法系，且明白欧美日本法律的一个近代大法家。中国法系全在他手里承先启后，并且又是媒介东西方几大法系成为眷属的一个冰人。"诚哉此论！

当然，沈家本主持的清末修律，尽管称不上一次彻底的革命，但这次改制已经触及到封建法律的一些要害，在立意上渗透了西方现代法律的精神，为民国时期法律制度的建构奠定了基础。曾经担任司法总长的梁启超在 1923 年评价时政时说："民国建立以来，政府所采取措施与政策均不惬人意，相比之下，司法制度差不多是惟一的一个成功的领域。"沈家本深受传统的儒学影响，甚至在评价西学时，亦称"各国立法之精义，固不能出中律之范围"，尝以三代之法比附，如将《周礼》中的"三刺之法"攀附为"陪审制"，将"象魏之法"比附为"罪刑法定"等。这些都反映了他的历史局限性和阶级局限性。但是，其作为清末法律改革的推手，作为中国法学推陈出新的开创者的地位，无疑已经并且永远确立了。

属文志之，是以为序。

江必新

2012 年 5 月

目录

第三篇　重整刑部旗鼓

第四篇　礼法之争

第五篇　退隐官场

目录

第 一 篇

初入官场

1 夕阳无限好

孔子曰：五十知天命。

1893 年，清廷刑部司员沈家本，已经迈过了知天命的门槛。整整 53 岁了。

53 岁，即使对一个男人来说，也已近黄昏。脸上，心上，都堆积着岁月的枝蔓。如同他自己颔下那一把黑白掺杂的长长胡须。

沈家本是不得志的。

20 岁进刑部。已经整整过去了 33 年，他还是一介司员。虽然，他的文案在刑部的司员中是出了名的简洁，一语中的，文采斐然。有一次，刑部尚书潘祖荫审阅一篇文稿，目光久久地徘徊在文稿的落款上。他不相信这篇文稿是文稿上落款的这位司员写的，便传那位司员过来，沉着脸问："说吧，谁为你代笔的?"

那位司员吭哧了一会儿，脸红了，说出了他的名字：沈家本。

潘祖荫叹道："吾固知非沈君不办此也。"

他常常为同僚们代笔。一个大家都心知肚明的不是秘密的秘密。潘祖荫很赏识他，同僚们也深知他的本事，有人这样赞扬他：以律鸣于时又自是始。然而，他始终不过是一介小小的司员。

官位卑微。

臣门如市，臣心如水?

不过，那时已过天命的沈家本，还不能——心如止水。和很多官场上的男人们一样，他还企盼着自己能够出山，往大了说是为国家做些事，往小了说是为自己的家族挣些荣光。

他的家族，父亲沈炳①莹，祖父沈镜源，曾祖父沈国治，高祖沈逢龄，乃至六世祖，七世祖，都曾将大把的青春岁月，抛洒在科举考场上。说来，他也算是一个知书达礼人家的后代。在他的那个时代，还有他祖先的时代，读书就是为了做官。做官是为了生存，也是为了人生的荣耀。

而他，43 岁才考取进士。之后十年，并没有得到升迁。始终不过是刑部一介小小的司员。

就这样了此一生？沈家本心有不甘。

他把他的落寞和失意，点点滴滴，和着墨，融进他的诗中。在诗中，他这样叹息自己：磨驴陈迹踏年年。

很形象，也很辛酸。

像大多文人一样，他喜欢写诗，用诗抒发自己，也是排解自己。也只有在诗文中，他才能随意表达心中的苦痛，驰骋于天地之间。而在同僚面前，他却很收敛，十分低调，从不张扬，也不会轻易吐露自己内心的苦痛。在同僚们的眼中，他是一个非常小心谨慎的人。

8 月的北京，秋高气爽。天空湛蓝，片片白云，缓缓飘移。风已经有些凉意了，卷着枯黄的落叶，游走在宽阔的马路上。但却是和缓的，不像春日里，裹挟着漫天的黄尘，呼啸而来，呼啸而去，像是沙漠波浪般涌进京城。街头的水果摊上，已经堆上了红而饱满的大枣，黄澄澄的鸭梨，还有京白梨，沙果，果香随风飘荡，摇曳着秋天丰收的气息。

但此时，也正是刑部官员最忙碌的日子，因为秋审。全国上上下下，大大小小的案子，都要在这一季处理，千头万绪。虽然，沈家本不过是刑部一介小小的司员，却也忙。并且，他病了。8 月的上半月，每天从衙门回来到家里，他就一直闭着眼睛，虚弱地躺在床上，没有气力。因为风寒，大咳不止。心情亦如秋风，带着些许悲凉，在心头徘徊不去。直至将近

---

① 沈炳莹，有文献也作沈丙莹。

月尾,他的病才稍好,但尚未痊愈。

8月19日的早晨,天刚蒙蒙亮,他就醒了。抬眼看去,窗纸还暗着,只有微微的亮光。他是个觉很少的人,常常在夜里思来想去。那些悲凉的诗,有很多就是在深夜吟哦而来。早起,也是他的习惯。

正准备套车去衙门,有人急急敲门。门环的碰撞在清晨的静谧中,显得格外响亮。

谁?这么早?何事?

家人开了门,他很吃惊,没有料到来者竟是杨苏拉。

苏拉也算是个官称吧,是指内廷机构中担任勤务的人员,军机处、内务府都有苏拉。

杨苏拉找他有何事?

清晨的秋风中,杨苏拉的额头沁出亮晶晶的汗珠,是因为走得急?杨苏拉的眼睛也是亮晶晶的,满含笑意。进门便恭喜。

虽然,此时的沈家本已久经风霜,处变不惊。但面对杨苏拉的满面笑容,他还是露出了些许惊讶。

杨苏拉送给他的喜信是:奉旨简放天津知府。

他看着杨苏拉,眼睛里露出疑问:真的吗?

他似信非信,仿佛做梦一般。

清晨的白日梦。

在此之前,他没有得到过任何信息。他的妻子和三个儿子也围拢过来,他们也是将信将疑。他已经年过半百啦,还真的能够得到外放的机会?

外放意味着升迁。

在清朝,京官只有外放方可升迁。

喜从天降。他没有想到,家人更没有想到。一家人的快乐也像是在梦中。太阳升起,庭院里铺满灿烂的阳光。秋天的太阳,温和而又温暖。他的心却像沉浸在春天里的阳光中,勃勃跃动。

而且，还有些激动。虽然，他已经迈过知天命的门槛。

不过，他心里还是有些忐忑不安的，他和他的家人还是对杨苏拉送来的喜讯将信将疑。一家人围坐在厅堂里，窃窃猜测着，到底是怎么回事呢？毕竟，他已经老矣。

将近晌午时分，与他同年考上进士的官员李玉坡派人送信来了，恭喜他升迁天津知府。全家人这才都松了口气，这喜信，确切无疑。

和他平日的温和内敛不同，这一次，他显得有些冲动，有些迫不及待，立刻动身回访李玉坡。

在李玉坡家敞亮的厅堂里，方得知他的升迁，是因为另一个人的不幸：津守邹岱东因病出缺，遂有是命。

这是他的机会，也是他的运气。

沈家本的命运，就这样，因另一个人的病痛，转了一个弯。

如果，不是因为津守邹岱东因病出缺，也许他就会在刑部终其一生，默默无闻。历史便会与他擦肩而过，他也就不会在我们生活中一个非常重要的领域——法律界，留下永恒的印迹。

李玉坡像是早就料到他会来，已令供事（供事：清代中央机关书吏的一种）为他代备了谢恩折，让他过目。在那个封建时代，官员得到放官谕旨，都要向朝廷谢恩，沈家本亦不能免俗。

从李府回到家中，沈家本依然沉浸在巨大的激动中，家人更是如此。他把供事为他代笔的谢恩折，稍加改动，当夜就呈了上去。

第二天，他进宫请训。

几乎一夜未眠，既兴奋，又思绪万千。天还沉浸在一片黑暗中，他已经起身。丑刻，也就是深夜三点来钟，他便到了西苑门。接着赴颐和园请安，办完事，他来到德昌门他塔，稍事休息。

天刚蒙蒙亮，太监徐徐而至，传他去见皇上。

他跟在太监身后，来到勤政殿东屋。太监掀帘进门，他随后至军机站子之下，摘下官帽，双膝一跪，磕头谢恩。

坐在龙座上的光绪皇帝微微一笑，示意他免礼。

高高在上的光绪帝，比他年轻 31 岁，甚至比他的儿子还要年轻。那张年轻的脸苍白，清秀。目光略显深沉，又还带着几分忧郁。

而此时的沈家本与光绪皇帝相比，已经垂垂老矣，他颔下长长的胡须也已经开始掺杂了些许白霜。

谢恩后，他戴上帽子，缓步趋进，至御案侧，仍然跪候，等待年轻的皇帝问话。

光绪帝的问话很简捷，官样的，不过是走个过场：

你是刑部的？

你在衙门多少年？

你在审处？

你是截取？

当年轻的皇帝目光落在他花白的胡须上，忍不住添问一句：

你多大岁数。

听了他的回答，已经 53 岁了，又忍不住再问：

你出过差没有？

又问他：

你是哪里人？

他回答：浙江湖州。

光绪皇帝沉吟道：

你那地方好。

这一回是他忍不住抬起头来，深沉的目光中不禁流露出欣喜。年轻的皇帝竟然还知道他的故乡，那座小小的城？

遥远的故乡再一次回到他的身边。他已经有很多年没有回故乡了。在那座江南小城里一条小巷的深处，有他的家。那条小巷的名字很特别：编箕巷。而他家的老宅，虽然年深日久，但却绿树环绕。除了桂花树，还有罗汉松。眼前的秋日里，正是桂花盛开的时节，风吹花落，满院子都飘散着霞光一般的芬芳，很温馨。

不过，编箕巷的芬芳和温馨，离他已经远而又远。还有童年和他早已入土的老父亲。

想起故乡和亲人，他悲喜交加。

其实，年轻的皇帝对他故乡的赞美，也只是随口说说而已，并没有他那样的深情。

说完这句话后，光绪皇帝似乎再没有多少谈兴，他召见他不过是例行公事，接着又说了几句例行的应酬话：

你几时走？

你好好去做。

你下去。

他弯着腰，徐步退出。

光绪的召见不过几分钟的事，而这几分钟，他等待了几十年。生命就在这样的等待中，流水一般逝去。逝去的时光，亦如孔子所言：逝者如斯夫。而现在，他即将开始的新的官场生涯又将会是怎样的呢？

从勤政殿出来，天已放亮。抬头仰望，巍峨的宫殿，已披上万道霞光，雄伟辉煌。

他心里也是亮的，曹操怎么说来着：老骥伏枥，志在千里。而他，从小就志在千里。那是因为他的父亲沈炳莹，还有他的祖父沈镜源。

他的祖父沈镜源是个挺倒霉的读书人，年轻时虽然家道已经中落，可是，他还是一门心思放在科考上——读书做官，幻想着考出一个出人头地的天地来。也只有通过科考，他才能改变已经没落的家境。

嘉庆三年，公元1798年，沈镜源终于考中举人，但会试却屡次榜上无名。那时清朝的大挑制度是这样的：举人三科会试不中，挑取其中一等者以知县用，二等者以教职用。19年后，也就是嘉庆二十二年，公元1817年，已经不再年轻的沈镜源终因屡试不中，赴京大挑，但是却没有被选中，又垂头丧气地回到故乡。可是，他还是不死心。九年后，也就是道光六年，公元 1826 年，他变卖了家产，再次进京应试，这一次总算有了一个结果：被列为二等。第二年，他被选授为庆元县（也就是现在浙江省龙泉县）教谕。

教谕，学官。宋代始设，为京师小学和武学中的教官。自元始，一直延续到清，为县学教官，掌文庙祭祀和教育训导所属生员。

一个小小的文官。

1828 年，沈镜源奉命赴任，五年后因病返乡。

返乡时，还是一介穷儒生。

沈镜源的一辈子，就在考来考去中折腾，生活窘迫，亦无所为，平淡如水。至死都心不甘，他像大多文人一样，把自己的不甘，还有自己一辈子的苦苦追求，又放到了下一代身上。

沈镜源有三个儿子，沈炳莹居中，老二。然而，沈炳莹的兄长沈炳辉，小弟沈麟书均早夭，只有他安然地活了下来。沈镜源自然把他的八比之梦，全部寄托在沈炳莹身上。虽然，沈炳莹并不是沈镜源最钟爱的儿子。沈镜源钟爱的是小儿子沈麟书。

沈炳莹的科考之路，也是很曲折的，但比他的父亲沈镜源要顺当一些，因为最终还是考中了。1832 年，当他的父亲沈镜源还在庆元县做教谕时，他乡试中式，考取举人。随后两次参加礼部会试，但均未中式。1845 年，经过漫长的 13 年之后，沈炳莹再次北上京师，参加会试。

这时，沈家本已经 5 岁。

沈家本的出生，与他父亲的仕途相比，轻描淡写。他父亲也并没有因为得到这个儿子格外喜悦。他是沈炳莹第二任妻子俞氏所生。沈炳莹的第一任妻子，因病去世，留下一个儿子与一个女儿。而他上面还有一个同胞兄长沈家树。

他来到这个世界很平淡，没有举家的欢乐与庆贺。那是 1840 年 8 月 19 日，农历七月二十二日，南方的小城正是热的时候，虽然已经入秋，但却是在"秋老虎"的笼罩下。

他出生 5 年之后，他父亲才考取进士。

这一次，他的父亲沈炳莹时来运转，不但考中进士，同时补官刑部，为陕西司主事。主事是个很小的官，官阶为正六品。在清代算是朝廷各部司中最低的官级吧，做了主事之后，方可递升员外郎、郎中。尽管如此，沈炳莹还是兴奋不已，他终于获得了功名，光宗耀祖，为他的祖辈争了光。几代人的梦想，到他这儿总算有了一个结果。

不久，沈炳莹举家北上。才五六岁的沈家本也跟着母亲来到了北京。

沈家本的开蒙是在京城开始的。

父亲的时来运转，也改变了他的一生。京城的一切，都和南方小城是不一样的。风是粗犷的，街道是宽阔的，厚重的城墙，巍峨的皇宫，高高耸立的天安门，都让他感受到陌生的威严。

还有人。

那些人，和江南小城里的人也不大一样。他们见多识广。父亲给他挑选的授业师，也都是人中之龙，有国子监助教，户部主事，工部左侍郎，乃至兵部尚书。这些授业师很多都是科举考试时的考官。

父亲是希望他的科考之路要比自己平顺一些，平步青云吧。

然而，事与愿违。

不过，他还是因为从小就受到良好的教育，为他后来所做的一切，奠定了非常坚实的基础。

在他众多的授业师中，有两个人对他的影响最大：闵连庄与沈桂芬。

闵连庄当时是两淮余西盐场大使，和他父亲沈炳莹是很要好的朋友。他是沈家本少年时代的老师，他教他读史，也教他写诗。有时，还会给他讲讲官场的为人与处事。闵连庄和他的交谈中，常常让他看到一个他从没有接触过，也更为开阔的世界。

而且，闵连庄不仅学问好，还是个性情中人，特别喜欢花，尤其是菊花。秋天，常常在家中的书房里摆上上百盆的菊花。在菊花的清香中，挥笔作诗。

人亦如菊花,淡泊清静。

沈桂芬则是他的姨丈。这位姨丈是一位阅历非常丰富的人,官也做的大。曾做过清廷的都察院左都御史、兵部尚书、总理各国事务衙门大臣、军机大臣等,都是要职。而且他还是同光重臣之一,和恭亲王奕訢走得很近,同僚中有人说他是恭亲王奕訢的灵魂。小小年纪的沈家本,少年时代就从这位姨丈的教导中体味到持重与人情练达。

人情练达也是一门学问,特别是在清廷的官场上。

现在,他最敬重的两位老师,闵连庄和沈桂芬,都已走完自己的人生,静静地躺在坟墓中,和他的父亲沈炳莹一样,既不能分享他的兴奋与喜悦,也不能再给他一些告诫。

他们离他很遥远,又仿佛近在眼前。

过去的那些日子,在清晨淡淡的阳光中,重又回到他身边。留下的似乎都是雪雨风霜,像秋风一般的叹息。那一切都是为了今天吗?

凝望着巍峨的宫墙,他呼之欲出的兴奋,突然之间变得像暗紫色的宫墙一般厚重。他像他的父亲沈炳莹一样,终于也得到了外放的机会。不过,他的机会要比他的父亲好多了,父亲是外放到偏远的贵州,而他却是外放到离京城最近的天津府。

这就是命运?

而他的命运,从一落地开始,就同摇摇欲坠的大清帝国一样,风雨飘摇。外放到离京城最近的天津府,对他来说,究竟是幸还是不幸,亦尚不可知。

不过,惆怅像清晨的云,轻轻从他心上抚过。接下来的时光,红日高照,他几乎天天沉浸在应酬与宴请中。同僚的祝贺,还有他的回请与拜访,还有家事的安排。只有夜深人静的时刻,他才能回到过去……

2　梦中随尔过潇湘

沈家本的过去，留在记忆里的，是从落寞与苦难开始的。童年与少年的快乐，很短暂，稍纵即逝。

他5岁跟着父亲来到北京，直至19岁。长长的14年里，他的生活和他父亲的官运一样，是平顺的。没有大起大落的人生波折，也没有荣华富贵。一个小官僚的家庭，不富裕也不缺吃少穿。

但他还是幸运的。

他的幸运是有机会接触到闵连庄和沈桂芬那样的师长。在他的家族中，兄与弟都泯然于众人之中，只有他日后成材，做出了一番事业。这与他少年时代的两位老师及父亲的影响是分不开的。

在两位导师和父亲的影响下，虽然国家从他一落地时就处在风雨飘摇中，他却依然埋头读书，一心只读圣贤书。他喜欢读书，书读得也很杂。

16岁那年，他回到湖州，为的是参加科考。他很顺利地就考上了秀才资格，之后便又回到北京，依然过着安心读书的日子，心无旁骛。科考的旗开得胜，使他的父亲对他的前程充满了企盼。

第二年，当他虚岁18时，父母便为他订了一门亲。门当户对。女方是清廷起居注主事郑训方的女儿。

沈炳莹给儿子订这门亲，自然也是希望儿子今后能有人扶持吧。虽然，起居注主事，官职不过正六品，比沈炳莹本人的官位还要稍低一些。但毕竟是清廷的官员，而且郑训方是道光辛卯科举人，起居注主事又是伴随皇帝左右的官员，除了侍从皇帝，还需时时掌记皇帝的言行，和皇帝的接触，自然比别的官员更多一些。沈炳莹和他的妻子俞氏，对这门亲事，基本上还是满意的。

朝内有人好做官，想必沈炳莹是这么想的，也是这么做的。

亲虽然订了，但两个订了亲的年轻男女却不曾谋面。那个年轻的女子究竟长得什么模样，又是什么样的品性，沈家本不得而知。朦胧中，那个女孩儿还是给他单调的读书生活，增添了几分想象的色彩，温暖，也温馨。

1857 年，也就是咸丰七年，沈家本的父亲沈炳莹终于改官都察院山西道监察御史。此时，沈炳莹已经在刑部做了十多年的司员，同僚给他的评价是："其始官刑部也，勤于其职，遇疑狱多平反，而不自表曝以博赫名。"

沈炳莹是一个胆小谨慎的人，因为科考的曲折，也就没有少年得志者的骄狂。他进京后为人做事，步步留心，不越雷池。

清朝官场，京官做过几年，最好放外任。否则，就会穷困潦倒，做一辈子的穷京官。而且一个四品官员，在京城实在算不得什么。如果外放的话，就是管辖几个县的父母官——知府。更加有实际利益和诱惑的是：外官要比京官多一份养廉银，京官是没有养廉银的。同样的四品官员，偏远地区的官员每年可多得养廉银 1500 至 2000 两。而四品官员的俸银却只有 105 两。

古人曰：千里做官，为了吃穿。早就看透了这个沿袭已久的封建制度。

沈炳莹自然也是很想得到外放的机会。

而这个机会却姗姗来迟。两年之后，1859 年，沈家本已经 19 岁了，他的父亲沈炳莹才总算得到一个外放机会——贵州省安顺府知府。不过这个诱人的机会也饱含着苦涩，食之无味，弃之可惜。

贵州远离京城，偏僻贫穷，而且又正值兵乱。那时，张秀眉发起的贵州苗民起义，波涛汹涌。到远离京城的贵州去，显然是一份苦差。

所以，沈炳莹赴任时，只身一人，没有带家眷。沈家本和自己的母亲与弟妹在父亲走后，仍留在京城的宣南坊，准备择日南返湖州。

他跟着父亲离开湖州已经十几年了，湖州在他的生活里渐渐淡去，只留下一抹遥远温暖的痕迹，像他自己在诗中的叹息：春雨梦江南。也只是在梦中回想江南，他已经习惯了京城的天高云淡。

真的要离开京城，回到遥远的江南，他心里还是充满了惆怅，多少有些不舍。

然而，他万万没有料到——梦中的江南也回不去了。

就在他母亲做着琐碎的南归准备时，太平军李秀成率师进入浙江。让他们一家人心惊肉跳的消息接二连三：安吉被占，长兴被占。紧接着他的家乡湖州被围。

年轻的沈家本和自己的母亲同样的心焦，因为他的外祖父在杭州，他自己已经订了亲的妻子，郑训方的女儿也在杭州。相比家乡湖州，杭州更是李秀成攻打的目标，志在必夺的城池。

对于自己没有过门的妻子郑氏，沈家本没有太多的情感，那个年轻的女人，和他很陌生，只是一纸聘书。虽然，已经20岁的他，对于异性也有了朦胧了的渴望与需求，但毕竟那个聘书上的妻子遥远而又陌生。他自己的外祖父则不同了。

外祖父在他心里是一个——人物，多少有些与众不同。他的外祖父也是浙江人，浙江钱塘江人。嘉庆二十五年（1820年）的进士，做过御史与知府，还曾一度署理湖南按察使。咸丰九年（1859年），当他父亲正赶往贵州赴任时，他的外祖父正在杭州督办团练。

外祖父于他们家也是有恩的。他的父亲沈炳莹入赘俞家后，俞太夫人的家产还颇为丰厚，赎田典屋，用的都是俞太夫人的钱。沈家的捉襟见肘终于缓解，购买了坟山和田地，每年都有足够家用的租收。

他能够在京城安心读书，多少也有外祖父的帮衬。外祖父在他的心里是一个有本事，也有血性的男人。

可是，现在外祖父却生死不知，他怎么能够不心焦？

像我们现在的文学青年和愤青一样，20岁的沈家本心头郁积着悲伤与愤怒，他把他的悲伤与愤怒，又一次化为诗文。虽然他的诗没有李白上天入地的豪放与浪漫，也没有杜甫久经风霜的深沉，但却是他心情的写照：鼓角动天地，湖山亦遭辱。

愁云惨淡。

母亲不得不放弃南归的计划。虽然，人留在了京城，但心却是不定的，处在飘摇的动荡中，惶惶不可终日，就像他在诗中描述的那样：零雪涂方戒，迟徊百虑罩。

然而，沈家本很快就调整了自己的惶惶不可终日的心态，很专心地沉浸在苦读中。他最想望的还是通过苦读，参加乡试，获取举人功名，这是他此时最直接也是最明确的目标。

毕竟他已经20岁了。

他是个喜欢读书的人，更喜欢刨根问底。比如在读明代郎兆玉的《周官古文奇字》一书时，他从中发现许多错误，便一一纠正，还说：姑录出以备案头考究云尔。有那么点胆大包天的狂放，才19岁的他竟敢向一本权威的古文字考据之书挑战。而且这样一本在一般年轻人读来很枯燥的书，他竟也耐心地读完了它，还从中找出了差错。

《清史稿》中对沈家本有这样的评价：少读书，好深湛之思，于《周官》多创获。

除了读书，他还写诗。大概是受士大夫的影响：诗言志。那时候的读书人，谁不写几句诗呢？那段时间，他竟写了几十首诗，咏朱藤花，咏莲花，读史有感。等等，等等，如同我们今天的文学青年。

可是，动荡的大清帝国，已经容不下一张平静的书桌。他们家原先住在宣南坊，父亲走后，母亲把家搬到了会馆。寄居会馆的都是浙江老乡，接二连三传来令人心情不安的消息。

世道纷乱，心情亦纷乱。在纷乱的心情中，他竟然写了一篇小文，记写他们家的两条狗：二犬记。他们家的两条狗，一苍瘦而挚，一黄肥而猛，夜不虚吠，吠必有盗。有一天夜里，来了个小偷，已经从外院潜入内院，两条狗跟随其后，狂吠不止，小偷跳上房梁，仓皇逃走，至此再也没有盗贼敢来了。他们家从宣南坊搬到浙江会馆后，两条狗也带了来。那时，他们家住在内院，两条狗非常懂人事，恪守职责，终日守在内院，外人不入内院，它们也就安安静静地卧在树下，悠然自得于蓝天白云之下。偶尔到外院转悠一会儿，也是安安静静的，从不大声吠叫，仿佛懂得那是公共之地。只有在生人贸然进入内院时，它们才狂吠不止。年轻的沈家本很喜欢这两条狗，在他看来，他身边的很多人竟不如这两条狗，很势利：

> 吾尝观世之人，富贵者尊之畏之，且谄事之；贫贱者卑之鄙之，且呵叱之；不问己之职分居何等，但视人之位分为进退。又尝见世之为友朋及为仆从者，当主人得位时，惟主人之颜色是听，一旦事势异，即反唇相诋，怀贰心，甚且设阱以相陷复下石焉。若二犬者可谓忠一矣。

当然是有感而发。

不久，英国与法国挑起第二次鸦片战争，战火逼近北京。世道更加动荡，人心也更加惶惶。7月初5日，大沽北岸炮台被英军与法军占领。7月初7日，天津被占。7月27日，一个消息在京城的大街小巷不胫而走：咸丰皇帝巡幸木兰。

看来，外国联军是要打进京城了，连皇帝都出逃了。整个京城风声鹤唳，人们扶老携幼，纷纷逃出城去。

沈家也只有逃。

父亲不在家，母亲一个妇人家，怎么办。当然只能依靠年长一些的儿子沈家本了。沈家本带着全家人，离开会馆，匆匆去了西山。

西山地处京郊，本是有钱人家的避暑胜地。

那儿，群山荟萃。百花山，灵山，妙峰山，香山，翠微山，卢师山，玉泉山，风起云涌。树木郁葱的山峰间遍布历代皇家园林、达官贵人的私家花园，还有香烟缭绕的卧佛寺与潭柘寺。

原本是京郊名胜之地，现在却成了避难之所。

喜欢诗文的沈家本，此时心中却一片荒凉：西风枯碧草，白日走黄沙。他心里亦是一片黄沙，不知明日会怎样，以后又会怎样。这样避难的日子又何时是头？

在西山躲了七八日，沈家本得到确切消息：8月2日咸丰皇帝接受了英国侵略军的议和条件。于是，他带着全家人于8月5日返回京城，总算松了一口气。

可是，一个小小的意外，又使清政府与英法的谈判再次破裂：英法使臣巴夏礼在觐见咸丰皇帝时，拒绝跪拜呈递国书。咸丰帝大怒，下令拘捕巴夏礼等39人，对英法宣战。

皇帝的谱很大，他一定要英军使臣跪拜他，可他手下的清军却很无能。根本没有能耐让他摆谱。两万多人的御林军，迎战仅三千五百人的英法联军，却不战而逃。8月8日，咸丰帝在万般无奈中，把议和权全权交给奕䜣，自己却带着后宫侍卫，远走热河。

皇帝再次丢下他的臣民出逃，京城的老百姓也只得开始第二轮逃难。

8月9日，沈家本一家和京城的百姓一样，再次离开京城到西山避难。这一次他们借住在西山柿子园周氏山庄。

秋风渐至，层林尽染。虽然，身处如画的名胜之地，逃难中的人们，心如火煎，不知哪天才能回到自己的家中。每天清晨与傍晚，年轻的沈家本，常常独自一个人，漫步林中小径，心中叹息：桃源何处是，山野计行程。

国和家都在风雨飘摇中。他只能在西山遥遥地注视京城。

8月12日，英法联军进至北京朝阳门外。

8月22日，联军攻占圆明园。

8月29日，联军进入京城。

9月5日,在额尔金的命令下,联军火烧圆明园。冲天大火,整整烧了三日。

9月15日,留守全权大臣恭亲王在刺刀下接受了侵略军提出的全部条件,分别与英军法军签订了耻辱的《中英北京条约》和《中法北京条约》。英军法军,满载财宝,退出北京。

9月20日,沈家本和全家再次回到北京城中。他心里充满了对洋人的仇恨:血沈沧海苌魂碧,烟锁阿房楚炬红。

而父亲要母亲和他带着弟妹回南的计划,再一次搁浅。此时,南方也是战火纷飞。不是和洋人,而是——清军与太平军的较量。就在沈家本和家人第二次避难西山时,太平军侍王李世贤率军自苏南进入浙江,一举攻占下长兴,随即开始围攻湖州。他们回湖州老家的计划自然化为泡影。

和大多清廷官员的子弟一样,沈家本对太平军充满憎恶。在他的眼里,太平军就属于毛贼之类。虽然,他并不曾见识过太平军,也没有和他们打过交道。

不久,又有太平军的消息传来:太平军围攻湖州四十天,无功而撤,转道去了皖南。这个消息,终于让他和家人长长松了一口气。

就在忐忑不安的期盼与等待中,冬天悄然而至。屋顶上的白霜变成了雪。父亲的信亦如雪片,使寒冷变得更加寒冷。

那年冬天,他的父亲沈炳莹已由贵州安顺府调到铜仁府,署理知府。所谓署理,也就是我们今天的代理。铜仁府位于贵州与湖南的交界之处,张秀眉领导的贵州苗民起义,和太平天国石达开所率的部队,对这儿的影响都不大。沈炳莹在信中说,铜仁尚属平静。所以,他希望沈家本带着母亲与弟妹到他这儿来。

父亲的信,对于沈家本而言,也像雪一样冰凉。

展眼又到了春节,春节过后他也就21岁了。正月初四,他正忙于拜客,傍晚回到家,又看到父亲的来信。这封信,是父亲上一年十一月十六日从贵州铜仁寄出的,在路上整整走了50天。父亲再次要他携家中老小去贵州铜仁,没有商量的余地。

薄薄的一页信纸,沈家本捧读良久,心里非常难受,也很惆怅。因为这一年是乡试之期。如到贵州,便要放弃这次考试。而科举对他这样的读书人来说,何等重要。

那一晚,他迟迟不能入睡。

父亲的信让他辗转难眠,他披上衣服,又坐到灯下,用笔抒写自己心中的苦闷——写日记。自己排解自己。有些话,也只能自己和自己说。别人是很难理解的,哪怕是母亲。他也不愿意看到母亲的愁容。从那时起,他就养成了写日记的习惯——自己和自己说话。

一灯如豆。灯下的毛边纸微微发黄,墨汁像他心里苦涩的眼泪,顺着暗淡的竖线,往下流淌:

> 秋试一层尚费踌躇。在明眼人当此时势,功名一道,大可淡然。惟我辈攻举子业,所为何事,能自开生路,为糊口计则然也。

他比他的同辈人显得老成,言词中很有几分悲凉。

令人感到奇怪的是,他的父亲沈炳莹是一个把科举看得很重的人,也深知科举对儿子日后前途的重要,也明明知道儿子科举考试就在这一年,为何偏要命儿子率家人前往贵州?是因为他独自在贵州的日子不好过,太过孤单与寂寞,生活也不便,希望家人陪伴身边?还是因为他对这个儿子并不钟爱有加,不为他的前程考虑,而是要这个儿子负起承担家庭的责任?

尽管父亲一催再催,沈家本还是没有遵行父命,即刻起程。而是举棋不定。他心里非常犹豫,还是不想放弃科考。人也因此而病倒,怏怏地卧床不起。

愁眉不展的病中,他又接到父亲的信,告诉他上一年腊月已抵铜仁,十六日接铜仁知府印。催他率全家速去铜仁。信中的语气更为迫切,多少也有几分不满。

由于道路阻塞，他自己又大病未愈，他还是没有动身，仍在犹豫中，他不能放下心心念念的科考。对他而言，还有比这更重要的事吗？就在这时，他却再次接到父亲的信，这一封信，父亲的言辞很强硬，命他带着家人速快去铜仁。

没有商量的余地。

沈家本欲哭无泪，仰天悲叹。可是，他到底还是受儒家教育长大的。父命难违啊，他不得不遵守父命，终于决定带着家人月底南下赴黔。

1861 年 3 月 26 日，沈家本偕母亲与弟妹，备了九辆马车，从京师彰仪门起程。

那是一个风沙弥漫的早晨，他们家的两条狗，遥遥地跟着他们的车，十分迷茫。不知主人又要到哪里去，这一次为什么不带上它们。

道路实在太远了，他和他的家人无法带着它们同行。远远地看着两条渐渐落在后面的狗，他心里竟也和那两条狗一样，充满了不舍，还有迷惘。

出了城，风更大了。漫卷的黄尘，很快就淹没了高大厚实的城门楼子，还有前来给他们送行的姨丈沈桂芬。

他不知道等待他的命运将会怎样？

3　不跋风尘，安得尝之

自走出京城彰仪门的那一刻起，沈家本这个在京城长大的小京官子弟，便开始了完全不同的生活体验。过去的安逸与温暖，随着铺天盖地的风沙，呼啸而去。

沿途的贫穷与艰苦，是他过去从没有经历过的，触目惊心。树越来越少，风越来越大。天是昏黄的，地也是昏黄的。只有很少的一星半点的绿色点缀其间。九辆马车，载着他们一家人还有行李，在坑坑洼洼的乡间小路上颠簸着。

路边零零星星散落着低矮的土屋，那便是村庄。狗吠声，也像路边低矮的小土屋，遥遥地，零零星星地徘徊在无边无际的田野上。

小路蜿蜒前去，也不知哪里是头。走不完地走。

21岁的沈家本，第一次切身贴近乡村。也是他第一次切身感受到什么是贫穷，还有贫穷中的寒冷。无处躲藏的寒冷。

天也慢慢地黑了下来，经过一天的颠簸，每个人浑身都像散了架一般，一家老小，谁也不曾在这样的乡间生活过，也不曾有这样的舟车劳累。举目四望，除了空荡荡的田野，还是空荡荡的田野，狂风在空荡中咆哮着。他们一家人在狂风怒号的田野中，柔弱如草，但也只得硬撑着继续往前走。

风渐渐停息，天空现出一弯黯淡的月。又走了个把小时，无穷无尽的黑暗中，飘晃起星星点点的灯火。

全家人都长长地舒了一口气，灯火闪亮处，想必就是他们盼望已久的七里马庄。

这天早晨，他们五更就开车了。因为，想赶早过黄河。起程时，天还没大亮，月明星稀。他们一家就急急地赶往35里外的五驿镇，寻找渡口。可是，那儿却没有渡口。接着又走了24里，来到马村。原本设在马村的冈园渡也不见踪影。

天苍苍，地茫茫，几乎不见行人的踪影。好不容易才在路旁遇见一个蹲在田头抽旱烟的老乡，急忙过去问路。脸色黝黑的老乡，缓缓地抬起目光，告诉他们，冈园渡已经向南移了20里。

只好又绕道到颜家庄，还是没有找到渡口，再问方知渡口又向北移了25里。此时已过晌午，一家人只得在路边找了家小店，胡乱吃了点粥，又回到新寨口。这时，黄昏已近，狂风陡起，飞沙走石，声震天地。风愈刮愈大，连对面的人也淹没在一片黄尘中，人和车都在风中打旋，什么也看不清。只得又往回走，想到七里马庄找个歇息的小店。

七里马庄，在那一带也算是个稍大的村庄了，但庄子里是没有客店的。很偏僻的角落里，有一处小车店。说是小车店，其实也只有三间土屋，三张床，一个小小的院落。

等他们一家跌跌撞撞来到小车店时，天早已黑尽。院子里只一盏马灯，摇晃着照出小一片光明。小车店的老板很惊奇的开门迎客，这么晚了，九辆车，还载着许多行李。听他们的口音也不像是本地人，远道而来？

沈家本和他的弟妹还有母亲，都没有经过这般折腾，早已疲惫不堪。马灯虽说一灯如豆，但却非常温暖。可是，等进了店，那温暖又变得不堪忍受。土屋，像牲口棚一般，到处都落着厚厚的灰尘。床上的被褥，脏得如同剃刀布，秽气薰蒸，而且很单薄，硬如石板。

环顾四周，连个坐处都没有。那床，他连挨都不想挨。

除了累和冷，一家人也都感到非常饥饿。整整一天了，五更起身，也只在晌午时分喝了几口粥。

小车店却没有什么吃食。本来，地处偏远的乡村，就没有什么好吃食。小车店老板能够给他们的，也只能是熬一锅小米粥。中午喝的就是小米粥，晚餐还是小米粥。但在这样的冷夜里，能有一碗小米粥喝，已经很不容易了。

他让母亲与弟妹四人住进三间小土屋，他自己就在车中假寐。就着摇晃的马灯，他睡前还不忘在日记中记下那日心中的感受，叹息道：不跋风尘，安得尝之。

在京城长大的他，从来没有吃过这般苦。一路的悲惨情景，像夜晚的乌云，在他心里飘来荡去。面黄肌瘦的年轻妇人，怀里抱着同样面黄肌瘦的婴儿，连目光都是同样的暗淡，哀苦无告，显得十分呆痴。乡村里的老人和孩子，看着他们的车从身边"浩浩荡荡"地过去，都露出惊奇与羡慕的目光。而他们已经觉得苦不堪言了。可那些生活在乡间的老人与孩子，一辈子都是在这样的艰苦境地煎熬。

生命的快乐又在哪里？

那时很像眼下的文学青年一样的沈家本，对乡村百姓充满了同情与怜悯。不过，也就是因为他强烈的同情心，他也上过当。

有一天，他们一家路过一个挺大的村庄，当他们的车停在村口时，一群孩子蜂拥而上，纷纷向他们伸出小手乞讨。都是四五岁大的男孩与女孩，肮脏的小手，充满期盼的眼神。嘴巴却很甜地围着他们一家人，大爷大叔大娘地呼喊着：可怜，可怜吧。他母亲还有他和弟妹，都很可怜这些孩子，便掏出铜钱来。

可是，那些得了铜钱的孩子，立刻飞奔而去，向村里的孩子骄傲地展示自己的所得。

后来，他才得知，那些孩子乞讨并不是真的因为家中没饭吃，而是在父母的教唆下，如此做的，而且还把这样的手段当作一种骄傲。

是因为穷？

他心里非常难受，这是怎样一种人性的扭曲呀！他几乎不能忍受。

就是因为穷，人什么下贱的事都能做吗？难道就没有耻辱之心吗？

在京城长大的他，第一次感受到人的卑贱。

几经周折，他们一家人总算渡过了黄河。黄河南岸则是另一番风光。天气渐渐转暖，沿河的村落也渐渐稠密，温暖的春风中，高高的苦楝树摇曳着一串串淡紫色的小花。车行万树中，犹如风尘仙境也。

沈家本的心境也渐渐转暖，又随心所欲地吟出许多诗。他用诗记写着自己的心情与见闻：漫云男子志桑蓬，又理晨装驿路中。

日夜兼程。

过了黄河，又过了长江。整整走了50天，他们一家终于到达湖南省的常德，铜仁遥遥在望。然而，等待他们的最后一段路程，却最为艰险，那便是水路。

5月20日，这一天当地俗传为分龙日。晨起，风雨飘摇。他们一家人还是上路了，乘船前往贵州。一叶小舟在浪中翻腾，有时浪高数尺，几乎要把小船打翻水中。而就在那一天，和他们同行的两只小船已经被大风吹翻在水中。他们一家的人的心情可想而知，既紧张，又疲惫不堪。这种旅途的折腾，也是在京城长大的沈家本从没有经历过的。

就这样在水中飘荡了三天，第三天小船进入沅陵。他们又经历了另一番艰险，也是沈家本从没有经历过的：舟从山麓行，山腰凿成石路，仅容半足，石中穿以铁索，船夫均援索而行。

他哪里见过这般峻险，一颗心提到嗓子眼，但又充满新奇。

接着就是过青浪滩。青浪滩也是出了名的险峻，河中堆积着大磐石，水流湍急，浪花拍打着磐石，如雷霆疾走，发出震耳的轰鸣声。李白诗曰：飞流直下三千尺。而他们的小船，在浪中如龙腾虎跃，也是飞流直下。

坐在船上的人，心跳如鼓，但也只能听天由命。

过了青浪滩，就进入了洞庭溪。洞庭溪则是另一番情景，溪水清浅，溪底满是大大小小的石头。船行石上。船夫时不时地要下船推着船儿往前行，将船推到浅处，船底已经被石头刮漏，一股股清水往上冒。只好又停下来，待船夫将船的漏水处补好。就这样走走停停，未及三里，又到了一处浅滩，满溪的石头，船儿只能在石缝中慢慢地前行。

虽然小船儿走得慢了，但已无惊险，两岸青翠尽收眼底。

轻舟已过万重山。

直到六月初，他们一家老小才抵达铜仁。

终于和他的父亲沈炳莹团聚。此时，沈炳莹是铜仁府的署理知府，也就是我们今天所言的代理知府。他们一家自然也就住在知府衙署。

沈炳莹得以署理铜仁知府，是因为他的前任黄楷盛被巡抚田兴恕排挤而离任。黄楷盛与沈炳莹性格不大相同，彪悍而霸道，经堂公开顶撞巡抚田兴恕，并不与其合作。沈炳莹虽温和低调，对官场同事，凡事忍让在先，却也依然被排斥，此为后话。

团聚的欢乐与兴奋，很快就过去了。接下来的日子，沈家本又沉入苦读中。他难以释怀的还是——科考。他已经20出头啦，不能不为自己的前程考虑。而且科考是他唯一的出路，也是他的一块心病。他一边读书，一边辅导两个弟弟。对他而言，给两个弟弟当老师，一点困难也没有。他比他们读书读得多得多，也比他们心思沉。他已经开始感受到生活的沉重与艰难，像父亲这样一辈子，他于心不甘。

沈炳莹那时还不怎样老，但他对沈家本这个儿子却已经有几分依靠，也许是出于对儿子的磨练，他开始有意让沈家本帮他料理一些官府中的事务，甚至审理案子。

日子相对平静。

平静的日子里，除了苦读，沈家本又兴致勃勃地徜徉在大自然中，游山玩水。而铜仁的山和水，都是在京城长大的他所从没有见识过的。

铜仁是一座多水的山城，有三条江穿城而过，那便是大江、小江与锦江。江水清澈，日夜奔腾不息。

城东临江壁立一山，那便是有赫赫有名的——东山。东山峭削嶙峋，悬崖下江水浩荡横流。而绝壁上树出石缝，苍翠挺拔。古林深处掩映着文昌阁、武侯祠、真武殿。

明嘉靖年间，曾有人在绝壁上雕刻了四个大字——云彩江声。每字一米见方，字迹遒劲，远远望去，蔚为壮观。

在东山的深处，目能所及，除了山还是山。山连着山，山套着山，山衔着山，山抱着山，郁郁葱葱的山。

除了东山，铜仁城畔还有一座更出名的山，那便是武陵山。武陵山的主峰——梵净山，其最高处的金顶海拔 2494 米，是武陵山脉的最高峰。梵净山与东山相比，更加峻险雄伟，坡谷陡深，群峰高耸。唐朝以前，梵净山名为"三山谷""辰山""思邛山"，明代以后改名为梵净山，梵净乃为佛教净界，所以，至清代梵净山已是著名的佛教净界。山中寺庙遍及。

而生活在梵净山这崇山峻岭里的农人，却只能在狭窄的坡地上种瓜点豆，连一尺见方的泥土都舍不得放过。犁地时，三步五步便到了头，农人半站在悬崖边，既不能进，也不能退，只得小心翼翼地从泥土里提起沉重犁辕，使劲儿往后拉，身体往后坐，几乎悬空在山崖外。生活的艰难与贫苦，可想而知。

这里的山和水，乃至穷苦的山民与船民，都是沈家本在京城难以接触到的。傍晚，他常常一个人独自在江边散步。当地的船民，赤身裸体地站在江水中，用头顶或用肩来推浅水中的船。船民身体大多黑瘦如柴，眼神呢，充满无助的渺茫。有时，看上去竟是麻木。

他心里一阵酸楚，又想起他们来时的艰难。他们一路的艰难不过是短时间的，过去了就过去了。而这些船民一辈子都生活在这样艰苦的境地中，他感叹道：生计竟托此，造物非无遍。

沈家本也去游过东山。是陪父亲的好友们去的。那时，他父亲的朋友多是官场中人，也都附庸风雅，游山玩水之中，免不了吟诗唱和。沈家本跟在父辈后面，也写了好几首诗。有些句子，也得到父辈们的赞赏，比如："老树名难识，残钟岁不知。""亭空留断瓦，楼古访遗碑。"……

然而这样平静的日子，转眼即逝。

因为，他的父亲沈炳莹官场失意，官位不保。

清朝末年，官场很黑暗。而沈炳莹又是个不得志的文人，到京城做官以后，一向小心谨慎。不能说他没有贪欲，但他却是从不敢贪，也没有贪的途径。他像京城的大多小官吏一样，也想通过外放，使自己的私囊稍加丰厚，便可告老还乡，安享晚年。

然而，在外省做官，和在京城做官大不一样。外省的风气与风俗，与他的文人性格大相径庭，也很难融入其中。外省的官场相比京城，也更加黑暗。

沈炳莹署理铜仁知府不久，便得罪了一个对他升迁至关重要的官员——贵州贵东道道员韩超。韩超不是文人，他是以武职起家的，道光时期即到贵州做官。为人处世，自然也与沈炳莹大不相同。他本与沈炳莹并不相识，两人之间亦无芥蒂。可他途经铜仁时，沈炳莹却大大地得罪了他。

沈炳莹是个胆小的文官，无心也无意得罪这位对他自己升迁至关重要的顶头上司。也是他的运气不好吧，韩超途经铜仁时，他正因为邻郡思州府下属的路溪教民发动起义而焦头烂额，忙着筹兵筹饷，疲于奔命。所以，也就没有给韩超进贡，隆重接风。

到底还是文人，不知道官场潜规则。竟天真的认为，只要他有政绩，就可以顺利升迁。所以，对政事，他加倍的认真，尽职，却忽视了接待上级官员的大事。

韩超这样的武官，是既要面子，也要实惠的。沈炳莹的"冷淡"，像一块冰梗在他心里，十分不快：你沈炳莹不过是京城来的一个小小官员，有什么了不起，竟敢不把老子放在眼里！

除了实惠，他更迁怒沈炳莹的则是：敢不把老子放在眼里。这迁怒像一颗钉子，深深地扎在他心里。

在战事频频的贵州，武职发家的韩超，一直官运亨通，就在他途经铜仁不久，又升迁为贵州按察使。虽然，沈炳莹虽为铜仁署理知府，却很勇敢地越境作战,平息了起义,并捉拿了起义首领,为清廷立下了汗马功劳。沈炳莹到底是文人,并不深谙官场潜规则,剿匪也不能全部剿尽,要留隐患,这隐患是他邀功的资本。所以,他初为清廷立下汗马功劳,也并未能得到奖赏。沈炳莹非但没有得到奖赏,大权在握的韩超,反而给了他一记重重的耳光。

咸丰十一年(1861年)十一月,韩超让他自己的门生王云接替铜仁知府。

沈炳莹丢了官。

沈炳莹很窝囊,心里也窝着一团怒火。那王云是个什么东西?和他沈炳莹怎么能够相比?

王云本是个湘中小吏,小小的官职也是花钱买来的。后来,他投到韩超门下,又以四百金买来这个知府官位。

可是,官大一级压死人。他的理,他的不服,谁又能为他伸张。衙门有人好做官呀。他得罪了韩超,在贵州这个官也就做不成了。而他外放时的盘算"稍充宦囊"的希望也付之东流。

他来贵州已近一年,但依然囊中羞涩。

丢官后的沈炳莹,很郁闷,也很无望。几近没了主意,夜不能寐。举头望明月,低头思故乡。而此时,故乡是回不去了,因为囊中羞涩。京城呢,也回不去。丢了官,回去更不可能恢复官位。也只能留在贵州,等待。也许,还能等来一个机会?

对于是不是能够等来一个恢复官位的机会,沈炳莹心里也是没有把握的。犹豫再三,他还是决定,让沈家本带着一家老小先回老家湖州,他一个人留在贵州等待机遇。就这样垂头丧气地回故乡,他于心不甘,也于心不安。

父命难违。

沈家本唯有从命。不过,在父亲最难过的日子里,他是父亲惟一可交谈的人。他虽然还没有进入仕途,却也从父亲的经历中深切地感受到官场的险恶，人心的险恶。

可是，他今后还是要进入官场的，科考就是为了做官呀！

在父亲身边安心读书的日子，算来也只有半年。阴历十二月初八，沈家本带着一家老小，离开了铜仁，乘船前往湖南长沙。

南方的初冬，阴冷潮湿。伫立船头，放眼望去，两岸苍山已是落叶枯黄。沈家本的心里万般思绪，他不知道他的前程在哪里，他的快乐又在哪里。

虽然，他还很年轻，不过 20 出头，但是生活的沉重，已经让他感受到人生的渺茫与无望。

他喜欢吟诗，也喜欢写诗，但是他身边的生活却是毫无诗意的，与诗相去万里。

4　兵与贼

沈家本还没有去过长沙。长沙对他而言，像贵州一样的陌生遥远。不过，他的外祖父曾在长沙做过官。因此，那陌生与遥远之中便就生出几许好奇与亲切。

还有汉代的大文人，洛阳才子贾谊，也曾因朝官忌妒，被贬长沙。到了长沙之后，贾谊还写了很多的诗与赋。熟知历史的他，当然了解贾谊曲折的人生，还有贾谊那些流传千古的文章。

可他还是更想念京城，京城宣南坊的小胡同，胡同深处曾有他们的家。还有京城宽阔的街道，巍峨的宫殿。他童年与青年时代的朋友都在那里，他的启蒙师长也在那里。

京城的热闹与繁华，炮火与混乱，都在他心里徘徊不去。

父亲沈炳莹让他带着一家老小去长沙，也是迫不得已吧。因为：京城的政局仍在动荡中，肃顺等顾命大臣正与后宫激烈相斗；鹿死谁手，尚不得而知。现在这个时候，京城是回不去的，也不能回去。老家浙江，也是炮火连天，杭州再度被太平军所围。对于太平军，沈炳莹一向没有好感，把他们统统称之为贼。在他的眼里，太平军不但祸害国家，更祸害百姓。

倒是湖南长沙离贵州近，战火大体平息，沈炳莹还有几个老朋友在那里，对他的家人多少会有几分照顾。所以，沈炳莹才让沈家本带着母亲与弟妹去长沙。

去长沙的路程虽然没有京城到贵州那么遥远，但也是同样的艰难。年轻的沈家本伫立船头，遥望两岸落叶的惆怅，很快便被满目的疮痍所愤怒。

他们一家，原定于 11 月 22 日动身，但是因为石达开所率领的太平军那时正在他们的必经之地——浦市，与清军交战，不得不推迟动身日期。足足等待了半个月。

然而，当他们一家抵达浦市时，虽然太平军与清军的团练都已离去，但他还是被眼前的凄凉惨景所震动。

浦市在湘西泸溪县境内，名曰市，其实也就是一个小小的镇子，一个很清静偏远的小镇子。依偎在沅江之畔，远离闹市的喧嚣。小镇里也只有长长短短三条街，街名亦很古朴：十字街、太平街、烟坊街。

平常，这个小镇，虽然清贫，倒也安宁。镇里的百姓，大多穷苦，日出而作，日落而息。如果没有土匪和清军的骚扰，他们的日子虽然平淡如水，却也是太平的，一如小镇的街名：太平街。

大清朝的败落，把风起云涌的太平军战火也带进了这个偏远的古镇，如秋风扫落叶一般，处处都留下了寒风的痕迹。房屋倒塌，尸横街头，瓦砾血迹，弥漫在寒冷的冬雾中。那些横尸街头已经死去的人，不仅只是太平军的战士，抑或清廷团练的士兵，更多的则是小镇上无辜的百姓。

太平街上亦是血迹斑斑，惨不忍睹。太平又在哪里？

举目四望，除了凄凉，还是凄凉，再有便是无限的哀伤。偶尔一声雁鸣掠过长空，也像是哀鸣，立刻让人想起一个词：哀鸿四野。

沈家本这个从京城来的外乡年轻人，伴着母亲领着弟妹，从街头缓缓走过，心情无比沉重。这天夜晚，他在日记里叹息：

浦市几成白地，泸溪县城亦烧矣。

石达开所率太平军是由浦市进入泸溪县城的。太平军，和太平军的首领石达开，在此时的沈家本眼里，不过是长发毛贼。他从没有认真思考，抑或关心过这些长发毛贼的身世与苦难。他对他们，包括那位世人眼中的草莽英雄石达开，他都是藐视的，很轻蔑地把这些人唤作长发毛贼。毕竟，他是清廷官员的后代，虽然他的父亲不过是一介小小的芝麻官，并且官位不保。

不过，亲眼目睹了苦难的沈家本，和京城里的那些官宦子弟到底还是不同的。他对团练的痛恨更甚于太平军。他在日记中继续写道：

浦市长发去后为江练所毁，十焚其五。

并大发感慨：

浦市系江练所毁。此地兵练，民亦甚苦之，不亚于长毛也。

他挥笔写下了长诗《过浦市纪事三章》：

沅之浒，贼为鼠；
沅之府，兵为虎。
连云列战格，
飞鸟不敢舞。
明旦扬旌徽，
中宵震金鼓。
问君胡不挥天斧，
贼馆昨夜已无虏。

贼聚如兔窟，
我垒无一卒。
贼奔如豕突，
我津予之筏。
偃旗间道走，
疾于穿云鹘。
雷鸣巨炮轰江东，
满山楼阁烟尘中，
男啼女哭走何从？

噫！豺狼在邑，狐狸人立。

巢堂燕雀，城隅鸣呃。

击鼓其镗，寇饱远□

前门拒狼，后门进虎。

可怜千万户，

一炬成焦土。

自古苦贼尤苦兵，

夺吾衣食猪吾宇。

君不闻：贼如梳野有庐，

兵如篦村为墟。

诗写的很一般，但却很强烈地表达了他的心情：哀伤与愤怒。在他看来，太平军不过是贼，这贼对百姓的祸害不过如鼠一般；而清廷的乡兵团勇，则像虎一般，烧杀抢掠，远甚于鼠一般的太平军。虎比鼠对百姓的祸害更大，自然兵也就比贼更坏。

沈家本的父亲沈炳莹到偏远的贵州以后，比他有更多的切身感受，更深深地感受到清廷的腐败，清兵的无能，还有乡兵团勇对百姓的祸害，但沈炳莹只敢在诗中委婉地叹息：我朝好生古无比，议狱年年诏缓死。奈何太阿之柄团丁操，杀人如麻敢如此。

他还是维护朝廷的，站在朝廷的立场上，把所有的罪责都推在"太阿之柄"的头上。他的儿子，才20出头的沈家本则不同了，他直率而大胆地在诗中说出自己心中的愤怒：兵比贼更坏，兵比贼更祸国殃民。

就这样走走停停，20多天后，他们一家终于抵达了长沙。

春节即在眼前，他们一家仍如浮萍，漂流外乡。好在沈炳莹已经去信给他岳父的老友俞同甫，请他关照一下他的家人。俞同甫在他们一家抵达长沙之前，已经为他们在东茅巷租好了一处住房。

　　长沙是一座古城，和偏远的贵州府相比，沈家本仿佛从中隐约感受到京城的繁华。厚重的城墙，金碧辉煌的庙宇，让他非常想念京城的雄伟与开阔。长沙城里，衙门的建筑也很气宇轩昂，从西向东，呈七字形，沿街逶迤而去。大街小巷，交叉纵横。街巷的路面，多是麻石铺就，虽延绵数里，但仍旧非常平整。那种麻石，在京城，他没有见过，其实，就是花岗岩的一种。

　　横横竖竖的麻石，衬着街边花花绿绿的店铺，显得又古朴又华丽。街边的店铺，像奔腾的湘江，波起浪涌，竟日都在喧嚣中，升腾着热闹与繁荣。街巷深处的民居，则青砖灰瓦，另有一番平和与安详。和京城里的四合院，多少有几分相像。虽然，到底还是和京城不同的。

　　最明显的不同则是——水。

　　长长的湘江穿城而过，可除了湘江，还有河。浏阳河与捞刀河，弯弯曲曲地由城东绕进湘江，三水一并，浩荡而去。沈家本在心里赞叹，难怪贾谊谓长沙：卑湿。那是因为水多啊！北方哪里有这许多的水？

　　因为有江又有河，长沙便得舟楫之便，南来北往，商业十分发达。沿江岸一带，自然形成数十条繁华的商业街市，粮行、米行，油盐花纱，鞭炮、土布与丝绸，乃至药铺、钱铺、首饰店，应有尽有。这些街道，虽然宽不过五米，却是车水马龙，商贾云集，行人如潮，热闹非凡。

　　沈家所租住的东茅巷，亦在闹市中。后人曾戏说："萧市繁荣莫若娟，莠良杂处总相仿。小赢州畔东茅巷，化作灯红酒绿场。"身处灯红酒绿之中的沈家本，却依旧终日沉浸在苦读中，如同他自己在诗中所说：麝柱一炉书一卷，不知门外马嘶风。

　　门外的喧嚣与热闹，与他何干？

　　沈家本不喜热闹，初到长沙，他常常在傍晚时分，独自到水边走一走，沿着离他们家借住之地很近的浏阳河，心里徘徊着诗句。那时候的他，像我们现在的文学青年一样，热爱诗，喜欢读，也喜欢写。他随口吟道：

　　　　长沙卑湿地，千古怨湘流。

贾子悲沈赋，春陵愿徙侯。

乃今羁客至，都作乐郊投。

祀事黄羊罢，残年逝不留。

这一年来，他受了不少苦，也亲眼目睹了很多的苦难。窗外的灯红酒绿，如行云流水，他不过眼，也不过心。心心念念还在他的科考准备中，那才是他的前程所在，也是他的希望所在。

转眼便又到了春节，他们母子兄妹，在异乡的鞭炮声中迎来了同治元年（1862年）。沈家本心里暗暗企盼，这新的一年能够给他们一家带来些好运。他在日记里写道：

去年黄河清凡九次，凤鸣岐山，五星聚奎。

此时，已经22岁的沈家本，心里很是迷茫，看不到前途，也不知该如何寻找前途。远在贵州的父亲自然也很让他牵挂，父亲的官位是和他的命运紧紧地连在一起的。还有一件事，更让他们一家人十分揪心，那便是他的外祖父俞焜。外祖父远在杭州，生死不明。那时，他和母亲还没有打探到外祖父情况。

街坊邻居的热闹与欢笑，更使他心头愁云密布。他的新年，是在没有欢乐，没有热闹的暗淡中过去的。

正月十一日，年已经过完。他和弟弟们又回到往日苦读之中，一大早兄弟三人就伏在一张方桌旁，开始了各自的功课。母亲在窗下放了一盆烧红的炭火，清冷中微微增添了一丁点儿暖气。南方的冬日，比京城难过得多，虽然没有那么冷，但却缺少取暖的炉火。屋里屋外一样的寒冷。一盆炭火，是很难抵挡那种湿湿的寒冷的。

寒窗苦。

突然，门外响起寒暄声。那声音他非常熟悉，但又不能相信，怎么会呢？恍惚中，母亲已经推开房门，把来客引进他们简陋的书房。

"姨丈，是您！"沈家本推开手边的书，喜出望外。

沈桂芬含颌微笑。

两个弟弟问了好后，悄悄地退出书房。在弟弟们的眼中，父亲不在，大哥便是一家之长，也只有大哥能够和长辈深谈。

泡上茶，等沈桂芬坐定方桌边，说了几句家长里短，母亲也悄然退出书房，掩门而去。

自离开京城，沈家本已经有一年多没有见到过沈桂芬了。现在，两人独自相对，他积聚在心里的那些忧虑，竟一时不知从哪里说起。

此时，沈桂芬已官至礼部左侍郎。辛酉政变之后不久，他由北京来到长沙。沈炳莹被免职，他早已耳闻，这次前来探望，也是想和沈家本商议此事。两家毕竟是至亲。而且，他一向很喜欢沈家本，也很器重老成的年轻人。

沈家本当然深知此事的轻重，父亲的官运，系着他们一家人的命运，只有父亲的官做稳了，他们一家人才能有好日子过。沈桂芬的到来，让他在暗淡中看到一星希望。姨丈毕竟是官场中的人，不仅比他消息多，比他点子多，也比他的父亲消息多，点子多。古话曾说：朝内有人好做官啊。

然而，沈桂芬脸色凝重。他轻轻掀开茶盏的杯盖，长长地吁了一口气。辛酉政变之后的朝廷，与沈家一家人离京时的朝廷，已发生了很大的变化。

物是人非。

沈家是上一年3月里离开京城的。他们一家离开京城5个月后，清廷便处于内部的动荡不安之中。

这年的8月里，也就是农历的七月，七月十七日，咸丰皇帝死了。咸丰临终前，为自己的身后之事做了三桩安排：1. 立皇长子载淳为皇太子。2. 命御前大臣载垣、瑞华、景寿，大学士肃顺和军机大臣穆荫、匡源、杜翰、焦祐瀛八人为赞襄政务大臣，由八大臣掌管国家事务。3. 授予皇后钮祜禄氏"御赏"印章，授予皇子载淳"同道堂"印章（由慈禧掌管）。顾命大臣拟旨后要盖"御赏"和"同道堂"印章。

八大臣同两宫太后矛盾重重。

18 日，大行皇帝入殓后，以同治皇帝名义，尊孝贞皇后为皇太后即母后皇太后，尊懿贵妃为孝钦皇太后即圣母皇太后。

懿贵妃就是后来的慈禧太后。与孝贞皇后相比，懿贵妃却不安于只做皇太后，她是个有野心，也有手段的女人。

农历八月一日，恭亲王奕䜣获准赶到承德避暑山庄叩谒咸丰皇帝的梓宫。相传奕䜣化妆成萨满，在行宫见了两宫皇太后，密定政变夺权，随后返回京城，做周密部署。

此时，咸丰皇帝刚刚驾崩十三天。

8 月 6 日，御史董元醇上请太后权理朝政、简亲王一、二人辅弼的奏折。

8 月 11 日，就御史董元醇奏折所请，两宫皇太后召见八大臣。肃顺等以咸丰皇帝遗诏和祖制无皇太后垂帘听政之事，拟旨驳斥。

两宫太后与八大臣之间矛盾公开化，激烈相斗。朝廷上，肃顺等人咆哮如雷，吓得小皇帝哇哇大哭，尿了裤子。懿贵妃则更不相让，挺身而出，厉声呵斥。最后，还是八大臣让了点步，想把难题拖一下，回到北京再说。

8 月 18 日，朝廷宣布咸丰皇帝灵柩于农历九月二十三日起灵驾，29 日到京。

农历九月一日，朝廷宣布同治皇帝的母后皇太后为慈安皇太后、圣母皇太后为慈禧皇太后徽号。

9 月 23 日，大行皇帝梓宫由避暑山庄启驾。同治皇帝与两宫皇太后，奉大行皇帝梓宫，从承德启程返京师。两宫太后和同治皇帝只陪了灵驾一天，就以皇帝年龄小、两太后为年轻妇道人家为借口，从小道赶回北京。

9 月 29 日，同治皇帝奉两宫太后回到北京皇宫。因为下雨，道路泥泞，灵驾行进迟缓。两宫皇太后带着小皇帝，抄小路疾行，比灵驾提前四天到京。两宫皇太后抵京后，立即在大内召见恭亲王奕䜣等。

9月30日，两宫发动政变，并宣布顾命八大臣的罪状。

农历十月一日，两宫皇太后命恭亲王奕䜣为议政王、军机大臣。随后，军机大臣文祥奏请两宫皇太后垂帘听政。又命大学士桂良、户部尚书沈兆霖、侍郎宝鋆、文祥为军机大臣。

10月3日，大行皇帝梓宫至京。

10月5日，两宫诏改"祺祥"为"同治"。"同治"含义可做四种诠释：一是两宫同治，二是两宫与亲贵同治，三是两宫与载淳同治，四是两宫、载淳与亲贵同治。

10月6日，诏赐载垣、瑞华在宗人府空室自尽，肃顺处斩，襕景寿、穆荫、匡源、杜翰、焦祐瀛职，穆荫发往军台效力。肃顺时临刑时，破口大骂，骂声非常凄惨，凌厉，空中久久盘旋不去，让人听着那声音心里就发毛。而且，临刑时还不肯下跪，刽子手硬是用大铁柄敲断了他的两膝，他才跪下，随即斩之。

10月9日，载淳在太和殿即皇帝位。

10月26日，礼亲王世铎奏遵旨会议并上《垂帘章程》。懿旨：依议。

农历十一月一日，同治皇帝奉慈安皇太后、慈禧皇太后御养心殿垂帘听政。垂帘听政之所设在大内养心殿东间，同治皇帝御座后设一黄幔（初为黄屏，后慈禧嫌其碍眼而改为黄幔），慈安皇太后与慈禧皇太后并坐其后。恭亲王奕䜣立于左，惇亲王奕誴立于右。引见大臣时，吏部堂官递绿头笺，恭亲王奕䜣接后，呈放在御案上。

皇太后垂帘听政，这在中国历史上，既是空前的，也是绝后的。

这次政变，因载淳登极后拟定年号为"祺祥"，故史称"祺祥政变"；这年为辛酉年，又称"辛酉政变"；因政变发生在北京，又称为"北京政变"。政变的三个主要人物——慈安皇太后25岁，慈禧皇太后27岁，恭亲王奕䜣30岁。

这是一段非常的历史。比小说家笔下的故事更加惊心动魄。

宫廷里的人与事，宫廷政变，都是离沈家本远而又远的。但它们却又牵牵绊绊地影响着他的家庭，与他的生活。

两宫当政后，本来就很腐败的官场，更是污泥浊水，整个朝廷也更加混乱。所以，政变发生不久，沈桂芬就辗转来到长沙，远避是非。现在，他自己远离朝廷，沈炳莹呢又身处僻远的外省，谁又能出面为他说话，话又能不能说上？都是问题。

思来想去，沈桂芬还是认为，沈炳莹为官以后一直在法部，深谙律文，以此为由，设法回京，比较妥当。但能否行得通，尚难以预料。乱世中的事，谁也无法预料，更难以设想。

那天，沈桂芬很晚才离去。与沈桂芬的长谈之后，沈家本宽心了些，仿佛看到一星希望，他在日记中写道：

父系实缺人员，他省不能奏留。惟有捐双月道，俟后请咨赴选，则道出湘南即可奏留矣。

不过，这只是他自己的想法，能否实现，则很难说。

和沈桂芬深谈之后，沈家本又回到原来的生活状态中，除了侍奉母亲，便一边自己读书，一边辅导弟弟们读书。心情常常处在坐卧不安的焦躁中，因为杭州仍处于太平军的战乱中，而在杭州的外祖父也一直没有消息，生死未卜。还有他的故乡湖州，亦在战火之中。飘零的日子何时才能结束？寄居的东茅巷，虽然很热闹，但那热闹，却让他更深切地感受到异乡异客的寂寞与苦痛。

除了读书，他常常出去打探消息。关于杭州，关于湖州，关于他的外祖父俞焜。母亲和他一样的焦灼，因为外祖父一直没消息。每一天都像沉浸在无尽的黄昏中，西风，残阳，断肠天涯。

他在日记里断断续续地记下所得到的消息，都是些不好的消息：

湖城本可保守，所恃者环城皆水，贼不能直薄城下。不意大雪严寒，河冰坚结，贼马任意驰骋，太湖亦成冰道。吾兵口炮船均被冻住不能动，贼势益鸱张矣。

湖州城中米已罄，自月初一日起，每人发三合，十一日已停。兵饷亦罄，沿户搜刮以给之。油亦罄，搜寻芝麻打麻油以食。点灯用桐油蜡早如洗，缚火把以代。如再无援，即多作饿殍也。

湖城粮绝，以药充饥，树皮草棍，均取以代食。

终于，浙江来客带来了杭州与湖州更令人心碎的消息，也是他们预料之中，又最不愿意相信的消息：他的外祖父俞焜去年的冬天就已经去世。

是战死的。

上一年的冬天，太平军李秀成的部队进攻杭州，他的外祖父俞焜与官兵拒守二十多天。终不敌太平军，杭州城陷，巡抚罗遵殿死于战乱。而他的外祖父俞焜凭栅堵敌，与太平军相持 5 日，最后挥舞长刀，砍杀了几个太平军，自己也倒在血泊中。

除了外祖父，外祖父的继室陈氏，女儿蕴祺、蕴璿，也相继在战乱中死去。

还有他没有过门的妻子、郑训方的女儿也在战乱中离开了人世。虽然，他从没有见过这位年轻女子，但她毕竟是他没有过门的妻子呀！

那一晚，弟妹们入睡后，他陪着母亲守在灯前。一灯如豆，灯影摇晃在墙壁上，也摇晃着母亲脸上的泪珠。母亲泪如雨下，泣不成声。而他，却是欲哭无泪。除了难过与忧伤，他比母亲更多一层不安，在这样混乱不堪的世道中，他将如何安身立命？

这样的日子又何时是尽头啊？

天气渐渐转暖，心乱乱地日复一日。5 月 29 日，浙江方面又传来更为可怕的消息：湖州已于 5 月 3 日被太平军攻破。

沈家本掷笔长叹，再也不能安心读书。

5 无望的等待

无望的等待是最煎熬人的。可是，在无望的煎熬中，除了读书，既没有谋生手段，又没有取得功名的沈家本又能干什么呢？

还是读书。

如他自己在诗中所说：放怀且读古人书。

因为心情纷乱，这一时期，他读的书也很杂。不是为了准备科考而读书，而是随心所欲地读。读经史子集，更多的却是闲书，志怪小说，像什么《仙吏传》《柳毅传书》《龙女传》《神仙传》《枕中记》《再生记》《穷怪录》之类。除了读闲书，他还读了很多医书和考古书，比如医书《本草从新》《本草备要》《医方集解》《妇科》乃至《产后编》，考古的则有《东京考录》《山东考录》《考古质疑》《考古类编》等，甚至有西方传教士们的书，如利玛窦译的《同文算指前编》《同文算指通编》《圜容较义》，玛吉士译的《新义地备考全书》，等等。

最吸引我们眼球的却是一本清政府明令的禁书——《明夷待访录》。此书著者黄宗羲，是明末的大学问家。黄宗羲也是浙江人，浙江余姚。他父亲是明代有名的东林党人黄尊素，而他自己呢，也算是少年得志吧，14 岁就考中秀才。1645 年，清兵入侵中原时，他倾尽家产以解国难，在浙东组织了一支抗清队伍——"世忠营"，之后又联合太湖一带的豪杰，抗拒清兵达半年之久。当他扼守的四明山寨被清军攻破后，又渡海到舟山，和张煌言等反清志士继续为光复明朝而活动。1664 年张煌言殉难后，黄宗羲遂改名换姓，回到故乡，聚众讲学，著书立说。

黄宗羲学识广博，研究过天文、地理、算学、音乐、历史和哲学。他在54岁时，写下了这部传世的《明夷待访录》。

书名本身就暗含深意。

"明夷"是《周易》中的一卦，其爻辞有曰："明夷于飞垂其翼，君子于行三日不食。人攸往，主人有言。"所谓"明夷"指有智慧的人处在患难地位。"待访"，等待后代明君来采访采纳。

和黄宗羲同时代的大思想家顾炎武曾说："读了这部书，可以知道过去历史上所有帝王制度的弊端。"

黄宗羲的这部著作，处处闪耀着民主思想的萌芽，并揭露了封建帝王的罪恶，指出帝王是唯一的害民之贼。他说："凡天下之无地而得安宁者，为君也。是以其未得之也，屠毒天下之肝脑，离散天下之子女，以博我一人之产业，曾不惨然，曰：我固为子孙创业也。其既得之也，敲剥天下之骨髓，离散天下之子女，以奉我一人之淫乐，视为当然，曰：此我产业之花息也。然则为天下之大害者，君而已矣，向使无君，人各得自私也，人各得自利也，呜呼！岂设君之道固如是乎！"

这些话在300年前，是没有人敢说的。

他还在书中提醒和他同时代的臣僚，不要再做皇帝随从，剥削百姓，希望他们能够：为天下，非为君也；为万民，非为一姓也。

除了对皇权的批判，他还在文中流露出议会政治的思想萌芽。把东汉的太学清议的历史意义理解为近代的议会政治，托古改制。他的理想是，在中央政府，天子以至公卿都要在太学祭酒的面前就弟子之列，祭酒（类似议长）有权批评政治的得失。在地方政府，郡县官都要在地方学官的面前就弟子之列，学官对于地方政事缺失，"小则纠绳，大则伐鼓号于众"。

中国近代的改革家与革命者，大多都从黄宗羲的这部著作中汲取了思想。梁启超，康有为，乃至孙中山。思想最为激进的谭嗣同，对《明夷待访录》更为推崇，曾指出："孔教亡而三代以下无可读之书矣！乃若区玉检于尘编，拾火齐于瓦砾，以冀万一有当于孔教者，则黄梨洲《明夷待访录》，其庶几乎！其次为王船山之遗书。皆于君民之际，有隐恫焉。"

温家宝总理也很喜爱这部书，他在《致史晓风先生函》中说："我喜读黄宗羲著作，在于这位学问家的许多思想有着朴素的科学性和民主性。身为天下人，当思天下事。而天下之大事莫过于'万民之忧乐'了。行事要思万民之忧乐，立身要先天下之忧而忧，后天下之乐而乐。"

一百多年前，年轻的沈家本，从哪里偷偷找到的这部清廷禁书，不得而知。读后的感受，他很小心地收藏在心里，不敢像他在诗中那样随心所欲大骂兵如鼠，在日记中也只淡淡几笔：

> 明朝黄宗炎梨洲著。明夷待访者，言当明夷之世，而冀当局者如箕子之见访也。所条并为治大法，欲革百王之弊，以复三代之盛。端冠以顾亭林先生，其推服良深。惟建都一条，亭林先生亦非。盖天下形势在关中，而秣陵偏据一隅且迤近宝，乃贫之戒也。

想必心里的感受还是多多。

不过，那一时期，沈家本虽然读了很多书，前前后后，将近三百本，其中却很少有法律方面的书籍，即使有，也不过一两本，读之轻描淡写，并不过心。他对法律，对他父亲的职业，似乎并不热心，似乎更喜欢诗，更喜欢文学。

那时的沈家本，不像我们现在的年轻人，职业选择，目标明确。他只有一门心思，那便是科考，至于科考之后从何事业，并未深思。

读书之外，他的生活几近寡淡，除了频频地打探贵州与湖州方面的消息，也只偶尔在水边走走，理一理纷乱的心绪。

除了坏消息，还是坏消息。

贵州方面传来的消息，更是令他心情黯淡。姨丈沈桂芬为他父亲设想的方案，迟迟没有结果，他父亲只好依然在贵阳闲住；安顺府倒是有缺，但是谋者太多，像他父亲这样的一介文官，又哪里是那些人的对手，当然不能如愿。可父亲这样的闲住，到哪天才是个头啊？

自从他的父亲离开铜仁后，由小吏出身的王云继任知府。小人得志，大多不知天高地厚，恣意胡为。王云亦如此，沈家本在日记中也记下了王云的所为，愤怒又无奈：

> 王小峰（王云，字小峰）调集闵家场乡门团首，勒缴府兵钱文。彼处集团数百人。王怒，即出队用炮轰毙团丁十余人，团遂散，暗行勾结石阡教匪下窜。分四股，一扰闵家场，一扰太平场。

除了王云，还有沈宏富：

> 长发窜入，猖獗异常。官兵不出战，任其深入。大定、安顺、平远、黔西界，均有贼踪。黔西州汪之屏，于总（兵）沈宏富（贵州提督田兴恕部下）败入州城时，犹百媚之。以三百金买一美女赠之。沈因（是）竭力保汪。官场至此，扫尽官常矣。

在这样的官场中，他父亲沈炳莹自然很难再重新得到官位，沈炳莹毕竟还是一个洁身自好的文官。虽然，他当初也想外任之后，稍充私囊。

沈家本除了在日记中发发感慨，也很无奈。像浮萍一样漂在长沙，总不是长久之计呀。父亲不在身边，母亲体弱，弟妹又年少，他感到肩上的担子沉沉的，却又毫无办法。深夜里，他常常睡不着，大睁着两眼，望着窗外黑暗中的月亮和星星，还有便是低垂的云。

在这种时候，伴着他的唯有诗句，他起身点上油灯，把灯芯捻得小小的，就着微弱的灯光，摇曳着写下心中的吟哦：

> 拥衾不成梦，凉思动今宵。
>
> 之子处幽迥，秋风增寂寥。
>
> 孤灯荧悄悄，落木和萧萧。

莫向空山听，羁魂声里销。

就这样，他和母亲弟妹，又在长沙住了漫长的一年。同治二年，也就是1863年，在他的万般焦虑与企盼中，拉开了序幕。

依然还是等待。

除了等待，还是等待，也唯有等待。在无奈的等待中，他们一家终于等来了一个好消息：让他父亲丢了官的韩超，终于被撤了职。

新任巡抚是张亮基。张亮基出任贵州巡抚，还有一个重要的任务，那便是——奉命查办韩超和提督田兴恕。

他父亲的官运也因此有了转机。当然，仅仅因为他父亲是被韩超所排斥，还远不足以使他的父亲得以官复原职。还是因为那句被百姓重复了又重复了的老话：朝内有人好做官。

是他父亲的老朋友龚叔雨，向张亮基推荐了他的父亲沈炳莹。那时，龚叔雨正是贵州的布政使。龚叔雨喜欢画画，沈炳莹喜欢吟诗，两人常常一起吟诗作画。就在上一年，沈炳莹还为龚叔雨的画题了诗：矫矫千年松，涛声高不落。在京城时，龚叔雨还曾是沈家本的授业师。龚叔雨与沈炳莹，两人交往已久，知根知底。

而龚叔雨和张亮基的关系也比较铁。

阳春三月底，沈炳莹正式走马上任，代理贵阳知府。沈炳莹连阴多日，郁郁寡欢的心情，也由阴转晴。随即，提笔写信给家人，告之家人这一好消息，并命沈家本带着母亲与弟妹速速来贵阳。分别以来，他一直盼着能够早日和家人团聚。一个男人，独自在外的日子，不仅孤单，而且吃与穿，都是乱糟糟的，潦草而马虎。几多不便。

沈炳莹早就想家人了，妻子和儿女。

父亲的信像一纸阳光，驱散了长沙东茅巷里那满屋子的阴霾。一家人终于快要能够团聚了。虽然，去贵阳的路途并不十分遥远，但因是在兵荒马乱的年代，也还是非常艰辛困苦的，那种艰辛与困苦，他们一家人已经经历了两次，想想都怕。可一家人心里还是高兴的，毕竟父亲的仕途现出一片光明。

只要父亲的仕途有了着落，他们家窘迫的日子就能改善。

收拾行李，雇马车挑夫，琐琐碎碎，也准备了一二十天，四月底一家人才上路。车舟劳累，本在他们的预料之中，也有思想准备，但一路的兵匪骚扰，却让他们苦不堪言。一天，他们雇请的挑夫，竟在半夜里将他们的随身行李与紧要之物，席卷而逃。

早晨醒来，一家人环顾左右，挑夫与行李早已不见踪影，全傻了眼。哭都哭不出眼泪来，又能到哪里去找呢？沈家本到底比弟妹们年长，气盛，当即就要去报官。母亲长长叹息了一声，息事宁人，劝他：还是赶路吧，报官又能怎样？只要人没伤着，比什么都好啊。

与京城到贵阳的遥遥路程相比，长沙到贵阳要近许多。但他们一家一路风尘，跋涉了将近两个月才抵达贵阳。

父亲等候他们已久，早就望眼欲穿。

相聚欢。

和上一次相比，父亲的心情也是阳光明媚。因为布政史龚雨叔的推荐，所以巡抚张亮基也就很信任沈炳莹。自为官以来，特别是到偏远的贵州以后，沈炳莹还从没有得到过上司如此的青睐，张亮基从奏折乃至政治、军事方案，大大小小文案，都交由沈炳莹拟稿。

男人嘛，大多都希望能够入世做事，展露自己的才能与才华，沈炳莹亦如此。他很感动，也很兴奋，一心要报知遇之恩，所以：遇事尽言，多所区画。

这一时期，也是沈炳莹来贵州以后最为畅快的，不免有点儿春风得意。春风得意的日子过得很快，一晃半年就过去了。

但是，人在春风得意的时候，也就难免遭人妒忌，也并非你不惹人，人就不惹你。虽然，沈炳莹春风得意，但他为人处世一直还是很低调的，在外人面前，并没有把自己内心深处的得意写在脸上。

尽管如此，还是会有是非。

9月下旬的一天深夜，总兵全祖垲，酒喝多了，醉醺醺地率领了几十个兵来到衙署，一路笑骂，一路摔摔打打地闯入了内室的庭院。

所谓总兵，即统兵武官。明始设。清代因袭其名，以总兵为绿营兵高级统将，正二品，分设各省区，受提督和巡抚节制。全祖垲原本一介武夫，从来不把文官看在眼里，巡抚张基亮对沈炳莹的重用，他早就看着心里不舒服。据沈家本的日记所言，还因为，局中发米，没有满足他的私欲。自然是嫌少，于是，恃醉而来。

当然是借酒闹事，以发泄心中积聚多日的不满与醋意。

夜深人静，喜欢熬夜的沈炳莹此时也已经熄灯安眠。家人更是早已入梦乡。突然之间，庭院里腾起一阵粗野的吼闹声。沈炳莹闻声披衣而起，心里十分恼火，何人又是何事，夜闯内庭，如此无礼。

窗外已有家丁与仆人出面阻止。

来者的首领像是已经大醉不能自持，口齿不清地仍在乱嚷嚷着，但到底还是被连劝带扯地拉了出去。

太过分，也太无礼！

沈炳莹伫立窗前，非常恼怒。他已经从那酒醉后口齿不清的谩骂声中，听出了是总兵全祖垲。

欺人太甚也！

堂堂知府衙署，岂容一介武夫如此凌侮？沈炳莹胸口堵得慌，气得告假三日不出。

接下来的日子，为官不久，还没有春风得意几天的沈炳莹就更加不顺了。另一介武夫，更加粗暴也更加龌龊地把他赶出了官场，也让他对官场彻底死了心。

此人便是沈宏富。也就是沈家本曾在日记中所说的那个用三百金买美女以媚上司的卑鄙小人。

沈宏富也是总兵。用今天的话来说，就是一个腐败的总兵。同治二年（1863 年），他奉命前往开州作战，却从没有与起义军交过战，总是趁民团与起义军交战的时候，闯入村庄，掳掠百姓。百姓对沈宏富与他的部下恨之入骨，也因之倒向起义军。

九月初，起义军首先攻破了沈宏富部队的北门守地，开州城破，牧守戴鹿自杀身亡。

开州距贵阳很近，不过百余里地。起义军攻破开州之后，便一路高歌，直逼贵阳。贵阳城危在旦夕。此时，沈炳莹虽然不过是一介文官，但也必须履行守城之责，无可逃遁。

金秋十月，本是收获的季节。贵阳城内却是人心惊慌，日夜不宁。沈炳莹本是个文弱书生，又已年过半百，更是手不能提，肩不能担。但在这种燃眉之急的时刻，却也手持长矛，登上贵阳城头，白天黑夜地巡视，不敢有半点松懈。

已经 22 岁的沈家本，自然知道事情的轻重。父亲和家，和他的前程都是紧紧相连的。还有血脉亲情，也不容他躲避责任。他整天跟在父亲身边，与父亲一起巡视四城。因为巡城，父亲沈炳莹几乎夜夜都待在城墙上，为守城的官兵鼓舞士气。实在困倦了，就在士兵的帐篷里打个盹。也只有这样做，官兵们才能够同仇敌忾，不至于临阵脱逃。

沈炳莹虽非英雄，却也尽到了一个知府的责任。

沈家本对父亲多了一份敬重，他在日记里记下了那一段日子父亲的所作所为：

> 二更后忽藩署来传，探得扎佐大营已失矣。父亲至总局后出门查夜，四鼓始回署。
>
> 父亲连日查夜，今夜少息，县尊代。
>
> ……

10 月 12 日，离贵阳城仅 50 里的修文城又失守了。贵阳城里更是风声鹤唳，人心惶惶。之后的几天里，可怕的消息纷至沓来。夜晚，沈家本和父亲一同站在贵阳城墙上时，城北不远处，火光冲天，几乎映红了整个黑暗的天空。

起义军就要攻进贵阳城了？

可是，除了火光还是火光，并不见起义军的身影。

几经探听，才得知，并不是起义军要来攻城，而是从前方溃败下来的乡练在放火烧民房。

沈炳莹仰天长叹，很是悲凉。短短的一个多月里，他的头发几乎全白了，如同秋霜。

年轻的沈家本呢，却是悲愤！他在日记里写道：

> 阴。父亲于昨晚三更查夜，天明始回，少息即上衙门，直至未刻始回。少坐又上局上院，三鼓始回，即得警报，水田、三江桥官营尽失，兵练退至红边白牙一带也。正拟少（坐），适获要犯，与蔡植三同讯。四鼓又上城，遥见东北火光衅天，人心惊惶。探悉乃溃练焚烧民房，非贼也。

朝廷如此腐败，官兵如此践踏百姓！这样的大清朝又能支撑多久？

贵阳城最后还是得以保全了，因为清军赵德光部队的救援。

但是，清廷并没有因为沈炳莹在那危急时刻，身先士卒而嘉奖他。他的日子反而更难过了。

因为，另一个人。

俗话说：官大一级压死人。

那个人便是总督劳崇光。就在沈炳莹署理贵阳知府不久，劳崇光来贵州处理教案纠纷，途中遭起义军的拦截。救他的却是沈宏富。要不是沈宏富及时赶到相救，他还不知道能不能保全生命。为报沈宏富的救命之恩，他极力保奏沈宏富署理贵州提督。他当然知道沈宏富是个什么样的人，和他的胡作非为，但为报一己之恩，他置国家之利益于脑后。那时的清廷又能有几个官员，把国家的利益作为最高利益呢？

贵州的官员们当然了解沈宏富的劣迹，但却没有人挺身而出。只有巡抚张亮基奏请由林自清代替沈宏富为提督。除此之外，沈宏富没有得到任何处分。

背靠大树好乘凉呀！因为有了劳崇光这个大靠山，沈宏富自然是更加有恃无恐，得意忘形，谁也不放在眼里。

对于沈炳莹这个京城来的小官员，沈宏富几乎不拿正眼瞧他。他的拜把子兄弟，劳崇光的心腹仆人郭七郭五，和他一样的不能容忍沈炳莹。他们曾去找过沈炳莹，向他示好，想拉他入伙。沈炳莹也算是个有几分骨气文人，虽然深知这帮人的厉害与背景，却不愿为伍，用他自己的话来说，就是：不能降心相从。因而，大大得罪了郭氏兄弟。郭氏兄弟从此怀恨在心，并在劳崇光面前告了他一状。

劳崇光自然要让沈炳莹：遂不安于其位也。

不久，沈炳莹便被人举劾。而此时，湖州的战火基本平息。沈炳莹对官场再无眷恋，毅然辞官，告老还乡。虽然，他还不甚老矣。

6 独自北上

俗话说：上山容易，下山难。对于官场而言，却相反。辞官是一件很容易的事，很多人都在那儿虎视眈眈地盯着那个官位，有人主动辞去，岂不快哉？

沈炳莹的辞呈很快就得到了批准。

辞了官的沈炳莹，心情想必很复杂，悲凉，无奈，愤慨。自然还有几许惆怅。回家的路，遥遥。回去以后，生计不成问题，家里的田产，总是可以维持温饱的。可是，他为官数年，特别是外放之后，近乎于窝囊。

终不能衣锦还乡。

1864年的春节，对于沈家来说，没有过年的喜庆与欢乐。潦草，马虎。一家人一直都在心绪不宁的忙碌中，做回程的种种准备。元宵节也是在忙碌的混乱中过去的，正月十六，一家人就离开了贵阳，但却没有一同走，分为两路。

母亲带着弟妹，先去长沙。沈炳莹与沈家本父子二人，却绕道而行，从贵阳往西，再往北，渡过赤水河，翻越盘山，先到泸州，之后再往东北，到重庆，尔后顺长江而下，乘船前往长沙。

为何要这样舍近求远？

沈炳莹从京城到贵州时，走的就是这条路。虽然，曲曲折折，却饱览四川的风光。而四川，自古以来，向以独特的风光吸引着文人骚客，高山耸立，水流湍急。沈炳莹虽没有李白的诗才，留下千古绝唱，却也写了不少诗。那些诗里的慨叹，很令沈家本神往。他也很想沿着父亲当年来贵州的路走一遍。并且，以后再来贵州的机会是很渺茫的，几近于无。

于是，沈家本向父亲提出这个要求，沿着父亲来贵州的路线走一遍，也不枉他在贵州的这两年。

也许是为了满足儿子的心愿，也许是为了自己能够再一次领略大自然的风光，一扫官场的灰尘，清静一下心情，沈炳莹答应了儿子的要求，选择了这条路。虽然，是更加艰难的跋涉，又重复了他来时的旅程。

出了贵阳城，第一晚，他们父子俩就歇在清镇县的镇西卫。所谓镇西卫，就是指清镇县的卫城。镇西卫是一座很小的古城，建于明崇祯三年。清康熙二十六年（1863年），将威清卫与镇西卫撤并为清镇县。

这里曾经是一个繁华的小镇，当年曾有小锦州之称。可是，当沈家父子路过时，小镇已经衰败，不见先前的热闹。他们在一家药肆住了下来。和贵阳相比，小镇的夜晚很冷清，寂静无声，像一个荒凉的村庄。沈家本用诗记下了当时的情形：

午无炊所暮无庐，茅店荒村劫火余。

不过，在这样荒凉的月夜里，沈家本的心里还是很兴奋的，涌动着：诗言志。他也像大诗人李白，和不是诗人的他父亲沈炳莹一样，用诗来记写一路的见闻与感受。

雪和雪山。

赤水和长江。

途经大定时，大雪纷飞。飘飘洒洒的雪花，漫天飞舞。在这样的天气中长途跋涉，其艰难可想而知。但沈家本，却不以为苦，对着雪山高歌：苍莽万山围，长途滞客骈。寒云随雪卷，冻雨杂冰飞。径断村容失，峰连鸟迹稀。早春消息逗，犹未换征衣。

沈家本已经25岁了。

25岁的他，还是常常沉浸在浪漫的情怀中，但他却又是一个很细心的人，做文如做事一般：严谨。在离开贵阳之前，他对所经之地，都很用心地查阅了他所能找到的资料。

到达赤水那一晚，他就着油灯，在日记中写道：俗称赤水，声之转也，此川黔分界处。赤水即赤虺，河源出荒部，经蜀川合流入楚。自然还有诗：今渡赤虺河，波容殊淡澹。

赤水并不像他想象中那般波涛汹涌。也许，是因为在冬天，河面平静，波澜不惊。

过了赤水，雪山扑面而来。迎着早晨清亮的太阳，皑皑雪峰，傲然直指天空。远远望去，山上的树木、岩石，也是一片雪白，飞鸟不翔。庄严而险峻。

这便是古道雄关——雪山关。

这座连绵的雪山，在四川的叙永县南摩坭境内，南俯黔岭，北望长江，最高的主峰，海拔 1800 多米。

雪山下横卧着赤水。

山与水，终年相对，像一对情人。

人在雪山下，仰面遥望，太阳晃着眼睛，洁白的雪也晃着眼睛。除了惊叹，便是震撼。大自然的壮丽与雄伟，在年轻的沈家本心里自然也是盘旋不去：

> 石磴回盘鸟不翔，玉峰高迥接天关。
>
> 层冰留积千年雨，峭冷林飞六月霜。
>
> 古寺华鲸鸣乍遍，长途疲马走还僵。
>
> 何如塞外探奇景，万里寒云拥大荒。

而这些都是他在京城与贵阳城里所感受不到的，那儿只有人与人的相争与相斗。人在雪山面前，渺小如蚁。因为渺小，心情也是干净而又清亮的。

不过，他父亲和他的家庭给予他的还是很传统的教育，那便是对英雄的崇敬。到了泸州之后，父亲带着他特意去凭吊了南宋末年的忠义之士许彪孙。

许彪孙是一位感动天地的英雄人物。他生前是四川制置司参谋官。景定二年六月里的一天，策应大使吕文德正在府上大摆酒宴，以庆贺自己的生日，宾客酒酣耳热之际，蒙古部队突然来到神臂城下。早已蓄谋叛宋投敌的武将刘整，此时也在宾客之中，他突然变脸，以武力胁迫同僚，与他一道投敌。

刘整把官吏们召集在公堂上，命令他们："为南（宋）者立东庑，为北（蒙古）者立西庑。"

刀锯在前，二十七员文臣武将，竟然个个贪生怕死，都整整齐齐地站到大堂西边了。只有一个不知姓名的户曹，巍然东立，以身殉宋。

刘整迫降了整个儿衙门的文武官吏以后，又遣使找到罢郡在家奉祠，避难泸州城内的四川制置使司参谋官许彪孙，命令他代笔草拟投降文告，"以潼川一道为献"。

文臣许彪孙，面对叛臣刘整的屠刀，义正词严，没有丝毫余地说："此腕可断，此笔不可书也。"

他当然知道自己已无生路，身着朝服，拜天地祖先，率全家十口，由少而长，全部自缢而死。

许彪孙，让沈家本深深地感受到笔的重量。

泸州的繁华并没有在他心里留下特别的感受，还有重庆。他们父子在重庆稍事休整，便乘船顺江而下。那江便是长江。

长江的壮阔与浩荡，沈家本早已从李白的诗中有所领略：朝辞白帝彩云间，千里江陵一日还，两岸猿声啼不住，轻舟已过万重山。李白的诗豪放而洒脱。但及至他自己坐在一叶小舟上，随着江水飘荡时，那种诗中的快乐与意境，却被险象环生的波涛所裹挟。小船像是在浪与浪的尖头上跳跃，生与死全系在船夫手中那根长长的竹竿上。

船至三峡，更是如此。

每年，都有行船在这里沉没，丧生于此的人，多不可数。在浩荡连天的江水中，一旦船沉没了，船上的旅客几乎没有生还的可能。

沈家本是知道这险的，来贵州时，他已经经历过一次。

可是，因为险，也就格外壮丽。

最惊险之处，是从瞿塘峡开始的。因为，江水中藏有很多巨石。这些巨石并非耸立在江面上，一眼就可以看到。而是，随着季节与水面高低的变化而变化。水枯的季节，石头高高耸立江面。而夏秋之季，水满之时，巨石又隐没在水中，几近不露痕迹。

现在还没有到水满之时。虽然险，相对安全。船夫可以看到露出江面的巨石，不至于把船撞到巨石上，粉身碎骨。船儿稍平稳之时，便可看到悬崖之上，孤零零的茅屋。仿佛屋顶上就是天，那破旧而简陋的小屋，像是一个人险险地侧立在崖顶，在那儿仰身长叹。

他是见过那样的茅屋的。屋顶是茅草，没有一片瓦，墙也是泥巴糊的。茅屋的窗只巴掌大一块，像一个小洞。洞里黑黢黢的一片。

除了茅屋还有人，砍柴的樵夫。樵夫的身影更显得渺小，几乎就是一个小黑影。

茅屋与樵夫，又让他想起梵净山里的农人。他们一样的贫穷，过着一样困苦的生活。日出而作，日落而息。如果没有兵与匪的骚扰，他们日子虽然贫苦，但却是安宁的。

离开京城之后，给他感受与印象最深的，除了大自然，就是这些穷人。这些穷人的生活与他的生活，相距还是很远的，但毕竟看到了，也体会到这些人是怎么活着的。

活在这个世界上，人和人是不一样的。

他把看到的和想到的，一路零零散散，都记在他的日记里，还有诗。那些文字，都是所见所闻，有感而发。

到了长沙之后，母亲与弟妹早已在那儿等候他们父子二人了。稍事休息，一家人便又乘船，前往上海。

上海对于沈家本来说，是一座陌生的城市。这一次，父亲带着全家人,在上海盘桓了几天。这是他第一次见识上海,虽然也不过是走马看花,但是上海像雄伟的雪山一样,让他非常的惊叹。雪山给予他的是更加沉静,而上海却让他心里乱乱的,特别又是刚刚才从那样闭塞古朴的贵州一路跋涉而来。像他自己在诗中所言:别是一番新世界。

即便是和大城市北京相比,上海也是不同的。它很繁华,但却没有庄严和雄伟,更没有皇家的气概,和皇家那种根底深厚的气息。

上海是喧闹的。它的喧闹又与洋人分不开。

自 1842 年《中英南京条约》签订之后,清廷被迫开放广州、福州、厦门、宁波、上海五个口岸城市。五城中,最受西方人青睐的则是黄浦江畔的上海。1843 年,上海正式开埠,英国人率先设立租界。此后,各国纷纷效仿。租界便也就成为上海与内地其他城市所不同的,也是最特殊的一道风景线——十里洋场。

灯红酒绿。

戏园、酒楼、茶馆、烟间、书场、马车和妓院,林林总总,遍及大街小巷。有钱的洋人很多,妖艳的女人也很多。外省小城有钱的中国人,也纷纷携家带子像潮水一般涌进上海。

即使是在沈家本这样的书生眼里,上海也是一个新世界。这个新世界最抢眼的则是——热闹与喧闹。

有很多沈家本不曾见识过的物与事。

上海没有大城北京的古老与凝重,但它却是展示西方文明的一个窗口,像万花筒,虽然是破碎的,但却让看的人眼花缭乱。人们不须远渡重洋,就可以领略异域风光,上海就是万花筒中的西洋景。而十里洋场,则更是官绅士商心目中游乐的首选地。

落在沈家本心里,印象最深刻的则是吴淞江上的外白渡桥。吴淞江,人们现在已经陌生了,常把它唤作苏州河。其实,最先把吴淞江改称为苏州河的是一个英国人。久而久之,人们也跟着叫顺了口。

苏州河近黄浦江的河口,一直靠摆渡过河。而且有好几个渡口,其中最靠河口的叫"外摆渡"。1856年，一个叫韦尔斯的英国人在外摆渡的位置造了一座木桥，就叫"外摆渡桥"。为了能够让较高的船只通行，桥的中央设有可以吊起来的活动桥面。后来，人们给这座桥起了一个好听的名字——外白渡桥。

这座桥虽然方便了通行，但对中国人来说，却是一座令人耻辱的桥。因为是英国人出钱建造的，所以这座桥对外国人是免费的，中国人从桥上走过却要交一个铜板的税。

一个铜板的税，大约像一根钉子，深深地扎在沈家本的心里。他是恨洋人的，那一时期在他日记里把洋人统统称为：洋鬼子。

在到处都可以看野眼的上海，沈家本专为这座桥写了一首诗，心情很是复杂。

几天后，他们一家人在这里再一次分手。这一次分手，对于沈家本来说，是一件很伤感的事。父亲与母亲将带着弟妹回老家湖州，而他，将一个人独自北上，去京城。

他的父亲在离开官场之前，还是设法为他作了安排，在刑部为他谋了一个职。是通过捐班，还是走了沈桂芬抑或其他什么老朋友的后门，不得而知。

所谓捐班，就是以捐纳而获得官职。说白了，就是用银子买来的官位。清捐纳始于顺治，康熙年间，三藩事起经费不足，又开捐纳卖官之例，此后时开时停。道光之后，太平军起，清政府财政发生困难，复大开捐纳，不仅虚衔，连京官郎中以下、外官道府以下的实职，亦可捐纳而得。

那时候，沈家本虽然已经24岁了，但他对父亲沈炳莹想方设法在刑部为他谋得的这个职位并不热心，他还是想继续谋取功名，时至今日，他还是一个生员，连乡试的考场都没有进过。

怎么想都于心不甘。

不过，虽然他心里不乐意，但还是遵行了父亲的安排。父亲辞官，心情本已黯淡，他不能再给父亲添堵。再者，又因为父亲已经辞官，本来就不富裕的沈家也显出下世的光景来，总不能只靠田产，坐吃山空，他不能不出去做事。

别亦难。

同治三年（1864年）的三月里，沈家本独自一人，乘船先去烟台，再由烟台赴北京。那时，外国人的轮船已经代替中国人的木船。沈家本第一次登上了洋轮。沈家本对洋人素无好感，乘洋轮也是迫不得已矣。但是，洋轮要比木船快得多。

尽管洋轮快，从上海到烟台，也要在大海上漂一两天。

海和江是不同的，一望无垠。轮船驶入大海后，无边无际的波涛扑面而来。除了水还是水，代之李白笔下啼不断的猿声，是风吼与浪吼。在风浪的吼声中，一个人的心事也会变得更加浩茫。

在海上漂泊的时候，沈家本心里想些什么呢？不得而知。现在他离开了父亲，是一个人独在旅途。

取道烟台去北京，他是想见一个人。那个人便是心岸居士，他的堂姐夫。他的这位堂姐夫，大名潘霨，比他要年长十几岁，是个很知名的医生，医术过人。咸丰五年（1855年）七月，这位堂姐夫曾应诏进京，到宫中视脉。至咸丰九年（1859年），前前后后在京城住了有两年。因为，找他看病的士大夫太多，一时竟无法离开京城。他的医术也是越传越奇，说有一个人重病卧床已经数年，吃了他一副药，就能下床行走了。

潘霨在京城的那两年，常常到沈炳莹家里来。沈家本就是那时认识他的。那时，沈家本才十六七岁，特别喜欢听这位堂姐夫说话，更喜欢和他聊天。到贵州以后，他读的书中竟有好几部医书，也是受这位堂姐夫的影响吧。

想到堂姐夫，他的心情也就亮堂了一些。此次进京取道烟台，他的目的也就是顺路见一见堂姐夫，听听他的建议。至少可以和他彻夜长谈。

长谈，也是人生一大乐趣矣！

然而，相隔几年后，本来大他十多岁的心岸居士，现在已经彻底皈依佛门，静心读经，基本上过着不问世事的隐居生活。他的烦恼，他在红尘中的奔波，与心岸居士是很遥远的。

他想向心岸居士倾诉的关于前途的迷茫，一时竟不知从何说起。深夜里，一杯清茶在握，两人灯下相对，听着远远的海浪声，说的最多的还是在宣南坊日子。

就像他在诗中所写那样：

旧梦宣南记几回，雪泥天未断鸿猜。

三年磨蝎蛮中住，万里乘鳌海上来。

别久顿教惊喜并，语多总以乱离该。

时艰一面千金值，门外骊驹且慢催。

7 金榜题名

1864 年的春天，沈家本又回到了久违的皇城北京。不过这一次，他是一个人，远离父母，也远离家人。

沈家本到刑部报了到，在衙门里有了一个小小的职位。这个职位，是他父亲千辛万苦给他谋来的，花了钱，也担了人情。

也就是高阳先生笔下的：赀郎。

所谓赀郎，即资郎。以资为郎。说白了，就是用钱买来的。清朝的文官制度，捐纳渗透各个环节。入仕者可以捐纳为官，未入仕者也可以由民而官。

沈炳莹为官数年，依然囊空如洗，为沈家本捐班，还是要靠祖上和岳父留下的产业，自然是不宽裕，也只能给沈家本捐一个很低微的职位。虽然，这个很低微的职位是父亲用钱给他谋来的，也饱含着他父亲的良苦用心。沈炳莹虽然喜欢诗，也常写诗，但他本质上不是一个诗人，他还是希望他的儿子能有些官场的历练，做些实事。

但沈家本并不怎样称心，心心念念记挂的还是科考。

科考是他的一个心结。

不过，他是一个认真的人，对衙门里的差事还是很上心的，让他做的事，他都一丝不苟地完成。像他的墓志铭所记述的那样：公之学律自是始。

那时，他在衙门里所做的事，大抵也就是些繁杂的文字抄写。虽无兴趣，他还是一笔不苟。本来，他就写的一笔好字，工整，清秀。

此时，他对律学毫无兴趣，所做之事，实在也只不过是一个谋生的手段。

除此，读书，写诗，准备科考。

还是住在宣南坊浙江人的会馆里。

沈家本是在北京长大的，在这里也有他许多朋友和伙伴，并不寂寞。但心却是不定的，那时他像大多年轻的读书人一样，人生最重要的目标就是科考。如同我们今天的考大学。

一纸文凭，重而又重。

一年之后，他终于等来一个让他兴奋不已的机会：浙江补行辛酉乡试。辛酉科乡试，本应在咸丰十一年，也就是 1861 年举行，但由于太平军的炮火，使得这一年乡试没有能够如期举行，一直拖延至今。

沈家本心跳如鼓，跃跃欲试，也是志在必得。

不过，他还是得回浙江考试。因为，清代的科举制度，秀才考举人，必须回原籍参加乡试。沈家本是在湖州考的秀才，这一次也就必须回浙江参加乡试。

回浙江参加乡试，路途遥遥，前前后后至少得三个多月的时间。然而，科考是清廷选拔人才的最重要的路径，自然是网开一面，衙门很痛快地就给他批了假。

端午节后，沈家本离开了北京，踏上回家之路。他还是选择了乘船。由天津乘大轮到上海，再由上海乘木舟回湖州。

一路皆与水相伴。

他在天津所乘的轮船，名：行如飞。和他的心情一般，恨不得三时五刻就飞回家乡湖州。可是，行如飞，却并非如飞，还是得在大海上慢慢地漂着。

已经是六月了，天也开始有几分热了。28 日，行如飞从天津的轮船码头紫竹林驶出，飘然进入漫漫航程。不料，刚刚行至大沽海口就遇上了风雨。

海上的狂风暴雨，和三峡的险峻相比，则又是另一番天地。茫茫沧海上，行如飞，俨然一叶孤舟，随浪起伏。人在船舱中，隔着一叶小窗，只见浪花铺天盖地。乌云，盘旋在浪与浪的尖头，黑黑压压地拥过来，咆哮着，怒吼着。

除了乌云和巨大的浪花，还是乌云和巨大的浪花。

船与人，都在无边无际的波涛中飘摇着。几乎嗅不到人间的气息，看不见田地，也看不见房屋和大厦，还有树木和花草。

人在海上，像人站在雪山下，渺小如蚁。

沈家本赴考的心情也像海，颠簸，动荡。不过，还有兴奋。他终于还是在海浪的拍打下，渐入梦乡：伏枕梦多违。

整整在海上漂了一个星期，行如飞才抵达上海港。下了船，人还像在海上漂浮着，却是另一个海：花花绿绿的人海。脚踏在陆地上，那地仿佛也还在摇晃着，像在波浪中。

此时的沈家本，已是归心如箭。稍事休整，便租了一条船，还是由水道回家乡。湖州已经遥遥在望。家也遥遥在望。

与上一次回家参加童试，已经整整九年了，他都没有再回过家乡，回过编箕巷里那个飘溢着桂花芬芳的家。也将近一年没有见过父母与弟妹了。

相见亦难。

父亲很明显地见老啦，胡须眉毛皆白。其实，那时他的父亲也不过是六十岁上下的人。也许是因为心情不好，郁郁不得志。母亲也老了，从京城到贵州，再由贵州回家乡，母亲也是几经风霜。生活飘摇，心也是飘摇的。动荡的飘摇中，容颜便也凋谢了。

团聚的喜悦与欢乐，很短暂，只九天。九天后，沈家本在他生日的前一天，由父亲亲自陪同，前往杭州赶考。其实，他的老父亲沈炳莹，也许比沈家本自己还要看重这次考试。中国父母一向如此，把出人头地的梦想寄托在下一代身上。

还是取水道。乘船由清水洋去杭州。夜里，父子二人都久久不能入眠。第二天，天气晴朗，太阳早早地就探出了头，水面上金光闪烁。此时还是文学青年的沈家本，迎风伫立船头，忍不住又吟诗啦：海底老龙应笑我，壮游如此不题诗。

很激情，也很激动。

可是，他万万没有料到，还没有走进考场，他就病了。因为旅途的疲劳，加之兴奋与激动，又连日没有休息好。还病得挺重，头疼如裂，周身酸痛，接着又发起烧来，人软软的，茶饭不思。

但不管他病得如何，他都会坚持考试的，为了等待这次考试，他已经付出了很多的心血和努力，而且这次考试关系着他的未来与前途。就像他自己在诗中所说的那样，是扶病进入考场的：扶病莫嫌腰瘦损，月明三五强衔杯。

明清两代的乡试，每三年举行一次。所谓乡试，就是已经通过童试的考生。乡试的考场就设在各省的省城。凡本省生员与监生、荫生、官生、贡生，经科考、录科、录遗考试合格者，均可应考。逢子、午、卯、酉年为正科，遇庆典加科为恩科。

考期在八月，分三场。三场考试，很漫长，每场持续三天。内容有四书、五经、五言八韵诗及策问。

那时的考试方式与今天大不相同。但是，考试管理却更加严格。为了防止作弊，每个考生进入考场前都须检查身体。考试时，则要被独自关进小房间里，那时称作——号舍。进入号舍后就不准再出来，甚至上厕所也有人跟着监视，直至考试结束时为止。并要自带干粮，因为试场只供给开水。

考场就设在各省的贡院。所谓贡院，即开科取士的地方。"贡"的意思指的是各地士子来此应试，就像是向皇帝贡奉名产。贡院的名产就是最有才华的人。

贡院最早始于唐朝。

贡院里，密密麻麻的号舍一排排叠在一起，每排都有士兵把守，一旦发生情况就迅速将指示旗升起，以通知待在最里边的监考官。一般每一排号舍前会有一到两口水井，一方面是为了万一失火时灭火，另一方面也是为了考生的生活用水方便。还有则是怕考生到远处取水设法作弊，这样也方便管理。

号舍非常狭窄，深4尺，宽3尺，总共不过是一平方米左右。在这鸽子笼一般的号舍里，士子们白天考试，晚上休息，吃喝拉撒伴着夜晚拔得头筹衣锦还乡的美梦。

号舍里的书台与椅子也是非常简陋的，用木板隔成，上下砖托，作为书台与椅子。白天，士子们就伏在那书台上，吮笔挥毫。晚上呢，把木板全部移到下砖托，那便是他们睡觉的床。

号舍前的井也和今天我们所见的水井不大相同，外圈呈六边形，每面都刻有花纹。井口却比普通的井小很多，是怕考生没考好，一时想不开，一头扎进水井里，一了百了。

那一年，参加考试的士子特别多。因为，很多人都和沈家本一样，因战乱失去一次考试的机会，非常急切地盼望着这次考试。本来，由于战乱而残破不堪的杭州城，也因为这次科考热闹非凡，大街小巷都云集着前来赶考的士子们。像是在迎接一个盛大的节日。

进入考场的前几日，许多士子还赶到三台山的于谦祠住下祈梦。于谦祠里有个祈梦殿，人们去祈梦殿的诉求包罗万象，但最主要的是祈求功名。

据传梦还特别准。

史书上曾记载了不少祈梦故事。无锡邹忠倚年轻时曾到于谦祠祈梦，他梦见于谦送了他一把瓜子，数了数，刚好54粒。后来他在家闲居，一次看见妻子用瓜子排成"状元"二字，一数，竟刚好是54粒。不久他去参加科举考试，高中状元。

当然，这只不过是传说而已。信则灵。那一年由杭州去祈梦殿的士子，比往年更多。

8月初8日正式开试，参加考试的士子鱼贯进入考场——浙江贡院。

正是南方炎热的时候，窄小的号舍，像鸽子笼，除了热，还有闷。

沈家本进入那窄小的鸽子笼里时，热与闷，他似乎都没有感觉到，心里却是翻江倒海，虽然头还是很疼，但却精神十足，十年寒窗的苦读，成与败，就看这几日的发挥了。

初九日，天刚蒙蒙亮，试题就发下来了，他细读之后，胸有成竹。

头题：君子无众寡无小大无敢慢。

首题：得一善则拳拳服膺而弗失之矣。

三题：禹思天下有溺者由已溺之也，稷思天下有饥者由已饥之也，是以如是之急也。

诗题：红树碧山无限诗，得诗字。

头题、首题、三题，他都是有感受的。由京城去贵州，一路的曲折与艰辛，还有黎民百姓的苦难，战乱中的人为灾难，他历历在目，点点滴滴全都融化在笔尖，一挥而就。

清代大学者阮元给浙江贡院的题词：精神到处文章在，学问深时意气平；正是此时沈家本的写照。

与大多士子相比，沈家本比他们多经历了很多苦难，历练也丰富，因此，他所论，就不会仅止于从书本到书本，而饱含自己的思考。

初十二日，是第二场考试。考《易》《书》《诗》《春秋》《礼》。

《易》题为：君子□中通理。

《书》题为：知人则哲，能官安民则惠，黎民怀之。

《诗》题为：自今以始岁其有。

《春秋》题为：秋，郯子来朝（昭公十有七年）。

《礼》题为：五声六律十二管还相为宫也。

沈家本熟读诗书，这些自然难不倒他，亦是下笔千言，文思如泉涌。

初十五日，是第三场考试。策题为经学史学学考课衣服兵制。

　　三鼓时分，考题与纸，便发了下来。沈家本一看那题，心中便如释重负，提笔直书，如他自己所言：手僵痛也不顾也。一气呵成，申刻完卷，细细察看了一遍，便交了卷。

　　那年乡试的最后一天是中秋节。虽然家人不在身边，父亲把他送进考场，也只在杭州只小住了两日，拜见了亲朋好友之后，便匆匆北上去了京城。

　　他走出考场，心里仍是欢喜的，仿佛家与家人就在身边。他很想跟人说些什么，他总算了却了自己的一桩心事，也是完成了人生中的一件大事。至于结果嘛，虽然现在还完全不得而知，但冥冥之中，他还是觉得很有把握的。

　　独自漫步西湖，陪伴他的唯有诗，盘旋心头的诗句呼之欲出。可是，他走出考场时的兴奋与期待，在西湖畔，却渐渐黯淡下来。沿着长长柳堤，一直走至平湖秋月，满目皆荒凉。看到的几乎都是残垣败壁，而堤畔的柳树竟没有一棵存活的，不是砍断的，就是烧焦的，倒在地上的也只剩下残枝败叶。

　　战乱之后的西湖，和杭州城一样，除了凄凉和苍凉，还是凄凉和苍凉：山色湖光黯淡愁，西风容易又残秋。荒亭寂寞泉空咽，断碣模糊客遍搜。烟拥平桥天棘满，云封古殿瓦松稠。我来欲问句留处，石径苍凉夕照收。

　　脚步沉沉，心情也是沉沉的。

　　之后，他又去拜祭了他的外祖父俞焜。俞焜去世后，葬在杭州六和塔附近的二龙山上。从六和塔到二龙山，有700多级台阶，山上树木葱郁，游人几近于无，非常寂静。

　　他的外祖父是在与太平军的交战中去世的，死后清廷赐谥文节，还专门为他建祠以示纪念。现在，祖父长眠在山与树的怀抱中。

　　站在外祖父的墓前，他的心情自然更加沉重，伴着思念的哀伤。他在祖父的墓前行了跪拜之礼，许了愿。

　　他许的是什么愿？不得而知。

他没有在杭州多住，几日后便回到了湖州。

母亲自然是欢喜的。对于母亲来说，他若能够永远相伴身边，那便是最大的福气啊。他在家中的每一天，母亲都变着花样给他做些家乡的好吃食。母亲对孩子的爱，总是沉浸在一茶一饭，一针一线之中。

而他呢，则茶饭不思。心里还是摇摇晃晃地不定，在焦急中等待着考试的结果。

重阳节就在他焦急的等待中，不期而至。母亲准备了菊花酒，还亲手做了重阳糕。那晚，他和弟弟们，还有母亲，就在院子里的树下饮酒，闲聊，不由得又想起去贵州途中的艰难，此一时，彼一时也。那时哪里会想得到今日的平静与欢畅。遗憾的是父亲还在京城，不能和他们一起坐在树下，说几句家常话。

也不知父亲在京城怎么样？

母亲脸上虽然还是笑笑的，但他还是能够体会到母亲对父亲的惦记与挂念。如果父亲现在也坐在树下，他们一家人才是真正的团员啦。

重阳之后，他又去了夹山洋。也许还是因为心不定，还是处在忐忑不安的等待中。虽然说仁者爱山，智者爱水。此时尚还年轻的沈家本，看山看水，都还是因为心中的动荡与企盼。

夹山洋离他家并不远，就在湖州城南门外。夹山洋的东边是一望无际的平原，其它三面皆群山环绕。站在水畔，遥望群山，他的心情也开阔了几分。

几天后的一个早晨，送信的报录人来到了编箕巷，一路高喊："沈少爷中举啦！沈少爷中举啦！"

在近万名士子的角逐中，他成功了！虽非解首，也就是说没有考到第一名，中式第六十二名，也不算后。

虽然，他考前就是志在必得，但还是为这喜讯兴奋不已。弟妹们更是欢呼雀跃，奔跑着抢着去开正门。母亲跟在后面，也是满面笑容。沈家本自己呢，一向少年老成的他，抑制不住地露出了笑容。

整个小巷都哄动了。甚至，湖州城也跟着掀起一股小小的热闹之潮。自古以来中国的封建社会都是：万般皆下品，唯有读书高。读书人中了举，那便意味着可以——做官。做官则是那时大多中国人的梦寐以求。

沈家立刻成了湖州城里的一道风景线：沈家本的祖父沈镜源是举人，父亲沈炳莹是进士，如今才25岁的沈家本又中了举，一家三代在科举场上都获取了功名。

很耀眼的一道风景。

随即，贺客盈门。亲朋好友，邻里乡亲，乃至城里并不相识的乡绅与达官贵人。

沈家本沉浸在热闹的海洋中，忙忙碌碌地迎客送客。

在热闹中忙碌了一阵子后，沈家本又去了杭州，拜见房师。

房师是明清同考官的别称。因同考官各掌一房阅卷，试卷必须先经过同考官加批选荐，交主考官或总裁审定后方能取中。所以，举人贡士对荐举本人试卷的同考官尊称为房师。

沈家本拜见房师之后，也看到了自己的考卷批语，三场试卷的荐批都对他有很高的评价：

首场头批：一气挥霍之中仍处处典切，禀经酌雅，洁净精微。

首题批：清而腴，疏而畅，沙明水净，尘障一空。

三题批：从以是二字著笔，故语语有颜子在。不矜才不使气，灵光四映，远著迢迢。

诗批：自然浑雅。

全部三场荐批：首艺理明机圆，词无庞杂，次、三清畅，诗妥。艺稳洁一律。五策清洁。

他心里在高兴之余，自然还有一点儿小小的得意。

然而，好事不连双。当他还沉浸在中举的兴奋中时，却又遇上一件让他很不开心的事。

8　从此，怀人万里只有梦迢迢

还是因为父亲。

他走进考场后，父亲在杭州盘桓了两天，会了几个朋友，便去了北京。去北京，当然不是去闲逛。还是为了父亲自己的仕途，就这样在壮年之际，便告"老"还乡，父亲于心不甘。并且，也深为自己的遭遇不平。

沈炳莹的不甘与希望，只能寄希望于朝廷的：任人唯贤。而朝廷对于他这样的小人物是遥远的。颇费了一番周折，托人，找朋友，他终于得到一个可以申诉的机会——两宫皇太后的召见。

得到召见的消息时，沈炳莹黯淡的心情在一瞬间里现出一缕阳光。一般而言，以沈炳莹的官衔，又是外放官员，两宫皇太后召见后，大多都会予以留用的。

可是，他的运气不好。

两宫皇太后，也许是瞧着他不顺眼，也许是因为他的白发白须显得有些苍老了，两个掌握着文武官员生杀大权的皇太后，并没有对他的申诉，对他自己所言的剿灭太平军的功劳，有所感动。而是很冷淡地让他：奉旨罢休。

沈炳莹的仕途，至此彻底的画上了句号。

消息传到湖州时，已经是1866年的1月。当时还沉浸在中举兴奋之中的沈家本，心情立刻变得焦躁，中举的快乐也就不那么快乐了，他在日记中写道：引见后竟奉罢休之旨，下文竟难设法，为之焦灼。

短短数言，很沉重。和现在26岁的年轻人相比，沈家本是老成持重的，他很清楚父亲奉旨罢休，对他的前程也是一个很大的打击。他在京城的朝廷里不过是一个小小的文职，要想出人头地，若无家庭背景是很难的。父亲曾是他的依靠，虽然那依靠细弱如竹，但现在连这样细弱的依靠也失去了。

前途渺茫。

他很烦，又失眠了，在深夜里大睁着两眼。

俗话说：祸不单行。

当他还在为父亲的奉旨罢休悲哀时，久病的四弟又撒手西去。几天前，当他们全家还沉浸在他中举的快乐中时，四弟沈家棨就已经病危。四弟病重时，父亲正在北京忙着寻求官位复职之径，焦头烂额。四弟去世时，远在京城的父亲自然是不得而知。

母亲伤心欲绝。

自四弟离开人世那一天，母亲就滴水不进。白发人送黑发人，何况又是母亲！

四弟的丧事，全靠他操办。此时，他必须担当起一家之主的角色。身累，心也累。情感上也是伤痕累累，毕竟是手足之情。四弟本来体弱，从京城到贵州，一直咬着牙坚持。路上没少病，头疼脑热，几乎没有间断。就这样病病歪歪地跟着家人，一路颠簸。现在，总算又回到了家乡，可以过平淡但却安宁的日子了，四弟却永远地离开了人世间。

人啊，渺小如蚁。如同人站在雪山前，眼前只有巍峨与白茫茫的一片。

可是，当他还没有从四弟去世的悲哀中缓过神来，另一个噩耗接踵而来，他最要好的朋友，可以说是生死之交的朋友吉甫也死了。他与吉甫是同样的品性，他曾在诗中这样描述他与吉甫：

> 海内索知心，知心久寥寂。
>
> 抱此孤介姿，所如遭挥斥。

惟君察区区，相视成莫逆。

君性厌纷华，我亦爱泉石。

我性恶浮薄，君亦喜朴直。

春华良可宝，努力崇明德。

吉甫已经病了很久，死是预料之中的。但接到这噩耗，他还是悲痛欲绝，除了悲痛还有悲伤，深感人生的无常，他在诗中哀叹：人生若浮云，聚散洵无端。

同治四年（1865年）的除夕，在他们一家的悲痛中悄然而至。

本来，他是没有心情过年的。父亲远在京城，弟弟新丧，母亲终日以泪洗面。可是，他现在是母亲的依靠，也是弟妹们的依靠，必须打起精神来。何况，他又是新中的举人，到家里来的客人也多。湖州虽然是一座小小的城，但过年时的礼节却是同样的郑重与隆重。按照这儿的习俗，新年里，小辈要给长辈拜年，也要给尊者拜年，亲戚朋友家更是一定要去的。除此，沈家本还要去地方官府拜年，他毕竟是新举人啊，这些礼节都是免不了的。

送往迎来。

只是深夜里，他还是睡不着，大睁着两眼，看云与月，从窗前缓缓飘过，心里的悲伤也是飘来飘去的。

新年一过，他便动身回京城了。还是先到上海，再由上海乘船去天津，再从天津乘车去北京。路途遥遥，心也遥遥。

此时，沈炳莹也由京城来到了上海。父子俩在繁华的上海相会，心却热闹不起来，很哀伤。官场失意，对沈炳莹的打击很大。他那些际遇，在他看来便是儿子的前车之鉴。

夜晚，在一家僻静的小客栈里，父子两抵足相对，心情都是沉重的。沈炳莹嘱咐了又嘱咐，自然是希望儿子今后的仕途要比他顺畅。虽然，他自己官场失意，儿子中举，毕竟还是使他黯淡的心情稍稍有了几分安慰与巴望。

除了对儿子在官场上的嘱咐，沈炳莹还有一个很重要的事要和儿子敲定。那便是儿子的婚事。他这次去京城，又为沈家本定下了一门亲事。女方是山东候补运同陈瑞麟的女儿。

运同是管理盐务的官员，全称是：同知盐运使司事，简称运同。历朝历代，盐务官员都是肥缺。盐是百姓生活中不可缺的。虽然，运同的官级比知府略低，陈瑞麟的运同又是候补，但毕竟还是在位上，与已经丢了知府官位的沈炳莹结为亲家，仍不失为门当户对。

父母之命，媒妁之言。

沈家本低头不语。他已经虚 27 岁了，在当时那个时代，按说早该成家啦。对于异性，他不是没有感觉，也并非从不心动。客居长沙时，他就在诗中悄悄地流露出对女性的向往：生来香国晓云繁，试舞东风廿四番。偶谪人间成小梦，长留花里寄归魂……诗名就是：题某女史蛱蝶卷子。

在生活中，他是老成持重的，内心深处却充满了浪漫的遐想。

也只限于遐想。

对于父亲的安排，他也惟有服从。

父亲要他在礼部会试后，就办婚事，不管是否中式，都先结婚吧。一来他的年岁也不小啦，二来沈家也需要传宗接代呀。

昏暗灯光下，父亲还是显得老迈，再加上一路的风尘，更是一脸的疲惫。虽然，父亲还未到花甲之年，但确实已经垂垂老矣。心情更老，所嘱咐他的每句话，都是现实生活里最切实也是最琐碎的话题，已很少诗情与豪情。

父亲的嘱咐与安排，他都一一答应了。是想让父亲心安。现在，他也是父亲唯一的希望与依靠。四弟去世了，其他两个弟弟也还小。家业的重担都落在他一个人身上。

在上海稍事逗留，他便和父亲分手了。父亲回湖州老家，他去北京。从此，他便要一个人在北京打拼。父亲与母亲，还有弟妹，谁也不能陪伴在他的身边。以后能够陪伴他的只有那个现在他还没见过面的，遥远而又陌生的女人——候补运同陈瑞麟的女儿。

回到北京，他又回到原先的生活轨道，还是住在宣南坊的浙江会馆里。稍事休息，就到刑部销了假。几日后，他遵照父亲的安排，拜会了媒人，接着又和媒人同到陈宅过礼。

对于那个将要与他白头偕老的女人，他在日记里只字未提。

之后，他除了在衙门里办公事，其他时间都又浸泡在备考之中。为庆祝平定太平军，收揽人心，清廷决定这年秋天举行丙寅恩科会试。对于刚刚考取举人的沈家本来说，这无疑是个好机会，绝不能错过。加之去年乡试的成功，更使他志在必得。

这年秋天的会试是在通州举行的。

有了上一年乡试的成功，这一次会试，沈家本的心情比较放松，自我感觉也比较良好。出了考场，他就写了一组诗，诗题便为：通州试院戏作四绝句。颇有几分得意与调侃：走马看花才一霎，漫将命运论文章。

然而，命运，却作弄了他。

他落榜了。

那么，只有遵从父命：先结婚。他是答应过父亲的。

同治五年（1866 年），会试落榜以后，沈家本很快就与陈瑞麟的女儿结了婚。婚礼是在北京举行的，他的父母还有弟弟妹妹们都没有参加。虽然，他的家族在北京的亲戚们都前来祝贺了，但毕竟父母还有弟妹们的缺席，还是在热闹的喜庆中落下了几许惆怅。

关于他的新婚妻子，他没有在日记里记上几笔，喜欢还是不喜欢，不得而知。那是父母送给他的一个人生"礼物"，一个相伴终生的"礼物"。

完婚后，他搬出了浙江会馆，迁居大安南营日南坊。大安南营，也就是后来的大安澜营胡同，在今天的大栅栏一带。那时，这一带还是非常偏僻的，远离闹市，胡同深处悄寂无声。

还是文人的习气，他为新家赋诗一首：

巢痕新卜日南坊，容膝能安陋不妨。

室有遗书刚插架，门多老树不成行。

曲巷自来车辙寡，懒随征逐少年场。

默观大化悲秋士，闲访遗村近海王。

他的新家很小，也很简陋。但室内有书，门前有树。这也就足已矣，且小巷深处很少车马往来，也很少喧哗。从衙门公办回到家中，可以安心地读书，这一点最合他的心意。

对于他而言，新婚的甜蜜，儿女情长，与卿卿我我，远没有科考更牵动他的心。

沈家本是一个很理性的人。

同治七年，也就是 1868 年，沈家本再次参加礼部会试，这一次，他还是没有考中进士，仅考取膳录第一名。

很郁闷。

有点儿想回家了，回湖州。他在诗中叹息：塔古亭高归去好，碧湖烟水共浮家。家自然是回不去，他还得留在刑部，继续他的小职员生活，还得继续备考。一直考下去，直到考中。

那时，他心中最重要的一件事就是科考，对刑部的公事，并不怎样喜欢，只是很认真地完成上司交给每一份事务性的工作。他做的大多还是案头工作。

生活很平淡，每天两点一线：从家到衙门，再从衙门回家。夜深人静之时，他还是伏在灯下读书。除了备考的书，也读闲书，他是一个喜欢读闲书的人，涉猎很广。

已然晚秋。

各种各样的盆栽菊花，在隆福寺与厂甸同时上市，洁白的，金黄的，还有淡淡的紫色的，傲然于秋霜之中。他也在自己家小小的院落里添了几盆菊花。

他的老师闵连庄就最喜欢菊花。但是，他还做不到像菊花那样淡泊清静。

风吹过门前的老树，树叶纷纷飘落，每天清晨开门，一地枯黄的落叶，静静地躺在寒冷的秋霜之中。他的心情亦很萧条。

他的日子是安静的，索然的。然而，他却时时被外界的纷乱所震惊。那些纷乱在开阔他的眼界的同时，也使他深感迷茫。

曾国藩、李鸿章、左宗棠，这些清廷镇压太平军的有功之臣，在平定太平军之后，开始了让人们感到非常新鲜的洋务运动——开办江南制造局，福州船政局，还有各省的机器局，又派遣留学生到各国学习技术。

西洋的先进技术，像潮水一般涌入中国这个古老的东方之国。伴随着先进的技术，还有西洋的思想。各种各样的思想，纷纷扬扬。

茶余饭后，人们总喜欢说叨说叨这些事。特别是在大城北京，百姓们向有关心时政和国运的嗜好，他的同僚自然也常有议论。沈家本和同僚说的不多，但却非常关注，比起他的那些必须死读的科考书，这些新鲜的事和新鲜的思想，更是在他心中盘桓不去。

他是一个关心时政的人。

不过，那时他在京城不过是一个比芝麻还小的人物，他的关注是不会有人关心的。

时间就这样像流水一样，在庸常的日子中流逝。同治九年，也就是1870年的秋天，就在沈家本紧张地为下一年的庚午年会试埋头准备时，他母亲病逝了，随即父亲病危。

阴历十月，阳历11月，父亲终于也随他母亲而去，郁郁地离开了人世。终年61岁。

他的父亲沈炳莹回到湖州后，虽然无官无职，仍然终日沉浸在笔墨之中，写诗著文。除了写诗著文，他还常常到杭州诂经精舍、湖州爱山书院讲学。因为，他不是一个纯粹的文人，做过很多的实际工作，也有官场的历练，因此他所讲的并非从书本到书本，而是有很多实际经验与社会感受，深受欢迎。

此外，沈炳莹还十分关心湖州的水利建设，这是大多文人与学者都不熟悉的实际工作。那年夏日，他每日步行几十里路勘查河流与水道，过劳成疾，终于一病不起。

沈炳莹离开人世的时候，没有见到沈家本。京城离湖州太远，沈家本日夜兼程地回到家时，父亲已经永远地离开了这个世界。沈炳莹在离开人世之时，想和沈家本说些什么，不得而知。他是不得志的，一辈子都挺窝囊，没过几天得意的日子。反倒是丢了官后，回到湖州，做了几桩他自己想做的事。到书院讲学，修水利，这些都是他心甘情愿去做的事，没有荣耀，也没有实际利益，但这些事却是他喜欢的，全身心投入的，也是他人生最后的安慰。

一个官场失意的文人，离职后还能这样热心地做些实事，即便是在我们今天，也不多见。很多的官员，离开了官场，除了失意还是失意，整日牢骚满腹。相比之下，沈炳莹还算是一个心胸开阔，愿为百姓做些实事的好人。在腐败的清廷，沈炳莹这位芝麻官，也算得上是一个好官了。

沈家本欲哭无泪。

已经失去了弟弟和最要好的朋友，现在又是父母。这便是命运？而且为了已经逝去的双亲，他还将要失去1879年的科考机会。

他向刑部请了假，从京城回到湖州，为父亲守制。

守制，是封建时代的孝道制度。父母死后，儿子要在家守孝27个月，很漫长，整整两年零三个月。在这期间，还要谢绝各种应酬，做官的呢，则必须离职。

父亲还没有发丧。弟妹们都在等他回来。现在，他就是一家之主。他要主事。搭设灵堂，接待前来吊唁与祭拜的亲朋好友，左邻右舍，乃至湖州城里的大小官员们，便都落在了他的肩上。

悲伤之外，也很疲惫。

展眼就又翻过了一年，1871年3月，往年此时江南已渐渐暖和，院子里的小草和树木也已露出尖尖的绿芽。可是，那一年的 3 月下旬，一天下午三时许，晴朗的天空，突然之间，雷声滚滚，西风咆哮着漫天翻卷，犹如万马奔驰。黑云随之而至，整个天空都暗了下来，大雨如注。连屋檐上的瓦片都在风雨之中摇晃着，像是展翅欲飞。

沈家本伫立窗前，看着窗外的突如其来的大雨，十分震惊。

风雨中的湖州城，一片惊慌。南街、莲花庄乃至郭西湾、沈店桥一带，民居半毁，还压死了十多个人。

可是，片刻之间，这场风雨说停也就停了。天空依然碧蓝，白云飘飘，一点儿风雨的痕迹都没有留下。像是根本没有刮过风，也没有下过雨。并且，城北十里外，安然无恙，丝毫没有受到风雨的侵犯，一直是艳阳高照。

虽说沈家本是个读书人，并不相信民间的迷信，但此时他心里也不免疑惑，有一种不祥之感，对自己的前程也是更加迷茫。

接下来的日子里，他很尽心地按照传统，完成了父亲的大殓。将父亲灵柩的棺材盖钉上元宝榫，用油漆涂封后，从编箕巷移送到早已选好的庙里停灵，等待日后下葬。

做完了这一切，本该继续在家守制的他，却于阴历的 4 月初 1 日，悄悄地离开了湖州，去了福州。

9 教案与冤案

1871 年，沈家本已经过了而立之年。和少年得志的张之洞、张佩纶们相比，沈家本是个挺倒霉的人，已经 31 岁的他，前途还毫无着落。

他这次去福州，是到他的堂姐家去。他的堂姐夫潘霨，此时已离开烟台，调任福建布政使。布政使，清时仅为督抚的僚属，专管一省的民政与财政。

在他的眼里，堂姐夫潘霨，是个很有才干的人，虽从政，还懂医，并且医术高明。他当然不是仅想从潘霨那儿得到些许情感上的安慰。

还是取道上海，从上海乘大轮去福州。

上海的变化很大。与几年前相比，上海更加繁华，店铺多，楼房也多，车水马龙。但在他的眼里，处处都充满了铜臭气，很让他看不惯。最让他看不顺眼的则是人力车。街头很多的人力车，车上拉着红男绿女，沿着窄而东拐西拐的马路，在笑闹声中，绝尘而去。

上海人把人力车叫做洋车。洋车由洋人掌管。拉洋车的车夫，则要向洋人交月租钱。沈家本得知后，非常不满。他在日记中非常愤怒地记下对这件事的感想：

> 沪地小车向来极少。闻去年自崇明江北来者不下三四千辆。每辆鬼子月收钱二百文，予票一张，一月一换，无票者不许做生意，每月计可得钱数百千。如此搜刮，非鬼子不能。

此时，他很痛恨洋人，把洋人骂做鬼子。像大多年轻人一样，是一种爱国情绪使然。但那时，他当然不可能料到二十多年后，他将要与洋人打交道，那是他政治生涯中的一劫。

当时的他，对洋人的痛恨，仅出自于爱国主义的情结。但对于现代管理，却毫无认识。上海，于他也是隔膜的。上海的灯红酒绿，上海对于金钱的崇拜，上海人与人之间的冷漠：各人自扫门前雪，莫管他人瓦上霜，都让他眼晕。还有那些洋人。

他毕竟是在京城长大的，他的生活习性与生活观念，与京城的百姓更为接近。

但他还是在上海住了有多半个月。等船，谢孝。4月19日，才搭乘行如飞号轮船，前往福州。自然是住在潘霨的衙署。潘霨是他的堂姐夫，也是他最能谈得来的老友。虽然，潘霨比他年长很多，两个人在一起却没有年龄的隔膜。潘霨也希望他来，作为幕客，帮助自己处理一些公务。

沈家本到后，所做的第一件事便是读左宗棠督浙奏稿。他在京城时就闻知左大人的盛名，现在又在潘霨这里亲眼看到左大人的奏稿，对这位离他远而又远的政界风云领袖，便有了一些很具体的了解，他的政见，他的文风，都在奏稿中一目了然。

处理公务之外，沈家本依旧还是埋头读书。书读得很杂，《诗》《书》、历史、地理，甚至农医。他是个喜欢读书的人，只要沉浸书中，便也就淡忘了自身的痛苦。又远离湖州，丧亲的沉痛，也稍稍平复一些。还因住在衙署里，经常可以和堂姐夫潘霨作更深入的交谈，对官场上的事与人，也多了几分了解，目光自然也就触向更深远也更开阔的社会。

福州是通商口岸，没有小城湖州的平静，热闹纷乱，涉外案件也比较多。天气渐渐热起来的6月底，福州的大街小巷里，流长飞短，一则传言，闹得百姓人心慌乱。

这便是神仙粉案件。

和洋人有关。据传言，也就是6月里，城东有人在街头送人神仙粉。而这种粉，男人吃了，全身浮肿；女人吃了，则会腹胀而死。因此，城中的百姓惶惶不可终日。只要看到有人有这种神仙粉，群众就会蜂拥而上，唾骂，殴打，已经打死了有四五人。官府也已捉拿四五个人，并将这些人正法。此事在广东东莞一带闹得最凶。愤怒的市民还捣毁了一座洋教堂，因为有传言，神仙粉就是从洋人的医院传出来的。

市民对洋人的愤怒更是火上加油。

一天，有个法国人，在井边喝水，被当地人看到了，将其痛打了一顿，说他把神仙粉投入了水井中。其实，那个洋人只是到井边喝水而已，并没有把神仙粉投到井中，他也根本没有什么神仙粉。洋人被送到官府，查清事实，官府给了洋人二十元，结案。

可是，群情激愤，案件并没有到此平息。7月2日，福州当地市民又捉拿了一个散发神仙粉的案犯，并将此人捆送官府。据审，此人姓侯，是个裁缝。身带药粉数十包，五颜六色。这些药粉，本是为他自己准备的，因他有病。

接着，广东又传来消息，也是关于神仙粉的。省会羊城更是谣言纷纷扬扬，莫衷一是。事态很快便升温了，愤怒的群众，包围了东莞与石龙镇里的教堂，吵嚷与争执中，有人竟点火把教堂烧了。熊熊大火，冲天而起，一刹那间漫天通红。大火，足足燃烧了三四个时辰，并烧死了三个洋人和十几个中国人。围观的群众更是不计其数。清廷要员瑞中堂派了三千多名士兵和六只军船前往弹压，但也不敢动手。也无法动手，因为场面非常之混乱。

而前几日福州赵太守所审那个姓侯的案犯，经过进一步审讯，原来是个疯子，他所带的药粉，已令他自己全吃了，但他还是胡言乱语，所供之词，也是前言不搭后语。赵太守把这个犯人锁在门笼里，让百姓观看，以平息众人的恐慌心理。

不过是个疯子而已。

可是，事情却越闹越大，越闹越激愤。7月22日，长乐县和古田县的民众又拆毁了两所教堂，一所是英国人的，另一所是美国人的。于是，英美两国都向清廷发了照会，以示抗议。此时，漳州府又捉拿了一个散发神仙粉的人犯，据云是其主子洋人所指使。官府也没有细细审问，调查是否属实，就草草就地正法了。

沈家本十分关注事态发展，并在日记里详细记下了当时的情况。对那个被正法了的洋人的仆人，他很是同情，在日记中说：漳州府拏住散神仙粉人犯，系夷人所主使，不问明白，即行正法，亦可谓草率弥缝矣。

神仙粉事件，像一场闹剧。在广东与福建两省闹来闹去，拆教堂，杀人犯，但到底神仙粉是不是毒品，却始终没有搞清楚，也就不了了之。

当时清廷的混乱与腐败，由此也可见一斑。

沈家本亲眼目睹了这场闹剧，民众的愚昧，官场的腐败与无能，都在他心里留下了很深的印象。这也是他第一次接触到与他日后命运息息相关的第一桩涉外案件。

炎热的夏天，就在这场闹剧中一天天过去。除了读书，他还对当地少数民族产生了浓厚的兴趣，遍访罗源县、仙游县、漳州府、延平府南平县等地，对当地少数民族中的一支——畲族，作了详细的考察，还写了一篇《畲民考》。

沈家本是一个喜欢读书，但却不是一个死读书的人，书本以外的山川河流，风土人情，他都充满了浓郁的兴趣。可是，那时的他，也有点儿迷信。也许是因为在北京住久了，回到南方，他有些水土不服，经常头疼脑热，在福州更是这样，便自认为：晦气尚未脱。两个弟弟也因他久住福州，放心不下，催他回湖州。

9月底，秋风乍起，已然有了几分秋天的气息。沈家本登上回家的轮船万清轮，船很慢，在水中慢慢漂行，直到十月初十，他才回到湖州。阴历十月间，湖州的风已冷，冬天也就快要到了。

逝者如斯夫。父亲与母亲离开人世，已经一年多了。

他回到家最重要的一件事就是安葬父母，中国有句古话：入土为安。现在，他是一家之主。选坟地，修墓，移灵，下葬，都要由他亲历亲为，并且不能有一丝马虎。特别是关于风水，他更是念念于心，不惜尽其所有。

坟址选在湖州城西门外的干山之原的白龙山。墓志铭，请的是湖州名士陆心源所撰。

下葬的日子也是精心选择的：12月18日。

一切都恪守旧时的习俗，一丝不苟。

做完这些事，沈家本也就该回北京了。他要回刑部供职，他的妻子也快有两年没有见到他了。1872年的正月20日，春节刚过没几日，沈家本就启程回京了。

取道杭州。按照当时的制度，他结束释服后，必须到地方官府办理相关手续。自然也要拜见地方官员。他去杭州更重要的则是要到外祖父俞焜的墓前拜祭。

以后什么时候才能再回湖州再回杭州？不得而知。也许，从今往后，故乡于他，也只有梦迢迢。

站在外祖父墓前，他的心里不免有点儿凄凉：伤心碧血沾襟地，回首青灯继晷天。

回到北京，虽然还是大风漫卷黄沙，但柳枝已泛出丝丝绿芽。春天来了，而他的日子却又回到了过去：磨驴陈迹踏年年。

又是一年。

除了会试，还是会试。1874年，同治十三年的甲戌会试，沈家本榜上无名。1877年，光绪三年的丁丑会试，沈家本依然榜上无名。1880年，光绪六年的庚辰会试，沈家本还是榜上无名。

屡试屡败。

很压抑，也很沮丧。父母已经离开人世六年啦，漫长的六年里，他考了三次，三次都名落孙山。

好在他的三弟沈家模在光绪二年丙子浙江乡试中，中了举。远在北京的沈家本心里才稍感安慰。

　　然而，考试之外的职业生涯，沈家本却是深有收获的。他是个喜欢读书的人，但却不是一个两耳不闻窗外事，一心只读圣贤书的书虫。父亲在官场上的失败，官场的腐败与尔虞我诈，还有在去贵州时的一路艰难，贵州百姓的艰辛与苦难，官兵与太平军带给百姓的人灾，他都了然于心，也都牢记在心，想忘都忘不了。

　　刑部是断案的，每一桩案件都要涉及人，自然也是千头万绪，牵扯着方方面面的利益关系，人心与人性，都在这里暴露无遗。他本来就是一个心重的人，也是一个有心的人，那些案子，他都在心里过了又过，留下了笔记，也留下了思考。

　　他在刑部已经呆了八年，已经是一个经验丰富的司员。心中的诗情渐渐淡去，对实际工作，也多了几分感受与历练。

　　此时，接连发生了两桩冤案，非常哄动。这两桩案子，虽然都不是沈家本经手办理的，想必他是非常关注的。两桩都是民事案，但却惊动朝野。

　　其一，便是发生在1875年的杨乃武与小白菜之案，这个案子在当时轰动了整个社会，乃至流传至今，被拍成了电影和电视剧。现实生活中的真人真事，比小说家笔下的故事更扑朔迷离，也更曲折。

　　此案最主要的人物——小白菜，本姓毕，乳名阿生，大名毕生姑。在很多纪实作品中把她唤做毕秀姑，也许是为了更具文学色彩。小白菜生来命苦，父亲早逝，她8岁时，母亲再嫁。她是跟着再嫁的母亲来到余杭县的。她的继父姓俞，与杨乃武是邻居，与她后来的丈夫葛品连也是邻居。阿生是个漂亮的小姑娘，白皙，秀丽，在小小的县城里很惹眼。当她才11岁时，母亲就早早地给她订了婚。也许是因为继父不喜欢她，母亲也无法将她在家里久留。男方也是杨乃武的邻居，姓葛，名品连。品连也是个穷苦人家的孩子，他的父亲在世时开着一家豆腐店，卖豆腐为生。但他父亲也和小白菜的父亲一样，早早地离开了人世，他的母亲也是带着他再嫁。葛品连成年后，继父托人把他荐给豆腐店做伙计。同治十一年(1872 年)春天，阿生与品连成婚。那一年，阿生才 16 岁。

因为两家都穷，又都是继父，结婚时也就不可能有自己的房屋。只好租住在杨乃武家的一间房子里，每月租金 800 文。

穷人的日子本是平淡的，波澜不惊。但偏偏阿生相貌出众，婚后虽然终日不过是白衣绿裤，可从街头走过，依然吸引无数男人的眼球。特别是一些小痞子小混混们，更是垂涎三尺，还给她起了个绰号：小白菜。久而久之，人们便忘记了她的真名，多唤她小白菜。

这个案子的另一个主角杨乃武，和小白菜原本不是一个阶层的人。杨乃武生丁道光二十一年(1841 年)，长小白菜 15 岁，是浙江余杭县的乡绅。他平时爱管闲事，喜欢打抱不平，常常顶撞官府。这也是他以后身陷冤狱的一个隐患。

杨乃武与小白菜两口子同住一个院子里，自然常常见面。且葛品连因在豆腐店做伙计，每天早晨起得很早，有时太累，晚上也就住在店里。小白菜一人在家，很闲，也很闷，也就经常到杨乃武家走走，与杨乃武说说笑笑的，甚至还在杨家与杨乃武同桌吃饭。杨乃武看她年轻，又无事，便教她识字念经。起初，杨乃武的夫人大杨詹氏还在世，小白菜到杨家，因有詹氏，旁人也就无可非议。同治十一年(1872 年) 9 月里，杨乃武的夫人詹氏因难产去世。杨乃武与小白菜仍然常有往来，而家中白日里又只有他俩在家，他们的交往又不避外人，显得很亲热。于是，闲话便也多了起来。

无风不起浪。

本来，这种男女之间的闲事，便是人们茶余饭后的谈资。何况小白菜又是个年轻貌美的少妇，更是流言蜚语多多。最风传的便是：羊吃白菜。

杨乃武自然也是有所耳闻。不久之后，他便提出要将房租涨到一千文。小白菜夫妇哪里有这些许多银子，便搬出了杨家，另租了一间房。

大杨詹氏死后三个月，杨乃武和他妻子的妹妹詹彩凤结了婚。第二年 8 月，杨乃武参加癸酉科乡试，中了浙江省第一百零四名举人。

本来，小白菜夫妻已经搬出了杨家，杨乃武又娶了新妻。两人之间的流长飞短，也就会渐渐被人们淡忘，相安无事。

可偏偏又生事了。

同治十二年（1873 年）10 月里的一天，在豆腐店里干活的葛品连身体很不舒服，就早早地回家了，可还没等他走到家，路上就吐了几次。他早晨起得早，早饭没吃就去豆腐店了，加上呕吐，肚子像是空了，便在路边的小店里买了两个粉团吃。回到家中，又吐了一回，便上了床，但却躺不住，很难受。他以为自己得了流火疾，就让小白菜去给他买桂圆和东洋参煎服。可他喝了桂元和东洋参煎的汤药，头重脚轻，身体更加难受了。午后，他便沉沉睡去，嘴中不断发出呻吟声。延至申时，也就是下午三点钟左右，便全身青黑，一命呜呼。

当天晚上，品葛连的母亲扶尸哀哭时，发现尸体的嘴巴与鼻子不断地流出丝丝血水，便怀疑是中毒而死。众亲友听她这样一说，很愤怒，纷纷要她请求官府前来验尸，当晚就请人替葛氏写好了呈词。自然所有的人都怀疑此事与小白菜有干系。

余杭知县刘锡同，得到报案就带领着仵作，也就是我们今天所说的法医来到葛家。仵作沈祥拿出银针，当众刺入葛品连的尸体。那根银针是经过皂角水清洗的，如果尸体是中毒身亡的，那么这根银针就可能会变黑。

当沈祥从尸体中拔出银针，银针变黑了。但是，沈祥并不能辨明葛品连是中何毒死的，他也说不清。

但众人还是都将愤怒的目光投向小白菜。

刘锡同当即就把小白菜带去县衙审问。小白菜看到银针变黑，很惊奇，但却一脸无辜，根本不承认是她自己谋杀了亲夫。刘锡同便用大刑伺候：先用烧红的铁丝刺她的双乳，接着又用滚烫的锡熔浇她的背。年轻貌美的小白菜，哪里受得了这般折磨，被迫招供，说是：

10月初5日，杨乃武买到了砒霜，把砒霜交给她，让她趁机毒死葛品连，以达到他们通奸的目的。10月初9日，趁葛品连有病，她就把砒霜倒进药汤中，让他一起服下。

她的这份口供，当然也是诱供。

刘锡同因杨乃武爱管闲事，对身为知府的他也多有不敬，早就怀恨在心。拿到这份供词，大喜。虽已是深更半夜，还是立即传讯杨乃武。杨乃武半夜三更被强行带到县衙，一肚子的恼火。所以，当刘锡同审问他时，他一口就否认了与砒霜是他交给的小白菜。并且辩白，10月初5日，他还在南乡岳母家中，初6日才回到余杭县的。哪里有可能给小白菜砒霜？

刘锡同怒火中烧，但却又奈何不得。不能像对待小白菜那样对待杨乃武——大刑伺候。因为，在清朝是不准对举人用刑的。而如果没有当事人的口供，又不能定案。刘锡同思索良久，向杭州府呈报了公文，请求解除杨乃武的举人身份。如果解除了杨乃武的举人身份，就可以大刑伺候了。到那时，他想要的口供也就轻而易举了。

呈送公文的衙役刚走，刘锡同就迫不及待地对杨乃武用刑了。但杨乃武却不像小白菜，他毕竟是个男人，也深知利害关系，咬紧牙关死不承认，一口咬定自己没有作案动机，初5日也不在余杭县城。

刘锡同奈何不得。但仍给杨乃武定了罪，那便是与小白菜通奸，共同谋害了葛品连。

杭州知府陈鲁见杨乃武并未承认，难以定罪，即令余杭县把人犯押解杭州复审。这一来，刘锡同心里有些打颤，害怕翻案，赶紧修改案卷，然后将案卷人犯移送杭州府，并花钱对知府陈鲁及各色人等进行打点。

于是，陈鲁第一次提审就大刑伺候，杨乃武受刑不过，屈打成招。又胡乱招认毒药是向余杭仓前镇爱仁堂药店店主钱宝生买的四十文红砒，谎称毒老鼠用的。陈鲁获此供述后，并没有传钱宝生当堂对质，而是让余杭知县刘锡同查问。

在刘锡同连哄带吓下，爱仁堂药店店主钱坦作了伪证。至此，尽管店主姓名不能对号，杭州知府陈鲁认为此案事实已清，很快便做了判决：杨乃武斩立决，葛毕氏凌迟处死；上报浙江按察使署。

杨乃武家人不服，到省城杭州喊冤。

浙江巡抚杨昌浚没有亲自复查案件，只委派了一个候补知县到余杭"密查"。结果，这位候补知县住进余杭县衙，收了一笔大礼，草草报告杨昌浚此案无枉无滥。杨昌浚把案件交巡抚衙门、按察使衙门、藩台衙门"三司会审"，依然维持陈鲁的判决。至此，只要刑部批准回文一到，杨乃武与小白菜就死定了。

可是，杨乃武的家人并不死心，进京喊冤。

同治十三年，也就是1874年，刑部审核此案时，悬而未决，派浙江学政胡瑞澜承办，胡再次严刑审讯，此时杨乃武已彻底死心，小白菜就更不抱任何希望，两人依然屈从。

直至1875年，也就是光绪元年的10月18日，京中御史边宝泉上奏异议，要求将此案提交刑部，仔细审讯，案子这才出现转机。边宝泉是一介清官，《清史稿》里对他的评价是：不私其权，人嘉其廉让。他进京做官后，从不畏权贵，曾弹劾直隶总督李鸿章进贡瑞表。他在奏折中坦陈：

> 杨乃武谋妇杀夫一案传闻已久，说法各异。尤其是近来有传言说胡瑞澜与巡抚杨昌浚关系甚密，复查本案外示严厉，中存偏袒，关键情节不加详究，想必事出有因，并非虚构。
>
> 本案中杨乃武是否屈抑，虽不敢贸然判断，但长期以来各省办成之案，经过进京控告发回重审而能得以平反的，百不得一，相沿成习。考究其中原因，各案均由督办审定，复查官吏皆下属，而官吏的升迁降谪又都操之上司，因此办事无不仰承上司

鼻息，没有为了一个案件便去得罪上司的傻瓜。故而虽复查而实为形式，纵有冤滥，势难纠正。

又建议：

> 如仅命刑部复核原卷，恐怕难驳回，因为上报案卷必然经过整理，明显漏洞已做粉饰，无从指摘。为了整顿吏治，使官吏不敢互相回护，这件议论纷纭的大案应由刑部亲自提审人犯亲自取证复查。如原案不错，不过拖延数日审决；如原案实枉，则可借此惩一儆百，打破陋习，其意义就不只是为杨乃武一人平反了。

边宝泉的奏章，引起了朝廷的注意。

并且，京城里一些浙江籍的官员很是同情杨乃武，联名上奏，请求复核此案。

于是，朝廷又发下谕旨，令刑部亲自查核，秉公论断。刑部尚书皂保受命后，令浙江方面将葛品连之棺移送京师，并当众开棺验尸。

验明葛品连确实系病死，并非中毒而死。

此案至此，真相大白。杨乃武、小白菜先后获释。之后，凡是参与过该案审理的，从验尸人沈祥到浙江巡抚杨昌浚、钦差胡瑞澜，都受到了不同程度的处理，被摘去顶戴花翎的有一百余人。

在杨乃武与小白菜一案，曲折反复的过程中，沈家本虽然疲于科考，大部时间与精力都抛掷在备考中，但他毕竟在刑部供职，这桩牵扯两条人命的大案，他不会不往心里去。在 1875 年 10 月 20 日的日记里，他写道：又杨乃武案，对云"乃武归天，斯文扫地"。那时，他尚不知京中御史边宝泉已于两日前上奏，要求将此案转交刑部重审。他的八字感慨，源于杨乃武在狱中给自己写下的挽联：举人变犯人，斯文扫地；学台充刑台，乃武归天。

1877年2月16日，他在日记里又写道：浙江杨乃武案，经刑部奏结平反，今日奉旨杨中丞、胡钦使及承审之知府二人、知县四人皆革职。余杭县刘锡同发黑龙江效力赎罪。杨乃武依不应重律杖八十，已革去举人，无庸议。在杨案重新审理中，他是否参与，不得而知。然而，就在杨乃武与小白菜的冤案刚刚结案不久，又发生了一桩冤案。

10 赵舒翘与王树汶案

这便是王树汶案。

案情其实很简单。发生在河南。河南地处中原腹部，匪盗猖狂。因此，许多州、县纷纷增加捕盗的胥役，胥役也就是和我们今天的治安警察差不多吧。又因为各州、县纷纷增加胥役，一些江洋大盗也趁机混了进去。这些盗贼一般不在本地作案，兔子不吃窝边草，要作案就到数百里外的其它州县去，偷盗的赃物交由首领处理。若碰到像我们今天的严打时期，他们就会出钱收买贫民顶罪。而那时的地方官员，或接受过他们的贿赂，或担心家人的安全，也就睁一只眼闭一只眼，得过且过。匪盗的气焰因此更加嚣张，偷盗抢劫的风气也就日胜一日。

当时这一带的匪盗首领胡体安，就在南阳府镇平县的衙门里当胥役，此人非常凶狠狡猾。光绪五年（1879 年）的一天，他派手下的盗匪，公然抢劫了光州一个姓赵的布商。

偏偏这个布商是当地巨富，名声在外。被劫之后，难耐心头怒火，便向官府报了案。官府拖延了很久，也没能破案。也许是不敢破案。换了普通百姓，这事自然也就不了了之。但赵家财大气粗，难咽这口恶气，便自己派人暗中调查，很快便得知是胡体安主谋指使他人干的。于是，姓赵的这位布商，便亲自去省城，走了巡抚衙门文案委员的门路，直接向巡抚涂宗瀛呈控。

江洋大盗胡体安一向是无所不为，想怎么着就怎么着，也没人敢拿他怎么着。他万万没有想到这一次却撞到枪眼上了，他所抢的这户有钱人家，不光有钱，人脉也极广，官府有他很多的朋友。

河南巡抚涂宗瀛不敢怠慢，当即下令要镇平县通缉胡体安。胡体安在街头看到通缉令，知道大事不妙，便与手下盗匪密谋，让自己家的小帮厨王树汶冒名顶罪。

那王树汶还是半大的孩子，不过15岁。穷人家的孩子，营养不良，人很矮，又很瘦，看上去就像一根豆芽菜。主人令他冒名顶罪，他自然是不愿意的，吓得两腿发软。胡体安哪里能够容他不愿意，立马叫手下的匪徒将他暴打了一顿。之后呢，又好言安慰他：你放心好啦，不会判你死刑的，结案后我们很快就会把你救出来，我还会给你一大笔钱，够你花一辈子，从今往后你再也不用再在外面帮厨啦。

王树汶是不答应也得答应，就这样在胡体安的连打带吓带哄之下投了案。

镇平县的知县，一看王树汶的样子，哪里会相信他就是江洋大盗胡体安。但也许是被胡体安收买了，也许是被上司逼急了，本来左右为难的他，也就顺水下舟，将错就错，向上司报喜，说大盗已投案，并草草结案，给王树汶定了死罪。

王树汶被判死罪后，胡体安也离开了镇平县，改名换姓去了另一个县，还当上了总胥，也就是我们今天的警察局长吧。

本来这事到此也就了了。那15岁的王树汶不过是一个冤死鬼。

秋审之后，王树汶直到被押往刑场时，这才清楚自己将要被判处死刑，也顾不上害怕了，大哭大闹："我是邓州王树汶，我不是胡体安，他答应过我的，你们是不会杀我的，怎么今天要杀我呢！我不是胡体安，我真的不是胡体安，我冤枉啊！"

监刑官赶紧把他的话报告给巡抚涂宗瀛，涂宗瀛听后大惊，急忙下令停止行刑，让臬司衙门重新审理。审来审去也没搞清到底是怎么回事儿，只听王树汶翻来覆去地说他的父亲名叫王季福，是邓州的农民。为了核实情况，涂宗瀛便下令邓州知府找到王季福并送到省城来进行验证。

可就在这当口，涂宗瀛提升为两湖总督，离开了河南。接任他的是原河道总督李鹤年，而李鹤年的好友任恺，曾为南阳知府，参与过王树汶一案的审理。任恺很担心此案翻过来之后，自己会丢官，于是写信给邓州知府朱光第，一方面请求他不要把王季福送到省城来，另一方面又威胁他若不按他的请求做，对他仕途也不利。朱光第倒是一条汉子，没有被任恺的话吓倒，反而慷慨激昂地说："老百姓的生命系于生死之间，是非曲直应该实事求是搞清楚，我哪能跟着你们掩盖真相，让无辜百姓获罪，并以此来讨好上级领导呢？"

他置任恺等人的百般劝告于不顾，坚持把王季福送到省城与王树汶对质。真相当即大白。王树汶是王季福的儿子，根本不是什么江洋大盗胡体安。

任恺急了，为了保住自己的官位，千方百计，也只能再去求李鹤年。令任恺万万没有料到，一波未平，一波又起。朝廷中有位河南籍的御史听说了王树汶的冤案，向皇帝上奏批评河南各级官员草菅人命，其中也提到了李鹤年。

李鹤年本与此案没有什么干系，起初也无意袒护任恺，但他出身行武，本是个粗人，一向视理政问刑为琐事，不熟悉，也没兴趣，他的兴趣在于驰骋战场。但听说了河南籍御史的批评，大发雷霆，一定要推翻前任巡抚涂宗瀛的决定，命下属曲解法律条文，依然要给王树汶定罪。

欲加之罪，又何患无辞呢？他的那些属下便给王树汶定为从案犯，虽然他不是胡体安，替胡体安顶罪也是罪，而且他还给匪盗站过岗放过哨，按法律规定匪盗不分首犯或从犯，通通都要处斩。于是，再次判处王树汶死刑。并认定原来审理过此案的各级官员无罪，甚至官府对王树汶的误捕，胡体安的在逃，等关键人物的罪行竟一笔带过，忽略不提。

河南官府，官官相护，小民王树汶在劫难逃。

不过，此时王树汶之案，已在社会上广流传，从百姓到朝廷官员，社会各界广为不满，议论与批评纷至沓来。一些在京城任职的河南籍御史纷纷上书，弹劾李鹤年包庇任恺，陷害无辜。连慈禧也被惊动了，命河道总督梅启照为钦差大臣重新审理此案。

从慈禧所派官员，也可看出清朝末年的混乱，由河道总督去审案，哪对哪呀？只要是官，无所不能？

那梅启照年事已高。复查的琐碎工作，已不能亲力亲为，而且当时复查案件一般都是让其下属官员具体审理，大臣自己并不亲自参与，只是最后听汇报，拍板决策。梅启照自然也把具体工作交给了他的手下去做。而他的手下，那些河工官员大多是前任河道总督李鹤年的旧部。李鹤年的话，他们不能不听，也不会不听，结果自然与李鹤年是一致的。尽管梅启照心有不满，也并不完全同意属下的审理结果，但这时已经老迈的他，也是多一事不如少一事，不想再与同僚争辩。也就认同了李鹤年们的审判结果。

事情却还没有完。

此时的刑部尚书是潘祖荫，也就是那个非常器重沈家本的官员。他非常关注这个案子，亲自调阅案卷，并派出与河南官场没有瓜葛的下属，明察暗访，基本上掌握了真实的案情，于是向朝廷建议把此案调到刑部来审理，并要求将镇平县的知县马翥撤职查办。而那一年，刑部负责秋审的是郎中赵舒翘，潘祖荫特别叮嘱他，要他认真复审王树汶案。

赵舒翘，那时在刑部也是个出名的清官，沈家本同他很熟悉，也是要好的朋友，亦很敬佩他。赵舒翘比沈家本年轻8岁，也比沈家本晚进刑部，但因他是1874年的进士，所以官位高于沈家本，那时他在刑部已经官至郎中。赵舒翘前前后后，忙了几个月，终于把此案的前因后果审理得清清楚楚，并将详情呈报潘祖荫。事情到此本该有一个了结了，不料又生出曲折来。

还是因为李鹤年。就在这时，李鹤年派下属的一个道员进京，找到潘祖荫，从中斡旋。这个道员曾是潘祖荫的下属，经过一番游说，并将其中利害关系挑明。潘祖荫出于对自身仕途的考虑，也就不再坚持为一个不相干的小人物申冤。

让潘祖荫措手不及的却是，赵舒翘对他的处理方案不予理睬，并与他激烈争论，争到最后，竟拍案而起，大怒："我赵某一天不离开刑部，此案就一天不能随便变动。"潘祖荫虽然很恼火，却也奈何不得，进退两难之际，他的父亲去世了，按照清的规矩，他需离职回家守丧三年。这个意外的变故，也给他找了个台阶。

潘祖荫回到家中，远离朝廷，也远离河南官员，思考良久，便也改变了态度，给他的继任刑部尚书张之万写了封信，说此案他以前是被手下所误导，王树汶一案，还是应该按照赵舒翘的意见结案。并将赵舒翘大大地夸奖了一番。

之后，刑部将王树汶案实情上报，判王树汶无罪释放；原镇平县知县马翥和南阳知府马承脩发配边疆充军，李鹤年、梅启照以及河南臬司和各级参与过审理此案的官员或降级或撤职。

此案，前前后后整整历时5年。冤情得以昭雪，已是光绪九年，1883年。

这一年，沈家本已经43岁，青春不再。但他在刑部，还是一介小小的司员，日常公务之外，他的心思还是多花在科考上。

两桩冤案，他都耳闻目睹，深有感触。除了这两大冤案之外，还有更多的百姓小案，人与人之间的仇恨，人对人的伤害与残害，人与人之间的不公平，他见得多啦，除了感触与感慨，他还有更多的感想与思考。

他是一个喜欢思考的人。

就在赵舒翘审理王树汶一案期间，他也参与了会审另一案犯——刘振生。虽然，此案算不上什么冤案。刘振生是个做古董生意的商人，在京城鼓楼东有一家店铺。刘振生的老丈人李顺，是太监顾双喜的叔叔，所以他便能够进入宫中。同治十二年以来，刘振生以买卖玩物为名，数次进入宫中。光绪五年，也就是1879年，他曾进入过景阳宫。但这个刘振生虽然生意做得不错，却是个有病的人，很麻烦的病——疯病。

光绪六年（1880 年）11 月初 7 日，这刘振生在清化寺街周宅帮忙，因疯病复发，被周家人送回了家。可就在第二天一大早，刘振生脚穿薄底布鞋，手持一杆旱烟袋，便出了家门，胡乱地闯进大内体元殿。在皇家的宫殿里，他像入无人之处一般，看见一面穿衣镜，就把手中的旱烟杆向空中抛掷，手舞足蹈，乱喊乱叫，因此被抓获。在审问他时，他却又口出狂言：我是从天上来，我要做天下。

判官大怒：大胆。

于是，这个疯子就被判了死刑，并且即行处决。

刘振生被处决的那天，沈家本在日记中写道：27 日，晴。刘振生今日处决。照擅入御在所绞监候律拟绞。以该犯言语狂悖情节较重，即行处决……

毫无诗情。

他的诗情，也已渐渐地融化在这些实际的案件中。他也很想能有些作为，但是在那个社会，没有一官半职，想为民喊冤，为民做些实事，都是不大可能的。他的同僚赵舒翘，若不是身为郎中，又怎么能为王树汶翻案？

他还是坚持科考，考到底，像范进一样。虽然，他内心深处，对科考已经非常之烦。

可是，还没有等到他参加下一轮科考，1881 年底，他生活中一个很重要的人物，那就是他的姨丈沈桂芬去世了。沈桂芬是在除夕前去世的，而丧事却是在春节之后才办。

大年初二，沈家本就赶到东厂参加筹备沈桂芬的丧事。沈桂芬官位显赫，丧事自然也是隆重而风光的。他的一辈子也历经磨难与坎坷，虽然官位高，是朝廷的一品大员，但也受到过不少屈辱。他做过山西巡抚、礼部右侍郎、军机大臣、户部左侍郎、吏部左侍郎、兵部尚书。光绪二年还曾被弹劾革职，后又复职。光绪五年，也就是 1879 年，崇厚与沙俄签订丧权辱国的《里瓦几亚条约》，全国哗然。沈桂芬委屈调停，终于另派曾纪泽为谈判代表改订条约。对于清廷，沈桂芬是个功臣。光绪七年

（1881 年）正月 14 日，清廷赐谥文定之号。

沈桂芬的丧事办得很隆重，来的人也很多。

对于沈家本来说，沈桂芬是他姨父，也是他的授业师。还有呢，则是他的保护伞，一棵遮荫的大树。朝内有人好做官，已经年过而立的他，是深有体会的。感情与实际利益，都使他对沈桂芬的去世很悲伤。他几乎天天守灵，一直伴随着沈桂芬的儿子们，也就是他的表兄弟们将沈桂芬的灵柩送出北京，移至观音院做"五七"。

4 月初 9 日，是沈桂芬去世后的百日祭奠。上祭者络绎。沈家本自然是要去祭奠的，他在那里遇见了他的老朋友徐用仪。

4 月 19 日，他和菊人，也就是徐世昌，一起到观音院送殡，且先行在又轿打尖。那天，沈桂芬的灵柩被送到通州东门土坝，并装到船上，在船上过的夜。沈家本也陪着灵柩，在船上过了一夜。第二天装着沈桂芬灵柩的船启程南下，前往江苏，他自己的老家。

叶落归根。

沈家本伫立水边，心事浩茫。父亲与母亲去世已经 11 年了，现在姨丈又去世了。就在姨丈的丧事还没有结束的时候，他的岳母也去世了。人活在这个世界上，生老病死，很无奈，也很无常。

而此时的他已经年逾不惑，半辈子就像这河里的流水，已然逝去。

逝者如斯夫也。

和纯粹的文人不同，沈家本那时早已深谙在官场人脉关系的重要。沈桂芬的丧事结束后，他就邀老友徐用仪和小友徐世昌到家里做客，吃饭喝茶饮酒，叙谈了很久。

此时的徐用仪，已是清廷的一个老官僚。他字吉甫，别字筱云或小云，浙江海盐人。沈家本在日记中，常以小云称他，两人关系可见之深。他比沈家本年长 14 岁。咸丰九年（1859 年）乡试举人。同治初年（1862 年），担任军机章京。所谓军机章京，是清军机处大臣属下的官吏，负责处理文书，由满汉各若干人充任。后又迁升为鸿胪寺少卿。鸿胪寺是专掌朝会仪节的。后因丁忧，回归故里。光绪三年（1877年），他起任太仆寺少卿，太仆这官位，最早出现于周，专门传递王命、侍从出入；还兼管舆马和牲畜方面的事务。经过漫长的历史演变，南宋时期，将太仆并入兵部，元明清延续。在清代，太仆寺卿为三品官。之后，又迁升大理寺卿，这大理寺大致相当于我们今天的最高法院吧。

因两人都是浙江人，又是同僚，所以话很投机。几乎是彻夜长谈，徐用仪当晚也就住在沈家本的家中。

菊人徐世昌，则比沈家本年轻15岁。那一年也不过26岁，尚未取得功名，正在苦读八比。他和袁世凯是拜把子兄弟，北上应试，也是由袁世凯资助的。他正准备参加1882年壬午科顺天府乡试。在他眼里，沈家本既有资历，又有学识，谈吐不俗，值得深交。

也是难得一聚。谈资很多，除了悼念沈桂芬，还有另一个人的死，也引起他们相当的关注。

那便是慈安皇太后的死。慈安皇太后，是于这一年的阴历3月初10日，阳历的4月8日去世的。慈安皇后死时，年仅45岁，正值盛年，而她的死又非常突然，让官员和百姓都心生疑问，倍感蹊跷。她究竟是正常死亡，还是被人谋害？街头巷尾，议论纷纭，各种传言都有。她的死又将会给朝廷带来什么样的变化？清廷的两宫垂帘听政，将变成慈禧一人独自垂帘听政。大清王朝又将会发生怎样的变化？

沈家本还在日记中记写了自己心中的疑惑：

初十日，晴。慈安太后于戌刻升遐。昨日尚垂帘召见臣。聚得痰厥之症，竟至大渐。

一个女人离开了人世，另一个女人将大权独揽。这本来是宫廷的权力斗争，离沈家本这些小人物远而又远。然而，这个变化，即将会影响到整个国民的生活。

11 花开花落又一年

花开花落又一年。

1883 年就在沈家本的失望与企盼中到来。他已经 43 岁了，年逾不惑。此时的他，还是供职于刑部，不过已调任秋审处。

秋审是清代的一项制度，凡直隶省狱囚的审录工作名为秋审，刑部狱囚的审录工作名为朝审，每年 8 月由刑部会集九卿、詹事、科道官共同审定罪案。雍正时期成立总办秋审处，由刑部堂官从司员中抽调满汉各二人主持其事，后又加置协办四员。到乾隆时期，因审核秋审的案件不断增加，故人员也扩充到 16 人。此项制度一直延续到清末。

沈家本就是参加秋审的司员。虽然官位低微，但却能够接触到最重要抑或最难办的案件。尽管，此时他还没有考中进士，工作之余大部分时间还要花在科考的准备之中，但是，工作中所有的实践经验，以及感悟与反思，他都点点滴滴，详细地记录下来，汇集成册——《内定律例稿要》《学断录》。

他是一个非常有心的人。

春节过后，他的三弟与五弟都从湖州来到了北京，也都是为了参加癸未礼部会试。这一年，他们兄弟三人要同进考场。考前的心情，自然交织着焦虑与企盼。沈家本比弟弟们年长，又长年生活在京城，见多识广，不管他自己内心如何，也要显示出兄长的风范。考前，他带着两个弟弟到顾学堂、观善堂作会文，就像我们今天的模拟考试，是考前最后的备战。他在日记中写道：

24 日。偕两弟到观善堂作会文。曰夫子何为。使乎使乎，马蹄同踏杏园春，得春字。

自 1865 年乡试中举以后，沈家本已经过近 20 年努力，参加过多次考试，但却屡试屡败。那种惨淡的心情，是笔墨难以诉诸的。

这一次又将会如何呢？

3 月初 8 日，沈家兄弟三人同时走进会试考场。

还是漫长的煎熬。礼部会试也是三场，前后整整 8 天。3 月 8 日入场，至 3 月 10 日，为第一场；3 月 11 日至 3 月 13 日为第二场；3 月 14 日入场，至 3 月 15 日为第三场；但要等到 3 月 16 日天亮时才能出场。

第一场的试题分别为：

子初题纸来。

知其说者之于天下也其如示诸斯乎

文理密察足以有别也

其事则齐桓晋文其文则史。

诗题：

花开鸟鸣晨。得晨字。

第二场的题目则是：

天下何思。百虑。九河既道。日就月将二句。晋侯使韩起来聘。二人入黍曰芗，合梁曰芗董。

第三场考试还是经学史学儒林道学循吏兵法方面的内容。

自第一场考试，沈家本就没有进入状态。深感思路枯窘，直至三鼓时方才脱稿，并且疲惫不堪。三场考试结束，他已是筋疲力尽。

走出考场，虽然天高云淡，阳光灿烂。但他眼前却依然是一片昏暗，如黄沙漫卷。对这一次考试，他也没敢抱什么希望。

可希望有时就在无望之中。

一个月后，会榜揭晓。他中了。名列第 203 名。

房师，内阁中书周云章对他的荐批也很好：

第一场：沈雄深厚，一气呵成；次确切不浮；三有笔有书，足征根柢；诗工。

第二场：《易》《书》《礼》三艺考核明确；说经铿铿；《诗》艺亦组织鲜明；《春秋》持论名通，甚有见解。

第三场：五策旁推典正，洞悉源流。

得到这样的结果，他是喜出望外，还是在喜出望外之外，还夹杂着许多莫名的惆怅与痛苦？大把大把的岁月，就在这种无味又无奈的考试中流逝了。

但还是要考。

4 月 16 日复试。

4 月 28 日殿试。

在最后一天的朝考中，他因用错两字，名列三等第 62 名。不管名次如何吧，他终于获得了进士的功名，拿到了进入官场的敲门砖。

他的两个弟弟却都落榜了。落榜的心情自然是灰暗的，不过因兄长榜上有名，那黯然的灰暗中，还是跳出一星明亮的火花。两个弟弟又在京城住了些日子，跟着哥哥一道应酬。

一个月后，三弟被选派去四川会理州，任知州。知州大小也算是个地方州的长官。掌管一州之政令。

这也应算一喜。这一年，沈家是双喜临门。

6 月随即而至。往年的初夏，京城总是艳阳高照，干热。可这一年的 6 月下旬，京城连日暴雨。早晨下大雨，夜里下暴雨，几乎日日有雨。整个京城都浸泡在一片白茫茫的大水中。

谚云：夏雨甲子，撑船过市。

连刑部衙门都进水了，陕西司办公处竟水深三尺，后墙亦因大雨的浸泡而坍塌。

沈家本心头的喜悦，也被大雨冲得一干二净。他本以为考中进士以后，他的官位会有所提升。然而，他并没有得到实质性的提升，也没有得到外放的机会，仍以原官即补。就是说，由候补刑部郎中，变为刑部正式郎中。

如此而已。

不过，终于还是摘下了"赀郎"的称号，捐纳而来的郎中，对他来说，是一块心病，也是耻辱。更让他释怀的则是，再不用死读八比，把时间浪费在那些僵死的所谓学问上。他可以随心所欲地读他自己想读的书，写他自己经过深思熟虑的文稿，也终于得以摆脱呆板枯燥的案牍之累。

他在刑部已经 20 年了。

此时，刑部满尚书是文煜，汉尚书是张之万；满左侍郎是松溎，汉左侍郎是薛允升。汉左侍郎薛允升是沈家本职业生涯中一个非常重要的人物。薛允升比沈家本年长将近 20 岁，既是沈家本的老前辈，也是沈家本的顶头上司。他很认可沈家本的严谨，也很欣赏沈家本的文才与机警，还有他的学问。在他眼里，沈家本像我们今天喜欢思考的年轻人，不随波逐流。而且笔头子特别勤快。

1886 年，沈家本的《刺字集》刊刻成书。薛允升阅后，欣然为他作了序，并大加推誉：

> 其考据之详明固不待言。予尤叹其用意之深厚，使读书者知若者应刺，若者不应刺，若者旧俱应刺而今可不必刺，不致一误再误，则仁人君子之用心，其禆益岂浅鲜哉。

刺字，是古代的一种刑法，就是在犯人脸上刺字，然后涂上墨炭，让他以后永远也擦洗不掉。又叫黥刑，或墨刑。秦末农民起义英雄英布，就曾被秦始皇处以黥刑，所以司马迁在《史记》中称他为"黥布"，他的传记就叫《黥布列传》。这种刑法始于春秋战国时期，一直延续到清。是中国封建社会使用最长久的一种肉刑。

沈家本在他的这本小册子里，考察了这种刑法的渊源。并提出与几千年封建社会完全不同的看法与想法。他认为，对于凶恶之徒，用黥刑使之不齿于民，以此来希望他存有畏惧之心，悔过改新；或者在他逃跑的时候，因脸上有标志，而难以逃脱，都是可以说得过去的道理。但是，在社会生活中，很多人犯罪，并非惯犯，而是由于碰到意外的侮辱或冤屈，一时冲动，动了杀心，或伤了人。落入法网后已经追悔莫及，再往他脸上黥字，使他终生受辱，那便是对他人格的侮辱，用我们今天的话来说，也不利于犯人的思想改造。他的原文如下：

> 独是良民偶罹法网，追悔已迟，一膺黥刺，终身戮辱。

辞简意足，也敢对老祖宗的规矩提出不同的看法。当然，他的用辞很委婉。从历史的渊源，缓缓道来，有理有节。也是他的性格使然吧，纵使有天大的想法，也是不动声色，远兜远绕。

1887 年，沈家本已经 47 岁了，他到刑部任职也已经 24 年。这年腊月 8 日，他第八次参加京察。京察，是古代考核京官的一项制度，一直延续到清朝。清朝每三年地行一次，按一定标准考核后，分别奖惩。翰林院所属各官，京察列一等的，可任知府或道员。

像沈家本这样的六部司员郎官，要想在官场上得到升迁，就必须先外放各省道府，再由道府逐步升迁，或升为疆吏、或升为部院大臣。因为六部司员，多为科举出身，做的又多是文牍工作，没有行政、司法方面的实际经验，所以要先外任，等他们积累了实践经验再予以提拔。所以，京察对六部司员而言，意义重大，意味着他们今后的官运。

沈家本已经参加过多次京察，每次都是失望而归。其实，他也深知，所谓京察也不过是做做样子，走走过场。像他这样没有家庭背景，在上司面前亦不会吹牛拍马的人，又哪里会有什么机会？

官场上那些猫腻，那些肮脏，他也见得多了。每年到了京察时期，也正是官场最混乱的时候，徇私舞弊，走后门，私下甚至公开贿赂，闹得沸沸扬扬，小道消息更是四处乱飞。

当然，尽管这样，他心里还是很窝囊的，也深为不满。他曾在诗中仰天长叹：廿四韶华同一瞬，前尘似漆渺难知。也曾发牢骚：惯为他人作嫁衣，年年压线计全非。而今行随班去，羽换宫移曲又希。

果然，不出他所料。这一年的京察，他得到的仍然是失望。

职位没有上升，但他在刑部的作用，却是有目共睹的，也是同人们心知肚明的。他精通律例，文字简洁，一语中的。重要案件，重要奏稿，刑部堂官薛允升都要点名让沈家本办。别人办，薛允升不放心。虽然，沈家本与升迁无缘，但重要的派差，却常常少不了他。

也是非他莫属吧。

庚寅年，也就是光绪十六年，公元 1890 年，闰 2 月 23 日，慈禧太后和光绪皇帝一起去东陵扫墓。薛允升随扈。所谓随扈，就是随驾。薛允升是名列朝班的官员，他随驾东陵，也是理所当然的。但薛允升却特别点名要沈家本跟他一起去。当然，不只是他对沈家本的厚爱，他要沈家本跟着去，是要他去办案的。

慈禧与光绪出行，路上常常会遇到"叩阍"事件。叩阍就是告御状。老百姓平日里有冤无处申，皇太后和皇帝出行，拦路喊冤，也是万不得已的选择，以求皇恩浩荡，能为一介草民洗冤。

所以，圣驾出行，碰上叩阍的，必须有人当即处理。而且此人还必须胆识过人，精通律例，善于化解矛盾，有辩才还要有文才。薛允升是堂官，当然不会亲自处理具体案件的，这样的事需他手下干练的部属来做。自然也就是非沈家本莫属了。

这桩看上去很风光的差事，其实却很累，身累，心更累。慈禧与光绪起驾的第一天，路上就遇到两起叩阍案。而在整个随驾东陵期间，每天都有叩阍案发生，最多的时候一天竟有十余起。

沈家本几乎每天都被冤案包围着。百姓的那些痛苦，那些冤屈，再一次沉甸甸地压在他心头。随驾东陵之后，他在诗中感慨：

　　漫说官场似积薪，云楼偏许著吟身。

> 久为日下蜚英客，同是风尘溷迹人。
>
> 折狱良才声望重，登瀛异数品题新。
>
> 愧无邹衍雕龙后，吹律能回黍谷春。

诗中所提的邹衍，是战国末期的齐国人，阴阳学派的创始人。战国时期，齐国有名的稷下学宫是诸子百家争鸣的重要舞台，邹衍就是稷下学宫有名的学者，他知识丰富，"尽言天事"，时称"谈天衍"。司马迁在《史记》中把他列于稷下诸子之首：以驺衍之术，迂大而宏辨。他开创了战国时期阴阳家学派，其主要思想是"五德始终说"和"大九州说"。他认为整个物质世界是由金、木、水、火、土构成的，事物的发展变化是通过五行相克和五行相生来实现的。人类社会历史的改朝换代与自然界一样，也是一种客观必然。

沈家本对邹衍的学说深有研究，也深有体会，还非常相信邹衍的阴阳学说。

当然，在慨叹自己：愧无邹衍雕龙后，他也深感没有权力，是很难为百姓做些实事的。所以，他和纯粹的文人不同，是很看重官位的，他深知不在其位，你是谋不了其政的。只有在那个位置上，你才能有所作为。

可是，既然得不到那个位子，那也就只能潜心读书，沉溺在他自己喜欢的学问中。他偏爱经史，到刑部供职以后，虽然他有很长时间深陷八比之苦，但还是断断续续写了很多文章，著作不能说等身吧，也还是很多的。比如：《史记琐言》《汉书琐言》《后汉书琐言》《续汉书志琐言》《三国志琐言》《三国志注书目》《世说注书目》《续汉书志书目》《文选李善注书目》《古今官名异同考》《三国》，等等。并且，其中许多著作都是好几卷。

这长长的书目，看着都有些吓人，且不说著述吧，就是把他所读的那些书，读一遍，也要多少春秋呀？他像一只安静的大书虫，沉浸在漫长的中国古文化中。

皓首穷经。

除了这些，他还有很多关于法学与法律方面的著述，比如：

《压线编线》一卷。汇录他本人为律例馆、江苏司、奉天司、直隶司、四川司同僚代拟案牍 12 件。

《律例杂说》一卷。此书是对《大清律例》中各种刑名、罪名的解释。

《刑法杂考》一卷。此书是对律例中，诸如五刑、赦、老少废疾收赎、犯罪自首、徒流迁徙地方、吏律、擅离职役、户律、礼律、兵律、贼律、盗田野谷麦、谋杀人、杀一家三人等等刑名、罪名的源流的考释。

《驳稿汇存》一卷。这是 1882 年至 1889 年（也就是光绪八年至光绪十五年），他本人在刑部草拟的对各省上报案件的批驳。共辑入 30 个案子。

《奏谳汇存》一卷。这是 1889 年至 1893 年（光绪十五年至光绪十九年），他在刑部审理案件，结案后拟定的，以刑部名义上奏的奏稿汇集。

《雪堂公牍》一卷。这是他 1888 年，1889 年，1892 年，三年里在刑部办理案件的公牍汇集。

《秋谳须知》十卷。秋审是清朝刑部最重要的工作之一。这十卷是沈家本依据自己在秋审处任职所获的经验和对秋审条例的理解，对清朝秋审所做的全面记录。

《文字狱》一卷。

这些书不说去写吧，仅看书目，已经令人深感头晕啦。那个时代，没有电脑，所有著述都得辛辛苦苦地爬格子啊，还不是用钢笔，得用毛笔，用笔尖蘸着墨，一横一竖，一撇一捺，一笔一划写就的。沈家本的生命，就这样在读与写中流逝。

他真的像他自己的诗中所言，像一头老驴，年复一年，围着磨盘转。他的磨盘也就三个内容：审案、读书、著述。和他同时代的那些朝廷官员们，很少有人能像他这样，有这份耐心，也有这份专心，且不为外边的花花世界所动摇。

而那时的大清王朝却是动荡的，西方世界的坚船利器，还有他们的宗教和文化，以及各种思潮，纷纷扬扬，进入了我们古老的中国。除了洋人的教堂，还有洋人办的报纸。比如《申报》。

《申报》就是英国人梅杰（原译美查，E.Major）创办的。梅杰原先是个生意人，贩卖洋布和茶叶，后来因为买卖亏本，转而办报。他办报自然是为了赚钱，为了能赚到钱，美查和他的同伙自然就要想办法让这份报纸引起广大读者的兴趣。他根据生意场上的经验，深知想办好中文报纸，必须符合中国人的要求和习惯。因此，他下指令："这报是给华人看的，文字应从华人方面着想。"并且，他本人就是个中国通。

虽然，梅杰办报的初衷是为了赚钱，但因为想要赚到钱，他也想了不少办法，及时传达社会新闻，针对市民切身利益发表社论，除此外，还有评论与文学副刊，那张报上的文学副刊，也就是我们今天的小品与文学随笔。且报价十分便宜，每份只要八文铜钱。

洋人的炮火，教堂和报纸，沈家本当然不会充耳不闻，置之度外。他毕竟是刑部的官员，国家的起伏跌宕，让他心痛心焦，却又无能为力，就像他在诗中的慨叹：薄宦久经谙世味。

每读《申报》，他也常常叹息。1878 年 8 月 25 日，他在日记中写道：

> 看《申报》中《嬾则致贫说》，中有"嬾于晋接则托言不事奔况以鸣高"之语，颇与余情状相合。为之哑然。

除了哑然，他还能怎么样呢？

心情之黯淡，可以想见。

1893 年，沈家本已经 53 岁啦，已老矣。他胡须白了，眉毛也白了，心里更是白茫茫的一片。即便是在我们今天，他也过了提拔的年纪。生命最宝贵的岁月也已经过去。

然而，不然。

沈家本的人生传奇，沈家本对于我们这个古老国家的贡献，他的辉煌却是从这一年开始的。

第 二 篇

教案

12 外放

世事难料。

因为另一个人的迁升与保举，沈家本的命运，突然拐了个弯。那个人便是薛允升。

1893 年，薛允升升任刑部尚书。而就在这一年的京察中，沈家本被列为上等。这已是他第十次参加京察了。此时，沈家本对京察，对刑部司员的日常工作，都已经心生厌倦，也不再抱什么希望。

日复一日，年复一年，刑部的日常工作，在他看来已经程式化，而且日渐潦草。

他初到刑部之时，那时刑部官员办公务还是很认真的。遇有疑似难决的案子，主管各省的司员先拿个主意，再详细地把想法与意见写出来，呈堂上官，所谓堂上官也就是尚书与侍郎。如堂上官认为他们的意见可行，就由司员再行拟稿，分别奏请施行。如果，堂上官对司员的意见有犹疑之处，便批交律例馆详核，律例馆的馆员审核后，再拿出自己的意见，交堂上官。堂上官定后，仍交司员办理。如果司员照复之稿，堂上官有疑问，交由律例馆后，律例馆馆员或同意或反驳司员的意见，都要经过再三商榷才能定夺，非常之慎重。

而道光中期，律例馆的馆员们渐渐也变得懈怠了，随时核复，并不再写出自己的详细看法。到了光绪庚辰以后，凡各司所遇疑难之案，一概交律例馆详核。渐渐的，司员们嫌麻烦，也就不再详细写出自己对案件的看法与判决的理由，馆员呢也不再另写出自己的详细看法，就直接代各司拟定审判意见，交各司施行。至此，律例馆的公务日渐繁多，而各司也不大认真，睁一眼闭一眼，得过且过。除了争夺一己之利，大部分刑部的官员也就是在那里混日子吧。

刑部与和大清帝国一样，暮气沉沉，日薄西山。

在那样的环境里，一个人的力量是微薄的，又能怎样？何况他又只是一介书生，唯洁身自好而已。

那一年的年初，他参加第十次京察之前，仕途在他看来毫无希望，心情也黯淡到极点，甚至想离开刑部，回家乡湖州去。一天，他和官场上不多的几个朋友，一同去广渠门外的南河泡散心，几杯薄酒下肚后，他把酒低吟：

> 临觞动乡思，惓怀三径荒。
> 胡为苦形役，人海渐躯藏。
> 近惭流水逝，远愧飞云翔。
> 孤蝉苦已歇，归鸟方成行。
> 故园渺何处，江河广无梁。
> 登此清净境，洗我干结肠。

南河泡本为游览胜地，也是当时知识分子散心的好去处。沈家本自己曾这样描述它：

> 广渠门西南二里许，有莲花塘，广可百余亩，欲呼南河泡，又曰宝泉。旧隶奉宸苑，近年有王雨亭者佃种之，蒔荷种稻，筑宅数楹于其中，遂为都人士消夏游宴之所。一统志云："百泉溪在宛平县西南十里丽泽关，平地有泉十余穴，汇而成溪。"京城古迹考云："丰台在宛平县西，自柳村、俞村、乐吉桥一带有水田，桥东有园，其南有荷花池，墙外俱水田，种稻。至蒋家街，为故大学士王熙别业。其季家庙、张家路口、樊家村之西北，地亩半种花卉，半种瓜蔬。刘村西南为礼部官地，泉脉从水头庄来。"

今此地未知即古迹考之荷花池否？其风景固仿佛也。

可是，那一天，他心情不好，南河泡在他眼中也是满目凄凉。他在日记中写道：

> 叙雪堂同人在南河泡雅集，并公请赵展如、希宝臣、湍盖臣，
> 赵、希不到，湍到。已刻往，戌刻归，河泡被淹，残叶甚稀，花
> 无一朵。

他心里自然也是花无一朵。

不过，他想回家乡湖州，也不过只是在诗中发发感慨而已，即使是为了养家糊口，他也无法再回到家乡湖州去了。而湖州也不可能是世外桃源。

已经53岁的沈家本，虽无暮气，但心情却是沉沉的，他甚至对刑部的日常公务，也生出几分倦意。当然，也难免不寒心，他在另一首诗中叹息：

> 番风早送隔年春，客舍偏惊百态新。
> 故里空留三亩宅，知交半是二毛人。
> 案多积牍休嗤俗，家有遗书不算贫。
> 惭愧云亭过十考，流光奄忽若飙尘。
> 誉咎全无学括囊，最多忧患是名场。
> 屈平尚欲随驽马，甄宇由来取瘦羊。
> 薄宦久经谙世味，高歌翻美作诗狂。
> 柳芽将茁花将发，好把香醪荐木皇。

诗中所谓二毛人就是指双鬓已生华发的老人，老之将至的苍凉，在他心里头徘徊不去。

秋天就在他的倦怠中来临。因为秋审的忙碌，又因为他精神的疲倦，他病了。辗转难眠的秋夜里，他大咳不止。那时，他还不知道薛允升

对他的保荐。他以为他这一辈子，就像窗外悄然飘落的秋叶一样，悄然泯灭。

中秋过后，阴历八月十九日的早晨，沈家本已近衰老而暗淡的生命中，突然现出一片耀眼的霞光，让他兴奋不已。

也就是本书第一章所描写的那一段。他终于得到了外放的机会：

光绪皇帝召见了他，简放他为天津知府。

光绪皇帝的召见很短暂，他出了巍峨的皇宫，太阳刚刚升起。虽然思潮澎湃，虽然思绪万千，他还是按照官场的惯例，先去拜望刑部尚书张之万和刑部满右伺郎贵恒，偏偏这两人都不回家，他便直接去了薛堂处。

已是刑部堂官的薛允升，对他这次升迁当然是心知肚明，早在他之前就得到了消息，只不过没有对他说什么。从这件事中，我们也可以看出薛堂的为人。忠厚，持重。更不喜欢结党营私。也只有像他这样的人，才会保荐沈家本。

厅堂里很安静，两人相对而坐，唯一杯清茶。

薛允升有许多话要对沈家本说。已经七十多岁的薛允升，官场经验很丰富，他颇费心思考虑的一个问题便是，沈家本走后，谁来接替他。他很想听听沈家本的想法。

沈家本思索片刻，向他推荐了一个人：于坤吾。

薛允升微微点头，笑了：英雄所见略同。

之后，沈家本又去拜望了军机大臣许庚身和户部尚书、内阁大学士额勒和布。沈家本到底还是官场呆久了的人，对这样的礼节丝毫不敢懈怠。许庚身切切相告："此缺为海疆繁剧，上为缺择人，斟酌良久。"

光绪皇帝对他，寄于厚望？那个脸色苍白的年轻人，对他到底有多少了解呢？

8月23日，也就是在他得到任命的第四天，他还去拜访了一个在他日后官场生涯中的非常重要的人物，那便是——张之洞。他在那一天的日记里写道：

　　23 日。申刻，谒见南皮师，告以津郡情形甚为详悉。语不
及私。

　　南皮师，即张之洞也。因他是直隶南皮人，故沈家本称他为南皮师。
张之洞只比沈家本年长三岁，但他 1863 年就考中了进士。也就是说他
26 岁就是进士了，青年得志。所以，他的作风，他的想法，和沈家本多有
不同。但那时，张之洞对沈家本赴天津任知府是非常关注的，也向沈家
本细细叙说了天津的很多情况——人与事。

　　接下来的日子，除了清理手头尚未了结的事务，与亲朋好友告别，沈
家本还有一件非常重要的事要做。那便是他大女儿的婚事。那一年，他
的大女儿已经 24 岁了。这是他的一块心病。

　　女大当嫁。

　　在那个时代，24 岁还没有嫁，算是晚婚了。即便沈家本不张罗，他
的夫人陈氏，也会很着急，跟在后面催。

　　在处理家事上，沈家本是相当守旧的。他和他的父亲沈炳莹一样，
在对待儿女的婚事上，是讲求门当户对的。颇费了一番心思与周旋，他
将女儿许配给了汪大燮。媒人是与他同一年考上进士的朱霍生与庶常叶
柏皋。都是他的同僚吧，而且朱霍生还是他的老乡——湖州人。

　　这门亲事，是在一年前，当他还没有外放前，就已经议定。

　　其实，从内心深处来看，当时沈家本对这门亲事，最初也不会完全满
意的吧。因为，汪大燮曾结过婚，一年前妻子才去世。汪大燮丧妻后，为
他说媒的人很多。当然是因为汪大燮出身于钱塘汪氏旺族。那时汪大燮
已经 33 岁，比沈家本的女儿整整年长 9 岁。

　　而汪大燮呢，也是一个明敏谨慎的人。对待婚姻，像对待他的仕途
一样，是认真的，也是慎重的。丧妻后，他曾就再娶之事，与族弟汪康年
多次通信商榷。汪康年也是中国近代史上一个风云人物。汪大燮前妻去
世那一年，也就是 1892 年，汪康年参加礼部会试取得进士功名。

汪大燮在给汪康年的信中，很坦然地说出了他自己的想法：

兄回京后，来说媒者纷纷，陈杏孙堂妹、宝渠太守女（年26）方之最力，子修紫泉两丈之言尤力；其次沈子惇（湖州人），比部之女，年23，在京生长，言者亦众且力。沈实缺郎中，秋审处京察一等，道府在即，言在京则赘，出则按济云。兄意颇难决，吾弟能有以教我否？千万千万。

汪康年如何回答汪大燮的，不得而知。汪大燮接着又给汪康年去了一封信，还是讨论他自己的婚事：

兄回京后说媒者多而有力。兄行事总太老实，不及吾弟。柏皋所说湖州沈氏较为相家，沈为湖州世家，子惇比部京察优等，将外任，大致前函略言之。据萧哥云，夏秋间陈仲英太守来京，曾与述及，言此女尚能持家，陈、沈亦内亲也。

那个时代的男女婚事，就是这样来来回回地打探再做决策，两位当事人却是谁也不曾见过谁，更谈不上感性的认识了。婚姻真是像撞大运，撮合者的话，往往就是当事人权衡最重要的因素了。

汪大燮最终还是选定了沈家本的女儿。

沈家本呢，思来想去，也认为汪大燮最为合适。虽然，汪大燮比他的女儿大，又曾娶过妻。还有一点，那便是大多朝廷官员非常重视的，也会心存疑虑的：虽然，汪大燮是钱塘旺族后代，家道丰厚，他本人也算是少年得志吧，30来岁就已是户部郎中；但是，他是一个新派思想的人物，言论常与众不同，也让政要们难以认同。对这一点，沈家本反而不以为然，很开明。他和这位年轻人在一起，倒还有话说，有时话还很投机。

光绪十九年（1893年），在沈家本离京前夕，阴历的九月二十四日，汪大燮和他的女儿举行了婚礼。沈家本长吁一口气，心中释然了许多。他在这一天的日记中写道：大女合卺，午刻成礼。

也算是双喜临门吧。

忙碌，并快乐着。9月就这样匆匆而过，10月里，沈家本在准备行装的同时，还要处理刑部尚未了结的公务，常常忙到深夜，天津方面也在催他早日上任。

10月17日，他总算将手头事务全部处理完毕。午饭后，登车离开了京城。当然还是马车。女婿汪大燮和女儿，还有他自己的夫人陈氏和四个儿子，一直把他送到广安门外。

沈家本和他的父亲沈炳莹一样，第一次赴任，没有带家眷，而是一个人，只身前往。

他取道保定，由保定再去天津。去保定是为了参拜两司：藩司与臬司。藩司也就是布政使的别称，又称藩台，抑或方伯。相当于我们今天的省级行政官员。清朝，自康熙六年后，每省设布政使一名，官位从二品。臬司即提刑按察使的别称，也称臬台。相当于我们今天一省司法机关的长官，权位仅次于布政使，为正三品官员。

因天津府属直隶，直隶总督原驻保定，自同治九年（1870年）11月清朝廷设北洋通商大臣后，直隶总督就兼任北洋大臣。而天津的地理位置又非常重要，清廷明令直隶总督，每年春融开冻后，移驻天津；冬令封海，总督仍驻天津。所以当时沈家本要参拜两司，就得先去保定。

马车载着他，渐行渐远。巍峨的城门，在午后阳光的照耀下，也渐渐掩映在一片扬起的尘埃之中。乡村的小路，蜿蜒伸向前方。三十多年前，他带着母亲与弟妹也是在这样的乡村小路上辗转，前往贵州。那时，乡村的贫困，一路的艰难，在他心里留下了永远也不会忘记的刻痕。

几十年过去了，他目所能及，还是和过去一样。低矮的茅屋，稀稀拉拉的树木，田野上覆盖着一层茫茫的白霜。没有小桥流水人家的安详与温暖，只有老树枯藤昏鸦的凄凉。

石道被水冲坏了，高高低低，坑坑洼洼，马车几乎不能前行，只好折北，从土路上走。土路多泥泞，间或还夹着冰雪，马车亦更加颠簸。

还没有到冬天，已经让他深感冬天的寒冷。

才走出不过40里，天就已经昏黑了。星光下，马车又慢慢腾腾地行走了约十里路的光景，一弯寒月照在卢沟桥上。过了桥，至长辛店，已然深夜了。

第二天，天还没有亮，他便催促车夫启程。走出 25 里，到良乡县时，太阳才升起。下午抵达涿州，他看到城门上一副对联，颇为感慨：日边冲要无双地，天下繁难第一州。

涿州本是进京的要道。可是近几年来，人们多乘船由天津取道京城，这里已经远不像从前那么繁华了。那日晚上，他歇在窦家店。一路又累又饿，本想吃两个鸡蛋，聊作补充营养，却不料那家小店，及小店周遭却连一个鸡蛋也买不到。

他在日记中感慨：粗糠但能供一饱，何须苦恋大官餐。

就这样，他整整走了四天，才抵达保定。虽然有马车，却也是颠簸劳累。一路所遇，和几十年前并没有多少变化，大清帝国的乡村还是和过去一样的贫穷，一样的冷清。如同他在诗中的悲叹：满目荒莱生计苦，连村到晓不闻鸡。

一到保定，他又回到了官场。按照规矩，他先要参拜藩、臬两司，呈缴吏部凭证。藩、臬两司是知府的顶头上司，沈家本自然不敢怠慢。抵达保定的第二天早晨，他就分别谒见了藩台裕与臬台周。

藩台与臬台，分别单独接见了他。谈的想必都是官场上的官话，没有特别的内容，落在沈家本的日记里也就只一句话：晨谒见藩台裕，臬台周，均单见。

裕后本还有一个字，因他的日记年代久远，那个字很模糊，无法辨认。而臬台周，大约是指周馥。周馥是李鸿章的老部下，也是安徽合肥人，深受李鸿章的器重。

午后，他又一一拜见了他所不太熟悉的太守与其他日后的同僚们。虽然，沈家本出身世家，但久不得志，为人处世，和他的父亲沈炳莹一样，很低调，也很小心翼翼。

礼貌、周全。

在刑部，他就不是一个锋芒毕露的人，现在新官上任，他更不可能锋芒毕露。心里多少还是存有疑虑的，毕竟他刚升上来，对这一层官场还不熟悉，不知水深水浅。

在保定，他前前后后待了七天。七天里，他几乎天天参拜藩台与臬台大人，参加各种样的宴请。也到院署站班，所谓站班，通俗地来说也就是我们今天的所谓上班吧，参与处理公事。

虽然，他只在保定待短短的七天，但深感外省与京城的风气大不相同，官员的作风与礼数也是不一样的。在京城里行得通的一些做法，在这里是行不通的，甚至连礼数也很不相同。

既然到了地方，就必须熟悉与了解地方。他丝毫不敢懈怠，提醒自己一定要尽快熟悉地方上的一切，办公务的程序，作风与礼数，乃至地方官员的头衔与等级如何辨认，他都要力求做到了然于心。他毕竟久居京城，对地方上的事务与官员做派都还很陌生。

10 月 28 日，沈家本离开了保定，前往天津。

他的外官生涯，是在天津正式拉开序幕的。

13 新官上任

1893 年，阴历十一月一日，沈家本抵达天津。

天津也是一座古老的城，建于明永乐二年。虽然，它与北京近在咫尺，但两座城市的风格却大不一样。北京是天子的脚下，天津呢，简称津，意为天子渡过的地方。

1860 年，天津被辟为通商口岸后，西方列强纷纷在这块天子渡过的地方设立租界。和大城北京相比，天津此时更洋化，它已经是中国北方开放的前沿，洋务运动的基地。铁路、电报、电话、邮政、采矿、教育与司法建设，均开全国之先河，那时它已是中国第二大工商业城市和北方最大的金融商贸中心。

天津很热闹，热闹中又充溢着洋味。民风则极其剽悍，且喜械斗。沈家本也从同僚那里得悉，他的前任非常严厉，因此民风才稍有收敛。而他呢，他一直是个文官，也多文人习气，在京城又只是刑部的一个司员，性格一向是温和的，对很多他看不惯的，或对他不公的，他总是习惯了忍耐。他是一个善于忍耐的人，也是一个性格温和的人。

初来乍到的沈家本将会遭遇什么呢？又将怎样开始他的仕途之旅呢？

沈家本到底已经有 50 多年的人生经历，他也经过许多周折，和官场的磨砺，也算得上老谋深算吧。他是有备而来，而不是一味的一旦得官，便春风得意。

对于他而言，做官，还是想做一些实事。

新官上任，天津府所属的县令乃至大大小小的官员纷纷相迎，接二连三的接风宴。但沈家本最想见的一个人，也是必须谒见的一个人，却是——直隶总督。

总督大人却因偶感风寒，没有见他。

那时的直隶总督就是李鸿章。洋务派的领袖人物。李鸿章与洋务派，对于沈家本而言，都是陌生的，遥远的。不过，他从《申报》等各种报刊上，对李鸿章和洋务派多少有些认识与了解，但到底还是隔了一层。

这位政界的风云人物究竟是何样的人，又是何等风度？与他共事，又会怎么样呢？

两天以后，沈家本见到了李鸿章。李鸿章因是安徽合肥人，人们私底下也唤他李合肥。这位李合肥，长方脸，额宽，鼻直，颔下一撮山羊胡，相貌威严，轻易不露笑容。因是中堂大人嘛，也不免给人高高在上的感觉。不过，他倒还是很体贴下属。得知沈家本还住在浙江会馆，当然知道是因前任代理太守还没有搬出衙门，沈家本自己又不便说什么。当即派巡捕去府署，问前任李太守何时能腾出房屋。

李太守见总督大人发话了，讷讷无语，很知趣，三日之内便腾出了房屋。

暂时借住在浙江会馆的沈家本，总算有了一个安身的家。他稍作安排，便派人到京城去接家人。到底是 53 岁的人了，身边需要家的温暖，也需要家人的照顾。

天津与京城是不同的，知府也与刑部是完全不同的。那时的天津在洋枪洋炮的轰打下，是最早对洋人开放的埠口城市。沈家本在天津拜印升座后没几天，李鸿章就带着他到新医院参加一个宴请洋人的宴会。

新医院实际上是西医学堂，如同我们今天的医学院。教师都是洋人，授西医，有学生 40 余人。搞洋务出身的李鸿章，对西医和对洋枪洋炮同样感兴趣。

那天的宴会，是因新医院落成，一个正式的祝贺仪式。非常隆重，但却是西方化的，令沈家本大开眼界。过去，他只是从报纸上对西方文化有一点儿皮毛的了解，他日记中常常出现的那些搞洋务的二毛人朋友，毕竟都还是中国人。

参加宴会的只有 20 来人，各国使臣和中国官员，除此还有一位女士，金发碧眼的洋女士。不是圆桌，也不是左一道右一道地上菜，摆满整整一桌。而是一条大长桌，中堂李鸿章为主人，居中而坐，其他人以次围坐。坐位是餐前排定好的，每座前都有一个长方形的小牌牌，牌上写着各人的名字，众人依牌而入坐，不必客气地相让。

就像他日记中所写，食呢，有食单，人各一器，一器一人，人各自食，亦不相让，酒有五六种，也不相劝。自饮自食。餐中很安静，没有中国餐馆中的大声喧哗与笑闹。饭与菜也显得相对简单，但却很精致。饭毕，便各自散了，也没有什么寒暄之类。

这是年过半百的沈家本第一次与洋人共餐，也是他第一次这么近距离地接触洋人。他不懂得外文，自然也不会和那些高鼻深目的洋人有什么交谈，只是静静地在一起吃了一顿饭。不过，那些洋人，特别是那位身着长裙的洋女士，却给他留下了深刻的印象。

过去在他的日记里，常把这些洋人统称为鬼子或毛子。

他和西方文化最直截了当的接触，就是从这一次宴会开始的。那时候，他大概没有也不会想到，他的官场生涯，从此将和西方文化，和西方的法律，还有那些高鼻深目的西方人，牵牵绊绊，直至他离开官场之后。

冬天随即而至，海风呼啸，雨雪缤纷。

这一年的年底，刚刚上任的沈家本，下令重修望海楼教堂。这是他到天津上任后的所做的第一件有关市容的大事。

关于这座教堂，是有一段非常屈辱的历史。亦和洋人——法国人，有关。1862 年，法国天主教神父卫儒梅通过法国驻津领事与三口通商大臣崇厚交涉，得到天津三岔河口北岸望海楼旧址及其西侧崇禧观 15 亩土地。望海楼的历史很悠久，将近一个世纪前，也就是 1773 年，由天津盐商集资修建的一座三层小楼，在当时的天津很有名，也很惹眼，又称海河或河楼。法国天主教神父得到这片土地后，开始只是在东门附近的深宅大院中，很隐蔽地开办了仁慈堂养病院。1866 年，法国神父谢福音到天津传教，三年后，也就是 1869 年的 5 月拆毁了望海楼和崇禧观，年底建成天津第一座天主教堂——胜利之后堂（或称圣母得胜堂），也就是天津百姓口中的望海楼天主教堂。

胜利之后堂，除了传教，还设有育婴堂，专门收养弃婴与孤儿。对那些将弃婴与孤儿送进育婴堂的人，育婴堂还会给一些钱，作为辛苦费，也算是奖励。就是因为这项奖励，也就有地痞人渣为了钱，拐卖平民儿童。当在拐卖儿童时被抓住，这帮无赖就信口雌黄，说是教会指使的，激起民众对教会的仇恨。

1870 年春夏之交的四五月间，天津地区发生疫病，法国天主教育婴堂所收养的婴儿陆续病死三四十个。婴儿的大量死亡，主要原因是育婴堂收留的婴孩，许多本已奄奄一息。可是，却有谣言流传，说是天主堂的神甫和修女经常派人先以药迷倒孩子，拐骗到育婴堂来，然后再把孩子弄死，挖眼剖心，用来制药。

这则谣言，像风儿一般，飘荡在天津的大街小巷。

传教活动，本是随着列强对中国的侵略打开了古老中国的封建大门，进入城市与乡村。不仅与中国官方、民间利益相冲突，而且由于文化背景不同，思想上的冲突也是十分巨大的。士大夫、官绅乃至一般百姓，与洋人教会之间的矛盾都是非常尖锐的。

自从 1850 年《天津条约》签订以后，传教士开始在中国各地传教。根据《天津条约》，传教士享有建造教堂、治外法权，以及"宽容条款"赋予的教会特权。中国基督教信徒可以不受中国法律的制裁，因此，许多地痞流氓也混入教会，横行乡里。

于是，教案纷至沓来。

此外，外国传教士还获得了在中国任何地方租买土地和盖房子的特权，这项特权为外国传教士在中国内地霸占地产提供了方便，也成为民教纠纷的严重隐患。

这隐患，像一颗火种，一触即发。

本来，天津的百姓对洋人与洋教堂就充满仇视的心理。随着谣言的流长飞短，百姓的愤怒也越来越强烈，犹如浇了汽油的炸药，一点马上就会熊熊燃烧。

偏偏此时，天津官府抓获了两个拐卖儿童罪犯，并贴出告示：张拴、郭拐用药迷拐儿童。风闻该两犯，受人嘱托，散布四方，用药迷拐幼孩，取脑剜眼剖心，以作配药之用。

风闻所叙，并无证据。也只是风闻，但官府的正式告示，却给百姓愤怒的情绪又煽了一把火，矛头直指教会。

本该息事宁人的清政府，此时却是火上浇油。

6月20日，被居民扭送官府的拐卖儿童人犯武兰珍，口供中又牵连到教民王三及胜利之后堂，即法国人的天主教堂。于是，群情激愤，士绅集会，书院停课，反洋教情绪高涨。数万民众聚集教堂门口，要求入内检查。

6月21日清晨，天津知县刘杰带人犯武兰珍去望海楼天主堂对质，发现该堂并无王三其人，也没有武兰珍所供的席棚栅栏，且教堂中也没有人认识武兰珍。

很显然，武兰珍自己就是拐卖儿童的人犯，但却没有能够平息百姓的愤怒。

当谢福音神父在与崇厚在府衙协商育婴堂善后处理办法时，数千民众包围了教堂。混乱之中，教民与围观的民众发生了口角，紧接着双方挥舞起拳头，拳脚相向，甚至抛砖互殴。

一场混战。

混战的愤怒吼声，惊动了离教堂不远的法国领事馆。领事丰大业，得知情况后，迅速带兵闯入天津府衙，开枪恫吓，要求地方大员崇厚、张光藻派兵镇压民众。

丰大业是个非常傲慢的法国人，从来不把中国人放在眼里，无论是清政府的官员还是普通百姓。此人脾气乖戾暴躁，对他眼中的黄种人就更加暴躁，无理。

但是，他却没有料到，崇厚拒绝了他。

遭到拒绝后，丰大业恼羞成怒，气急败坏。返回的程中，他又遇上了静海知县刘杰，开口便骂，狂傲地声称：我才不怕中国的百姓。刘杰亦不示弱，与他据理力争。

丰大业来中国后，从来都是高高在上，何时受过这等反抗？于是，拔出手枪，想一枪就毙了刘杰。谁知没有打死刘杰，却打伤了挡在刘杰前面的跟丁高升。

众目睽睽之下，丰大业如此猖狂。天津的百姓不干了，哗然，数百名愤怒的围观民众当即拳脚相向，打死了丰大业和他的随从，接着便冲入教堂，打死法国神父、修女、洋商、洋职员及其妻儿等计20人（包括几名俄国人），以及中国雇员数十人，并放火焚烧了教堂。烧了胜利之后堂，民众还不能平息心头之恨，接着又焚烧了育婴堂、领事署及英美教堂数所。

此时的民众心中只有愤怒和仇恨，理智被情感所替代。

一时间，熊熊的大火，烧红了整个天津的上空。

整整燃烧了三个小时。

震惊世界。

史称"天津教案"。

事发后，英、美、法、德、意等七国军舰集结天津、烟台一带海面示威。

清政府乱了方寸。命直隶总督曾国藩查办。

而此时的清廷顽固派仍然认为民众为保卫官员而杀洋人，说明"民知卫官而不知畏夷，知效忠于国家而不知自恤其罪戾"，可以趁此机会，把京城的"夷馆"尽毁，京城的"夷酋"尽戮。顽固派代表、内阁学士宋晋奏称育婴堂"有瓶装幼孩眼睛",连慈禧太后也深信此事,向曾国藩谕道:"百姓毁堂,得人眼人心。"

可是,清廷这些顽固派的官员却没有能力也不敢与洋人交涉。与洋人谈判的重任,还是落在了洋务派官员身上。

当时已重病在身的曾国藩,本可以重病在身而不管此事,但他还是接了这个烫手的山芋。

他抱病亲往,经过一番认真的调查,确认迷拐、挖眼、剖心等均系传言。被指为教会装满婴儿眼珠的两个瓶子,经清政府官员打开一看原来是腌制的洋葱。

可是他却仍旧左右为难,如临深渊。他深知愤怒的民众是根本不会相信他的调查结论,如公布于众,天津定会民怨沸腾。而列强呢,已经联合抗议,并出动兵舰相威胁。

弱国本无外交。

不管他如何做,他都将是历史的罪人。

曾国藩最终还是选择了妥协。遵照法国的要求,处死为首杀人的 18 人,充军流放 25 人,但拒绝了法国单方面提出的处死天津提督陈国瑞及天津府县官员张文藻、刘杰三人的要求,认为如此处理"我朝廷命官"太丢国家、政府的脸面,并以养病为名将张、刘二人放回原籍躲避风头;陈国瑞则被保护而送往京城(也有史料说陈国瑞后来被斩)。可还是答应了赔偿外国人的损失 46 万两白银,并由崇厚派使团到法国道歉。法国因随后发生了普法战争,无意东方事务,因此接受了这个条件。

曾国藩却因此,由中兴之臣变成人人喊打的过街老鼠,被民众所不齿。他的湖南同乡,还把他在湖广会馆的匾额砸烂焚毁。

之后,清廷将曾国藩调离,任两江总督,由李鸿章任直隶总督。但这件事却牢牢地梗在曾国藩的心中,难以释怀,于 1872 年 3 月 20 日,在南京逝世。

对这段历史,沈家本了然于心。他来天津任知府,不能不把天津曾经发生过的大事件在心上过了又过。

洋人和教案，是摆在他面前的一道难题，不得不有预先的防备。他在心里盘旋了很久，重修望海楼当然不仅仅是有关市容，其深意他并未向同僚与民众吐露。

可是，他一上任，就重建因天津教案被烧毁的望海楼，民间自然是议论纷纭，兼有各种传说。他呢，一笑置之。好像并不怎样放在心上，人们猜不透这位瘦小的白胡子老头儿所作为何？

就在望海楼重建后不久，天津又查获拐卖儿童人犯。1870 年的天津教案导火索就是因风传教士拐卖儿童，一时间民怨沸腾，大有一触即发之势。

1870 年的乌云，再次笼罩在天津城的上空。

历史还将会重演吗？

民众和衙府里的官员们，都将目光聚集在胡子已经花白，瘦小温和的知府沈家本身上。愤怒中夹着疑问与疑虑。

众目睽睽之下，沈家本将如何处理？

刑部司员出身的沈家本，虽然此时身为天津知府，却仍然是刑部司员的作风。并不慌乱，按照法律程序走。他率属下迅速查清案情，判拐卖儿童的人犯——死刑。

属下提醒他：按照《大清律例》的规定，拐卖儿童没有使用为迷药，不能处以死刑。

他却毫无犹豫，温和却斩钉截铁：是岂可以常例论乎，竟置之法，而民大安。

民安，是他处理这件特殊案件的尺子，也是他处理政务的尺子。民安，更是他从政的理想。

不管是下属的质疑，还是外界纷纭的议论，沈家本深知乱世用重典祖训，故不为所动，坚持立即处以人犯死刑。

沸腾的民怨，也随着人犯的处决而平息。

他用法律，平息了一场巨大的教案风波。1870年的耻辱与战争风云，随之化解。

当断不断反受其乱，沈家本深知其理。这也是他：用律能与时变通也。

天津民众，也对这位新来的知府大人有了新一层的认识。他是温和的，也是果断的。而且睿智，对曾经纷乱的历史，了然于心，也从中梳理出对策。

重修望海楼，绝不是他的心血来潮。

与此同时，他对另一件事的处理，也显示了他临危不乱的才干。

就在他平息教案事件之前，一些地痞流氓，看新来的知府一介老书生模样，毫无知府大人的威严，并且以宽大为治。便以为这位书生知府是个软蛋，可欺服，于是聚众哄抢闹事。可没有想到，知府大人立即派人捉拿了带头聚众闹事的四个头目，绳之以法。

温文尔雅的新任知府，并非一意为宽，而是宽猛相济。

天津的民众，还有他的下属们，对这位目光温和，总是面带微笑的新知府，从此有了新的认识。

直隶总督李鸿章，虽然对这件事的处理，没有表示过什么。但这位京城来的刑部司员，却给他留下了深刻的印象。他的温和中有一种刚硬，不温不火的刚硬。后来，遵化教案发生，李鸿章当即就派他去处理。

这个瘦小的老头儿，书读得多，却并非只是一个书虫，在处理实际事务中，方方面面都考虑得很周全，民心所向，孰重孰轻，他把握得很准确，驾轻就熟。刑部那么多年的冷板凳，他可没有白坐。纷繁复杂的案件中，他看得最清楚的便是——人心。虽然，那时还没有犯罪心理学，他对罪犯的心理却是很细心地观察，思考，一一记录在案。从他一生留下的大量日记来看，他是个喜欢用笔记下自己思想与思考的人。

还有一点也非常重要。沈家本的仕途之路很艰难，屡考屡败，屡败屡考，这便使他与少年得志的官员有很大区别。更重要的则是他随父亲在贵州待了几年，对官府的腐败，还有百姓的贫困与艰难，都深有体会。

从艰难困苦中走出来的人，有着丰富经历的人，和那些少年得志一帆风顺的人，为官后，大抵是不一样的。

14   为逝者申冤

还是案子。

也许，就是因为他是从刑部出来的，对案子情有独钟。本来，他是天津的知府，民间的案子是可以袖手不管的。

一桩命案。

像小说里的情节一样，混杂着男女之情。偷情。这桩案子的主犯姓郑，名国锦。天津人。是个民间的江湖医生，以扎针治病为生。也就是我们今天的针灸医生，中医吧。

一天，寄居城中的刘明来找郑国锦给自己的妻子王氏看病。刘明与郑国锦并不相识，一个是医生，一个是病人的丈夫。刘明家境贫穷，妻子病卧在床，心里十分焦急。郑国锦便跟着刘明来到他家中，为他妻子把脉针灸。

刘明的妻子王氏，是个年轻且有几分姿色的女人。虽然，久病在床，面色苍白，眼波哀伤，但仍然不失弱柳扶风的娇媚。郑国锦顿生怜惜之情。王氏从被窝里伸出手臂，让他把脉。那手臂细而白皙，淡红的血管清晰可见，犹如一节粉嫩的莲藕。

郑国锦的心摇晃了，眼风也是摇晃的，他搭脉的手指禁不住也跟着摇晃起来。指下的皮肤光滑如绸缎一般。

把了脉，他的心狂跳如鼓，很兴奋。毕竟他已有多年从医经验，知道妇人不是什么不治之症，他有把握治好她。

那一天，他给妇人扎了针，很快就离去了。

之后的几天里，他天天来给妇人扎针。妇人苍白的脸渐渐变得红润，也能下床走动了。

刘明对郑国锦自然是千恩万谢，还让自己的儿子刘黑儿拜郑国锦为师，长大也当个会针灸的郎中。那一年，刘黑儿不过十来岁，还不大懂事。

于是，郑国锦常到刘家走动。

刘明是个粗心的男人，并未看破郑国锦那点儿藏在心里有时又忍不住挂在脸上的脏心思。可他的媳妇却不是一盏省油的灯，她在被窝里躺着还不能下床时，就已经看出了郑国锦的心思。郑国锦的诊费要得很少，来得却很殷勤。天下哪有这般好事？他要的是她的身子。但她却没有向丈夫说破，任随郑医生的眼光在她身上流连徘徊，像狗一样舔着她。

终于，有一天，刘明带刘黑儿赶集刚出门，郑国锦就来到了刘家。王氏一如往常，娇媚地笑着把他迎进屋里，扭动着腰肢，倒水端茶。郑国锦的欲火，蓬地一下蹿起来，就势拦腰强抱住她，他要的不是水也不是茶，而就是她，她白皙而柔软的身子。

她早知道有这一天，回眸一笑。

从此一发而不可收。

只是糊涂的刘明还不明就里，仍然把郑国锦当作他家的恩人，他老婆的救命恩人，他儿子长大学本事的师傅。

光绪十八年(1892年)的2月里，一天傍晚，郑国锦来到刘家，谎称头疼如裂，想在他们家借宿一晚。刘明一愣，一时竟不知如何是好。他家只一间房，一张炕，怎么住呢？

就在刘明犹豫尴尬之际，王氏笑吟吟地应了下来：郑大夫只要不嫌我们家穷，我们家挤，那就住下吧。

有些惧内的刘明也只好答应了，跟着老婆说：只要你不嫌弃就行。

一张炕，四个人。刘明与老婆王氏睡一头，郑国锦与他们的儿子刘黑儿睡一头。

刘明原以为郑国锦只住一晚，将就将就也算了。哪知从此以后，郑国锦就赖在刘家了，再也不走了。刘明脸皮薄，也说不出赶他走的话。而且，刘明是个忠厚老实的男人，心也粗，并没有往深里想。

每逢集日，刘明还是一早就去赶集。刘明一走，刘家就成了郑国锦与王氏的伊甸园，两人流连忘返，乐不思蜀。郑国锦哪里舍得离开刘家？

到底还是被刘明的儿子刘黑儿看穿了。刘黑儿虽然才十来岁，但对男女之事也有几分朦胧的了解。父亲不在家，母亲和郑国锦在炕上滚作一团，像外边发了情的狗。王氏也是一个放浪不检点的女人，与郑国锦做男女之事时并不避着刘黑儿。

刘黑儿的心向着父亲。他不喜欢郑国锦，这个男人搅碎了他们家的平静与温暖。母亲不再像往日里的母亲，父亲呢，在家也很少开笑颜。郑国锦像一根棍子插在他们一家三口当中，家也就变得不像家了。

父亲从集上回来后，他忍不住把他看到的告诉了父亲。刘明如五雷轰顶，他本来心里是有一些疑惑的，但却不愿意往歪处想，只巴望着郑国锦早一点儿离开他们家。万万没有料到，自己的老婆早与郑国锦勾搭成奸。

刘明越想越气，气得说不出话。回到家中，饭也不吃，倒头便睡。又哪里睡得着，只不过躺在床上生闷气。这一气，竟至气得生了病，病倒在床。第二天，他躺在床上，身子软软的，嘴巴里干干的，喉咙里像是有一把火在烧。王氏只顾着和郑国锦说笑，也不搭理他。

刘明看在眼里，气在心里，按捺不住，把老婆叫到炕头，冷着脸对她说：等我病好了，我们就离开天津，回老家。

还是个老实的好心人，至此还不愿把事情挑明，给老婆也给郑国锦留着面子。

郑国锦正与王氏打得火热，欲火中烧，哪里肯就此罢手。

刘明给郑国锦和自己的老婆王氏留着面子，但郑国锦与王氏却不领他的情，也不念他的好，反而想把他置之死地而后快。

王氏不冷不热地敷衍他：行，等你病好了，我们就回老家。

这时，郑国锦向王氏使了一个眼风，王氏当然会意，又假意地扶刘明喝了几口茶，便道：家中没有菜了，你好生躺着，我去集上买菜，也给你买些鸡蛋回来，好生补补身子。

还是风摆杨柳一般，扭着腰肢，提上菜篮，和郑国锦一同说说笑笑地走出了家门。

软软地躺在床上的刘明一头怒火，却又非常无奈，只得眼睁睁地看着两人亲亲热热的背影。

郑国锦和王氏哪里是去买菜，出了王明家的大院，就找了一处僻静的地方，悄悄商议对策。郑国锦是个医生，行医也多年，治人于死地对他来说不是什么难事，小菜一碟。他如此这般对王氏一说，王氏毫不犹豫，答应了下来。

两人说说笑笑地又到集上买了些菜蔬和鸡蛋。

回到家中，王氏便对刘明换了一副面孔，嘘寒问暖。刘明仍在病中，脸烧得通红，额头也是滚烫的。王氏给他端过一盏茶，撮着嘴尖，轻轻吹拂着，劝他：看你烧得难受，就叫郑先生给你扎扎针。我不就是他扎好的。

此时，刘明虽然烧得难受，头脑却异常清醒，而且他看着自己的老婆与野男人当着他的面就眉来眼去，心里的火苗也是一窜一窜的。他把头扭向一边，不喝王氏给他端过的那盏茶。对王氏吼道：滚，我不扎针。

断然拒绝郑国锦给他扎针。

王氏与郑国锦面面相觑，暂时作罢。因白日里，门外常有邻人走动，儿子刘黑儿也在眼面前。

3月17日四更时，夜深人静，四邻全都黑着灯。郑国锦和王氏悄悄地起了身，点亮油灯，并把灯芯捻得很小。一灯如豆，一束摇晃着的灯火，静静地舔着黑洞洞的墙壁。此时，顽皮了一天的刘黑儿正在熟睡中。

高烧中的刘明也在昏睡之中。

郑国锦一跃骑到刘明身上，死死压住他的双腿，一手揪住他的上身，不让他动弹。

　　高烧中的刘明突然遭到袭击，根本无力反抗，就奋力张嘴喊叫。

　　王氏在一旁又用手捂住他的嘴，不让他喊出声来。

　　接着，郑国锦就在刘明脐上一寸部位禁针之水分穴内，连扎三针。

　　刘明拼命挣扎，凄厉而痛苦的喊声从王氏的指尖流泻出来。他的喊声虽然非常沉闷，并且又断断续续的，但还是惊醒了一个人——他的儿子刘黑儿。

　　刘黑儿迷迷糊糊地睁开眼睛，立刻惊吓得差点儿咬断舌根。

　　那个像一根棍子一般插在他们家的男人郑国锦，此时却骑在他父亲身上，父亲裸露的腹部插着几根明晃晃的银针。而他的母亲却用双手捂着他父亲的嘴。

　　他父亲呢，眼睛瞪得很大，眼珠像是要跳出眼眶，扭曲而恐怖的眼神。

　　他们想要干什么？是想杀死他父亲吗？

　　他害怕了，浑身颤抖。他突然想起，白日里，母亲与郑国锦出门以后，父亲曾哀伤而又恨恨地对他说：狗日的郑国锦和你妈想害死我呀！

　　他想喊，想喊人来救他父亲。但是，他的嘴巴里却像塞上了一团棉花，喊不出，也不敢喊。

　　就这样，刘黑儿浑身颤抖地躺在一边，眼睁睁地看着眼前所生的一切。

　　又过了一会儿，郑国锦把三根银针从他父亲的肝肚脐上拔出时，他父亲的头歪向一边，再也喊不出声来。随即一缕白沫从他父亲的口中缓缓流出。郑国锦回头向他母亲一笑，他母亲跟着唇边也露出了笑容。

　　刘黑儿死死地闭上眼睛。他看到这世上他最害怕也最不愿意看到的一幕。

　　他们，到底还是害死了他父亲。那个害死他父亲的女人是他母亲吗？

　　他父亲也早就料到他们想害死他，所以才会对他说？

　　天亮时分，刘明就在儿子刘黑儿无助的恐惧与胆颤中离开了人世。

第二天，郑国锦给刘明买了一口棺材，又通知刘明的兄长刘长清来天津，说是刘明因病而去世。他是个医生，刘长清对弟弟的家事并不清楚，信以为真。便带着刘黑儿将弟弟的棺材运回家乡埋葬。

郑国锦飘飘然地长舒一口气。

不久，王氏名正言顺地和郑国锦结为百年之好。

然而，这对狗男女并非从此就过上了幸福的生活。

刘黑儿跟着大伯回到乡下，常常在深夜从噩梦中喊叫着惊醒过来，然后呆呆地睁大眼睛，很恐惧的样子。他的大伯刘长清觉着这事很蹊跷，便追问他是怎么回事？本来，刘长清对弟弟之死就心存疑问，弟弟身体很壮实，怎么说死就死了呢？但他毕竟没有和弟弟生活在一起，也并不知弟弟的家事。

听了侄儿的话，刘长清这才恍然大悟。一纸诉状将郑国锦与王氏告到了天津官府。

而此时的天津知府正是沈家本。

这桩命案，引起沈家本的高度重视，亲自办理。他细细地查看了案卷后，率同静海知县史善诒、候补知县李应培等一干人，来到静海所属之地杨官店村，督同李、史二令，饬令刘明的长兄刘长清和刘明的儿子刘黑儿，一同开棺验尸。

刘明本是杨官店村人。死后就埋在村外半里地之外的坟场。开检时，系正月下旬，天气寒冷，雪后的乡村，屋檐上持着长长冰柱，田野里亦到处都结着冰，冻得很结实。可是，令人奇怪的是当人们挖开坟墓时，坟内却没有上冻。

沈家本转过身去，耐心地询问当地的村民：为何此坟不冻呀？

村民告诉他：这个坟呀，怪着呢，下雪的时候，雪一边落一边就化掉了。

当村民掘开冻土，打开棺材时，竟然看到一条蛇盘踞其中。众人吓得纷纷倒退，非常吃惊。

沈家本却微微笑了：这里的地气暖和啊。

刘黑儿看到父亲打开的棺材，眼泪汪汪，对几位官府老爷供称，他的父亲死后，他曾经在家里捡到过一个小纸包，包里是水银。他先不认识那就是水银，问郑国锦，郑国锦告诉他那是水银，药虱子用的。

那么，刘明是被水银毒死的吗？

沈家本和同来的僚属们听后，也都怀疑刘明是被毒死的。开棺后，先用银钗在尸骨胸前的土内搅翻良久，细验胸前各骨，并没有发现什么异常颜色。沈家本当即就判断，刘明并非毒死的。

那么刘明到底是怎么死的呢？

来之前，沈家本已经做了周密的布置，还特地从京师调请来有经验的仵作侯永，请他协助判案。

仵作即旧时官府中检验命案死尸的人。

仵作侯永和他的助手将尸骨从棺木中一一拣出，用温水洗净，如法检验。已死刘明的骨殖仰面顶心骨骨缝浮出，用丝棉试验，能挂囟门骨近左现红色，向日光照视，如瓜子大一点，明透骨缝浮出，系应伤。又上下牙齿生成二十八个，脱落二十一个，内一个系旧日脱落无存，余俱存。朽三个，其正中牙根并近左第一、二、三各牙骨，俱现红色，亦系应伤。

尸检后，仵作侯永得出的结论是：委系虚怯处所受伤身死。

案犯郑国锦亦在他的供词中称：在死者水分穴扎三针。

刘明无疑是因此而死。

尸检之前，沈家本特地翻看了医书，他本来就是个喜欢读书的人，所读之书非常广泛。而且，他的堂姐夫潘霨就是个名医，在福州的时候他就在潘霨的指导下，读过许多医书。后来进了刑部，读医书便不再是读闲书，也是办案的需要。除了医书，他还细细查阅了《洗冤录》《备考》《疑难杂说》。

他很怀疑郑国锦是用针害死的刘明。然而，《洗冤录》里有用针置人于死地的案例，但却没验尸检骨的办法。他思前想后，还是认为这个案子虽然已隔数年，但必须检骨。可是，如何检法，却无例案可凭，颇感为难。

没有前人的经验可借鉴。

深夜，全家人都已安然入睡，他却还是在灯下捧读《洗冤录》，希望从中得到启示。思索良久，他的脑海里猛然跳出一个想法：凡人下体虚怯处受伤身死者，必有应伤见于上。

果然在《洗冤录》中找到了根据，《洗冤录》中有这样一段话：凡伤下部之人，其痕皆现于上。男子之伤，现于牙根骨里。接着他又在《备考》中看到这样一段话：肚腹、小腹，乃中焦、下焦皮骨易溃之所，案经日久，无凭验视，惟检头顶骨、囟门骨居中至处，确有圆围三四分许，红赤色。

他释然了，终于找到了破解此案的方法。

但是，他还不放心，继续从书中找寻答案，《疑难杂说》中也有相同的说法：将人致死，经久尸肉腐烂，无迹可凭，但检囟门骨，必浮出脑壳缝之外少许，其骨色淡红，皆因罨绝呼吸，气血上涌所致。

至此，他对此案如何破解，心中已有几分把握。郑国锦是个针灸医生，他要想置人于死地，想必会用针。他又去翻查医书。他又在医书中查到：水分为禁刺之处。

心中了然。

天快亮时，他才放下手中的书本，提笔在断案笔记中写下自己心中的想法：此数说者，以理推测，当可援以为据。

仵作侯永从京城来到天津后，他先同他讨论，并把自己从书中查阅到资料一一叙说。侯永也点头称是，那些也都是他办案经历过的。

现在一切都说明，刘明就是郑国锦用针扎死的。是谋杀。

当即提问刘明的兄长刘长清和刘明的儿子刘黑儿，与案犯郑国锦及郑王氏。郑王氏也就是刘明原先的妻子刘王氏，逐一明白指示，并令仵作侯永，按件给每一个人看明。

郑国锦刚被传讯时，并不怎样当回事。事情已经过去多时，官府又能找到什么证据？况且他是个医生，那些不懂医的人，又哪里能明了其中的弯弯绕呢？审问他的知府大人，就是一个小老头儿，目光温和，问话的态度也很温和。这么一个温和的老人，还能怎么样？大抵他也不会懂得针灸中的门道吧！所以，他态度很强硬，一口咬定刘明是病死的。

倒是与他勾搭成奸的婆娘王氏，一进官府就乱了方寸。口不择言，陈述很混乱，也有很多漏洞。竟至承认是她与郑国锦谋杀了她前夫。但两人当面对质时，她又翻供。她的供词也是一片混乱。

到底是妇人，心虽毒辣，但却经不得拷问。

当二人被带到现场，郑国锦开始还强作正经，面容坦然。但当仵作侯永把刘明的尸骨指给他看时，他脸色顿时大变。

仵作侯永向在场每一个人缓缓解释：你们看这里，顶心骨浮，囟门骨及牙根骨呈现红色……

郑国锦是个医生，不需要别人再给他解释。

刘明之冤大白于天下。

郑国锦、王氏照律拟罪。

沈家本在他的判案笔记中写道：

> 迨经检验，则牙根及头顶骨之红赤色，囟门骨之浮出，与所推测者一一相符，得以定案。可见事理贵能会通，未可以古书所未及，而遂忽略之。此案验法，为《洗冤录》所未载，故并案情详录之，以备参考。庶检察官不至无所适从焉。

他不但想公正判案，还想给后人留下可借鉴的经验。

15 战争风云

沈家本是个挺倒霉的人，好不容易当上了天津的知府，平静的官场日子没过几天，还没有来得及施展他的政治抱负，就又遇上了战争。

又是一场丧权辱国的战争。

自他出生以来，大清帝国就在洋枪洋炮的攻击下，飘来荡去。战争接二连三，不平等的条约亦接二连三，割地赔款，颜面丧尽。第二次鸦片战争，联军攻入京城，一把火就烧了圆明园。那时，他和他的家人只能躲在西山，远远地注视着北京城里熊熊燃烧的大火。

而大清帝国的太后与皇帝却丢下他的子民，溜之大吉。

这是一个什么样的国家？

那把火一直烧着他的心，难以熄灭。国耻，也是国恨。

那时，他非常痛恨联军，在他眼里：洋人就是鬼子！

而给予他的传统教育则是：天下兴亡，匹夫有责。

像所有关心国事的士大夫一样，他对战争，无论内战，还是侵略国土的战争，从来都是非常关注的。已经成了生命的习惯。

不过，对于洋人，他的看法在痛恨中也有一些变化。

光绪五年，也就是 1879 年，除夕的鞭炮声中，他曾写过一篇文章——续海防要论。为何要写这样文章，不得而知。而且这篇文章没有发表过，也不曾收在他的著作中，只是存放在日记中。是给忙碌中的福建布政史蕃霨代笔吗？[1]

不管是否为他人代笔，还是仅仅为自己心中的感慨而作，这篇洋洋洒洒的论述，很沉痛，也很实事求是，并非只是书生的慷慨激昂。而对洋人，他也不再只是一味的愤恨，他也看到了洋人的另一面。那一面，是令人深思的，也是令人感叹的。

中国是一个海岸线很长的国家，1840年以前，长长的海岸线就是天然的防线。没有外来者能够进入这个古老的国家。它看不到外面的世界，外面的世界也不了解它。它对西方世界来说很神秘，西方世界于它而言，更遥远。

就是沈家本出生的那一年，也就是1840年，洋轮驶进了大海，随之而来的是，洋轮伴着洋炮的吼叫，雄赳赳气昂昂地进入了中国。一望无垠的大海不再是天然的防线，起伏的波涛，像一块海绵跳板，把一茬又一茬觊觎这块土地的强盗送了进来。

他们真高兴啊，遍地都是财富与珍宝。

白银、丝绸、大米、茶叶还有金矿和煤矿……都随着起伏的波涛滚滚而去。

乐不思蜀。

而古老的中国与它的统治者，除了自大与慌张，便是退缩与拱手相让。

大清帝国，再也不能像它雄伟的宫殿一般，昂首屹立。

沈家本在他的这篇文章里，开门见山：海防事宜既已得其要领，而经费宜筹不可须臾缓也。

可怎样才能筹集海防经费呢？他提出了自己的设想：不是已经开放通商口岸了，那么就设卡抽税。茶叶、丝绸、烟酒，还有精美的瓷器，只要运往国外，就抽税。这是仿照西方人的做法。西方的商人为了赚钱，

---

① 北大教授李贵连先生曾这样猜测。

也是愿意的。那么何乐而不为呢？而且西方国家自己不就是这么做的吗？那么我们开设通商口岸的各省，所征税收，若能先与各国公使相商，妥立章程，我用我法，专以岁中所入用作海防经费，自能绰有余裕。此为开源，还可节流。节流首先要除去冗员与贪吏。另外，台湾一岛，还有很多的财富，其北则宜于茶，其南则宜于蔗；而麦稻二种则遍地皆宜。如果广为招徕，勤开垦，再用轮船招揽贩运，在平安淡水等地设立总商来经营；若商力不足，朝廷可以拨款助之，这样估计不用几年，税收又可以增加很多了。还可以创办邮政，通商船，等等，不一而足，这样既便民，又增加国家的收入。

他所设想的，都是仿照资本主义国家——走资本主义经济的发展之路，以此增强国家的军队力量。

而下面在谈到国家的军队问题，他就非常感慨了，对洋人的军队则用的是很客观的目光。他说：然有可战之器，尤须得能战之人。欧洲诸大国所以能纵横宇内，雄视圜中者，以战舰之内，上自督带，下至工役，无不经练习慎重挑选，量能授职，各当其才。微特驾驶之法，进退之宜，胸中了然无或能谬，即大敌当前，炮弹纷飞，波涛汹涌，亦视为固然，并无纷扰。以之守险而险可守，以之摧敌而敌可摧了。若中国炮船所有人员，工役则与之殊科，非全船雇用西人。而各官互相滥保，其视为名利之薮，蝇营狗苟以图得缺者，且更纷纷皆是也。夫雇用西人以资得力，在往来洋海捕盗缉私，勤能著。试思一旦中外失睦有事战争，其所雇之西人将仍留供职乎，抑将听其辞去而置身局外乎？听其辞去，则仓猝之间安更得人以承其乏？虽有战舰亦成无用之器，甚且转以资敌。若仍留供职，又恐非我族类，其心必贰。此真事之万难委曲求全，而又不可不早为之虑及也。

他很清楚地看到大清军队的腐败与无能：奉祈无事则欺蒙掩饰，有事则推诿溃逃。日本扰台之时兵船水手潜逃回闽者无日不有。若仍不加整顿，可为寒心。

更让他寒心的则是,那些官兵的贪婪,懒惰,与不负责任。在文中也很详细地描述了当时的情况,每当兵船靠岸时,最高长官管驾就立刻登岸访友,寻欢作乐去了。大副与管事也纷纷效仿管驾。只有水手留守在船上。手水在船上也没有长官督促他们操练,学习,振奋精神;而是各自为政,或蒙头大睡,或懒散地伏在船沿上看野眼。当日影西斜,士兵们也轮流上岸散心去了。他叹息:此中国炮船之积习也。

这样的军队又怎么能够与洋人的炮舰一战呢?

他在文中所担忧的,15 年后,又一次被历史所验证。

1894 年。

这一次交战的不是西洋,而是东洋——日本。

而他呢,也不再是带着母亲与弟妹逃难的普通子民。此时,他是天津知府。天津是直隶总督兼北洋大臣的驻地、中方指挥战争的司令部。作为天津最高地方长官,他自然是不能也不可能置之度外的。

东洋帝国日本与中国交战的导火索是因为朝鲜。

1894 年 2 月,朝鲜爆发了农民起义。声势浩荡的农民起义,直逼汉城,朝鲜政府请求清政府派兵协助镇压。应朝鲜政府的要求,清政府派兵开赴朝鲜,驻守牙山,并按照《天津条约》的规定通知日本。而日本呢,此时却以保护使馆与侨民为借口,派兵入侵朝鲜。

日本大军入境,朝鲜政府当下意识到事态的严重性,希望早日平定起义,以使中日两国撤兵。6 月 10 日,起义军与政府达成了《全州和约》,汉城趋于平静。于是,清政府建议中日两国共同撤兵,但遭到了日本的拒绝。

7 月 25 日,日本不宣而战,在黄海丰岛海面击沉中国运兵船"高升"号,同时日本陆军向驻牙山的清军发动了进攻。

在遭到日军的突然袭击后,清政府被迫应战。

8 月 1 日,中日两国同时宣战。

沈家本在日记里记写了这次战争的前前后后,心情非常沉郁。作为当时天津府的最高长官，他的日记具有很高的史料价值。既是一个知府的心情写照，也很客观地描述了那次战争的经过。

让我们跟着沈家本的日记，重温这次战争的经过：

5月初6日 朝鲜东学党滋事，占据全州道城。

6月12日 朝鲜东学党滋事，国王来乞师，先派叶军门志超、聂军门仕成统领七营前往。我兵甫至，贼即星散。而日人从而生心，陆续派兵万千数驻于汉城。我军在牙山相距二百余里。我驻朝使臣袁蔚亭观察，欲我军进扎汉城，中堂恐生事不许。叶欲驻移扎平壤亦不许。日欲朝鲜改易西洋服色，归伊保护，朝王不肯。俄、英转圜，日不退兵。前月26日，中堂备战一折，久未得消息。今日有电旨，圣意决战。即日添兵前往。卫汝贵统盛字步队十二营，由鸭绿江（初意大同江，今大同江已有日船，故改道）；吴育仁拨四营，江自康统带，雇英国商船高陞、飞鲸、图南三艘，载往釜山口。24日，图南二十开，飞鲸二十一，高陞二十二开。图南江自康统两营。飞鲸所载之兵已登岸。二十三八下钟，高陞至，为日舰拦截。先遣六人来，令开往仁川，船主不肯。六人去，即开炮　高陞击沉。广乙、广甲、济远三船护送，广乙系□（原日记缺字。下同）皮船，开七十余炮，惜船身不固，旋为日舰击沉。济远被日炮打□中三百余下，船上管带方逃避船内，大副三副连开两炮，旋被日炮轰毙。炮夫又开一炮，日舰始不追。铁皮广甲亦驶回。又操江运船一艘，载有洋枪三百枝，饷银四万，为日人连船掳去。并开先于二十一。日人在汉城者打入王宫，御林出来抵御，轰毙日兵数十名，众寡不敌遂败溃。朝王、闵妃、太院君皆被掳拘禁。遂将中国使馆打毁，电杆砍断，故电报不通。此信由外国水电来□，并闻日人已发兵攻我陆军。叶军在牙山无后应，危哉！

7月初2日。闻叶军在牙山与倭人三次接[场]（原稿为场，此处应为仗），先小胜，后共杀倭人二千余，系二十五六日之事，聂士成之力居多。然军火不继，恐终难支持耳。中人之在日及朝鲜者，倭人之在中者，均归美国保护。

7月初7日。叶军廿七、初一两次失利，诸将存亡无的耗也。江自康两营大约全军覆没。毅军四营、左宝贵奉军八营已抵平壤，人少不敢轻进。盛军沿途逗留，日二三十里，至今未到平壤。统领卫汝贵贪而刻，军心不固，此军亦可危。海军则全无心肝。中堂以临敌易将，兵家所忌，故不肯更易。岁縻六百万，九年于□，竟不能得毫末之用，可叹可恨。

7月11日。津道来召，病卧不能起。与李少云太守内室见。因今日电信，倭船二十二艘，昨日下午至威海，互击未伤，距炮台远，敌船回，略驻又西进，夜过旅顺，亦互击，未伤。恐其北窜，地方震动，欲办团以安民心。与少云约定明日序东搏霄至置公议。

7月22日。今晨得平壤电信，叶聂二军门全军而出，将至平壤。所统尚存三千七百余名，伤亡者二百数十人。

7月23日。午后关道送来平壤电信。叶聂二军门今晨安抵平壤（马玉崑发）。此与中国体面大有关系。

8月13日。平壤电信言，左军马队渡江巡哨，遇倭兵千余，接仗伤彼六十余名，我兵伤者二人。又一日，卫军派队过江，甫渡一营，倭兵猝至，我军伤二十余人，即退回，并将浮桥拆去。卫达三不听叶军门调度，卫欲赴前敌，叶阻之不止，致有此小挫。

8月21日。海军十一艘护送铭军赴义州，甫抵岸下锭，遥见倭船十二艘驶来。我船赶即生火。倭船排一字阵，我船分两行。德人汉纳根在定远船上，拉同丁汝昌共坐将台，言今日你要走，我即洋枪打你。丁迫于势，故未走。副将邓世昌驾致远快船，将汽机开足铣进，放一鱼雷，四炮击沉其最后之大船，倭船四面环攻，又击沉其船二，致远船亦被倭炮击沉。邓世昌为英人在水中救起，一臂伤，未死。两军互相开炮。方伯谦管带济远船先逃。经远、扬威二船子药放还，搁于浅，被倭人火弹所焚，或言失火自焚。济远船首先逃遁，致超勇撞为两截。倭人旋退去，盖子药亦尽也。我军膛船七，受伤者四，须修五礼拜。此十八日之事。十六日，平壤之师为倭人元山之军所袭，左宝贵阵亡，盛军溃，叶军亦溃，退至义州。聂军门时在安州，师少而全。马玉崐所统毅军未溃，军装亦未失，有炮七尊，亦亲自督问运回，当是庸中□□者。闻元山领事用重贿遣一朝鲜人密告平壤诸军，言倭军万五千人，由元山袭平壤，如以一军扼扬德，倭人即难遽出，而平壤诸军不悟也。其败也，皆人人所预料及之者，而当轴不悟也。傅相奏请宋祝三军门总理奉省边防。宋言他军不听号令，须募三十营。不知旨意如何？

8月23日。德人汉纳根自海人回，带同受伤之德人四名见中堂。并言方伯谦之先逃。中堂始据以入告。丁提督乞病假，刘步蟾代理。

8月28日。方伯谦于昨日正法。

9月初2日。翁宫保于昨晚到津，今晨便服见中堂，复至运署少坐。

9月初3日。翁宫保于今晨放棹回京。翁宫保之来，闻奉密旨。或言上有不信傅相之意，命来察看。或言太后命来安慰傅相，令好好办理，中朝不遥制。太后之意在和也。又闻翁有随员数人，分起来津，密查事件，亦不知所查何事。

以上所摘录的，均出自沈家本保存下来的日记。

天津知府的日记，想必不会无中生有。堂堂大清王朝的武将们，在与日本的海战中，却要德国的将领用枪逼着坐镇指挥台，这是何等的耻辱。这样的军队，即使士兵勇猛，又怎能取胜？将领之间，互不配合，临阵逃脱，真是丑态百出啊。官府平日里用于军队的银子，算是白白地扔在大海里了。

这样的将领，这样的王朝，面对日本人的炮火，又怎么能不败呢？

1895年4月17日，清政府同日本签订了丧权辱国的《马关条约》，承认割让辽东半岛、台湾和澎湖列岛，赔偿军费白银2亿两，允许日本在中国开设工厂，开辟沙市、重庆、苏州、杭州等地为商埠。由于沙俄等国出面干涉，日本把辽东半岛归还中国，但中国给日本3000万两白银作为"赎辽费"作补偿。

从此，台湾离开祖国怀抱长达半个多世纪。

亲眼目睹这场战争，天津知府沈家本刻骨铭心。他的愤怒，他的痛心，也只能在诗里激荡："养士金钱过百万，于思弃甲听舆评。""一夜数惊神志定，帐中高卧壁何坚。""寄语塞垣诸父老，由来师克在人和"。

而在官场，他还是没有什么发言权的，只不过是一介文官而已。对李鸿章与清廷的方针与政策，他没有评价，也许还是因为身在官场，小心谨慎，不给自己找麻烦。

虽然，他对大清王朝，从内心深处已不寄希望，也不指望这个王朝能使国富民强。但他把自己的官位还是看得有几分分量的。要想为民做些事，还是必须要有一定的权力，这是他和纯粹的诗人们所不同的地方。

所以，翁宫保到天津来所查何事，他在日记里虽然只记了一笔，心里大概却是想了又想，看得很重要的，因为那和他的官位也许有什么联系。

那时，他当然不会想到的是，他很快便会离开天津，等待他的仕途之路，将更为险峻。他还是要和洋人打交道。

16　教案风波乍起

1897年的夏天，沈家本离开了天津，调任保定知府。

他已经57岁了，年近花甲，是有了孙女儿的爷爷辈了，为何还要调动他？是因为他在天津的口碑还不错，稳健而又不失锋利，得到直隶总督李鸿章的认可？

不得而知。

虽然，仍为知府，官的级别并没有变化，但身上的担子却又重了几分。保定是直隶首府，首府的地位自然是不一样的。它不仅要履行知府公务，还要主持直隶发审局的事务，行政与司法都要管。

并且，保定还是京城的大门。

可是，保定不是对外开放的埠口城市，和天津相比，它也不那么开放，保守自闭。民间曾有这样的笑谈：京油子，卫嘴子，保定府的狗腿子。保定的风气还是落后于天津，海风还没有吹到这座古城。

而此时，离保定府不远的京城，已处于风雨欲来的前夕。

也许，沈家本到底还是有了年纪的人，对外面世界的动荡与变化，不像年轻人那么敏锐、那么感兴趣了；也许，是因为直隶首府的知府百事缠身，由不得他分心，整天都沉浸在忙碌之中。京城中，知识界思想上的大动荡，他却没有过心，也没有关心。

如同我们今天而言：一心一意做好他的本职工作。

在他的忙碌中，秋天随即而至。9月保定郡试，他自然是主试。在天津他也主持过天津府试。当他主持科考时，心里可谓百感交集。那样的八比考试，他非常痛恨，他自己有多少年华都浪费在那无用的考试中。虽然，他现在身为主试官，依然对科考非常不满。他的不满自然还是发泄在诗中。诗跟随了沈家本一辈子，他写诗，都是有感而发，诗成为他感情发泄的一个通口。

郡试之前，他又作了一首五言长诗，36联，72句。我们今天的青年人，若要读完这首诗都得很大的耐心，可见当时对于科考，沈家本淤积在心里的郁闷有多深。他看得也非常透彻，对于当时大多数人来说，科考多为：浮华猎世誉，轻俊要科名。一语道破天机。其弊端则是：持此以用世，所用非所能。

但该如何对待科考呢，他选择的还是改良主义之路：穷通通则变，《易》义含恢弘。

变通。

而不是废除。

他还是寄希望于朝廷对科举制度进行改良。如何改之，他提出了自己的想法，那就是——分科。他把自己的这个想法记在了1898年的5月15日的日记里，这一天他读陆桴亭的《论学校书》，非常感兴趣，在日记里还把陆的文章抄录了一遍：

> 秦制：学法令者以吏为师。秦特法令不善耳，若法令而善，则学而后入政礼，孔子所谓道之以政，齐之以刑也。至汉则不然，虽有学校而无学校之制。听天下自为学术，而上之人从而□用之。故汉治最杂，有用儒术者，有用黄老者，有用申韩刑名者。然汉虽未尝以学校教人，以未尝以教法坏天下之人才也。晋唐以后则又不然。治天初未尝文章词赋，而教人学作文章词赋，至于学成而售矣，则又使之委而弃之，而用吾所谓居官之法律。是学校之制，三代善教，秦不善教，汉不用教，而晋唐则又教坏人才而后用之也。

抄录之后，他又添补上自己的看法：

> 此一段论学校能得其本。今日时文即晋唐之文章词赋也。近奉明谕，改为策论矣。然策论而蹈共与时文何殊。且时文有法度可循，策论则支离掇拾猝不能抉其是非。故看时文易，看策论难。康熙年间，旋改旋废，其以此欤！今欲力洗蹈共之习，亦惟责实而已。责实之道亦非一端，取其所长，略其所短，其在分科之法乎！

而此时京城里年轻激进的革命党们，已经在酝酿废除科举制度。沈家本呢，他是个有经验，也有自己想法的老官吏了，虽然在刑部时他只不过是一个普通的司员，真正为官，也就这几年，但他深知要改变这个古老的国家，绝不可能只一朝一夕，他还是想用改良的方法，来慢慢地改变。

一万年太久，只争朝夕。那只是诗中的浪漫，一朝一夕，怎么可能改变一万年沉淀下来的积习？

沈家本曾叹息康梁想废除科考的变法——欲速则不达。

不过，这是他后来的慨叹。那时，他对京城里所发生的一切，还不大知道。虽然，保定府被看作是京城的大门，离京城不过咫尺之远，京城里的思想风潮，热闹而又激烈的争辩，都还没有吹进这座古城。

保定还是平静的。

但沈家本平静的知府生活，很快就被打碎了。不是因为新思想，新风潮，而是因为洋人。

还是教案。

5月18日的傍晚，沈家本已经回到家中。晚餐也已经摆上了桌，粥、馒头，几样简单的菜蔬。他是南方人，喜吃米饭。但来到北方也很长时间了，也像北方人一样，晚间常吃馒头与粥。

更衣，洗手。

一家人才在餐桌边坐定，夫人陈氏刚刚把粥给他盛上，还没有来得及和儿女们说几句闲话。平时，他也就在晚餐的时候，才有时间，有心情和儿女们叙叙家常。衙门里的人就匆匆闯了进来，面色赤红，显然是一路跑过来的：大人不好啦，甘军砸了北关外法国人的教堂，把洋人也打伤了，还把牧师捆绑到他们的兵营里去啦。

沈家本倒还是平日里温和的样子，摆摆手：你先去罢，我知道了。

只喝了一碗粥，他就放下了筷子。心里还是有几分焦急的，又是一只烫手的山芋。和洋人打交道，常常有理也是无理的。况且甘军，他早有耳闻，那也是威风惯了的。

甘军是西北董福祥的部下。这支军队，一向是跋扈的。此次，途经保定去天津，是为了新任的北洋直隶总督荣禄。不知为何，四月初，西太后将原直隶总督李鸿章调离了，改任荣禄。甘军入卫京师，归荣禄节制。

可是，这些途经保定府的兵们，为何要到教堂去呢？

沈家本心里也不免奇怪。正在思索之中，衙府里的跟丁又来了，臬台传见。

走出家门时，天已经黑了下来。还有雨，稀稀落落的雨滴。因为，心里有事，他竟没有发觉下雨了。及至臬署，他才弄清事情的缘由。

傍晚时分，也就是在他回到家中的时候，甘军中营哨官何文海、刘万喜二人路过法国教堂，这些西北来的大兵们哪里见过教堂？又奇怪，又新鲜，便问一个在教堂门口卖西瓜的小孩：这是什么地方？我们能不能进去看看呀？

卖瓜的小孩随口答道：当然可以进去啦。

两个大兵就推门而入。还没有来得及过一把眼瘾，便被身着黑色教袍的一个洋教士拦住了：先生，请你们出去。

也许洋教士看他们是大兵，所以才不愿意让他们进去。

大兵们却不愿意了，他们一向是在民间是想怎样就怎样的，凭什么别人都能进去的教堂而不让他们进。门口卖瓜的小孩不是告诉他们当然可以进去。

于是，破口大骂：他娘的，凭什么不让老子进去？

双方的口水战便拉开了，一句顶着一句，互不相让。

洋教堂里的洋教士，何时受过这等闲气，一声喝令，教堂里的人一拥而上，关上大门，当即把二人给绑了起来。

甘军的哨勇得知此事后，义愤填膺。他们走到哪里都是老大，怎能咽下洋人这口气。哄起的暴怒中，突然有人吼了一嗓子：砸了他娘的教堂。

众人立即响应。

一伙人骂骂咧咧地就打入了教堂内，将何、刘两位哨官抢了出来。走时，砸门砸窗，又将洋教士杜保禄与华人教士王海芝狠狠地教训了一顿，打得他们鼻青脸肿。

还不解气。

于是，这伙闹嚷嚷的士兵又将两个教士和教堂里的一个工人拖到兵营中。气势汹汹，欲将教堂也一把火给烧了。偏偏该营管带到正定去了，不在营房中。只有一个姓刘的帮带在营中，他一看他手下的这些士兵竟然把两个教士给押到兵营中来了，其中还有一个是黄头发蓝眼睛的洋人，大惊失色。急忙前往劝阻，士兵们这才怏怏地跟着他回到兵营，没有再去放火烧教堂，但一路仍骂声不绝。

事情就这样闹大了。

臬台得知后，自然是非常忧虑焦急。他怕事闹大了，收不了场。把沈家本与清苑县的县令等一干官员都招到臬署，商议一番之后，决定让保定知府沈家本与清苑县陈县令前往处理。

沈家本和清苑县陈县令一同走出臬署时，天已黑尽，雨大如注。先前几人在臬署商议时，竟然没有发觉窗外的雨已经下得噼里啪啦。走了没多远，两人的衣服都全已湿透，只得在光顺酒店避了一会儿雨。说是避雨，其实也是借此机会，稍稍平息焦虑的心情，商量对策。

不一会儿，雨势渐弱。两人冒雨来到兵营中。被拘在兵营中的两教士看到知府大人与县令来了，很冷漠，一脸倨傲的神情。清苑县陈县令满面笑容，走上前去：二位吃惊吓了。我们明日派人到贵教堂去勘验，看看哪些物品损害了，由我们赔偿。二位是不是先回教堂歇息？

中方教士王海芝一语不发，只转脸看了看法国教士杜保禄。

杜保禄也是个有年岁的人了，光光的脑门，颔下留着半长的胡须，黄白掺杂。高高的鼻梁下，那一双深陷的眼睛显得特别冰冷：我们回教堂可以，但贵方必须派百名士兵护送，以保证我们的人身安全。

陈县令仍然面带微笑：大人，夜已经深了，士兵都已经睡下了，您看：

杜保禄却是一副居高临下的态度，摊开双手：没有士兵护送，又怎么保证我们的人身安全？

一直保持沉默的沈家本，此时开口了，还是和他平时一样的温和口气，不卑不亢：现在时已子刻，猝不克派兵弁目。我们明日再议吧。

那天深夜，沈家本回到家中，再无睡意。本为小事一桩，士兵想看看从没有见过的洋教堂，也是可以理解的，西北来的嘛，新鲜嘛。洋人呢，不许士兵入内，也情有可原，这本是教堂嘛。双方都有各自的理由，没想到却惹出这么大的麻烦。在他看来：洋人骄横，甘军滋事，皆可恶也。

但要平息这场风波的，却是他们这些地官员。

第二天，天还没大亮，沈家本就起床了。烦乱的心情，经过一夜的梳理，现在已经清晰。洗漱、研墨、写字，如同平日一般。神态也是平静的，到底是从风浪中走过来的老人。

岁月也是一种历练。

他刚刚放下笔，正准备用早餐。清苑县陈县令就来了，告诉他天亮时分，已将两个教士陪送出军营，暂寓城内北街庆祥客店。中方教士已经回到教堂。难缠的还是洋教士。

两人草草吃了几口点心，便一同到臬署见臬司。听他们大略讲了讲昨晚的处理情况，臬司很是焦急，又一同来到藩署。布政使早已得知概况，已经将昨晚的详情电告督宪。虽如此，该做的，他也都做了，但神态还是焦急的。请各位入座后，送上茶，他便站起身，在大厅里来回走动：

各位，你们看如何是好？

因他的走动，各位同僚也都有些烦躁不安，但却都不说什么，大厅的气氛沉闷而压抑。

唯沈家本神态还是和往常一样安静，他徐徐呷了一口茶，缓缓说道：目前必须想办法先将教士送回教堂，才能再议了结之法。

布政使沉吟片刻，目光直直地落在沈家本身上：现在也只有如此。不过此事，还得劳您大驾，亲往处理。

沈家本凝神思索了一会儿，嘱咐陈县令：您派人把教堂中的侯镇东给找来，他是教堂里的人，让他来劝劝主教杜保禄回教堂去。您和章县令现在就去教堂，再找上教堂里的人，一同将打毁的门窗什物，开具一单存案。之后，我们再一起去庆祥店劝主教杜保禄回到教堂去。你们看这样办理如何？

在座的，全都赞同，有礼有节，洋教士还能再说什么呢？

可是，当沈家本和陈县令一同来到庆祥旅店，却碰了一鼻子灰。本来，他们深知洋人对中国人很傲慢，无论草民百姓还是政府官员。但杜保禄比一般法国教士更加傲慢，他那一双深陷的深灰色的眼睛，看都没有看他们一眼，便断然拒绝了：我回教堂，可以。但我有两个条件，第一，必须派兵护送我回去，以保证我的安全；第二，你们从今往后，必须在我们的教堂前驻扎兵营，派兵保护。否则的话，我就待在这儿，绝不回教堂。

请"神"容易，送"神"难。甘军把洋教士绑到军营中来了，却没有办法把这洋教士送回教堂。给他们擦屁股的还得是这些窝囊的地方官员。

面对洋教士的傲慢与拒绝，沈家本心里的怒火一跳一跳的，但却又无可奈何。他和杜保禄一样，也是一个年过知天命的老人了，他的颌下也有一把长长胡须。而此时，因为他的国家摇摇晃晃直不起腰，他也就不能以硬对硬。他脸上的神态依然是平和的，口气也是温和的，但却不卑不亢：您的想法，我们可以考虑。

说完便偕陈县令一同离开了庆祥旅店。

两人转而又去找本地驻军商量此事。城戎张西园却不肯。事情发生时，张西园也曾到场，当时场面的混乱与争执，他也是亲眼所见，深知这是一件非常难以处理的中外纠纷，而且牵涉到甘军，就更加棘手。但面对地方文官，张西园的态度却是不合作，向来武官都是不大把这些地方文官看在眼里的，完全是一副公事公办的冷漠：此事非奉帅谕，不能派兵。

又碰了一个大钉子。

沈家本与陈县令面面相觑，无可奈何。洋人不合作，武官也不合作。两人只好又去找臬台。臬台听他们如此说，自然也是一肚子火，但要解决问题，非他出面不可。还是低下身架，亲自去与张西园商谈。张西园这才松了口，答应派二十多个兵，在教堂前驻扎。

于是，沈家本与陈县令又回到庆祥旅店，告之洋教士杜保禄。

杜保禄自然是得意的，脸上一副不屑的神情：你们这样做，我可以回教堂，但是今天我还不能回去，因为你们的兵还没有派去，明日午前十点，你们护送我回教堂。

沈家本淡然地回答他：可以。

似乎多一个字，他都不愿再说。

因为有治外法权保护，杜保禄深知这些地方官员奈何不了他。他也从没有把这些地方官员看在眼里，不过这一次，地方官员们虽然对他还是退让的。但那个和他一样胡须已然花白的知府，目光却让他感到深不可测，还有一种叫他说不出来的威严。虽然，他说话的语气是温和的，用词也是温和的，但那温和中却有一种尊严，甚至是对他的鄙视。

杜保禄在从刑部来的知府沈家本面前没有再耍大牌。

本来，事情可以这样了结了。

然而，不然。

5月20日，沈家本还是一大早就来到臬署。他本来心里还有几分犹疑，自己是不是来得太早了点儿。但当他来到大厅时，藩台已经到了，坐在那里喝茶。眼睛布满血丝，又是一夜未眠？

桌台把摊在桌上的电报递给了他，朝廷非常重视此事。对与洋人交涉的纠纷，朝廷是害了怕，总是一退再退。对自己的官员，却是高高在上的，用他们自己常挂在嘴边的一个词，那便是——弹压。

那电报上便是谕旨的内容，谕旨是下发给荣禄的：

谕军机大臣等，电寄荣禄，保府教堂，被董福祥兵毁坏，两教士被殴，带至营中。法使已照会总署。荣禄电称，此案由外设法拟结，著即赶紧办理，务须速了。省城重地，甘军勇丁，何得任意滋事。并著转电董福祥，认真弹压，以后如该军别有滋闹情形，定惟该提督是问。

接到这份电报，荣禄不敢怠慢，一面急催保定方面，一面又亲自从天津派人前往保定，帮同办理。并令保定方面一定要多派兵先将杜保禄送回教堂。

三人坐议片刻，沈家本便回到知府衙门。杜保禄的来函已经放在他的桌案上了。很简短，只两行字：只有确保他的生命安全，他才肯回教堂。

显然是在刁难。

沈家本恐其藉此延俄，当即亲往庆祥旅店。

杜保禄看到知府大人又来了，那双灰绿色的眼睛里略显出几分吃惊。

而知府大人还是一如既往的样子，温和，安详。说话的语速很慢，但却很清晰，没有他过去所见过的大多数官员的拖泥带水。对他的承诺也是简洁清晰的，并很有礼节地向他表示：等您归堂后，让姚管带亲自到教堂去，向您致歉，解释前嫌。

杜保禄阴沉的面孔此时也缓和了几许，嘴角牵了牵：那倒不必啦。

其实，沈家本的本意是，若姚管带去了，杜保禄若籍此要挟，反倒不好说。见杜保禄如此，也就没有再坚持。

杜保禄总算在陈、章两位县令的护送下，欣然回教堂去了。

沈家本长吁一口气，心情也轻松了几分。

可是，事情还远没有了。教堂中的那位中国教士侯镇东来了，侯镇东告诉他，教堂也接到电报了，是大主教樊国梁发来了，说是明日十点钟，还会有电报来，明确此事如何处理。

唉，那也只好再等等吧。

那天晚上已近深夜时分，臬台又派人传他速往。因为，直隶总督荣禄又来电报了，催他们火速解决此事，刻不容缓。臬台已拟一电，令他前往与藩台等诸位官员一同商议可否。等他到臬府时，一干官员都已到了。

又是一个不眠之夜。

17　窝里斗

晴。窗外，天空如洗。鸟鸣，花香。

沈家本的心情却还是阴有小雨，昨天回到家已经深夜。也只在梦中迷糊了一会儿。一早，城戎张西园就到家中来了。自然还是为了教堂未了之事宜。

两人一起来到臬署，臬台一脸的焦虑，开门见山：昨日，督电添派姚道文栋来，我等必须先办有眉目，方不落人后。

现在，臬台最担心的不是平息教案，而是——不落人后。他可不愿意特派员来抢他的功，昨日听说张观察要来，他已经很不爽了，今天又还要增派一个姚观察。上面来的钦官，又能够怎么样？具体事宜要他们这些地方官来办理，而这些钦差大臣们却要来横插一杠子，说不定还会把事情搅黄了。有了功，则是他们这些钦差大臣们的。

俄尔，臬台又把目光转向沈家本，这种时候也只有这老者办事，他才能够放心：还是你去和教士面议此事。

沈家本在官场一干人中，话很少。但话少的人，一旦说起话来，便会显出分量的不同。一般而言，大多情况下，沈家本总是沉默的，听的时候比说的时候多。

迎着臬台焦虑期待的眼光，沈家本没有说什么，只微微点了下头。

离开臬署，他没有马上去教堂，而是在心里打了好几遍腹稿。午后，约同梁敬之太守，马东园直刺，陈章二令，以及城戎张西园，又商谈了个把小时，太阳偏西时分，才一同前往教堂。

教堂里早已恢复往日里的平静。一个身材细长的中国教士，把他们一干人带进杜保禄的办公室。垂地的厚厚的窗帘向两边拉开，西斜的阳光，静静地落在红黄花纹相间的地毯上。杜保禄坐在一张宽大的黑色靠椅上，黑色的教袍，格外显得那一张脸瘦削苍白，灰绿色的眼睛里，依然是一派傲慢。

杜保禄的桌子上也放着一份电文。主教樊国梁的指示。

一纸法文。

同来的中方官员中，没有一个人能识法文。那一纸电文像窗外的爬山虎，密密挨挨地挤在一起。

而电传指示的主教樊国梁（樑）却是个中国通。他生于1837年，1861年当他24岁时，晋升为神父。1862年，25岁的他，就以主教身份，远渡重洋，来到中国。此时，他已经在中国这块土地上生活了30多年，深谙中国的民情与国情。对当政大多官员的心态与做派，更是了然于心。

他会提出些什么要求呢？

杜保禄的眼睛里滑过一丝轻蔑，拿起电文，给他们翻译，樊主教的指示总共五款：

第一款，滋事勇弁须惩办，我不要他脑袋，我不要他性命，但要照《大清律》办，我不要利害声名。

第二款，教堂在北关，从前常有兵勇滋事，中国官员势难保护，要在城内给予房基地一处，将该教堂互相换掉。

第三款，移堂之时，要地方官护送进堂，不要人说我外国人害怕跑了。

第四款，我教士受伤不要养伤之费，夫役受伤要给养伤费。

第五款，打毁门窗什物要赔偿。能如所请，即可在外结议。

读毕，杜保禄放下手中的电文，眼睛直勾勾地看着中方的几位官员，等待他们的表态。

一时间，室内一片寂静。

中方官员沉默了。

可以说，这五款条件，也还说得过去，并不太苛刻。然而，这位地方官员却没有当场表态的权力。互相对视了一下，沈家本还是很温和地望着杜保禄灰绿色的眼睛，简洁地说：请稍候。我们回去商议一下。

几位官员离开教堂后，直奔藩署。

藩台闻知这五项条款，绷紧的心情顿时松懈下来。又一同速往臬署，议请臬台拟电速发。等到这一切都完事后，回到家中，已是夜晚十点多钟了。

是日，5月21日，距教案发生已经三天。张观察也自天津来到了保定府。

夫人陈氏给他端上银耳汤时，他才觉得肚子有些饿了。整整一天，他都没有好好吃些东西了。杜保禄那一张苍白的脸，灰绿色的眼睛，眼睛里的不屑与轻视，仍然在他眼前晃动。

这个知府当的真窝囊。

又隔了一日，姚观察才到。姚观察一到，臬台、藩台，乃至知府、县府，全都前往拜见。沈家本自然也得去，这也是官场的规矩。而他是一个守规矩的人，这种官场规矩，他是不会去破坏的。

姚观察虽然不是洋人，却有着和洋人一样的心态与神情——那便是高高在上，并不怎样把他们这一干地方官员看在眼里。

当他们这一干地方官员在藩署拜见姚观察时，姚只矜持地牵了牵嘴角，算是微笑。寒暄一番后，姚也就不客气了，问东问西，指手划脚，摆足了钦差大人的派头。张观察也在藩署，和姚观察相比，他却和气几分，话也少。

本定九点钟去教堂，与杜保禄磋商结案。但姚观察却不动身，直拖到午后始往。在杜保禄面前，姚观察却没有钦差大人的威风与派头，哈着腰，脸上一直堆着笑。本来就胖的那张脸，也就更胖了。话语也是粘粘糊糊的，赔着小心。

杜保禄依然很傲慢，依然是那五款。

来之前，姚观察倒是注意到此事了，也颇动了一番心思，他的担心是这五款要求没有开单，怕以后法方还会有反复。所以，当杜保禄提出那五款要求时，姚观察满脸堆笑，当即表示：可以，可以。

随后，姚弯着腰走到杜保禄面前，很谦卑地道：请您把单子给我，我们回去认真商议。

杜保禄心情大爽，所提五款，中方观察大人，竟未细究，便一口答应了。他很痛快地把那一纸条款递给了姚观察。这位姚观察要比颌下一把灰白胡子的知府大人好对付得多，也没有知府大人的绵里藏针。

一干人出了教堂，太阳已经偏西。姚观察对众人道：我们还是先到枭署商议一下此事。

到了枭署，姚观察又差人传张西园等官员速来，兴师动众。

姚观察把他从杜保禄那里索要的单子——一张半开的红纸，摊在几案上，脸的表情甚为得意，大声说道：你们早就应该把这张单子拿来，好好研究一番。

这半张红纸，又何足为据呢？

沈家本心里很不以为然，也很黯淡。杜保禄和他的国家一样，欺人太甚。

正说着，城戎张西园，蕃台、高道台等人前后赶到，都是一副急匆匆，又很郑重的样子。

沈家本把那张半开红纸的单子认真地看了又看，其中所列与前日杜保禄口述相符，惟第二款改为要公所地基。他的目光久久地停在这一行小字上，虽然只稍有改动，但在他看来：其意不可测也。这里面肯定有猫腻。

一堂的官员，在一起商议如何给中堂发电，字斟句酌。小心措词，是官场游戏中绝不可忽视的一个重要环节。谁对谁错谁有功，都隐含在字句中了，字字千金。

当然是由姚观察主笔，他是钦差大臣嘛。

姚观察提笔便在纸上写道：根据初次议定……

臬台一见"初次"二字，心里便有些不快，但他没说什么，眉头拧得很紧。藩宪也是一脸不快，但他不似臬台，心里不痛快，也只是心里不痛快。藩宪开口便道：应将"初次"，二字删去。

姚观察一愣，手中的笔竟也顿住了。他抬起脸来，环视周围。

一干地方官员，沉默着，谁也没插话。怎么会是初次呢，他们以前的活都白干了？两个字就全部勾销。

臬台捧着手中的茶碗，徐徐呷着茶，没有表情的脸沉浸在日光的暗影中。当然也是不快的，那不快只不过没有用声音与话语来表达。

城戎张西园，岔开两腿，稳稳地坐在那儿，昂首挺胸，目光却是散漫的，也不知道瞧着哪儿呢。脸上的神情很粗鲁，有一种老子谁也不怕的神情。又有几个文官不听武官的？老子手里有枪！

其他几位，不快也都多少有几分写在脸上：外来的和尚会唱经？

沈家本也没有说话，静静地坐在一边，入定一般。脸上淡淡的，像平时一般，看不出他心里在想什么，也看不出他的喜怒哀乐。唯有他颔下半尺来长灰白相间的胡须，在渐渐西沉的夕阳中，格外耀眼。

一般而言，这种时候，这种矛盾，他是深知的，但却很谨慎自己的态度，也很少掺和进去。当然，他对姚观察的自以为是，还有姚观察对地方官员的轻视与不屑，心里也是很不以为然的。

姚观察的脸色很难看，提起笔来，似想掷笔而去。但到底还是忍住了，未发一语。

接下去的商议，便很困难了，各自有各自的想法与打算。

散时已上灯。但拟写给中堂的电文却还没有定稿。

地方官员此时也不着急了，看你姚观察张观察如何办吧。姚观察与张观察也不急，你地方官员不急，我急啥。案子是发生你们地方的地盘上，与我何干。

急的是清廷，以往也发生过很多次教案，但都远离京城。乱就乱吧，眼不见，心不烦。可这一次，教案却是发生在家门口的保定首府。如果把洋人惹恼了，谁知道会发生什么事情。朝廷胆怯了，当这一干官员大人们还在那里争功争利时，清廷坐不住了，再次电谕荣禄：

谕军机大臣等，电寄荣禄，保定教堂一案，前谕荣禄，赶紧查办，迄今尚未据复。现办情形如何？已否了结？著即日电奏。

5月24日，和5月23日一样，沈家本一早起来，还没用早餐，桌台就派人给他送来一封信，告诉他：中堂复电来言，所议五条，当妥即照议速结。并要他八点钟赴藩署会商未尽事宜。

又是繁忙的一天。

沈家本七点钟就出了家门，先去拜访了张观察。和姚观察相比，张观察要友善得多，也不那么趾高气扬。沈家本和张观察略客气了一番，便匆忙前往丰备仓。在那块土地上，他驻足思考了良久。杜保禄提出教堂要移居城内，这块地，在他看来是比较合适的。随即前往藩署。

姚观察已经先他而至。

反倒是通知他来藩署的桌台，迟迟未到。

姚观察坐在那儿，有点儿不耐烦，几次催问：桌台忙何事去啦？他皱着眉，也是一夜没有睡好的样子，眼泡肿着，脸也虚松着。

约莫又过了一盏茶的工夫，桌台才缓缓而至。

坐定，开门见山：今天要商量的就是教堂移堂之事。

不待姚观察开口，沈家本先道出了自己的想法：既许移堂，必有地基以应之，丰备仓可作备悉。

姚观察的脸上立刻露出不高兴的神色，接口道：此意不可露，如欲如此办，我即不管。

一副甩手大爷的派头。

桌台与藩宪对视了一眼，脸上冷冷的，谁也不说话。心里却在想，也没有谁要你管，你不管，事情还好办些。

姚观察见众人不说话，便自说自话：那就以我的名义先给中堂发一封电报。我的意思是，先借一块地让教士们先住着，事结后再与他们磋磨。

听姚观察如此说，沈家本的唇边也露出一丝难以察觉的嘲笑。姚观察把他们这些地方官员都当成什么啦，白吃干饭的傻子？功劳是他的，而把为难之事留给他们这些地方官员。

本来冷脸相对的藩宪，此时脱口而出：你一人独发电报，中堂将疑我等有意见，发电报必须联衔。

姚观察执意不肯：我看大可不必。

臬台冷着脸，将藩宪的话又重复了一遍：要发电报必须联衔。

姚观察扭过脸去望着沈家本，眼睛里自然除了对地方官员的不屑，也还有另一层意思，那就是希望他支持他。毕竟，沈家本曾在刑部呆过很长一段时间，也是从京城来的。

沈家本还是温和地笑笑：我看藩宪的话有道理，不必让中堂以为我等与您有意见，您说呢？

姚观察虽然自来到保定，一直高高在上，根本也没有把几位地方官员放在心上。但此时，他却也感觉到自己的孤立。且张观察也不在场，连个帮他说话的人都没有。尽管如此，他还是想坚持己见，绝不退让。

藩宪、臬台，乃至沈家本，一干人，也不退让。唇枪舌剑，你一语，他一句，足足争论了两个小时，最后还是姚观察抚袖退让，同意联函发电。

午饭后，沈家本又往臬署。上午，姚观察最后的退让，让臬台心情大爽。看见沈家本，他立刻起身让座，斟茶。随即，便道：姚公早晨来谓，此事为府县办糟，此后会议，不可令府县知。我理都没理他。午前在藩署，你看他那副样子，哪里肯联衔发电。大家联衔发电，好像他受了多大委曲似的。他心里的那点弯弯绕，谁还不知道，不就是移堂一事不可骤然允之。还不是想等他回去以后，再来解决此事，那么好了赖了，都和他没有关系。不就是怕担干系吗！可是，他刚一到时便对我们说，那五条皆不可不允也,不允反觉得小气。何其自相矛盾也!

一肚皮的话,不说不快也!

沈家本笑笑,姚观察心里的那点猫腻,他早已看得一清二楚,只是给他留着面子,并没有当面说破。此时,听完臬台的牢骚,他还是一贯的作风,缓缓而道:移堂一事,前此开议时并未允许。而姚到教堂中,慨然允之。此事何从挽回。听说,明日他要派翻译生去教堂询问赔偿费的数目,我们必须令陈县等偕往,方欲与初议不断气,否则恐怕侯镇东那些人又会节外生枝呀。

沈家本到臬署来,不是来听臬台的牢骚话,他考虑得很细,和洋人打交道亦格外小心,方方面面都得考虑周全。

臬台听他这样一说,沉思道:你说的有道理,就如此办理。

果然。

不幸被沈家本所言中。

傍晚时分,姚观察又去了教堂,和他同去的有县令瑞伯等。姚观察一进教堂,脸上的神态便转了一个弯,不似在藩署与臬署,居高临下,而又换上了谄媚的笑容。在洋人面前,他不自觉地就又换了一个人,不再是主子,而是奴才。他冷眼环视左右的两位县令,大声说:此事皆由府县保护不力,中堂派我来查办,府县皆须参处。

杜保禄微微一笑,摊开双手,但依然还是一副居高临下的态度:微府县之力,我等无命矣。

姚观察继续低头俯首,面带谄媚的笑容:中堂命我来专办此事。

杜保禄也笑了:甚好,即请定议。

姚观察则又说:移堂之事,当须商之府县。

杜保禄收回了微笑,灰绿色的眼睛久久地停留在窗外的绿藤上,神色莫测,但也没有再说什么。

姚观察呢,则心情甚好。出了教堂回来的路上,他一直得意洋洋,不屑于理睬与他同去的县令们。

可是，他却万万没有料到，他的得意，他的兴奋，片刻之间便灰飞烟灭。是日酉刻，也就是他刚从教堂出来没有多长时间，就连得教堂两封书信。第一封书信云：我等赖有府县保护，万不可将府县参处。第二封书信，则要淮军公所及旧道署内予一处与教堂掉换。

姚观察看了两封书信后，几乎不相信自己的眼睛。怎么会这样？洋人变得也太快些啦？回想杜保禄的微笑，还有杜保禄望着窗外的眼神，都让他感到心寒与心颤。该如何应对呢？他思来想去，还是得去找地方官员们。那些他从没有正眼瞧过的知府、县令、臬台还有藩宪们。

他当然是不想去的，但也无可奈何。那个可恶的洋人，他屁颠屁颠地顺从着他，唯他是举，可是他反而把府县们当回事。真他妈的不是东西！

大窘。

但姚观察还是硬着头皮来到臬署，之后又约臬台一同来到藩署，请来知府县府，一同商讨如何复信。

这一回，姚观察不能不听这一干人的意见与想法了。

直到天黑尽了，此事也才算是了之。

姚观察走后，臬台对保定知府沈家本叹道：早知今日，何必当初，伎俩毕露矣。

沈家本亦仰天叹息：近来熟悉洋务的官员们大率如此，人才之乏，可胜浩叹。

至此，教案的处理却仍旧没有结束。

5月25日，一大早，臬台又派人到他家中，请他速去臬署，有要事商议。想也不用想，自然还是有关教案处理的事宜。

他来到臬署时，藩宪已经端坐在那儿喝茶了，想必已经来了一会儿啦。

臬台见到他，连早晨好的问候语都没有说，便直奔主题：今晨得中堂来电，此事已在京议定，可不必聚讼矣。

他略略有些吃惊，已经了结？

臬台说着抬起眼睛来看他，指着几案上的电报说：中堂在电报里说，前因杜教士有须候樊主教复电之语，当派胡直牧良驹入都，与樊主教面商办法。兹按胡牧电，樊主教云：第一款教士受伤自医，无庸给费。唯夫役伤三名，每名给百金。第二款教堂门窗被毁并遗失各件，无须赔偿。唯北关地势孤悬，拟向城挪移，将清河道旧署互相调换，不给改造迁移之费。第三款事勇丁哨弁，照中国军律惩办，地方官免议，移堂之日，请府县设筵款待以彰交谊。樊主教一面照会公使自行议结等语。查与该司等所议大致相符。有恤费而无赔偿，亦为省便。已饬胡牧告知樊主教转电杜教士遂照，望即依此议结，切速具电以凭电奏。

尘埃如此落定？

与教堂换址的不是丰备仓而是清河道旧署。他心里隐隐发痛。本来，是可以用丰备仓来与教堂换址的，都是因为姚观察的到来而被搅乱。清河道旧署的原址要比丰备仓宽阔，洋人自然是满意的。

藩宪倒没有把丰备仓换成清河道旧署放在心上。换哪块地也是换，非此即彼。他切切在心的只是姚观察，当臬台念完电报上的内容，他便又笑谈起昨日姚观察之窘状，真是大快人心。

臬台也随之开怀大笑：洋人可恶，姚观察更可恶也！

沈家本念念不忘的却是那块本属于中国的土地，虽然姚观察的狼狈，出了地方官员的一口气，但他却笑不出来。

臬台又道：君等今日即往与定议。因侯镇东为姚招往，当约四点钟前往。

下午四点，沈家本又率四位官员前往教堂，但杜保禄尚未收到樊主教的电报，因北河电线杆坏了，所以电报一时无法收到。当沈家本把荣禄的电报内容说与杜保禄听时，杜保禄眼睛里的神情却是一派的不相信，言词依然咄咄逼人：既在外议决，何以樊国梁又在京如此办？唯你们中国有上司，我亦有上司，樊主教即我之上司。既如此说，我亦无话可说，唯须等电报到了看看是否相符合。旧道署亦须勘视一番，再行定议。

那就等吧。

沈家本也摊开了双手，仍是一副不卑不亢的态度。其实，此时他心里的怒火却在一跳一跳的：我还不愿意把清河旧道署给你们做教堂呢！

18　如此政令，可发一叹

等待，总是漫长的。

七天之后，也就是 1895 年的 6 月 2 日，保定北关教案在北京落下了大幕——终于结案。由天津直隶总督荣禄派人在北京与主教樊国樑结的案。沈家本原先的设想：用丰备仓这块地给法方用于建新的教堂，也因观察大员姚的干涉与横插一杠子，而变成了清河道旧署。给法方的赔款，也由给教堂里中方受伤工役每人五百金，变成了五万金。

对于这样的结果，荣禄居然还很满意：赔费既少，地方官又免参处，办理甚属持平。

荣禄似乎很公允，一碗水端得很平，对地方官员也多有保护。唯五万金，他是不在乎的。说白了，这五万金也不要他荣禄来出，而是由朝廷来出。如果这五万金，要由他荣禄来出，想必则会是另外一回事。

荣禄平生本是一个爱财的人，咸丰年间，他曾做过户部银库外员郎，就因为贪污差点儿被肃顺砍了头。因为他是瓜尔佳氏满洲正白旗人，弯弯绕绕地想尽办法疏通，才免得一死。之后，他还是靠银子又买得候补道员的头衔。光绪初年，迁升至工部尚书。之后呢，又因为被告发贪污受贿，革职降级调出北京。直至甲午战争，恭亲王外出办军务，荣禄便想方设法攀上了他，借进京为慈禧太后祝寿的机会，钻营到恭亲王身边，得到恭亲王的信赖，才得以步步高升，以至替代了李鸿章，做了天津直隶总督。

对他而言，当然是官位比国库的白银更重要。若洋人不满意，他荣

166

禄的官就会做不稳。

那时的清廷，荣禄这样的官员不少。所以，清廷也很满意：谕军机大臣等，电寄荣禄。电悉，教案办结，尚属妥速。甘军驻扎保定，诚恐日久生衅。著就保定省北涿州一带地方，酌量移扎处所，与董福祥电商妥办。

朝廷在百姓面前趾高气扬，但在洋人面前跟孙子似的，只要洋人不跟它过不去，那就万事大吉，屈辱的割地赔款，早已是家常便饭。

只有沈家本这位小小的保定知府不满意，他的不满意也只是在日记中叹息：省中业已办有眉目，何至以道署遽予之耶？政令如此，可发一叹。

沈家本也只能发一叹。无可奈何。

接下来便进入结案的实质性阶段：划界交割，教堂迁址。

虽然万般无奈，但也必须去做。他左思右想，决断：此事必须在洋人来交割之前，心中有数，有自己的明确方案，才不至于临阵乱了手脚。

沈家本颇动了一番脑筋，带领下属，前往道署，亲自勘察，丈量土地。道署后面有一块地属于坟庙，而道署前面东西科房马号，自然也不属于道署。除去这前后两块地，道署实际面积为十亩六厘，房一百三十四间。

他能够据与洋人据理力争的也就道署前后的这两块地。

果然，不出他所料。

法方派出的是他们的教士林懋海。并且由清廷官员胡良驹陪同，前往保定。自然是威风凛凛，保定一介小小知府，哪里在他的眼中。

一袭黑色教袍的林教士，站在道署前的空地上，环顾左右，大手一挥，想当然地把道署的前后土地都划入了教堂的领域。

沈家本早就料到会是这样。他冷冷地站在一旁，不慌不忙地道：先生，请看看这块碑。

一块经历过风吹雨打的石碑，在岁月的抚摸下，碑上的文字几近褪色，但仍然是可以辨认的。

林教士很不解地望着这个颔下胡须已经灰白的知府：什么意思？

"让我为您细解碑文，"

沈家本微微地笑了笑，语调更加缓慢：

"这是大清康熙名臣韩菼为道署所撰写的碑文，请您仔细读一读，这碑文里并无只字片言提到坟庙，因而这坟庙是不属于道署的。"

林教士愕然。

沈家本仍然微笑着：要不要我给您念一念？

林教士不屑道：一块旧碑，何以为凭。

沈家本道：正因为是旧碑才足以为凭，而不能以你我口说为凭。

林教士这才抬起眼睛，仔细地打量着这位身材瘦小的保定知府，额头眼角，皱纹深刻，且胡须也已灰白，想必已经有了一把年岁。与他所接触过的很多中国官员不同，这位上了年纪的知府眼睛里却有一种淡定，也并没有把他当作什么了不得的大人物，那微笑只是微笑，甚至那微笑里还有一种说不出的轻蔑。他来到中国后，看到的谄媚的笑容太多。

林教士的心里很不舒服，态度也更加强硬：你说的不算。

"我说的当然不算。"

沈家本慢言道：这块石碑上的碑文说的才算。这是过去就有的，不是今天我想怎么说就怎么说，或者先生您想怎么说就怎么说。我们要重证据。这碑文就是历史的证据。

沈家本到底是从刑部出来的，最重视的就是证据。

林教士哑然。

他也是万没有想到他会在保定遇到一位强硬的对手。

两个人的争论如枪林弹雨，你来我往。

陪同林教士的中方官员，在一旁很紧张，都为沈家本捏着一把汗。

而最后，令所有的人都松了一口气。

林教士竟然退让了。

双方定议：将道署前东西科房马号，以及道署后民房官地一块，共二亩九分七厘，与道署十亩六厘，合计十三亩，与教堂对换。

虽然争回了一点土地，但沈家本心里还是很不受用。那晚，回到家中，他脸上一直不开笑颜，夫人问他何故，他摆摆手，连话都懒得说。夜里辗转难眠，他起身又伏到书案旁，挥笔写下了一首诗：

> 清河道旧署建于康熙四十一年
> 有韩文懿公茏碑文记事
> 慕庐文笔擅当时，别藓剜苔共读碑。
> 闲坐豆棚诸父老，争将旧事说康熙。

这样的朝廷，这样的国家又怎能不败？

6月初9日，法国教堂迁往道署。

搬迁的那天，沈家本亲往。虽然，法国教士大多在中国很霸道，也很骄横。但教堂搬迁的时候，教堂里的一草一木皆不动，没有丝毫的破坏。这一点，沈家本冷眼观看，心里颇为感慨。相形之下，中方营务处的人员，搬运旧道署的杂物里，随手破坏，东西也就不当东西了，连一株活树也要锯去。

可谓内治败坏，外患深入腹心。

这样的国家，又怎么能够强大？

那天晚上，他到教堂新址，按约护送教士进城，并设宴为贺。席间他虽为地方长官，要说很多应酬的话。但这一次，他和洋人在一起共餐，滴水难咽。

历时22天的保定教案，至此划上了句号。

他也终于可以稍事休整，以放松一下绷紧的神经。可是，那天夜晚，他却久久不能入眠。不能入眠的夜晚，他除了记日记，读书，便是写诗。那些诗全都是有感而发，和他的官场生涯是分不开的。所以，那些诗，情感色彩，远重于文学色彩。

直抒胸臆吧。

那晚他的诗题便为——六月初九日书事。

所书之事，自然也就是保定教案。他在诗中叹道：

铜虎符分使廓雄，枉将经始记韩公。

许田壁假谋何狡，汉寺经来事讵同。

及此竟非孤始愿，不矜畴与汝争功。

临漪亭北莲池侧，遗碣摩娑夕照红。

景教东来孰厉阶，枉申高议众相排。

和宫远仿唐祆寺，邸第弘开汉橐街。

鼍吼但闻长夜鼓，虎头空忆旧时碑。

荒祠寂寞英灵护，留得清阴覆古槐。

然而，就在沈家本为平定保定教案纠纷，日思夜虑之时，京城却发生了天翻地覆的变化。公车上书，百日维新，一浪高过一浪，轰轰烈烈。

可是，近在咫尺的保定城却风平浪静，汹涌澎湃的新思潮，并没有涌进这座古老的省城。

春风不度玉门关？

只有书院改学堂的改革之风缓缓来迟。

一个月前，也就是 5 月 22 日，光绪皇帝颁布了一道诏令：诏改各省大小书院为兼习中学西学之学校，以省会之书院为高等学堂，郡城为中等学堂。

直至 6 月下旬，此风才吹到古城保定。还是因为直隶的绅士们。直隶绅士公函直隶总督荣禄，请将保定莲池书院改为省城高等学堂，畿辅学堂则改为保定郡城中等学堂。

莲花池书院原本是清雍正年间直隶总督奉诏所建，曾为北方最高学府。

消息传出，保定城里，一片哗然，众说纷纭。布政使与按察使也意见不一。沈家本对科考本一肚皮不合当时适宜的想法，因而书院改学堂，他是支持的，认为是一条可行之路。好事！于是，周旋各方之中，想努力促成此事。

颇费了一番周折，莲池书院终于改为省城高等学堂，并且在他的努力下还开设了英文课。沈家本自己在和洋人打交道的过程中，深受轻蔑与侮辱，但他还是坚持要自己的孩子们去学习英文，只有学习了它，才能了解它，与它抗衡。他的三儿子沈承烈，就是从那时开始学习英文的。

当沈家本还沉浸在将书院改为学堂的快乐中时，京城里却雷雨欲来风满楼。此时，京城里以救亡图存为目的的维新运动，不仅只是轰轰烈烈了，而且已经让清廷深感危急——人心与政权。清廷内部的斗争，也日益激烈。本来，改良主义者康有为、梁启超们，是通过光绪皇帝进行变法，企图走资产阶级政治改革的道路。

政治方面：准许官民上书言事；取消闲散重叠机构，裁汰冗员；废除旗人寄生特权。

经济方面：京师设立铁路矿务局和农工商总局，保护农工商业的发展；奖励创造发明；改革财政，编制国家预算决算；裁撤驿站，设立邮政局。

军事方面：裁撤绿营，精练陆军，改习洋操；实行征兵制；添设海军。

文化教育方面：开办京师大学堂，各地设立中小学堂，兼习中西文科；废除八股，改试策论，开设经济特科；设立译书局，翻译外国新书；准许设立报馆、学会；派人出国留学、游历。

最初，慈禧太后是同意光绪皇帝进行这些朝政改革的。6月11日，光绪皇帝颁布《定国是诏》，表明变更体制的决心，这便是百日维新的开始。之后，光绪皇帝召见康有为，调任他为京章行走，作为变法的智囊。紧接着又起用谭嗣同、杨锐、林旭、刘光第等人，协助维新。

但是这场维新运动，一开始就遭到朝廷中各大臣的抵制，因为他们是既得利益者。在危及到自己个人利益时，这些大臣们就不愿意了。于是，暗中的斗争日益激烈，也日近鱼死网破。

当保定府还在为学院改学堂争论不休时，百日维新已由轰轰烈烈，转入朝廷内部的权力较量，慈禧太后与光绪皇帝的较量。年轻苍白的光绪皇帝，当然不是慈禧的对手，几乎没有悬念地败下阵来。

8月6日，慈禧太后垂帘听政。

三天后，8月9日，沈家本接到一封发自上海的电报，他的女婿汪大燮发来的，口气很急切，请他务必派人将京城的家眷接往保定。

什么事？这么急？

他的目光久久徘徊在电报上那一行急切的小字上。

保定远没有上海的敏感，也没有上海的新潮。他的女婿汪大燮呢，又是一个处于时代先锋的青年俊才，汪大燮的表弟汪康年，就是维新运动中的一个活跃分子。按照我们今天的话来说，汪康年属于当时的精英青年。他29岁中举，32岁成为进士。1890年，他30岁时入湖广总督张之洞幕府。中日甲午战争失败后，支持康有为的变法主张。1896年，他又由湖北去了上海，参加了强学会。也就是这一年的8月，他与黄遵宪、梁启超等创办了《时务报》，由他任经理，并写文章提出"参用民权"的主张。1898年初，他又在上海设立东文书社，培养日语人才。之后，又与曾广铨等创办了《时务报》，首创新闻分类和分栏编辑方法。在报界哄动一时，名声亦大振。1898年7月，光绪皇帝下令改《时务报》为官报，汪康年却不买账，将该报易名《昌言报》予以抵制。

汪大燮与同在上海的表弟汪康年来往密切，政治敏感自然比他那位在保定任知府的老丈人强，小道消息也多。他自然是希望身为知府大人的老丈人能够保护一下他的妻子与家人。

直至8月14日，沈家本终于明白，女婿为何那般焦急地要他把家人全都由京城接到保定府来。他在日记中写道：

> 是晨，闻杨秀深、杨锐、谭嗣同、林旭、刘光第、康广仁，已
> 于十三日正法。党祸至此惨矣哉。

被正法的六君子之一刘光第，是他癸未同年，当年会试，他中式第203名，刘光第是204名。同时获取功名后，刘光第授刑部候补主事，那时他已是刑部郎中，两人之间即是同年，又是同事，工作上要打交道，生

活中也有交往。一个他相当熟悉的人，音容笑貌，历历在目。而如今，刘光第已横尸菜市口。

思人万千，也只有梦迢迢了。

沈家本心里堵得慌。但他却还是一贯的风格，非常之谨慎，即使是在日记中，所有的不满和愤怒也只浓缩成简短的一句话：党祸至此惨矣哉。

当然，除了这句话，他还为刘光第的死赋诗一首。在他诗中哀叹：

> 衷哉褛襗子，营营竟触热。
>
> 浮名婴网罗，羁绊曷遗脱。
>
> 白首竟同归，青山惨埋骨。
>
> 千秋万载后，畴秉董狐笔。

在他看来，刘光第一介书生，根本不知晓政治是怎么回事。诗中"褛襗子"就是不知晓的意思。而刘光第却奋然掺和革命热潮，只得了一点儿浮名，于事无补，也并不能改变什么。

沈家本在刑部多年，虽然在刑部时只不过是一介司员，并无官位，但他对官场里的阴暗与肮脏，深有所知，在他看来，国家仅靠书生们一时的热忱，是很难改变什么的。所以，刘光第之死便有些无谓了，死得可惜。然而，刘光第毕竟不是为个人而死，而是为了国家与民族而死，他的死还是很壮烈的，千秋万代都会记住他。他诗中最后一句所言的董狐，就是春秋时期晋国的太史，也有人把他称为史狐。董狐以秉笔直书闻名，孔子称他为"书法不隐"的"古之良史"。文天祥在《正气歌》中赞扬董狐：在齐太史简，在晋董狐笔。仅此诗中的最后一句，也可从中窥探出沈家本对六君子的同情与敬仰。

此时，经历了官场漫长的磨练与坎坷，沈家本已经很少有浪漫主义情怀，实际，务实。和他同时代的老官僚们相比，他又是开明的，他对他的女婿汪大燮还有汪康年们，就持一种平和的欣赏态度，他当然不会完全赞同他们，但他也不像一些老官僚，一棍子就把那些后辈们置于死地。

他和汪大燮一起时，坐而论道，谈资丰富，有时聊得还很开心。汪大燮对这位老丈人也是很信任的，在危险关头把妻子和家人托付给老丈人，他是放心的。

现在，沈家本的心里很沉痛。不过，他的沉痛中又还有后一辈所没有的沉静。见多，自然识广，他所经历的苦难也比他的后辈多得多。胸中积累的沉郁，他都化解在一点一滴的工作中，那些工作，是很多人没有耐心，也不屑于去做的，和功名利禄无关，更和官位的迁升无关。

像他自己所说：官事冗迫，暇晷难得，灯炧饭罢，搦管呓毫，辄自笑曰：何不惮烦也！

其实，他从来也没有嫌烦过。

自在刑部审案始，他一直都在做这事，在别人看来很劳神的一件事——续纂《刑案汇览》。调任天津后，他一直还坚持在做这事，不嫌麻烦地将很沉重的材料，全都带到了天津。由天津再调到保定后，他依然又把这些沉重的材料带到保定，处理公务之余，他的时间基本都花在这些材料的整理上了，和洋人打了一场很不爽的官司后，他更想做这件事了，于后人，于千秋万代都有益的事。

虽然，很繁琐。

《刑案汇览》是清道光时的学者祝松庵所编。祝松庵也是一个耐得住寂寞的学者，他长期在地方各给衙门任幕僚，辛勤收集历年经过刑部驳议的重大疑难案件的相关资料并汇编成辑——《刑案汇览》。此书分前、续两编。前编60卷，收入的案件自乾隆四十九年（1784年）起至道光十三年（1833年）止，共2800余件。续编16卷，收入的案件自道光十四年起至道光十七年止，共187件。规模之大，资料之多，均前所未有。更为难得的是，他把刑部律馆审议案件时所提出的说帖，朝廷就案件颁发的上谕，以及其他方方面面的资料全都收入其中。为后来的审判人员提供了很详尽的资料，不仅从中可以了解案件的来龙去脉，以及处理的全过程，还有处理中的种种考虑。

沈家本的续纂《刑案汇览三编》，就是依照祝松庵的《刑案汇览》体例所编辑，全书收入自道光十八年（1838年）起至同治十年（1871年）止，刑部所驳议的案件1186件，汇道光、咸丰、同治、光绪四朝刑案于一编。他在序言中写道：

> 余官西曹三十年，癸未秋在奉天司主稿，凡议驳之案，必先具说帖，或拟定稿尾，再请交馆。奉天辖东三省，该省官吏，多不知刑名事，每年应驳之稿，有多至百余件者。余固不敢惮烦，而同司僚友亦互相讲求，颇获切磋之益。夫刑名，关系重要，其事之蓄变，每千头万绪；其理之细密，如茧丝牛毛，使身膺斯责，而不寻绎前人之成说，参考旧日之案情，但凭一己之心思，一时之见解，心矜则愎，气躁则浮，必至差以毫厘，谬以千里，往往一案之误，一例之差，而贻害无穷，岂不殆哉！《汇览》一书，故所以寻绎前人之成说，以为要归；参与旧日之案情，以为依据者也。晰疑辨似，回惑祛而游移定，故法家多取决焉。
>
> 顾或者曰：今日法理之学，日有新发明，穷变通久，气运将至。此编虽详备，陈迹耳，故纸耳。余谓：理固有日新之机，然新理者，学士之论说也。若人之情伪，五洲攸殊，有非学士之所能尽发其覆者。故就前人之成说而推阐之，就旧日之案情而比附之，大可与新学说互相发明，正不必为新学说家左袒也。

1899年的冬天，沈家本终于完成《刑案汇览三编》，全书计124卷，后附中外交涉案件（不分卷）。一项浩瀚的工程，前前后后，他忙了十多年，也算得上皓首穷经。

和指点江山，挥斥方遒的革命者相比，沈家本只不过是一个改良主义者，一步一个脚印，没有轰轰烈烈，但却踏踏实实。

而他从1899年之秋，更加潜心编辑这部巨著，却和他的遭遇，不无关系。

19　两位旗人上司

　　1899 年的戊戌变法之后，作为慈禧心腹的荣禄，又升官进爵了。当然与他为慈禧成功地再次垂帘听政不无关系。他内调中枢，晋文渊阁大学士，管理兵部事务，节制北洋海陆各军，统近畿武卫五军。大权在握，炙手可热。

　　替代荣禄任直隶总督的是裕禄。

　　裕禄也是旗人。满洲正白旗人。湖北巡抚崇纶之子。但他与荣禄却很不相同。1862 年至 1874 年，裕禄一直在刑部供职，官至刑部郎中。沈家本是 1864 年到刑部的，所以裕禄和他也算是老熟人，老同事了。同治十三年（1874 年），裕禄离开了刑部，升迁为安徽巡抚，那一年裕禄刚过 30 岁，算起来，他比沈家本还小 4 岁。

　　之后，他的仕途之路便风起云涌。他升为安徽巡抚时，前江南提督李世忠因降寇被革职，在家乡闲居，但他却很不安分，恣意横行，影响极其恶劣。裕禄忍无可忍，请求朝廷将其杀掉，朝廷同意了。于是，他设计将李世忠骗到署中，饮酒为欢，酒过三巡，他出示密旨，将李世忠逮了起来，立即处死，毫不拖泥带水。但对李世忠的家人，他却手下留情，多予照顾与抚恤。从此，同僚对裕禄另眼相看，认为他有胆有谋，也敢想敢为。

　　光绪十三年（1887 年），裕禄迁湖广总督，不久又调任两江总督，之后又回任湖广总督。这时，朝廷修铁路，北起卢沟南止汉口，裕禄力陈不可，并不执行朝廷的命令。在当时，也算是很不听话的官员啦。光绪十五年（1889 年），他又升为盛京将军。光绪十七年（1891 年），热河（也就是位于今天的河北省、辽宁省与内蒙古自治区的交界之处）金丹道教起义，发生民众暴动，毁教堂，杀蒙人，裕禄派兵与直隶将军联合镇压，终于平息了暴动，朝廷对他的表现很满意。1895 年改任四川总督。1898 年授军机大臣、兵部尚书、总理各国事务衙门大臣。1899 年，他替代荣禄，从京城来到了天津。

沈家本的官运，因为裕禄的缘故，又有一些变化。当然，这也是他自己没有料到的。裕禄与他共事多年，对他还是深有了解的，并且也挺赏识他，所以到了天津之后，便极力向朝廷举荐沈家本。1899 年的 3 月，光绪皇帝下诏引见 14 名官员，其中就点到了沈家本。诏曰：

> 裕禄奏，敬举贤能各员，请旨录用一折。除道员杨文鼎业经记存外，直隶试用道任之骅，候补道汪瑞高、黄建笯、吴廷斌、王仁宝，保定知府沈家本、天津府知府荣铨，候补知府李东益，大沽协副将韩照琦，著分次给咨送部带领引见。

这么多的官员，光绪皇帝自然不会一下子全部都召见的，而是分次引见。沈家本直到 9 月，才应召进京。自从光绪十九年（1893 年）离开北京，沈家本已经有整整 6 年不曾再回北京了，他 5 岁就跟着父亲来到京城，也算是半个北京人，虽然不是生在北京，却也是长在北京。北京早已成为他生命中的一部分。

而这一次回京，还要面见光绪皇帝，他平淡的心情，又洒上了几星灿烂的阳光。和洋人洋教堂打交道的不快，也冲淡了几分。金风送爽的 9 月里，他终于回到了北京。最初几日里，亲朋好友，还有刑部往日的同僚们，日日宴请，相迎祝贺，他自己也不免有几分陶醉。

他在诗中吟道：

> 几日霜风速我行，西山爽气若相迎。
> 江湖更作舳舻梦，尊酒重修主客盟。

燕觅故巢偏冷落，马寻熟路尚分明。

者回未听玲珑曲，畴与殷勤唱渭城。

诗题便为：重回京师。

衣锦还乡？

抑或大志晚成也？

然而，不然。

9月25日，光绪召见了他。还是和六年前一样，脸色苍白的光绪皇帝，高高坐在龙座上，只问了他几句话。这一次，光绪的脸色更加苍白，问他的话也更加例行公事，没有什么感情色彩。仍命他任保定知府。

他俯首低垂着目光。

落在光绪皇帝眼里的是他花白的头发和已近苍白的胡须。一介老臣。光绪皇帝略想了想，又补充道："以道员尽先即补。"

很温和的安慰。言外之意，您老人家在保定府再干几年，给您个道员候补。道员官位正四品，介于知府与藩、臬两司之间，比知府要高一个等级。

沈家本依然低着头，目光更加黯淡。虽然，年轻的皇帝给了他一个升迁的承诺，但道员候补毕竟只是一个缺，而不是一个实职。从刑部到天津知府，再由天津知府到保定知府，他深知在官场没有一个实职，是很难做成什么事的。

而他是一个想做些实事的官员。

光绪皇帝说完这句安慰话之后，一脸的疲倦，也不想再和他说什么了。摆了摆手。

于是，他像六年前一样，悄然退下。不过，这一次皇帝的召见，于他而言，毫无兴奋，也无激动。多少有几许失落。

回到保定，他就病了。缠绵病榻的日子里，他除了读书，便是写诗。闭上眼睛，家乡宛然眼前。病中的哀伤心情，沉浸在绵绵悠长的诗句中：

病肺尝吟工部句，养身未熟长桑书。

官斋拥被难成梦，却忆青山有敝庐。

夕阳影上驿西桥，如许风光拍手招。

春水鳞鳞山矗矗，还从惨绿数芳韶。

楼上看山寒扑面，双苕溪上是吾家。

芒鞋重踏溪山路，第一先尝紫笋茶。

关心妙喜山中竹，莫笑清贫太守谵。

可是无田归亦得，为他苦笋脱朝衫。

老桂先公亲手植，欣欣生意早秋天。

木犀香至曾闻否，好与同参五味禅。

静里听松见道心，小轩还是读书林。

旧围解带谁量得，历尽冬春雨雪侵。

他真有些垂垂老矣。只有老人才会有如此深切的怀乡伤感。他的伤感，不像一般老人，只停留在对家乡的思念上，他在诗中又接着叹息：

牢落人生五百年，摩挲铜狄意凄然。

灯前苦书东坡句，风雨匡床久独眠。

除了带着几许凄凉的怀乡诗，他写的更多的则是与国家与民族的兴衰息息相关的诗篇，如俗话所说：诗言志。借史论治，借事明志，借物以明己不随流俗。他在诗中说：

桂树从南来，植之于西园。

　　经秋蕊皎洁，入春枝披翻。

　　纵逐候荣悴，不受人寒暄。

　　高柯本离俗，勿共凡庸论。

　　然而，沉浸在诗中的驰骋，毕竟是有限的。很快，已经老迈，身心疲倦的沈家本，又被卷入另一场更大的灾难中。是民族的灾难，也是他个人的灾难。

　　庚子之变。

　　庚子年，也就是光绪二十六年，公元1900年。那年春天，沈家本才从京城回到保定。当他还没有从光绪召见的失望中回过味来，清廷又一次陷入震荡的泥潭。

　　摇摇欲坠，外患内忧。

　　光绪二十五年，也就是1899年，义和拳改称义和团，还提出了让慈禧颇为心动的口号：扶清灭洋。义和团的势力如燎原之火，飞速壮大，由山东扩展到华北、东北各省，接着便进入京津一带。当沈家本回到保定之时，义和团已经进入了京城。

　　义和团所到之处，如同历代的农民起义，暴动与暴力搅和在一起。革命领袖毛泽东曾说：革命不是请客吃饭，不是做文章，不是绘画绣花，不能那样雅致，那样从容不迫，文质彬彬，那样温良恭俭让。革命是一个阶级推翻另一个阶级的暴烈行动。

　　义和团的暴烈行动如革命领袖所形容。

　　焚烧教堂，打杀教民，一路高歌。外国使馆更是他们的眼中钉，和使馆的卫队自然也是在打杀之中短兵相接。

　　列强不干了。

　　各国使团联合威逼清廷镇压。4月6日，英美法德驻华公使照会清政府，限令清廷两个月内剿灭义和团。5月21日，各国使馆又照会清政府，敦促严厉镇压义和团，惩办镇压不力的官吏。

软弱的清廷，如坐针毡。

慈禧太后，亦心乱如麻。她对自己的臣下与子民，威严、强硬、说一不二，但对洋人，她却是又恨又怕。此时，她得到的所有信息都是，洋人要用光绪，进而逼她退位。而她就是因为不肯退位才发动了政变，现在又怎么可能主动退位呢？列强扶持光绪，干预内政，让她恨得牙根痒痒。但是，列强的洋枪洋炮，她又十分惧怕，若列强的大兵入境，她的皇太后也就真做不成了。可是，对义和团是剿还是扶，她亦举棋不定。惶惶不安的四五月间，她下达的一系列谕令，常常自相矛盾，朝令夕改，对义和团有抚有剿。

朝廷的大员们，自然也分为两派，对垒分明。

以端王载漪为首的得势大臣们，主张利用义和团，与扶持光绪皇帝的列强抗衡。而总理各国事务衙门的大臣许景澄、袁昶、联元，与封疆大臣李鸿章、刘坤一、张之洞遥相呼应，极力反对利用义和团，认为招抚义和团，会给列强提供入侵的借口，国家将会蒙受更大的损失，他们的主张很强硬：坚决剿灭义和团。

地方亦如此。

沈家本的两个顶头上司——藩司廷杰与臬司廷雍，便一个主剿，一个主抚。藩司廷杰与副将杨同福、邢长春、范天贵等，坚决主剿；臬司廷雍与城守尉奎等，亦很坚决地主抚。

在官场多年的沈家本很为难，深知两个顶头上司都是不能得罪的。不管得罪了其中哪一位，都没有他的好果子吃。平心而论，两位上司也都不是窝囊废，不是那种只要官位不做事的人，两位都有自己的政见与政迹，性格也截然不同。而且两位还都是旗人。

布政使廷杰是满洲正白旗人。出身贫寒，年少时曾做过童子军，为的是自食其力。后来，通过苦读，考中进士，踏入仕途。由郎中简放承德府知府，接着荐升奉天府尹。1898年，升直隶布政使。

廷杰性格刚毅，勤奋好学，疾恶如仇。踏入仕途之后，一直保持着他的本色，勤勤恳恳，事必躬亲。因为他幼年曾受过很多苦，对穷苦百姓深有情感，也就特别痛恨贪官污吏。所以，在他手下的那些官员休想从百姓身上刮到油水，对那些贪婪的官吏，他的处置也特别严厉。因而，他手下的官员们也有很多怨言。他的顶头上司直隶总督裕禄就曾劝过他："你就不怕你的属下恨你？"廷杰坦然笑曰："我不怕也。"

廷雍则和廷杰的性格截然相反。

廷雍为满清宗室，满洲正红旗。觉罗崇恩之子。他与廷杰出身不同，喜好也就很不相同。他喜欢画画，自幼年便开始习画，有很深的功底，善画山水，师法四王，其画作苍润秀逸。他的号就为：画巢，别号：溪山埜客、梦兰、木兰，充满诗意。除了画画，他还喜欢写诗，长题多佳句。虽身为官员，但他身上却有很多文人的气息。性格沉静，不喜欢热闹，自然也就很少人事纷争，在同僚与下属中均有长者之名。与公私分明的廷杰相比，他更为宽厚，对下属也比较宽松，因此人缘很好。

廷杰却看不上廷雍，在同僚与下属面前，常与廷雍唱反调。性格温和的廷雍开始还保持着谦谦君子的风度，时间稍长，便也不能忍耐。于是，廷杰所领导的藩司与廷雍为首的臬司，水火不相容。

两人经常为了政事，激烈争执，而直隶总督裕禄此时已移驻天津，对他们两人的争执不闻不问，也从不表示自己的态度，不偏不倚。

沈家本官位卑微，不过一介小小的知府，夹在两位上司之间，除了为难，也很难受。不过，他也是曾经沧海的人了，对此，自有他自己的处世原则与方法——不温不火，不管对谁的异议能不发表意见的绝不多说一句，一定要发表意见与看法的，则尽量保持中立，不给自己惹是非。在刑部时，他就一直保持这样一种很低调的处世方式。

与锋利刚强的廷杰相比，廷雍身上的文人气息就使得他温和了许多，对人对事，也多了几分平和。沈家本与廷雍的文化修养相近，他虽然不会画画，但却懂画，也喜欢写诗，所以两人在一起也有话说。性格呢，两人也相近几分，都不是锐利张扬的人。因此，沈家本有什么也敢于和廷雍讨论。但平日里，他还是十分注意分寸，和廷雍保持着一定距离，也就是正常的上下级关系。

但动荡的岁月，却把他们这一干官员全都推到了历史的风口浪尖，容不得他们有喘息与深思的时间。

也就是这年3月，距省城保定五十里地的张登发生事变。

张登为省城巨埠。事变的导火索还是因为教会。最初张登谢庄的张玉瑢为南乡望族，曾与教民发生矛盾，事由微小，但教民仗势欺人，张家很受了些气，矛盾就积深了，村民为之调停，但上面却让他向教民谢罪。张玉瑢备受凌辱，愤不欲生，但教民势力大，他又无可奈何。仇恨积在心中，日思夜想，下定决心：此仇一定要报。但是他把仇恨隐忍在心，表面并没有表现出什么。当山东义和团蔓延到直隶时，张玉瑢立刻响应，组织起自己的一支队伍，与教民搏斗于张登镇，杀伤数十人，伏尸流血，远近震骇。

廷杰当即命令清苑县陈县令前往调解。村民与义和团的拳民们哪里会听陈县令的，当即就把陈县令拘留起来。

此事也就闹大了，官民双方僵持不下。

廷雍请住在天津的候补太守陶式鋆来调解此事，并派练军马队分统王占魁带兵驻防，以资震慑。同时，又集文武官员反复筹商，但却日久不决。

廷杰十分恼火。他一向雷厉风行，喜欢快刀斩乱麻，最不能容忍的就是这样的拖拖拉拉。他认为陈县令仁柔寡断，没有治理乱世的才能，当机立断，调武邑县张县令前往调解。

张县令步行到张登街市，苦口劝诫。但却没有人听他的，众口纷纷，告诉他省东南40里东闾村教民筑圩自保，义和团正在攻打那个村，他最好到那里去管管。张县令听后，只好亲往劝解。

当张县令快要到东闾村时，忽然炮声大作，尘埃飞扬，浓烟滚滚，他无法再往前走，只好返回。又去拜见城守尉奎恒公，请他去禁止旗民习拳。奎恒公却冷着脸对他说:"旗民习拳棒,自保身家,并不滋事,君不得过问。"

张县令非常沮丧,怏怏而归。

而保定城里的一干官员还在惴惴不安的筹议之中,张县令的无功而返,更使众人忧心忡忡。突然之间,涞水县祝县令禀称,县东南 18 里处与定兴接界的高洛村的拳民与教民打了起来,拳民焚毁教堂,杀了很多教民,请速派兵弹压。

雪上加霜也。

廷杰当即禀请天津巡防营务处张莲芬观察带兵前往。

义和团士气正旺,势如破竹。张观察兵不能制,灰头土脸,大败。

廷杰却不甘心,随即又禀请协戎杨福同,邢长春、杨慕时、张士翰等会防。廷杰亲自与这些带兵的武将们反复筹商,面授机宜,力主痛剿。

廷雍对廷杰的这种做法,很不以为然,当着一干官员的面,冷然道:杀义民不祥也。

廷杰亦是一脸冷然,并不理睬廷雍,抚袖而去。

廷雍无奈,冷眼旁观。

几日后,协戎杨福同阵亡于涞水县北 30 里的石亭驿。杨福同的死讯传到保定,省城官员哗然,纷至沓来的是一片指责声:滥杀而引起激变。只有廷杰心中悲愤无比,他认为杨是朝廷的忠臣,是因其忠而被祸。他亲自率文武官员,在保定城门口,迎候杨福同的灵柩,并抚棺痛哭。

一波未平,一波又起。混乱接踵而来。

此时,松林店、方顺桥、北河、固城等处的铁路相继焚毁。比利时和法国的工程师们非常害怕,男女数十人提出回天津避乱,请求派兵护送。

廷杰与廷雍商量。

廷雍奋然作色道:"我未曾降附外夷,奈何以华兵而反为之用耶?君请自为之,我不敢与闻。"

廷杰对义和团向无好感,在他眼里义和团就是乱民,暴徒。但廷雍的义正辞严，不让他大骂义和团。他思索良久，没有回答，亦无决策。

比利时与法国的工程师们却心急如焚，一次又一次地请求。

廷杰遂派兵 40 名护送。

早晨启程，行至任丘的苟各庄，已近黄昏，离河岸不远是一片广阔的田野，远处村庄里的炊烟正袅袅升起。像凡高笔下的田园与农舍，色彩绚丽，但却很安详静谧。

可是，突然之间，夕阳西下的田野里冒出黑黑压压的一片人群，彩旗飞舞，喊声雷动："我们是义和拳，专杀洋人，中国人请速远避！否则不要怪我们的长矛不长眼。"

绚丽的安详与静谧，在一瞬间里破碎，转为鲜血四溅。

护送洋人的士兵，本来就是不情愿的，一听见喊声，迅速后退。

而那些被护送的工程师们，一路小心，早有准备，迅速从腰间拔出短枪，拼命射击。并没有瞄准的子弹，像雨点一般，散落在义和团呼喊着的人群中。

一场混战。

直至天完全黑尽，混战方才渐渐平息。义和团死伤惨重。洋人呢，伤数名，死四名，但总算狼狈逃回天津。

廷杰得知此事，大怒。当即与邢、杨、张三协戎密计大举攻剿。

令人感到奇怪的是，出身贫寒的廷杰对义和团向无同情与好感，在他眼里义和团就是土匪，而他对土匪的一贯政策便是：剿灭。反倒是常常沉浸在画与诗的艺术之中的廷雍对义和团非常同情，很坚定地站在抚的立场上。

三位协戎分赴三个小村落：松林店、北河、大沟。到底是清廷的正规军队，义和团在他们的攻击下，很快败下阵来，被杀伤数百人。义和团所向披靡，但这一次却受到重挫。军心动摇，流言也跟着四起，骂邢、杨所率的清兵烧杀淫掠，屠戮良民。定兴县县令罗正钧在本县乡绅的要求下，拜见廷杰，哀哀求告："官军骚扰，请移调他所。"

廷杰大怒，非但没有答应他的恳求，反而欲乘此兵威严加搜剿。

廷雍百般阻诘。

廷杰曰："拳教相仇，姑可勿论。今戕杀二品大员，焚毁国家铁路，是叛逆君父，非仇视外洋也。若不严密搜拿，痛加惩讨，使匪党知所警惧，后患何堪设想。"

廷雍针锋相对："夫拳民皆乌合之众，大兵一至，则散而归村，良莠何从区别；若纵兵剿捕，必致玉石俱焚。"

两人各执己见，振振有词，互不相让。常常当着双方的下属，就大声争吵起来，甚至破口大骂。下属们面面相觑，瞠目结舌，不敢置一词。每每争执不下，两人就又都向裕禄告状。

裕禄则因为两司水火不容，常常抽身退到天津。两人告状到天津，裕禄则睁一眼闭一眼，不置可否，抑或批复两是之。

在这种状况下，文官沈家本当如何对待呢？

20 乱世中的升迁

沈家本还是他一贯的态度——温和的沉默着。

非逼上梁山，他轻易不在两位水火不容的上司面前表露自己的态度。就实际情况而言，他既不是主抚派，也非主剿派。年轻的时候，他跟随父亲在贵州时曾亲身经历过太平军与官军的围城相持战，也亲眼目睹过两军厮杀带给平民百姓的苦难。在他的诗中，官兵是虎，太平军则是鼠，百姓呢，自古苦贼尤苦兵。在他的眼里，兵对老百姓祸害比贼也就他眼中的太平军更厉害。

而洋人，他对洋人也少有好感。特别是与法国教士杜保禄打交道的过程中，他对那些倨傲的洋人，也是一肚皮的怒火。

就在此时，他的女婿汪大燮偕同他的女儿从京城来到保定。汪大燮身为总理各国事务衙门的章京，所谓章京也就是司员，各国事务衙门，和现在的外交部差不多，办外交。因此，汪大燮常和洋人打交道，且北京上海两地来来往往，见多识广。

汪大燮比岳父沈家本年轻了许多，见识也就多了许多，想法自然有很大差异。而且他的表弟汪康年又是办报纸的，更是有许多非常新潮的思想。

汪大燮人很聪明，也很敏锐，学问又好，见识又多。他的到来，无疑给沈家本增添了许多交谈的话题与乐趣，还有深思。

夜深人静，翁婿两人相对灯下，几碟小菜，两杯老酒，国事家事，北京上海，一路娓娓道来，也算是乱中偷得几分闲吧。而汪大燮的那些新潮思想，还有他那些新闻，在沈家本的心里盘桓不去，他不能不细细思考。

乱世中的平静是非常短暂的，和女儿女婿团聚的天伦之乐，很快便被席卷而来的混乱所毁灭。身为保定知府的沈家本无法置之度外。

几日后，省城内外，大街小巷，随处可见神采飞扬的义和团士兵，三三两两，漫步街头，说说笑笑，很有几分主人的自得。并且，那些义和团的士兵们扬言，就在这几日里，他们将要焚毁天主教堂，杀掉三位大员：布政使廷杰，协戎张士翰，莲池书院主讲吴挚甫。除此，近期内他们还将有万人赴都勤王，须从南门进，穿城而过，以耀神威。

廷杰怕倒不怕，但心中十分恼火，严阵以待，准备列队拒击。

廷雍却对他说："开仗恐惊扰百姓，莫如遣人劝说，晓以不宜进城之义。"

不管面临如何危急的局势，廷杰与廷雍，这两位大员，总是针锋相对，从不团结一致。

其实，义和团也没有打算列队穿城而过，只不过是想吓唬吓唬这些清廷的官员们。

尽管这样，沈家本此时却提出了自己的建议：令天主教教士杜保禄率领他的教民，暂时避于安肃县的安家庄，其城内教堂由官兵看守，并拆其洋楼改设巡防营务处，以免义和团焚毁。

他的这个建议，藩司与臬司倒是全都赞同，认为还是比较妥当的。杜保禄身处保定城，亲眼目睹城里的混乱，和往来大街小巷义和团的拳民们，心里也是惶惶不安。自然也就同意了这个建议，虽然很无奈，但还是带着他的教士与教民，迅速撤离保定城。

义和团的气焰日益高涨。

廷杰惴惴不安，募马队百名，日夜守卫衙署，以自卫。可是，若要加强城守，却再无兵力。有人向他建议："四街水社壮丁近千名，刀矛皆备。同治七年（1868年）捻匪扰直隶，曾助官守城。何不援做例召之。"

廷杰想想，这倒是个好办法。

于是，便与社董们讨论此事，并答应许给口粮。

水社是民间组织，与我们今天五六十年代的民兵相仿佛吧。

最初，四街水社每年从藩库领取数百银两，作为津贴，行之已久。廷杰来后，就将四街水社的这项津贴给取消了。社董们怨言四起，后来还是廷雍自己拿钱给水社，才将水社维持下来。因此，水社的人都非常感激廷雍，而怨恨廷杰。所以，当廷杰召集社董们讨论此事时，社董们全都沉默不语，不予配合。

私下里社董们却说："若有臬台一言，则吾辈应命立至，虽自备粮草亦踊跃乐从。"

这话自然也曲里拐弯地传到廷雍的耳朵里，虽然他嘴上没说什么，未置一词，心里还是很高兴的。便出面再次召集社董们来商榷此事，社董们很爽快地就答应了。

问题虽然解决了，廷杰心里却很不舒服，但也奈何不得。

5月19日，天津战火燃起，邢、杨诸军调赴前线。这样一来，保定城里的义和团公然杀死数名教民。

官不敢问。

6月4日，廷雍奉檄抚用拳民，赏顶戴助钱米。也就是这一天，拳民纵火焚烧北关教堂。第二天，大雨。可是，拳民依然非常兴奋，又冒雨焚烧了南关教堂。

一时间，城内火光熊熊。

廷雍下令关闭了城门，派张协戎督兵弹压。将教士教民数十百人烧杀净尽，无一得以逃脱。内地会贝教士见公理会起火，急忙携其妻子逃到刘爷庙兵营中求救。营官王占魁不敢留，把他们一家移送义和团。教士对义和团的小首领说："死无所吝，但愿一见方伯。"

方伯即指藩台廷杰。

义和团本来就恨廷杰，怎么可能让这位教士带着他的妻与子去见廷杰，当即就把教士一家拖到城外，全都砍了头。

杀戒一开，保定城内更加混乱。民众纷纷成立武装队伍，称霸一方，几天就拉出了十来个武装团队，烧杀抢掠无虚日，可怕的流言蜚语更是满天飞。

廷杰急了。惶惧万分，不知该怎么办才好，于是出示悬赏，募人攻东闾以自解，他在悬赏中写道：

> 自外洋通商传教以来，特其咸强，侵凌中国。凡臣民同怀义愤。顷拳民扶义而起，与国同仇。本司多方持之，不敢轻外衅者，盖迭奉谕旨保护教堂，仰体国家怀柔远人、辑睦邦之意，原为顾全大局起见，非有他也。乃愚民无识，因仇教而并欲仇官，甚至以讹传讹，谓本司有信奉洋教情事。岂知本司姜桂之性，老而愈辣，何至信从夷教，污辱自甘。今兵衅既开，自当上下一心，捐弃猜嫌，同仇御侮。自出示之后，无论拳民兵勇，有能激发忠义往攻东闾者，本司捐廉赏银二千两，俟大功告克，再行赏银二千两，以示本司绝不袒护教民之意。

东闾，即联军与留在城中的教士教民所居之处。

告示出后，官兵与拳民共同围攻东闾，但却未能攻破。

既而，京城来诏，以廷雍替代廷杰。

平日里，丁吏差役全都惧怕清廉威严的廷杰，而喜欢温和宽厚的廷雍，一听说廷杰被罢了官，以廷雍代之，全都拍手称快。更代之日，阖署相庆。

这时京津沿途，一路全都驻扎着义和团。虽然，他们也都听说了廷杰曾募兵攻占东闾，但对廷杰的仇恨仍然不能释怀，扬言只要在廷杰回京的途中逮着了他，一定要把这老家伙给杀了。

廷杰丢了官，性命又危在旦夕，自然是百感交集。但人在屋檐下，又不能不低头，为了保护自己的生命安全，他不得不求廷雍派拳民护送。

除了清廷的官兵，廷雍又派了四个义和团的士兵护送廷杰回京。一路上，廷杰受到无数次阻截。义和团列队数十里，个个手持利刃，一看见廷杰的车，便围拢过来，嚷着喊着：杀掉这个老东西！

护送者百般相劝，才得以通过，廷杰可谓是千难万险方回到京城。

廷杰走后，升任布政使的廷雍，命沈家本暂时代理直隶按察使。虽然，对沈家本来说官升了一级，但是在这乱世之中的迁升，焉知非祸？

他二女儿的老丈人，也是他的老朋友徐用仪此时非常为他担心。徐用仪的官比他做得大，时任兵部尚书。因在京城，对时局也比沈家本这个外省知府，了解得多得多。他得到这个消息后，很为沈家本担心：乱世中的官不好做呀！搞不好是要丢掉身家性命的。

而此时，保定城里更加混乱。自廷杰走后，拳民没了约束，也就更加恣意而为，公然在臬司辕门杀人，骚扰营务处，抄莲池书院，毁上谕，缚官长，廷雍也拿他们也没有办法，无可奈何也。

保定城里一片混乱。

在这种状况下，沈家本升官，会有什么好果子吃？

徐用仪很是放心不下，他们不但是朋友，而且还是亲家呀。他连着给沈家本去了好几封信。6月4日，沈家本接到徐用仪的信。每次展读亲家加老友的信，沈家本心中总是洋溢着快乐——家书抵万金。因为，他们不仅是亲家，还有相同的志向，学问上也有话说。

还是薄薄一页信纸，质地细腻，字体娟秀工整。然而，字里行间却透露出几分担忧与焦急：

> 子惇仁兄亲家大人阁下：时局之变，实由亲贵中主谋数人昧于情势，鲁莽从事，置社稷生灵于不顾，欲以一弱敌众强，且又自绝转圜之路，祸必不测，殊可叹恨。一切情形，谅伯棠到省必已详达。贱眷先令舍侄及三小儿媳暨大儿媳带同孙男女辈赴津南旋，无如行至杨村，已不能前进，中道折回，又被盗劫，现暂回京……此时惟东道直达清江，雇用标车前往，似尚可行。钱

> 子密即已由此前进……惟内子之意，欲令儿辈挈眷先到保定，
> 民便与尊处再商行止，未识兄意如何？姻愚弟徐用仪顿首。六
> 月四日。如有来信，可由官封驰递兵部为妥。写明正堂徐。

国事家事，尽在一页薄薄的信纸中。

信中所云伯棠即汪大燮。徐用仪已知汪大燮和沈家本的大女儿此时都去了保定，在沈家本身边。他对汪大燮的看法也是在乎的，汪大燮比他们年轻，也比他们敏锐。他和汪大燮共过事，深知汪大燮虽年轻，但办事却很沉稳，不像一般年轻官员那般激进与急躁。

信中虽然只不过寥寥数语，足已可见徐用仪对时局的态度。他是主剿派，他与汪大燮都在朝廷中办过洋务，对义和团毫无好感。而且他已在信中料到战争的结局——清必败也。

大清王朝摇摇欲坠，清廷的高级官员徐用仪心急如焚，两天后，他又给沈家本去了封信。

> 子惇仁兄亲家大人阁下：初四日由印封发去一书，计即到达。侄儿辈自通回京，初拟令大儿媳及三小儿至张家口暂避，二小儿夫妇及两孙女至保府。继思两处分离，日后欲辗转而达家乡，恐不容易。近日由津折回之人大半由德州南行，尚为直捷。故拟令侄辈带同眷属，雇用标车，由十八站行走。舍此别无他法。内子誓不肯行，弟亦义难苟免。殊有生不逢辰之慨。一二月间，洋兵大集，不知发难诸公计将安出耶！此请台安。姻愚弟徐用仪顿首。六月初六日

这封信所言皆家务事矣，对子孙后辈的安排，有一种大难临头的不安。乱世中，朝廷大员，也无安全感，惶惶不知所措。

当沈家本于辗转难眠的深夜里展读亲家大人的这一封来信时，亲家大人徐用仪的另一封信，又从途中向他飞来。而这一封信谈的不再是家

事，而是关于他的仕途，忧心忡忡。

> 昨闻子梅开缺，阁下升补。通永地当京津冲衢，窃为失马者
> 喜，得马者忧也。吾兄在省，素得民心，亦为两司所倚重。此时
> 简放遗缺，调补需时，谅上台必请留省相助，暂缓交卸，尽可能
> 另派候补道　员先署通永。

6月10日，朝廷正式任命沈家本为通永道。

而徐用仪的信写于6月11日。可见心情之焦虑，万分火急。他想劝说沈家本不要赴任，还是先留在保定，等等再说吧。国将不国，这官位又有什么可留恋的？并且，这官位带给他的很可能将是更大的灾难。

沈家本给徐用仪的回信说了些什么，不得而知。想必与徐用仪的想法是有距离的，所以徐用仪心急如焚，6月16日又急忙给他去了一封信，还是劝说他不要去通州。

此时，北京方面董福祥军围东交民巷已经20天，官军损失惨重，洋人却没有什么死伤的；天津方面，聂仕成已经阵亡，失城即在眼前。所以在这种情况下，徐用仪对沈家本说——通永本任断不可去也。

徐用仪的口气斩钉截铁，生怕沈家本还在犹豫之中。

其实，此时沈家本想走也走不成。

廷杰回京后，廷雍命沈家本担任直隶按察使，虽是临时任命，并未得到朝廷认可。但他必须留在保定辅佐廷雍，他本不过是保定府知府，一介芝麻小官，又是汉人，没有家庭背景，这介芝麻官还是多少年熬出来的，哪里有什么政治资本像廷杰一样与廷雍分庭抗礼。廷杰一走，地方大权集于廷雍一身，僚属们哪敢乱说话。

虽然是乱世中的大权大握，廷雍还是得意的，毕竟他与廷杰的相争中，廷杰败北而去，走得很有些狼狈与丢人。当然，那时廷雍哪里会想得到，等待他的将是无限的悲凉，还有耻辱。一如徐用仪信中对沈家本所言，得马者安知是福？

就在徐用仪劝阻沈家本不要到通州去的信发出两天后，也就是 6 月 18 日，天津失守，八国联军占领了天津，直隶总督裕禄率败兵退守北仓。上书请辞，但被慈禧留用。

得意洋洋的联军，接着便挥兵西进。

而这时京城里董福祥的甘军，却没有攻下使馆。

保定城里却是另一番情景。各国教堂在短短的 6 月里，几乎全部被烧毁，接踵而来便是屠杀。6 月 30 日清晨，廷雍下令关闭城门，对教士与教民开了杀戒，并派张协戎督兵镇压。教士与教民，统统被赶到保定城南的凤凰台，官兵与义和团的拳民，蜂拥而上。

平时一向高高在上的传教士们慌了神，但已为时晚矣。

屠杀直至 7 月 1 日晚才结束，许多传教士被杀。其中在保定城里的新教传教士全部被杀，包括北关教堂的北美长老会传教士，南关教堂的毕得经牧师，还有美国公理会的传教士，英国内地会传教士及其子女被杀 23 人，中国教徒被杀 100 多人。

当廷雍大开杀戒的时候，他当然不知道等待他的将会是什么。

逞一时之快。

7 月 12 日，联军攻占杨村。这时逃至杨村的裕禄再也无脸见江东父老，服毒自杀。裕禄自杀后，由廷雍署理直隶总督。

7 月 18 日，联军占领通州，20 日进入北京。

大清帝国像一块豆腐，被切得七零八落。不要说回手之功，连招架之力也没有。连连败退。

7 月 21 日，慈禧太后又重演了几十年前的那幕，带着光绪皇帝仓惶出逃。不过，这一次不是逃往热河，而是逃得更远一些，一路往西北而去。

8 月 3 日，慈禧太后与光绪皇帝在太原发布谕旨：直隶通永道沈家本，为山西按察使。

在大清帝国的摇摇欲坠之中，沈家本却升官进爵。

授命于危难之际？

　　而此时，沈家本却没有赴任。主观客观的原因都有。一来，徐用仪对他的苦心劝说，他不会不放在心上盘算来盘算去。二来，他手上还有一个案子，需要他出面审理，想走也走不了。

　　这便是谭文焕案。

　　谭文焕原本天津候补道，主抚派，支持义和团。可是，慈禧逃离京城后，便改变了政策，对义和团的抚变成了剿。原本支持义和团的廷雍，其实内心深处对义和团并无太多好感，他虽然曾是主抚派的，但看到义和团在保定城里的胡作非为，他就烦不胜烦了，当朝廷改抚为剿时，他立刻表示赞同，遵从慈禧旨意，对义和团奋力镇压。谭文焕则不同，他是个铁了心的主抚派，也是真心主抚。当朝廷要剿义和团时，他却身体力行，仍然率领义和团与朝廷的官兵们浴血奋战。

　　8月，义和团的气势渐渐低弱。廷雍很清晰地看出，义和团大势已去矣。可是，他万万没有想到天津候补道谭文焕，却率领拳民八人，骑着马带着枪进了天津城，住进穿心楼西双升店。

　　路人皆惊，奔走相告。

　　谭文焕却像没事人一样，大有英雄气魄，带着几名义和团的拳民，前往谒见廷雍。大大咧咧地对廷雍说，他所率这八人皆义民，魁首骑术神奇，技击娴熟，想请您再给我们增派一些兵，东山再起。

　　廷雍大怒，面带愠色：放肆，给我滚出去。

　　谭文焕这才带着那八名拳民，怏怏而出。

　　谭文焕刚出衙门，廷雍便急召游击范天贵。

　　所谓游击，也就是我们今天的武官。自明代以来总兵官以下有游击将军。清沿明制，分置于各省，位在参将之下，位从三品武官，简称游击。

　　廷雍令范天贵急追谭文焕，一定要把他捉拿到。

　　这谭文焕却不是等闲之辈。他本是江西余干县人，经历颇为丰富，最先为行伍，后又花钱捐了个道员，在道员位置上，因犯事，又被革了职，几经周折，分发直隶候补。

5 月里，义和团来到天津，谭文焕就怂恿总督裕禄与义和团的首领们联系，发给军械。于是，义和团在天津网开一面，为所欲为。后来，裕禄见义和团太放肆，就令官兵约束，官兵击毙多名义和团的士兵，但仍未能解散义和团。

6 月中旬，天津失守，谭文焕又到杨柳青等勒索粮食，接济义和团。紧接着杨柳青又失守了，他又绕到独流镇，与义和团的一个小首领曹秉义会合，找到一匹洋马，商同曹秉义骑马赴省请功。他们先在沧州设立军粮台，又往山东老团，打官兵，复仇举事。但是，谭文焕却没有想到会在一向支持义和团的廷雍那儿碰了一鼻子的灰，仓惶而逃。

范天贵带着兵追到高阳县西 40 里地的邢南村，击毙 7 人，捉拿 1 人，唯独谭文焕逃走了。后来，谭文焕逃到青县时，被提督梅东益捕获。

此时，身为代理臬司的按察使沈家本，自然是不能离开的，要留下来审理此案。

裕禄死后，李鸿章再次接任直隶总督，但此时他人却在上海，一时还来不了天津，只能是电报颁布指令。代理总督廷雍呢，也是百事缠身，无心审问，也就交由沈家本一人办理。

乱世中升了官的沈家本很无奈，他把家人送出保定府后，便一人独自留了下来。

这一留，差点儿就让他送了命。

21　奇耻大辱

仲夏，与直隶总督府仅一墙之隔的莲花池，与往年一样，平静的水面上铺满了盛开的荷花。

总督府前那根高达 33 米的旗杆，依旧傲然直指蓝天。

不远处，便是古老的钟楼。悠扬的钟声，时时飘荡在古城夏日的热风之中。

年年岁岁花相似。

然而，此时的保定城，却再也没有了往日的平静。与莲花池仅一墙之隔的直隶总督府里大大小小的官员们，如坐针毡，没有人还有闲心去欣赏满池盛开的荷花。

黑云压城城欲摧。

英、法、德、意，四国联军，已经逼近保定城。对于联军而言，攻占古城保定府的战略意义非常重大。保定向有京师南大门之称，它离北京不过 125 公里。占领了保定，就可以控制京城通往山西的关口，紫荆关与娘子关。对逃亡在外的清廷，是一个巨大的威胁。

狂傲的联军，对古老的保定城虎视眈眈，志在必夺。他们也并不怎样把中国官兵与百姓看在眼里，官兵与民众，在他们眼里都是不堪一击的。

古老的保定城又将面临一场怎样的浴血奋战？

人在城在，还是人去城亡？

廷雍这个署理总督，一向是很坚定的要与洋人血战到底的，虽然他不过是一个文化人，喜欢吟诗画画，但骨子里却有着旗人贵族的强硬。

197

可是，古老的保定城早已失却往日的平静。人心大乱。数日来，京津两城里的官与民，纷纷写信给还留在保定城里的亲朋好友，劝他们早做打算，早些离开保定城，以保平安。那些信中的言辞恳切，一如沈家本的亲家徐用仪。也有一些信说得就比较可怕了，说是联军数日将大举攻打保定府，誓欲屠城以泄忿恨。

于是，保定城里各种各样的流言蜂拥而起，人心更是慌乱，官员家属，平民百姓，纷纷逃遁，车马行李，挨挨挤挤，尘埃滚滚。

8月8日，李鸿章正式接任直隶总督。4天后，8月12日，廷雍接到李鸿章的手谕：如联军进入保定城，各军迎敌，将军械收缴，运出库款。

不战而降？

廷雍很惶惑，也很心寒。虽然，他手下的文武官员并不都像他一样，坚决主战，但是也绝非全都心甘情愿举手投降。

怎么会是这样？

傅相李鸿章的密电全文是这样的：联军不日到省，力战固不可支，徒贻害百姓，莫如预将兵械撤离省城，以礼接待，曲尽地主之情，或可保全大局。

当英、法、德、意四国联军，杀气腾腾向保定城围拢时，他们也万万没有料到等待他们的并非惨烈的厮杀。

最先一批赶往保定城的是法国士兵。

19日的傍晚，夕阳西斜的时分，几十名法国兵士乘船来到保定。他们登岸时，是做好了充分战斗的准备，小试牛刀吧。可是，他们一走下船舷，就看到一干清廷官员伫立在岸边，没有兵，也没有枪炮。丝毫没有战火的气息。

仿佛是在迎候。

确实是在迎候。

署理太守陶式鋆，与观察孙钟祥站在那一小群人的最前首，簇拥着他们的是僚属与绅商。在这一群人的身边还有大堆的礼品。

法国大兵们乐疯了，像是遇到了奇迹——不战而胜！他们昂首挺胸地走了过来，像是凯旋而归。

而迎候他们的中国官员呢，弯着腰，脸上挂着恭敬的笑容。

法国大兵及军官们，自然也是笑容满面。傲然不屑的笑容。但仍然是笑容。沿途围观的百姓如潮水一般，涌过来，又涌过去。

乡村的村民们，对金发碧眼的法国大兵很是新奇。

这一天晚上，法军就驻扎在保定城西关火车站。四城遍插法国国旗和大清帝国的龙旗，除此，一切如常，并无战争硝烟的气息。但保定城里的百姓，心里还是有些恐慌不安。

仅一夜的平静。

第二天，20 日的清晨，又有一队约千名士兵的法国马队，从新城方向过来。众官员还像前一天一样，迎至北关外。脸上挂着谦卑的笑容，恭敬地弯着腰。

这一次，法国带兵的军官是杜以德。

杜以德与他的兵士相比，更为傲慢。他也只用眼角的余光，很轻蔑地从迎接他的中方官员的笑容上一扫而过。他连做个样子的礼貌笑容也没有。在他的脸上，还有那双蓝眼睛里，除了傲慢便是轻蔑。

午后，法国统兵杜以德偕同几位欧洲教士，走进总督府。杜以德全身戎装，斜挎着短枪。相伴他左右的教士们，偕一身黑色教袍。一干人如入无人之境，目不斜视。唯挂在屋檐上康熙的题额，高高地俯视着他们。

廷雍率领着中方的官员们迎了出来，其中也包括署理臬司沈家本。中方的官员还是以礼相待，把杜以德和欧洲教士们，请进了大厅，送上茶水。

杜以德开门见山，态度强硬，说他们的兵要立刻全部驻进保定城里。

廷雍脸上的微笑立刻凝固了，眼睛里写满了疑问。

杜以德继续说：德国、日本将联军而至，必用兵力攻取，我等来此是为了保护贵城，你们必须在今天下午二点钟于四城门大街小巷都插上红蓝白三色旗，以免他人蹂躏。我军将城上派守旗之兵。

廷雍胸中翻江倒海，奇耻大辱也。但他还是强忍怒火，表面上也还算是平静："可以。但我们要签订协议。"

杜以德摆摆手："好的，那就这样。"

也就没有再罗嗦，杜以德带着一干人，大摇大摆地出了总督府。

廷雍却丝毫不敢马虎与耽误，立刻与他的同僚们商讨签订协议的条款，直至天黑，拟定了七条：

1. 承示贵军此来系专为保护省垣，并无占据城池之意。

2. 承示贵军队驻扎城外，约束兵丁，不能生事。

3. 承示贵军保护，须将贵国之旗与我国之旗并插，有贵国之旗，无论何国来此，均有贵军门一面承管，保护无虞。

4. 承示贵军兵丁如有进城者，必派一营官带领出入，并不准携带武器，以免商民惊疑。

5. 承示城上下内外贵军并不派兵把守。

6. 承示贵军兵丁于一切食用之物公买公卖。如兵丁滋事，准商民赴贵军前申诉查究。如商民及中国勇丁有冲犯滋事，准贵军送交地方官衙门，以事之重轻分别究治。

7. 承示向本处要买办一人，为买一切食用之物。

可是，令廷雍万万没有料到的却是杜以德接到这一纸条款后，只轻飘飘地看了一眼，便把置之脑后，再也没有下文。

廷雍非常恼火，却又无计可施。那天深夜，廷雍毫无睡意，万千思绪堆集心头。漫步庭院，月光如水，夜风习习，风中飘荡着隔墙莲花的清香。而这一切却像是在梦中。

不知那个夜晚，他是否会想起廷杰。

廷杰回京后，廷雍虽然官升一级，大权在握。可是，这权力只给了他一瞬间的胜利感，接踵而来的便是眼前的耻辱与灾难。那时，他还没有料到，更大的耻辱与灾难就在眼前。

在偌大的院子里，走过来，再走过去。廷雍仍然找不到出路，眼下到底该如何办呢？

天亮时分，他刚刚在朦胧中睡去，李鸿章的函谕便送达总督府。虽然非常疲倦，他还是立刻迫不及待地展读。

李鸿章在信中说："顷抵京，甫经下车。据翻译委员面称，今午晤英国窦使，称赴保联军因雨迟发。现定十九日由京起程，各国队伍约合万人，系德统帅主谋，商令英提督领队，前往保府，如有官抗拒，即痛加剿洗，鸡犬不留，如不迎敌，可派弁目执白旗相迎。西例凡议和皆用白旗止兵。彼此商定扎住之地，议明将保府现存教士及正定教士监工人等交其带还，敌队可不进城，但将城外房屋或城楼毁伤数处，以示薄惩。若如此，保全多矣。务祈严格谕将士，勿轻用武挑衅，致启不测之祸。"

李鸿章的意思很明白，不抵抗虽然很没面子，但是可以避免城毁人亡。

满纸的沉重与无奈，还有屈辱的退缩。退一步换来的并非海阔天空。但是，李鸿章的信，却解了廷雍的围。如今的他，也只能按照李总督的指示去做，在联军到来之际，在保定城头插上白旗，以示投降。

但投降之后又将会怎样？

22日，联军抵达。廷雍命保定署理知府陶式鋆、观察孙钟祥等，率官绅数十人，并带着礼品，在安顺南关迎接英军提督贾思尔及其部下。

那一刻，北方湛蓝的天空下，一干中国官员，弯着腰，脸上挂着卑微的笑容，恭候在尘埃飞扬的路边。天高地远，田野广袤，而他们却渺小如蚁，卑微如蚁。

当英军提督贾思尔勒马挺立在他们面前，他们全都慌张地昂起脸来，目光却是躲闪的。

贾思尔只扫了他们一眼，便很不高兴地问：廷雍在哪里？

嚅嚅。

没有人敢大声回答。

冷场。似乎连清廷官员们的喘息声都清晰可闻。

贾思尔和杜以德一样的傲慢，目光掠过清廷官员们的头顶，轻狂而不留余地："廷雍必须亲自出迎。"

那一夜，廷雍又在月如水的庭院里走了一夜。不是走路，而是踱步。这个喜欢吟诗画画的直隶布政使，明天将要面对怎样的耻辱？

国破山河在。

也只能是国破山河在。

第二天上午十点，和廷雍一起出迎英军提督贾思尔的还有代理臬台沈家本。潘司与臬司，在直隶总督李鸿章没有到来之前，是保定城里的最高长官。

廷雍在给上司李鸿章的电文里，详细记述了那一天的情况。

贾思尔还是骑在高头大马上，趾高气扬。两位儒雅的中国官员，率领一干官员，迎立保定城北关，脸上是没有表情的冷然与屈辱。

那一刻，不管官还是民，只要是中国人，心里都会百感交集。你抢了我们的家，我们却还要迎你于城门。

除了屈辱，还是屈辱。

贾思尔并不理睬他们，还是昨日里同样轻蔑的目光。他要的就是个风头，要你们的最高长官来迎接我。而他对这两位最高长官，却依旧是轻蔑。他径自骑马绕城一周，如入无人之城，缓慢的，也是傲慢的，且带着一种示威。

之后，他向廷雍宣布，他要移驻总督府。而他的兵们，也就是联军，不进城，分驻城外各村。

廷雍能不让他进驻总督府吗？只要联军不进城，已经让他松了一口气。

但是，联军会安分地驻扎城外吗？

当天下午，当廷雍与沈家本等一干官员前往总督府谒见贾思尔时，贾思尔却拒而不见。

贾思尔根本没有把廷雍及保定府的官员看在眼里。当廷雍领着一干官员很恭敬地去谒见他时，他正迫不及待地领着他的部属——英、德、意三国官兵，骑马飞驰，往藩署的仓库而去，急急匆匆地把仓库给封了。

仓库里的十六万两白银，顷刻之间，换了主人。

那白花花的白银，才是贾思尔朝思暮想的。

廷雍傻眼了。

当他还没有回过神来，一队德国兵，又骑着马冲进了藩署。连看了没看他一眼，就将大门外在风中飘扬的龙旗给拔了，悬挂上德国国旗，并喝令他滚出去。

在这种来者气势汹汹的情况下，廷雍平日里的威风与儒雅，全都随风而去，只能如他自己之后发给清廷的电报中所言——莫可如何。

但他倒还是没有坐而待毙。急忙跑出去邀请英国参赞杰尔逊到他藩署来，与之婉商。"婉商"是他自己在向李鸿章电报汇报此事时所用的词汇。

陪同英国参赞杰尔逊前来的还有德国参赞部驷。两位参赞来后，德兵才撤去。也将悬挂的德国国旗给取了下来。但却用大车运走了从藩署里抢夺的银元连同精美物品，廷雍还想向他们索取收据，但却没人理他，那些兵带着那些抢夺的白银与宝物，兴高采烈地扬长而去。

廷雍也还是只能——莫可如何。

然而，廷雍更莫可如何的事还在后面呢。

阴历的九月一日，阳历的 10 月 23 日，联军要廷雍与沈家本一同前往总督府，当然不是要和他们友好地坐下来协商什么事。一进总督府，昔日熟悉的气氛，荡然无存。虽然，大厅梁高门阔，依旧是威严的，但却换了主人。高鼻深目的德国人、英国人还有意大利人，坐在古色古香案几前。而清廷的官员廷雍与沈家本，垂手直立庭中，仿佛是人犯，其实从那一刻起，他们就已经成了人犯。

侵略者手中的人犯。

矛头最先指向的便是沈家本。

因为，他是署理臬司，而且他们要问的也都是他曾经处理的——教案。

一向是审判者的沈家本，从这一刻起，变成了被审者。而且，审判他的是外国人，却是在他自己的国土上。

那种凄凉是无以言表的。

沈家本这一年，已经60岁了，且刚刚过完他60岁的生日。60岁的他，历经磨难。然而，这种耻辱却是第一次。

沈家本还是他一贯的风格，不慌不忙，言简意赅。绝不多说一句。他脸上的表情除了冷然，还有一股沉默的傲然。

那些蓝眼睛灰眼睛的军官们，对教案的事也所知不多，略问了几句，沈家本一一回答，他们也找不出什么茬，也就匆匆结束了。

对廷雍倒没有多问什么。

但是，问过话之后，当廷雍与沈家本准备离开之时，持枪的大兵却当即挡住了他们的去路，用枪一指：往那边去。

沈家本与廷雍面面相觑，莫名的悲哀。他们明白，从这一刻起，他们已经成为联军手里的——人犯。

和他们俩同时被关起来的还有城守尉奎恒、统带王占魁。

入侵的联军在保定设立了所谓的权理司，地方行政，皆归他们来管，清廷官员反倒无权了。而他们关押的第一批人犯便是清廷的这几位官员。

廷雍与沈家本等被联军关押的消息，震惊保定官场。大大小小的官员在震惊与愤怒的同时，也深感不安。下面会不会就轮到他们？每个人都在翻腾的江河大浪中，自身难保。

消息自然也以各种方式与速度传向逃亡的朝廷。

逃亡中的朝廷得到此讯，更是焦灼不安。洋人居然把大清朝的官员给逮了起来，朝廷的颜面何在？然而，除了颜面更重要也更直接的便是这几位官员的性命不知能否保全。

李鸿章与盛宣怀的电报像雪片一般，飞来飞去。但因远离保定，他们所得到的消息都是不准确的，也难以准确。

而此时，廷雍与沈家本一干官员的身家性命悬于一线。

他们都被关在北街，相互不得见面。自从那次"审问"之后，廷雍就没有见到过沈家本，沈家本自然也没有见过廷雍，家人与亲友也一概都不准见。

同僚们此时携手营救。

一天，县令吴国栋冒死前往北关一带，寻找关押他们的地方。吴县令也算是胆大心细，他沿街仔细观察，想了又想，闯进一幢门口有洋兵站岗的寓所。

洋兵在他身后大喊站住，他却像没有听见一般，径直往里走。洋兵急了，一跃而前，用枪抵住了他的后背。竟以为他是廷雍，却没有想到他是来寻找廷雍的。

廷雍与沈家本们当然没关在这里。这里不过是一个德国军官的住所。

德国军官闻声而出，认出他是县令吴国栋，对他还算客气，请他进屋，并端上茶水与果盘。

吴国栋对德国军官也很恭敬，周旋一番，虽然没有打探到廷雍及沈家本们所关押之处，但心中略有寻找的方向。

数日后，他终于找到关押廷雍及沈家本们的地方，就在北街，北街福音堂里。吴县令想方设法给关押的几位送去衣与食，并转告他们正在想办法营救他们，出死力营救，万望几位安心。

这些清廷官员的营救之路，现在看起来，与当时官场的腐败很一致：用银元贿赂洋人。他们以为用钱可以买到一切，包括自由。

他们所要贿赂的人便是德国参赞兼翻译官的部驷。

部驷的中文算是地道，和这些地方官员交流没有障碍。正因为没有障碍，他亦深知这些地方官员的肮脏与软肋。而部驷本人呢，既贪婪，又无赖。

第一次为营救见面，部驷便笑着答应了："如果给我两万黄金，我保证能设法救出他们，但唯功名不敢担保。"

部驷说这话时，灰蓝色的眼睛显得很热烈。他显然是很想得到这两万黄金的，那对他而言，是一大笔财富。

与吴县令一起去找部驷的太守陶式均鋆，秘密将此话转告给关押在福音堂里的廷雍。廷雍的回答不免有点儿英雄气短："时势如此，富贵本非吾愿，诚以诸君之力得免于难，虽布衣终老亦所乐也。"

渴望生的愿望，可能对每一个人来说都是强烈的。

然而，两万黄金能换来廷雍、沈家本、奎恒与王占魁的性命吗？两万黄金，四条人命，那也值了。

除此，还有这两万黄金又从哪里来呢？

22 不堪说与晋人听

当吴县令与陶太守们想方设法筹钱营救廷雍与沈家本们时，被关押在北街福音堂里的老人家沈家本又在想些什么呢？

他当然也听说了他的同僚与属下们正在设法营救他们，但是，他并没有抱多大的希望。他心里最重要的希望也就是和谈成功。他自己的一生，也许就将要在这混乱的耻辱中画上句号。

他已经 60 岁了，死不足惜。他所痛惜的则是：国将不国。

被关进福音堂的那一天，他与廷雍相遇，两人身旁都是高鼻深目的洋兵，无话可说，也不能交谈——相见无语，唯有泪千行。

在这种时刻，彼此涕泪交流，当然不再只是哀叹自己的遭遇。堂堂的藩司与臬司，在自己的辖地上，却被洋人拘禁，痛心疾首。

那晚，他在诗中写道：

九月初一日口占

楚囚相对集新亭，行酒三觞涕泪零。

满目河山今更异，不堪说与晋人听。

真是不堪说也。

此时，他的家人大多离开了保定城，唯有他被囚禁在这里。令他稍感安慰的是，离开保定城的家人想必是安全的。但是，他的内心深处还是充满了深深的担忧，甚至还夹带着几分不安。

因为长子。

虽然，他的婚姻是父亲沈炳莹一手包办的。婚前，他与那个女子连面都没有见过，毫无浪漫可言。他的妻子，是家族送给他的一个"礼物"。不过，婚后的日子却很平静温馨，夫妻二人相敬如宾。和风花雪夜的文人不同，他喜欢平静温馨的家庭生活，也从不拈花惹草。

感情生活，平静而淡定。

在刑部漫长的日子里，他的职位一直徘徊不前，孩子却是接二连三地问世。两个女儿，四个儿子。长女承辉嫁给了汪大燮，虽然大燮是再娶，且比承辉年长几许，但两人还是相当恩爱，家庭生活波澜不惊。小女儿承烨，是孩子中最小的一个，还未到婚嫁年纪。有母亲相伴，也没有什么要担心的。

儿子呢，想起儿子们，他的心就沉了一沉。

老二子承父业吧，现在京师警察厅供职，刚刚开始他的职业生涯，也算是捧上了饭碗，不用他再操心惦记。

老三承烈，是四个儿子中最聪明的一个，现在英国留学，学的不是法律而是金融。他不希望这个他最器重的儿子，再重复他的人生道路。也许是受女婿汪大燮的影响，他为这个最聪明的儿子选择了留学之路。这个儿子是他的骄傲，也用不着为他担心。

老四与小女儿一样，还小，跟着母亲一起离开了保定。

唯老大承熙不省心。承熙，有几分像他年轻的时候，爱国心最强烈，也最关心国事。和他不一样的则是，承熙这个孩子，情感热烈，遇事喜冲动，为他自己认为是救国救民的事业，愿意赴汤蹈火。

动荡之中，他也不知道承熙到哪里去了。有人说，他加入了义和团，和那些不识几个大字的泥腿子搅和在一起。

真实情况究竟如何，他亦茫然不知。

秋风，带着刺骨的寒意，从窗外扫过。抬眼望过去，窗外一片漆黑，唯一弯明月高悬。

他忍不住深深叹息。

承熙，你现在到底在何方？又在做些什么呢？

长子承熙，到底和他还是不一样的。他管不住他，也拦不住他，孩子大了，由不得爹娘。

这样的夜晚，也唯有诗能安慰他。

除了写诗，还是写诗。用诗发泄心中的悲愤，与万千思绪。

但此时，和他一样被关在福音堂的廷雍，却无法用画来寄托悲愤与哀思。没有笔也没有画纸。他也只能与沈家本一样，以诗寄托自己的一腔愤怒。

营救却还在继续着。

不过，营救的方法与方式都是愚蠢而低效的。吴县令与陶太守们贷练饷局汇丰银钞一纸计五万两，交给部驷为质，请他再给他们一点时间筹措二万两黄金。

部驷是洋人中最难说话的，也最为桀悍，常常怒目圆睁，满口脏话。因他会中文，常用中国话骂人，骂得都是市井脏话。保定府的一干大小官员，最怕的就是这位所谓的参赞兼翻译。

部驷拿了银票，用一双灰蓝色的眼睛死死地盯着陶太守，很无赖地威胁道："你们给我记着，要是有人敢把此事泄露出去，我就一枪毙了他。"

陶太守脸上却仍然堆着笑："那当然不会。多谢您能救藩司与臬司一命。"

其实，拿了钱的部驷却根本没有给办事。

那钱，便如肉包子打狗。

而廷雍却在直隶总督署的大堂上，接受由联军组成的权理司的审判。在这里，他成了有史以来第一个接受洋人正式审问的清廷官员。陪他受审的还有守尉奎恒、城协王占魁，以及臬司沈家本。

这一幕，相当滑稽，当然更让所有的中国人感到耻辱。在雍正皇帝亲书的匾额下，四个高鼻深目、一身戎装的洋人坐在审判者的桌案旁，他们是法国大帅巴尧、英国统领韩司、德国帮统翁彼司和意大利帮统亚利第。

令沈家本深感诧异的是——巴尧指间翻弄的法律条文,竟是一部清廷颁发的《大清律例》。

用我大清律例审判我大清官员,沈家本深感悲哀。

廷雍面对这一切时,已经闻到了死亡的气息。此时,他也不再对生还存有奢望,以布衣终老的平淡愿望,像一个随时可以破灭的泡沫。骨子里的骄傲,还有对洋人的痛恨,此时在他的身体里复苏。

四个洋人中的一个——德国帮统翁彼司,很郑重地宣布了他的罪状:纵权杀西人,纵用百姓烧洋房教堂,其中最重要的一条便是他支持义和团。

他轻蔑地笑了笑,很有尊严地昂起头,回答:"我就是支持义和团,遵旨执行。既然你们把我逮来了,要杀就杀,要砍就砍。"

四位带兵的武官很诧异,全都抬起眼睛来。

荒谬的审判匆匆结束。四个"案犯"又被押回福音堂。

接踵而来的便是杀与砍。

吴县令与陶太守们用公家的银票,却没有救得了廷雍与他同僚们的生命。那些银票白白地打了水漂,喂了一条狼。

阴历九月十五日,太阳刚刚升起的早晨,廷雍、沈家本、奎恒和王占魁便被押解到凤凰台。而凤凰台并不是当年保定府法定的刑场。

凤凰台在保定老城墙外东南角一带。

联军为何要选择凤凰台来处死清廷的官员?

事出有因。

最初,当清廷对义和团采取默认的支持态度,致使许多在保定的洋教士命丧凤凰台。而联军为何一定要在凤凰台处死廷雍,就是因为义和团曾经在这里杀死一个来自法国的年轻姑娘。他们要用清廷官员的鲜血与头颅来祭奠她,当然还有那些教士们。

在前往凤凰台的途中有一段古城墙在街边静静的耸立着,目睹廷雍与他的僚属在这里走完他们生命的最后一程。

联军对中国人与清廷是非常蔑视的，他们甚至不想用自己的枪来结束清廷官员们的性命，而是命清廷的刽子手张荣来行刑。

不知张荣举起屠刀时的那一刻，他的手是否颤抖，他即将砍杀的是清廷大员，也是他的同胞。

沈家本很悲哀的闭上了眼睛。

刀起头落。

久久地静默。

当沈家本睁开眼睛时，他看到的是廷雍与奎恒、王占魁三人滚落一边的头颅，身首分离。满地的血污。

而他，他不过是陪斩。

吓吓他？ ①

然而，不管沈家本是否被押刑场陪斩，廷雍、奎恒、王占魁的死，并没有吓倒他。古人云：六十耳顺。已迈进耳顺之年的他，对风云变幻的国难，自有自己的冷静与沉着。

廷雍等被斩之后，沈家本便被押解到天津，与受伤的教士对质。联军给他定下的罪名有二：一是其子习拳，二是由他下令拆毁教堂。那些洋教士中也有痛恨他的人，比如杜保禄。联军没有杀他，想必是因为他文官，且官位低微。他不过是署理臬司，署理的时间亦很短暂。

也有的史书中记载，沈家本是被押解到旅顺与受伤教士对质。不管是在天津或还是在旅顺，沈家本所面临的审判都是与受伤教士对质。

廷雍与奎恒，还有王占魁滚落在鲜血与泥地中的头颅，给予沈家本的不是胆战与退缩，而是愤怒与耻辱。他已经 60 岁了，还有何可惧？还有何必要低下宝贵的头颅？

---

① 沈家本是否被押刑场陪斩，史料未有详实记载。这里只是据沈家本的孙女沈仁同的回忆。李贵连教授的意见是因不见其它材料记载，似不足为据。

当然，他不会把他的愤怒与耻辱写在脸上。他本来就是一个相当沉着的人，而现在，在他的沉着中又添了几许镇静。

深藏不露。

那些曾慌张出逃抑或求助清廷保护的教士，事过境迁，在他们军队的支持与助威下，完全是另一副模样——居中国人之上。

傲慢。

眼前这个矮小瘦弱，头顶已经有几分秃了，颌下一把花白胡子的老头儿，自然根本不在教士的眼里。

沈家本对他们给定下的第一条罪状，淡然地回答：我的儿子没有一个是义和团的拳民，若有，你们可以把他从义和团中找出来，给以任何处置，我都无话可说。

联军司令官们面面相觑，他们当然也只是道听途说，他们甚至不知道眼前这个老头儿有几个儿子。

沈家本还是一贯的轻声慢语，一一道出他的四个儿子都在哪里，都是干什么的，而且他的三儿子现在还在英国留学。睡不着的深夜里，他早就在心里设想过，联军审问会问些什么，一个躲不过的问题，那便是拿他的长子说事。

一时，审判他的那些武官们，还有教士，全都无可反驳。

至于第二个罪名：仇教，而仇教最具体的事实便是——拆毁教堂。沈家本更是没当回事。

"若当日我有意仇教，君等早已葬于火中，"他把眼睛转向教士，声音虽然还是非常平静，但内里却透出让教士感到莫名的威严，"你们哪得在此饶舌？"

教士十分惊讶，这个老头儿真厉害，语塞。

沈家本却依然缓缓而道，在天津是他下令重修的望海楼；在保定是他处理天主教堂一案，并将教堂换址到城内，此次混乱中，又是他让杜保禄带着他的教士与教民转移到乡下去，这才免于遭受屠杀。至于拆毁教

堂，意不在仇教，而是避义和团烧教堂杀洋人之锋的权宜之计，本意是为
了保护教士与教民……

有理有利有节。

武官们与教士，再一次面面相觑。

沈家本在刑部呆了30年，这30年的岁月可不是白白混过去的。他
审过无数的犯人，当他这个无罪的大清官员站在一干洋人审判者面前，
他是知道如何保护自己，又如何对付他们。最重要的则是，本来他就无
罪可言。

最终，沈家本还是逃过了这一劫。他能逃过这一劫，也算是死里逃
生的奇迹。

清末进士，曾任编修的郭则云，别号龙顾山人，曾在《庚子诗鉴》中
用诗记述沈家本的死里逃生：

> 自焚袄宇避锋机，曲突深心计亦非。
>
> 留得余生供读律，当时台柏幸卑微。

虽然，沈家本没有被联军处死，但却仍然被关押着，不得自由。联军
把他又从天津押解回保定，关在他原先的衙署里。

而此时的衙署，已不再是昔日的衙署——雕栏玉砌应犹在，只是朱
颜改。

衙署里的精美的物品与几案，或被抢劫，或被捣毁，连做饭的锅也被
砸成了碎片。所剩下的唯有几本被撕毁的书籍，一个空酒瓮。那是他珍
藏了七年的绍兴老酒。酒是早已被喝个尽光，只剩下一个空空的酒瓮。

对着那个空酒瓮，他戏题二绝：

> 平生酒户欠三蕉，常把空杯对月招。
>
> 留得七年佳酿在，胸中垒块可能浇。
>
> 今年消夏曾供客，剧胜东坡一瓮云。

不分者边寻吏部，番教醉杀火头军。

对他的关押并不很严格，只是不能走出衙署，且外边的人还能来看他。他常常在庭院里走来走去，所看到的也只是四面高墙，与蓝天。有时，也有从京城过来的人来看看他。从看望他的人口中得知，京城里一些爱国忠君，在柴市（也就是今天的菜市口）被处死。

心里的感慨多多。

他还是只能用诗表达：

柴市从容素成志，孤忠终不愧宗臣。

春明消息传来异，道有从旁下石人。

不知那时，脸色苍白的光绪皇帝，是否又在他心上飘过。这个生于深宫长于妇人之手，柔弱年轻的皇帝，怎么能够救国于危难之际？即便他有救国之心，他也没有救国的刚强与胆识。

远逃西安的清廷，是在廷雍等被杀两天后才得知这一消息的。9月17日，盛宣怀直接致电军机处，电文如下：

急，西安军机处：保定孙钟祥删电：今日洋人忽将廷藩司、城守尉奎恒、王占魁等围赴城东南隅杀害。王占魁被敲死。德、法、英、意四国出有告示云：廷、奎纵庇拳匪，罪尤应杀；其沈臬职小罪轻，拟以革职等语。

9月18日，军机处寄李鸿章电旨，电文如下：

奉旨：李鸿章寒（函）电悉。所奏廷雍等被害情形，实深愤懑。各国既真心和好，即使中国官员有办理不善之处自应交中国自行处分，何得侵我自主之权？该督务当向各使力为辩驳，勿使任意肆行，终致有碍和局。本日据盛宣怀电称，沈家本尚在保定北街福音堂拘留。著即迅向各使理论，务令释回，以便自行惩处。直隶藩司一缺，前已谕令保举堪以胜任之员，以备简用，著即迅速复奏，勿迟为要。钦此。

李鸿章的寒电说了些什么，不得而知。清廷的愤懑却是虚弱的，联军也不会把他的抗议当回事，且不说他的电文只是发给他的大臣，并不敢公然抗议联军。

处在当时情况下的李鸿章又能怎样？又会怎么样？也只能是一纸寒电。

沈家本继续被关押在衙署里，清廷的愤懑并没有救出他。也出乎他自己的预料，他原以为既然没有杀他，关他几日还不就放了他。

不然。

一个月过去了，他仍然不得自由，继续被关押在衙署里。阴历十月中旬，也就是阳历的 11 月了，保定已然有了寒意。14 日的夜晚，他像平时一样，久久不能入眠。

国已破，家何在？

推开窗，雪花飘飘洒洒，庭院里一片洁白。

他披衣，研墨。继续写诗，用东坡雪后北台壁韵：

> 寒声鼓柝杂洪纤，愁坐危城气倍严。
> 甲斳玉龙沈断水，旗描白虎肖形盐。
> 中宵舞势常穿户，破晓晴光乍到檐。
> 试踏营门寻故垒，墙头半露铁矛尖。
>
> 毕逋不见满林鸦，古道谁驰薄笨车。
> 画阁无人评柳絮，断桥何处访梅花。
> 衡茅云卧多为客，陇麦烟封半有家。
> 衰老争禁寒彻骨，苍茫独立手频叉。

在这段日子里，诗便成了他如影随形的朋友与伴侣。他把他的愤怒，他的担忧，他的思念，全都融化在他的诗中。他的这些囚诗，虽然没有李白的狂放，杜甫的沉郁，但是那全是他的所思所闻。

随后，冬至来临。

《清嘉录》中曰：冬至大如年。

京城里的老百姓向来的习惯是：冬至馄饨夏至面。冬至吃馄饨，是因为相传汉朝时，北方匈奴经常骚扰边疆，百姓不得安宁。当时匈奴部落中有浑氏和屯氏两个首领，十分凶残。百姓对其恨之人骨，于是用肉馅包成角儿，取"浑"与"屯"之音，唤作"馄饨"。恨以食之，并企求上苍平息战乱，让百姓能过上太平日子。最早做出来的馄饨是在冬至这一天，于是，从此以后，冬至这天，京城里家家户户吃馄饨。

南方百姓也把冬至这一天当作节日。在沈家本的家乡湖州，冬至这一天有吃冬至圆子的习俗，用糯米粉，用糖、肉、菜、果、豇豆、萝卜丝等作馅，包成团，称作"冬至圆子"，并馈赠亲友。也有在早餐全家聚食的，取团圆的意思。且那天还应备馐祭祖。如果有浮厝，则应在冬至前后3日将骨殖入龛、迁葬或加高墓土。

冬至那一天，沈家本的心情大好，虽然他人还被囚禁着，却在诗中豪放了一把：

> 寂寞门庭短景催，还将气候验葭灰。
>
> 休惊子美形容老，江上年年作客来。

是啊，冬天来临了，春天还会遥远吗？

俗话说：过了冬至，一天长一葱。

白日渐渐长了，联军却仍无释放沈家本之意。他仍然只能在庭院里走来走去，或在桌案边挥毫写诗。虽然，不是严格意义上的囚徒，但他的自由也只在衙署的院墙之内。

清廷虽然早已致电给李鸿章，要他尽快与各国使节理论，务令释放沈家本，以便自行惩处。但那一纸电文，在联军的枪炮下，也只是一纸电文，轻飘如雪片。让李鸿章焦头烂额的事，千头万绪，臬司沈家本的自由，也就久久地被搁在那里。

阴历的十一月二十六日，奕劻、李鸿章复照十一国公使，表示接受《议和大纲》。所谓的《议和大纲》也就是1900年阴历12月24日，由俄、英、美、日、德、法、意、奥八国，再加上比利时、西班牙、荷兰共11国，向清政府共同提出的"议和大纲十二条"，即后来耻辱的《辛丑条约》。

阴历的12月25日，奕劻与李鸿章在《议和大纲》上签字画押。第二天，联军释放了沈家本。

庚子年，12月26日，公历1901年2月14日，沈家本终于重获自由。

两天后，沈家本就迫不及待地离开了保定。

第 三 篇

重整刑部旗鼓

23　望断残阳

如果，庚子年，沈家本与廷雍一起死于八国联军的屠刀下，历史上至多不过增添了一个清廉敬业的小官吏，不会有人去注意他，他也不会走进历史。

沈家本为国人做出的贡献却是从混乱的年代开始的，那时他已年过60了，垂垂老矣。

大志晚成？

1901年初，沈家本匆匆离开了保定，一路西行。此时，他的家人正在河南的开封等待着他。

其实，在宣布他自由之日，迫不及待离开此地的心情中，也夹杂着深深的惆怅，与反复的思考——往哪儿去？

本来，他已经奉旨升为山西按察使，应去山西赴任。但尚未上任的他，从官场的经验来看，最好还是先去西安。况且，他的家人已经在前往西安的途中等他。

又是漫长的旅途，车舟劳顿。

他坐的车可不是火车，而是马车，慢且颠簸。不过，路途的景象，与百姓的生存状况，尽收眼底。

下面是他前往西安的路线图：

保定—定州—祁州—深泽县—柏乡县—内邱（丘）县—邯郸—汤阴县—开封—中牟县—郑州—荥阳—氾水县—潼关—西安。

还没有把那些无名的村庄与小镇列上。

马车载着年过 60 的他，一步一个蹄坑地前行。与飞驰而过的火车相比，缓慢的马车也自有它的好处。那就是看得真切，体验更深。对一个官员来说，也是深入了解民情的方式与途径。

白天，他坐在马车上一路晃荡着；夜晚就宿在路边的小店里。还是和当年带着一家老小前往贵州一样，看到的除了贫穷，便是凋零。

那时，他 20 岁。现在，他已经年过花甲。

40 年的岁月，弹指一挥间。

而这 40 年里，大清帝国的子民，生活状况却没有多少变化。还是很穷困。长期生活在穷困中的人，眼光与思想也是狭窄的。活得很卑微。

大清帝国的变化却是天翻地覆，封闭的国门被打开了，金发碧眼的洋人，像潮水一般涌进来。大英帝国、法国、德国、意大利、奥地利，还有俄国与日本，乃至年轻的帝国——美利坚合众国。潮水一般涌进来的帝国，也像潮水一般，把中国的财富席卷而去。

百姓的日子更苦了，民不聊生。

朝廷竟也从京城躲到西安去了。

像沈家本这样喜读史书的文官，心里除了悲愤，自然还有许许多多的想法与思考。他也很想和同僚们交换一下自己的思与虑。出了古城保定，他日夜兼程，几乎很少停留。直至抵达祁州，他才彻底地放松了一下。

他的老朋友潘江是当时祁州的县令。大难之后，与老友相聚，也是人生一乐。那天夜晚，两杯老酒下肚，把盏话桑麻，他们说的最多的还不是各自这些年的坎坷，而是眼前处于深重灾难中的国家与朝廷。

当然不会看好老佛爷慈禧太后和生于深宫长于妇人之手的光绪皇帝。眼下的国家已经是病入膏肓，满目疮痍，涌进来的又都是虎狼一般的列强。谁又能拯救中华于深重的灾难中？

沈家本和他的老友潘江不禁仰天长叹：痛定应思痛，须寻国手医。

然而，他们寄希望的国手医又在哪儿呢？

第二天，继续赶路。

庚子年的除夕，悄然而至。那天，白日里马车正载着他由柏乡县赶往内邱县。乡间的小路上还残留着正在融化的积雪，一片泥泞。可是，沿途的村舍，家家门口都悬着一盏灯。风中摇晃的灯盏，令他深感新奇。

这又是为何？

天傍黑时分，他的马车才赶到内邱县城。县城和乡村一样，家家门口也挂着一盏灯，红红绿绿，像撒满天空的星星。内邱县是座小小的山城，四周都是群山，那些灯火便显得更加耀眼，跳跃在黑暗之中。

车夫对他说："老爷，今晚是年三十。"

他恍如梦中，大有不知今夕是何年的感慨。他的家人现在还正在开封等着他呢。如今，他和为他赶车的车夫一样，独在异乡为异客，心里自然不免平添几分凄凉。

午夜，爆竹齐鸣，窗外火光闪耀。五颜六色的烟花，在空中飞飞落落。沈家本再也难以等到天明，车夫也没有睡，和他一样的孤独，正衔着旱烟袋，看着窗外的起起落落的烟花，坐等天明。

"我们现在就走吧，"他和车夫商量。

于是，马车又上路了，把一城的灯火与欢笑，远远地丢在身后。

寂静的山路，延绵无尽的思考。还是像往常一样，沈家本把他的思考，全都留在了他的诗中。

诗是他寂寞与孤独之中，最好的朋友，伴随着他一生。

而他的诗中，吟唱最多的还是历史人物。因为，他最喜欢的还是经史，熟知历史。不论走到哪里，他都不忘拜祭历史上那些与众不同的英雄与侠客，留下自己的感慨与思索。

西行的途中，他与豫让、岳飞、子产、武虚谷不期而遇，自然又留下他对这些历史人物的赞叹与感慨。

他对豫让的感慨是：忠烈甘与知己死，此心不与众人同。

豫让是个忠烈之士。不过，他的忠，却是愚忠。豫让是春秋战国间晋国人。最初，给范氏和中行氏做家臣，但却默默无闻。直至他做了智伯的家臣后，才受到器重，并且智伯对他很尊重，两人像朋友一般。可是，好景不长。不久，智伯进攻赵襄子，却反被赵襄子和韩、魏联合灭掉了，并分割了他的国土。豫让发誓要为智伯报仇，不惜用漆涂身，吞炭使自己嗓子变哑，暗伏桥下，谋刺赵襄子未遂，后又被赵襄子所捕。临死前，求要赵襄子的衣服，拔剑斩其衣，以示为智伯复仇，然后伏剑自杀。

沈家本对豫让的忠却深为赞扬，浸润在传统文化中的他，和他的女婿汪大燮还有汪康年那些新潮的年轻人到底还是有所不同的。

在汤阴县岳飞的墓前，沈家本写了一首长长的诗，五言，四十联。当然是有感而发，那些感受自然和他在保定身为阶下囚的遭遇是分不开的。在这首长诗的最后一句，他写道：精忠抱遗恨，濡笔还挥涕。

及至到了开封，沈家本才终于和家人团聚。对于他来说，这团聚格外珍贵，是大难不死的劫后团圆，就像他在诗里所描述的那样：

骨肉散复聚，坐定心转悸。

离踪说不尽，约略说三四。

对家人，他并没有多说在保定的遭遇，三言两语，约略带过。仿佛并没有多遭罪，只不过多滞留了几日。那种思想深处的痛苦，官场的磨难，与妻、儿都是无法言说的，也只能在诗中排遣。

和家人团聚后，继续西行。到了郑州，又歇息了几日。沈家本还是为了圆他的文人梦——一路行走，一路寻访历史与历史人物。在郑州歇息，是为了拜访子产祠。

子产是春秋时期著名的政治家。他出生于郑国的贵族家庭，他的父亲是郑穆公的儿子。他年少时就对政治很感兴趣，也有自己的见解。从政后，在郑国进行了一系列的内政改革：整理田制，整顿贵族田地和农户编制，承认土地私有，按田亩征税，等等。接着，他又用200多斤重的铁铸造了一只鼎，把新制定的刑书铸在鼎上，放置于王宫门口，让百姓都知道新刑法。这就是历史上有名的刑鼎。

子产推行法治，宽猛相济，安抚百姓，抑制强宗，保持国内政局长期稳定。特别值得一提的就是子产执政时期的乡校，乡校像我们今天农闲时的聚会，百姓可以在聚会时，议论执政者施政措施的好坏。郑国有名的大夫然明就曾建议子产把乡校关闭，以巩固统治。子产却说："为什么关闭？人们干完活到这里来聚一下，议论一下施政措施的好坏，他们喜欢的，我们就推行；他们讨厌的，我们就改正。我听说尽力做好事可以减少怨恨，没听说过依权仗势能够防止怨恨。制止这些议论很容易，可这样做就像堵塞河流一样：河水大决口造成的损害大，伤害的人必然很多，我是挽救不了的；不如开个小口疏导，如同我们听取这些议论后把它当作治病的良药。"子产为政数十年，政绩显赫，也使郑国免遭兵革之祸。

子产应该算是中国历史上最早的法律改革者之一。

沈家本对子产是非常敬仰的，他在诗中写道：

> 公孙遗爱圣门推，论学原须并论才。
>
> 国小邻强交有道，此人端为救时来。

当然是有感而发。"此人端为救时来"，是不是也非常希望自己能够像子产一样救国于危难之中？不过，那时他还不知道自己是否有机会，为这个灾难深重的国家真正做一些实事。

之后，在途经偃师县的途中，他又去参谒了武虚谷墓。武虚谷，名亿，虚谷是他的字，又一字为小石，自号半石山人，乾隆进士，曾为博山知县。横行一时的大学士和珅曾派番役捕盗，番役依仗和珅之势，为所欲为，各地州县都不敢过问。惟在博山遭武亿痛责。沈家本非常敬仰武亿的刚直不阿，在武忆墓前的诗也寄托了他的治国理想：

> 虚谷才名海内知，一官下邑已惊时。
>
> 饶他缇骑鸱张甚，难免先生尽法笞。

前前后后，艰难跋涉了近两个月，1901年2月下旬，沈家本和他的家人来到了西安。

西安和保定一样，也是一座古老的城。然而，它比保定的历史更加悠长，古称长安，后改为西安，取"安定西北"之意。自西周起，至唐，有十个朝代都建都于西安，西安是中国历代建都最久的城市，也是我国六大古都之一。有人这样形容：中国是棵树，北京是它的冠，而西安则是它的根。

沈家本是第一次来到西安。

和京城一样的厚重的城墙，高高耸立的宝塔，乃至连绵的碑林，随处都遗留着历史的痕迹。沈家本怦然心动，在这里他仿佛走进了历史的尘埃中。

就连逃亡到这里的清廷，也住在历史的传说中：八仙庵西花园。

八仙庵在西安东关的长乐坊大街，建在唐代兴庆宫的遗址上，是西安最大的一座道教观院。传为宋代创建。据说宋时有一个姓郑的书生在此曾遇八位神仙——李铁拐、汉钟离、张果老、何仙姑、蓝采和、吕洞宾、韩湘子和曹国舅，于是人们为八仙造庵，让他们安享人间香火。

虽然，八仙庵不过只是一座道教观院，但建筑颇为宏大、壮观。仅大殿就有六座，南沿建有大照壁，北沿建有砖砌大牌楼，以此向北有第二个牌楼、山门、灵宫殿、雷祖殿、斗姆殿。两廊厢房东院为吕祖殿院、厨房院、道众宿舍院；西院为邱祖殿院、监察院。

慈禧携光绪不过是逃亡至此，却也像是住在人间仙境中。当然，人虽在仙境中，心却是不安的。毕竟，山河摇摇欲坠。

刑部过去的同事，听说沈家本已经脱险来到西安，便要设宴为他接风，洗尘压惊。

此时的刑部也是一分为二，一部分留在了京城，审理京城的案件；另一部分则跟随慈禧来到西安，以解慈禧的燃眉之急。

沈家本虽然离开刑部已经 7 年了，但刑部的司员们都惦记着他，特别又是在这种国家动荡的灾难中。也是藉此一聚，发发牢骚，说说心中的郁闷。

2月23日，就在沈家本到西安还没有完全歇息过来，"雪堂同人"便在八仙庵为他接风。所谓雪堂，就是指刑部。席间，酒酣耳热，话也渐渐稠密起来，过去的同人告诉他薛允升近日也要到西安来。

沈家本非常吃惊，薛允升已经80高龄，何以又要出山？而且就在他离开刑部到天津任职后，薛允升曾因得罪老佛爷慈禧，被一贬再贬。

薛允升得罪老佛爷却是因为太监。

光绪二十二年4月间，太监李苌材、张受山、阎葆维一伙人到大栅栏庆和戏院看戏，因争座位，与邻座发生口角。太监一向是横行惯了，偏巧那天也碰上了一个不吃他们那一套的主，就吵嚷起来，李苌材一伙还是一贯的作风——仗势欺人，横行霸道，竟打散观众，砸毁剧院的柜房。中城练勇局队长赵云起带人来弹压时，他们竟挥刀舞杖，李苌材砍伤了兵勇刘文生等二人，张受山杀死了队长赵云起。

一时间，京城百姓人人皆知，民怨沸腾。

光绪皇帝闻知此事后，非常生气，立即降旨刑部"从严议处"。当时任刑部尚书的薛允升，便被推到了风口浪尖。百姓的目光全都聚焦在他身上，要看看他这位刑部尚书究竟会如何处理。

薛允升倒还是不慌不忙的，查清了事情发生的经过后，按照大清法律，对两个太监进行了判决：斩首与流放边疆；呈奏皇帝待批。

太监总管李莲英得此消息后，立刻找到薛允升，既软又硬：要他手下留情。薛允升没有买账，对李莲英和其他前来说情的要员，一概置之不理。李莲英大为恼火，又搬动慈禧出面干预，要薛允升按律令中的"伤人致死"重新审议。

薛允升还是不为所动，以李苌材等一案，既非谋故斗杀，不得援此语，将慈禧的懿旨给顶了回去。并亲笔给皇帝写了奏章："夫立法本以惩恶，而法外亦可施仁。皇上果欲肃清莘毂，裁抑阉宦，则仍以原奏办理。"

众目睽睽之下，朝廷迫于百姓的压力，降旨，仍由刑部议罪。

李莲英遍嘱部院大臣为其求情，薛允升依然不为所动，向朝廷呈报了他的终审判决：处斩张受山，李苌材因伤人未死，量减为流放边疆。

京城百姓对薛允升深为敬仰，而此事也成为人们饭后茶余津津乐道的话题。

慈禧大为恼火，却也奈何不得。

不过，此事还是在慈禧心中种下怨恨的种子，她逮着个机会还是要给薛允升脸色看的，叫他吃不了兜着走。李莲英自然是更恨薛允升，竟唆使手下诬告薛允升贪赃枉法。可查来查去，非但没有查出薛允升的贪赃与枉法，反而还他一个两袖清风的清白。但慈禧与李莲英都不会善罢甘休的。后来，因为薛允升的侄子薛济有些不法行为，慈禧便以薛允升不知避嫌为借口，罢去了他刑部尚书的职务，连降三级，调到宗人府，当了一个小小的府丞，管祭祀。

光绪二十四年，薛允升忿然辞官，回到家乡长安。

沈家本到刑部后，深得薛允升的赏识与提携，他对薛允升深有了解，他是不会再主动回到朝廷来当这个官。对朝廷，薛允升早就看得很透，不再抱什么幻想，而对这个官位，一个80岁的老翁，又会有什么热望？

莫非是朝廷要他回来的？

果然。

朝廷要薛允升复出，并重新担任刑部尚书，是因为赵舒翘。当年，薛允升离开刑部后，朝廷将赵舒翘从江苏调了回来，让他接替了薛允升。沈家本与赵舒翘，也是很熟悉的。

赵舒翘是同治十三年的进士，以主事分刑部。那时，沈家本已经在刑部。他们俩曾共事13年，也是深有了解的老朋友。

赵舒翘生于1848年，比沈家本要年轻8岁。他的仕途之路比沈家本却要平顺得多。他以进士身份进了刑部以后，很快就主审案件，加之勤奋好学，几年后便成为一个精通旧律的法学专家，并以平反王树汶一案闻名全国，震动朝野。

沈家本的仕途之路虽没有赵舒翘平顺，但两人在刑部却很谈得来，常常一起切磋学问，研究案例，抑或一起郊游，饮酒吟诗。直至光绪十二年，也就是1886年赵舒翘调离刑部，任安徽凤阳府知府，两人才分开。之后，赵舒翘又升为浙江布政使、江苏巡抚。光绪二十三年（1897年），当沈家本已经离开刑部由天津知府调任保定知府时，赵舒翘又回到刑部，调任为刑部左侍郎，接着一路高升：刑部尚书、部署大臣、乃至军机大臣。

但是，赵舒翘万万没有料到，仕途一帆风顺的他会死于非命。

1900年的夏天，义和团如暴风雨一般，席卷朝廷上下，同时也将矛头直指洋人，由乡村而城市，威名大振。此时，慈禧命已是军机大臣的赵舒翘前往保定一带查看。赵舒翘回京时，曾向部下表示义和团不可依靠，并在给慈禧的密奏中表示了自己的看法。但当时的慈禧想利用义和团去打联军，使其两败俱伤，坐收渔利。因此，对反对依靠义和团的官员给予重惩。

而当联军进京后，要求惩处支持义和团的大臣时，慈禧就甩出了赵舒翘，让他当了替罪羊。一个对义和团毫无好感的大臣，此时却成了义和团的支持者，并以支持者而获死罪。

1901年农历正月初六，清迁"赐"赵舒翘自尽的圣旨送到赵家，赵舒翘谢旨后，自己走进内室，先吞金箔，未死。在两位钦差的催促下，赵只好让家人给他"挑天官"，即用烧酒浸皮纸，一张一张地贴在脸上，鼻孔和嘴均被堵死，又闷又醉，气绝身死。

赵舒翘死后，刑部尚书空出，在这举国上下一片混乱的情形下，谁又能替代他。也只有让薛允升出山了。虽然，慈禧非常不喜欢薛允升这个人，却也无可奈何。

接到召令的薛允升，此时根本无意出山。他确实已经垂垂老矣，对慈禧和慈禧一手遮天的清廷，他早已不抱任何希望。对于一个毫无希望的朝廷，他当然是冷淡的。他向朝廷奏请，自己年迈体弱，已不能胜任。他越这样说，慈禧越是恼火，催促他快快上任。薛允升看实在是推不掉，只好再次表示，他即便到刑部去上任，也只能暂时代理刑部侍郎一职，尚书的活儿，他是干不动了。

慈禧大怒，对她身旁的人呵斥道："现在时局艰难，大小功臣，宜如何实心办事，劳瘁不辞。薛允升昨授刑部尚书，系朝廷破格權用，自当感激图报。乃以衰病具辞，未免有意沽名；且复以暂署侍郎为请。既车办一事，岂有可供职侍郎，而不能供职尚书之理。薛允升所请收加成命之处，著不准行，并传旨申饬。嗣后如有此虚文渎请者，定即开缺重处。"

薛允升虽然已经退出江湖，但仍然身不由己。一方面，他对清廷很失望，但作为一个士大夫，他面对破碎的江山，自然也痛心不已，还是想做自己能做的事。

硬着头皮上任。

沈家本席间听说了此事，非常迫切地想见到薛允升。离开刑部后，他已经有很长时间没有见到他的这位恩师了。

24　薛允升的诀别与嘱托

沈家本又见到了薛允升。

久别重逢，却又是在那样一种情形下——国难当头。两个人的个人境遇，也都是深陷混水之中。沈家本是死里逃生，而薛允升呢，则是被朝廷从乡村的平静中给拽了出来。

和过去一样，薛允升还是十分清瘦。瘦得眼窝都陷了进去，但目光却仍旧炯炯，衣着也很整洁。他已经 81 岁了，却没有老人的糊涂与自大。

薛允升居官 41 年中，外任不到 10 年，其余的 30 多年都在刑部。被贬之前，官至刑部尚书。对刑部的人与事，他都了如指掌。刑部的各个部门，他也都待过。他 20 岁乡试中举，26 岁考中进士，之后便进入刑部。最初，在刑部任主事，不久调秋审处坐办，专门审核各省所报死刑犯人案件；再之后又调律例馆，专事研究和解释正法，补充条例。对刑部的人与事，他了如指掌。

经他手所判的案子无数，大量冤案在他手上得到昭雪，很多被地方官判处死刑的无辜百姓在他那儿却得到了拯救。他身为掌刑之官，不只熟悉法律，善于剖析疑案，还有一个与大多法官不同的特点，那就是他生性随和，和刑部司员在一起时，从不摆官架子。审问犯人时，也很温和，不靠居高临下的威仪，不用刑讯。他的属下说他提审犯人时，常常像乡间好脾气的老太婆，在与邻里拉家常。法官不像法官，犯人不像犯人。所以，那些犯人也就敢向他讲真话，吐露真情。而他呢，也因此得以掌握真情实况，不冤枉好人。

他的好脾气，他从容不迫的修养，缘于他的家庭。

薛允升出生于平民家庭，他的父亲薛丰泰是乡村里一介穷书生（庠生），他自幼受父亲教诲，做人要循规守正，做官呢，要为民请命。到刑部后，特别是到秋审处以后，他深知刑律之事，关系民命，责任重大，要做到不放纵罪犯，不冤枉无辜，不仅要精通法律，还要善于剖析案情。

在刑部的几十年里，他一直悉心研究囚牢、刑律问题，能找到的前人办案的各类专著，上自《春秋》，下至历代法典，他都一一披阅，并做笔记。同僚每遇疑难问题，都愿向他询问，他也都能说出一二，几乎没有难倒过他。他所拟的文稿，别人也很难改动一字，顶头上司也多是画诺而已。这一点，沈家本亦很像他。所以两人可成忘年之交。

清末，政治很黑暗，贿赂是公然而明目张胆的，清廉的衙门极少。薛允升主持刑部后，首先整顿刑部的风气，选贤任能，并定下规矩：严禁受贿，徇私情，属员有违犯者，严究不赦。所以，他在任时，刑部的风气是最好的。

在刑部时，和离开刑部以后，薛允升最大的愿望就是——著书立说，把自己在刑部的漫长几十年的经验感受体会，还有理论与实践的梳理，留给后人。

辞官回到家乡以后，他一直在做一件事：著述。所著《读例存疑》一书，已经基本完稿。

现在，他把这本书稿交给沈家本，长长地舒了一口气。

那时，沈家本的仕途还是一片迷茫，还不知朝廷将会怎样安置他。但薛允升把自己的书稿交到沈家本手里，便释怀了。

毕竟，他已经风烛残年，而命他前来的朝廷，也像他的身体一样，不堪一击。

此次两人相见，要算是命运中的冥冥安排。

两个刑部同人相见了，自然会想起另外一个人——赵舒翘。此次，朝廷命薛允升出任刑部尚书，就是因为赵舒翘，薛允升要接替的就是赵舒翘的职位与政务。

想起赵舒翘，唯有叹息。

死的冤。

沈家本不相信，薛允升也不相信，赵舒翘会袒护义和团，他们之间相互知之甚深。

赵舒翘，也是陕西人。和薛允升是老乡，他比沈家本还小八岁，去世时才53岁。听说，朝廷赐他自尽时，是由年少得志的岑春煊在一旁监视的。赵舒翘在家中自尽之前，心里一定是翻江倒海，他90岁的老母亲尚健在啊！他走了，他的老母亲怎么办啊？

然而，对于他来说，面前只有绝路一条：想死也是死，不想死也是死。

唯有死。

死已经不是死者的悲哀，而是生者的不幸。

赵舒翘死后，他的妻子也喝毒药自杀了。

人亡家破。

活着的这两位刑部同人，老泪横流。61岁的沈家本当然也要算老者了。

虽然，赵舒翘已经死去两个多月了，但灵柩还没有入土，停放在他的家乡长安县大元村的寺庙里。

薛允升是走不动的了，只有沈家本还能去再看看他。

几天后，沈家本觐见慈禧与光绪，述职。

现在，栖身于八仙庵里的慈禧，虽然面带威严，依旧是高高在上的神情，但毕竟不是在皇宫里，养尊处优的神情里也现出几分掩饰不住的哀伤与焦虑。

其实，她根本无心听沈家本的述职，但过场还是要走的。

面色苍白的光绪皇帝，也依旧一副柔弱的神情，且有些神不在焉。

大清王朝，江河日下矣。

述职之后，沈家本在家闲住候补。身闲，心却不闲，夜不能眠。他从慈禧的神情中没有看出确切的答案，是否还要他赴山西上任。心里又还牵挂着赵舒翘，人死如灯灭。可是，死于非命的赵舒翘，却在他的心里不能泯灭。

他到底还是一个人，悄悄来到赵舒翘的家中。

雕栏玉砌应犹在，只是朱颜改？

赵家没有皇家的气派，很普通的青砖灰瓦。不过，还是一派凋零的衰败，很凄清。停放在寺庙中的棺木，已经蒙上了一层厚厚的黄尘。地处黄土高原的长安，春天风很大，黄尘飞扬。

沈家本用衣袖轻拭去棺木上的黄尘，泪水滚滚而下：海内存知己，知心能有几。

现在，他的知己却永远再也不能与他交谈了。

他在悲伤中写下：大元村哭天水尚书。

他只能用诗来寄托自己的悲愤与哀思，风一阵阵地刮过来，在飞扬的黄尘中，他凝聚了长长的一首悼亡诗，五言，62句。哀伤、怀念、愤怒、谴责，尽在其中：

一面成永诀，耿耿情何已。

当他离开大元村时，心上仍弥漫着飞扬的黄尘，天地之间，一片苍黄的迷茫。

赵舒翘，已经走完了一生，静静地躺在棺木里。而他呢，他又将何去何从，等待他的又将会是什么？

3月10日，他接到谕旨：命山西按察使沈家本，开缺以三四品京堂候补。以湖南岳常澧道陈璚，为山西按察使。直至5月14日，沈家本才接到要他赴任的谕旨：以候补三四品京堂沈家本为光禄卿。

光禄寺卿为中央六部九卿之一，从三品。官位挺高，仅从官位来看，沈家本是升了。大概朝廷还是念他在保定经过大难，又为朝廷排了忧。光禄寺卿，对沈家本而言，却是风马牛不相及也，掌管皇家的祭祀与膳食、饮宴。

很奇怪的任命，似乎一个人当了官，就什么事都会做。叫沈家本这样一介文官，掌管祭祀与膳食饮宴？不过，这也许只是慈禧的临时安排。因为，议和大局已定，慈禧下诏定于 7 月 19 日回京，回到京城后再重新安排沈家本？

对这样的一个任命，大概也是出乎于沈家本自己的意料。可那又能怎么样？人在江湖，身不由己。

半个月后，沈家本离开了西安，为慈禧与光绪回銮做先行安排。出发的那天，他在诗中写道：

> 终南山翠上征鞍，雨后烟光画里看。
>
> 刘项兴亡都不管，西风送我出长安。

心情很是苍凉。

为两宫安排食宿这活儿，在别人眼里很是风光，亦有油水可捞。对于沈家本这样的一个读人来说，便有那么点不是味。但他还是很仔细，方方面面考虑得也很周全，因为他不敢稍有怠慢，那可是牵扯到他的仕途。

缓缓而行。

3 个月后，他方抵达开封。在开封，他住了些日子。因为，两宫回銮途中，要在开封歇息，他得布置行宫。

让他稍感欣慰的是，在开封他再次见到薛允升。薛允升比他早几日到开封，在开封等待两宫，尔后与两宫一起同行回京。

与在西安时相见相比，薛允升的眼窝陷得更深了，形容憔悴。到底年龄不饶人，一个 81 岁的老人，哪里经得起如此漫长路途的跋涉。

薛允升看着沈家本忙着为两宫布置行宫，亦苦笑。

一切都在不言中。

他切切叮嘱沈家本的还是他的那本书稿，两人相约，等回到京城后再仔细商讨《读例存疑》一书的整理与刊刻事宜。

沈家本万万没有料到，开封一面，竟是他与薛允升的最后诀别。

给两宫布置好行宫后，沈家本又继续北上，而薛允升则还留在开封，继续等待两宫。

辞别开封，过了黄河之后，途经的乡村，仍然和来时一样的凋败。乡村的凄凉与苍凉，沈家本是早已铭刻在心，看得也多了。但此次回京，他是要为两宫做准备，不但要布置行宫，还要修理"御道"，以便两宫路途顺畅。

修"御道"的，自然都是乡村里的农民。中国乡村的农民，是这个国家里最苦的民众，国家盘剥最重的也是这些乡间的农民。看着这些形容枯槁的农人，破衣烂衫，却从早到晚地挥舞着铁镐在那儿为即将路过的两宫筑路，沈家本这个光禄寺卿，除了叹息还是叹息，他在诗中悲叹道：岂欲烦吾民，吾民已枯槁。

他深知农民过的是什么样的日子，大多清贫得一无所有。

不过，他的诗最末一句又说：努力勿懈怠，皇恩正浩浩。不知这话是否发自他的内心？对皇室，也就是对慈禧与那个脸色苍白的光绪皇帝，他还心存感恩与幻想？

农历七月二十五日，奕劻与李鸿章终于与 11 国代表在辛丑条约上签了字。因此，原本即将启程回銮的两宫，将回程之日推迟到 8 月 4 日。直至农历十月二日，慈禧太后与光绪皇帝才抵达开封。两天之后，在开封等待两宫到来的薛允升，熬干了他生命中的最后一滴油，骑箕西去。

而此时，还在路途奔波之中的沈家本，已经遥遥地看到京城厚重的城墙，他以为不久之后，他便能与他的师长薛允升相会于金井胡同的吴兴会馆，浓茶淡酒，促膝夜谈。

农历的十月初四日，朝廷谕旨：

调工部尚书张百熙为刑部尚书

以光禄寺卿沈家本为刑部右侍郎

这便是命运？

他的仕途，却是由于另一个人的离去，投下一片光明？而那个已经离去的人，是他的恩师，是他的挚友，也是他曾经的同僚与上级。

对于这个职位，曾经是他梦寐以求的，而现在，却有点儿味同嚼蜡，如同他在诗中的悲叹：故人零落已无多。

除了薛允升，还有一个人也在几天前离开了人世，那便是直隶总督李鸿章。他任天津知府时，曾与李鸿章打过交道，那时李鸿章也是直隶总督。因为《辛丑条约》的签订，国人愤怒至极。李鸿章自己当然也是心知肚明，他在条约签订之后，曾对亲朋至友说：和约订，我必死。

这位曾经红极一时的朝廷大员，又是抱着怎样一种心情离开这个世界的呢？

悲凉？悔恨？无奈？

生生死死看得多了，人世的灾难也经得多了，沈家本的心上也结上一层厚厚的老茧。农历十月十日，他终于回到了京城，夜晚披衣灯下，他在纸上叹息：

> 磨驴故步迹都陈，满眼偏教百态新。
>
> 羸马今朝行得得，又随人海软红尘。

他还是觉得自己像一匹年年围着磨盘转的疲惫老驴，又随人海转红尘。

心情很是暗淡。

没有重回京城的欢喜，也没有官升一级的兴奋。他只想安下心来，安安静静地完成薛允升的嘱托，将《读例存疑》刊刻出来。那是薛允升一辈子的心血，那里面也凝结着他自己的种种思考。

不过，官场上纷纷扰扰的人事变迁还是让他不得安宁。李鸿章去世后，署理直隶总督兼北洋大臣的是袁世凯。

袁世凯，在沈家本眼里要算是晚辈了，他比沈家本年轻19岁。沈家本在天津与保定任知府时期，袁世凯正在天津小站练兵。沈家本当然见过这个年轻的军人，不过两人想必不会有什么很深的交往。在沈家本那一时期的日记与书信往来中，从没有出现过袁世凯的大名。但是，沈家本的忘年之交徐世昌，也就是菊人，那时则是袁世凯的"军师"。

沈家本初识徐世昌时，徐世昌才 26 岁，正在苦读八比，准备科考。说起来，徐世昌幼年时也很受过些苦。他的祖上在浙江江宁，其曾祖父、祖父都在天津，是盐商，而他自己则出生于河南卫辉县。他 7 岁那年，父亲去世了，从此家道败落。母亲一个人拉扯着他们兄妹几人。但他的母亲是个很有见识的妇人，虽然家境贫困，却典当以延师教子，并亲自督课。且母亲对他们兄妹的教育很严厉。徐世昌与友人谈及童年时的境况，常常感慨：孩童之时，若有三份食物，便思得其两份，母即予严斥："今日如此，长大又当如何？！"宁可将食物扔掉，也不让他食。左邻右舍，见他母亲一个人拖儿携女，日子很艰难，就劝她投靠她家里一个当了县令的亲戚，他母亲说："托人余荫，罔知艰苦，无复有刻厉振兴之心矣。"族人感叹："汝苦心持家教子，异日必有成就，真我家功臣也！"

徐世昌 16 岁时开始课人兼自学，以经营薪米；17 岁因擅书小楷，随叔祖父充县衙文案及家庭塾师；18 岁替一个知府治函札兼会计，以文会友；24 岁为淮宁县知事治理文牍，在那儿他遇见了袁世凯，一见如故。

那时，24 岁的徐世昌，虽然衣衫简朴，但却神采飞扬。本来，他就是眉清目秀的英俊少年，额高目深，显得十分聪明。谈吐更是不俗，胸无点墨的袁世凯当即被他折服，赞道："菊人，真妙才也！"

之后，徐世昌兄弟二人无钱赴奉天府应试，袁世凯二话不说，就送了他们二百两银子。袁世凯自己不喜读书，但却十分支持徐世昌科考，徐世昌当然对他感激不尽。于是，两人就成了拜把子兄弟。

十多年过去了，那个在沈家本眼里年轻稚嫩的晚辈徐世昌，却今非昔比。

徐世昌，也算是人中之杰吧。他得袁世凯的资助北上应试，先中举人，后中进士，授翰林院编修。光绪十二年，也就是 1886 年他中进士后，任翰林院庶吉士。翰林院是清水衙门，徐世昌在那里待了十多年，直到

1897年，袁世凯在小站练兵时，他兼任新建陆参谋营务处总办，是袁世凯重要的幕僚。此后，他便连跳几级，一路高升。

庚子年，两宫逃往西安，徐世昌随行护驾，深得慈禧青睐，认为他是个忠臣。1901年5月，袁世凯专奏保荐徐世昌，慈禧召见了徐世昌，命以道员交军机处记存。

徐世昌的高升，沈家本深为欣慰，他很喜欢这个年轻人。但是，长江后浪推前浪，他亦深感他确实已经老矣。他虽然升了官，但毕竟很快将要退出历史的舞台。从徐世昌的升迁，他也嗅到朝廷的人事将会有很大的变动。在不多的余年里，他还将能做成一些事吗？薛允升的嘱托，他能完成吗？

朝廷新的任命，似乎并没有激起沈家本的热忱与激情，回到他日思夜想的京城，感受到的也并非昔日的温馨，而是：

> 月墙西畔玉河头，不见当年卖酒楼。

物是人非？连物也不是曾经的物了。大城北京，在联军的烧杀抢掠之下，荒凉而衰败。

25　重整刑部旧河山

光绪二十七年 12 月 28 日(1902 年 1 月 7 日),慈禧太后与光绪皇帝终于从西安回到北京城,回到了他们久违的紫禁城。

城墙依然高耸,宫殿依然巍峨,但慈禧太后与光绪皇帝的威风,却不再依旧。虽然,面子上,他们还和以前一样,回来时摆足了皇家的派头。

但是,毕竟是被联军吓跑的。

如同百姓一样,皇家也要把这破败的日子过下去。圣驾回京,百官也就要上朝。

身为刑部右侍郎的沈家本,第一次入直。

所谓入直,即官员入宫禁值班供职。沈家本第一次以刑部右侍郎身份进宫,心里的滋味,真可谓百感交集。虽然,年过花甲,历经风霜,早已把官位与皇家看淡了,他还是用诗表达了自己的心情:

> 入卫边兵列队齐,羽林闲杀禁门西。
>
> 晓筹依旧鸡人报,不分还来听鼓鼙。

重新回到京城的朝廷,一片混乱。慈禧皇太后与光绪皇帝逃往西安时,将中央六部也带了过去。和其他五部相比,刑部则比较特别,北京刑部由满尚书贵恒留守,当然也留下了一部分司员,继续维持运转;西安刑部则由汉尚书薛允升负责,处理各省上奏的案件。现在,两宫回銮,两地刑部自然又合二而一。

合二而一的刑部,和其他五部一样混乱。人心混乱,公务亦混乱。

千头万绪，鸡飞狗跳，都有待重新梳理与整治。

沈家本所面临的第一件大事，就是要在混乱中安抚刑部司员，让他们能够有一个宽松的工作环境，安心工作，心无旁骛。

文官出身的沈家本，本人就是从刑部司员开始他的为官之途的，他深知司员的甘苦与心情。人微言轻，收入又低，养家糊口，颇为不易。但身上的担子却很重，审判之中，稍有疏忽与大意，就会给人带来不可挽回的伤害。

还有，则是沈家本和许多朝廷大臣们认识并不一致的地方，那便是刑部司员必须有一定的专业知识，不是什么人来了就能干的。所以，眼下这些老的刑部司员，在国家这样混乱的状况下，是宝贵的人才资源与财富，万万不可流失。

为了留住这些已经具有实践经验与专业知识的司员们，沈家本颇下了一番心思。他的做法，用我们今天的话来说就是：通过褒奖，稳定人心，稳定队伍。

他首先以刑部的名义，向朝廷保荐战乱中仍然守职尽责的人员，情真意切：

京师自联军入城，侵占地面，步步荆棘。刑部郎中潘江、员外郎奎绵等，于8月间冒险进署，将零乱残缺的卷宗一一拣拾整理，并召集皂役，一再叮嘱，让他们小心看管。9月间，又在北城柏林寺设立公所，清理积留的案牍。此时，道路梗塞，洋兵充斥，郎中琦璋、俞炳辉等人，接到此令，还是毫不犹豫地冒着危险，便衣徒步，按时来到此所。11月间，美国官兵请刑部接收各国拿获的案犯。臣贵恒（时任刑部满尚书），趁机与他们婉商，将衙署首先收回，堂司各官照常在署办事，并筹款修葺监狱。那些日子，每天都有交涉案件，该司的司员与提劳等，与洋官用平等的态度商办，尚能顾全大局，不致授权于他人。而此时，土匪与散兵游勇，到处抢掠，民不聊生。经臣等奏定先行正法章程，严办数十案，盗风这才稍稍平息。

光绪二十七年（1902年）春，补办大减等，统计各省有3600起之多，档案散失不全，承办各司员细心稽核，数月间即分别奏结，办理甚为妥速。上届秋审，经行在臣部奏明，与京部分办。各位司员经常加班，披星戴月，拟定勘语，呈由臣贵恒等覆核，俱极为妥慎。自光绪二十六年（1901年）11月起，上年11月止，司员承办现审案件共计四百九十余起。随到随结，不使案有留牍，都表现得异常勤奋。

这是留守京城的司员们的表现，而随慈禧去西安的司员们表现又如何呢？

在沈家本的汇报中，自然也是一片赞扬之词：

前年銮舆西幸，臣部司员随扈出京的，只有郎中戈炳琦、员外郎恩润等四员。嗣奉谕旨，令得力司员分赴行在当差，郎中武玉润、武瀛，主事段书云等，先后在途中报到。前尚书薛允升蒙恩起用，力图报称，督促各位司员，创立公所，厘定章程。但是，由于档案缺失，头绪纷繁，正苦于无从着手，这时郎中何汝翰来到行在。该员谙悉部务，与先到的各司员和衷商办，薛允升得资臂助，于是光绪二十六年在京未办理的秋审，暨年例减等、缓决情轻案内应准留养人犯、各省已入秋审官犯、并一切军流徒犯减等，皆次第赶办，陆续奏结。

此时，各事皆属于草创时期，事务繁重，人员却很少，不够分派。奏明暂设直、奉、川、陕西大股，每股兼办数司之事。各省所积压未及报部，或已经报部未复并中途遗失各案，均补行在核办。员少事繁，几有应接不暇之势。

所有司员，都非常辛苦，常常夜以继日，所上报汇集的案件，随时复核。并因经费难筹，无法聘请抄写员，所有折稿册籍等件，都是司员们自己动手书写，勤奋认真，毫无贻误。

27年秋朝审，奏明与京部分办，行在例案未备，所幸各位司员熟悉业务，拟定的实缓勘语，都非常妥洽。所承担的钦交案件，也都按期完成了。由西安到河南，沿途所接奉的速议议奏案件，络绎不绝。司员们每到一处，往往顾不上吃饭歇息，就开始办案，随办随结，始终如此。

到开封后，薛允升因病出缺，司员们将行在承办暨京部送往秋朝审各册，分别实缓，呈由调任侍郎戴鸿慈核定，汇开清单，按期奏结。始终勤勉有序，而且效率很高，过去的因循推诿之积习，一扫而光。

言词中，这位老臣对他们的属下，关怀备至，爱护备至。

稳定人心之后，另一件急需要尽快处理的事，则更麻烦：那便是处理被联军逮捕送刑部监狱关押的人，以及被联军放走的刑部监狱里的那些犯人。

联军占领京城后，随即收管了监狱。原先监狱里的犯人，在他们眼里并非为犯人，而那些冒犯了他们的人，便都成了犯人，被关进了监狱。其中有土匪，有强盗和小偷，也有义和团成员。鱼目混珠。

沈家本首先要收拾的便是这一片混乱的残局。

外放这几年，虽然离开了刑部，但毕竟所经历的更丰富也更坎坷，和洋人洋教士的面对面的交涉，乃至被联军关押，都使他能够在混乱之中处之泰然，不慌不忙。他本来就是一个沉静的人，经过官场与中外交涉的历练，他的沉静中自然也就增添了沉稳。遇事不着急，先分出轻重缓急，再一一处理。

一个月后，1902 年的 2 月 20 日，展眼就要过元宵节的前夕，光绪皇帝下诏：转刑部右侍郎沈家本，为左侍郎。

侍郎即六部尚书的副官。左侍郎与右侍郎，统称为侍郎，正二品，官位是一样的。但是，左侍郎排在右侍郎之前。如同我们今天排在第一位的副部长，同为副部长，排在第一位的副部长，所负的责任就要重大一些。权力自然也大一些。

任命拍板的当然不是光绪皇帝，而是慈禧。

慈禧这样安排，也是出于无奈。赵舒翘和薛允升先后离开了人世，而刑部现在最熟悉情况，资历最深的也就是沈家本了，且他还有天津、保定官场的历练，又与洋人打过交道，所以这个官位非他莫属，也只有他能担当起来。

皇家无可奈何的选择。

此时的慈禧太后，虽然镇压了维新派，手握实权，光绪皇帝只不过是一个摆设。但是，手握大权的她，经过庚子之乱，内心却有着深深的恐惧。她对自己的统治能力与国家的前途，毫无信心，她也想改革，不过她心里的改革只是如何摆脱外国列强，继续她的统治，当然她也要继续统治光绪皇帝，不给光绪任何自由与权力，哪怕是一丁点儿。所以，在此后的改革决策中，她并没有主见，只是寄希望于朝廷重臣，随波逐流。

慈禧以光绪皇帝的名义颁发了变法诏书：

> 世有万古不易之常经，无一成不变之治法，穷变通久，见于大《易》；损益可知，见著于《论语》。盖不易者三纲五常，昭然如日星之照世；而可变者令甲令乙，不妨如琴瑟之改弦。伊古以来，代有兴革，即我朝列祖列宗，因时立制，屡有异同。入关以后，已殊沈阳之时；嘉庆道光以来，岂尽雍正乾隆之旧。大抵法积则弊，法弊则更，要归于强国利民而已。自播迁以来，皇太后宵旰焦劳，朕尤痛自刻责，深念近数十年积习相仍，因循粉饰，以致成此大衅。现正议和，一切政事，尤须切实整顿，以期渐图富强。懿训以为，取外国之长，乃可补中国之短；惩前事之失，乃可作后事之师。自丁戊以还，伪辩纵横，妄分新旧，康逆之祸，殆更甚于红拳。迄今海外逋逃，尚以富有贵为等票，诱人谋逆，更藉保皇保种之妖言，为离间宫廷之计。殊不知康逆之谈新法，乃乱法也，非变法也。该逆等乘朕躬不豫，潜谋不轨。朕吁肯皇太后训政，乃拯朕于濒危地，而锄奸于一旦。实则剪除乱逆，皇太后何尝不许更新；损益科条，朕何尝概行除旧。执中以御，择善而从，母子一心，臣民共见。今者恭承慈命，壹意振兴，严禁新旧之名，浑融中外之迹。我国之弱，在于习气太深，文法太密。

庸俗之吏多，豪杰之士少。文法者，庸藉为藏身之固，而胥吏倚为谋利之符。公事以文牍相往来，而毫无实际；人才以资格相限制，而日见消磨。误国家者在一私字，困天下者在一例字。至近之学西法者，语言文学，制造机械而已，此西艺之皮毛，而非西政之本源也。居上宽，临下简，言必信，行必果，我往圣之遗训，即西人富强之始基，中国不此之务，徒学其一言一语，一技一能，而佐以瞻徇情面，自利身家之积习，舍其本源而不学，学其皮毛而不精，天下安富强耶？总之，法令不更，锢习不破，欲求振作，当议更张。著军机大臣，大学士、六部九卿，出使各国大臣，各省督抚、各就现在情形，参酌中西政要，举凡朝章国故，吏治民生，学校科举，军政财政，当因当革，当省当并，或取诸人，或求诸己。如何而国势始兴？如何而人才始出？如何度支始裕？如何而武备始修？各举所知，各抒所见，通限两个月，详悉条议以闻。再由朕上禀慈谟，斟酌尽善，切实施行。自西太原，下诏求言，封章屡见。而今之言者率有两途。一则袭报馆之文章，一则拘书生之成见。更相笑亦更相非，两囿于偏私不变，睹其利未睹害，一归于窒碍难行。新进讲富强，往往自迷本始，迂儒谈正学，又往往不达事情。尔中外臣工，当鉴斯二者，酌中发论，通变达权，务极精详，以备甄择。惟是有治法，尤贵有治人。苟得其人，敝法无难于补救；苟失其人，徒法不能自行。流俗之人，已有百短遂不愿人有一长，以拘牵文义为认真，以奉行故事为合例。举宜兴宜革之事，皆坐废于无形之中；而旅进旅退之员，遂酿成此不治之病。欲去此弊，其本在于公尔忘私，其究归于实事求是。

这道诏书，洋洋洒洒，除了痛骂康梁，还很无耻地将变法图强的主张归功于慈禧，而把国家的混乱，则归结于光绪在位数十年的政治积弊所造成，和慈禧毫无关系。

想必出自慈禧的手笔，或她手下的亲信。

睁着眼睛说瞎话啊！

但是，这份诏书中毕竟有了破除痼习，更变法令的内容。

慈禧治下的新政由此拉开序幕，要求朝廷的内外臣，献计献策。虽然，国家飘摇动荡，朝政腐败，可是那些希望国家振兴的大大小小的官员们，还是上了许多奏折。其中最引人注目的就是两江总督刘坤一、湖广总督张之洞联衔所上的三个奏折，这三个奏折分别上于 1901 年 5 月 27 日、6 月 4 日与 6 月 5 日，所以被称为——江楚会奏变法三折。

三折都涉及变法。主旨即：整顿中法，学习西法。张之洞是这个奏折的主稿者，基调则是刘坤一定的：稳健、平和，不宜过激。也是为了不至于让慈禧心生反感，宜于通过吧。

张之洞，在当时可谓是一个举足轻重的人物。他生于 1837 年，字孝达，号香涛，直隶南皮县人。所以人们常称他为——南皮。他的父亲张瑛，以举人官贵州，由知县历升至知府。张之洞生于贵州兴义，当时他父亲就是兴义府的知府。据说，张之洞的天赋并不很高，但因读书非常用功，所以他 16 岁那年就以举人第一名高中顺天乡试的解元。之后，张之洞因父亲去世，丁忧，而不能参加会试。及守制期满，他的堂兄张之万又屡次被派充为会试考官，他必须回避，还是不能应试。直到同治二年（1863 年），他才得以赴京参加殿试。他那次殿试，因为对策不用常格，已被读卷大臣抑置三甲，但大学士宝鋆却特别赏识他，把他拔为二甲第一。后来进呈试卷，慈禧读后，认为他的文字特别好，再拔置为一甲第三，因此方才得居鼎甲。

从此，张之洞的官宦之路，一直是非常平顺的。

所以，张之洞在慈禧面前是很有面子的人，他的话，慈禧当然听的进去，加之江楚会奏变法三折又融进了刘坤一的建议，很快就得到慈禧的首肯与称赞。

那时，慈禧本人也确实深感需要变法，她想变法，是基于她自己的宝座地位。她也看到感受到，西方列强的强大，《大清律例》已经无法应付西方列强，也无法应付因西方列强入侵之后所带来的社会动荡与变迁。她当然不明白，用封建社会的法律，是无法规范近代社会的。她所面临的却是：传统封建法律与近代社会脱节而产生的困境。所以，她想变法，以摆脱自己的困境。

还有一个最直接也是最重要的原因，那便是清廷很想收回领事裁判权。领事裁判权是一种国际政治特权，简单来说就是指一个国家的国民，不住在自己的国家里，而居住在其他国家，却不受居住国法律的管辖，而由驻在那个国家的本国领事，对本国侨民行使裁判权。

鸦片战争之前，中国是一个封闭的封建之国，既无领事之制，当然也不会有治外法权。鸦片战争打开了中国的国门之后，从道光二十三年，也就是1843年的《虎门条约》开始，西方列强在中国行使领事裁判权制度，清廷原有的完整法权被剥夺，根本无法管辖外国侨民。而中国百姓却深受西方列强之国侨民的肆意欺压，清政府却无可奈何，保护不了自己的子民。西方列强的领事裁判权在中国的肆意扩大，自然也威胁了清廷的统治，清廷自然深感恐慌。

清末变法修律由此提上议事日程。

1902年2月2日，清廷又正式下达了改定法律的诏书：

> 中国律例，自汉唐以来，代有增改。我朝《大清律例》一书，折衷至当，备极精详。惟是为治之道，尤贵因时制宜，今昔情势不同，非参酌适中，不能推行尽善。况近来地利日兴，商务日广，如矿律、路律、商律等类，皆应妥议专条。著各出使大臣，查取各国通行律例，咨送外务部。并著责成袁世凯、刘坤一、张之洞，慎选熟悉中西律例者，保送数员来京，听候简派，开馆纂修，请旨审定颁行。总期切实平允，中外通行，用示通变宜民至意。

　　慈禧对修律的人选，并没有自己深思熟虑的想法。当然，沈家本那时在她眼里不过是熟悉法律的刑部官员，又是汉人，她对沈家本并不看好，也不器重，况且沈家本那样地位低微的官员，她也很少接触，更谈不上深刻印象。所以，她把这难题交给了她所信任的三个总督——直隶总督袁世凯，两江总督刘坤一，湖广总督张之洞；让他们推荐。在她看来，三位总督认可的人，也就无需再挑了。

　　袁世凯首先推荐了沈家本。

　　袁世凯推荐沈家本，也许是因为徐世昌。徐世昌是沈家本的忘年交，想必他在袁世凯面前提起过沈家本。且沈家本又是一个老者，做学问的人，无论从年龄上，还是从仕途上来看，沈家本都不对袁世凯的权力欲望构成威胁。对袁世凯来说，这一点非常重要。他看得很清楚，沈家本不是一个对权力有很大野心的人，而且他的年龄也放在那儿，只是一个对他会有帮助的老者也。再者，沈家本在刑部多年，他的水平是有目共睹的，朝廷有名的文臣潘祖荫，乃至刑部老长官薛允升都对沈家本有很好的评价，更何况沈家本在刑部的口碑也很好，上上下下都认为他是"以律鸣于时"的法律方面的专家。再者，沈家本是徐世昌的忘年交，徐世昌则是他袁世凯的幕僚，沈家本成为修律大臣，对他来说，至少不会坏他的事吧。于公于私，袁世凯权衡再三，沈家本都是最合适的人选。他推荐沈家本，别人也挑不出什么毛病来。

　　张之洞与刘坤一，与沈家本并无深交。但在他们两位眼里，沈家本和他们一样，已经是一位饱经风霜的老者，庚子之变，更是吃了不少苦头。平息天津保定教案，他是有功劳的，且又和洋人打过交道，沉稳练达，让他担纲不会出什么大的差池吧。所以，当袁世凯提出沈家本来，他们二位也都赞同。

　　除了沈家本，三位总督还保举了另外一个人，那便是伍廷芳。

　　从年龄上来看，伍廷芳与沈家本差不多，只比沈家本小两岁，也是老人了。但他的人生之路与沈家本却大相径庭，他喝过洋墨水，有西方留学的背景，在西方待过很多年，深得李鸿章青睐，现在人还在美国。西方世界对他亦有很高评价。此话后叙，这里先略去。

应该说，三位朝廷重臣推举这两位来主持修律，中西互补，还是很得当的吧。

光绪谕旨21天后，也就是2月23日，三总督上奏，会保沈家本与伍廷芳。他们在奏章中称：

> 查刑部左侍郎久在秋曹，刑名精熟。出使美国大臣四品卿衔伍廷芳，练习洋务，西律专家。拟请简调该二员，饬令在京开设修律馆，即派二员为之总纂……

这份奏折并未马上得到朝廷的认可。

慈禧很犹豫。

奏折呈上之后，在慈禧手中"留中"了一个多月。所谓留中，就是把一些不合己见却又不便堂皇驳回的谏议、奏章留在宫中，不予批复。

也许是因为沈家本与伍廷芳都是汉人，原本又都不是朝廷的重臣，慈禧对这两个人都没有多少认识，难以下决心委以他们这样的重任。可是，除了三大臣提出的这两个人选，慈禧也想不出更好的人选，又总不能一直拖下去。

直到4月6日，朝廷方姗姗来迟地又下达了一道谕旨：

> 著派沈家本、伍廷芳，将一切现行律例，按照交涉情形，参酌各国法律，悉心考订。

虽然，这道谕旨并没有明确沈家本与伍廷芳为修律大臣，但实际上是认可了他们二位来主持修律。

至此，沈家本终于得到了他人生的一个最重要的机会——主持修律。

26 同僚伍廷芳

权力从来都是一把双刃剑。

1903 年，已是朝廷修律大臣的沈家本，又成为刑部的"当家堂官"，即起决定作用的刑部长官。

清廷中央六部一般设尚书两人，满汉各一人；左右侍郎 4 人，满汉各 2 人。尚书与侍郎统称为堂官。但在日常工作中，起决定作用的则是被称为"当家堂官"的尚书或侍郎。

其实，当家堂官，并不是什么官衔，相当于我们今天具体处理日常工作的常务副部长。作为刑部"当家堂官"的沈家本并没有官升一级，而是责任更重大了。

权力大了，责任也大了。但是，在很多人眼里，看到的则不是责任，而只是权力与利益、荣誉。在官本位的封建社会里，官大一级压死人，官位则是朝廷大多大大小小官员最眼热的，也是竞争最激烈的。

本来，默默无闻的沈家本，此时也就深陷众目睽睽之中。那些目光犹如锋利的刀与剑，时时刻刻盯着他。在官场的浑水里趟了几十年的沈家本，当然是深知官场的人心与规则。

他很小心。

他一向都是很小心的。

现在，他依然如此。当然不会因为身为"当家堂官"而忘乎所以。

这一年的下半年，伍廷芳漂洋过海，回到京城。

伍廷芳和他的人生经历完全不同。对于这个喝洋墨水的外交大臣，沈家本心里也充满了新奇。

将与他成为修律搭档的伍廷芳到底是一个什么样的人？脾气与性格又如何？两个人能够默契配合吗？

心存疑虑。

当然，关于伍廷芳的仕途之路，他还是有几分了解的，并非一无所知。在众多的朝廷官员中，这位外交官员的经历，堪称丰富，也颇带几分传奇，而伍廷芳被李鸿章、刘坤一与郭嵩焘等朝廷重臣所赏识，争相罗聘，也是名噪一时。

虽然，那时沈家本与伍廷芳是远而又远的，但他还是对伍廷芳有所了解，至少是有所耳闻，何况他的女婿汪大燮也是个搞洋务的，后来又做了外交官员。

伍廷芳生于1842年，只比沈家本小两岁，同年相仿吧。此时，也已年过花甲。不过，他与沈家本的人生经历却完全不同，隔山隔水。伍廷芳生在新加坡合都亚南，他的父亲是一个商人，当时做的是小本生意，不算很富裕，但多少也有一些积蓄。

1845年，伍廷芳刚刚3岁，父亲放弃了在新加坡经营多年的生意，举家回国，为的就是要让年幼的儿子从小受到良好的教育，中国式的教育。当然，受教育的目的是希望通过学而优则仕，改换家族门庭。

可是，淘气聪慧的伍廷芳，似乎从进入私塾接受启蒙时就对四书五经毫无兴趣，只爱读子书、史鉴，还有不入流的小说与野史。比如《三国演义》与《红楼梦》，他都烂熟于心。

有一次，先生给出了一道八股文的作文题：不归于杨归于墨，要他们练习写作。按照做八股文的程序，先要：破题，尔后才能进入正文。不过十来岁的伍廷芳，是最讨厌做八股文的，他眉头一皱，突然想起《红楼梦》里第八十四回，贾宝玉曾作过"归于墨"的破题，估计眼前的这位天天之乎者也的先生，并不曾读过，就算读过，也未必熟知。于是，他就把宝玉所写一字不变的照抄了一遍：言于舍杨之外，若别无所归者，夫墨非欲归者也。而墨之言已半天下矣。则舍杨之外欲归于墨，得乎。

那位先生读后，拍案叫好。

最绝的则是，后来先生参加乡试，考题竟是：不归杨则归墨。先生竟凭记忆，把学生的作文照抄了一遍。主考官呢，居然也没有发现是宝玉所言，因而先生竟一炮而红：中举了！

年少的伍廷芳却感到莫名的悲哀，对科举制度更看不上眼了：章句帖括之学，雕虫小技，壮夫不为。

不过，改变他命运的并非因为他对科举制度的蔑视，而是意外的遭遇。他13岁那年，一天放学回家的路上，被土匪绑架了。一伙土匪把他团团围住，用毛巾蒙住了他的眼睛，跋山涉水，把他带到深山中的一个岩洞中，关了起来。尔后，传话要他父亲拿钱来赎他。很像我们今天电视剧里的惊险情节。

整整关了一个月，家人焦急万分，一次次地筹钱，土匪还是不依不饶不放人。万幸的是，他被关押在岩洞中时，遇到了一个同乡，那个同乡是土匪的伙夫，也是被掳来的，在伙夫的帮助下，算他命大，千难万险地逃了出来，才没有被撕票。

那一个月，他的父亲与母亲都快急疯了。待他回到家后，父亲与母亲害怕再发生这样的不测，思来想去，最后还是听从了英国牧师晏惠林的建议，决定送他去香港继续学业。伍廷芳的父母都是虔诚的基督教徒，而晏惠林牧师又是他们家多年的老友，所以晏惠林牧师的建议得到了他们的认同。

香港是一座繁华的殖民城市，治安自然要比动荡中的岭南好，至少土匪要收敛几分，不敢那么明目张胆。

不过，对伍廷芳的父母来说，这仍然是非常痛苦的选择。因为，去香港读书，就意味着与科考拜拜，不能取得功名。而功名，是伍廷芳的父亲，一个小商人一辈子的梦想。虽然，那时他父亲已经有了一定的积蓄，家中的日子与一般百姓相比，也挺富裕的。可是，商人的社会地位低，并不被人们看重。父亲不希望儿子像自己一样,衣食足,而没有社会地位。

很无奈的选择。

对于伍廷芳来说,却因祸得福。从此,他便与科考拜拜啦,再也不用去读那些在他看来枯燥无味的八股文。

他的命运,也因此改变了方向。和沈家本相比,他就太幸运啦,没有年复一年沉浸在八股文的折磨中,浪费大把的青春好年华。

父亲因生意忙碌,分身无术,并没有亲自送他去香港,而是托一个亲戚把他带到了香港,送进圣保罗书院。

从此,放他单飞。

圣保罗书院是一所教会学校,英国随军牧师史丹顿创立,目的很明确:培养本地牧师,以便扩大在华传播福音的牧师队伍。书院不仅免收学费,还发给学生一定的生活补贴。大概和我们今天的助学金相仿佛。

14岁的伍廷芳被抛进一个全新的,也是他完全陌生的世界里。不过,在这所书院里他受到完全不同的西方教育,除了基督教的教义外,他还系统学习了:英文、数学、格致等科目。

整整五年。

1861年,伍廷芳以优异的成绩毕业。这一年,伍廷芳才19岁,风华正茂。踏出校门后,他应聘于香港高等审判厅,担任英文译员,1869年升任香港地方审判厅首席译员。直至1874年离开,他做了整整13年的译员工作。

年复一年的译员工作,对伍廷芳来说很轻松,如鱼得水,但也在他心里投下了阴影。像他这样的译员,人微言轻,特别又是在香港这样一座殖民城市里,更少发言权,很难为改变自己的国家做点什么。1867年6月,香港英殖民政府颁布《维持社会秩序及风化条例》,其中第18条竟然赋予港督公开招商开赌的权力。年轻的伍廷芳非常气愤,奋然上书总督,要求收回成命。在他看来,让聚众赌博合法化,是对中国人的侮辱,而且奖励赌博与法治精神相违背。可是,他的上书,宛若鸿毛,总督大人搁置一边，可能连看都没看一眼。自然是不会有下文。

这样的事，经历得多了，伍廷芳也就不甘心安于译员这个位置，更不甘心过一辈子平淡而优裕的日子。他想，要改变自己的国家，首先要改变自己：欲救国危，非赴欧美精研法学，举吾国典章制度之不适者，改弦更张之。

1874年，他辞了职，自费赴英伦留学。当然，自费留学首先要有经济基础。伍廷芳得以成功留学英伦，与他妻子的支持分不开。他的妻子何妙龄，是香港华人传教士何福堂的女儿，有能力帮助伍廷芳实现自己的愿望，而且还很支持他。

如果没有妻子家庭在经济方面的支持，伍廷芳之后的人生之路也不会走得那么远，取得那么辉煌的成就。

伍廷芳去了英国林肯律师学院，成为中国近代史上自费留学的第一人。这当然不是每一个有钱的人能做到的。英伦的留学经历，对伍廷芳来说，非常重要。他自己曾这样说：本人知公法律例之学，所关极大，因往英国考求律学，潜心数载，幸得成就。华人之得充西国律师者，本人实开其先。

他在林肯律师学院学习了三年，于1877年1月，拿到了博士学位与律师资格证书，成为获此殊荣的亚洲第一人。当年5月，他便返回了香港，成为香港的执业律师。

其实，伍廷芳本可以不回香港的，他还有其他两个选择。当时清廷第一任驻美公使陈兰彬，听说伍廷芳已经拿到林肯律师学院的博士学位，当即去电，邀请伍廷芳赴美，担任使馆参赞。而第一任驻英公使郭嵩焘，则竭力说服伍廷芳不要回国，就留在英国，担任驻英使馆的随员。

这两个选择，对伍廷芳当然都是有吸引力的。但是，就在这个时候，他的父亲去世了，他必须回国奔丧。伍廷芳考虑再三，亲情难违，他还是选择了回香港。

回到香港不久，他又面临第三个选择：这一年的10月里，李鸿章聘他为自己的幕僚，专事与外国人打交道，处理各种洋务。

在国内的官场，能给李鸿章做幕僚，很有诱惑力。但对伍廷芳而言，便有些食之无味了。香港的大律师，地位崇高，收入丰厚，且伍廷芳毕竟在香港生活了很多年，对香港的环境也熟悉。还有，他的老岳父一家也都在香港，岳父大人，妻子的兄与弟，都是有一定地位的上层人物。

伍廷芳对清廷重臣李鸿章抛给他的橄榄枝，表现得很冷淡，提出一个相当苛刻的条件：非每岁六千金不可。这个数字，颇让李鸿章为难，但他还是周旋各方，想方设法满足伍廷芳的要求。李鸿章致函时任两江总督兼通商大臣的沈葆桢，希望南北洋联合出资聘请伍廷芳，各出三千金，条件则是南北洋无论哪方有事，伍廷芳必须前往相助处理。

这个条件并没有打动伍廷芳，还是回香港做他的大律师去了。直至5年后，1882年10月，伍廷芳才正式接受李鸿章的聘请，北上天津。而那时，伍廷芳在香港已是赫赫有名的人物，除了律师业绩，亦享誉社会：1878年12月，港督委任他为太平绅士，是当年40名太平绅士中唯一的中国人；1879年，香港华人团体及华人领袖，两次请愿，推举他为立法局代表；1880年2月，香港当局正式委任他为立法局议员，他是香港立法局议员中第一个中国人；1882年，他又当选香港保良局副主席，负责社会治安、保护妇幼、组织救灾。当时很多香港华人都亲切地唤他"伍叔"，其实那时他不过刚刚40岁。

然而，伍廷芳还是放弃了在香港所得到的一切，北上辅佐李鸿章。这一去，便是14年。

在李鸿章的幕府中，伍廷芳担任的职务是洋务局委员。顾名思义，做的大体都是与洋务有关的事情，比如翻译外国法规，参与签订条约，抑或非战争事件的法律交涉。不过，在重大交涉事务上，他并没有决定性的发言权，也起不到决定性的作用，他毕竟只不过是幕僚。

放弃香港大律师职位与优厚待遇的伍廷芳，当然不可能满足于只做这些事情。在给李鸿章当幕僚期间，他很投入地参与洋务建设，尽可能地多做一些事情。比如北洋大学、北洋武备学堂和电报局一系列机构的创建，都有他的贡献。他出力最多、贡献最大的则是主持修建开平铁路与津沽铁路，先后担任过我国早期三家铁路公司的总办。他主持修建铁路时，遇到很多来自各方压力，官方的，民间百姓的，乃至列强各国，他都以巨大的热忱与坚忍的耐力，坚持下来了。

成绩斐然。

当然，对于李鸿章来说，他最需要借助伍廷芳一臂之力的还是处理对外交涉事宜，这是伍廷芳所长，他人望尘莫及。清廷的官员中，几乎没有一个人能像伍廷芳那样，一口流利纯正的英语，与洋人交流，毫无障碍。更重要的则是伍廷芳的教育背景，决定了他对洋人的思想方式更为了解，在谈判中能够很好的掌握分寸，刚柔相济。

李鸿章每年 6000 黄金，可是没有白花。

每遇难题，总是伍廷芳不动声色地或化险为夷，或据理力争，或于耻辱的谈判中争想方设法为国家争挽回损失。虽然，他的地位并不高，但所起的作用，却是他人无法替代。

最为人称道的有三件事。

当汹涌澎湃的大海再也不能阻挡列强的炮火与军舰，国门便已彻底洞开。公开的掠夺之后，列强们的争抢又公然延伸到国家建设领域，比如通信电缆的铺设，电报业务的经营。并不起眼的丹麦，首先获得铺设海底电缆的权力。英、美、法、德诸国，急红了眼，紧随其后，纷纷提出铺设上海到香港的海底电缆的要求。

李鸿章心里很清楚，这是万万不可以的，国家的主权将会迅速被吞食。而他自己对法律，特别是西洋法律并不熟悉，当即命伍廷芳出面拒绝。林肯法学院的博士，胸有成竹，以彼之矛攻彼之盾。他搬出国际公法、大英法律，还有中美续约，微笑着用流利的英文，一一拒绝，清楚强硬，毫不拖泥带水。

列强诸国代表，第一次见识腐败的清廷还有这等头脑清晰的官员，知难而退。

继而，伍廷芳又向李鸿章提了一个建议，我们自己铺设上海到广州的旱地电缆，则是相当有力的抗衡方式。李鸿章莞尔很支持。随后不久，上海至广州的旱地电缆便正式动工了。1884年3月建成，总长6000里。从动工到建成，前后不到两年时间。中国近代通信史上一个辉煌的起点。

此为一。

第二件事，史称"长崎事件"。事情的来龙去脉很简单。1886年8月，清廷的铁甲兵轮数艘，前往日本长崎船坞修理，这在历史上还是第一次。中方水手到长崎后，便下了船，逛逛街，看看热闹，购买一些零七八碎的小东西。本为人之常情，但日本警察却与这些逛街看热闹的水手们发生了激烈的冲突，双方打了起来。中方8死42伤，日方2死27伤。因此，酿成外交争端。

李鸿章又把这件棘手的事交给了伍廷芳。伍廷芳还是他的一贯风格，以法律为武器，不慌不忙。仔细调查了解案情之后，他撰拟了《长崎兵捕互斗案处理办法》，供李鸿章参考。他提出的具体交涉方案是：首先由两国组织委员会会审，如果会审意见不一致，则改由日本政府与中国驻日大使会商，通过会商仍不能达成一致意见，可以由中方的总理衙门与日驻中国大使，或日使与李鸿章会办，只有双方达成一致意见，方可结案。如果，还是达不一致，则交由第三国熟悉世界各国刑法的著名法律大员公断。若以上方案全部失败，他的建议是：撤回大使，同日本断交。还特别强调：评断此案当以供词为准，惟不单单凭兵船证供，亦不容日人狡辩。

李鸿章对伍廷芳提出的处理办法，深为赞赏。虽然，终因国力悬殊太大，伍廷芳所想的交涉方案并没有完全实现。在日本的威胁下，中方很无奈地接受了德国的调和，最后达成如下协议：缉凶查办之事，由两国各自办理；双方互给对方受害者少许的补偿。

第三件事，无论是对国家来说，还是对伍廷芳个人来说，都是一件非常痛苦的事。那便是耻辱的甲午战争后期,去日本求和。第一次以议和大臣身份前往日本的是户部侍郎张荫桓与湖南巡抚邵友濂,伍廷芳则以头等参赞随行。日方则委任内阁总理大臣伊藤博文、外相陆奥宗光等为议和大臣。可是,待双方抵达日本广岛县厅互换全权证书时,日方却以中方使节的敕书没有载明"全权"二字,拒绝开议。

和谈陷入僵局。

巧的是,日方的总理内阁大臣伊藤博文,与伍廷芳却是老熟人。两人都曾在英国留过学,那时亚洲人在英国留学的人并不多,所以伍廷芳与伊藤博文有过一些交往。谁也不会料想,再次相逢,却是这样境况下。虽然尴尬,却也有便利之处。

伊藤博文私下里找了伍廷芳两次,向他传递了日方的真实要求:日方的底牌是要李鸿章亲自出面和谈。

此时,慈禧求和心切,便依了日方的要求,改命李鸿章为钦命全权大臣,赴日议和。伍廷芳自然再次随同,这一次朝廷任命他为头等参赞。

谈判是痛苦而艰难的,同时交织着屈辱与难堪。他陪同着李鸿章,在日本度日如年,除了紧张的思考,还要经受日方蔑视的目光与言词。经过反复辩驳与磋商,终于在1895年4月17日,签订了丧权辱国的《马关条约》。

弱国本无外交。

身心疲惫的伍廷芳还没有从签订耻辱的条约中缓过气来,朝廷又将另一项难堪的任务交给了他,命他为中方换约代表。签订条约时,中日双方达成一个协议,各自政府在条约上盖上印章后,互派代表在烟台换约。并且朝廷还要求他:到烟台后,听候谕旨,再互换条约。

这要求背后,隐藏着朝廷为三国干涉还辽的担忧。《马关条约》签订后,俄国深为不满,亦非常不安。很担心日本的疯狂扩张,会威胁它在中国东北与朝鲜的战略,甚至会威胁到它的边界。于是,与德、法两国联合,试图以施加压力的方式,让日本放弃对辽东半岛的侵占。当然,这些谋划都是在私下悄悄地进行着。

当李鸿章得知这些情况后，权衡再三，通过美国驻华公使转致伊藤博文，请暂缓换约日期。

日本方面对三国干涉还辽，非常敏感，很担心在三国的干涉下，互换和约会节外生枝，便一再要求尽快互换条约。作为中方换约代表的伍廷芳，临行前却又接到朝廷的指示，要他向日方提出继续磋商的要求，减少苛求的备忘录式的条款。

战败国的使臣，处境是很难堪的。面对伍廷芳提出的要求，日方使臣的态度很轻蔑，亦很冠冕堂皇地回答：换约之外的事，不便干预。照会之内的事均已深知，必须换约后与本国所派公使商办。并且威胁以 8 日下午 4 时为限，过时绝不等候。

伍廷芳不卑不亢，冷然反问：倘逾停战之期，咎将安归？

中日订约时曾规定，停战至 8 日夜 12 时为止，在这之前换约均可。

8 日下午 4 时，伍廷芳接到清廷发来的电旨，于当晚与日方互换了条约文本，《马关条约》正式生效。

伍廷芳终于放下一个沉重而耻辱的担子。

他的命运却因此又转了一个弯，朝廷看上了他的外交才干。

1896 年 10 月，朝廷命他前往美国，担任驻美公使。11 月下旬，他再次漂洋渡海，不过这一次，他不是去英国，而是去美国，作为国家的外交使臣，前往陌生的美国。

临危受命。

无疑，签订《马关条约》的过程中，清廷上层官员也都看到了他的才能，并得到一致的认可。清廷的官员中很难找到像他这样，既熟悉西方法律，又能讲一口流利英文的人才。外交使臣的重任，非他莫属。

从 1896 年 11 月离开京城，至 1903 年回到京城，伍廷芳足迹所到之处，美国、日斯巴尼亚、墨西哥、秘鲁，等等，给各国政要与普通百姓都留下了深刻的印象。所做贡献非常之多，这里就不一一罗列，且看美国

《纽约时报》有关他的一则报导与他自己的发言：

1900 年 1 月 27 日

大清国驻美公使伍廷芳在美亚商会新年宴会上发表演讲。

昨晚，美亚商会在德尔莫尼克厅举行第二次新年宴会，清国驻美公使伍廷芳的演讲令人印象深刻。这位公使阁下有些幽默感，颇能逗趣。他告诉商会会员，如果他们想打开清国市场的大门，就不能过于保守，而应主动进取，以诚实和平等的精神去对待大清国。

……

伍廷芳身穿一件传统的东方绸缎长袍，上面镶着厚重的金线，绣有漂亮的汉字，做工十分精美，表明了他的高贵身份。他端坐在那里的大部分时间，都在观察田贝先生（美国驻华公使），似乎对他的一举一动都饶有兴趣。

田贝、弗拉礼、伍廷芳、小村寿太郎和麦克劳伦参议员先后致辞。

《纽约时报》还全文刊发了伍廷芳的演讲词，其间穿插评说，照录如下：

尊敬的会长，先生们：

"感谢你们提到我的国家的方式，以及你们接待我的热忱态度。但是，请允许我首先表达一下自己的困惑，为什么要把我的发言秩序压在后面，成为第三位发言者呢？我想问的是，为什么我不能成为第一位或第二位发言人，而要排在第三位呢？"

"亲爱的先生们，我在读菜单时找到了这个问题的答案。请看，第一道上的是牡蛎，第二道上的是汤，第三道上的是配菜。想来我今天的演讲大概应算成是各位的配菜。设计这个发言顺序的先生非常聪明，构思巧妙。先生们，这个安排并不令人吃惊，在商言商，商人玩这类小把戏，可以理解。"

"亲爱的先生们，相对来说，美亚商会还是一个很新的组织，是一个婴儿，我很荣幸地读到贵会的章程，发现它的宗旨是要保护和促进美国在清国和远东的商业利益。贵会各位先生体现出的爱国精神，令人钦佩。然而，如果我现在表示一下自己的担心，即担心贵会宗旨所显示出的自私自利的性质，请各位务必要原谅我。我想特意重申，如果各位以商界的立场来对待我今天的讲话，我不会感到吃惊。"

"在我的国家有句老话，人不为己，天诛地灭。请告诉我，人在什么时候可能会不自私呢？主席先生，我猜，如果我的发言就此打住，您一定会后悔，希望从未邀请过我到这个地方来大放厥词吧？"

伍廷芳的脸上露出了温和的笑容，表情中还有一丝狡黠，台下响起了热烈的掌声和笑声。

"怎么？"伍廷芳假装吃惊地说，"你们还愿意我讲下去吗？先生们，请别急于声讨我。我是想说，世界上有些人，他们会不顾别人如何为他卖力，而继续保持其自私的天性；但也有些人，他们在获得自己利益的同时，也让其他人获利。我身为清国公使，在此要做的当然是捍卫我自己国家的利益和我同胞的利益。但是，这并不意味着，我会做了任何损害你们国家利益的事情。"

"我在这里的惟一目的，就是要将两国人民的友谊拉得更近些，将连结两国人民的纽带粘连得更牢靠。我们两个伟大的国家，存在着共同利益。在此，请允许我赞赏你们为促进两国人民的友谊已经做出的努力。"

说到这里，伍廷芳顿了顿语气，抬手指着清国国旗，以充满情感的声调说道："此时此刻，我感觉自己就身在东方一样。"

伍廷芳接着说："我的国家是世界上最有潜力的大市场。众所周知，大清国有四万万人民要生活，他们需要穿衣服，需要各种日常的生活用品。需要普拉特河畔的小麦、南卡罗来纳州的棉花、宾夕法尼亚州的和亚拉巴马州的钢铁。"

"我的国家正在兴建铁路，她需要铁轨、钢铁、电力和其他无数的东西。她不得不从国外购买这些东西，直到将来的某一天，她有能力独立开发自己的资源。大清有世界上最广阔的市场，值得你们去认识她。"

　　"你们沿着太平洋岸修建了一条很好的公路,而菲律宾现在也已成为你们面向东方的门户,巨大的商机在等待着你们。如果你们不进入清国的市场,那就是你们自己的过失了。英语中有句谚语:大山从不向穆罕默德移来,穆罕默德只好向大山走去。大清国就像一座大山,她不会自动向穆罕默德移来,而你们应该向大山走去。如果你们不去,我相信,其他人也会去的。"

　　伍廷芳环视了一下会场,用诚恳的语调说道:"我承认,我不是商人,也不是商业方面的专家。但我明白,商人签订合同时,他们需要彼此明白对方的需要是什么。因此,你们也应该了解我们清国方面的需要是什么,从而找到适合在清国销售的商品。别不顾我们的需求,将你们那些剩余的产品倾销给我们,也不要忽略产品的质量。如果这样的话,你们终将会后悔自己的投机行为。总之,你们应按照我方的需求来提供合适的商品。"

　　"我主张你们到清国要去办一个美国商品展销会,如同我在费城世界博览会上所主张的那样。我建议你们把这样的展销会选择在清国主要商埠城市举行。清国的客商们不会买他们不了解的商品,因此,如果贵会采取行动,请求国会批准你们向东方派出一个商务考察团,去了解清国内部的市场需求情况,我将会由衷地感到高兴。"

　　"各位先生,美国在许多事情上都比其他国家做得更好,那么,为什么要在这些事情上落后呢?希望你们在与我们打交道的时候,学会使用我们熟悉的方式。也懂得一点东方的礼貌。请记住,我们清国人与你们是在完全不同的环境中成长起来的,我们两国的礼仪习惯也大不相同。当你们在上海或北京活动时,请记住你们不是在华尔街,不要吓唬和威胁我的同胞。很遗憾,我经常看到你们这样做。请记住我的忠告,在东方,一点点礼貌就可以帮助你走得更远。"

　　"我们之间要公平公正地打交道。记得林肯总统曾经说过,人可能被欺骗一时,但不可能被欺骗一生。当你们与清国人民打交道时,这也应成你们的座右铭。"

"你们还有一句格言，以诚为上，口头承诺也应如同商业契约一般严肃认真。在大清国的土地上，口头承诺与书面契约是同样可靠的。而在你们这里，除非把它写在纸上，否则不算协议。哪种方式更好一些呢？请各位先生自己判断。"

"总之，你们能不能在与大清国的贸易中占据一席之地，很大程度上取决于你们如何对待我们的人民。作为朋友，我有责任尽其所能支持你们，但如果你们不能公正地对待我的同胞，那么，我会很遗憾地看到，我推动双边贸易的努力将付之东流。"

"各位先生，我并不是说，如果我的政府要采取报复行为，我会感到抱歉，并尽我所能去阻止。但是，请记住，大清国有四万万人民，如果你们想要他们购买你们的商品，就必须公平地对待他们。你们必须在拿走的同时也要付出，而不是拿走我们所有的东西，而没有任何付出。如果你们对于来美国经商的清国人关上大门，那你们也不能指望清国会永远向你们敞开大门。如果你们期望清国人成为你们的顾客，那也不能阻止他们到美国来卖东西。"

"如果由于你们的这种排外行为，我的国民联合起来抵制美国货物，我并不觉得意外。但是，我希望不要发生这样的事情。我希望你们的国会可以颁布法律，公平公正地对待我的同胞。美亚商会是由受过良好教育的人们组成的，你们有责任告诉这里的人民，我们需要什么？怎样对待我们才算是平等相待。"

伍廷芳的机智与风采，当然最重要的则是他的爱国思想，由此可见一斑。

那时的沈家本，当然不会读到《纽约时报》，可是当他见到伍廷芳时，内心还是深为震动。伍廷芳与他身边大多朝廷官员大相径庭，可以说是风马牛不相及。

思想敏捷，说话简洁，喜欢直来直去，没有许多模棱两可的弯弯绕。

西方的思想方式与行为方式，都在他身上随处可见。交谈中，他时不时还会蹦出一串英文。

也许，他更习惯用英文交谈。

聊起法律问题，两人很投机，各有见解，也有话说。相比之下，沈家本是温和的，没有伍廷芳那么尖锐，直截了当。

不过，与伍廷芳几次深聊之后，沈家本的内心除了震动，还有沉重的迫切感，虽然他熟知中国律学，但对西方法学，还是隔膜的。伍廷芳来之前，他的很多想法，现在看来不免有些保守与落伍。那时，他的修律目标只是改造旧律，伍廷芳则不同，伍廷芳的目标很明确：创建新律。虽然，他并不能完全同意伍廷芳的意见，但是他必须调整与学习。

沈家本是一个善于学习的人，更喜欢学习，虽然已经年过花甲，但对学习，他毫无老年人的自大心理，且孜孜不倦。

对袁世凯、刘坤一与张之洞的人事提议与安排，他心悦诚服，称赞伍廷芳为：中国精通英国法律之唯一人物。

因为，伍廷芳的到来，修律的前景，多了几分光明。西方法律与西方法学思想，也就是从这个时候，开始进入沈家本的视野。

27 岂容一人之喜怒而破坏法律

除了修律之外，身为刑部当家堂官的沈家本，日常工作中一项很重要的内容就是处理案子。一桩民众拍手称快的案子，却引起了他的深思。

案情很简单：广西桂林府全州州同刘荫琛的门丁李云甫、李松甫二人串役诈赃。说白了，二李就是利用自己的门丁身份，欺压讹诈市井小民，捞取钱财。因此，民愤很大。

岑春煊一怒之下，就将这两人就地处斩了，然后上奏朝廷。当地的民众与广州的百姓一样，当然也是拍手称快。那些狗仗人势的门丁，百姓是痛恨切齿的，又常拿他们没有办法，因为他们的主子有势，一手遮天。

至于这两个门丁的罪当不当死，也就没有人站出来为他们说话了。活该！谁让他们撞到岑大人的枪口上了呢？！

朝廷呢，具体而言就是光绪皇帝与慈禧太后，年轻的皇帝与年老的太后，都非常欣赏岑春煊，这几年他的政绩在一干庸官中又很显眼，对这件事，非但没有指责他越权，反将岑春煊的奏折批交政务处，以示赞同。政务处又将岑春煊的奏折所请禁革门丁，作为一项改革，通令全国遵行。

朝廷上下，几乎没有人在意这两个门丁命运。总督大人，在愤怒的情形下，处死个把罪犯，也是常有的事。比如儒雅风流的沈葆桢。沈葆桢官声很好，清廉刚正，多有建树。他比沈家本长20岁，沈家本出生时，才20岁的他，就已经考中了举人。沈葆桢的父亲也是一介穷书生，靠教书为生。但沈葆桢却有一个大名鼎鼎的舅舅，那便是林则徐。后来，沈葆桢又娶了林则徐的女儿，便又成了林则徐的女婿，更是亲上加亲。

1847年,沈葆桢又考取了进士,位居36名,与他同榜的李鸿章位居34名。考取进士之后,他的仕途之路一帆风顺。他和其他新科进士一样,先被安排到翰林院,任庶吉士,从七品,一介小小的芝麻官。但却很闲,几年的闲职上,沈葆桢很读了一些书,也深入思考了许多社会问题。几年后,在京官考核中,他以一等的身份擢升都察院,1854年补江南监察御史,一年后调贵州道监察御史。从此,宦海沉浮。

1856年,朝廷擢升沈葆桢为杭州知府,但他却以杭州亲戚过多为由推辞了,朝廷只好改任他为地处偏远的江西广信(今江西上饶)知府。而此时,太平军已经占领了江西的大多府县,只剩南昌、饶州、广信、赣州、南安五郡,清廷局势岌岌可危。

他算是受任于危难之际。

1856年8月,江西太平军将领杨辅清率万余人向清军发起了进攻,连克泸溪、贵溪、弋阳,进逼广信城。当时,沈葆桢正陪同工部右侍郎外出征办军粮、军饷。广信城里的400守军,闻弋阳失守,纷纷遁逃,城里只剩下知县、参将、千总和他的夫人林普晴。林普晴虽是一个弱女子,但在关键时刻却临危不乱。她和知县、参将们一起,将百姓组织起来自救,紧闭城门,誓死坚守。一边又派人向林则徐以前的部下,驻扎在浙江玉山的提督饶廷选求援。第二天,沈葆桢匆匆赶回广信时,援兵随后而至。他与饶廷选联手奋战,采取攻其不备,袭扰辎重的战术,七战七捷,打退了杨辅清的进攻。

沈葆桢因此,扬名官场,官声大震。

1857年,他升任江西广饶九南道。那年3月,石达开攻打广信,他又与饶廷选联手,率领守军,顽强抵抗。激战数日,石达开终于败走浙江。

曾国藩与左宗棠都很看好他。

1861年,在曾国藩的保荐下,沈葆桢出任江西巡抚。

1864年,天京失陷,幼王洪天贵福和玗王洪仁玕流窜进入江西,在石城兵败被俘,沈葆桢将二人就地处以死刑。因俘获幼王和玗王有功,他被授世袭一等轻车都尉并赏头品顶戴。

除了战功，他对国家的建设也大有贡献。

平息太平天国之乱后，清廷开始恢复和发展农业生产。许多地主豪强与官员勾结，乘机抢占农民的土地。刚刚摆脱了战乱的百姓，又跌入极度的贫困之中。身为高官的沈葆桢，却站在农民的立场上，严惩抢占农民土地的乡绅与豪强。在一起官逼民死的案件中，他判处恶吏绞刑，深得民心。除此，他还取消了许多地方上的苛捐杂税，让百姓休养生息。

因此，沈葆桢在民间的官声也很好。

之后不久，左宗棠又竭力向朝廷推荐沈葆桢，想让他接替自己的船政大臣之职。左宗棠在给朝廷的奏折中说："接办之人，能久于其事，然后一气贯注，众志定而成功可期，亦研求深而事理愈熟悉。此唯沈公而已。"那时，沈葆桢的母亲去世不久，他还在丁忧之中。在左宗棠的一再恳请下，沈葆桢丁忧期还没有满，就走马上任了——马尾船政大臣。

对沈葆桢而言，这是一个陌生的领域，也充满了挑战。他果然没有辜负左宗棠的期望，三年之中，做了许多实事，比如开办堂艺局（船政学堂），招收学生学习近代科学、造船与舰船知识；接着又创办了艺圃，培养监工人才。他所创办的艺圃要算是中国最早的技工学校。之后，又创办了轮管学堂。培养轮机管理人才。在他的主持管理下，船政局欣欣向荣，很快就步入正轨。1869 年，福州船政局自制的第一艘轮船"万年清"号准备下水，法国监工达士博和法国领事巴士栋都坚持要法国人来引港，百般要挟，但沈葆桢皆不为所折。他说："引港是中国政府的主权，这个权不能让给外国政府。"由于他的坚持，才保住马尾的"港口权"。

随着马尾船厂的投产，19 世纪 70 年代，清廷命令沈葆桢开始组建南洋和福建船政两支水师。

1874 年，由于日寇侵略台湾，派兵攻占台南琅峤、牡丹等地，清廷委任沈葆桢为钦差大臣，督办台湾军务，并兼理各国通商事务。沈葆桢到了台湾，积极加强战备，坚守城池，不久就迫使日寇知难而退，遵约撤兵。

　　沈葆桢守住台湾后，立即着手进一步的开发，实施了开禁、开府、开路、开矿四大措施，为台湾的经济发展与建设做出了很大的贡献。

　　在当时的督抚中，沈葆桢颇负盛名，福建籍的官僚们甚至视他为"圣人"。然而，就是这个"圣人"，同时又是一个"恣睢好杀"之徒，他杀人常常是率性而为，朝廷对他却无所约束。《清史稿》中传说他担任两江总督后，治尚严肃，尤严治盗，莅任三月，诛戮近百人，莠民屏迹。

　　流传民间的故事就更多。据说他任福建船政大臣时，船厂有一个工人偷了洋人工程师的汗衫，被逮送到他那儿，他大怒，拍案而起："汝偷外国人汗衫，太不替中国人做脸。"遂喝令处斩。

　　一件汗衫，一个小偷儿的生命。

　　朝廷不管，谁又会替那个小偷讨个公道的说法？本来人微言轻，活着连根羽毛也不如，像掉进灰尘里的灰尘。

　　这样的事，沈葆桢做的就多了，这只不过是其中一件。还有一次，沈葆桢和僚属们一起饮酒唱诗，席间他对众人曰："我有一点儿事，少顷回来再唱。"众人面面相觑，继续饮酒唱诗。不一会儿，他就回来了。其实，就在方才丝竹诗钟唱和之际，他又处斩了一个罪犯。

　　像沈葆桢这样文人出身的官员尚且如此，驰骋疆场的武将们就更不用说了，比如岑春煊。岑春煊年少得志，自己也有本领与作为，且又是老佛爷的红人，法律对他更是没有约束的，法律条文在他心里也没有什么分量。

　　沈家本在查阅了岑春煊奏折之后的那天晚上，绕室徘徊，几近一夜无眠。沈葆桢，这个已故的朝廷大臣，却又一次在他脑海里沉浮。

　　其实，他与沈葆桢并无交往，甚至没有打过交道。但是，沈葆桢的官声与荣耀，他是深知的。这样一位朝廷大员，怎么能够如此轻视法律呢？他的恩师薛允升，就曾处理过沈葆桢遗留下的一起冤案。

　　江宁三牌楼案。

　　光绪初年，在南京三牌楼处发现一具无名尸体。按照常规，应交地方官查清审理。但当时的两江总督沈葆桢却将此案交由营务处总办洪汝奎，由参将胡金传经办。胡金传并没有深入调查，亦无确凿证据，就认定这是一桩哥老会会匪内讧，相互残杀案，凶手是僧人绍宗、平民曲学如、张克友，死者名叫薛春芳。沈葆桢根据他们所报，大笔一挥，判处绍宗、曲学如死刑，就地处斩。判处张克友割去耳朵，逐出江宁。沈葆桢死后，江宁地方官，因另一起案子，偶获真凶周五、沈鲍洪，审讯查证后，证实死者不是薛春芳，而是朱彪。

至此真相大白。

可是，这起冤案却难以平反。因为，继任两江总督刘坤一与洪汝奎私交很好，福建籍官员又联名维护沈葆桢的名声，提出许多质疑。在官员们的心目中，沈葆桢的名声远比那些受到诬陷小民的声誉与生命更重要，他们情愿这起冤案永远不白于天下。

最后，还是清廷派了钦差薛允升亲往江宁，秘密审讯，才予以平反。

那时，沈家本已在刑部，对这起案子的前前后后，了然于心。不过，那时他不过是一介小小的司员，对这样重要的案子是没有发言权的。唯叹息而已。

现在，作为刑部的左侍郎，当家堂官，他再也不能容忍这样视法律如儿戏的事再继续下去。

夜深人静，金井胡同一片漆黑。唯沈家的小楼上，灯还亮着。

灯光下，沈家本正细细阅读岑春煊的奏折，一边用笔批注。

岑春煊的奏折，原文用我们今天的白话文来说，可简单概括如下：

门丁之弊更甚于胥吏，去年我抵粤赴任，即发布通令，大小官员衙署，沿用签押稿案名目，一律禁革。岂料，仍有代理广西桂林府全州州同刘荫琛，纵容门丁，串同诈赃。据事主蒋志道等分呈控告，当门丁李云甫、李松甫二人，押送到省里来，并传原告蒋志道等到案，由桂林府吴征鳌，督同谳局委员审讯。据李云甫、李松甫供认，串用书办蒋吉安，借案吓诈骗钱，前后三次，供认不讳。原告蒋志道等所告证据确凿。值此禁用门丁，严防诈扰之际，非严惩一二，不足以儆效尤。当将李云甫、李松甫二犯亲提正法。该署州同刘荫琛，知情故纵，请旨即行革职，发往新疆效力。

此等积弊，恐不独两广为然，可否仰恳明降谕旨，将大小衙门沿用门丁之弊，永远革除。

其实，岑春煊恳请废除门丁的要求，深得人心，门丁仗势欺人，向为平民百姓所痛恨。光绪皇帝与慈禧也赞同他此举。但上上下下，对被岑春煊一怒之下就处死的两个门丁，却都很少同情，也就没有人追究，这两人究竟该不该处死？

沈家本思考良久，落笔纸上：

除恶固在用猛，但判案贵在公平。放纵不能维持社会安定，但判决流于随意与枉滥，更无益于治理。伏读嘉庆四年正月 16 日上谕，颇有感触。

嘉庆帝在谕旨中说：向来刑部引律断狱，于本律之外，多有不足蔽辜无以示惩及重定拟等字样，所办实未允协。罪名大小，律有明条，自应酌核案情，援引确当。务必要使法律能够保护无辜，不敢偏重偏轻，方为用法平允。并有加至数等者，是仍不按律办理，又要用律例为耶？

嘉庆帝在谕旨又说：即案情内有情节较重者，朕自可随案酌定，嗣后向刑部衙门，俱行恪遵宪典，专引本律，不得于律例外又称"不足蔽辜"及"从重"字样。即"虽"字、"但"字，亦不准用，等因。当经军机大臣会同刑部议定，嗣后一切军犯，俱应各照本律例问拟，毋得声明不足蔽辜，无以示惩，从重加等，亦不得用"虽"、"但"字样；并请嗣后官民人等有犯军流等罪，即照本律定拟请旨，不得以"情重"字样，擅拟改发新疆。十六年复奉谕，令问刑衙门，断罪应照奉律，饬禁"从重"字样。应请嗣后奉特旨发遣黑龙江、新疆等处。如有实在案情重大，罪浮于法者，仍按本律例拟罪，声明请谕旨以断罪应照本律，不得于律外从重为戒。

沈家本感慨：圣训煌煌，允宜遵守。

然而，沈家本引用嘉庆皇帝的圣训，所要表达的则是他自己的观念：

岂容任一人之喜怒而破坏法律乎。

接着，他又写道：

此案李云甫、李松甫以门丁串同书办，藉案吓诈得赃，自属有干法纪。如果讯明罪犯应死，即应按照律例议拟具奏。律内载明：狱囚鞫问明白，至死罪者，在外听督抚审录，无冤依律拟议，法司覆勘，定议奏闻。俟有旧报，应立决者，委官处决，等语。是死罪皆应具奏，成宪昭然。

该督将李云甫、李松甫亲提正法，并不先行上报刑部，已属违反现行定律。虽广西现有军务，但该犯等既非军营获罪，又非强盗案件，断无援照就地正法章程行处决之理。

何况，详核案情，该犯李云甫等身死门丁，藉案诈赃，应照蠹役诈赃科断。例内载明："蠹役恐吓索诈计赃一百二十两绞监候；若吓致毙人命及拷打致死，应分别问拟斩绞立决。"情节各有轻重，审拟自有等差。

该督并没有审讯清楚，该犯等究竟获赃多少，仅含糊其辞，就一句话：恐吓诈骗得赃，并无确切数目。以索诈得赃之案，便匆忙予以诛杀，如果再遇到有关诈赃毙命案，该督又将如何惩办？总之，定罪应以律例为凭。

律内载明：合奏公事须依定律拟罪名，明白奏闻。若有所规避增减，朦胧奏准，事发坐斩。定律极为森严。况且，从前迭奉谕旨，不准于律外加重，以掩盖其敢杀人之迹；任一人之喜怒草菅人命，不复顾法律如何？祖训如何？

所谓值此禁用门丁之时，非严惩一二，不足以儆效尤，亦应照例科罪，于折内申请可否从严惩办，恭候圣裁。其罪名轻重，本非臣下可以意为轩轾。若如该督办案，生杀皆可任意为之，变乱成法，悍然不顾，隐启外重内轻之风。

此风一开，假使各省群相仿效，无论案情轻重都能以此案为借口，严惩一二，亲提正法，以张扬其杀戮之威。并且，一时官吏承其风者，为迎合督臣之意，非武健严酷，难安其位，遂至群相效尤。那么，一年之内，冤案就不知会增加多少，而死者不可复生，断者不可复续。这种乖戾的行为，便会滋生怨恨，乃至怨声载道，就不能保护国脉，感召天地也。

至官犯发遣新疆，离死罪也就只差一点点，向来罪应军流情节较重者，应由刑部会奏请示发遣。间或有革职杖徒之犯，奉特旨改发新疆者，帝王心中自有权衡，非臣下所敢专擅。所以，自嘉庆年间，明令不得擅拟改发新疆之例，所有一切官犯，其由革职杖徒改发新疆者，案不常见。非罪犯已至军流者，从无请发新疆之案。

今该署州同刘荫琛，既据该督讯系知情故纵，亦应取具输服供词。如果罪应军流，情节较重，自可请旨发新疆。以示惩警。但是该督并没有将刘荫琛照律拟罪，是不复问其罪名之轻重？

臣部的职责是维护宪纲法令，以律维护社会治安，若不申明定律，流弊难以设想。谨恭同酌议：

嗣后各省审理案件，除例应恭请王命，先行正法及强盗案内重犯，仍照章就地惩办外，其余斩绞人犯，无论监候立决，俱应按照律例议拟具奏，不得先行正法。若有将罪不至死之犯，竟行处决者，即以故入人死罪已决论，至罪应军流之官犯，情节较重，拟请照惯例发往新疆效力赎罪，仍恭候钦定。若罪应革职及杖徒之犯，均不准以不足蔽辜等词，率请从重发遣新疆。只有这样才能够整饬法纪，而避免冤案泛滥。

如蒙俞允，臣部行文该督，并通行各省督抚将军都统府尹，一体遵照。所有官犯刘荫琛应令该督按律定拟，另行奏明办理。仍令将李云甫等全案供招送部以备查核。至该督办理此案，显违规定例。应如何量予处分之处，恭候钦定。

沈家本洋洋洒洒写了这么一大篇，其实就是想说明一个问题，不管什么人犯罪，都要依照法律定罪，而不能只凭长官好恶来定罪，或一时的冲动，以个人的喜怒来左右法律。

法律面前，人人平等。

他很清晰地指出，岑春煊上报朝廷的奏折中的问题——含糊其词，李云甫、李松甫二人到底诈得多少金？岑春煊的奏折中，并没有具体数字，只是说串同诈赃。仅根据模糊的串同诈赃，判处死刑，不免太不把法律当回事了，更不把罪犯的生命看在眼里。更为不公平的则是，把两门丁重判死刑，而官员刘荫琛竟不问罪，逍遥法外。

朝廷的重臣们，大多把自己的政绩看得比小民们的生命重要得多，为了自己的政绩，严惩一二，也就是他们的家常便饭了。他们严惩的还是底层的小人物。

此风不可长也！

沈家本痛快淋漓地批注完毕，东方既白。又一个早晨悄然而至。他到了衙署，当即就把他自己写了一夜的弹劾岑春煊的奏折交给了刑部尚书奎俊。

28　修律，罪刑法定

奎俊，字乐峰，满洲正白旗人。历任山西布政史、陕西巡抚、江苏巡抚、四川总督内府大臣。因在四川总督的位子上翻了船，这才又回京城，成为刑部尚书。与四川总督相比，刑部尚书这个官位，实权可就小多了，清水衙门。

奎俊与岑春煊是打过交道的。交道虽然不太多，但很让他栽面子，耿耿于心。岑春煊的少年得志，也很让他窝火。他的四川总督之位，就是由岑春煊接替的。

那是光绪二十八年（1902年）的事，身为四川总督的奎俊，因镇压四川义和团不力而去职。那年入秋以后，白莲教、红灯教的教民，闹腾得很红火，你方唱罢我登场，大大小小的州府县城几乎闹翻了天。他睁一眼，闭一眼，只求眼皮子底下不要再闹事。可偏偏他眼皮子底下的石板滩、龙泉驿、华阳县，突然又冒出个一呼百应的廖观音。开始，他根本没过心，以为不过是小小的跳蚤而已。却万万没有想到，小小的跳蚤，竟然蹦跶得老高，居然带着一群人，骑马挥刀冲进了成都南门，直逼督院衙门。

全城震惊。

总督奎俊这才慌乱应变。下令关闭成都城门，教民也罢，百姓也罢，谁都不准随便进出。他本是为了防范，但却因此被参卸任。

当然，除了镇压义和团不力，他的吏治也不怎么样。四川在他把持下，官员腐败，官场黑暗，民怨沸腾。他本人也是一个十分爱财的人。

岑春煊署理四川总督，接替的就是他。

岑春煊一到四川，立刻就给了他一个下马威。这个他耳熟能详的岑老三，和他过去所熟悉的那些官场大员，行事作风大不相同，让他想也想不到。

接任的那天，岑老三居然不坐绿呢大轿，前簇后拥，一路威风。而是只悄悄地带了个师爷，一身便装。到了成都城下，见城门紧闭，岑老三还是不声张，只把泥金名片丢在城头坠下的箩筐里，静静等候。

倒是他奎俊，看到那张金泥名片，手忙脚乱，慌慌张张地领着一干文武官员到北门外，三跪九叩，赔着小心。

当然，弹劾他的不是岑老三，接替他总督之位也并非岑老三自己所愿。但岑老三却像一颗老鼠屎，梗在他心里，让他常常不由得想起自己的耻辱，很不痛快。

听说沈家本要弹劾岑老三，奎俊本有一种解恨的快感。但他看了沈家本的奏折后，却默然良久。

沈家本对岑老三的弹劾，显然超越了法律问题，牵涉到大清的政权体制。很敏感的政治问题，何况还是以慈禧的大红人岑老三来说事。此奏折若是递上去，说不定还会惹出其他什么风波来，那时吃不了兜着走的，不光只是沈家本，还会连带捎上他。

一番思索之后，奎俊沉吟着对沈家本说："我看还是算了吧。"

沈家本也不便再说什么，也在他的预料之中吧。他与奎俊不同，他本人与岑春煊隔山隔水，从没有什么过节，也没有打过交道。他只是就事论事，从国家法律制度来考虑这件事。他在刑部那么多年，对此早已有想法，也经过深思熟虑，很想以此事为突破口，来完善法律制度。但在现实中，要想完善法律制度，难矣。

沈家本面无表情，淡然道："那就这样吧。"

当然心里还是很有想法的。他在底稿中批示："此稿未用，因奎乐峰尚书不愿意也，姑存之。"

虽只短短的一句话，无奈、忧虑，还有不满，尽在其中。

不过，后来刑部尚书奎俊，还是把沈家本的这份奏稿递了上去，但将其中最主要的内容——违法越权，以及激烈的言词，全都给删了，又增加修改了一些文字。使这份奏折读上去不温不火，平平淡淡，变成了一般性重申依法办案章奏。

慈禧读后，也没有在意。岑老三越法滥杀这件事，自然也就没有人再提起，朝廷更不会用此来规范自己官员的行为。

这便是奎俊为官的"智慧"，大事化小，小事化了，了无痕迹。

沈家本很快也把这件事搁置一边，他没有时间，也没有精力再沉浸在这样不会有结果的纠结之中。他已经 65 岁了，生命所剩不多，已是夕阳西下。官位与荣耀，对他来说，如同嚼蜡，早已看淡。但是，他的骨子里还是充满了旧式士大夫的——精忠报国。他的精忠报国，说到底也还是修律。用与世界接轨的法律，来挽救日渐没落的大清帝国。所以，他最渴望做的实事，便是修律。

修律是一项极其细致、严谨而又浩繁的工程，容不得半点马虎与疏忽，还必须有洞察社会变化的能力，严肃的思想能力，方方面面都要考虑得很周全。然而，这项工作做起来，却又毫无风头可出，琐细、艰苦，不为人知。

沈家本是一个耐得住寂寞，坐惯了冷板凳的人。他年轻的时候就喜欢读经史方面的书籍，喜欢深入地思考问题。他对自己的评价是：余性钝拙，少攻子业，进步极迟。也许就是因为他自己口中的"钝"与"拙"，他的学问的基础却很牢固，是聪明人的一挥而就所无法相比的。

他的学问底子与实践经验，是能够满足他在修律实践中的需要，但他所面临的修律，却是艰难无比，可谓举步维艰。

《大清律例》，几乎和他本人一样的老迈。自他出生那一年，1840 年以来，基本就没有什么变动。而大清国却在 1840 年被打开了国门，国门洞开的大清国，传统法律与近代社会脱了节，老掉牙的《大清律例》，自然无法规范近代社会。大清国的法律机器，深陷泥潭，几近瘫痪，很难维持它的统治。更无法在疯狂的西方列强面前，保护自己的子民，国家的领土与财富，割地赔银。

千头万绪。

归纳起来大致也就两个方面：对内与对外。

对内，主要是传统司法审判制度，在国情大为改变的情况下，已经很难维继。比如对死刑的最终判决。按照现有的大清法律规定，只有皇帝才握有对所有臣民的死刑判决权。

程序很复杂，但颇为严谨：京师以外的各地死刑案，都由案发地的州县进行初审，然后层层上报，申详到府、臬司、巡抚总督。经各级审查复核，拟出定罪量刑意见，最后由巡抚以结案形式向皇帝专案报告，同时将副本咨送刑部。皇帝将巡抚总督的报告批交刑部，再由三法司核拟。三法司对案件进行复核，检查是否冤滥，定罪量刑是否准确适当，会谳后，提出达成一致的意见，向皇帝回奏。再由皇帝做出终审裁决：或立决，或监候，或重审。个别案情复杂的大案，也有派钦差大臣前往案发地审理的，或令所在省将人犯案卷解送京师，再由刑部等三法司会同重新审理。

这种制度是为了确保皇帝的绝对权威。

可是，政权处于摇摇欲坠之中的清廷，自太平天国运动席卷全国各地之时，自己就先将这个法律制度给破坏了，为了应付各地纷纷告急，清廷于咸丰三年出台了另一项法律——"就地正法"。各地可根据情况，将罪犯就地处死。当然，清廷所指可就地处死的是农民起义军与土匪强盗。不过，在他们眼里，农民起义军与土匪强盗是划等号的，都可以不经审判就地处死。

命盗案件的死刑裁决权，从此也就由皇帝一人裁决变为各地大大小小的一把手都可以自行裁决。沈保桢、岑春煊们，也就可以由着自己的性子，判处他人的死刑，也不问那人之罪究竟当不当死。甚至连手中有兵器的团丁也能随意杀人。

沈家本在由贵州回湖南的途中，就亲眼目睹团丁与清廷的军队滥杀无辜，平民百姓，尸横街头，血流成河。他的父亲沈炳莹也曾在诗作《三桥团》中很具体地再现出这种社会现象：

> 三桥团，三桥团，
> 团丁张牙如封豨，
> 谁家乡兵新放逐，
> 五十六人夜投宿。
> 投宿不纳言龃龉，
> 团丁凭怒心胆粗。
> 仓卒缚人同缚猪，
> 磨刀霍霍骈首诛，
> 髑髅满地红模糊。
> 吁嗟乎！
> 我朝好生古无比，
> 议狱年年诏缓死。
> 奈何太阿之柄团丁操，
> 杀人如麻敢如此。

在另一首诗作《新堡营》中，沈炳莹痛心疾首地叹息：

> 新堡营，屯乡兵，
> 乡兵恣睢一何恶，
> 赊贷穷搜妇女掠。
> 朝打东寨粮，
> 暮焚西村房，
> 栅豕桀鸡食不足，
> 决水猎取鱼满塘。
> 青衣青帕补笼族，

　　冤愤填胸杀机伏。

　　潜行穿雾戈矛森，

　　帐下模糊惨遭戮。

　　吁嗟乎！

　　祸生口腹锋刃攫，

　　性命反比鸿毛轻。

　　早知性命鸿毛轻，

　　何不捐躯死敌留芳名。

　　"就地正法"的推行，一方面巩固了清廷摇摇欲坠的政权，另一方面呢，也严重削弱了皇权。清廷的文官与武官，对此立场截然分明：没有军政实权的翰林御史们，主张取消这项法律制度，以保证皇权的至高无上；手握实权的总督巡抚则要求继续推行"就地正法"。

　　不过，很多文官要求取消这一法律，并非出自维护法律的公正，或对平民百姓的保护，而只是站在皇权的立场上，为了保护皇权。比如，丰润学士张佩纶，曾在一份三法司会稿上批阅："长大吏草菅人命之风，其患犹浅；启疆臣藐视朝廷之渐，其患实深。"

　　"浅"与"深"二字，很明白地道出张佩纶内心深处的想法。老百姓的生与死，在这些朝廷大员的眼里是轻如鸿毛的，他们所担心的不过是——皇权，害怕皇权削弱，疆臣会把朝廷不当回事。他们所要维护的是几千年来的皇权至上制度。

　　张佩纶是李鸿章的乘龙快婿，也是后来上海红极一时的女作家张爱玲的爷爷。像张佩纶这样的想法，在清廷文官中比比皆是。

　　总督巡抚们则要求继续推行"就地正法"，当然和他们的自身利益也是分不开的，并且那种随意滥杀，也常给他们一种操纵他人生死的快感。

　　国家是混乱的，执政官员的思想与行为更为混乱，几近为所欲为。

　　对外呢，更是一潭浑水。国门洞开之后，列强随着大海的波浪涌进之后，掠夺践踏，随心所欲，封闭的清廷，根本不知道、也不懂得用法律保护自己的国家与子民的利益。从英国始，乃至法国、俄国、美国，甚至东洋日本，除了赔款割地，都在与大清订立的条款里设下了另一个圈套。简单来说，就是领事裁判权。

领事裁判权是一种国际政治特权。既一个国家的人民，在他国领地内居住，不受居住国法律管辖，而由驻在那个国家的本国领事，对这些侨民行使裁判权。

落在列强与清廷所签订的具体条约里，领事裁判权便迫使清廷丧失了对外国侨民的法律管辖与制裁。

比如《中美五口贸易章程》（1844 年 7 月 5 日）中第 21 款：

> 嗣后中国民人与合众国民人，有争斗、词讼、交涉事件，中国民人由中国地方官捉拿审讯，照中国例治罪；合众国民人由领事等官捉拿审讯，照本国例治罪。但须两得其平，秉公断结，不得各存偏护，致启争端。

《中英天津条约》（1858 年）：

> 第十五款 英国属民相涉案件，不论人产，皆归英官查办。
>
> 第十六款 英国民人有犯事者，皆由英国惩办；中国人欺凌扰害英民，皆由中国地方官自行惩办。两国交涉事件，彼此均需会同公平审断，以昭允当。
>
> 第十七款 凡英国民人控告中国民人事件，应先赴领事官衙门投禀，领事官即当查明根由，先行劝息，使不成讼；中国民人有赴领事官告英国民人者，领事官亦应一体劝息。间有不能劝息者，即由中国地方官与领事官会同审办，公平讯断。

之后的《中法天津条约》《中美天津条约》《中俄天津条约》《中日马关条约》，均有同样的内容，只不过措词有所不同。用老百姓的话来说就是：换汤不换药。核心内容的实质都是一样的：清廷法权被侵夺，完全丧失对外国侨民的控制权。因而，外国侨民在中国可以肆意欺压中国百姓，清政府却无法给予制裁，也无法保护自己的人民。

紧随列强的炮与舰，西方传教士也像潮水一般涌向中国，遍及城市与乡村，甚至穷乡僻壤。传教士里也是什么人都有，有虔诚传播教义的教徒，他们传播西方文明、西方文化，乃至西方医学与科学；也有强盗般的混蛋，欺压鱼肉百姓，无恶不作。很多传教士都把领事裁判权当作护身符，横行乡里，甚至连他们在中国发展的教民也欺压一般百姓。民众不堪教士与教民的欺压，就闹教，杀教士烧教堂。而每一次闹教的结果，中国百姓都是得不偿失，清廷更是损失惨重，赔款割地，杀民众抵命。沈家本在天津与保定两地为官时，都被教案所困扰，险些丧命。

此外，中国百姓与外国人发生纠纷，又常因为中外法律不相同，领事裁判又偏袒本国人，裁判不公，清廷官吏更是毫无办法，民众的生命与财产都得不到保障。

清廷最感头疼的却还不是上面所述的主权丧失，种种不公与麻烦，而是领事裁判权对政权的动摇。因为，口岸与租界不受清廷管辖，于是便成了清廷最害怕的敌人——改良派与革命派的栖身之地，清廷眼睁睁地看着这些人，比如康有为和梁启超，还有孙中山们，在租界里频频活动，宣扬改良思想、革命思想，其目的却都是一样的——反对大清王朝。清廷却奈何不得他们，气得牙根直痒痒。

所以，慈禧这才痛下决心要变法修律。

千疮百孔。

沈家本不是革命者，伍廷芳也不是，虽然他们与改良主义的领袖康有为、梁启超们也很遥远，但他们却是清廷官员中坚定的改良者，希望通过改良之路，改变国家与百姓的命运。

1905 年，对于沈家本和从美国回到京城的伍廷芳来说是非常忙碌的一年，那些忙碌落在文字里也就很乏味，艰苦的伏案与思想工作，是很少故事可捡拾的。

除了修律，还是修律。

这一年的二月下旬，沈家本与伍廷芳等上《奏申明定例以慎刑章折》，奏请饬令严格依《大清律例》定罪判刑。

3月13日，不过半个月间，沈家本、伍廷芳等又上《奏请先将律例内应删各条分次开单进呈折》，删除《大清律例》中344条。

光绪批谕：依议。

同意他们所作的删除意见。

3月20日，沈家本与伍廷芳向清廷上《删除律例内重法折》，力主废除凌迟、枭首、戮尸、缘坐和刺字等重刑。

说是重刑，其实都是惨不忍睹的酷刑。

凌迟，就是所谓的千刀万剐。不许犯人穿衣服，众目睽睽之下，将一丝不挂的犯人捆绑在木桩上，然后刽子手用刀，由上到下，由前到后，将犯人的肉一片一片割下来，先前胸、乳房，再后背，从屁股到大腿，割下来的肉，一片一片，放入一只竹筐里，直至将犯人身上的肉全部割尽，再肢解骨架。

其残酷，令人发指。1863年6月13日，《华北先驱报》就有这样一篇通讯稿，详细报道了清军凌迟太平军俘虏的经过，摘录如下：

> 太仓被占领的次日，上午11时光景，有七名俘虏被押送到卫康新附近清军营地。他们的衣服全被剥光，每个人都被绑在一根木桩上面，受到了最精细的残忍酷刑。他们身体的各个部分全被刺入箭镞，血流如注。这种酷刑还不能满足那些刑卒的魔鬼般的恶念，于是又换了别种办法。他们从这些俘虏身上割下了，或者不如说是砍下了一片片的肉，因为根据当时景象看来，他们所用的行刑工具太钝了。这些肉挂着一点点的薄皮，令人不忍卒睹。这些可怜的人们在数小时内都一直痛苦地扭动

着。大约在日落时分，他们被一个兽性的刽子手押到刑场上，这家伙手里拿着刀，急欲把自己的双手染满鲜血，简直像个恶魔的化身。他抓住这些不幸的牺牲者，威风凛凛地把他们拖到前面，嘲笑他们，侮辱他们，然后把他们乱剁乱砍，用刀来回锯着，最后才把他们的头砍断一大部分，总算结束了他们的痛苦。

不用说在现场观看，就是阅读这些文字也令人心颤、痛苦，还有恶心。人对于人的摧残，比野兽还要残酷，不仅只是肉体的折磨，还有精神的侮辱。

枭首，则是将犯人的头砍下来以后，高悬在木桩上示众。沈家本的同僚廷庸，就被联军假以中国刽子手处以枭首之刑的。

戮尸，却是为了惩罚死者生前的罪行，对其尸体进行斩戮。

缘坐，就是连坐。一人犯罪，家人不管是否也有犯罪行为，抑或是否知情，也都要跟着受惩罚。只要与犯罪者有血缘关系的，便除恶务尽，近亲斩，远亲流放，家产财物全部没收。

刺字，也就是古时所称的"墨"或"黥"，刑罚中的一种。就是在犯人面部刺刻标记，并染上黑色，然后押送边疆服役或充军，重者终身不释。始于五代的后晋，宋、元、明、清仿用。

为了能说服朝廷删除这些惨无人道的酷刑，沈家本与伍廷芳颇费了一番心思，措词很小心，表述的方式也很温和，套话自然也说了不少。比如：仰见圣谟宏远，钦佩莫名。

从美国归来的伍廷芳肯定难以接受这样的表述方式，但为了达到他们的目的，不得已而为之。还是沈家本比较熟悉这种表述方式，远兜远绕，逐渐走近主题。

若照录原文，现在的读者读起来不免佶屈聱牙，有些费劲，所以译成现在的白话文，意思大致如下：

臣等反复磋商，草拟大概办法，遴选熟悉中西律例的司员，分任编辑，并聘请了东西各国精通法律的博士、律师来担任顾问，又调取了许多留学生从事翻译，请拨款以资办公，先后奏明在案。

计自光绪三十年（1904 年）4 月初 1 日开馆以来，已译出德意志的刑法、裁判法；俄罗斯的刑法；日本的现行刑法、改正刑法、陆军刑法、海军刑法、刑事诉讼法、监狱法、裁判所构成法、刑法义解；校正的法律有法兰西刑法。

至于英、美各国刑法，臣伍廷芳从前游学英国，深有研究，该二国刑法虽无专著，但散见于其他著作的不少，已派馆员依类编辑翻译，不日亦可告成。复令该员比较异同，分门别类，展卷了然，各国的法律由此已可得其大略。

臣等以中国法律与各国法律参互考证，各国法律的精意，当然不能出中律的范围，但刑制不尽相同，罪名与等级也不相同，综而论之，中重而西轻者为多。

西方各国从前的刑法，较比中国更为残酷，但近百数年来，经律学家几经讨论，逐渐改而从轻，政治日臻美善。所以中国的重法，西方人士常指责为不仁，其旅居中国者，皆籍口于此，不受中国法律的约束。

西方国家首重法权，以一国的疆域为界限，甲国的人侨居乙国，若违法，就要接受乙国的法律制裁，但唯独在中国不受制裁，理由则是我国法律不仁，这也是我国亟需删除重法的原因。如今改订商约，英、美、日、葡四国均承诺中国修订法律后，首先收回治外法权，这是变法自强的枢纽。

臣等奉命考订法律，认为墨守旧章，授外人以借口，不如酌加甄采，可以收到长驾远驭之效。现在各国法律既已得其大概，即应分类编纂，以期尽快成书，而该馆员等都说因宗旨不定，则编纂无从下手。臣等也认为维治国之道，以仁政为先。自古以来议刑法者，都认为判决以义，推之以仁。所以，刑法改重为轻，是当今仁政的要务，也是修订法律的宗旨。

现行律例款目极为繁琐，而最重之法亟需先议删除的，约有三件事：

首先，为凌迟、枭首、戮尸。 考察凌迟之刑的历史，唐以前无此名目，始见于《辽史·刑法志》。辽时刑多惨毒，其重刑有车轘、炮掷，等等，而凌迟列于正刑之内。宋自熙宁以后，逐渐沿用。元、明至今相沿未改。枭首在秦汉时只用来对夷族的诛杀，六朝梁、陈、齐、周诸律，开始于斩之外别立枭首之名。至隋而删除此法，自唐迄元，皆无此名。今枭首，仍为明制。戮尸一事，只有秦时对军队反叛者斩、戮尸，详见《秦始皇本纪》。此外无闻。历代刑志并无此法，《明律》亦无戮尸之文。至万历十六年始定此例。专指谋杀祖父母、父母者而言。朝廷因之，之后推及强盗案件，凡斩、枭首之犯，无不戮尸矣。

凡此酷重之刑，固然可以惩戒凶恶之徒。只是刑斩，身首分离，已经非常惨，如果命在顷忽，又要被切碎，刀锯尤难幸免，按照一般情节揣测，仁人之心，必须会感到难以忍受的惨然。要是说以此来警戒罪犯，而被刑者魂魄何知？要是说以此警戒众人，而常见常闻，反而会激起其残忍之性。

所以，宋真宗时，御史请把杀人贼切成碎片，帝曰：五刑自有常刑，为何要这么惨毒呢？陆游经常请求除凌迟之刑，他说肌肉已尽而气息未绝，肝心联络而视听犹存，实在是太残忍，有损仁政，实在是不宜遵行。

隋朝时颁布法律时，曾认为枭首义无所取，无益于惩罚整肃之理，更不能显示朝廷的宽大为怀。这些都是当时的仁人之见，与仁人之言。并且，刑律以唐为世代所认可，而《唐律》并无凌迟、戮尸诸法。国初律令，重刑惟有斩刑，以此为准。拟请将凌迟、枭首、戮尸三项一概删除，死罪到斩决而止。凡律内凌迟、枭首各条俱改为斩决，斩决各条俱改为绞决，绞决俱改为监候，归入于秋审情实，斩候俱改为绞候，与绞决人犯仍归入于秋审，分别实、缓。

将来应否酌量变通，再由臣等妥议核定。

可能会有人认为此等重法，是用来惩处穷凶极恶之徒的，一旦裁除，恐怕凶恶之徒会有恃无恐。我们从历史上来看，唐三百年不用此法，未闻当时的凶恶之徒增多。且贞观四年判处死罪者 29 人，开元二十五年才 58 人，判处死罪者并不多。但自从用此法以来，凶恶者仍接踵不断，未见其少，则其效可睹矣。教育人民之道，是在政教，而不在刑威。

其次，为缘坐。 缘坐的制度，起源于秦之参夷族及连坐法。汉高祖后废除三族令，文帝废除妻女连坐律，当时百姓都认为是盛德。可惜的是对夷族的诛杀仍然间或用之，故魏、晋以来仍有家属从坐之法。《唐律》唯反叛、恶逆、不道律有缘坐，其他都没有。

今律则奸党、交结近侍诸项俱缘坐，反狱、邪教诸项亦缘坐。一案株连，动辄数十人。一人犯法而波及全家，对无罪之人判有重刑，汉文帝认为这是不正之法，反害于民。北魏崔挺曾说："一人有罪延及阖家，柳下惠因盗跖之诛，不亦哀哉。"其言甚对。罚不牵连家人，是《虞书》所赞同的。因罪人而诛杀全族，《周誓》曾予以讥讽。今世界各国全主持刑罚止及罪犯一身，与罪犯的妻女没有关系，这样的做法与我国古训相符合，实在是仁政所应当施行的。拟请将律例缘坐各条，除知情者仍然治罪，其他不知情者全部予以宽免，其他牵连家属的条例都以此为准。

再次，为刺字。 刺字乃古墨刑，也就是汉朝的"黥"。汉文帝废肉刑而黥也随之废弃。魏、晋、六朝虽有逃奴、劫盗之刺，很快便废除了。隋、唐皆无此法。至石晋天福间，始创刺配之制，相沿至今。

其初不过窃盗、逃犯，其后增加繁密，刺事由，刺地名，刺改发，有例文不著而相承刺字者，有例文已改而刺字未改者，其事极为纷乱。立法的原意，是想使莠民知耻，悔过从善。岂料对那些一贯凶狠者，给以标识，反而助其凶横，而偶尔触犯法网者，则要承受黥字之辱，终身痛苦。诚如《宋志》所谓，面目一坏，谁还会再有顾忌，强民越发强硬，反正触犯了法律，也就不再悔过自新。肉刑久废，而此法独存，汉文帝所谓刻肌肤不仅疼痛而且不道德，正说的是此也。不能收到辅助教育的益处，徒留此不道德之名，岂仁政所为？

因此，拟请将刺字条款全部删除。凡盗窃皆令收监习艺，按罪名轻重定以年限，并让其在监狱中学得一技之长，使其出狱后得以糊口，而不至于一犯再犯。一切递解人犯，严令地方官认真派差押送，如果能够真正奉行，逃亡者自然会减少很多。

以上三事，皆中法的最重之处。参考前人的论说，对其残酷都有很多非议，而考察当今环球各国，皆废弃而不用。且外国人常訾议中法不仁，惟此数端为最重。对此而不思变通，则想让外人遵从我国法律，犹如南辕北辙。

考察各国修订法律，大多于新法未公布之前，先设单行法，或淘汰旧法中太过于陈旧者，或参考外国之可行之处，先通告人民，以新耳目。所以略采其意，请将重法数端，先行删除，以明示天下，宗旨所在。此外或因循过去或进行改革，端绪繁多，俟臣等随时厘定，陆续奏闻。

我们认为法律之为用，应该随着社会的发展而改变，不可胶柱鼓瑟。昔宋咸平时删除太宗诏令，十存一二，史志赞颂。我朝雍正、乾隆年间，修改律例，于康熙时现行条例删汰不知多少。即臣等承诏之初，亦以祖宗成宪，未敢轻率地议论更张，但环顾时局，默默展望将来，实在不敢依然模棱两可，致使坐失时机。

近日本明治维新，亦以改律为基础，新律未颁，即将磔（古代的一种酷刑，把肢体分裂）罪、枭首、籍没、墨刑先后废止，终于使民风大变，国势蒸蒸日上，成为今日东亚的强国。中、日两国，政教相同，文字相同，风俗习尚相同，可借鉴之处很多，毋庸置疑。

伏惟我太后、皇上深念时势艰难，勤于追求真理，特下诏考订法律，期望通行中外，法权渐可挽回，敢于择其至要之处，披沥上闻（开诚相见）。倘蒙俞允，并请明降谕旨，宣示中外，使天下知晓朝廷的宗旨所在，而钦佩仁政的施行，扫除过去武健严酷之习，使海外观听者莫不心悦诚服。变法自强，实基于此。所有臣等酌拟变通刑法缘由，谨恭折具陈，伏乞皇太后、皇上鉴训示。谨呈。

这道奏折，想必出自于沈家本的手笔，还是他一贯的文风，由历史缘由，娓娓而述。晓之以理，动之以情。理与情都落在收回治外法权这一基本点上。

慈禧被说的动了心，没有阻拦。因为，收回治外法权，关系到清廷的政权保障，也是她最念念于心的。

朝廷重臣，大多也都持支持与赞同的态度。军机大臣瞿鸿机就曾对人说："年来臣僚，侈谈新政，皆属皮毛，惟法律馆此奏，革除千年酷虐之刑，于小民造福不浅也。"

29　叫板上海会审公廨

马不停蹄。

1905 年，对于沈家本与伍廷芳来说，积聚心中修改法律的愿望，强烈得如同火山喷发，一万年太久，只争朝夕。

这是难得机遇，这机遇也许会稍纵即逝，当然是因为阻力的强大与顽固。

还是 3 月 20 日，沈家本和伍廷芳又向清廷上《奏请专设法律学堂折》、《奏定法律学堂》和《奏请于各省课吏馆内专设仕学速成科》，要求开设京师法律学堂，加强各省法律教育。

接着这一天里，沈家本和伍廷芳继续向清廷上《议复江督等会奏恤刑狱折》，针对光绪二十七年（1901 年）6 月 4 日刘坤一、张之洞的江楚会奏变法第二折即《遵旨筹议变法谨拟整顿中法十二条折》中的"恤刑狱"进行启奏。

恤刑，即用刑慎重不滥。具体而言，一是指审判公正，用刑不滥，一是指减轻刑罚。

四年前，刘坤一、张之洞就联名提出禁止刑讯。沈家本和伍廷芳所上这本奏折，赞同他们所提出的禁止刑讯，规定：审案时，除罪犯应判处死刑，证据确凿而不肯供认者，可以适当刑讯外，凡初次受到审讯案犯及流徒以下罪名的案犯，概不准刑讯，以免冤滥。其笞杖等罪，仿照外国罚金法，若无金钱，可以用做工代替。

这项法律一出台，当即遭到许多官员与司法部门的蔑视与非难。反对最强烈的官员就是御史刘彭年，而最蔑视这项法律的却是最洋化的上海会审公堂，甚至拒不执行，继续杖责罪犯。

身为御史的刘彭年，咄咄逼人，语词也很锋利。他的分析很守旧，旧的传统观念，在他那里是天经地义的，绝不允许更新，或稍加改动。在他看来，外国不用刑讯，是因其国情不同，有法可循；警察制度完备，证据收集充分；审判公开，有辩护人与陪审人员参加，因此，证不取供于犯人，供证确凿，罪名立定，不必刑讯。中国与外国不同，各种规章制度不备，所以必须保留刑讯，这样犯人虽然狡猾，尚有畏刑之心，便可取得实供，审结案件。否则，将会积压很多案件，经年不结。

原文如下：

刑讯为东西各国所窃笑，即中国政治法律家，久已心知其非而不敢议改者，诚以中国人心不古，一切治具又复疏节阔目不能察及隐微，徒慕外国之不用刑讯，而不深求其所以不用刑讯。官吏不善奉行，诚恐有如上谕云奉阴违者。与其严防于后，不如豫筹于前。按：外国不用刑讯者，以其有裁判诉讼各法也。凡犯人未获之前，有警察、包探以侦察之；犯人到案以后，有辩护人、陪审员以听之，自预审至公判，旁征于众证，不取供于犯人，供证确凿，罪名立定。

今中国改定刑法，方有端倪，听讼之法，一切未备。有刑而不轻用，犯人虽狡，尚有畏刑之心。若骤然禁止刑讯，则无所畏惧，孰肯吐实情。问刑衙门穷于究诘，必致积压案件，经年不结，拖累羁留，转于矜恤庶狱之法，有所窒碍。臣愚以为禁止刑讯，须俟裁判诉讼各法具备后，方可实见施行……

刘彭年的这番质问，得到许多朝廷重臣的支持。

沈家本为官已久，在刑部又待了很多年，对朝廷大员的心态与心思，了然于心。早就料到，此律例一出台，定会遭到反对，阻力是会很大的。这一点他比刚从国外回来伍廷芳，更多切身体会。此律例公布前，他便早早地和伍廷芳仔细商量过对策。

果然不出所料。

不禁莞尔，早有准备。

沈家本与伍廷芳等立法者，当即予以反击，毫不客气，在他们看来，无论各国的法律是否完备，但无论刑事、民事大小案件，均不用刑讯，我国须与西方各国，统一法制，取彼之长，补我之短，乃是修订法律收回领事裁判权的第一要义。西方各国既无刑讯，中国虽然各法未备，禁止刑讯却势在必行。其次呢，禁止刑讯，只不过是申明旧章，略为变通。

从这段小心翼翼的解说中，可以看出，取消刑讯，压力非常之大，很难施行。

至于，刘彭年所言禁止刑讯会导致犯人不肯招供，因而积压案件之说，沈家本与伍廷芳则很不客气地反问他难道使用刑讯便可免（除）积压拖累？既然如此，为何以前各省积压之案有数年数十年不结案的呢？

对于上海公审会堂的公然不合作态度，继续沿用刑讯，蔑视新法之举，刑部的两位侍郎，非常愤怒，义正辞严：

立国的要领，在于法权，国家的法权必须严守。上海，在我国的版图上；会审公堂，是我国的官吏在执行法律。以我国的官吏，执行我国的法令，按照公理，怎么敢逾越？

上海为各埠之领袖，竟然首先梗阻，大大出于情理之外。在该省的重要官吏，谅不至于将法律视同一纸空文。恐怕是上海公堂的官员，因糊涂而不敢交涉，又拘泥于习俗，视宪法如同儿戏，是非从严参办不足以整肃纲纪。

并饬请两江总督，会同江苏巡抚，将上海会审公堂一切审判事宜，认真整顿。务必选择德高望重，并兼通中外法律者，担任会审公堂的法官。

我们今天看来很平常，也很普通的事，在晚清阻力可真大啊！

修订法律的两大臣和他们的属下，想必当时每天不但很忙碌，而且还要应付来自各方的反对，身累，心也累，压力更是重如山。

可是，他们忙碌的脚步却一直向前，丝毫不敢懈怠。

特别是面对上海会审公堂的公然藐视与不合作态度，他们的立场是：绝不姑息。

4月2日，沈家本与伍廷芳又向清廷上奏《变通窃盗条款折》，请求原本对窃盗犯实行笞杖条例，改为工作一个月；杖打六十者，改为工作两个月；杖打七十至一百每等递加两个月。

4月17日，沈家本与伍廷芳向清廷上《宽免徒流加杖片》，请求免除徒流罪犯到配所以后的杖责，以及对窃盗犯父兄的杖责。

9月2日，沈家本和伍廷芳上奏《变通妇女犯罪收赎银数折》。

9月16日，两位再上奏《轻罪禁刑讯、笞杖改罚金请申明新章折》。

其实，这一系列法律条例的出台，目标都很明确：禁止刑讯。只不过更加具体明确。

温和的老头儿沈家本，骨子里却有一股韧劲，他认定不对的法律条文，想方设法也要改变，直截了当也罢，先退再进也罢，绕着弯子也罢，反正他终究都要变法。

上海公审会堂一直继续沿用刑讯，蔑视新法之举，他自然不会置之脑后。9月16日，他与伍廷芳再次向光绪皇帝所上的《轻罪禁刑讯、笞杖改罚金申明新章折》里，两位刑部侍郎又特别指出：

上海自从辟为商埠以来，东洋杂处，风气开通，同治年间，设立会审公堂，专门审理租界内诉讼。凡会审之员对中外法律，理应谙熟。该公堂为何仍不改变从前积习，沿用严刑，腐败情形，处处可见。臣等认为立国之要领，在于维护法权，而法权的维护，在于严守……上海通商最久，给外人的印象最为鲜明深刻，希望行法得当，将来颁布新律，可以推行无阻，而这也是收回治外法权基本。

上海公审会堂又为何如此倨傲，根本不把法律与刑部放在眼里？

还是与洋人，与耻辱的丧国条约有关系。

上海公审会堂又称会审公廨，它的产生本身就是国耻。

1840年的鸦片战争之后，上海是五口通商口岸之一，于是便成了洋人心中"冒险家"的乐园。金发碧眼的洋人，像潮水一般涌入上海。洋人来得多了，自然与中国民众时常发生摩擦与纠纷。当时的英国领事借口洋人与中国百姓杂居在一起不好管理，要求划出一块土地，租借给英国人，让他们在那里建房居住。

这便是租界的由来。

1845 年 11 月，上海道台与英领事签订了第一个《上海租地章程》，设立了英租界。之后不久，美国人也跟着在上海设立了租界，1863 年英美租界合并为"公共租界"。此后，各国来的洋人都聚集居住在公共租界里。

租界本设在中国的领土上，但英美列强却强悍地将行政、治安、司法、税收管理大权全部归入自己的囊中，根本不把清廷与清廷官员放在眼里，也从没有"商量"，我行我素。大多清廷官员，在列强面前，也是一退再退，不但糊涂，没有自己的立场，而且愚昧卑怯，也根本弄不清这其中的轻重。

国家主权就这样被列强疯狂地蚕食。

尽管租界里居住的大多是洋人，却并非因为他们自认为是高于华人的洋人而相安无事，各种矛盾、纠纷与案件时有发生。

1869 年，就租界里的种种司法问题，清廷上海道与英、美领事，经过所谓的协商，在上海租界设置会审公堂，又称会审公廨，并颁布了《洋泾浜设官会审章程》。公堂由上海道选派一名官员，也就是章程里所称的委员，来主持日常事务，处理租界里的钱债、斗殴、窃盗案件。公堂里的翻译公差人员，由委员雇用，并酌情雇用一两名外国人，办理无约国人民的犯罪案件。凡是外国人必须到案的案件，由领事或领事派员会审；双方都是华人的案件，领事不得干涉；华洋互控案件，如一方是无领事管束的外国人，由委员自行审断，但仍须邀请一位外国官员陪审；无领事管束的外国人犯罪，由委员酌情拟定罪名，报上海道核定，并和一个有约的领事商量酌办；如外国人雇用或延请的华人涉讼，有关领事或领事所派的人员，必须到堂听讼，如案中不牵涉外国人，就不得干涉。

其中，至为关键的一项内容就是，凡牵涉到外国人的案件，允许外国领事派员陪审、会审、观审。

非常不平等。

尽管非常地不平等，列强还时时得寸进尺，不断扩张他们对会审公堂的权力，后来竟发展到擅自审理判处 10 年以上甚至无期徒刑的案件，对华人案件也派陪审官出庭会审，并擅自判案，乃至对任免公堂官员和传提、拘捕罪犯也横加干涉。

上海会审公堂虽然是中国的衙门，但实际上却被列强所掌控。所以，也就敢公然对抗清廷谕旨。沈家本那双锐利的眼睛，一直紧盯着竟然公开拒绝废除刑讯的上海会审公堂。9 月 16 日所上的这道奏折，也是公开将矛头直指上海会审公堂。

凛然。

那时清廷的官员中很少有这种公开的凛然，也不敢。

光绪皇帝看了奏折后，很赞同，并作了批示。

上海会审公堂却无动于衷，尾大不掉。

公然的对抗与蔑视。

两个多月后，上海会审公堂终因其一贯欺凌中国百姓，诉讼不平等，积怨过深，而爆发——大闹会审公堂案。

起因原本并不会特别引起民众注意的，也不在民众生活的视线里，但控制上海会审公堂的洋人们太过分了，于是那桩案子便像一颗火星掉在民众愤怒的干柴之中，燃起熊熊大火。

其实，案情很简单。

11 月下旬，广东籍四川官员黎廷钰的遗孀，扶柩回家乡，乘太古轮船公司的长江班轮鄱阳号途经上海。船到镇江时，船上的外籍水手向她勒索酒钱，遭到拒绝，非常恼火。那些外籍水手是猖狂惯了的，很少遭到拒绝，便起了歹心。见她带了十多个女仆，于是就编造了个谎言，诬告她是拐骗人口的人犯，发电报到上海工部局巡捕房报案。工部局以租界治安由，在码头上将黎黄氏拘捕，送往会审公廨候审。

按照惯例，黎黄氏一案由上海会审公堂审理。

12月8日，此案由谳员关炯之、襄谳金绍成，会同英陪审官德为门一起升堂审讯。德为门非常之傲慢，从不把中国官员看在眼里。那天审讯时，关炯之认为起诉黎黄氏"拐骗"的罪证据不足，拟暂押公廨女所候审。德为门却横插一杠子，不准将黎黄氏押送公廨女所，要由巡捕房押回西牢。

关炯之拍案而起，一字一顿："女犯押解西牢，事关重大，未经上海道台批准，岂能同意。"

关炯之和金绍成在当时清廷官员中，都是深有民族气节的，且敢于担当。关炯之，其父关季化，为湖北汉阳名儒，人们尊他为"关老爷"。关炯之从小就受到父亲的严格教育，后又在传教士办的博文书院求学，学贯中西。后来他自己也在武昌创办了湖北第一所民办普通中学与速成学堂，培养了不少人才，在民间有"小汉阳先生"之称。1901年，关炯之中庚子辛丑并科举人，翌年奉旨分发为同知衔，上海道台袁树勋办外交急需涉外人才召其入幕，任道辕洋务翻译，后又升任为公共租界会审公廨谳员。

金绍成是沈家本的同乡，浙江湖州人。他的家族，因为富裕，在湖州很有些知名度。他自己呢，则是吃过洋面包的留学生，早年在英国铿司大学习法律，并获得法学博士学位。1904年，学成归国，由上海道袁树勋推荐，任上海中西会审公堂审官。在会审公堂的一干中方官员中，他是出了名的强硬派，从不随同画诺。

会审公廨是清政府设在公共租界内的混合法庭，由于受外国驻沪领事干涉，涉案华人往往会受到不公正的审理，因而被民众诟病，会审官也因此常遭撤职。而关炯之与金绍成却是当时的另类，大义凛然。

霸道惯了的德为门没有想到碰了这么一鼻子灰，大为恼怒，很不屑地嘲笑道："本人不知有上海道台，只遵守领事的命令。"

关炯之冷然道："既然如此，本人也不知有英领事！"

并下令廨役将黎黄氏带下。

德为门从未吃过这样闭门羹，恼羞成怒，喝令巡捕上前夺人。随着德为门的吼叫，审案大厅顿时乱成一锅粥，双方大打出手。两名廨役受伤，一人左耳流血，一名右眼受伤。被告黎黄氏等被夺走。

混乱之中，金绍成离座上前制止，官服竟然被巡捕扯破，朝珠散落一地。

廨役将大门关上，巡捕无法将被告带出门，很强硬地向关炯之索取钥匙，关炯之怒斥道："毁门可，打公堂可，即杀官亦无不可！"

说完愤然离去。

一向耀武扬威的巡捕哪里会善罢甘休，用枪托砸开大门，将黎明、黄氏押往西牢，15 个年轻的女仆则被送进了济良所。

此事一俟传出，上海哗然，民众极为愤怒。

12 月 10 日，《申报》发表"社说"《论会审公廨哄堂事》：

> "公堂者国体所系，而华官在租界内华民之代表也，今乃公堂可哄，是蔑视我国体也，而何论乎小民！官役可击，是贱视我华人之代表也，而遑论华人！"

一经报纸宣传与号召，各界民众立即响应，纷纷自发集会，街头演说，抗争风潮应运而生。压抑已久的民族愤怒，像暴发的洪水，迅猛而不及掩耳。

同一天，清廷官员，上海道台袁树勋接见绅商代表时，表态："此事由本道一人任之，如有一份之力，即当尽一份之心，去留利害，在所不计。"

袁树勋还让关炯之和金绍成暂停会审，同时向领事团和英国领事馆抗议,向各国领事照会,向清政府外务部报告。

清政府外务部接到电报后向公使团抗议。

公使团迫于民众的压力,同意让驻沪领事团将黎黄氏押回公廨释放。

民心大快!

关炯之、金绍成乃至袁树勋,不屈不挠,在洋人面前的凛然正气,大长国人志气。上海民众沉浸在从未有的民族振奋情绪之中。

可是,接下来所发生的事,还是使这次大闹上海会审公堂案蒙上了一层阴影。

12月15日,工部局巡捕房故意不把黎黄氏送往公廨,而是送到广肇公所释放。民众得知后,群情激愤。集会演说,上升为罢市运动和激烈的暴力冲突。而此时,上海官府已经无力控制局面。

12月18日,民众围攻老闸捕房和市政厅等处,巡捕悍然开枪镇压,中国百姓死伤30余人。

远在京城的清廷最高决策者们,害怕了,为了防止事态进一步扩大,命两江总督周馥亲自到上海与领事团协商解决。最后所达成的协议,自然又是很退缩的:1.华方允许巡捕到庭;2.领事团允许以后女犯将由公廨收押;3.英方不撤换副领事德为门;4.捕头木突生等,工部局未经审判,是非莫属,不允惩罚。

事后清政府为了给英方面子,也为了息事宁人,以袁树勋个人名义,赔偿英方5万两白银。关炯之调任通州直隶州知州。金绍成则被罢了官。

刑部当家堂官沈家本一直关注着这件事的发展,当他得知金绍成被罢了官,当即给他去一封信,聘他为修订法律馆协编,并奏补为大理院刑科推事。

协编与推事,虽然都不是什么大不了的职位,但那是沈家本老头儿的一种态度,还有他对金绍城的关爱之心。

对于金绍城来说,这便是雪中送炭了。

不过，对沈家本而言，在他眼里，金绍城无疑是一个有用之才。平时不苟言笑的老头儿，实在是非常爱惜人才。

沈家本自己虽然没有走出过国门，但他却非常器重留学生，就在那一年的9月里，他和伍廷芳还曾向清廷奏请派员赴日本考察法制，理由则是修订法律尤以参酌东西择善而从为目的，我国与日本相距甚近，同洲同文，取资尤易为力，亟应遴派专员前往调查。在选派的人员上，刑部二位侍郎也有自己的尺度。

然非得有学有识通达中外之员，不能胜任。兹查有刑部候补郎中董康、刑部候补主事王守恂、麦秩严通敏质实，平日娴习中律，兼及外国政法之书，均能确有心得，拟请派令该员等前赴日本。

他们所选派的三位官员，均来自刑部，都有一定的法律业务功底。且都是30来岁，年富力强，风华正茂。其中董康是1867年的生人，光绪十六年（1890年）的进士，循例授刑部主事。王守恂则生于1864年，光绪二十四年（1898年）的进士。麦秩严比董康与王守恂都还要年轻，也是进士，到刑部供事也有六七年了，三个人虽然年轻，但都有一定的业务经验与法律功底，自然是借他山之石的最合适人选。

只提出去日本，也还有另一层考虑，那便是日本最近，只一国，花费相对要少，易于得到朝廷的支持。

更深层的原因，那便是和当时清廷许多重臣的思潮相一致。

1904年末到1905年，日俄交战，战场却在我国的领土上——东北三省，交战双方的起因与目的当然还是为扩大自己侵华的地盘，受损害、遭践踏的还是中国的百姓，清政府却宣布严守"中立"，一副事不关己高高挂起的态度。

清廷有良知的重臣们在深感耻辱的同时，令他们深感惊讶的却是，日本战胜了俄国。

小小的日本岛国竟然战胜了幅员辽阔的沙俄帝国。

日胜俄败，深深地触动了这些重臣，引起他们的深思，小小的日本岛国，为何会迅速崛起，打败俄国这样的庞然帝国？

因为立宪？！

那时，在重臣与民众中有很大号召力的《大公报》，也在报纸上刊文，发表了看法："此战略为创举，不知日立宪国也，俄专制国也，专制国与立宪国战，立宪国无不胜，专制国无不败。"

于是，立宪思潮涌入重臣与民众生活之中。

朝中重臣袁世凯、周馥、张之洞等人在其他官员和立宪派的推动下，联名上书，请求清朝政府实行立宪政体，并提出了派遣官员出国考察其他国家宪政的请求。

朝廷几经犹豫，还是在那一年（1905年）的7月16日，正式宣布派遣官员出访日本和欧美等国，进行实地考察。但出洋大臣的人选一直变化不定，还是几经犹豫，才最后确定了五位官员：宗室镇国公载泽、户部左侍郎戴鸿慈、兵部侍郎徐世昌、湖南巡抚端方、商部右丞绍英。

清廷选定的这五位大臣中，徐世昌要算是沈家本的老朋友了，虽然他比沈家本年轻很多，而戴鸿慈以后却和沈家本有一番纠葛，那是后话。

出国考察宪政的最初计划是兵分两路，一路由载泽、戴鸿慈和绍英等带领，考察俄、美、意大利、奥地利等国家，另一部分由徐世昌和端方等率领去英、德、法、比利时等国家考察。

因为系着国家振兴的希望，五大臣出行的那一天，告别仪式非常隆重，轰动一时。

那一天是：1905年9月24日，精心选择的黄道吉日。

秋高气爽，湛蓝的天空中一轮红日缓缓升起。还是按照老祖宗的老规矩，五大臣启程之前先拜祭祖先。拜祭完毕，一干官员，才在亲友与同僚、社会各界人士的簇拥下，前往北京正阳门火车站。

站台上欢声雷动，挤满了欢送的人群，其间也掺杂着新时代的新潮——鲜花，还有起起落落冒着白烟的水银灯，大大小小报纸的记者也都闻风赶了过来。

一番热闹之后，五大臣们才带着随从，缓缓分头步入两节车厢。载泽、徐世昌、绍英三位大臣，坐在前边一节车厢，戴鸿慈和端方坐在后边一节车厢。车门关闭，记者手中的摄影机，再一次冒着白烟，起起落落。

火车即将开动。

古老的中国将像五大臣乘坐的火车一样，飞驰向前？

可就在这时，突然一声轰响，一股浓烟腾空而起。站台上送行的人群立刻乱作一团，尖叫，躲藏，相互碰撞，慌乱而不知所措。

没有人知道发生了什么事。

是革命党？

确实。

革命党人吴樾一身皂装，也混在欢送的人群中。在欢声笑语的热闹中，他悄悄地上了火车。在他怀中则藏着一枚自制的炸弹，他的目标就是即将启程的五位大臣，与他们同归于尽，玉石俱焚。

可是，当大臣们乘坐的车厢和机车挂钩时，车身猛烈地晃动了一下，吴樾怀里的炸弹竟然也跟着晃动而爆炸了。

吴樾倒在自己的炸弹之中。

硝烟散去之后，混乱也渐近平息。人们这才看到倒在炸弹中血肉横肉飞的吴樾。

五大臣中只绍英伤势较重。载泽和徐世昌只受了点儿轻伤，戴鸿慈和端方因坐在后一节车厢，躲过一劫。

出行之事便也因此搁置下来。

这件事，前前后后，根根梢梢，沈家本不会不在心上细细过一过。以他久经宦海的沉稳，与洞察社会的敏锐和练达，他深知法律的变革，一定会触动既得利益阶层，引起强烈的反对。所以，他非常低调，奏折也罢，平时和朝廷的大臣们商谈刑部事宜时，用词都是温和的，委婉的。刑部派员出访日本，更是低调。当然刑部派出的都是普通小官员，尽管这样，他们也尽量做的平和，不引注意，以免引起一些朝廷重臣的侧目与反对。

30 一石击起千层浪

他真的已经老矣。

1906 年，沈家本 66 岁。上一年 9 月里，他忙里偷闲，去了一趟广安门外的天宁寺，也不过半日，算是小憩。秋风里，艳阳下，巍峨的天宁寺，耸立在云天下，十三层密檐，紧密相迭，层层风铃，随风飘荡，仿佛花开花落，又宛如悠扬的歌唱与悠长的叹息。

清初，名著一时的"神韵派"领袖王士禛，曾在诗中赞美这座古塔："千载隋皇塔，嵯峨俯旧京。相轮云外见，蛛网日边明。"

心境不同，睹物所思之情，自然也就相去千里万里。沈家本徜徉古塔下，却有一种生命无多的叹息：老树横欹根半死。

因此，此时的他，也就格外想把自己能做的、想做的和该做的事情全给做了。其实，这些事情无非还是和法律有关。年轻时，他虽然喜欢诗，喜欢经学，读的书非常杂。但到了刑部以后，他所读的书，大多都和法律有关，很偏的角落，他都很仔细地研读过，比如历代的刑法、刑具，死刑与死罪，流徙与充军，等等。有一位长期研究法律的专家，曾这样评价他：沈家本可以说是古代有史以来对近五十多种刑具的产生、功能、规格沿革等进行考证的第一人。

除了书，还有耳闻目睹。

他在刑部供职多年，外放天津、保定，两任地方长官的历练，都让他直接感受到中国传统的刑罚的残酷。那些残酷，在他心里挥之不去。当他手握刑部当家堂官的重权时，便非常想对这些不人道的刑罚进行改革，并付诸行动。

上一年，在他与伍廷芳的努力下，得到清廷的首肯，废除了凌迟、枭首、戮尸、缘坐与刺字等酷刑。

他并不满足于此。废除酷刑，只不过还是体制内的改革，他还想寻求更公正的审判，审判牵涉到一个人的命运，稍有不慎，那将是无法弥补的错误。

怎样的审判才能做到真正意义上的公正呢？

在年轻人的眼里，沈家本已经垂垂老矣，但他却不是老树枯藤昏鸦。从儿时就养成的阅读与思考习惯，直至已过天命，他都一直保持着。他比许多年轻人更善于学习，接受新鲜的思想，并且进行深入的比较。很多时候，进行比较，是需要阅历与思想的深度。

特别是伍廷芳到来之后。

他的同僚伍廷芳，在国外待过很多年，见多识广，与伍廷芳共事，让他开了眼界，增长不少见识。毕竟，他只是从阅读中了解那些离他远而又远的西方世界，而伍廷芳已经在那个西方世界里生活了许多年，且伍廷芳又是教会学校毕业的，又有留学西洋的背景。

伍廷芳给他打开了观察西方世界之窗，也打开了他的思路，不只沉浸在古老深博的中国律学之中。古老的帝国必须融入世界，才能够自强于世界之林，这是他的认识。

1906年的4月25日，就在出洋考察的五大臣即将返京之前（为了避免再生事变，五大臣后来于1905年11月，悄然出行），身负修律大臣重任的沈家本与伍廷芳等向朝廷奏呈《进呈诉讼律拟请先行试办折》及所附《刑事民事诉讼法》草案，希望能够得到朝廷的首首，先颁布试行。

草案，如同他们自己在奏折中所言：探讨日久，始克告成。

然而，他们探讨日久，始克告成的草案，却让清廷最高统治者大惊，甚至有几分不安。

他们的思想已经远远地走在最高统治者，乃至许多朝廷重臣的前面，是那些当政者望尘莫及的，也就使那些当政者感到焦躁，乃至不安。

在他们看来，大清法律，诸法合体，但已经完全不能适应海禁开放后的国情。传统封建法律制度自然也就受到他们的质疑，当然还有隐含的抨击，而最高统治者最不能接受的则是，他们提出将行政权与司法权分离的建议。

过去，历朝历代，从没有官员提出过这样的建议。

也许就是因为历史上从没有官员提出过这样的建议，沈家本与伍廷芳，还特别对草案做了详细具体的说明：

因为，西方各国刑事、民事诉讼均有专律，而中国传统法律将诉讼断狱附于刑律之中的做法，已经无法适应时代的发展。所以，颁行刑事民事诉讼法，是为了跟上世界的潮流，也是为了收回治外法权。日本就是因为颁行了刑事民事诉讼法，使各国侨民在日本既有法可依，又要受到法律的约束，并因此促成了治外法权的收回。

在制定草案的过程中，他们认真研究了欧美相关诉讼立法，款目繁多，与中国的国情又不能完全吻合，因此，他们又根据国情进行了一番改良，选择以编订简明诉讼法的办法，在立法体例上将两大诉讼法——刑事诉讼与民事诉讼合为一体。

最新潮也是最让统治者们不能接受的则是他们最后一项说明，那便是提出应增设陪审员与律师制度的建议。两位修订法律大臣早已计划增设的陪审员与律师，是很多清廷官员闻所未闻的，也就根本无从认识。当然，他们也料到会遭到更多重臣的反对，沈家本还特地以他的历史知识，进行了一番解释。

宜设陪审员。设陪审员这样的做法，与孟子"国人杀之"之旨，大抵相同。孟子的意思，实际上也就是设陪审员，由众人判决此犯是否该杀。秦汉以来，没有听说再有这种制度。今东西各国，都实行陪审制，实在是与我国的古法相近。

这短短几句话，足可见法律大臣的良苦用心，也足可见改革之艰难。

关于建立律师队伍与制度，沈家本自然还是要费一番口舌来解释。

宜设律师。律师是罪犯的代言人，日本称之为辩护士。是因为对簿公堂，大多数人都会深感惶悚，言词常有失措，所以用律师代理一切质问、辩护、复问各事宜。若遇重大案件，即由国家指派律师，贫民或由救助会派律师，代申权利，不取报酬补助。于公于私，实非浅鲜。

沈家本到底在刑部日久，对人犯的心理，洞察细微。在审判的过程中也考虑到人犯的利益，是站在人道主义的立场上，坚持法律的公正。最后，他还特别指出：总之，国家多一公正之律师，即异日多一习练之承审官也。

为了说服统治者们能够接受他们的建议，他们也是费尽心思，在奏折上注明。

以上二者，俱我法所未备，尤为挽回法权最重之端，是以一并纂入。

还是以收回治外法权来打动与说服最高统治者与清廷的重臣们。

老谋深算的沈家本，能够让草案顺利地拿到通行证吗？

难也。

因为有收回治外法权这一条理由，清廷最高统治者对他们提出的草案，虽然非常震惊、担忧和恼火，可这一次对他还算是客气，没有直截了当地把草案给毙了，而是颁发了一道谕旨，把这个难题踢给了实权在握的各级重臣：

法律关系重要，该大臣所纂各条究竟于现在民情风俗能否通行，著该将军督抚都统等体察情形，悉心研究，其中有无扞格之处，即行缕析条分据实具奏。

一石击起千层浪。

重臣群起反对，几乎没有支持者，包括保荐他为修律大臣的两位总督大人——张之洞与袁世凯。

时任湖广总督的张之洞，曾是发起变法的重臣。他与两江总督刘坤一联衔上奏的"江楚会奏变法三折"，曾轰动一时，在朝廷上下，乃至民间，影响都是非常之大的，张之洞也因此被人们视为倡导变法的领袖人物。

此一时，彼一时矣。

而现在，张之洞对修律大臣沈家本等提出的这个草案，拍案而起：有悖圣贤修齐之教。

率先否定。

其实，张之洞在与刘坤一联衔上奏"江楚会奏变法三折"时，也是颇费了一番心血，几经密室周密策划。其步伐与基调，完全与清廷最高统治者，说白了，也就是与慈禧，保持一致。丝毫没有越雷池半步的野心或雄心，也不敢。

最初，张之洞是从端方与袁世凯的来电中得知：不日将有上谕，举行新政。当即便四处打探：何人陈请？何人赞成？当他获悉准确消息，举行新政是出自"圣意"，得到军机大臣荣禄和户部尚书鹿传霖的拥护。他那一颗充满疑虑的心方才安定，鹿传霖是他的姐夫，水深水浅，他很快便了然于心，他最急于向鹿传霖了解的便是——究竟此事慈意若何？各省能否切实覆奏？哪几种事可望更张？鄙意第一条欲力扫六部吏例痼习痼弊，枢廷诸公肯否？

鹿传霖在回信中一再提醒他："不必拘定西学名目，授人攻击之柄。"

那一期间，他与鹿传霖之间的信件非常频繁。每一步的迈出，都征询鹿传霖的意见，非常的小心翼翼。

与他联名上衔的刘坤一，深知他的谨慎与明哲保身，曾这样评价他：香涛见小事勇，见大事怯也。

为政不得罪于巨室，是张之洞为官之准则。他决不会开罪掌握政权的最高权威人物，即便是为了国家利益。特别是对于他有恩的慈禧，他更是不会公开与其想法相佐。

不过，作为一个有良知的朝廷重臣，他还是想在朝廷的允许范围内，改革朝政。列强当前，政治的腐败、落后与黑暗，他也深为焦虑，再如此下去，大清帝国的前途又将在哪里？！

《江楚会奏变法三折》是刘坤一的智囊张謇、汤寿潜、沈曾植与他的智囊郑孝胥、梁鼎芬、黄绍箕，反复推敲，几易其稿，最后由他定夺，才艰难出笼的。其见解，是建立在传统的"尚德缓刑"价值取向之上的，所提出的各项改革措施，也并没有超出传统的范围。用词又非常小心温和，其措施也是温和的，第一折强调人才的培养，第二折着重对内政的整顿，第三折才是对"西用"的拓展。

对清政权没有根本的触动。

所以，很快得到清廷的认可，以慈禧名义颁布的懿旨称：刘坤一、张之洞会奏整顿中法、仿行西法各条，事多可行；即当按照所陈，随时设法择要举办。各省疆吏，亦应一律统筹，切实举行。

也是他们之举，为修律大臣沈家本与伍廷芳们废除酷刑，铺平了道路，也使沈家本与伍廷芳能够走得更远。

但是，沈家本与伍廷芳的《刑事民事诉讼法》草案，其内容，与中国传统诉讼制度几乎没有相同之处，行政与司法权相分离，还提出与西方一致的陪审制度与律师制度，大多朝廷重臣闻所未闻。但大臣们还是很敏锐地看到，它对手握司法事务大权的各级行政机关的权威性，构成了很大的威胁。大臣们是不愿意自己的权力被挖走一部分的，那是他们最看重的。至于是否公平，却是第二位的。

所以群起而攻之。

因为徐世昌的关系，过去一直对沈家本这位老臣抱着好感的袁世凯，对此也很恼火，不过口气还算是委婉的："新纂刑事民事诉讼法，内有扞格数条，请饬再议。令法部再行核议。"

曾经在保定与沈家本共过事的廷杰，此时已任热河都统，对沈家本主持的这个草案，很反感，自然也持反对态度。

广西巡抚林绍年、四川总督锡良，还有慈禧的大红人岑春煊，等等，都和廷杰一样，坚决反对。

最终，《刑事民事诉讼法》草案，终因大多朝廷重臣们的反对，而被搁置。

胎死腹中。

《刑事民事诉讼法》没有通过，另一位修律大臣伍廷芳，却请假回了老家，理由是为父亲修墓。

这是一个很牵强的理由，也可以说不过是一个借口。此时，伍廷芳的父亲去世已经将近30年了。

想必伍廷芳是很不习惯清廷官场的大泥潭，他是个比较西化的人，少年时读的是教会学校，成年后又留学英国。归国后，先在香港当律师，之后虽然做了李鸿章的幕僚，但毕竟是李鸿章花重金聘的他，在李府他是深受重用的，算是李鸿章的得力助手，有很大的自主权，也有话语权。之后，他又做了10年的外交官，在西方世界，他如鱼得水，应付自如。从《纽约时报》对他的赞扬，也可看出西方世界对他的认可。

而现在作为修律大臣，他才真实地感受到朝廷的污泥浊水与腐败，修律的艰难。可谓举步维艰。还有手握重权的大臣的僵化思想，乃至方方面面的人事关系，剪不断理还乱。

与另一位修律大臣沈家本，他是和而不同的。沈家本总是以历史，以古人来说服当朝执政者，曲折，委婉，有时不免牵强，和他的作风完全两样，他很难忍受在这样的泥水中进行修律。

很不爽。

既然如此，那便：一走了之。

而且，他还有一走了之的资本，可以继续他的外交生涯。

朝廷对伍廷芳提出的要求，很快便应允了，还特别下了谕旨，以示关怀：

刑部右侍郎伍廷芳，赏假修墓。

也是醉翁之意不在酒吧。

伍廷芳走后，沈家本在朝廷重臣中，不免有些孤掌难鸣。不过，随着西风渐进，朝廷重臣中，也有一些人受到新思潮的影响，观念有所改变。

加之，沈家本自己又有多年的官场历练与谋略，并没有停歇下来，他还是想用自己最后一点余烬，把该做的事，尽量多做一些。

就在伍廷芳走后的第二个月，沈家本又撰写了《禁革买卖人口变通旧例议》，主张废除奴婢律例。起因是两江总督周馥上书清廷，请求禁革人口买卖，删除奴婢律例。周馥在他上书的奏文中写道：英国则縻数千万金币，赎免全国之奴。美国则以释奴之令，兵争累岁，卒尽释放。义声所播，各国风从……我朝振兴政治，改订法律，百日维新，得买卖人口一端，既为古昔所本无，又为环球所不齿，而犹因循未革，非所以彰圣治而示列邦也。

沈家本收到朝廷要求议复周馥条陈的谕旨后，颇为兴奋，周馥和他的想法不谋而合。

在清朝，那些所谓的钟鸣鼎食之家，诗礼簪缨之族，无不以奴婢之多而炫耀，乾隆的宠臣和珅，供厮役者，竟有千余名之多，曹雪芹的舅祖父李煦家被抄时，入佰仆人就有217名。没有人身自由的奴仆，那种寄人篱下的耻辱与痛苦，那些高高在上的贵族与豪绅们，又何曾关注过呢？

奴仆也是人，而人，生而就平等的。可是奴仆，在主人面前，是毫无平等而言的。

捧读朝廷的谕旨，沈家本长长吁出一口气，挥笔写下：现在欧美各国，均无买卖人口之事，系用尊重人格之主义，其法实可采取。

可是，考虑到大多当政者的情感与理念认识，他下笔为文时，还是一贯的风格，温和舒缓，从古代讲起，历史的演变，东西各国之法的比较，情与理，虽然全都尽在其中，却还是远兜远绕：

查阅《汉书》，建武七年诏曰：饥馑与兵荒马乱之年，被贼寇掳去的妇女，后又卖给官吏或民人做奴婢或妻妾，官吏与民人，对这些妇女，去留要听从她们自己的意愿，如果敢不执行，以买卖人口论罪。注曰：根据惩处强盗的法律，抢夺卖人，合伙卖人为奴婢者，为死罪。《唐律》也指出：强掳卖人为奴婢者，绞；合伙卖人者，流二千里。掠夺卖亲属的卑幼为奴婢者，视同斗杀致人于死地；合伙卖人者，减一等。卖其他亲属者，各从凡人卖人为奴婢，或合伙卖人为奴婢的例律论处。祖父母、父母卖子、孙，与买者各加罪一等。可见汉唐时，此项罪名比今律所受到的处罚更重。

东西各国，大德意志刑法：买卖奴隶，或使其为外国军务或船舶之役者，处以惩役之刑；俄罗斯刑法：凡违法贩卖非洲黑奴者，以行劫论。又，将俄国及俄国保护的人民，卖与异种人为奴者，剥夺全部公民权，罚做 8 年以上、10 年以下苦工。其余各国刑法，皆不列此项罪名，因为久已无奴婢名目，所以法典中也就没有这一项。

现如今，我国虽厉禁已久，但买卖人口的风俗，相沿未改。推其原故，大多因遭遇荒歉之年，贫民糊口无资，卖儿卖女，藉此活命。开始，仅八旗、官绅之家，收养驱使；久而久之平民百姓亦多效仿，凡有资财的人家皆广置婢女。奸民借此以渔利，公然贩运买卖，以致受尽凌侮折磨，弊端百出。并且，虽然律文禁止买卖奴婢，而条例又准许立契买卖，法令参差不一。而且，官员打死奴婢，仅仅只是扣罚俸禄；旗人故意杀死奴婢，仅予枷号。与宰杀牛马相比较，罪名反轻，实在是太不重视人的生命。

除了历史演变与理论的叙说，他还设想了 11 条办法，比如：贫民子女只准当雇工，不准卖作奴婢；变通旗人家奴之例；酌量开豁汉人世仆；旧时婢女，限年婚配；纳妾只许媒妁；酌改发遣为奴之例；删除良贱不准为婚之律；切实禁止卖良为娼优之法；等等。

这些办法，说实在的，都是温和的，并不彻底，留有小尾巴。可是，王公贵族们，因为触犯了他们的既得利益，自然还是不会善罢甘休的。

坚决反对。

周馥的建议，沈家本进一步具体化的法律条文，还是被束之高阁。不过，沈家本的人格平等观念，还有他的人权思想，开始在清廷的层层官员中渗透。

五月（阳历的 7 月）随之来临。黄尘弥漫的北京城，在初夏的微风吹拂下，沙尘暴全然平息，天空重又湛蓝。街头的树阴下，花果飘香。这时，派往世界各国考察的五大臣，满载而归。

五大臣兵分两路，考察了日本、美国、英国、德国、法国、比利时、意大利、奥地利等国，身临其境，新鲜与震撼交混在一起，感受多多。清廷交给他们的任务：考究宪政，虽然未能深入，但毕竟还是触及了皮毛。

听了五大臣的汇报，清廷决定：学习西方，仿行宪政。

七月（阳历的9月1日）十三日，清廷颁布《宣示预备立宪先行厘定官制谕》。

时处今日，惟有及时详晰甄核，仿行宪政，大权统于朝廷，宪政公诸舆论，以立国家万年有道之基。但规制未备，民智未开，若操切从事，涂饰空文，何以对国民而昭大信。故廓清利弊，明定责成，必从官制入手，亟应先将官制分别议定，次第更张。

晚清官制改革，由此拉开序幕。

在官制改革中，沈家本又会遭遇些什么呢？

31　仕途的变迁

朝廷的人事与政事变化，随着秋天的落叶，纷至沓来。

大大小小的官员，乃至市井百姓，对朝廷的官制改革，热切的期盼中，也混杂着观望与茫然。

而此时的朝廷，早已失去了以往大清王朝的恢宏。虽然，皇宫依然巍峨，城墙依然厚重，但是国库早已空荡，内外交困。

列强虎视眈眈的觊觎下，国土辽阔的中国，却像一条漏了水的大船，在风雨中飘摇不定。

深谙深宫权术的慈禧，对人与人的钩心斗角，非常熟稔，也是玩于股掌，但对来自西方世界的列强，她却一筹莫展，被打得七零八落之后，才终于在朝廷有识见的重臣一再呼吁下，认识到立宪的重要性。不过，她的立宪认识，还是建立在巩固她自己至高无上的皇权至上，是为了：皇位永固，外患渐轻，内乱可弭。

摆在第一位的自然是皇位永固。

清廷在发布《宣示预备立宪先行厘定官制谕》的第二天，也就是1906 年 9 月 2 日，慈禧又降谕旨，任命载泽、戴鸿慈、袁世凯等 14 人为官制编纂大臣，庆亲王、首席军机大臣奕劻，文渊阁大学士孙家鼐，外务部尚书、协办大学士、军机大臣瞿鸿禨，为总司核定。

9 月 4 日，编制官制大臣召开了第一次会议。

9 月 6 日，设立编制馆。

一直处于酝酿讨论之中的官制改革终于拉开了序幕。

京城里的官员，上上下下，一片紧张。私下里，自然也是议论纷纷，说什么的都有。

官制改革，怎么改，不仅牵涉到国家利益，也牵涉到每一个官员的职位与前程，既得利益与将来利益，大多官员的心情自然是在震荡与波动之中。对国家的忧患意识，与一己切身利益，搅混一起。

官场上下是不安的，也是混乱的。

那一年，9月23日的《申报》曾报导说：自立宪谕下，政府新旧两党时有冲突。前日外间宣传有裁汰内竖（古代天子宫禁之内设若干小使以供股使，多为宦者，故称童竖；又以其在禁内，亦称内竖。后世用作宦官的别称。）消息。闻此言系旧党，传出盖欲藉此煽惑宫闱，以冀阻挠宪政也。于是内竖闻之均诣太后前泣诉，求老佛爷保护，太后答近日各大臣会议未闻有此，当询及之。次日，召见袁宫保，即以此事为问，宫保力陈并无此说。退至会议处，遂昌言内竖不可裁，以杜党之锢惑。

手握官制改革大权的朝臣们，在大小官员的张望、期待、胆颤之中也是大伤脑筋，进退维谷，牵制与压力，像潮水般涌来。

此时，沈家本的女婿汪大燮，清廷派驻英国的公使，就根本不看好国内轰轰烈烈的官制改革，他在给他的表弟汪康年的信中说：

改官制事，非变法，实斗法，此人所共见，惟面子尚可敷衍，不得谓非本初手段，惟铮铮者乌肯罢休，后来之事，正不可知，实危局也。

汪大燮信中的"本初"即袁世凯，而"铮铮"则是指铁良。两人分属不同阵营，袁世凯是举新政大旗的改革派，铁良则与袁世凯相佐，也就是《申报》中所言的保守派。两派自然针锋相对，但对针锋相对的两派，汪大燮都很鄙视，在他眼中，当时的官场就是鬼蜮的世界，举朝上下，如粪窖内的蛆虫一般，活煞活嗤，不知闹些什么。

话虽然说的很糙，但却很形象。

而他的老丈人，此时还是刑部当家堂官的沈家本，在即将开始的官制改革中，将首当其冲。

不过，已经老矣的沈家本，却不像他的女婿汪大燮那般牢骚满腹。此时的他，正沉浸在兴奋中，他的兴奋和官制改革倒没有什么关系。而是这一年多来一直在他心里徘徊不去的一个愿望——办一所专门的法律学堂，正在一步一步地实现。

在他和伍廷芳的共同努力下，中国近代第一所中央官办的法律专科学校——京师法律讲堂，终于正式开办了。

沈家本出任学校管理大臣。

最初提议创办京师法律讲堂的是伍廷芳。从英国回来的伍廷芳，深感国内法律专门人才的缺乏，对国外的法律制度更是鲜有深入的了解。沈家本每每与他对坐畅谈，都深有启发。仿佛一股思想的清泉，缓缓沁入心田。

沈家本虽然为官已久，年事也高，毕竟是年过花甲的老人。但是，他却没有老年人的固执与保守，对新的思想，新的事物，他都持高度的敏感，再经过自己的思想，一一过滤，这才做出抉择——接受或摒弃。

伍廷芳的建议，一俟提出，当即得到他的赞同，并立刻付诸行动。上一年他与伍廷芳向朝廷上《删除律例内重法折》时，就在折后附片一中提出了在京师设立专门法律学堂的建议。

新律修订，亟应储备裁判人才。宜在京师设一法律学堂，考取各部属员入堂肄业、毕业后派往各省，为佐理新政、分治地方之用。

他们的建议得到朝廷的基本认可。

之后，他们立刻付诸行动，就设立京师专门法律学堂一事，向朝廷呈上具体方案——办学方针与方向、课程设置，等等。

他们办学的宗旨则是：

本学堂以造就已仕人员，研精中外法律，各具政治智识，足资应用为宗旨。并养成裁判人才，期收速效。

方案中连三年的课程安排都很详细地呈上。为了能得到朝廷的首肯，沈家本表示，学校"暂由臣等经理"。朝廷的最高统治者，具体而言就是慈禧吧，对这样的学堂，自然是陌生的，但也觉得有益于朝政建设，对她的皇权不会有什么妨碍，也就同意了。并要沈家本出任管理大臣，负责学堂的管理事务。

筹办一所学堂，特别又是在朝政那般混乱，经费没有保障的情况下，是很艰难的。前前后后，忙了一年多，直至伍廷芳离开京城时，京师法律大学堂还没有落实，仍在筹建中。

伍廷芳离开京城后，沈家本虽然更忙了，公务缠身，但他始终如一，以极高的热忱，来做这件事。

在他心里，要改变中国的状况，这是一件不能不做的事，也是一件非做不可的事。

当时，一批青年才俊，都被沈家本网罗到这所学校里。比如：董康、曹汝霖、王仪通、许受衡、周绍昌等，担任学堂的提调。教员呢，即有中国的法律专家吉同钧、姚大荣、汪有龄、钱承志、江庸、张孝移等，也有日本的法律专家冈田朝太郎、松冈义正等。

所选教员，都是经过沈家本精心挑选的。特别是中方教员，沈家本都深为熟悉与了解，同行中的佼佼者，既对中国法律很熟悉，也都有自己的见解。比如吉同钧。虽然，在年轻的留学生眼中，吉同钧是个挺顽固的保守者。但是，他的旧律造诣精深，特别是对刑律，更有深入细致的研究，深得沈家本的青睐。

吉同钧比沈家本年轻14岁，生于是1854年，和薛允升、赵舒翘一样，也是陕西人。吉同钧的老家在陕西韩城赳赳寨。地处西北的陕西乡村，寒冷而偏僻，人的性格中也就多一层坚忍不拔与忠厚。

吉同钧的科考之路倒与沈家本有几分相像，颇为坎坷，他36岁才考中进士，也算是大器晚成。考中进士之后，便进了刑部。先授刑部主事，后为奉天、四川各司正主稿。因其判案平允，提升秋审处坐办，兼律例馆事务。

他同他的前辈薛允升、学长赵舒翘一样，做学问，有很深的定力，不为外界所动，所以对法学，他有很深的造诣。遇事，他则更为灵活，善断。所以，他在刑部时，深为两任尚书倚重，凡疑狱大案均委吉同钧审定。光绪二十六年（1900年），蒙古王激变，被迫自尽者很多，株连了好几百人，此案拖延数月，难以解决。朝廷派吉同钧前往查办，连审三次，即真相大白。只处决了为首者4人，余下的跟随者全部释放，风波随即平息。朝廷自然也大大地松了一口气。

光绪二十九年，也就是1903年，吉同钧就在刑部内提倡删除重法。他说：现今中国之法网密矣，刑罚重矣。在谨守法度的刑部同事中，他的观点算是很激进了。两年后，光绪三十一年（1905年），沈家本与伍廷芳所上《删除律例内重法折》就汲取了他的想法。也许是与他不谋而合。

沈家本对吉同钧有很高的评价：吉于《大清律例》一书，讲之有素，考订乎沿革，推阐乎义例，其同异重轻之繁而难纪者，又尝参稽而明辨之，博综而审定之，余心折之久矣。

也有学者认为：清末法学大师，吉同钧与沈家本齐名。

沈家本对法学人才，不管是老的还是年轻的，国外留学归来的，还是旧学者，一视同仁，都特别的爱惜，设法网罗，给他们一片施展抱负的天地。

当刑部当家堂官沈家本还沉浸在筹建法律学堂忙碌中，他的仕途却再一次遭遇变迁。

两个月后，阴历的9月，阳历已是11月。京城，已沉浸在初冬的寒冷之中。虽然，前后不过只是两个月的时间，对京城中的官员来说，那可是漫长的等待。

官制编纂大臣奕劻、载泽、袁世凯们，来来回回商榷了又商榷，权衡了再权衡，先是端戴方案（端方与戴鸿慈），接下来又有载泽方案与奕劻方案，最后，编纂大臣终于向朝廷递交了《厘定中央各衙门官制缮单进呈》。改制的方案初步明确：将过去以军机处为政务中枢的部院制，改为以新内阁为政务中枢的内阁制。中央设资政院，作为立法机构。裁汰军机处与旧内阁，成立新内阁，下设十一部，执掌行政事务。

几天后，针对这份奏折，慈禧提出五不议原则：军机处不议，内务府不议，八旗事不议，翰林院事不议，太监事不议；颁布上谕，裁定奕劻等人的草案："内阁军机处一切规制，著照旧行。"

依然还是过去的既定方针：大权统于朝廷。

内阁军机处，仍然为清廷的政务中枢，法部与大理院隶属其下，虽然有司法与审判的权力，但还是要听从政务中枢内阁军机处的指挥。新设的资政院，也并不是立法机构，主要职责不过是博采群言。

慈禧能够容忍的官制改革，底线一如既往：保护皇权。

不管怎么改，皇权是不能动摇的。

官制改革的步伐是犹豫而缓慢的，但是相对旧体制来说，毕竟还是一种进步。

除了五不议之外，清廷对各部作了一些调整。比如：巡警部改为民政部；户部改度支部，以财政处并入；太常、光禄、鸿胪三寺并入礼部；改兵部为陆军部，以练兵处、太仆寺并入。

直接牵涉到沈家本个人仕途命运的则是，撤销刑部，改设法部与大理院。法部掌握司法大权，大理院则任审判，由法部进行监督。

随着冬天的寒冷悄然而至，沈家本的仕途，也充满了不定的变数。

阳历11月7日，清政府在颁布中央官制改革方案的第二天，对各部院大臣进行了调整与任命。刑部在这次中央官制改革中，变为法部，专任司法；大理寺改为大理院，专掌审判，相当于我们今天的最高法院吧。因刑部的撤销，刑部当家堂官沈家本自然也就不再是当家堂官。变革以后的法部，由戴鸿慈任尚书，左侍郎绍昌，右侍郎张仁黼；沈家本则离开法部，调到大理院，任正卿，官至二品。刘若曾为大理院少卿，官至三品。

改制后的大理院正卿的地位，虽然提高了，但仍然低于各部尚书，仅与各部侍郎相当。

刑部不再存在，沈家本的心里不免惘然，除了外放的五六年里，他一直在刑部。他熟悉刑部，刑部也熟悉他。

大理院呢，几乎一切都得从零做起。

原先的大理寺，本是一个很闲的部门，在清廷官员的眼里，"几等闲曹"，每年的办公经费只有六百金。人力、物力与财力各方面的条件都很差，与最高审判机关的要求，相差甚远。与刑部相比，地位也低很多，甚至连参与会审之类的事务也只是虚应，并无决断权。

面对眼下几近荒芜的大理寺，沈家本叹息：大理寺沿袭既久，名实渐乖。讯谳已等虚文，会听只循故事，重以经费支绌，振作难期，虽有贤能，末由展其尺寸，官之失职，有自来矣。

话说得很实在，也很沉重。

并且，对朝廷这样的机构设置，法部与大理院，他也是心存疑虑与想法的。在官位改制之后，这两个部门的地位如何？大理院从属法部？那么审判独立又从何谈起？法部与大理院又各有哪些权限？

朝廷却是语焉不详。

从官位的高低来看，大理院是低于法部的。低于法部的大理院能够争取到审判独立的权力吗？

但不管沈家本如何想，他必须面对现实，走马上任。大理院的正卿一职，毕竟还是给了他施展自己理想与抱负的天地。

千头万绪。

首先面临的就是办公场所与经费问题。过去，众官员眼里几近闲曹的大理寺，办公经费每年不过六百金，少得可怜，办公场所自然也没有几间房屋，而且十分破败。

也许，是因为在天津与保定干了两任知府，官场的历练，使沈家本增长了行政才干，既便是面对千疮百孔的烂摊子，他也能够轻重缓急，步步为营。

一个星期后，他向朝廷奏请赏给衙署及公所，以资办公。很快，朝廷也给了他答复，将原刑部署内的部分房屋及原工部颐和园衙门划分给大理院。工部的衙署本由裁并的太常寺改造，有房屋约一百五十多间，零星散落。沈家本与同僚商榷再三，用其中的部分房屋改建成监狱，分别关押男女犯人。

虽然，办公处所简陋、逼仄，但总算是有了安身立足之处。

接着，11月19日，他又向朝廷上奏，要求朝廷给大理院拨款，在奏折中，他缓缓述之：大理院开办之初，以调用人员，建立法庭为亟，而筹款尤为先着。旧日大理寺常年经费只六百金，无裨实用。请求朝廷先行拨付相应款项，以备开办。

对开办所必须的经费，他也做了细致的调查与核算：

所有臣院开办经费、员司津贴、书记杂役食及制器具并茶水、煤炭、纸张等项，撙节计算大约需银二万两，请求饬下度支部照数拨给，俟三四月后办有规模，再行酌量请给常款，以持永久。

每一款项的用途都很具体，都是不得不花费的。

朝廷批准了他的请求。

请求虽然批准了，但是款项却迟迟不能到位。

风雨飘摇中的清廷，也是心有余而力不足。巨额的战争赔款，军费与新政，使本来就已捉襟见肘的国家财政雪上加霜。

沈家本只好四处烧香拜佛，向先法部索款，法部一口拒绝；只好转而再向度支部寻款，度支部（晚清管理财政的中央机构）也说无钱可拨。

巧妇难为无米之炊，沈家本为此异常焦灼。焦灼归焦灼，他还是得亲自出面，一而再，再而三地向朝廷奏请拨款，请求度支部援手。

虽然，筹措资金，已弄得沈家本焦头烂额，但是他同时还在做另外一些事。那便是廓清官制改革之前的遗留案件。

他与少卿刘若曾几番商榷，两人的看法终得一致，先与民政部商议划清权限，接手民政部原先的案件，再将过去所有内外城之预审厅一律裁撤，一切审判事宜均归大理院节制。

接下来，两人全力以赴的便是：有关大理院的自身建设与制度建设。

很具体，首先是有关人的：裁撤冗员，调用新人，派员出外考察，以广见闻，扩充教育，培训新人，旨在提高大理院全体在岗人员的素质。

在裁撤冗员的同时，作为大理院最高长官，他以迅雷不及掩耳之势，拟定了调用新人的宽松政策：遇有升转仍因其旧，俟大理院奏补实任后再行照例办理。

用我们今天的白话文来说，就是：暂时不免去所调进人员在原来部门的职务，一旦有升转的机会，仍然照旧执行，等大理院奏补实任以后再按照吏部的相应规定办理。这些人员，在大理院只不过是挂个号，只要他们在原来的部门得到升迁的机会，就可以不来大理院。并给了他们一个很重要的承诺，那就是来去自由，选择自由。

12月8日，经过一个月的筹备，大理院便从各部调入司员41人。其中内阁1人，农工商部2人，法部38人。其中郎中7人，员外郎12人，主事15人，候补署正1人，内阁中书1人，笔帖式5人。这些人，都是与他共过事的同僚与属下，比如吉同钧、董康、王仪通、许受衡、周绍昌等等。他了解他们的长与短，能力与经验，学问与品行，乃至性格。

调入的精英，大多来自刑部，也就是改制后的法部。

而那时，亦在筹建中的法部，还没有考虑人员配备，对规格比他们低的大理院，也没有往心里去。在法部当政者眼里，大理院像他们的属下一样，一个部门。大理院正卿，官阶二品，和他们的左右侍郎一样。

大理院的当政者沈家本却不这样看。官阶在他眼里，不过是官阶，他所要争取的却和官阶没什么关系。虽然，部院已经成立，但各自的分工朝廷并不明确，既然不明确，他就要想办法为大理院多争取一些权力。

紧接着，就在这紧锣密鼓的筹备之中，沈家本所率的大理院，又以极快的速度制定了《大理院审判编制法》，并向朝廷呈上。

这部审判编制法，旗帜鲜明，明确表示：大理院为全国最高之裁判所。其审判原则：自大理院以下及本部直辖各审判厅局关于司法裁判全不受行政衙门干涉，以重国家司法独立大权而保人民身体财产。

大理院最主要的职权则为：最高审判权与法律解释权。该法二十二条规定：大理院于下列事项有审判责任：第一终审案件，第二官犯，第三国事犯，第四各直省之京控，第五京师高等审判厅不服之上控，第六会同宗人府审判重罪案件。该法第十九条规定：大理院之审判于律例紧要处表示意见，得拘束全国审判衙门。

当然，久在官场中的沈家本是知道朝廷最反感什么的，他和伍廷芳也曾为此碰过壁。所以，他对朝廷的最反感的核心：司法独立与审判独立，也做了退让，那便是保留了法部的重案复核权。

字斟句酌，滴水不漏。而且避开了法部，单独上奏。

也许，是因为在官制改革中，上奏给朝廷的奏折太多，连篇累牍，对于国家政务并不太懂的慈禧，对大理院的奏折，也就没有太在意，大笔一挥，画了个圈。

12 月 12 日，《大理院审判编制法》获准执行。

一俟获准，几乎来不及喘息，沈家本便率大理院开始了京师各级审判厅的筹建。

除了忙碌，还是忙碌。

当然，在官场的浑水中几经沉浮的沈家本，是会料到他的思想、理念与做法，会在一些同僚中引起波澜，势必也有人会把他的审判独立想法归入权力的争夺，他确实也是在为大理院争夺权力。官场上，有深刻思想见解的人不多，但对权力想往的人却很多。

对这些，他已经不太在意，他已经老矣，权力与荣耀，不能完全说是过眼烟云，但毕竟看淡了许多。

然而，忙碌中的他，还是轻看了官场上思想与权力的交锋。也许是无暇顾及，那时，他还没有料到等待他的将会是一场怎样的风暴。

32　政坛新星戴鸿慈

　　相对于大理院的雷厉风行，法部的步伐是缓慢的。不那么急切，也没有快刀斩乱麻的干脆与利落。

　　温吞水一般。

　　也许，此时法部新上任的尚书戴鸿慈，还沉浸在从欧洲载誉归来时的兴奋与荣耀之中。考政大臣，这顶华丽的桂冠使戴鸿慈身负知新之美誉，备受世人瞩目。《时报》就直呼他为：戴相。

　　当然，这也让朝廷上下，许多官员非常垂涎。

　　朝廷所要他担负的建言使命，则又让他成为立宪派游说和争取的对象。

　　考政出行前，戴鸿慈的官位并不太高：户部右侍郎。

　　那时，他也并不是一位思想特别活跃，善于接受新思潮的官员。和当时的大多数文臣一样，他是谦抑谨慎的，似乎也没有什么特别引人注目的政绩。

　　在人们的印象中，他就是一个本分、踏实的官员，颇具文采。但是，出洋考政，改变了他的官运，也改变了他的人生轨迹。

　　而现在，笼罩在光环中的法部尚书戴鸿慈，与大理院正卿沈家本的心情完全不同。对法部的建设，没有那么急切，也没有那么迫切。他还没有从厘定官制改革方案的兴奋与忙碌中回过味来，对自己新上任的这个角色，他心里多少存有几分茫然。

　　虽然，宦海沉浮也将近 30 年了，但毕竟，他只在刑部待过一年，也只当过一年的刑部侍郎。对刑部的人与事，他远没有沈家本熟悉，也不可能像沈家本那样了然于心。对中外司法的认识，他也仅限于走马观花，形式多于内涵。

然而，比他年长十多岁的老者沈家本，眼下在想些什么，又在做些什么，并没有引起他的特别注意与在意，只是轻描淡写地从他心上掠过，多少有些忽略。

他比沈家本年轻得多，仕途之路也顺得多，为人处世，处理政务的作风，也就大相径庭。想法与心情，自然也是大不相同的。

那时的戴鸿慈与我们现在的官员一样，当然心知肚明：在官场上年龄是个宝。

戴鸿慈生于 1856 年，比沈家本足足年轻 16 岁。字光孺，号少怀，广东南海县西樵镇大同戴家村人。戴家村虽然不过是一个小小的村庄，但却地灵人杰。在清时前后出过 6 个举人，1 个进士。

那个进士便是戴鸿慈。

戴鸿慈的父亲戴其芬，也是个读书人，官至光禄寺署正。戴其芬有三个儿子：鸿宪、鸿慈、鸿惠。三个儿子先后都考取了举人，但三兄弟中只有戴鸿慈一人考中了进士。

那是 1876 年，戴鸿慈才 20 岁。殿试二甲，朝考一等。考官对他的文章颇为欣赏："大雅从容，馨澈铃圆，金和玉节，声情茂美，神致安闲。"

少年得志。

戴鸿慈没有考取进士之前，在家乡便文名远扬。当时，佛山名士梁九图对他就特别青睐，看了他的文章，大为赞许，并将自己的侄孙女嫁给了他。

戴鸿慈的少年与青年求学之路，一帆风顺。

之后，他的仕途之路也很平顺。没有坎坷，也无波澜，风平浪静。中了进士后，戴鸿慈又被选入翰林院，学习了三年之后，外放做官。

能被选入翰林院，在当时可是一件了不起的事，必须是科举考试中的出类拔萃者。按照清廷的规定，科考中的第一名，也就是状元，要入院当修撰；第二名，俗称榜眼，和第三名探花，要入院当编修；进士中的优秀者为庶吉士，庶吉士意为取翰林官的预备资格。与状元、榜眼、探花相比，庶吉士要先入翰林院庶常馆学习深造，三年期满，考试优良者可授编修等职。庶吉士当翰林都是皇帝亲笔勾定，所以民间又称此为——点翰林。

戴鸿慈就是当年青年学子中令人眼红的点翰林。

翰林在当时社会是非常荣耀的，翰林的本义就是指文翰荟萃的所在。文翰，则是指文墨、文章的意思。而翰林作为官名，是说充任者都是精通文墨的才子，是百姓口中的大秀才，也就是我们今天的大知识分子吧。

人们眼中的才子官。

而这些才子官，最令人羡慕的则是能够近距离地接触皇帝。因为，他们所做的实际工作，也就是充当皇帝的政治军事秘书和文翰侍从，还要在上书房给阿哥也就是皇储子们讲课，检查皇家八旗子弟学校学生的功课，负责编纂和校订图书。如果，这些事中哪一件做得出色，就会得到皇帝的赏识与恩宠，在官职上还可能进一步升迁。

因为能够经常见到皇帝，又能受到皇帝的恩宠，翰林们的优越感是非常强的，自我感觉良好，对一般人也就大多看不上眼。特别是在官场，翰林被人们羡慕地称为"玉堂仙"，他们自己也就常常有一种飘飘欲仙的感觉。

当时的翰林院在京城的东边，今天正义路迤北向西拐弯的一座大花园里。在那座大花园里，一湾清泉蜿蜒而去，泉边树木葱郁，花草点缀其间。厅堂呢，自然是雄伟巍峨的，带着几分皇家的气息。

年轻的戴鸿慈，人生之旅，就是从这里开始的。

起点高，又很平顺。

而他的职业生涯则是从 1879 年开始的，那一年他 23 岁，督学山东。1881 年，他因父亲去世，回到家乡。丁忧期间，中法战争爆发，他在佛山倡办团练。1885年，又从山东调往云南，仍然是督学。1891年，升为云南正考官。1893年，调往顺天，乡试同考官。1894年，他回到了京城，充日讲起居注官。同一年，又迁翰林院侍讲学士，就是又回到了翰林院，但这一次不是当学生，而是做老师。之后，督学福建，再迁内阁学士。

基本上都是文职，没有什么与民生联系紧密的实践。

1895年，当甲午战争爆发时，39岁的戴鸿慈是很坚决的主战派。战事初起之时，他坚决主战，还提出过战守之策。战败之后，他又愤愤地上本参奏李鸿章：贻误大局，罪已贷无可贷。

很激昂，也很愤然。

可是，仕途平坦顺畅，又身为文职的他，对当时的社会状况，却缺少深入的了解。当然，也就对清廷没落的专制制度、政治与经济的腐败，没有深刻的认识，还有李鸿章图变的艰难。

平心而论，那一时期的李鸿章，对我们这个古老的帝国，并非罪已贷无可贷。他的贻误大局，根子还是在朝廷，并掺杂着方方面面的原因，乃至个人恩怨。

那时，作为洋务派的领袖，李鸿章亲率一帮汉族官僚，修路建厂，练军（包括在甲午战争大败的海军），轰轰烈烈。于是，相当一部分满族权贵急了眼：李鸿章兵权益盛，御敌不足，挟重有余，不可不防。朝臣们为了削弱李鸿章，不惜削弱北洋海军。甚至连户部尚书翁同龢，都以慈禧太后修园为借口，连续两年停止发放海军装备购置费，以限制李鸿章。在接二连三的打击下，李鸿章又因恭亲王奕䜣失势，失去了支持他的后台，只好与满族朝臣和好，挪用海军军费修建圆明园，海军的建设经费自然是越来越少，捉襟见肘。

当然，李鸿章治下的海军也是腐败的，几乎没有军队纪律与约束。军舰上的官兵，常常很随意地就下船。虽然，《北洋海军章程》有规定，总兵以下各官，皆终年住船，不建衙，不建公馆。可是当外国教练琅威理一旦离开，军舰上的官与兵，就立刻松弛下来，沉浸在散漫的享受中。自左右翼总兵以下，争相带着家眷回到陆地上居住，军士也离开舰艇，上岸寻欢作乐去了。提督丁汝昌呢，更是过分，他居然在海军公所地刘公岛盖房子，出租给各将领居住。夜间住在岸上的军官与兵士，多至一半以上。统帅李鸿章，对这种视军纪章程为儿戏的举动也有所耳闻，但却睁一眼闭一眼。直至对日宣战的前一天才急电丁汝昌：官兵夜晚住船，不准回家。

平时军队的训练，也几近于无。大白天，酗酒聚赌是常有的事。有一次，一个外国人上了军舰，竟然看见海军提督正与巡兵坐在甲板上嘻嘻哈哈地打竹牌，目瞪口呆。

这样的军队又怎么能打仗呢？

而腐烂的根子却在朝廷，是从老佛爷那儿开始的。用于军队建设的银子，挪去修建宫廷花园了，军队的官与兵，日日沉浸在酗酒赌博玩女人的放浪形骸之中，也是可以想见的。

此时的戴鸿慈，只不过是四品文官，也许根本不了解这些实际情况，也根本不知道那些身居要职的海军大臣，乃至北洋舰队普通一员，整天都在做些什么。即便有所耳闻，也很皮毛。

他的上书，他的敢言，无济于事，也改变不了什么。

但和大多传统官僚一样，他还是寄希望于朝廷，希望自己的国家能够振作起来，立足于世界之林。

1895年《马关条约》签订后，戴鸿慈痛心疾首，他与文廷式率先反对，随后他又上《善后十二策》，希望朝廷能改良政治，增强国力。

虽然，朝廷并未采纳他的言与策，但他却因此而给慈禧留下了较为深刻的印象。

1897年朝廷又把他派往福建，所任之职：提督学政。也就是清廷在各省的教育行政长官。1899年，他又回到京城，升迁为少詹事。还是文官，其职掌经史文章之事，纂修书籍、典试、提学，等等。

1900年，他的职务经历了两次变迁。年初，迁内阁学士，兼礼部侍郎。

这一年的冬天，当他请假为父亲修墓归来，升任刑部左侍郎。他到刑部上任时，沈家本已经离开刑部六七年了，两人也就没有共过事。

不过，戴鸿慈在刑部只待了一年，椅子还没有焐热，便又转入户部，为右侍郎。

1901年，他赴西安行在。在逃亡的纷乱与哀伤之中，他又上《敬呈治本疏》，条举八事。同年冬天，他随西太后还京。一路上，虽然有朝廷先行官员安排好食宿，力求维持皇家奢华的颜面，但民不聊生的破败，依然在他心上徘徊不去。

传统的儒家教育，刻在他骨子里的还是报效国家，报效朝廷的忠心。所以，心里想的还是怎样才能改变国家的现状。种种思考，种种补天的办法，在他心里来来回回地权衡。

回到京城后，他转户部右侍郎，充任考试试差阅卷大臣，考试御史阅卷大臣，江南乡试正考官。而此时的戴鸿慈，却在思考他的官职之外的国家事宜，上奏请设宣谕化导使，专门处理百姓与教民教会之间的纠纷，并由外务部编辑外交成案，广为颁发宣讲；在翰林院创立报局，各省设报馆，以"宣上德抒下情为宗旨"，开启民智。

他的建议与他的政见，都较为开明，也都是经过他自己深思熟虑的。但他的建议，朝廷采纳的并不多；而他的政见，也并没有引起朝廷的特别重视。

1903年，他官职又有变动，朝廷调他充任考试庶吉士散馆阅卷大臣，考试试差阅卷大臣，殿试读卷大臣，朝考阅卷大臣，考试经济特科阅卷大臣，覆核朝审大臣。

1904年，他为会试副考官，覆核朝审大臣，赴差开封甲辰科会试。

至此，戴鸿慈还是一介很地道的文官，也并不引人注目。他自然也不会想到朝廷会派他出洋考察政治。

可他的上书，却让老佛爷慈禧记住了他，对他颇有几分欣赏，也就给了他出洋考政的机会。

对于奉派出国考察宪政这一殊荣，戴鸿慈诚惶诚恐，深为自己获恩宠，成为朝廷的重臣而激动、兴奋，他在日记中写道："自惟文学进身，未谙外务，闻命之下，弥切悚惶，惟竭一得之愚，深思五善之益。感惧交集，夜不成寐。"

出洋考政是戴鸿慈政治生涯中的拐点。

1905年，他作为五大臣之一出国考察政治，还在出国的途中，即被任命为礼部尚书。

1905年12月7日，在北京凛冽的寒风中，戴鸿慈与端方悄然离开了北京，再次踏上西行之程。这一次，他们害怕再次遭遇暗杀之类的不测，很小心很低调。北京火车站也采取了严密的保护措施，实行戒严，往来的百姓一律被视为闲杂人员，不得入内。即便是这样忐忑不安，他们还是按照惯例，先完成祭祖仪式，求得祖宗庇佑之后，才上车。为了安全起见，两位大臣在国内的行程，很曲折。由北京经天津至秦皇岛，再换兵轮到上海，从上海搭乘洋轮，开始西行。

两位大臣到了上海之后，便松了一口气，也就开始摆起谱来，随行人员一下子增加了许多，变成一支浩浩荡荡的四十余人的队伍，除了随同考察人员，官差，甚至还专门带了一个剃头匠。也许是清廷的特意安排吧，为他们出行壮胆、撑门面。

12月19日，这支浩浩荡荡的队伍，搭乘美国太平洋邮船公司的巨型邮轮"西伯利亚"号，乘风破浪，驶向他们前往访问的第一站——日本。文臣出身的戴鸿慈，笔头子很勤快，一上船，就详细记录了整个邮轮的构造。他是第一次登上这样雄伟的巨型邮轮，深感新鲜，内心深处还有一种不由自主的震撼。

而更让他震撼的却是自由。

议院、议员、议会，执政党与在野党，这些在古老的中国都是闻所未闻的。若不是亲身经历，他简直不敢相信。在美国，当他看到议员们在议院中议政的情形，瞠目结舌：恒以正事抗论，裂眦抵掌，相持未下，及议毕出门，则执手欢然，无纤芥之嫌。盖由其于公私之界限甚明，故不此患也。

可是，在古老的中国，朝廷大臣们觐见慈禧与光绪皇帝，躬腰而进，跪拜在地交谈，连头都难得抬一下。君臣之间，哪里有平等可言？

最早入侵中国的英国，和美国一样，也是议会制，也有当权的执政党和不当权的在野党，只不过名称不一样，戴鸿慈在日记中写道：政府党与非政府党。政府党与政府同意，非政府党则每事指驳，务使折中至当，而彼此不得争执。诚所谓争公理，不争意气者，亦法之可贵者也。

更让他深感诧异的是意大利。在意大利，议院竟可以决定国王任命的大臣的去留。在清廷这简直是不可想象的事：义（意）国任命大臣之权，操诸国王之手。而大臣之不职者，得由下议院控诉之，而由上议院以裁判之。欧洲诸国，政制相维，其法至善，胥此道也。

既惊奇，又赞叹。

一路的新鲜，目不暇接。政府机关、邮局、铸币局，管制罪犯的监狱与关着社会另类人群的疯人院，还有商会、基督教青年会与学校，美术院与博物馆，所到之处，给他留下的除了惊奇、赞叹，还有相形之下大清帝国已然没落的悲叹。

在这次考察留下的照片中，有一张是戴鸿慈被一群西装革履的洋人簇拥着，站在异国他乡的街头。他微昂着脸，脑袋后拖着长长的一条辫子，臃肿的长袍马褂。他脸上的表情，给人的感觉是不合时宜的古老与僵硬。他的眼睛在赤裸的天空下，有点儿眯着，目光越过街畔的高楼大厦，直直地遥对天空，眼神飘渺而空洞，丝毫不见兴奋。

然而，那时他心里却是翻江倒海，感慨万千，就像他在日记中所叹：数千年文明旧域，迄今乃不若人。

他与端方一行，前后在日本、美国与欧洲，考察了近 6 个月，但给他的感觉却是匆匆，如惊鸿一撇，除了深刻的新鲜，却没有深刻的理解与了解。不过，他还是尽可能地留下详细的文字记录，整整 12 卷的《出使九国日记》；除此，他还根据从国外带回来的资料，编写出《欧美政治要义》一书，将欧美各国政体和相关政治制度进行了简略的介绍。

1906 年 5 月中旬，戴鸿慈和端方带着一干出访人员，由意大利乘船回国。回国的途中，他就得知，朝廷已任命他为礼部尚书。官位又上升了一级。心里鼓胀得满满的，这于他个人的仕途，是很重要亦很关键的一步。当然，那时他心里也装满了改变自己这个古老国家的热忱与愿望。

他毕竟是朝廷的忠臣。

自然还是先回上海。6 月 4 日，抵达上海。在上海，他与端方逗留了近半个月。而这半个月，不是休息，也不是休整，几乎没有一刻闲着。拜会各国领事和上海官员，场面上的周旋自然是少不了的。官场的应酬与忙碌之外，他还和活跃于朝野的立宪派精英们多有交接，他深知这些人虽不是官员，但他们的能量与能力有时却是朝廷官员所不能比的。出国之前，在上海他就曾与张謇、赵凤昌等立宪派领袖人物有过接触，长谈彻夜。立宪与改革，伴着黄浦江的浪潮，激荡着他的雄心。

由上海回北京，路过天津时，他又专程拜访了主张立宪的袁世凯。他与袁世凯也是坐谈良久，谈及筹备立宪及官制改革，两人的看法大致相同。

相见恨晚矣。

半个月后，他才回到京城，风尘仆仆。然而，当他还没有从旅途的疲惫中稍事休整，便被召唤进宫，接连两次受到慈禧与光绪皇帝的召见。

心情自然更是兴奋与激动的，也跃跃欲试，很想为改变古老的帝国做出些什么。毕竟，戴鸿慈还是一个很想有所作为的文官。

两次召见，他都侃侃而谈，日本美国乃至欧洲各国，议会议员与议政，滔滔不绝，并详细分析立宪之利。在他看来，国家要变革，宜从官制改革入手。

想必，高高在上的老佛爷慈禧，并不一定能够完全听明白那些她很生疏的政治新名词，执政党在野党，议会议员什么的。但是，她也受到戴鸿慈激动情绪的感染，接受了必须改革的建议。那么，就从官制改革开始吧。

戊戌政变失败后，饱受打击的光绪帝，此时的心情与目光是不是比以往更加的忧郁？这位脸色苍白的年轻皇帝，会不会从他的见闻与诉说中看到一星希望？露出些许微笑？

戊戌政变虽然败北，但改革却仍然继续。

而此时刚刚年至不惑的戴鸿慈，心里却充满了希望。此后，没过几天，他便连续上奏，递交了《请定国事以安大计折》《请改定全国官制以为预备立宪折》，颇具影响。

仿佛一颗冉冉升起的政坛新星。

自然深受慈禧的重视，让他进入负责厘定官制的领导班子，参与编纂官制。在编纂官制的过程中，他与端方联名所上的官制改革方案，也是进入朝廷最高决策层的四个主要方案之一。

官制改革方案尘埃落地之后，戴鸿慈便顺汤顺水地官升一级，成了法部尚书、参政大臣，位列公卿。

备受重用，自然不免春风得意。

可是，具体落实到法部的改革与筹建，他便有些力不从心了。历时6个月，游历15邦，他所获得的多是对西方政治法律、文化风俗的感性认识，而对西方政治法律制度的了解与认识，他也只能还是限于表面与皮毛。

他心里有些乱，有那么点老虎吃天，无从下嘴。

而他的副手呢？

他的副手张仁黼，能够帮助他理清头绪，顺利开展吗？

33　学政大臣张仁黼

　　张仁黼也不年轻了，也已经过了知天命的年纪。他清瘦，个儿不高，两目深邃而有神，和沈家本倒有几分体态上的相像，只不过他的颔下没有长长的胡须。

　　也是文官出身吧。

　　不过，张仁黼从未涉足过法律。他的仕途之路，倒是与戴鸿慈大抵相同。入仕之后，由翰林院而至各省学政，做的多是教育方面的工作。

　　张仁黼比戴鸿慈略长几岁。他生于1848年，字劭予，河南固始人。他和戴鸿慈一样，也是1876年考中的进士。那一年，他已经28岁了。不过，与沈家本艰难的科考之路相比，他还是比较平顺的，虽然他没有戴鸿慈的运气，少年得志。

　　考中进士之后，他也同戴鸿慈一样，被选进了翰林院。学习一年之后，授编修，入直上书房。编修，很小的一个官职：七品。虽然，不过是七品芝麻官，但想要成为编修却也不是一件很容易的事。一般只有两个途径，一是由殿试后的第二、三名补授，也就是俗称的榜眼与探花。另一个途径呢，是从翰林院庶吉士中选拔优秀者授予编修。

　　编修的工作主要是负责编修国史实录及会要等，官位虽不高，但工作的内容却很重要，也是走向要职的一个很重要的阶梯。

　　张仁黼想必也是进士中的佼佼者。所以，才能够授编修，入直上书房。

　　1884年，法国侵略越南，已经在翰林院工作了七年的张仁黼非常愤怒,他和翰林院的同仁朱一新等,一起奏请:严海防以杜狡谋。他们的看法与戴鸿慈差不多:能战然后能和。

和京城里的大多文官一样,张仁黼和他终年浸泡在翰林院里的同僚们,与社会底层,还是相当隔膜的,对外省官场也是不太熟悉的。对海防与战争的看法,则完全来自书本、街头巷尾的传闻与想象,往往只限于纸上谈兵。敌我军事力量、武器装备的悬殊,他们却是毫不知情的,枪林弹雨与血雨腥风的沙场,离他们更是远而又远的。

不过,他们的弹劾,他们的上书,他们的指责,却充满了英雄气概,指点江山,甚至盛气凌人。但到底不能拯救败落的清廷。

那一年,他已经36岁了,在翰林院也待了8年,很想外放,也只有经过外放,他的官阶方能更上一层楼。

虽然,考中进士后,进了翰林院很荣耀。但在那儿呆久了,却也很乏味。翰林虽然能够接近皇帝,职位清高,但收入却不多,生活也相当清苦。常被京城里有钱的人嘲笑为"穷翰林"。

北京人特别善于调侃,当时坊间就流行着这样的笑谈:"上街有三厌物,步其后有急事无不误者,一妇人,一骆驼,一翰林也。"因为,翰林没有车,在街上行走,又要摆派头,缓步而行,所以招来身后快步行走者的厌烦。翰林们也自嘲:有屋三间开宅子,无车两脚走京官。

1885年,张仁黼终于得到一个机会,出督湖北学政,充日讲起居注官。日讲起居注官,也就是给皇帝写起居注,讲解经史,草拟有关典礼的文件。虽然还是文职,但却很重要,要按日进入皇宫,为皇帝进讲经文,记载皇帝的言与行。

和皇帝的接触自然也就更多了。

皇宫里进进出出,张仁黼官位虽不很高,但对官场的见识却不少,为官之道也深有他自己的心得。

当然,他的思想自然也和当时的主流社会很一致:恪守传统的儒家道德。

光绪十四年，也就是 1888 年，他给湖北郧阳府一位姓贺的守节女子题了一块匾，匾额上写着四个大字：截耳遗风。

现在的人大概都不大知道这四个大字的意思。其实，"截耳"是个典故，典出《南史》列传孝义篇，是一个令人心惊肉跳的故事：

南唐时，安徽固镇县王整的妹妹嫁卫敬瑜为妻，16 岁守寡，父母舅姑都劝她改嫁。卫氏不胜其扰，拿起剪子铰下自己的耳朵，以示守节的决心。

郧阳的历史上是否真有这位贺姓烈女，不得而知。但张仁黼对这位女子的行为大加赞赏，我们却可从中领略他的好与恶。很传统，也不免残酷。

在湖北学政这个位子上，张仁黼又盘桓了 7 年，直到 1892 年才离开，补国子监司业。国子监是历代掌管教育的最高机构，清廷直至 1905 年才废除，改设学部。

当了 4 年的国子监司业之后，张仁黼于 1896 年升为鸿胪寺卿。鸿胪寺是专掌朝会仪节的一个部门，事务比较简单，1906 年的官制改革中，将这个有名无实的部门给裁掉了。不过，张仁黼在这里只待了一年，1897 年便去了四川，充任正考官。

在已知天命之前，张仁黼的职业经历，很简单，转来转去，基本上都是在教育部门，也基本上没有基层社会实践的历练。

很典型的文官吧。

1900 年，义和团风起云涌，八国联军长驱直入，朝廷逃遁西安，在这最为混乱，也最人心惶惶的时候，张仁黼却奉朝廷之命，赴河南治团练。张仁黼本为河南人，又回到了河南。可是，像他这样一介文官，又长期生活在京城，让他带兵，想必勉为其难。除了带兵，他还干了一件实事，治理黄河，当然治河，他也不熟悉。

好在，他只在河南待了一年，便又赴西安行在，提升为顺天府尹。府尹，也就是执掌一府的行政长官。但是，张仁黼并没有走马上任，而是恳求朝廷收回成命。他的恳求，说的很实在，也颇有自知之明：府尹职守，今昔异宜，昔重持正，今重外交，臣不习洋务，举措失当，恐误大局，请饬李鸿章举通晓外交之人请简。

朝廷同意了他的请求，不久改授左副都御史。御史，也就是相当于我们今天的监察官。明清时，中央置都察院，监察百官，其长官称左都御史，副职就是左副都御史，一般副职设二人。

对于张仁黼来说，这是一个全新的职位，责任重大。他很看重，也很想在这个位子上做出些业绩，毕竟这个位子与教职是大不相同的。

机会很快便来了。

1903 年 2 月，河南孟县因加征地丁银而激起民变。事情的导火索当然还是因为赋税的加重。

所谓地丁银，就是将丁银摊入田赋征收，废除沿袭已久的"人头税"。清灭明以后，一直非常重视赋税制度，因为它直接关系着社会的安定与政权的稳定。

清初，朝廷便取消了明末各种加派的赋税，重新恢复了明万历时期张居正的一条鞭法。张居正的一条鞭法，很简单，就是把原来的田赋、徭役和杂税合并起来，折成银两，分摊到田亩上，按田亩多少收税。可是，清初实行起来并不容易，还有很多困难。

清廷以张居正的做法为指导思想，进行了改革。改革分为两步走，第一步是康熙五十一年时（1712 年），清廷决定，以康熙五十年（1711 年）的丁税额数作为定额，以后新增人丁，不收丁税。这便是康熙大帝给予人民的恩泽：盛世滋生人丁，永不加税。这样丁税额数便固定下来了。第二步是实行地丁合一。也就是摊丁入亩，不再以人为对象征收丁税，把固定下来的丁税摊到田亩上。具体办法是，把各省丁税原额分摊在各州县的土地上，地税一两分摊若干丁银。地银和丁银合一，叫做地丁银。这个政策，先是在康熙末年开始在广东、四川等省试行，到雍正元年之后，便相继在各省普遍推行，一直延续下来。

1903 年，庚子之变之后，遍地哀鸿，老百姓没有钱，官府也没有钱。河南官府便以"添营筹饷"为由，要求加征地丁银。于是，出台一项新政策：将每丁地银一两改成完制钱二千四百文。而当时，河南的银价是：每两换制钱一千文。因此，就这么一换，老百姓的税实际上就比原来增加了一倍。再加上官吏胥役，层层勒索，暗中竟加到二千八九百文。这样一来，比原来的税就重了一倍半到两倍。

这一年的二月里，孟县的百姓，被逼无奈，也是实在没有活路可寻，纷纷手持农具到县署要求减少地丁银。知县孙寿彭，在嚷嚷闹闹、情绪愤慨的百姓面前，非但没有退让与安抚，反而口气强硬。

知县孙寿彭，虽然只不过是个七品芝麻官，却也不把百姓放在眼里，我行我素。

老百姓不干了，官逼民反。

振臂一挥，武陟、温源、原武和济源的百姓纷纷响应，黄河以南的各县，也随之而动，并扬言要破坏铁路。

星星之火，落在百姓的心头，一场大乱在即。

此时，张仁黼当仁不让地行使了自己的御使之责，向朝廷上书，慷慨陈言河南百姓的困苦生活状况，据理诘问：养兵所以卫民，非为殃民之具，练兵所以定乱，非为召乱之端。因增加粮饷，而激怒民众，引发民变，又不能很快平息，岂不是给洋人添了借口，借剿乱为理由，添兵占地，别生枝节。再说，区区三四十万之款，又怎能解国家燃眉之急，反而会因小失大，酿成大乱也。

他恳请朝廷：饬将河南省钱粮仍照向章办理。

朝廷采纳了他的建议。

河南民众的愤怒情绪也随之缓解，民变平息。

不久，河南巡抚张人骏，上奏朝廷：地丁银仍照向章征收，民赖以安。

虽然，张仁黼有为民请命的大义凛然，但他却不像一般文官那般木讷，以清高自称，而给自己添一些不必要的麻烦。他深谙为官之道，对官场的潜规则也了然于心，在官场中自然也是如鱼得水。

《清史稿》对他的评价是：仁黼内行修，不自标异。还讲述了一则小故事，当他在河南，被命治水时，很清廉，也很节约，从不收受贿赂。和他共事的大小官员都很害怕，特别是那些经济上不干净的官员，底下议论纷纷，怕他将兴大狱。张仁黼自然心知肚明，为了安抚他手下的官员，让他们能够安心出力，他忽然开始索取金钱。他身边的那些大大小小的官员这才安心，但不免又开始议论，也有人私下责怪他不守操行。后来，还是河南巡抚揭开了这一秘密，他把所收受的金钱全交了上去，作为助学校金。

大小官员恍然大悟。不过，私下里对他两面谁也不得罪的圆滑，深感佩服的有，不以为然的也有。

1904 年，在中国领土上发生的日俄战争结束后，日俄两国在华盛顿议和。国土被瓜分再瓜分的朝廷惴惴不安，令各衙门就此事如何因应，将来东三省应如何善后办法，各抒己见。

慈禧又把此事交给了她的臣子，不是因为她萌生了民主的思想，而是她自己也吃不准，不知该如何处理。她恨洋人，也害怕洋人。

朝廷上下，文武官员，纷纷进言。毕竟，国家的安危与他们的个人利益亦息息相通。且官员中也不乏爱国者。

张仁黼便是进言中的一个。他与尚书长庚等，合上密折，陈述了他们对政局的基本分析与看法：日俄两国既已言和，利在两国，害在中国，现在我处万分危急之时，坐待分争，听客所为，事机一失，终难挽救。

确实如此。

清廷如坐待纷争，在不久的未来，将会涌进更多的纷争者。

中国有句古老的俗话：柿子捡软的捏。

眼下的朝廷和整个国家就像一颗大而甜的软柿子，俄国日本，乃至德国英国美国意大利，谁都想来啃上一口。用老百姓的话来说，不啃白不啃。

一群饿狼，虎视眈眈。

一味的退让，总不是长久之计。并且，张仁黼一向是反对李鸿章的，他当然也没有李鸿章那样直接面对洋人的切肤感受与无奈。看到李鸿章签下的那些退让妥协的和约与条约，他和朝廷中的大多主战的文官一样，心中翻滚着愤怒，悲愤交集。

当然，张仁黼经历了庚子之变后，多少是有体会的，自己的大清帝国，已然衰落，在洋人与洋枪洋炮面前也是直不起腰来，打是打不过的，也只能退而求其次。就是求其次，也不能直来直去，需要曲折迂回。

他与他的同僚们私下里也是议论了多时，思来想去，向朝廷提出一些在他们看来是可以行能通的办法：速派熟悉外交，老成而又有智谋的朝廷要臣，前往美国，会同驻美使臣，赶紧商量，如何与日俄两国讨论参订条约，这比事后再谈要好，事后，等到生米煮成熟饭就难以补救了。其次，目前虽为日俄两国间的直接谈判，但不久后两国必将会分别与中国会谈，因此，现在就应派大员前往密切窥察，并为今后的续议与抵制做准备。再其次，令出使日俄大臣，侦探日俄两国的意图，令驻其他各国的大臣或官员，考察那些国家的政治，为将来办理善后做准备，应之有方，而不至于到时手忙脚乱。

他们所提出的建议，后来清廷多采纳了。

至此，张仁黼的仕途之路，和戴鸿慈大抵相同，只是他没有戴鸿慈的运气好，没有出国考政的风光。和戴鸿慈相比呢，他与他即将上任的这个职位——法部左侍郎，更加隔膜。戴鸿慈还在刑部待过一年，而他呢，在此次任命之前，从未涉及过这个领域。

隔行如隔山。

可那时，清廷对官员任命，并不看重职业经历与专业水平，何况在他们看来法部的官员也是文职。

应该说，张仁黼将要踏足的是一个完全陌生的领域。但他自己却不这样看，并不以为自己不能胜任，而是雄心勃勃。

可他的雄心勃勃能落在实处吗？

张仁黼到法部报了到后，眉宇间添了两道深深的竖纹，茶饭不香。本来，就很清瘦的他，现在也就更加清瘦了。

他多年来和教育部门的人都很熟悉，张三什么品性，李四学问如何，他大致心里都是有数的。考试从出题到试场乃至阅卷，他也熟门熟路，遇到什么意外情况，也是眉头一皱，计上心来，总有应付的办法。

而法部则是不同的。行当不同，人也不同。和手底下的司员交谈，深了，不敢贸然而行；浅了，又不得要领。法部要管的事，要做的事，他也都是从来没有过过手的。

且衙门深似海，刑部的司员，与他过去的属下也是大不相同的。刀笔吏，又何人没见识过，何事没经历过呢？

还有办公场所与办公经费，那些具体事宜，也是千头万绪，如一团乱麻。他过去，不曾管过这么麻烦与啰唆的事，也懒得过心。想想都烦。

官制改革后的法部，究竟该从哪里下手呢？

那么，还是先从人下手吧。选拔人才的办法，他还是遵循当学政时的老办法考试。公平、公正，对于他来说，制定考试的方针政策，乃至方法，他都熟悉。

12月8日，法部举行了第一场考试，考各司员。考试合格者留下，不合格者，裁去。

就在同一天，《盛京时报》在报纸上刊出一条消息：大理院调司员41人，其中内阁1人，农工商部2人，其余38人从法部调入。而《申报》则登出了大理院所调入41人的名单，来自法部的郎中便有7人，英秀、顾绍钧、董康等骨干均在其中；员外郎11人；主事14人；笔帖式4人；几乎将法部的各个层次上的人才一网打尽。

戴鸿慈与张仁黼当然都看到了报上的这则消息，但他们并没有太在意，相比之下，两位都做过学政大员的法部长官，还是倾心于考试。

　　但是，大理院所调41人中有38人来自法部，这又让戴、张二人不免窝心，这不是拆台吗？

　　对新上任的大理院正卿沈家本，他们心里自然是不痛快的。

34 审判的权限

夜已深。

窗外一弯冷月，不大的院子里悄寂无声，偶尔的几声狗吠，也是远远的。

只有小楼上，还亮着灯。灯光映着窗外的摇曳的树影，还有泥地上斑驳的冷霜和干枯的落叶。

其实，小楼确确实实只能称作小楼。只两层，陡而窄的木头楼梯，楼上也只有两间房，一间卧室，一间书房。两个房间都不怎么宽敞，十多平方米而已。廊沿也是窄窄的，院子里的皂角树，枝杈远远地高过小楼廊沿的扶手。用当时的话来形容，只两个字——湫溢。

灯光是从沈家本的书房透出来的。

书房的陈设也很简单，除了书柜，只有一张宽而长的几案。几案上，笔墨纸砚，一应俱全，像是早已在那里等候着。

灯下，一杯浓茶，杯中的茶叶层层叠叠，犹如葱葱郁郁的丛林。

几案旁的大铁炉上炭火正旺，坐在炉子上的水壶嘟嘟地响着，冒出缕缕热气。

12 月的京城，已经很冷了，特别是在夜里。风咆哮着掠过屋顶，满城奔跑。好在，北方家家都有炉火，窗外的寒冷就更衬出屋子里的温暖。

一个瘦小的身影，绕室徘徊。

这便是年过花甲的沈家本老先生。

已经 66 岁的沈家本，显然已经老矣。本来，像他这把年纪，应该退出官场，清清闲闲的打发时光，写写字，写写诗，喝酒喝茶，逗逗孙儿，怡然自得。或者，抓紧时间，把他一直想写，而没有时间完成的《历代刑法考》完成。

可是，他这匹老驴，现在却无法停歇下来。

大清帝国，在它垂死之际，终于给了他一个机会，让他得以有权力有机会，做他自己想做的事情，施展他的抱负。一辈子都在官场沉浮的他，不能不看重这个机会。

大理院正卿，虽然是一个部门的最高长官，但现在还是初创时期，事无巨细，他都得亲力亲为。办公场所，办公经费，还有人，留下得力的司员，裁去闲人，招揽人才……更何况，原来的大理寺是个闲衙门，是要人才没有像样的人才，要钱没钱，连办公室都没有几间。

白天，他的时间都泡在这些大大小小的事务中，分身无术。只有夜晚，他才能安安静静地坐在灯下，用心思考，把心里想到的，用笔落在纸上。这是他为官几十年养成的习惯，好记性不如烂笔头。而且，用笔落在纸上的思考，也更为周密细致。

对于朝廷的官制设置，与他的期望并不相符。轰轰烈烈的后面，却有一条原则是铁打不动的：生杀大权操于君上之意。

法部也好，大理院也好，最后还是要听皇帝的。

他心里很苦涩，也很无奈。过去，刑部、大理寺、都察院，都掌管司法，分工从未明确过。虽然，刑部、大理寺、都察院号称三法司。但实际上，三法司并不名副其实，在主理司法事务的同时，它们还兼有许多行政职能。而其他中央各部门，如议政衙门、军机处、吏部、户部、礼部乃至兵部、工部、理藩部、八旗都统衙门、步军都统衙门、宗人府、内务府，等等，等等，都掌有一定的司法职权。

至今，还留有小尾巴，剪不断，理还乱。

在清廷看来，官制改革，行政司法分立，就在于法部与大理院这两个司法机构与其他行政机构的分立上。但这两个机构的分工又如何，则不明确。在官制改革的方案中,对于法部与大理院的规定,也只有 27 个字:刑部著改为法部,专任司法。大理寺改为大理院,专掌审判。

看似简洁,其实却语焉不详。

法部与大理院在官制中各自的地位如何? 各自又有哪些权限? 二者之间的关系又如何处理?

法部尚书戴鸿慈,左侍郎张仁黼,均是翰林出身。能进翰林院的都是科考中的佼佼者,自视甚高,特别是出洋考政刚刚回国不久的戴鸿慈。沈家本和他们打交道,还是他一贯的作风,低调、温和、不卑不亢,事事商量着来办理。上任不几天,他就拜访了戴鸿慈,与他商量刑部事宜交接。

戴鸿慈依旧沉浸在官制设置的忙碌与兴奋中,来找他的人也很多,拜望问好的,求见托事的,自然也有说衙门里的事的。

尚书戴鸿慈的衙门,和戴鸿慈一样忙碌与兴奋。

沈家本与戴鸿慈并不熟悉,简略的客套之后,也就直入主题:大理院一时未能成立,刑部原审办案件,碍难久为延搁,所有现审案件,我看还是先由法部照常暂时办理,请俟三个月后查看情形,再行交代,如何?

戴稍稍沉吟,便首肯了。

对这位比自己年长十多岁的老者沈家本,戴鸿慈还是很客气的,也很敬重。至少,当时如此。但也并没有打算和他深谈,抑或求教。沈家本对刑部人与事的熟悉,业务的精湛,他还是轻视的,没认为有什么过他之处。

两人此时还是平和的,并无芥蒂。只不过,戴鸿慈此时考虑得没有沈家本深,进入职务状态也没有沈家本雷厉风行,更没有那份法律与民生关系重要的切身感受。

白日里的事与人,如过眼烟云,淡飘飘地从沈家本心上浮过,随后,他仍然回到沉重的思考之中。

大理寺这么些年来的作用几近于无,在朝廷大小官员的眼里,那就是个"闲曹"。而地方大员，乃至县令谁都可以插手判案，想怎么判就怎么判，喜怒任意。远离京城的偏远地区，大小官吏更是毫无约束，想怎么着就怎么着。贪官自不必说，清官呢，也往往因为并不懂法，又不懂人情世故，总觉得天下人都是小人，迫不得已往衙门里送钱的人也就都是犯了事的人。贫苦百姓，往往一案未终，家产荡尽。

当了几年知府，很多实际情况，他了然于心。穷苦百姓的艰难与无奈，他深有感触。每当差甫一出现在那些偏僻的山村里，全村的民众就会骚动起来，鸡犬不宁。为了寻求保护，一些老老实实的农民也就入了教，只不过是想借教会保护自己，给自己找一个撑腰的地方。而民教之间却又常常发生冲突，加上匪徒煽风点火，州县官吏滥用法权，百姓实在没有活路可走，忍无可忍时，也会聚众闹事。本来，审判一事，需要熟悉法律的人来办理，行政官员日常工作事务忙乱，又不懂法律细则与条文，处理案子又常常碍于人情，所以冤案重重。

审判能够脱离大大小小的行政官吏，真正独立吗？

他所主持的大理院，又能够争取到哪些权限？为了能够争取到所能争取到的权限，在这寒冷的冬夜里，他挥笔疾书：

大理这一官职，实始于皋陶。皋陶辅佐舜帝时，舜命他：作士以理民。作士即掌管刑法的官员。秦、汉、魏、晋，皆称为廷尉。唐以大理卿掌管刑法。明臣邱濬在其著作《大学衍义补》中称刑部、都察院、大理寺为三法司。而大理寺之设，则是两法司断案。冤者、疑者、情轻重判者，皆要根据法律参照，重新审理，然后报大理寺，请施行之。大理寺的职责固然非常重要。沿袭已久，渐渐名不符实。审判定罪这些职责形同虚文，会审也只是听从两法司的意见。加上经费支绌，难以振作，虽有贤能，却没有施展的天地。官之失职，由来已久。

如今，环海交通，强邻步步近逼，商约群争，进一步瓜分我国利益，教会遍布神州。愚民每激而内讧，利源于是因之外溢。列强复藉口我国的裁判法制不能完善，企图扩张其领事裁判权。主权得不到保护，何以立国。所以，要想进入文明之治，统中外而于大同，则大理院之设，实在是改良裁判、收回治外法权的要领。

还是他一贯的作风，从历史的古迹中寻找他立论的基础，徐徐而言，落在今天的依然还是——治外法权。也只有如此，他的想法与即将实行的措施，才能被清廷所接受。

为官也难矣。

放下手中的笔，他呷一口浓茶，思索片刻，继续缓缓而叙：

东西各国皆以大审院为全国最高之裁判所，而另立高等裁判所、地方裁判所。层层递上，以为辅翼。条理完密，秩序整齐。其大审院法庭，规模严肃，制度严密，监狱精良，管理有法……今欲仿而行之，则宜先设法庭，讲求监狱学，高等裁判及地方裁判所与谳局，宜次第分立，裁判人才宜预先为储备。

除了宏观的思考与建议，大理院眼下的具体困难：还是钱与人的问题。这两者，他也都向朝廷作了请求：筹款尤为先著，请求先拨款 2 万两白银，以资开办。再者，便是调用人员，建立法庭。

11 月 19 日，在他上任 12 天后，就把这份奏书上交了朝廷。

朝廷能够同意他的看法，并予以支持吗？

在焦灼的等待中，他又向朝廷上了《审判权限厘定办法折》。

很专业，但他叙述的却很简洁清楚。

简单而言，《审判权限厘定办法折》要求确定全国审判为四级三审制。不过，在这份奏折中，他却没有像过去那样从历史而至今天，远兜远绕，直接从审判权限说起，借鉴各国经验与制度，让不大懂法律的人也能读懂：

唯审判权限，等级分明。查阅总司核定官制，王大臣奏定法部节略内开：各国审判之级，大都区分为三，第一审、第二审、第三审是也。第二审以待不服第一审之判断者，第三审又以待不服第二审之判断者。其裁判所之等级，大都分之为四：英、美、德、法诸国均取四级裁判所主义，日本裁判制度仿效德、法而亦分为四等，即区裁判所、地方裁判所、控诉院、大审院是也。

区裁判所为最小之裁判所，只可承审轻罪案件。地方裁判所为第二级裁判，凡区裁判所不能承审之案件，皆得承审之，即为区裁判所之第二审。控诉院承审不服地方裁判所判断之案件，即为区裁判所之终审。大审院承审不服控诉院判断之案件，即为地方裁判所之终审。故轻罪案件为区裁判所所管辖者，诉止于控诉院，重罪案件为地方裁判所所管辖者，始得上近期于大审院等语。

臣等到详加寻绎，复证之各国法制，盖德意志及日本刑法均分违警罪、轻罪、重罪三项。犯违警罪者，警察厅得而惩治之。犯轻罪者，得于地方裁判所赴诉，而不能越控于地方裁判所。犯重罪者，得于地方裁判所赴诉，而区裁判所不得受理。控诉院则随不服地方裁判所之审判者，而并无始审之案。大理院则承受不服控诉院之审判者，而自理词讼，以皇事、官犯及国事犯为断。是故大审院不必俯侵控诉院之权，地方裁判所不能兼理区裁判所之事，分之则各成独立，合之则层递相承，所谓分权定限，责有攸归也。

把来龙去脉叙述清楚明白之后，他真正所要表述的则是后面这一段话：

中国行政、司法二权，向合为一。今者仰承明昭，以臣院专司审判，与法部截然分离，自应将裁判之权限、等级区划分明，次第建设，方合各国宪政之制度。官制节略即变通日本成法，改区裁判所为乡谳局、改地方裁判所为地方审判厅，改控诉院为高等审判厅，而以大理院总其成。此固仿四级裁判所主义，毋庸拟议者也。

这位清廷老臣，所希望争取到的是——司法独立与审判独立。而这独立，并不是只落在纸上。

除此，他还在折奏中，强调要求厘定审判权限：

唯每级各有界限，必须取中国旧制，详加分析，庶日后办理事宜，各有依据。臣等公同商酌，大理院既为全国最高之裁判所，凡宗室、官犯及抗拒官府并特交案件，应归其专管；高等审判厅以下不得审理其地方审判厅初审之案，又不服高等审判厅判断者，亦准上控至院，为终审，即由院审结。至京外一切大辟重案，均分报法部及大理院，由大理院先行判定，再送法部复核。此大理院之权限也。

高等审判厅则不必初审词讼，凡轻罪案犯不服乡谳局并不服地方审判厅之审判者，得控至该厅为终审。凡重罪案犯不服地方审判厅之审判者，得控至厅为第二审。其由该厅判审之案，内则分报法部及大理院，外则咨执法司，以达法部，至死罪案件并分报大理院。此高等审判厅之权限也。

地方审判厅则自流徒以至死罪，及民事讼案银价值二百两以上者，皆得收审，讯实后拟定罪名。徒流案件，在内则径达法部，并分报大理院，在外则详由执法司以达法部；死罪案件，在内在外俱分报法部及大理院。此地方审判厅之权限也。乡谳局则管杖罪名及无关人命之徒罪，并民事讼案银二百两以下者，皆得收审。讯实以后，径自拟结，按月造册报告。在内则分报法部及大理院，在外则详执法开发中心，以备考核，此乡谳局之权限也。

他的这些想法与建议，能获得绿色通行证吗？

还有，《大理院审判编制法》虽然已于12月12日获准执行，但是，此法能够顺利执行吗？他不能不在心里细细斟酌，怎样才能绕开那些激烈的反对，众臣的阻力？唯有快刀斩乱麻，雷厉风行。不管怎样，也只有先做起来。

窗外，月明风静。等待他的又将会是一个怎样的明天？

他掷笔长思。

35 芥蒂

转眼,便到了阳历的 1907 年 1 月 1 日,也就是我们今天所言的:元旦。不过,那时在中国人的眼里,阴历的元月 1 日才是元旦。1907 年的元旦,按阴历,是 1906 年的 11 月 17 日。

年关近在眼前。

虽然,沈家本的两项奏本《审判权限厘定办法折》与《大理院审判编制法》都获得了朝廷的批准。但要实行,却还有一番周折,首先要把基础建设打好。

心情是开阔而明朗的,头绪却是纷繁的。

最难的还是钱。

办公场所与调用人员,哪一项都离不开钱。虽说钱不是万能的,但没有钱也是万万不能的。

在他的周旋下,朝廷首肯将原工部颐和园衙门改为大理院。那是他一上任就立马争取的,动作之敏捷,连当时的《申报》都有报导:工部裁撤后,农工商部拟将工部衙署改为内城工艺局,沈家本则欲将之归并入大理院,并抢在农工商部之前征得朝廷同意。

办公地点,他抢在了农工商部之前;司员的配备,也就是人才的储备,他也抢在法部之前。当法部还在红日迟迟之中徘徊时,他已经调进 41 名得力干部,其中大多数还来自过去的刑部,也就是现今的法部。

一万年太久,只争朝夕?

有了办公的地方,有了人,接踵而至的便都需要钱了。办公室的装备，人员的工资，都和钱有关系。接案办案，自然更需要经费。

老百姓口中的开门七件事：柴米油盐酱醋茶，都是生活必须的，样样离不开钱。而衙门办公经费亦如此罢。

虽然，他上任一个星期后，便上奏朝廷，要求拨给经费二万两。朝廷也答应了，但那款却是纸上谈兵，一直在空中悬着。

一钱难倒英雄汉。

何况，沈家本还不是英雄，他只不过是一介书生，且又上了年纪。但为了大理院的筹建，那些日子里，他一直在为钱操劳奔波。但是，直到1907年2月，大理院筹款仍无着落。朝廷也是有心无力，颐和园的修建，八国联军的横扫，雪上加霜的庚子赔款，国库早已空荡。

衰败的清廷，虽然门面还撑着，内里早已空了。官制改革中，哪一个部门不需要钱？外务部、民政部、礼部，乃至大理院、法部，等等，等等。

皇家的奢侈与豪华，一去不返。

阳历的1月31日，当沈家本还在为钱焦急时，四处寻款无着，宪政编查馆奏准《法部官制》，明确法部的职权范围是：1.司法官吏之进退，刑杀判决之执行，厅局辖地之区分，司直警察之调度。2.对于各直省刑事稿件，法部有复核权。

沈家本在筹钱的焦急中，又平添了一份愁绪。这本是在他预料之中的，所以才"抢"先一步上奏《审判权限厘定办法折》与《大理院审判编制法》。

朝廷对法部与大理院的分工，一直都不明晰，这是他心知肚明的，也早有准备。但乃至成为事实时，心里仍然还是惆怅与不快的。稍稍可以安慰的却是《审判权限厘定办法折》与《大理院审判编制法》已经得到朝廷的批准。

他手里已经握有两把尚方宝剑。

1907年2月2日，还像往常一样，他早晨起来，一边喝茶，一边读报。现在，报纸也已经成为他生活中的一部分，朝廷的动态与社会新闻，都跳跃在报纸上的字里行间。几乎像早餐一样，不可缺少。甚至，早餐可以不吃，报纸却不能不看。

《大公报》上的一则报道，一下子就吸引了他的眼球，标题十分醒目：两宫催法部改制。

内容不过短短几行：

探闻日前法部尚书戴少怀尚书于召见时，两宫垂询改定本部官制事宜。略谓主持立宪改制者为卿为最先，何以各部院改制次第入奏，而法部尚如此延缓，是何道理云。戴尚书碰头而下，于次日至部，催促与议官制司员赶速拟稿呈堂云。

沈家本徐徐呷了一口茶，心里微起波澜。戴尚书的软肋，他是深知的。戴鸿慈与张仁黼，都是科举中的令人瞩目者，一个是翰林院的庶吉士，一个是点翰林。从翰林院出来，两人的仕途之路也大体相同，学政大臣，转来转去都在教育圈。对于法律，戴鸿慈还稍有接触，张仁黼则完全是隔膜的，一下子进入工作状态，又是在这样一个动荡与变革的时期，想必也是困难重重，问题多多吧。

到底，隔行如隔山。

法部的事宜，沈家本无心过问，但对于两个部门之间的沟通，权力的划分，沈家本却是忧心忡忡。因为，法部两位大员对法律的生疏，沟通也将会更加困难，更何况其间还掺杂着权力的争夺。

3天之后，《申报》又刊出一则更详细的报导，标题也更加直截了当：

戴尚书召见被斥

立宪事宜最初提倡者京官则法部尚书戴鸿慈，外官则桂抚林绍年。下诏立宪先从改订官制入手，大抵从二人之言为多。闻目前戴尚书召见时，慈颜不预，申斥云：采纳立宪听卿言，讵官制已改，一利未举，弊端已萌，卿初立宪只言其利，不言其弊，是何意乎？且各部改订官制员缺事宜，他部皆有头绪，或已经

具奏者，惟法部旷日弥久，徒事敷衍，迨无端者，急宜认真议订，
从速具奏云云，戴尚书磕头而退。

沈家本的目光从这则消息上一扫而过，面容平静。右手轻捋颌下长
长的胡须，心头滑过一丝微笑，其中也混杂几许担忧。对于人，他是最过
心的，从不敢轻慢。上一年大理院选调了41名司员之后，他一直还在着
力挑选，眼下又有44人被他相中，准备调入大理院，不日将公布于众。
这44人中有23人仍然来自法部，其中郎中2人，员外郎2人，主事19人，
其他部门的15人，除此还有日本早稻田大学和法政大学的毕业生，候选
通判、候补知县与候选知县5人。

原先的刑部，也就是现在法部的得力人才，几乎被他一网打尽。

对于他的这种做法，尚书戴鸿慈会不会有什么想法？

不满是肯定的。

但戴鸿慈对人才的选拔，和他的思路却大相径庭，还是喜欢用考试
的方法来选拔，相对轻视实践经验。沈家本久在刑曹，深知光考是考不
出一个合格法官的，社会生活深如泥潭，没有社会阅历与历练，又怎么能
胜任呢？

他选人的原则是：学识俱优，长于听断。

也许，是因为沈戴二人的仕途经历不同，职业经历也不同，所以对人
才的看法也并不相同，选拔人才的路径，自然也不会完全相同。

不过，沈家本倒也并不是一概排斥考试。半个月前，他也曾在在大
理院进行了一次考试，摸底排查，毕竟他对原先大理寺的司员们并不太
熟悉。《盛京时报》就曾报道：

大理院颇加整顿

近因大理院有司法裁判之专责，闻该堂官已于日前考试各
司员，将文理优者仍在本院当差，巡次者均咨吏部选就外用，并
将旧额尽行裁撤，犹有停补免选之说，刻已奏准实行云。

经过考试，仅留用了 30 来人，其余人员一概咨送吏部按照原品改归外省，分发各省补用。除了调走与留用的人员，大理院又在沈家本的亲自主持下，通过从社会招考的方式，录取录事、书记等专用人员。

戴鸿慈对于大理院"先调入，后裁撤"的做法，并不认可，淡然处之，几乎没有认真思考。他还是一贯的作风，以考试作为选拔法部干部的方式与标准，且持续的时间也很长。上一年的阳历十二月七日始，以"如何审判案件"为题，逐日传考司员，作为去与留的标准。

足足考了一个多月，考试还没有结束，人员的去与留也就不能做最后的定夺。干部的选拔，远落于各部之后。

效率之缓慢，连老佛爷也受不了，拍案而怒，戴鸿慈灰溜溜地挨了一顿臭骂，颜面扫地。在朝廷的威震下，法部会同军机大臣以最快的速度向朝廷奏交了法部官制设置方案，慈禧草草阅罢，也许是未及深思，也许是因为没看出法部的官制设置与大理院有何冲突，还是大笔一挥，放了行。

一个星期后，阴历的十二月二十五日，阳历的 2 月 7 日，朝廷任命的法部尚书之下的四名辅官：左丞定成、右丞曾鉴、左丞参余肇康、右丞参王世祺。

由于堂官到任较迟，所以法部裁撤书吏的事务，亦迟迟不能进行。

在朝廷的责难之下，戴鸿慈终于从考政大臣的知新光环中清醒过来，现在簇拥在他身畔的不再是鲜花与掌声，以及无数羡慕的目光，而是很具体的事务性工作，挑选属下，确定工作目标与方针政策。法部的人与事，他又不熟悉，即使想快也快不起来。

心有余，力不足矣。

本来，他根本没有放在心上的沈家本，这时却有些让他不快了。这个身材矮小精瘦的老头儿，做事倒没有温吞水的慢慢悠悠，处处抢先一着。刑部，原本又是他的老本营，他对那里的司员很熟悉，几乎干练的人才都被他挖了去，他从刑部挖去了那么多的人，事先也并没有和他这位现任的法部尚书商量，现在毕竟他戴鸿慈是法部的尚书啊！而他，沈家本不过是大理院的正卿，官从二品，比他低着一个等级呢。

戴鸿慈心里很有些不是滋味，但又说不出口。

沈家本还给那些调入的大理院的司员们留了一个选择：遇有升转仍因其旧，俟大理院奏补实任后再行照例办理。

这也是沈家本与戴鸿慈的不同之处，他自己的为官之路非常之坎坷，所以他对下属，特别是那些有才华的年轻人，从不为难，处处为他们考虑，给他们提供机会，也给他们提供选择的机会。自然，愿意到大理院的司员也就很多。

眼看着法部的精英，纷纷飞入大理院，戴鸿慈的不快，转而变成了愤怒，心生芥蒂。

沈家本对戴鸿慈，当然也会有看法。戴鸿慈盛誉之下，法律知识与法律实践的缺欠，沈家本怎么可能不清楚，只是从不点破，也从未表露出过什么。

他是个很深沉的人，深藏不露。

不过，此时两人之间的芥蒂还是隐约的，深藏在各自的心里。在属下与同僚面前，两位长官一派平和，至少大面上说得过去。

可两位长官的下属，年轻火盛，恃才倨傲，就没有这么深的修养了，长官之间的芥蒂，却在下属之间爆发。

争吵发生在春节的团拜会上。

和往年不同，这一年因为官制改革，忙碌且混乱，加上财政吃紧，朝廷号召节俭过年，不许铺张浪费，便以团拜而替代。《申报》还曾刊出一则报导：

今岁法部、民政部、学部皆不拜年。惟团拜积习尚未能免除，此以外有到私宅拜年者，罚酒一席，推举发之人为首座。京师酒肴甚贵，一席所费必须十余金，法部人员又多贫悭，故咸乐以是为借口，罕有敢犯者。

法部秋审处借湖广会馆作团拜，因为不到私宅拜年，去的人也就很多，几乎全到了。本来是热热闹闹的一个新年聚会，喝喝茶，吃吃瓜子花生，聊聊闲天，如此而已。

但是，因在非常时期，人们闲聊的便不再只是闲聊，朝廷的官制改革，法部大理院的人员配备，薪水与前程，搅混在一起，一锅煮。普通司员最关心的话题，则是两大问题——升迁与薪水。

当时的官制改革，既效仿欧洲各西方国家，亦以东洋日本为榜样，思路纷繁，但在我国是否能够奏效，从最高当权者，乃至中央机构的普通司员，心里都不大有底。对普通司员而言，升迁与薪水，便是和他们最息息相关的问题，也是令他们内心最深为不安的问题。

急切而又没有充分准备的官制改革中，新设的部门与旧部门之间的差别很大，新设的部门自为风气，待遇优厚，升迁的机会也多，一两年之间就会得到升职的机会，所以走后门者，多不胜数，什么招数都会用上，送礼钻营，无孔不入，还美其名曰"运动"。而旧部门，非但没有多余的职位，想升职很困难，而且薪水也低许多。并且，各部门之间的官员薪水并无统一的标准，各自为政。外务部、农工商部、邮传部，薪水最高，其次为度支部、民政部、陆军部，再其次则是内阁、翰林院。法部与大理院，都属于清水衙门吧，只不过法部的规格高于大理院。

大大小小的官员，心情都是波澜起伏的，特别是处于底层的司员们，更是惶惶不安。团拜的聚会中，议论多多，牢骚多多，虽是闲谈，也不免流长飞短，相互争执。

议论与牢骚之中，有两个人，言语不和，越说越僵，最后竟至脸红脖子粗，拍案而起。

董康与曾鉴。

一个现已由法部调入大理院，一个则是新上任的法部右丞。

新上任的法部右丞曾鉴，早就看董康不顺眼。董康是大理院正卿沈家本的红人，官制改革中，他还在日本考察，沈家本一纸电文，把他给催了回来。当然，选派他到日本去考察的也是沈家本。刑部的老人都知道，沈家本对董康信任有加，器重有加。

董康也是南方人，江苏武进县，也就是我们今天的常州，很富庶，鱼米之乡。董康的家庭，和他的家乡一样，也是很富裕的。他生于1867年，1889年考中举人，那一年他22岁。不久，便又高中进士。考中进士之后，他就进了刑部，先是主事，后是郎中。

一帆风顺。

1900年，在风起云涌的义和团运动时，董康被提升为刑部提牢厅主事，接着又升总办秋审兼陕西司主稿。1902年，修订法律馆成立后，沈家本就把他调了过去，先任修订法律馆校理，之后又任编修、总纂、提调等职，步步高升吧。

在沈家本的眼里，他就是一个晚辈，聪明，好学，好用，是一个很得力的助手，也就对他着力培养，给了他一个非常重要的机会——东渡日本，调查日本司法改革与监狱制度、裁判制度等。

工作上，沈家本与董康，算是老中结合，配合默契。此外，两人虽然年纪相差了二十多岁，但却有相同的嗜好，都喜欢诗文，都喜欢藏书，都有深厚的古文底子。董康和一般富家子弟又有所不同，在正统文学之外，他还对通俗文学比较偏爱，到日本后还买了不少中国流落到日本的小说话本珍本，比如《封神演义》《岳飞演义》等。

所以，两个人在一起，除了法律与本职工作，还有话说。

曾鉴与董康大不相同。他的思想比较保守，也比较固执，得理不让人。对于董康这样的新派人物，他打心眼里瞧不上，不就是到日本去考察过吗，有什么了不起。而且，在他看来，大理院本来就比法部低一级，是法部的下属，下属就要听上级的喝，那是没得说的，天经地义。

两个人的闲聊话题，本与法部大理院的政务不搭界，可聊着聊着走了题，两个人就都上了火，争吵起来。吵起来后的话题，倒是与法部大理院纠缠不清。

当然，也是与个人的饭碗与仕途搅和在一起。

一次争吵还没有吵够。

几天后，在江苏会馆，法部与大理院的司员又争吵起来，不过这一次争吵者倒不是董康与曾鉴。

争吵的内容则不再是升迁与薪水，而是职能与权力的划分，思想冲突更为明显。

下属之间的公开争吵，也就撕开了长官之间的表面和睦。法部与大理院，两个部门，从司员到长官之间的关系彻底恶化，并且矛盾公开化，报纸也掺和进来。

3月30日的《申报》，很快便发出了报道，标题就是——法部大理院之意见。

但对两者之间的争议，报道的并不是很明白，大约是记者们自己对法律以及两个部门之间的争议也没有完全弄明白：

> 大理院欲将中下级裁判暂归大理院管理，法部不允。谓此系司法上之行政，应归法部，不应归大理院，大理院只管裁判而已，虽司法独立，然大理院只能自己独立，不能管中下级之裁判亦须独立，所谓裁判署层层独立也。议者皆谓法部之言为是。

4月19日，《申报》又登载了一篇论说，题为：法部与大理院之权限问题。开篇即提到：法部与大理院争议权限问题，因之大起冲突，各报载之详矣。

正如《申报》所言，一时间报纸上有关法部与大理院的纷争，议论纷纷扬扬，甚至还有传言要将沈家本与戴鸿慈全都调往他任。

处于漩涡中心的沈家本，还是他一贯的作风，以不变应万变——沉默。他不回应报纸上的种种猜测，也不和属下、同僚们议论这件事。别人在他面前谈起这件事，他只含蓄地笑笑，如风过耳矣。

戴鸿慈却颇为焦虑。

短短的几个月里，他从荣誉的巅峰跌至谷底。法部尚书一职，让他颇感力不从心，再加上沈家本这位老臣的压力，更让他身心俱疲。他本和沈家本无怨，也无过节，可谓素昧平生。而现在，他对这位瘦小的老者，却生出几分畏惧的怨恨。

载誉归来的大臣，现在却彻夜不能入眠，除了和张仁黼发发牢骚，他找不到更好的发泄渠道，而且他不仅是要发泄，他还需要支持与谋略。

思来想去，他给远在日本的梁启超写了一封信，梁启超毕竟是他的同乡，也算是他的智囊吧。他把心里的郁闷还有苦闷，全都倾泻在那几页薄薄的信纸中了：

> 自去年七月宣布预备立宪之旨，其后组织内阁，以各部为行政大臣，拟以察院改为立法部，以刑部改为司法省。嗣因察院御史不肯听裁，遂罢议立法一部，而刑部遂改为司法衙署。惟枢密诸员，未明新学，故颁谕之始，即已含混不分疆界（谕云，以刑部改为法部专任司法，大理寺改为大理院专任裁判。），致令部院诸员，纷纷争议，互起冲突，山阴尚书（指浙江山阴人、刑部尚书葛宝华）力主和平，甘居退让，而沈堂（大理院卿沈家本）乃以阴柔手段，攘窃法权，一切用人行政区划审判区域事宜，不关白法部，亦并未会衔，径直上奏，惟留秋朝、现审诸例案，推诸法部，自余修律大臣法律学馆，皆归一人之手，法部不过问焉。夫修律者，立法部之义务也，司法调度司法警察者，司法省之义务也，秋朝现审者，大审院之义务也，今以一人之责任，兼三权而有之（秋审大理院仍旧办事，不过令法部复核耳。）其不丛弊者几何。且以修律一事，即令公诸司法省，尚未符今日立宪国体制，何况立法者此人，执法者此人，委任检察局员各级审判局员者亦此人。窃恐宣布之后，译诸报章，为环球立宪国所指笑。是以不揣固陋，提议翻案，走蒙各堂采择，将调度、警察两事（修律尚未敢言）实行入告，奉旨依议，是两署皆已有得旨遵办明文

（院奏在前），会议数次，莫衷一是。而员司已各怀意见，城府甚深，不能复议。目下所援引为依据者，仅《日本现行法典》一部（内附裁判所构成法），其余欧西各国如何划分权限，尚未明晰。素仰我公热心为国，又复惠教谆谆，不以鄙人顽钝，不用擅发函电，冒渎神明，伏乞将两署权限详细解释，援引欧西（日本已有）各国现行法律为典据，其留学生之擅法律学及裁判专门者，乞将衔名住址籍贯开单列示，俾呈堂察阅，以充他日各级裁判之选。再地方审判，拟由直隶、奉天、江苏三省先行试办，应如何区划地段，能否代为画策？今考验人员无极格者，开局费用如何筹拟？日本改良之始，困难必视我国尤甚，其开办从何处着手？足下薄海闻人，必有以开其鄙塞，伏惟勿吝赐教。

戴鸿慈伏案疾书，情不能禁。

36 先声夺人与后发制人

沈家本是否知道戴鸿慈给梁启超写信求援，并在信中攻击他：以阴柔手段，攘窃法权；不得而知。想必不大会知道。毕竟，那是戴鸿慈给梁启超的私信。

不过，也许会有所耳闻。因为，梁启超在给他的好朋友徐佛苏的信中曾提到过这件事，并很有看法，梁启超在信中愤愤而言：

> 京电事顷复其来书，乃法部与大理院争限故也。盖大理院前经入奏，将一切用人行政区划审判区域修律各事，皆作为该院权限，恰恰倒置也。某尚书欲与之争，而苦于不能引学理及各国例以为援，故乞相助，窃计吾国人日以争权为事，诚属可耻，然此事之曲，却不在法部，而在大理院，则助之亦宜。弟处惟普国法典有之，他国无可考见，然此事以学理断之，而已足矣。

态度很鲜明，还表示要声援帮助法部。

徐佛苏自然会和同僚朋友们提起戴与沈之间的这些是是非非，以及梁启超的看法与政见。梁启超信中所言，自然也会不胫而走。

沈家本对此又会持何态度？

我们在沈家本的日记与其他留下的文字中，找不到他对戴鸿慈与梁启超的任何评价，乃至点滴看法。

了无痕迹。

也许，戴鸿慈带有人身攻击的责难，梁启超的批评，只在他心里稍稍地盘桓了一会会儿，并不太在意。毕竟梁启超还是个年轻人，和董康一样的晚辈，甚至比董康还要年轻六七岁。在沈家本的眼里，年轻人的激进，自然与他们对社会还不够了解有关系。等他们活到他这把年纪，对事对人，也许看法就会大有变化。

毕竟，他已年过六旬。孔子曰：六十而耳顺。他已经迈过了耳顺的门槛，只想做一些实事而已。要做事，总会有方方面面的责难。

春节过后，让沈家本稍感安慰的则是，法部与大理院会衔奏请朝廷拨款一事，终于有了着落。度支部议定法部每年经费为六万两，大理院每年为八万两。

接踵而至的便是他有所预料，也有所防备的风暴。不过，这风暴比他所担忧与想象的更加猛烈，防不胜防。

上一年 10 月 21 日，《申报》上曾刊发了一则不大起眼的消息报道，题目为：法部改定权限。内容也只有两百来字：法部所有权限在监督大理院并各省之各厅局检察局调度检察事务管理刑事民事牢狱并一切司法上行政事务，其旧时所管之平反重辟及问刑等事则悉分掌于大理院，法部不过调度而已。

部院之间的权限，作为大理院的一把手，沈家本是不会不考虑的，也不能不考虑。

但他究竟是怎样考虑的呢？

同一日的《申报》上，还有另一则消息：两宫垂询刑部划分权限办法。内容却和沈家本密不可分：前刑部值日，两宫召见沈侍郎家本，垂询新律之事，并问及刑部专司法律不理现审案件，究竟有无流弊。沈侍郎对：刑部已未完结之案件极为繁要，宜从缓商定划分权限办法云云。

他对两宫的垂询，并没有明确的态度与想法，但从那时起，他一定是把这个问题放在心上，时时思考。细致、缜密，再忙再乱，也不会疏忽。

这也是他的一贯作风，没有想清楚的，绝不信口开河。

小心，谨慎。

和从翰林院出来的戴鸿慈与张仁黼不同，中年才考取进士的沈家本，没有少年得志的狂傲，抑或自视甚高。科举的一再失败，曾让他的心情非常暗淡，他总是说自己是个驽钝之人。但又正是因此，使他有在刑部盘桓三十年的司员经历，虽然地位低微，对官场的潜规则很谙熟。他的处世方式一般总是：后发制人。

戴鸿慈与张仁黼，习惯于先声夺人。他们不满意大理院抢夺了他们的人才，开始反击，不但抢夺人才，更要抢夺权力。1907年5月14日（阴历4月初3），他们甩开大理院，单方面向朝廷上了《酌拟司法权限缮单呈揽折》，对部院的司法、审判权限进行了划分。

他们的划分意图很坚定，也很明确，就是要把司法权与行政权全都牢牢地抓在手里。

> 夫所谓司法与审判分立，而大理院特为审判中最高之一级。盖审判权必级级独立，而后能保执法之不阿，而司法权则必层层监督，而后能防专断之流弊。考东西各国，莫不皆然，此谓司法行政权。由此析之，即分二义，一为司法，即王大臣原奏法部节略所称，大辟之案，由大理院或执法司详之法部，以及秋朝审大典，均听法部复核，此外，恩赦特典，则由法部具奏等语。此臣部所有司法权之明证也。一为行政，即王大臣原奏官制清单第一条所开，法部管理民事刑事牢狱，并一切司法上之行政事务，监督大理院、直省执法司、高等审判厅、地方审判厅、乡谳局，及各厅局附设之司直局，高度检察事务等语。此臣部所有行政权之明证也。由行政复析之曰区划权，曰调度权，曰执行权，曰任免权，即臣等核议官制奏称，司法官吏之进退，刑杀判决之执行，厅局辖地之区分，司直警察之调度，皆系法部专政之事等语也。

很显然，他们在拟写这份奏折时，试图从理论上为自身想要得到的权限找到依据，便将司法权等同于司法行政权，又将司法行政权、审判权、监督权全都归于自己，几乎一网打尽。虽然，他们对职权的描述，对于不懂的外行来说，带有很大迷惑性。

此时的戴鸿慈，已经完全忘记了在意大利、英国、法国和美国考察司法机构时的激动，也完全忘记了上一年8月里，他自己所上的奏折《改定全国官制以为立宪预备折》里的观点：司法与行政两权分峙独立，不容相混，此世界近百余年来之公理，而各国奉为准则是也。

现在，他所想要的就是把大理院完全掌控在掌心。

此一时，彼一时也。

几个月前的戴鸿慈，与现在的戴鸿慈，所言所行完全不同，他主张司法独立是一时的心血来潮，还是叶公好龙？抑或，他根本就没有弄清楚司法独立是怎么回事。权力落到他自己的手里，便是另外一回事了。

法部的两位长官，在折奏中继续洋洋洒洒地写道：

> 夫司法一语之中，端绪之繁如此，而每一权之中，又各有其事项。现今臣部现审既交大理院接收，则臣部复核之事，即相因而至，民刑案件，各有轻重，大理院占最高裁判之一部分，则各级审判即待渐次设立，而接收民政部之预审，以及向来问刑衙门之现审，皆臣部所应预筹。司直一官，现拟改为检察，大理院中附设之检察总厅，本隶于臣部，而对于大理院为监督之机关，故王大臣原奏大理院官制清单第十二条，有总司直承法部尚书之命之明文，此外审判官自推丞以至推官，俱有会商请简会同奏补之语，是在在皆有彼此相涉之关系。此中认真经理，辄相龃龉，过事牵就，又虞放弃。臣等忝列膺重寄，不敢自负委任，仅就司法权限悉本王大臣原奏，兼采东西各国之长，择其切要者，逐条缮具清单，恭呈御览，请旨遵行。庶臣部有所率循，而法权可收就一之效，臣部幸甚，大局幸甚。

并附上清单，就法部与大理院之间的权限划分，提出十二条办法：

1. 大理院自定死刑之案，咨送法部核定，将人犯送法部收监，仍由大理院主稿会同具奏。其秋后人犯于完案后，移送法部监禁。朝审册本由法部核议实、缓，再由法部及钦派大臣复核。黄册专由法部进呈。

2. 外省秋审事宜，仍照向章办理。

3. 大理院自定遣、军、流、徒之件，由大理院定稿后咨送法部查照例章办理。

4. 大理院自定专案军流以下之件，由大理院自行具奏咨报法部备案。

5. 高等审判厅、地方审判厅成立后，其死罪案件，分详部、院，由大理院复核后，咨送法部核定，由法部主稿会同大理院具奏。其遣军流徒以下案件均详法部办理。

6. 速议之件，外省奏请奉旨后，专由法部核议。如情罪不符者，咨交大理院，俟供勘到院后，援律驳正，仍由法部具奏。

7. 汇案死罪之件，外省具奏奉旨交法部议奏者，应令各省将供勘分达部院，由大理院复核，限十日咨送法部核定，即由法部具折复奏。如有情罪未协者，仍咨大理院驳正。

8. 外省寻常军流以下咨案，应由法部复核，笞杖等案，造册报部。

9. 大理院官制，因检察总厅隶于法部，及请简补员缺，皆须会商，即应会同法部具奏。其推丞及总检察，由法部会同大理院请简，推事及检察，由法部会同大理院奏补。

10. 各级审判厅官制员缺，及分辖区域设立处所，由法部主稿会同大理院具奏。

11. 法部监督各级审判厅、检察厅，由法部议定处分。

　　12. 死刑由法部宣告，令该管检察官监视行刑。其检察厅未

成立以前，暂由法部派员会同原审官监视行刑。

　　这十二条，不用细细研读，粗略一眼扫过，也可看出，戴鸿慈与张仁黼是要权，他们大笔一挥就包揽了大理院的大部分审判权与人事权，且重案与死罪案件的复核权凌驾于大理院的审判权之上，大理院仿佛是他们的属下，没有什么权力可言。仅第3条与第4条，大理院能够自主行事，其他各条，大理院都必须在法部的领导下行事。

　　大理院就好像是法部的小媳妇。

　　老佛爷慈禧与光绪皇帝，想必也没有细读法部的奏折，本来心绪就繁乱，各部奏折又多，哪里顾得上琢磨，甚至没有时间琢磨。何况对法律他们亦很陌生，光绪皇帝谕令：从之。

　　戴鸿慈与张仁黼，如愿以偿：幸甚！对大理院的不满中又添加了几分不屑。

　　背靠大树好乘凉。

　　一般而言，事至此，也就风平浪静。朝廷都发话了，大理院也只有听喝的份，还能怎么样？敢蹦跶吗？

　　想必是不敢。何况大理院的最高长官沈家本，寡言少语，一向是相当持重的。

　　然而，不然。

　　这份经签批的奏折发至大理院，已近黄昏。5月中旬，虽然已经春暖花开，但是风却大，漫天黄尘。巍峨的城墙，宽阔的长安街，乃至胡同深处的四合院，都在狂风的席卷下，灰头土脸。

　　朝廷签批的法部奏折，重如千钧。

　　沈家本研读一遍，随手将那份奏折扔在几案上，仰天长叹。

　　怎么能够这样？怎么会是这样？

　　法部根本没有将这一系列问题与大理院商讨过，就独自上奏，且不

留余地。朝廷又已批准，生米煮成熟饭。

就他个人而言，倒也没有什么。他还是大理院的正卿，只不过少操几分心，少做一些事，官还是那个官。可是，此前大理院内部的改革，以及与法部的争权，将变得毫无意义。附庸于法部的大理院，又怎么可能坚持审判独立。大理院的尊严又在哪里？

进，还是退？

不进则退。

当然，不是他个人官位与权力的进与退，而是国家的进与退。

整整一个星期，沈家本的思绪都纠结在法部的这份奏折上，随着5月的狂风而激荡。日思夜想，最后他还是选择了向朝廷上奏，阐明他自己对法部与大理院分工的认识：恭绎谕旨，原以法部和臣院同为司法机关，法部所承担的是司法中的行政工作，臣院所承担的是司法中的审判工作，界限分明，没有疑义。司法独立，是立宪的基础，并不是说前刑部审理办案不善，所以要进行变更。

> 臣等恭承简命，心怀忧虑。因衙门初设，既无经费可筹，而臣院所接任的大理寺，向称闲曹，又乏人才可用。且中国积习，大多数人都不愿意选择刑官为职业，再加上律例较繁，若非平日用心钻研，临事就不能运用自如。所以，自去年10月以来，从法部及各衙门前后奏调了七、八十位谙熟法律的专业人员，作为开办的基础，绸缪数月，粗有倪端。

还是他以前的文风，缓缓而述，不急不忙，从前因后果讲起，语气亦是温和的。很委婉地表达他调用各部人员（当然主要是法部人员），实属不得已之举，因为刑名判决关系至重，若不亲加实践，难期得力，若有贻误，咎将谁归？如果说，用人之权应由法部，此应等各学堂培养出相当数量的法律人才，各省审判官俱由法部任用之后，我们大理院的用人之事，亦同归法部，可是现在人才短缺，司法改革又不能悬事等人，他们大理院也只能先这样做，希望法部见谅于臣部。

笔锋一转，虽然还是用平和的语气在叙述，但字里行间明显透着他对法部的不满。他要向朝廷陈述的一个事实是这样的：自从他任大理院正卿后，曾多次与法部各堂官往返晤商，欲将彼此权限酌量定拟，共同上奏遵行，然而法部未经双方商定，就单独上奏。他查阅法部上奏清单所开 12 条，其中有的条款曾与他们商定，有的条款根本就没有和他们磋商过，他们连知都不知道。

言外之意，法部根本也没有想和他们磋商，太过于霸道，连审判权也想独揽过去。

大理院的尊严又在哪里？

在沈家本看来，大理院的尊严就是国家的尊严，法律的尊严。

为了使朝廷与年轻的皇帝能够明白大理院与法部二者之间的同与不同，沈家本颇费了一番笔墨，阐述他对大理院与法部之间权限的划分：

> 法部与大理院虽然同属司法机关，但法部所任系司法中的行政，大理院所掌管的则是司法中的审判，界限分明，本无争议。宪法精理以裁判独立为要义，此东西各国之所同。大理院为国家最高之裁判，环球具瞻，以征其信用，但如今死罪必须法部复核，秋朝审必须法部核定，权限未清，揆度与专掌审判之本意，似不符合。

接着他对法部所奏请的 12 条条款中的 1、6、7、9 条，逐条提出驳正意见：

> 1. 大理院自定死刑之案，咨送法部核定，将人犯送法部收监，仍由大理院主稿会同具奏。其秋后人犯于完案后，移送法部监禁，朝审册本由法部核议实缓，再由法部及钦派大臣复核，黄册专由法部进呈。

各国裁判制度，皆以大审院（相当于我国的大理院）为全国最高裁判机构，定拟各案，惟死罪送交司法大臣执行，如情罪或有可原，则由司法大臣奏请减免，并无驳审之权。根据厘订官制王大臣奏呈法部节略所称，法部只能监督裁判处理，与司法上的行政事务，而不能干涉裁判权。

如果大理院已定死刑之案，犹须咨送法部核定，似与原定官制节略及各国审判程序均不相符，窃恐贻笑外人，而对收回治外法权，亦无效果。

臣等现拟通融办法，凡臣院审定的死罪案，钞录审判经过及供词，底稿送由法部复核，会画以后，本系臣院自审及京师地方审判厅以上审理的案件，以及外省秋审人犯，必须各省自拟实缓，先行奏报，京师各审判衙门所定拟的秋后人犯，亦应由臣院审拟实缓，咨由法部核办，黄册则由法部进呈。

6. 速议之件，外省奏请奉旨后，专由法部核复，如情罪不符者，咨交大理院，俟供勘到后，援律驳正，仍由法部具奏。外省重大案件，如奉朱批法部速议具奏者，自应由法部核议。若情罪不符，既咨交臣院驳正，则具奏之日，亦应会同臣院，以备对明垂问。

7. 汇案死罪之件，外省具奏奉旨交法部议奏者，应令各省将供勘分别送达法部与大理院，由大理院复核，限十日咨送法部核定，即由法部具折覆奏。如有情罪不符者，仍咨大理院驳正。

汇奏之件，既由臣院覆判，则检查例案及查核减等等项，恐需时日，拟于供勘到后，以二十日为限，咨送法部覆奏。若臣院驳正者，仍须会衔具奏。

9. 大理院官制，因检察总厅隶属法部，及请简请补员缺，皆须会商，即应同法部具奏。其推丞及总检察，由法部会同大理院请简，推事及检察，由法部会同大理院奏补。

　　光绪三十二年(1906年) 9 月 20 日钦奉懿旨,大理寺改为大理院,专掌审判,原拟各部院等衙门职掌事宜及员司名缺,仍由该堂官自行核议,会同军机大臣奏明办理。臣等数月以来,业经核议竣事,今谓会同法部具奏,显与慈谕不符,似应仍遵原旨,由臣院会同军机大臣奏明办理。而检察总厅职责,实与审判相关,因各国都有检事官,藉以调查罪证,搜索案据。其宗旨在于护庇原告权利,与律师之为被告辩护者相对立,是监督裁判特其一端,该检事官厅,大都附于裁判衙门,故大理院官制清单,列入检察各官,是因为职责的缘故。至于推丞推事等官,以今日开办伊始,应由臣院请简奏补,以一事权而免贻误。

　　今后,法学人才增多,法院编制法编定颁行,自可部院会商共同奏请。若检察厅推丞及检察官,职任与审判相维系,而所司多行政事务,应俟官制奏定后,会同法部请简奏补。

　　其实,沈家本所要争取的很简单,就四个字:审判独立。

　　5 月 20 日,他将这份奏折—《酌定司法权限并将法部原拟清单加具案语折》向朝廷呈上。

　　等待他的又将是怎样一个局面?

　　朝廷对他的这份奏折,又将会持一个什么样的态度?

　　当他提笔疾书这份奏折时,心情是沉重的,亦很沉痛。以法治国,谈何容易,稍作改良,阻力便如此巨大。并且,法部尚书戴鸿慈还是考政归来的大臣,他喊的口号与他在实践中的做法,相距又何其远矣。

　　奏折呈上之后,他的心情反而平静下来:静观其变。

　　他做了他能做的,他自认为是应该做的。

37 龙颜大怒，喝令换位

光绪皇帝浏览了沈家本的奏折后，十分震惊，立即下旨：

> 本日大理院奏司法权限酌加厘订开单呈览一折，著与法部
> 会同妥议，和衷协商，不准各执意见。

想必，慈禧也看过沈家本的这份奏折，还有朝廷中的重臣们，全都非常恼火。沈家本这位平时从不咄咄逼人的老臣，竟如此胆大包天，朝廷本已经决定的事，他还要重新加以纠正。虽然，他的奏折措辞是温和的，通融的办法也是妥协的，折中的。

然而，这位老臣，还是把朝廷置于难堪的地位。

本来，对官制改革寄于厚望的朝廷，在沈家本的奏折中看到了自己的无能。大理院与法部的争吵，本是因为朝廷思想的混乱。两个部门争夺权力的依据，都是朝廷曾经认可的。大理院的《审判编制法》与《审判权限厘定办法折》，法部的《酌拟司法权限缮单呈揽折》，两个部门都拿到了自己的尚方宝剑。可是，对于法部关于权限的划分，虽然得到朝廷的支持，大理院却并没有服从，也不想服从，而是逐条批驳，有理有据，最大胆的竟还要求朝廷收回成命，改弦更张。

朝廷颜面扫地，恼羞成怒。

光绪的谕旨，就在当天，5月20日的傍晚，便送达大理院。速度之快，出乎沈家本的预料。朝廷的大臣们，已经习惯了朝廷的拖拖拉拉。

虽然，只有短短两行字，沈家本这个在晚清官场的泥汤里已经浸泡

了几十年的二品大员，一眼扫过，便从从中读出朝廷的斥责与严厉。

龙颜已然大怒。

深知官场规矩的他，当然也深知这几句话分量。此时，他最好闭嘴也。

从衙门回到宣南坊金井胡同中的家，饭后他又一个人独自上了小楼，泡上一杯浓浓的茶。

细细地研墨。

茶浓，墨也浓也。而此时，他的思绪则更浓，犹如窗外一树摇曳的绿叶，亦如从窗前缓缓飘过的白云。

欲罢不能。

到了他这把年纪，还有什么不能放下呢？平日里一贯温和少言的沈老头儿，这一次却很执着，和已经去世的薛允升一样，他也是一个充满为国为民儒家思想的士大夫。

人生已没有什么荣誉与官位可以再吸引他，但飘摇衰落的国家，还是在他心里无法抹去。

即便给罢了官，他还是想给朝廷再上一份奏折，阐明自己的想法。展开宣纸，提起重如千钧的毛笔，他在纸上细述自己对于司法独立与审判的想法。

这段话，译成今天的白话文，意思简洁明晰：

我认为司法独立与立宪关系至为密切。日本开放口岸之初，各国领事都具有领事裁判权。自从维新以来，日本政府孜孜以求裁判统一，不到十年就使侨民服从于日本的法律。评论者认为，国力的骤然增强是因为立宪，其实司法独立的作用也隐含其中。

如今我国进行官制改革，以法部专任司法，大理院专任审判。此为司法独立的前奏，也是制定宪法的开始。近来有些人因循以往的惯例，对此颇多訾议。这些人并不知道司法独立并非只西欧通行，也是我国固有的良规。

宋代的提点刑狱，元代的廉访司，都是专管刑狱的；到了明朝，按察使与布政使便有了分工，其初各行省未设督抚，按察使一官独管司法方面的事宜，初不曾有人节制他。

以行政官兼任司法，其害有四：地方官吏作风的清廉与腐败，关键在于州、县一级。而在这一职位上的官员，都是从科举或纳捐而来（所谓纳捐也就是花钱买的官），对法律与法律条文并不熟悉。一旦让他们去审理案件，犹如盲人上路，不知方向，能够胜任者很少。即使有立志修习者，律义简奥，既非浅涉可以领悟，且地方官员事务性工作非常之多，也非常繁忙，州县长官，以一人之身，已经是难以应付。学无专精，是由于官无专职。这是第一害。

行政官易，司法官难。按照一般的人之常情，孰肯就难而舍易。况且行政官员交接应酬，非常忙碌。每天都忙于奔走伺应之中，又怎么能够亲自来管理监狱、审理犯人。大抵各省，首县和主要的州县，都有委员数人来帮着办案。于是，奸诈的胥吏和品行恶劣的幕僚就得以作弊，愚弄那些在位的官员，使审判大权旁落这些人的手里，成了这些人的发财之道。这是第二害。

勘查体制转变之时，更应该慎重刑狱。然而，上级官员遇事驳诘，拖延、连累他人的事在所难免；地方官员惧怕审案，便宜处分者有之，隐匿不报者有之。中国的国土是日本的 20 倍以上，然而报达原先刑部一级的案件，却不到日本的 1/20。权衡彼我，其理益显。层层牵制，使朝廷的宪法不过只是一个样子而已。这是第三害。

领事裁判权不过是以彼之法绳彼之民。可是英国在上海，德国在胶州，我国人民的讼案，他们都越俎代谋；近日日本更是在辽东大开法院。卧榻之旁岂容他人鼾睡，况且其为陪都重地耶。法权所在，即主权随之。以审判不同为理由，予以口实，会留下蔓草难以除尽的祸害。这是第四害。

这四害，则是司法独立于今刻不容缓的原因。如果说百姓所受的教育与认识程度还没有达到，审判官的资格也不具备，此乃因循自误之谈。百梯之高的山峰，始于地面；九道之大路，开始于跬步。必待全局完备，始图改辙，是永远不会有那一天的。

整整写了两个夜晚。

这是一个老臣对朝廷的耿耿忠心，也是一个老臣对国家的一片赤诚之心。

5月22日清晨，他把这份奏折递送给了朝廷。

光绪与慈禧是否展阅了他的奏折，不得而知。也许，皇上与太后都大致地看了一眼。也许，皇上与太后连看都没看，便把那份奏折放到了一旁。

总而言之，他的这份奏折，如同石沉大海。

虽然，今天的学者评价他的这份奏折是：

近代中国第一份由中央官员倡言，系统论证在中国实行司法独立的奏疏。

5月23日，朝廷又下达一道谕旨：

> 调大理院正卿沈家本，为法部右侍郎；法部右侍郎张仁黼，为大理院正卿。

这便是朝廷对他奏折的态度？

沈家本与张仁黼的对调，立刻引起社会各方的关注。远在上海丁忧的盛宣怀，很快便得知了这一消息。他派驻在北京刺探政治情况的陶湘，在给他的信中说：大理院与法部因争权限事，屡烦两宫之劳顾。昨忽以沈、张对调，乃请君入瓮之意。事固高妙，而臣下之办法愈难，政治终无起色。

一语中的：政治终无起色。

法部与大理院的官员们，具体而言，也就是戴鸿慈、张仁黼与沈家本，在朝廷的训斥下：惶悚莫名。

部院之争，也就只能：偃旗息鼓。

戴、张与沈三个人，心里当然也都并不服气。不过，戴、张二人，心里要比沈家本敞亮，虽然朝廷各打五十大板，但板子的重心是打在沈家本身上，打板子的起因也是因为沈家本奏折。

不过，接下来的几天里，三位长官，还是坐到了一起，就沈家本奏折中所提出的驳正，进行了商榷。

而现在，沈家本与张仁黼互换了位子，会不会换位思考呢？

其实，活了一大把年纪的沈家本，对自己与张仁黼的换位，心知肚明。朝廷显然是不满意他的，将他与张位黼换位，只不过是为了减少今后的部院之间的冲突。而朝廷对于审判独立的态度，还是语焉不详的，很有几分暧昧。毕竟，审判独立挑战了至高无上的皇权与中央专制，无论从情感上还是从理智上，朝廷都是难以接受的，自然倾向维护法部利益。让他与张仁黼换位，也是给他点颜色看看。

而他所要坚持的：审判独立，与他个人的位子并无关系。朝廷与当时的大多数官员并不这样看，在他们看来，法部与大理院之争，只是个人权力的争夺。

很悲哀。

商谈的气氛很冷。沈家本单枪匹马，出语也更加慎重。几番拉锯之后，终于达成"共识"：

> 大理院自定死刑之案，先行钞录红供奏底，咨送法部复核，有无签商，于三日内片复大理院，再由院备稿送部会画，定期具奏。系立决人犯，即送法部收监，以便执行处决；系秋后人犯，于定案后移送法部监禁；朝审册本由法部核议实缓后，并照旧章奏请钦派大臣复核，黄册专由法部进呈。
>
> 速议之件，外省奏请奉旨后，专由法部核议者，如情罪不符者，咨交大理院，俟供勘到后，援律驳正，仍由法部缮折，会同

大理院具奏。

汇案死罪之件，外省具奏奉旨交法部议奏者，应令各省将供勘分达部院，由大理院复核，限二十日咨法部核定，即由法部具折复奏。如有情罪未协者，仍咨大理院驳正后，再行咨部缮折，会同大理院具奏。

大理院官制，拟会同法部具奏后，所有附设之总检察厅推丞及检察官，由法部会同大理院分别开单请简请补；其刑科民科推丞，应由部院会同妥商，将大理院审判得力人员开列清单，由法部会院请简，推事以下各官，即由大理院会同法部奏补，以收得人之效。

外省奉到部文后，应即遵照新章，将死罪案件供勘，分别咨送达部院，听候大理院复判，法部核定；如未经奉到部文之先，业已交部核议者，仍由法部照常办理，以免参差。

用我们今天的白话文来说，则是：

大理院自定的死刑案件，先钞录犯人的口供作为奏本底稿，然后送交法部复核。法部审阅，看看其中是否有需要签商的，于三日内答复大理院，再由大理院备稿，送交法部会画，定期具奏。系立决人犯，即送法部收监，以便执行处决；系秋后人犯，于定案后移送法部监禁；朝审册由法部核议实缓后，并照旧章奏请钦派大臣复核，黄册专由法部进呈。

速议的案件，外省奏请奉旨后，专由法部核议的，如情罪不相符的，送交大理院，等到供词与调查的证据到后，援律驳正，仍由法部议定奏折，会同大理院具奏。

汇集的死罪案件，外省奏请奉旨后交由法部议奏的，应令各省将供词与调查证据分别送达法部与大理院，由大理院复核，限二十日送交法部核定，再由法具折复奏。如有情罪不相符的，仍由大理院驳正后，再交法部议定，会同大理院具奏。

大理院官制，拟会同法部具奏后，所有附设的总检察厅推丞及检察官，由法部会同大理院分别提出名单报批；其刑科民科推丞，应由法部与大理院两家会同协商，将大理院审判得力人员开列清单，由法部会同大理院一同上报，推事以下的官员，即由大理院会同法部奏补，以招揽汇集人才。

外省接到法部的文件后，应立即遵照新的章程办理，将死罪案件的口供与调查证据，分别送交法部与大理院，听候大理院复判，法部核定；如未经收到法部文件时，业已交法部的核议案件，仍由法部照常办理，以免参差。

就这样，经过连日的会商，法部与大理院携手向朝廷呈上《会奏遵旨和衷议部院权限折》，以示和解。

其实，如此协商的结果，除了妥协，便是折中。

其中第一条和第四条，就是用折衷的办法，让法部与大理院都各退了一步，但却使程序变得更加繁琐，在部与院之间绕来绕去。

清廷很快就认可了，使它头痛的是法部与大理院之间的争执，只要他们能够和平共处，它便也就睁一眼闭一眼。

部院之争，至此，算是风波平息。可是，沈家本内心深处的思考，却仍处于颠簸动荡之中，于心不甘，对此他是有着切肤之痛的。

那时，民间有句俗语：灭门的知县。

大多知县，本不懂法律，但却将一县的生杀大权操于手中，时有害得小老百姓家破人亡的事发生。在刑部，在天津与保定任上，这样的事，他都见得多了。

审判独立，就是要行政长官从审判中退出，以保证审判的公正与公平。可那些掌有实权的行政长官，谁又肯让出审判的权力。权力本身对为官者就是一种诱惑，更何况审判他人的权力呢？

而且，国人对司法独立、审判独立又有多少了解与认识？不要说芸芸大众了，就是朝廷重臣，又有几人能够有深刻的识见呢？张之洞就曾公开叫板，司法独立在他看来不过是出自东洋学生二三人的偏见，袭取日本成式，不问中国情形。州县不审判，则爱民治民之实政皆无所，以此求治，未见其可。

持张之洞之见的，朝廷重臣有之，地方大员有之，州县小吏更是多如牛毛。

司法独立与审判独立，对朝廷需要启蒙，对重臣亦需要启蒙，对民众更需要启蒙。沈家本特地为赴日调查员董康等编写的《裁判访问录》作了序，这篇序言，就是向国人宣传司法独立、审判独立的启蒙文字，翻译成白话文，大致如下：

> 人是生活在社会群体中的，因在群体中就会有争论，有争论就会有诉讼，争讼不已，社会将会失去安定，陷于混乱。裁判者，就是平息争讼保护社会治安者。
>
> 因古今中外风俗不尽相同，裁判的方法也不尽相同。因不同而欲用强力使之同，势必会产生隔阂，于是阻力重重。我国上古之时，风俗纯朴，律例简单。中古以来，风俗趋于浇漓，不再朴素淳厚，人与人之间的矛盾，日益加剧。如果，仍以简易律例行之，就不能维护社会的稳定。所以，自秦以来，裁判各自为法。汉有读鞫、乞鞫之律，但这些法律条文都没有保留下来。唐律拷问囚犯不过三次，拷问三次囚犯不承认，可以取保释放。而今天并无此法。如同这一类律例，并非只是这一条。这便是古与当今不能相同之处。
>
> 西方各国，司法独立，无论何人都不能干涉司法裁判。即便是君主与总统，也只有赦免权，而无改正权。中国则由州县而道府，而司，而督抚，而部，层层辖制，不能自由。从前权力颇有独立之势，但大理稽察，言官纠劾，所为每每牵制，而不免掣肘。
>
> 西法无刑讯，而中法以拷问为常。西法虽然是重犯，审问时

仍允许其站立；中法即便犯人是宗室成员，审问时犯人亦要长跪在地。这是中西不同之处。也有相同仍有所不同的地方。无论古今，中、西的法律裁判所凭据的供与证，都是不同的。中法供、证兼重，有证无供，便难以判决。唐律囚犯取决于服从供认，今律继承了这一点。可见中法重供，相沿已久。虽然，律例中有这么一条：众人的口供证据确凿，即可判罪，以及老幼不拷问，根据众人的供证定罪之文，只在罪犯判处军流以下者。判处死罪的人犯，出入甚大，虽有此律，不常行用，是因为谨慎。西法重证不重供，有证无供，是死罪亦可论决。这又是中西所不同之处。

现在，我国很多崇拜西法者，未必都能深明其法之原本，不过藉此炫耀自己，几乎跟随西方，亦步亦趋。而墨守先古者，又鄙薄西方，认为事事不足取。其实，西法之中，是有与古法相同之处的。如以罪行宣判刑罚，即周之读书用法，汉之读鞫乃论，唐之宣告罪犯状也。狱之调查，即周之岁终计狱，弊讼送达天府；宋之类次大辟（死刑），要上奏朝廷。如大司徒所管辖的乡、遂大夫（遂大夫：地官司徒的属官，为一遂的行政长官。掌理本遂的政令，每年按时稽查户口、六畜、田野，教民耕作，处理民事纠纷，课考下属官吏以及选拔人才，等等）诸官，各掌乡、遂的政教禁令。而大司寇所管辖的乡士、遂士、县士，则主管乡、遂、县中的监狱司法等事宜，此与乡、遂的其他官员分工明确，此为行政官与司法官各有分工。不像今日州县行政、司法混合为一，所以中国的古法与西法很相同。

古法不同于当今又不行于当今的地方，并非古法不如今法，或者古胜于今。而现在的人学习今天的法律，一言古法就以为泥古，或以古胜于今而议之。认为古法全可以行于今，诚然不对。认为古法全都不可以行于今，也是不对的。西法对于中法，也是这个道理。现在，我们正处于一个变化的时代，仍有积重难返之势，不认真研究法律的宗旨是什么，又有何经验可借鉴，舍弃考察，又怎么能得到真谛？

西方裁判制度，英、美为一派，德、法为一派，大略相同，又微有区别。日本多取诸德、法，然而又与德、法不尽相同。立法是作为人民行为的准则，立法一定要以人民的利益为上，然后才可以保护人民。即如陪审官，最早创建于英国。英以自治为国，所以此最重。法国实行民主之后，经人民要求，亦用此制，德国也仿行，然而，都不如英国出于习惯自然。所以，日本不用此制，而另设检事一官。这也是东方与西方不同之处。凡此种种不同之处，仍然是因为各国的政教风俗不同的缘故，不能使之强同。根据本国的民情制定法律，古今中外都是一样的。

中国现在刚刚开始讨论修改裁判制度，而礼教风俗与欧美不同。即使日本同为亚洲之国，也不尽相同。如果，遽然之间要让中国的法律与西方相同，其阻力固然会很大。我法不善者当去之，当去而不去，是为悖。彼法之善者当取之，当取不取，是为愚。

日本斋藤参事所叙述的裁判制度，可以说已经十分详备，宗旨如何，经验如何，大致都在其中。研究法律者，不要固执地因循守旧，不愿变通。只要能够维护社会治安，推动社会发展，又何必以古今中外的不同之见，来阻碍我们呢？

不知当时朝廷的官员们，是否能够耐下心来，认真读一读这位老臣的识见。

38 修订法律馆，谁主沉浮？

一波刚平，一波又起。

沈家本与张仁黼对调后，本该风平浪静，各尽其责。可是，在部院之争中占了上风的张仁黼却于心不甘。

张仁黼又瞄上另一个权力机构：修订法律馆。

修订法律馆，原称律例馆。其主旨：修订律例。刚成立时，并不隶属刑部，而是一个独立的机构。要求担纲者必须具备三个条件：刑部司员出身，熟悉法律，擅长断案。各部则例，全归其修订。虽然，当时刑部满汉尚书有六人，但推选此人为当家堂官，一切奏折文稿，都要经过此堂官画诺，方可实行，若当家堂官未画诺，概不签署。后来，律例馆归并刑部，改用刑部秋审处司员提调，位置略高于郎员。

官制改革后，律例馆更名为法律馆。

官制改革之前，沈家本为刑部当家堂官，律例馆的工作自然也就由他来主持。

官制改革中，沈家本由刑部而至大理院，由大理院再到法部，官职几经变迁，修订法律大臣的职务也就语焉不详了。修订法律馆，究竟由谁来担纲，很含糊。

一个日常工作已经停滞了一段时间的机构，一个悬而未决的位子。

张仁黼当仁不让。

1907年阴历的5月初1日，张仁黼任大理院正卿还不到20天，便向朝廷呈上一道奏折，恳请朝廷设修订法律院，钦派部院大臣会订。

他的奏折，当然不会单刀直入，直接要权。而是洋洋洒洒，论述了一大篇。可是，此前他一直是学政大臣，对法律不能说是毫无认识，但至少是没有深入研究过。因而，他对法律的认识也就只有一点儿皮毛，对东西方法律的异同，更无深切的识见与研究。

然而，他却是自信的，笔墨所至，横冲直撞。

他在奏折中写道：

> 法律者立国之基，致治之本。方今东西各国法学昌明，莫不号称法治。
>
> 全球四大法系，以中国法系为最古。东渐西被，而生印度法系；播乎欧洲而有罗马法系，是为私法之始；进为日耳曼法系，是为公法之始。
>
> 日本法律本属支那法系，而今则取法于德、法诸国，其国势乃日强。

他主张法律改革，效仿日本。效仿日本，这也是当时官场大多官员的共同认识。但是，他将印度、罗马、日耳曼法系看作中国法系的蔓延，显然是常识上的错误。

当然，他的奏折并非是要向朝廷显示他的识见，醉翁之意不在酒也。紧接着，他便提出自己对法律修订馆的设置与人事安排。他的方案是：主事者一，成事者三。

主事者，自然是指：立法机构。

成事者，则是指修订法律的宗旨、明确法律的性质、编纂法律成典。

张仁黼对法律的看法，还是固守成见：中国文教素甲全球，数千年来礼陶乐淑，人人皆知尊君亲上，人伦道德之观念，最为发达，是乃我之国粹，中国法系即于此。

因此，国粹，在他眼里则是立法的最高宗旨。

所以，他提出的方案则是：以支那法系为主，而辅之以罗马、日耳曼诸法系。

其实，对罗马、日耳曼法系，他也并无清晰深刻的了解与认识。

法律的性质，在他看来，其区别主要有四个方面：国内法与国际法，成文法与不成文法，公法与私法，主法与助法。而这四者却不外乎三种关系：国与国，国家与个人，个人与个人。国与国，属于国际公法，自然就不在修订法律的范围之内。国与个人属于公法，个人与个人属于私法。刑法、诉讼法等，属于公法，其中涉及外国人的则为国际刑法。民法、商法等为私法，其中涉及外国人的则为国际私法。

主法与助法，则是他特别重视的：

> 修订法律之最要者，则在主法与助法之别。盖主法为体，助法为用，如刑法及民法为主法，而刑事诉讼法及民事诉讼法为助法是也。有主法而无助法，则徒法固不足自行，主法虽精，而助法未臻完善，其行之也就不能无弊。且主法不可纷更，而助法则可以屡变，盖主法一有改移，则于人民权利之得失多少，罪罚之轻之轻重出入，即相悬殊，屡事纷更，是使民无所措手足也。

> 人民本随时随事，听命于官。

对于修订法律，他的看法是：

> 故欲修订法律，必宜研究编纂之法，而法典不可不备者，如现今之审判分立，而法院编制法寂寂无闻，此所以司法与审判权限纷议久而后能定也。

不过，这些设想与论述，并非他最想要表达的意思，而是为他最想表达的关键的想法作进一步的理论与实践需要的阐述。他最想表达的，在主事者一中就说了出来：

> 臣愚以为修订法律，以之颁布中外，垂则万世，若仅委诸

一二人之手，天下臣民，或谓朝廷有轻视法律之意。甚且谓为某某氏之法律，非出自朝廷之制作，殊非所郑重立法之道也。

他文中没有指名道姓的某某，当然就是指沈家本。

他的主张看上去则很公允：

> 拟请钦派各部堂官，一律参与修订法律事务，而以法部大理院专司其事，并选能晓中外法律人员充纂修协修各官，将法律馆改为修订法律院，所有各员均系兼差，不作缺额，另议办事章程。如此而已则有议院之长，而无专断之弊。

其实，说白了，就是想把沈家本主持法律改革的大权给拿掉。

朝廷对张仁黼的这个奏折，还是一贯的态度，先摆一摆再说，批复也是含糊的，没有明确的态度：

> 法部、大理院会同详核妥议具奏。

皮球又一脚踢了回来。

因朝廷命法部与大理院对张仁黼的这个奏折会同详核妥议，沈家本自然很快便看到了张仁黼的奏折。

沈家本不寒而栗。

不过是几页轻若鸿毛的宣纸，沈家本展读再三，思绪重若千钧。窗外，五月的艳阳，高高悬挂在蔚蓝的天空，亦无风。初夏的气息，已经散发出干燥的热浪。

老臣沈家本却陷入不寒而栗之中。

此时的他，真的有几分想离开这个"是非"之地了。本来就具有相当政治敏感的他，当然会从张仁黼的奏折中读出：险恶。

张仁黼在奏折中说：臣愚以为修订法律，以颁布中外，垂则万世，若仅委诸一二人之手，天下臣民，或谓某某氏之法律，非出自朝廷之制作，殊非所以郑重立法之道也。

"委诸一二人之手"，说白了就是那一二个人大权独揽；"或谓某某氏之法律"，更有几分功高盖主的意味。

熟读经史的沈家本，深知大权独揽，功高震主是为官之大忌，岂能为最高统治者所容忍，其下场也就可想而知了。张仁黼对法律的了解鲜有见解，但对为官之道还是有深刻的认识。

细细琢磨，也不只张仁黼对他心怀不满，戴鸿慈就更为不满。还有一些本与他无交道，也无来往的人，也深为不满。说穿了，无非就是因为像他这样职位一直不怎样高的平常官员，又没有什么背景，且现在又已年老体弱，本该悄无声息地退出官场舞台，而他却在这把年纪得到朝廷的启用，还做出一系列令人瞩目的成绩，其风头甚至远远超过他的顶头上司戴鸿慈，就不免让大大小小许多官员心不平了，明枪暗箭随之而来。

这也是官场特色，与官场常情吧。

他跌坐在宽大的藤椅中，静静地闭上了眼睛。

瘦小而疲惫的老臣，再一次陷入无语的沉默之中。其中滋味，如翻江倒海，剪不断，理还乱。

悲凉，悲愤。

心情亦如他在诗中所述：

> 招凉赖尔廿余年，纸断丝残忍弃捐。
>
> 破碎山河都不管，茫茫对此感无边。

这首诗的诗名则为：书高丽破扇。

诗中一个"忍"字，道出他的万般无奈。

然而，破碎的山河，他能够真正做到"不管"吗？

不知坐了多长时间，高高悬挂在空中的艳阳，终于慢慢西移，光芒也不再耀眼。

他心里的思绪也渐渐清晰，他得先避祸，至少要做出一种姿态。但这姿态也要再忍耐几天，不能授人以操之过急的话柄。

半个多月后，5月18日，老臣沈家本方向清廷递交了一份奏折，提出解除他修订法律差使的请求，口气委婉而真诚，大意如下：

五月初一日，大理院正卿张仁黼的奏折，已经拜读，并认真思考。张在奏折中所言修订法律事体重大，拟请钦派部院大臣会订，以法部、大理院专门来主持此事，送选通晓中外法律人员充纂修协修各官，将法律馆改为修订法律馆，均属切要之言。

张仁黼提出的以上各端，臣就才力所及，夙夜筹划，不敢稍有敷衍，辜负朝廷对我的信任。然而，考虑到修律事宜至关重要，担任其责者，一定要对古今中外的法律本原，有清晰深刻的认识，才能融会群言，折衷一是。如担纲者不合适，对法律不熟悉，没有深刻的认识，或为法政速成人才，轻率从事，恐怕只会纠缠在枝节问题上，顾此失彼，一知半解，相互抵触。

臣年老体弱，学识浅薄，现在已经无法承担此重任，加上近来精力江河日下，每与馆员讨论过久，或审稿稍多，就会觉得心思涣散，思想不能集中，深惧审定不当，贻误匪轻。考虑再三，惟有仰恳天恩，免去臣修订法律的差事，归并法部、大理院会同办理，广集众思，较有把握。

如蒙俞允，臣将继续清理手中未完事宜，并在三个月内完成，尔后彻底离开此职。

这份奏折，平和且温和，没有牢骚，也没有对自己评功摆好，抑或反驳张仁黼，只是顺着张仁黼的意思，恳请辞去修订法律大臣一职，理由也很谦和：学识浅薄，年老体弱。

然而，最重要的落脚点却是他的一个请求：希望朝廷再给他三个月时间，让他得以完成手头尚未完成的工作，然后彻底离职。

他手头尚未完成的工作，当然还是修律。

说到底，须发皆白的老臣，还是不能放下心中的念想，那便还是——修律。

那一时期，在与戴鸿慈、张仁黼的周旋与权力争夺之外，他的精力全然都放在修订《大清新刑律》的浩荡工程中，即使在现在，张仁黼的奏折有可能将他陷入泥潭，他还是不能撒手不管这部新刑律。

对于这个问题，他看得很清楚。

如若他放弃，后来者如果是张仁黼，或和张仁黼一样不懂法律，他与修订法律馆的同人们，数年的心血将付之东流。于国，于民，那都是无法弥补的损失。

他不想再次陷入与张、戴争辩的泥潭之中，但是他也绝不想放弃《大清新刑律》的修订工程。

儒家的传统：立德、立功、立言，在岁月的流淌中，已深入他的骨髓，成为他生命累积的一部分。他不会仅为了避祸而放弃，避祸的目的，并不仅仅只是保全自己，也是为了能把他想做的事尽可能的完成。

朝廷对沈家本的辞呈，未置可否，也没有批复，所采取的态度还是一个字：拖。

拖一拖再说。

张、沈双方，都惟有耐心等待。

此时的老叟沈家本，当然不会心如止水，如若是心如止水，他也就不会"茫茫对此感无边"了。他需缮后的事宜还很多，除了《大清新刑律》，还有一系律例也还都在修订中。

欲罢不能。

仍然还是忙碌，马不停蹄。

不过，忙碌中的片刻小憩，他手握茶杯，在自家小楼狭窄的廊沿中，凭栏眺望，另一个想法有时也会涌上他的心头。大概，朝廷是不会轻易让他卸任的。

他又想起了他的恩师薛允升。那年，因庚子之乱，朝廷硬是要年逾80的薛允升出任刑部尚书。薛允升避居乡村已经有好几年，心灰意冷，不再想出任，便以年老体弱竭力婉辞。慈禧发怒了，拍案而起：现在时局艰难，大小臣工，宜如何实心办事，劳瘁不辞。薛允升昨授刑部尚书，系朝廷破格擢用，自当感激图报。乃以衰病具辞，未免有意沽名；且复以暂署侍郎为请求。既同办一事，岂有可供职侍郎，而不能供尚书之理。薛允升所请收回成命之处，著不准行，并传旨早饬。

如果不是人才奇缺，慈禧又何至于此。

朝廷对张仁黼与他的奏折，冷处理，原因也就在此，大约也并不怎么认可张的看法。

等待中的沈家本，心安了，完全沉浸在所修律例全方位的思考中。

张仁黼却很焦躁，朝廷到底如何考虑？他也有些把握不准了，心烦意乱，有那么点等不下去了。于是，再次求助戴鸿慈。

此时，戴鸿慈的心情也不大好，对沈家本的不满，加之朝廷不明朗的态度，都让他窝心。

1907 年 6 月 9 日，由戴鸿慈领衔，会同法部、大理院联合上奏《修订办法折》。

此折所提出的想法与办法，与张仁黼大同小异。简而言之：编纂法典必须有主事之政策，行事之机关，议事之方式。

主事的政策为：允宜采取各国之法，编纂大清国法律全典，于守成、统一、更新三主义兼而存之。

关于行事之机关的设置，戴鸿慈的想法与张仁黼是完全一致的：

若夫编纂之事，委诸一二人，固觉精神不能专注，即增加数人，亦未足当此重任，非特设立法机关，不足以资修订。应请特开修订法律馆，以示全国法律之所从出，将来无论何种法律，皆须由法律馆编纂及提议改正，以期法律之统一。其组织之法，原奏（指张仁黼的奏文）请以法部与大理院专司其事，自系为便于管理起见。臣等职掌攸关，何敢自宽其责。特事当创始，不厌详求，所有修订法律，除由臣等详慎办理外，应请钦派王大臣为总裁，其各部堂官，应如原奏（张仁黼的奏文）请旨特派会订法律大臣，至各督抚将军有推行法律之责，亦应一律请旨特参订法律大臣。

此下编纂员等，应请设提调。一二三等纂修、总校、分校、内外调查、翻译、书记、会计各员，容臣等择优开单请派，仍以原官选充，酌定津贴，以资鼓励。

然而，戴鸿慈则比张仁黼更进了一步：那便是除了请求朝廷让各部院堂官参与修订法律外，还将督抚将军等都列为个修律大臣。这个建议看似公允，但落脚点却在于：修订法律馆由法部与大理院共同主持。

他所提出的议事方式则为：由修订大臣督同纂修员起草，无论何种法律，凡未经议决者，皆谓之法律草案。草案之后，各附理由书。每草案成，由会订大臣逐条议之。其督抚、将军有之责，亦应随时特派司道大员来京会议，参照议院法，分议决为认可及否决两种，皆从多数为断。其否决者，必须声明正当理由，修订大臣应合纂修员改正再议，议决后由修订大臣奏请钦派军机大臣审定，再行请旨颁布。

绕来绕去，其目的只有一个，那就是由法部尚书与大理院正卿来掌控修律，将老臣沈家本排除在外。说白了，也就是要将修订法律馆，掌控在戴鸿慈与张仁黼两人的手里。

两位原先的学政大臣，并非心系法律改革，他们念念不忘的还是一个字——权。出洋考政归来的戴鸿慈，此时权力的欲望也在不断地膨胀，在海外所感受到的新鲜思想，现在已经像潮水一般退去。

戴的奏折呈上后，朝廷这一次不能再视而不见，旋即下了谕旨：着考察政治馆议奏。

而此时的考察政治馆，正处于预备宪政筹备的热潮中，紧张而忙碌，哪里顾得上修订法律馆的归属与人员配备。朝廷的谕旨，也就暂时搁置一边。

1907年7月5日，朝廷将考察政治馆改名为：宪政编查馆。顾名思义，宪政改革的诸多任务，都要由此馆担纲。诸如：制定宪法大纲、九年逐年筹备清单，乃至一些零零碎碎的事宜。

千头万绪，自然还是顾不上议论处理戴鸿慈的奏折。

对于老臣沈家本来说，这一段时间却相对平静。但平静中的他却更加忙碌，他明白这平静是短暂的，也许稍纵即逝。

他得下手迅捷。

8月2日，他一气向朝廷上了三本奏折：《酌拟法院编制法缮单呈览折》《法院编制法草案》《旗人遣军流徒各罪照民人实行发配折》。

他对法律的思考，他的民主与平等的思想都在他的奏折中一一坦陈，特别是在最后一折《旗人遣军流徒各罪照民人实行发配折》中，更是有详细的陈述。

朝廷上下的忙乱之中，督抚将军们，谁也没有在意他提出的建议与思想，也许是因为不涉及他们的个人既得利益，也就忽略不计了。其实，也没有几个朝廷重臣与督抚将军对他们自己并不怎么懂的法律有兴趣。

8月18日，他会同民政部，向清廷进呈《大清违警律草案》。

8月26日，修订法律馆终于完成了《大清新刑律》总则部分的草拟，老臣沈家本又向清廷上了一折《刑律草案告成分期缮单呈览并陈修订大旨折》，详细阐述制定《大清新刑律》的必要性。

他心里有数，此新律一旦公布，必会在朝廷上下，引起波澜，王公疆臣绝不会轻易放行，所以才颇费了些笔墨，试图从历史和古圣人中寻找佐证。

掷笔案头，他长舒一口气，终于完成一件大事的轻松，缓缓浮起。可是，呷了几口浓郁的苦茶，刚刚从心底浮起的轻松又变得沉重。

现在，他必须兑现自己5月18日奏折中所言三个月后辞去修订法律大臣一职的请求。

修订法律馆究竟由谁来担纲？这个问题再一次很现实地摆在他的面前。

还有新刑律草案，又将会引起什么样的风波？这是一个更大的问题，新刑律草案，绝不会平平安安，顺顺利利地通过。

该来的就让它来吧。

他再一次仔细地审读自己的奏折，翻来覆去，还有哪些需要补充？斟酌每一处用词。尽量委婉、妥当，不让王公疆臣从中找出茬来，或落下什么把柄。

这便是改良者的痛苦。

当然，他也清楚，他的委婉，他的妥当，都不会让王公疆臣称心的，因为新刑律动摇的是根基。

9天后，也就是9月5日，宪政编译馆大臣奕劻，终于拿出一个修订法律方案。

庆亲王奕劻是个颇多争议的人。他是乾隆帝十七子永璘的孙子，辅国公绵性的长子。费行简所著的《近代名人小传》中，写到庆亲王奕劻的出身时说：

> 劻本罪宗永璇裔，少为四品闲散宗室，工书翰，习绘事，而贫甚，几不能自存，当假旗人明昌达后；及垂帘，遂渐向用，而所执皆例差缺，若正红旗满洲都统；管理神机、火器、鸟枪等营是也。穆宗大婚，充纳正使；亲政，晋贝勒，为总理各国事务大臣。光绪御极，晋郡王衔；后晋郡王，领译署事。

奕劻生于1836年，比沈家本年长四岁，他和沈家本应算是同龄人了。当然，爱新觉罗氏奕劻和沈家本、戴鸿慈、张仁黼的人生轨迹都是大不相同的，他毕竟出身于皇家，是皇家的后代。

1883年，也就是光绪十年，奕劻任总理各国事务大臣，并封庆郡王。1894年封庆亲王。1900年，八国联军入侵北京时，慈禧与光绪皇帝逃往西安时，他奉命留守京师，与李鸿章同任全权大臣，负责与各国议和。1901年，《辛丑条约》签订，改总理各国衙门为外务部，奕劻出任总理大臣。1903年又任军机大臣，但仍然掌管外务部。

和大多爱新觉罗氏家族的后代相比，奕劻是瘦弱的，个子也不很高，没有游猎民族男人的强壮。可是，这位个儿不高，且又瘦弱的男子，却有六位福晋，按当时清廷规定，亲王最多只能有五位福晋。从这里也可看出他的地位很特殊，和慈禧的关系不一般。

福晋多，孩子自然也多。他有六个儿子，十二个格格。但六个儿子中有三个早殁，还剩下三个：长子载振，二子载搏，五子载伦。他的女儿不但多，而且还对他的官位很有帮衬，其中三格格、四格格，时常陪伴慈禧左右，游玩、照相，自然在慈禧面前也是能说上话的。他还有一个女儿，嫁给了慈禧的胞弟桂祥的儿子。因此，他与承恩公桂祥是儿女亲家。

和慈禧自然也就牵牵绊绊地沾着亲。

慈禧对他的青睐，和他的亲家桂祥，他的女儿，三格格与四格格，不能说完全没有关系，但却不是主要的。最主要的还是在庚子事变中，他与李鸿章二人，解了慈禧的燃眉之急。

庚子事变中，当京城一片混乱之时，奕劻的主张很坚决：一定要及早防止事态失控，避免外交和军事上的大麻烦。说白了，他是不支持义和团的，虽然那时老佛爷慈禧还幻想着义和团为她排忧解难。他的主张自然引来一片叫骂声，特别是以端郡王载漪为首的极左派的反对。英国的外交官在发往伦敦的报告中认为："在北京的主要政治家之间，庆亲王和大学士荣禄似乎已成为对端王或董福祥提督起牵制作用的仅有的人物。"

在极左派载漪们的眼中，奕劻无疑是卖国贼，罪不可恕，必须清除。义和团也恨透了奕劻，臭骂他为卖国贼，丑化他的漫画，类似文革中的大字报，铺满了京城的大街小巷。

奕劻却视而不见，装聋作哑。但在清廷高层讨论局势的会议上，他却很硬，一直坚持自己的看法。

当八国联军的隆隆炮声，轰向京城时，高喊打打打的载漪们，毫不犹豫地拔腿开溜，却把收拾烂摊子的卖国脏活，留给了他们本想诛之而后快的汉奸奕劻与李鸿章。

奕劻与李鸿章，又能有什么好果子吃？弱国本无外交。两位朝廷大臣，犹如受到礼遇的囚徒一般，为明知不可争的城下之盟勉强一争，其间酸苦，也只有他们自己知道。此时，年已77岁的李鸿章北上与联军谈判，途经上海时，曾对盛宣怀说：和约定，我必死。

果然，《辛丑条约》签定两个月后，1901年9月7日，李鸿章逝于北京贤良寺寓所。

也就是因为这一功劳，慈禧后来对奕劻，一直优容有加。

而此前，在甲午战争与戊戌变法期间，奕劻却很开明，也很灵活，在朝廷大小官员的眼里，他并不亚于恭亲王奕䜣。他还以亲王身份，为李鸿章的洋务运动，袁世凯的革新，保驾护航，是公开的，也是公认的"浊流"们的幕后支持者。英国公使窦纳乐甚至认为他是：推动中国政府进步的一个杠杆。

做了不少事，思想也很解放。

可是，奕劻的官声并不好。非但不好，而且是臭名远扬。

贪婪。

朝廷的官员与市井百姓，皆知奕劻就是一个大贪官。当时，他家在汇丰银行就有200万以上的存款，而他在京城里的宅第正是和珅当年的老宅，更是不免让人浮想联翩。

他的贪婪与腐败，甚至闻名全球，英国的《泰晤士报》，美国的《纽约时报》，对他的贪腐都有报导，说他家就像是中国官场的集市，连门房都设了收费站。

然而，令人深感奇怪与不解的则是，富有政治经验，老谋深算的奕劻对他的贪腐，并不掖着藏着，反而还很招摇。是想告诉朝廷：他不过就是一个贪婪而腐败，无所作为的庸才？

还是因为，他已经处于"高处不胜寒"的地位，要用贪婪、腐败与无能来包装自己，韬光养晦的手段？

庆亲王奕劻在戴鸿慈、张仁黼与沈家本之间，又会支持谁呢？他对官制改革中的修律馆，又会持一种什么态度？

39　再任修律大臣

老于世故的庆亲王奕劻，当然是圆滑的。相对于戴鸿慈与张仁黼，他更为老到，也更有谋略。而且，他与慈禧、光绪的关系，当然要比汉族官员近得多，也铁得多。

毕竟，近水楼台。

不过，奕劻的奏折，还是很动了一番脑筋。风风雨雨，各方说词，在那些冠冕堂皇说词的背后，纠缠着怎样的权力与思想的纷争，他心知肚明。

然而，这份奏折，却大大出乎于戴、张的意料，态度鲜明，单刀直入地把戴、张二人的看法先提出来，然后逐一阐述自己的意见、看法与设想，几乎完全推翻戴、张的设想。

节录如下：

> 又所称行事之机关，请特开修订法律馆，以法部大理院专司其事，并请钦派王臣为总裁，各部院堂官为修订法律大臣，各督抚为参订法律大臣各节。
>
> 查编纂法典，与订立单行法不同，法典之大者，如民法、商法、刑法、民事诉讼法、刑事诉讼法诸种，考之各国成例，大率或千余条，少亦数百条，取材宏富，定例精严，非如单行法之可以克日成事。盖单行法不过为一事或一地方而设，法典则包含一切关涉全国之事。故各国编纂法典，大都设立专所，不与行

政官署相混，遴选国中法律专家，相与讨论，研究其范围，率以法典为限，而不及各种单行法。

诚以编纂法典，事务浩繁，故不能不专一办理，原奏所请特开修订法律馆，无论何种法律，均归编纂一节，范围太广，拟请仿照各国办法，除刑法一门，业由现在修订法律大臣沈家本奏明草案不日告成外，应以编纂民法、商法、民事诉讼法、刑事诉讼法诸法典及附属法为主，以三年为限，所有上列各项草案，一律告成。其余各项单行法，应仍由各该管衙门，拟具草案，遵照臣馆奏定章程，于草案成后，奏交臣馆，统归臣馆考复，请旨颁行，以期统一。

其所请钦派王大臣为总裁一节，查修订法律馆之设，专为编纂法典草案起见，将来尚须由臣馆覆定，该馆似可毋庸再由王臣管理，免致重复。

又所请以法部、大理院专司其事一切，查立宪各国，以立法、行政、司法三项分立为第一要义，原奏亦谓立宪之精义，在以国家统治之权，分配于立法、行政、司法三机关。今若以修订法律馆归该部院管理，是以立法机关混入行政及司法机关之内，殊背三权分立之义。

近世法学家，尝谓立法之事，必宜独立，若隶属行政或司法机关之内，必致徒循行政及司法上之便利，而有任意之弊，于法律进步实多妨碍。臣等公同商酌，拟照原奏，变通办法，请将修订法律馆仍归独立，与部院不相统属，所有修订法律大臣，拟请旨专派明通法律之大员二三人充任。

奕劻的奏折，很温和地将戴、张二人的设想，一一批驳，几乎没有给他们留下余地。

对于戴、张所想得到的权力——由法部与大理院来主持修订法律馆，奕劻在奏折中只几句话，便给打发了，先是从行政设置的角度来谈：修订法律馆是为编纂法典而设，所编纂的法典草案，是要由宪政编查馆来核定的，所以不需要再由王大臣来管理，以免重复。紧接着又从理论上进行了批驳：如果，修订法律馆划归法部与大理院管理，是以立法机关混入行政及司法机关之内，大大违背了三权分立的精神。

这份奏折，是否奕劻亲笔，不得而知，其措词与思想都颇带西方之风。不过，肯定是他首肯的，也是他授意的。当时，在他所主持下的宪政编查馆，有一大批从海外归来的留学生，那些留学生的思想，显然对奕劻有很大的影响力。也许，这份奏折的起草者便是某位，或某几位从海外归来的留学生。

然而，在这份奏折中，奕劻和戴、张一样，亦念念不忘他旗下的宪政编查馆的自身权力：考覆法律草案，咨请皇帝允准之权。他也想把修订法律馆掌控在自己的手中，在反对戴、张二人的建议之中，依然充满着权力之争。

修订法律馆，却因这份奏折，前途聚然明朗。

还是 9 月 5 日这一天，光绪皇帝谕旨：

> 宪政编查馆奏，请派修订法律大臣一折。著派沈家本、俞廉三、英瑞充修订法律大臣，参酌各国成法，体察中国礼教民情，会通参酌，妥慎修订，奏明办理。

9 月 6 日，光绪皇帝又下诏：

> 沈家本、英瑞业经派为修订法律大臣，自应专司其事。法部右侍郎著王垿署理，大理院卿著定成署理。

尘埃落定。

从这一天开始，修订法律馆正式脱离法部，并独立于大理院。而沈家本呢，也被正式任命为修律大臣，终于可以摆脱与戴鸿慈、张仁黼的积怨，从部院之争的矛盾漩涡中抽出身来。

接到光绪皇帝的这份诏书，沈家本并没有喜形于色，还是他一贯的沉着与沉默。不过，内心深处像冰块一样的积郁、忧虑与沉痛，总算稍稍化解。

朝廷这次起用他，是因为奕劻抑或袁世凯？奕劻对法律的认识与观念，和他相近，多一致。袁世凯呢，则很支持新刑律，且身体力行。沈家本的老友，菊人徐世昌曾是袁世凯的幕僚，袁世凯对沈家本这个老者，也就一直很尊敬与支持。并且，老叟沈家本对袁世凯的领导地位毫无威胁，且沈家本原本也无心愿与他抢权。两个人是不在一个层次上的。而袁世凯的对立面瞿鸿禨，则是沈家本的女婿汪大燮的老师，瞿鸿禨对沈家本在前一段的改革措施又颇为赞赏。也许，就是因此，在清廷错综复杂人事纠葛中，对立的双方，都能够接受沈家本这位老臣，为他的法律改革网开了一面。

在清廷江河日下的衰败中，沈家本却迎来了他职业生涯中又一个重要的机遇：专任立法，草拟各法典草案。

这是他一直渴望的，也是他最想做的一件事吧。

他的新搭档英瑞，重病缠身，任命下达后不久便病故了，没有抵京就职。另一个新搭档俞廉三，与他同年相仿，生于1841年。也算是半个同乡，浙江绍兴人。

俞廉三的家族，在绍兴也颇有些名气。他的曾祖父俞圣文、祖父俞芳亭、父亲俞星若，都是名闻遐迩的幕吏。他的仕途之路，并不是从科考开始的。这是他与大多数朝廷官员所不同之处。俞廉三16岁就踏上了职业生涯之途，先是投效山西戎幕，参与军机和防河之役。虽然年少，但却成绩斐然，在军机处与防河之役中，他肯干，喜欢动脑筋，也很能吃苦，先后都立下了汗马功劳。颇受上一级官员青睐，虽然没有科考功名，仕途之路倒也还算是平顺，但却都是由基层做起。先是武乡县知县，几年后迁升为直隶知州的署理，之后又迁升为宁武知府，调补太原知府。

　　晋地贫瘠，光绪初年又连年旱灾，乡下的农民饱受饥饿，纷纷弃家逃荒，沿途要饭。因饥寒交迫，路边常有饿死的饥民。田野荒芜，村庄也随之荒芜，有人形容当时晋地乡村里的情景：百里之内，不闻鸡犬之声。

　　凄凉，凄惨。

　　俞廉三这个穷知府是很难当的，民不聊生，满目疮痍。当时，他周遭的很多外省基层官员，无奈之中也就睁一眼闭一眼，马马虎虎地把政务应付过去。不贪，不鱼肉百姓也就算是好官了。

　　和大多官员相比，俞廉三还是一个很有良心的官员。在那般困苦的情形下，他却知难不退。做的第一件事便是：亲自主持赈灾。他写了很多信，向各方求救。因为，他毕竟是个知府，又有相当的政绩，在官场与社会上都有很高的知名度，且人缘与官声都好，很快便募得数百万的救灾款。但这终究不是长远之计，救得了一时，救不了一世。

　　还是要自救。

　　当时，晋地农民，大多欢喜种烟土，而很少栽种粟谷。俞廉三制定了一个治晋政策：禁烟。他带着下属亲自到各乡村，劝导乡绅与农民不要种大烟，教他们如何种桑、种麻、种棉、种菜、种红薯与花生；并给老弱无依者，也就是我们今天的五保户，发种子，给予优惠政策。乡民开始根本不能接受，视为笑谈，嗤之以鼻。可是待到秋后，乡民看到了种粮食的好处后，心有所动，可还是有些犹豫，举棋不定。又过了一年，那些实实在在的收获与利益，便扫荡了乡民心中的疑虑，广种五谷桑麻，既有收获又无风险，于己于国都有好处。不用官府监督，自觉自愿地就铲除了烟苗，种上五谷杂粮与菜蔬。

　　俞廉三在太原府一呆就是 15 年，政绩卓然，全省闻名遐迩。

　　光绪十五年，公元 1889 年，俞廉三升为冀宁道，之后又升为湖南按察使。光绪二十四年（1898 年），再次迁升：湖南布政使。此时正值戊戌变法，他支持赞助巡抚陈定箴推行新政，于是又升为湖南巡抚，并兼湖南学正。

湖南与山西又有所不同。虽然，湘地也很贫瘠，水涝旱灾连连，但民风强悍，绿林成风。自光绪二十一年（1895年）大旱之后，湖南乡村就更加贫困，民不聊生，可是摊派条约的赔款却丝毫不减，地方官奉命强迫乡民交纳，民怨几近沸腾。

俞廉三这个官自然也就不好当。

他在湖南前后四年，还是他一贯的为官作风，多为贫困百姓着想，一切房捐、市捐、亩捐，稍涉纷扰，会引起民怨的，都不实行。但当时，新宁、武冈、宁远、永兴、醴阳、浏阳等各府县农民，还是因为生活过于贫困，无法生存，纷纷举行暴动。俞廉三既谙熟官场之道，也深知百姓因困苦走投无路的愤怒，他既不惊慌，也不动粗，而是镇之以静，暴动也就随起随灭，没有形成骚乱。在他的治理下，湖南全境，还算是平静的。

光绪二十九年（1903年）冬，他迁升为山西巡抚，因病辞归。乘船路过武汉时，被张之洞挽留。在张府一呆就是四年，直至这次被诏进京，担任修律大臣。

俞廉三与法律，自然也是隔膜的。但是，他与戴鸿慈、张仁黼又有所不同，他是从基层官员做起的，对底层社会与民间疾苦的了解，自然也就比戴鸿慈与张仁黼丰富得多，这一点，倒与沈家本比较相近。

沈家本与俞廉三的合作，又将会是怎样？清廷调用俞廉三，是想用外行牵制内行？另一种平衡？

俞廉三从地方来到京城，肩上所承担的又是他不熟悉的重任，作为一个有着十分丰富的经历与经验的地方官员，他不像从翰林院出来的学政大臣们那样自视甚高，却多几分地方官员的练达。

而此时的法律馆，几近停止运转，像一片荒芜的田地。

官制改革之前，法律馆名为律例馆，由刑部掌管，而当时身为刑部当家堂官沈家本，对律例馆则相当重视，所以那一时期，律例馆的工作也由他亲自主持，顺汤顺水，井然有序。也网罗了很多人才。

官制改革后，刑部改为法部，沈家本呢，由刑部当家堂官变为大理院正卿，脱离了法部，律例馆便也就一直处于无人领导的尴尬境地。原先法律馆的工作人员，又因官制改革，不免人心惶惶，另寻出路，纷纷想办法调往其他部门。

不过几个月的时间，律例馆也就只剩下一副空架子了。

百废待举。

沈家本与俞廉三必须重砌炉灶，先把法律馆的架子搭起来，方能再开张。沈家本又陷入筹建大理院时的忙碌中，经费与人才，都让他捉襟见肘。好在有俞廉三的协助，俞廉三在基层多年，有办事的历练与丰富的经验。

两位修律大臣商讨一番，还是先就法律馆的筹建，上呈了一份奏折，虽然陈述的都是很具体的问题，但开篇还是一贯作风，不是开门见山，而是陈腐的套话：

窃维法治主义，为立宪各国之所同。编纂法典，实预备立宪之要著。臣等自审懵昧，重任忝膺，仰窥宵旰之尤勤，环顾国民之殷望，夙夜只惧，莫可名言。受命以来，逐日公同商酌，谨拟大概办法，为我皇太后皇上敬陈之：

用我们今天的白话文来说，这段话的大致意思如下：

我们认为法治主义，为立宪各国所同。编纂法典，是预备立宪的头等大事。臣等，自知水平有限，承担这个重任力不能及，仰窥皇上为治理国家日以继夜，环顾国民的殷切期望，心里的惴惴不安，实在是无可形容。所以，受命以来，连日共同商酌，谨拟定了大概办法，为我皇太后皇上敬陈之：

这段套话之后，才是他们想要说的主要内容：

参考各国成法，必须先调查。日本变法之初，调查编订长达15年，而后才予以施行。就我国现在的国情，较之日本，变法更为迫切，而事关立法，又何敢稍涉粗疏。所以，一方面准备广购各国最新法典及参考书，再招聘翻译人才，分别翻译。另一方面，派员确查各国现行法制，并不惜重金,延聘外国法律专家,随时咨询,彻底调查明白。再根据我国的国情,斟酌编辑,方能融会贯通,一无扞格,此为至不易之法。

任用编纂各员,宜为专职。宪政编查馆原奏中称:分派提调、纂修等员,以及延聘的东西方法律名家各节,应等到开馆后,由该大臣等拟具章程,奏明办理。臣等悉心酌核,拟设提调二员,由臣等督饬筹办全馆事宜。经过慎重选择,一旦确定人选,开单请旨简派,以昭郑重。

此外,纂修、协修各员,容臣等甄择有能力的人才,奏调到馆。并且,让他们能够有充分发挥自己特长的空间,明定课程,高薪聘用,每个人都有专门的职责,而无冗员。聘用外国法学专家,也不可轻率决定,先要签订稳妥的合同,以防流弊。至于,调查中国礼教民情,所包括的范围很广,断非臣等几人所能完成。所以,还是先拟依照礼学馆的章程,分省延聘咨议官,作为教师,亦付给聘金。

馆中需用经费,宜先筹定。开办用款,如建馆舍,添购书籍,印刷机器等项,经再三核实,约需银二万两。常年用款,如调查、翻译、薪水、纸张、印工、饭食等项,每年约需银十万两。臣等深知国家财政困难,银根紧缩,一切需从简,所以我们的预算是很节约的,不敢稍涉铺张。

然而,立法事宜,事关全国前途,亦非一朝一夕之功,所有需用经费,都是经过再三核算,力求节俭,无可再减。恳请饬令度支部,照数拨给,臣等所有开销,开单奏销,并在度支部备案。

这份奏折,很实在,也很具体。

清廷这一次没有再观望、拖拉,很快便批准了。

人的调用,也很顺利。

6天后,9月12日,清廷便批准了沈家本的奏调:调法部右参议王世琪、候补郎中董康为法律馆提调。

提调,也就是管理总务的官员。

管理总务的官员到位了,紧接着纂修、协修等,也陆续到位。

然而,经费的落实,却像此前筹建大理院一样,难而又难。

在清廷掌管财政大权的度支部看来，一个小小的法律馆一年的开支竟要十万两白银，犹如狮子开大口，不免太过分了，拒绝拨款。

态度坚决。

无奈之中，沈家本只好再上奏，请求朝廷拨款，朝廷又将沈家本的奏折转给度支部，令其复议。

度支部的态度很强硬，11月初4日，给了两位修律大臣一个几乎没有回旋余地的答复，在他们眼中：小小的一个法律修订馆，所请常年经费竟高达十万两，而且又没有预算清单，为数未免过巨。

但是，他们的回答看上去理由也很充足：

新政改革以来，新添的衙门都已经开张，各处都要拨款，若都像修订法律馆这样，动辄十万两，并且还要给普通馆员以高薪待遇，实在是太过分。这样做是会滋长铺张浪费之风。此项常年经费，拟请照前次修订法律成案，每年由度支部拨给三万两。至于开办经费，本为前次修订法律所没有的，唯前修订法律，系用刑部法律馆，并未另行购造，此次所请建设馆舍，开办经费二万两，核与前次情形不同，自应由臣部照数拨给，以资开办。

朝廷同意了度支部的意见，下旨：奉旨，依议。

两位修律大臣无可奈何，只得上奏：馆事繁重，请仍照原请数目，每年拨给经费三万两。如所请行。

碰了个大钉子的沈家本却不死心，11月14日，又上一折，奏明开馆日期，以及办事章程。在这一奏折后，又附一折：修订法律大臣奏馆事繁重恳照原请经费数目拨给折。

开篇先将度支部给朝廷奏折，重复了一遍，接着笔锋一转，详细叙说其困难与理由：

我们深知度支部的大臣慎重派用国家的资金库储，按照规定办理，臣等何敢再事烦陈。只是此次宪政编查馆奏请派大员修订法律，臣等虽然志大才疏，但奉命专任编纂所有民律、商律、民事诉讼、刑事诉讼及附属法各法，要求在三年之内，草案一律都要完成。在其他国家，这些法律的编纂，全都经过数年寒暑，全国学者共同讨论，方能折衷至当，纂辑成书。如此繁重的任务，期限又很紧迫，虽然我们会竭尽全力完成，但实非其他事宜可以相比。

臣沈家本等，之前修订刑律，虽曾奏明拟聘洋员，但由于经费限制，未能以重金专聘，迄今疚心。此次修订民商各律，范围甚广，但是设备仍因陋就简，没有一个外国法律专家可以随时咨询，仅靠翻译，何以自信？此项经费，用以延聘三四位专家，为数至巨，其他调用人员必须是通晓中外法政的人才，否则不足以资商榷。这些人才的选用，一是内外各署的刑官，一是留学各国的毕业生。从前，臣家本在刑部任侍郎时所调多本部司员，情谊深厚，故乐于从事，但真能专心致志者，并不多。此次臣等专任修律，在馆供差，人员分科治事，各有职责，而不是各署的补缺，能够转升，以京察酌派优差可资鼓励，庸碌者又不能滥用，有能力的人多不愿为，用人之难，众所共见，也只能调用留学各国的毕业生。前几年，未设新部，未改官制，招纳人才还比较容易。近来，各部院无不破格补官，对大多数人而言，舍彼就此，恐非有志功名者所愿。

而臣馆所担任的事宜，如调查起草翻译编纂，既要有学力又要十分刻苦，否则难以胜任。不像其他各署，用人可以兼收并蓄。选择很严，却又没有什么奖励，想让这些精英摒弃一切个人利益，成年累月的这样工作，恐怕再不给予优厚的薪水，是难以留住这些人的。重禄劝士古训昭然，何敢稍滋靡费？

臣等拟请经费，委系再三核实，无可减省。谨将预算各项费用，缮单恭呈御览，仰恳天恩，饬令度支部仍照臣等原请经费数目，按年拨给，俾资措办缘由，谨缮折具陈，伏乞皇太后皇上圣鉴，谨奏。

又在后面附上详细经费清单，以防度支部再次为难他们：

1.大臣办公经费并聘用外国法律专家三四员，提调二员，总纂、总办共五员，纂修十员，协修十员，分理文牍会计杂务各员，薪水每年约共需银四万七千六百两。以上各项细数，须等开馆数日量事计资。现尚未确定，大致以聘用外国法律专家一项为最巨之款，此外均竭力求省，以杜虚靡。

2. 派员分赴各省各国调查民商习惯，各国现行法制，每年约需银三万两。各国立法之初，最重实地调查，所费至巨。中国现定民商各律，应以调查为修律的基础，此事极有关系，碍难省费。

3. 翻译东西各国最新法律及各种参考书籍，计字给费，每年约共需银八千两。各国法学家穷年研究，学说日新，随时择要翻译，以供博采而免袭旧，购买东西各国最新法律及各种参考书籍，每年约共需银五千两。

4. 各国书籍以后出者为贵，如果不随时求购恐株守陈言，虚耗译费，刊印馆中编译书籍及调查各件，印刷工本费每年共需银五千两。

5. 馆中饭食一切杂用，每年约共需银三千两，编译稿本，纂辑报告及办理文牍一切纸张，每年约共需银二千两。

6. 书记抄写费用每年约共需银一千七百二十八两。

7. 丁役茶役工食约需银四百八十两。

以上通共约计每年需银十万零一千八百零八两。

详细，具体。

朝廷，具体而言，大概是光绪皇帝看了这份清单，心有所动，很快便下旨：着照该部知道单并发，钦此。

沈家本以其沉稳与坚持不懈，终于为法律馆争取到可以正常运转工作的经费。

钱到位了，事才能开张。两位修律大臣，至此才算松了一口气。就在钱到位的这一天，沈家本当机立断，又向朝廷上了一折：修订法律大臣沈等会奏开馆日期并拟办事章程折附清单。

折中提出，所要办的事为四项：拟订奉旨交议的各项法律；拟定民法、商法、刑法、刑事诉讼法、民事诉讼法诸法典草案及其附属法，并奏定刑律草案之附属法；删订旧有律例及编纂各项章程；编译各国法律书籍。

内设二科三处。第一科负责民律、商律的调查、起草。第二科负责刑事诉讼律、民事诉讼律的调查与起草。三处为：译书处，负责编译各国法律书籍；编案处，负责删订旧有律例，编纂各项章程；庶务处，文牍、会计及其他杂务，相当于我们今天的行政部门吧。

另外，还拟定了法律馆办事章程十四条。

麻雀虽小，五脏俱全矣。

修订法律馆的组建，总算是尘埃落定。

第 四 篇

礼 法 之 争

40　人才济济一堂

重新开张的修订法律馆，蜗居在原刑部北墙之北的铁香炉胡同里，只一处小小的四合院。院子里，也只有五六间房。大堂、东厢房、西厢房、大堂东耳房和书记室。

所谓大堂，也很逼窄，勉强容下三张八仙桌，和两条机凳，一个书架。令人耳目一新的却是挂在墙壁上的地图，三张地图，环墙铺展开来。

五洲四海，扑面而来。

其他几间房的陈设也就更简单，甚至可以说是简陋。屋子里除了八仙桌，茶几、书架与机凳，笔墨砚台，几乎就再也没有什么多余的东西了。书记室的东西稍多一些，但却十分杂乱，竖柜、板凳、盆架、水桶、真笔版机器，乃至水桶、印色盆、磁茶壶、茶碗与为冬天备用的火炉，甚至尿桶。

就这么一个小小的院落，却容纳着一个五脏俱全的机构：

二科三处。

第一科负责民律、商律的调查、起草。

第二科负责刑事诉讼律、民事诉讼律的调查与起草。

三处为：译书处，负责编译各国法律书籍；编案处，负责删订旧有律例，编纂各项章程；庶务处，文牍、会计及其他杂务，相当于我们今天的行政部门吧。

它所要承担的任务，繁重而艰巨：拟订各项法律；拟定民法、商法、刑法、刑事诉讼法、民事诉讼法诸法典草案及其附属法，并奏定刑律草案之附属法；删订旧有律例及编纂各项章程；编译各国法律书籍。

简而言之，也就是两项重要任务：修订旧律，起草新律。

大清帝国的法律，将在这里得到全面重新修订，也将在这里，走向世界，与世界接轨。

想想，也真是难为了两位没落帝国的修律大臣。

现在，法律馆的功败垂成，全在于调入法律馆的这些人才了。对于人才，沈家本一向厚爱有加。他曾在奏折中坦言：

法律这门学问，浩繁而精深，改弦更张，非一朝一夕之功。民商各法，意在区别凡人的权利义务，以法律规范人们的行为准则。条理周密，并非如过去的立法者所言，仅设禁以防民，崇尚简约。

唯有广罗英才，明定职司，以承担专门职责，才能够避免众多的失误。

在他深刻的思考中，也饱含着一个老臣的忧虑。

奏折递上之后，他与俞廉三携手四处搜罗人才。不久便又有 30 名法学精研者或才识优裕者，陆续调进法律馆，其中大多是从海外留学归来的英才，比如：

王宠惠　北洋大学法科、美国耶鲁大学法学院博士

陈　箓　法国巴黎大学法学士

章宗元　美国加利福尼亚大学理财科 1907 年法政科进士

李　方　美国康伯立舒法律科工作者 1906 年法政科进士

章宗祥　日本帝国大学法科

曹汝霖　日本东京法学院 1905 年法政科进士

陆宗舆　日本早稻田大学法政速成科

吴振霖　日本帝国大学法学法科

范熙壬　日本帝国大学法科

江　庸　日本早稻田大学法制经济科

张孝移　日本法政大学

严锦镕　美国哥伦比亚大学法政科

等等，等等，不一而足。

这些从海外留学归来的法政方面的人才，几乎被法律馆一网打尽。其中，也有一些人并未归国，也被法律大臣列入调进英才的名单中，比如王宠惠，那时他还在英国。

除了这些耀眼的海归们，原先刑部的俊杰，也都被他网罗了过来，比如年轻一辈的董康、王式通、麦秩严、王守恂们，这些人虽然没有留学海外的经历，但在这之前，沈家本已想尽办法，从有限的经费中拨出一部分款项，给他们提供了去日本短期学习的机会。至于刑名老手吉同钧、罗维垣等，沈家本自然更是不会放过。

沈家本为了把这些人才留在法律馆，人留住，心也留住，政策十分灵活，可以不坐班，并兼任其他部门的职务，薪水也高于馆内一般行政人员，甚至两位修律大臣。

这样的做法，除了为留住人才之外，修律大臣还有另外更深层次的考虑。那便是参加修律的人员，最好能够了解社会各阶层的利益与想法，掌握第一手材料。在他看来，中央各部的人员，了解社会生活各方面的动态，最为便捷。他在"顺治律跋"一文中，就曾针对当时修律的弊端发表过这样的看法：

原疏所列修律之员，吏、户、礼、兵、工五部各一人。是因为刑部律例与五部相关涉，而五部人员，通晓五部的则例，遇有修改之处，不至于让五部互相产生歧异。此前人办事的精密之处。后来，修律只用刑部的人，不复关照五部，于是刑部之例与五部之例，常常产生歧异，援引也就常常会产生矛盾，相互抵触，时间长了，便如同虚设。

若中央各部均有馆中人员，便可及时顺畅地了解各方想法与意见，可谓一箭双雕，何乐而不为呢？

随后，修律大臣又想了一个招，用以提高修律进程与质量：调员派充咨议、顾问与参谋。光绪三十四年十月，也就是公元1908年，沈家本上奏，其大意如下：

如蒙俞允，即由臣等分别照此后遇有应行筹议之事宜，随时咨访以资赞助。该员处于法制要端，风俗习惯，各当报告条陈，用作参考。立法事巨，总是期望集思广益，折衷至当，借以传达朝廷通变宜民的诚意。

所调人员，从内阁候补侍读、翰林院编修、外务部郎中、吏部左丞等等直至直隶候补知府、前河南候补知府、奉天署义州知府、北洋法政学堂监督，共计46人。

修律大臣沈家本对招揽人才的胃口实在是很大。

这也是一种胸怀。

很多年后，当时任修订法律馆纂修的江庸，曾写过一篇文章，题目就为：法律大臣重视人才。

江庸在文中写道：

前清修订法律，大臣沈公家本实清季达官中，最为爱士之人。凡当时东西洋学生之习政治、法律，归国稍有声誉者，几无不入其彀中。法律馆于两臣下，虽设有提调、总纂、纂修、协修等名目，然薪俸之厚薄，则不以位置之高下为标准。总纂薪金倍于提调；纂、协修之专任者，薪金又倍于总纂。盖以初筮仕之学生，其资格不足以充提高、总纂，使之专致力于编纂事业，非厚俸不能维絷之也。当时王大臣中亦多喜延揽新进，惟严范生师之爱士，出于至诚，然权不属不能尽如其意，其余类叶公之好龙，非沈公比也。

沈家本自己年轻时的学习道路非常之艰难，因为科举的不顺，使他多年来不得不皓首穷经，更没有机会去海外学习。但是，在和伍廷芳共事的几年里，他深有感触，虽已逾耳顺之年，还是把他能够找到的有关世界各国的法律方面的书籍，细细研读了许多。对海外归来的这些留学生，他更是青睐有加。

在这份奏折里，他还请求朝廷，督请各省搜集通志、法律和有关典章制度及礼教民情的书籍，送往修订法律馆，以备参考。

光绪皇帝对他的请求非常支持，下谕：

饬各省将通志及官刻书籍、私家著作，凡关于典章制度、礼教民情，搜采交馆，以资考证。

沈家本心情大爽。

不久，全国各地的古代法律典籍，源源不断地送往京城。沈家本公务之余，便沉浸在那一堆堆发黄的书页中，依然是皓首穷经。当然，他研读这些"经"，不是为了应付科考，而是想从中探究中国法律形成的脉络，取其思想精华，弃其糟粕。也就更从容，思想得也更深刻。

和一般行政官员不同，具有深厚法学学识与思想的沈家本老头儿，读书与思考，对他来说，也是一种快乐。那一段时间，他前前后后为几十本古代法律与法学著作写了大量的序与跋，比如《重刻唐律疏议序》《重刻明律序》《宋刑统赋序》《无冤录序》《钞本唐律疏议跋》《常熟瞿氏宋本律文附音义跋》《刑统赋解跋》《粗解刑统赋跋》，等等。

当然，读这些书，并非轻松，艰涩而沉重。这种艰难地读与思考，也只有沈家本这种自称"驽钝"的人才能做到。然而，艰难地读与思考之后的收获，却也是一般泛泛者望尘莫及的。

再度开张的法律馆，依然遵循着以往的一个重要方针：延聘东西各国精通法律之博士、律师，以备顾问。

但是由于经费所限，这一次修订法律馆所延聘的外国专家，全为日本专家。

也算是一条捷径吧。

沈家本这样做，其认识与原因基于两条。一是因为日本开始改律时，曾屡次派专家分赴法国、英国和德国等欧洲各国，汲取西欧法学界的思想精华，荟萃众长，编成全典。其中包括诉讼法、裁判的方法，乃至监狱规则与刑制，几近齐备。使外国旅居者，愿意接受其约束，遵守法则，同时也收回了治外法权。

二是因为日本与我国相邻，同洲同文，相距最近，最易取资。

朝廷同意了法律大臣的建议，很快法律馆便聘请了四位日本籍法律专家：冈田朝太郎、小河滋次郎、松冈义正、志田钾太郎。

四位日本专家都出生在 1860 年之后，在沈家本这样的老臣面前，应该算是晚辈啦。隔着二十年的岁月长河，异国的他们，又将会对这位思想深沉的老臣有什么样的影响呢？

冈田朝太郎，生于 1868 年，1891 年毕业于日本东京帝国大学，他的专业在清廷的老臣眼里颇有些新奇：法国法专业。窄而深。大学毕业后，他继续深造，考进研究生院，专攻刑法。较之法国法专业，刑法专业的面就广阔得多了。1893 年毕业，留校任教，第二年便升为副教授。1897 年，他漂洋过海，去了欧洲，留学德国，随后又去了法国和意大利，1900 年回到日本东京帝国大学，升任法学教授。1901 年，获得日本帝国大学法学博士学位。

来中国之前，冈田朝太郎在日本刑法教学与研究领域，很活跃，也有很高的知名度与影响力，年轻的追捧者很多。当时，日本的著名刑法学家们对他的评价也很高。

1906 年 9 月，冈田朝太郎应两位修律大臣伍廷芳与沈家本的邀请，来到中国，担任修订法律馆顾问，参与起草《大清刑律草案》《大清刑事诉讼律草案》和《法院编制法草案》，同时还担任京师法律讲堂的教习。他的专著《刑法各论》《刑法总论》，在他抵达中国之前，早已翻译成中文，修律大臣沈家本和法律界的不少同人都已经拜读过，深有感触与启发。所以，这一次法律馆不惜以年薪 10200 银元聘任他。

松冈义正，比冈田朝太郎更年轻，生于 1870 年，风华正茂。他也毕业于日本东京帝国大学，法学学士。来华之前，曾任会计检察院惩戒裁判所裁判官、判事，东京上诉法院的推事。和冈田一样，来华前，他的著作《破产法》（明治三十二年讲义），也已译介到中国。冈田到任后，除主持民法的修订，还给京师法律学堂的学生讲课，当然主讲的还是民法课程。

小河滋次郎则是日本监狱局事务官。他生于 1861 年，日本长野县小县郡人，先后就读于东京监狱专科学校和东京帝国大学，之后留学德国柏林大学，回国后就职于内务省警保局和司法省监狱局。从明治三十一年（1898 年）起，受聘于东京帝国大学法科，为监狱学讲座教授。小河滋次郎是日本研究监狱法的先驱，他曾于明治二十八年，也就是 1895 年，代表日本国出任万国监狱会议委员，并连任八届。

董康等中国官员前往日本访问学习时，在调查日本监狱制度的过程中，与小河滋次郎相识。小河滋次郎为人谦和，对董康们很热情，也是日本官员中对中国学者最为诚恳的。他毫无保留地将他自己的学术见解与实践经验，一一相告，并且详细地介绍了日本监狱改良的方法与政策。小河这次赴北京，所要担任的是修订法律所的狱务顾问。不过，他到任要比冈田朝太郎与松冈义正都迟，1908 年 5 月 13 日才抵达北京。来京后，小河除了担任修订法律馆的狱务顾问，同时还兼任法律学堂监狱学的讲师。

志田钾太郎到馆最迟。本来，法律馆的两位大臣是想聘请日本著名民商法学家梅谦次郎，但梅谦次郎身为日本政府的随时顾问，恐怕难以到任，所以改聘志田钾太郎。

志田钾太郎 1868 年生人，1894 年毕业于东京大学法科，随后进入研究所专攻商法。1898 年留学德国，学成回国，于 1903 年获得法学博士学位，之后被东京大学聘为教授。他既是法学博士，也是日本著名的商法专家。

志田钾太郎是四位日本法律专家中最后到任的，1908 年底，他才抵达北京。到馆后，他除了参加筹备草拟完全现代的商法以外，还在京师法律学堂讲课，主讲商法学。

四位日本法律专家，也就是在那座小而简陋的四合院里，开始了他们异国他乡的职业生涯。

没有走出过国门的修律大臣沈家本，终于有机会接触到日本法学专家，且这些专家都比他年轻很多，有留学欧洲的学术背景。对于他来说，无疑是一次很好的学术与思想交流的机会。

年长且性格温和的沈大臣，与年富力强的日本学者，很快便捻熟了，常常长谈，就在铁香炉胡同里，那座小小的四合院中。

四位日本学者中，冈田来华最早，沈家本与他也最为熟悉，他亦是沈家本所接触的第一位外国法律学者。

1906年的9月，冈田抵达北京，是为了讲学。京师法律学堂，请他来教授刑法。请他来讲学者，自然是修律大臣沈家本。那一年的春天，由沈家本主持修订的刑法即《大清新刑律》已经基本完稿，文字与条例，都是由沈家本亲自着手编订的，不厌其烦，一遍遍地斟酌修改。冈田到后，沈家本便嘱咐他：帮同考订。

想必对这位来自异国，年富力强的学者，颇有好感，也很信任，两人还是比较投缘的。

冈田呢，也未推辞，很下了一番功夫，细心考订。《大清新刑律》前后易稿四次，冈田都参与了，并贡献了自己的想法与意见。

除了《大清新刑律》，冈田还参与了《法院编制法》审查。现在，中国政法大学图书馆特藏部里还珍藏着《法院编制法最初之稿》，稿本的封面上有一行毛笔字：冈田朝太郎创稿，曹汝霖译，沈家本、刘若曾同订。

海阔天空。

冈田颇有成就感，参与修律之外，他还埋头著述。他的第一本汉文法学著作很快便问世了：汉文《刑法总则讲义》，光绪三十二年（1906年）由日本有斐阁书房发行。虽然，不过是很薄的一本小册子，仅72页。内容也比较简单。但他的写作热忱却很高，转年他的第二本著作《法学通论讲义》，也在中国问世了。这本著作，原是他在京师法律讲堂上的讲稿，作了一番修改与加工。紧接着，他又写了第三本书：《大清刑律草案》与《大清违警律》。北京有正书局发行。

很勤奋的思考者。

沈家本还为冈田的《法学通论讲义》写了序：

日本之讲求法律，著书立说者非止一家，而冈田博士之书最鸣于时。

其所撰《法学通论讲义》,吾学堂诸君子亦既面聆之而研究之矣,同人复怂恿付梓,以广流传。博士因裒集稿本,删订成书,而问序于余。

冈田在自序中,也坦言了自己的写作初衷,很简单,两个目的:予惟法学通论为之用,盖有二焉,为有志法学者计之,则入门之钥也,登高之梯也。为其余学者计之,则普通学之一也,参考学之一也。

普及法律知识,寻求更好的学习方法与途径。

其他学者,也都在讲学之余,勤奋著述。比如松冈,也将自己的讲义编定成书,公诸于世。

那一时期,修订法律馆很热闹,留学海外的新派,恪守传统的旧派,再加上这些外来的日本学者,人才济济,聚集一堂,各方都是精英,都有自己的想法与看法,都不会人云亦云地瞎哄哄。

这便需要一位震得住的领头人。

看上去性格绵和的沈家本,却有本事把这一干人团结在一起。颔下胡须冉冉飘拂的他,像一棵老树,把各方精英们聚集在一起,既针锋相对,又相互探讨。

探讨乃至争论,心情都是畅快的。

小而简陋的四合院里,天天都沉浸在紧张的忙碌中,还有无休止的讨论与磋商之中。

下面,摘录几则汪荣葆[①]的日记,他就是当时修订法律馆的成员之一,那种忙而快乐、兴奋的心情,尽在其中:

> 早起,到修订法律馆与冈田博士商榷法律(诉讼律)名词,酌定数十语,属博士列表,用誊写板印刷,分飨同馆诸人。
>
> 旋往法律馆饭,冈田博士对于刑律案总则又有修正之处,余亦将所疑之点详加质询,据以修改字句。
>
> 午刻到院,二时许开会再读刑律,自十七条至一百八十五

---

① 汪荣葆,有史料也作王荣保。

条，无甚异议，一百八十六条籍忠寅议改营造物为建筑物，多数
可决，高议员又倡议增入多众乘坐汽车船舰一款，第一百八十八
条邵议员義又嫌所有物范围太广，庚时讨论再三议决再付审查
至二百零四条，无异论，时已近十时，宣告展会，余往冈田博士
家商榷项间议决问题，至十二时项而回。

修律大臣沈家本所率的修订法律馆，所修订的法律，离大清传统，越
来越远了，与西方的德国、法国、意大利，东方的日本，却越来越近。这
本不是沈大臣的既定方针，但是潮流却裹挟着他，滚滚而去。

他自己在求新之中，也很有几分惶惑。

41 引火烧身

人在忙碌中，时间转瞬即逝。筹建修订法律所的过程中，从选址到选人才，事无巨细，老叟沈家本全都非常用心，孜孜不倦。

修律，是他最想做的一件事。

几十年的官场沉浮，权力与官位，还有世俗眼中的荣华富贵，在他心里都渐渐淡去。到了他这把年纪，也没有什么看不破，唯一放不下的还是传统儒家思想对他的影响：以身报国。

这个破败的国家，在他心里还是不能割舍，他还是想以自己的绵薄之力，予以拯救。他的拯救方式，当然只能是用修律与改律，来寻求国家的未来之途。

筹建修订法律所，虽然忙碌，但却相对平静。然而，相对平静的日子还没有过几天，他又被另一波纷争所覆盖。

这波纷争，他本是有所防备的。

他在官场已经多年，官场的险恶，水之深浅与混浊，还有大多官员的陈腐思想，他当然是深知的。改律，更是一个触及官场、牵涉特权阶层自身利益的敏感问题，纷争自然不可避免。

不过，既然想做事，就绕不开纷争与纠葛，还有思想与看法的矛盾冲突。

事前，他也采取了一些应对措施。

修订法律馆的同人，多是他选调的，保守也罢，激进也罢，也都是人中之杰，争论起来脸红脖子粗，各不相让。保守如吉同钧，激进如汪荣保，哪一个不是有思想、有见地、有锋芒的人？但是，同人之间，人际关系却相对平和。

毕竟，修律是个技术活，仕途的气味在这里便要淡得多。

压力还是来自朝廷高层，颇为险恶，也是在他的预料之中。起因当然还是缘于他担负的重任：修订《大清新刑律》。

此番风波的前因，还得回到 1907 年 8 月，从那个晴朗的夏日说起。

8 月 26 日。

天还不大亮，他就乘马车来到了衙门。虽然，夏日即将过去，秋天的气味已经悄然降临，那一天却是天高云轻。风微凉，阳光干爽而热烈。

他的心情却是复杂的，完成一项重要任务的轻松与沉重交织在一起。案几上的《大清新刑律》总则草案，在清晨阳光的轻抚下，散发出浓郁的墨香。

忍不住，又翻看起来。其实，这些内容，他早已烂熟于心。他担忧的是这部他们翻来覆去修订的新刑律，能不能得到朝廷的认可。朝廷是绝不会轻易认可的，一定会交由王公疆臣签注。

站在王公疆臣的立场，想必大多数人不会同意颁行。

他比一般百姓，乃至朝廷中下层官员，更了解大多王公疆臣的思想与感情。人总是难以舍弃一己利益，更何况那些高高在上的王公疆臣们。新刑律，与历朝历代的刑律都大不相同，肯定会让大多高官难以下咽的，甚至翻脸。

翻脸的原因很简单，眼前放在案几上的这部新刑律，非但触及了为官者的既得利益，还冒犯了他们的权威，更与几千年来的社会传统相背离。

在漫长的封建传统社会中，从来都是行政官员兼理司法，甚至基层官员的主要任务就是审判案件，虽然他们并不谙熟国家法律。这些对法律相当陌生的大小官员，对案件的审理，一般都采取两种方式，而这两种方式都与法律相去甚远。

一是用浓厚的人情味去化解，比如请地方受尊敬有威望的长者出面干预，对发生纠纷的双方，进行一番调查之后，再坐下来协商，按照当地的规矩，根据不同的情况，或作一点儿象征性的赔偿，或给予实质性的赔偿，或由当地各方有头有脸的人到场，给个面子，让犯错较大的一方，办桌酒席，酒桌上你敬我，我敬你，化干戈为玉帛，当面说和。

杯酒化恩怨。

另一方式，就不这么温情脉脉了，严酷而混乱，但为官者的威风却尽显其中：刑讯逼供。坐堂、洒签、打人，为所欲为，如同刘鹗笔下《老残游记》中曹州府的玉大人，竟然把人犯关在铁笼子里，凌辱、示众，折磨至死。对案子的审理，全凭着为官者一己的情感与好恶，而不是严格地按照法律条文去判断是非。法律条文在这些大大小小的官员眼里，如同一纸空文。他们不懂，没有时间，也没有心思去弄懂。官位与权力，在这里便是最高权威，纠葛的双方，谁对谁错，全在为官者的一念之间，刑讯逼供如同家常便饭，也是大多为官者的主要手段。公堂刑讯，在百姓心里是十分恐怖的，然而为官者的尊严，却在审讯中得到极大满足。

当过两任知府，又在刑部供职了几十年的老臣沈家本，对这种混乱的社会状况，当然是十分清楚的。而这种混乱的社会状况，在他看来，又与刑罚制度的不合理有着千丝万缕的关系。

光绪三十一年，也就是 1905 年，他就在《修订法律大臣奏请变通现行律例内重法数端折》中，痛陈过自己的想法：

> 臣等以中国法律与各国参互考证，各国法律之精意固不能出中律之范围，第刑制不尽相同，罪名之等差亦异，综而论之，中重而西轻者为多。盖西国从前刑法较中国尤为惨酷，近百数十年来，经律学家几经讨论，逐渐改而从轻，政治日臻美善。中国之重法西人每訾为不仁，其旅居中国皆借口于此不受中国之约束。夫西国首重法权，随一国之疆域为界线，甲国之侨寓于乙国，即受乙国之裁判，乃独于中国不受裁判，转予我以不仁之

名，此亟需幡然变计者也。

幡然变计，是他修订大清新刑律的旗帜与纲领？
然而，他还是谨慎的，试图以低调的姿态，来说服朝廷。
《大清新刑律》草案旁，摆放着的是他自己亲笔所写的《刑律草案告成分期缮单呈览》。他的字，与他的清瘦却不大相同，刚劲而圆熟，力透纸背。仿佛字字千钧，掷地有声。
程式的套语之后，他这样写道：

> 窃臣恭膺简命，修订法律，材疏任重，深惧弗胜，本年五月奏请将法律馆归并，请限三个月清理交代等因。仰蒙谕允，钦遵在案。

> 伏查臣自开馆以来，三阅寒暑，初则专力繙译，继则派员调查，而各法之中，尤以刑法为切要，乃先从事编辑。上年九月间，法律学堂开课，延出聘日本法学博士冈田朝太郎主讲刑法，并令该教习兼充调查员帮同考订，易稿数四，前后编定总则十七章，分则三十六章，共三百八十七条。

工作的过程与进度，尽在这短短的一段话中了。下面便开始为新刑律做铺垫了：

> 考泰西十九世纪，学者称为"法典革新时代"，创之者为法兰西，继之者为希腊、奥大利（我们今天译为：奥地利）。近如比利时、德意志、意大利、荷兰、瑞士，尤声价之卓著者。

> 君相协谋于上，国民讨论于下，学列专科，人耽撰述。统计法系约分法、德、英为三派。若日本则又折衷法国与唐、明律暨我朝刑律，一进而为模范德意志者也。风气所趋，几视为国际之竞争事业。而我中国介于列强之间，迫于交通之势，盖有万难守旧者，敬为我皇太后、皇上缕析陈之。

虽然，不过短短数语，已可看出，现在的修律大臣沈家本，对世界各国的法律已经有所了解，对最新的动态也非常关注，不再只是一个只熟悉中国律例的老臣。

这段铺垫之后，接下来，他便缕析陈之了：

> 国家既有独立体统，即有独立法权，法权向随领地以为范围。各国通例，惟君主大统领，公使之家属从官，及经承认之军队、军舰有治外法权，其余侨居本国之人民，悉遵本国法律之管辖，所谓属地主义是也。独对于我国藉口司法制度未能完善，予领事裁判之权，英规于前，德踵于后，日本更大开法院于祖宗发祥之地，主权日削，后患方长。此惩于时局不能不改也。
>
> 方今各国政治跻于大同，如平和会、赤字会、监狱协会等，俱以万国之名组织成之。近年我国亦有遣使入会之举，传闻此次海牙之会，以我国法律不同之故，抑居三等，敦槃减色，大体攸关。此鉴于国际不能不改者也。
>
> 景教流行，始于唐代，有大秦、摩尼、袄神之别，言西者喜为依托。自前明以致国初，利玛窦、熊三拔、汤若望、南怀仁之流，藉其数学传教中国，虽信从者众，而与现在情形迥异。教案为祸之烈，至今而极，神甫、牧师势等督抚，入教愚贱气凌长官，凡遇民教讼案，地方暗于交涉，绌于应急，审判既失其平，民教之仇益亟。盖自开海禁以来，因闹教案而上贻君父之忧者，言之滋痛。推原其故，无非因内外国刑律之轻重失宜，有以酿之。此又惩于教案而不能不改者也。

这些笔墨，虽然一如往常是平和的，但字里行间也透露出他内心的担忧与焦灼。他是想以国家现在倍受侵略者欺凌的现实，风波动荡的局势，来说服大大小小的执政者们，要以国家大局为重。

还有更深一层的意思，他没有直白地说出来，那就是国家利益也包含着官员们自身的利益。皮之不存，毛之焉附？

对大小官员们可能会产生的反感与反对，他也是反复思考过，企图从那些密密麻麻的陈见中，寻找出一条说服他们的途径。他更深知，他旗下的修订法律馆，他的那些同仁们，无论思想，还是爱国的热情，都已远远地走在朝廷众多官员的前面。

而这部在他主持下所修订的《大清新刑律》，从形式、体例乃至内容，都与《大清律例》大相径庭，传统与习惯，几乎完全搁置一边。

形式上，它完全摆脱了中国传统法典民、刑不分的模式，把所有与刑事无关的条文全部删除，只保留了纯粹的刑事条文，也不再含有其他法律部门的条文。

体例上，也一改传统的"六部"统领法条的格局，采用与世界各国通行的模式：总则与分则体例。在每一条后均附有理由、注意、沿革，用以说明原委。

内容则从五个方面，进行了重大改革：更定刑名、酌减死刑、死刑唯一、删除附比、惩治教育。这五个方面，差不多是从根基上改变了《大清律例》的方向。当然，折中陈述的语词，还是这位老臣的一贯风格，平和、含蓄而又十分慎重，由古而今。

具体而言：

首先是更定刑名。更定刑名，顾名思义，也就是改订刑名。新刑律想改的究竟是哪些呢？

还是他的一贯风格，由历史缓缓而述：

自隋开皇定律，以笞、杖、徒、流、死为五刑，经唐沿袭至今。其实，西方各国的法律，最初也不能逾越此范围。迄今，交通日益便利，流刑渐失其效，仅俄、法二国实行，至于笞、杖也只有英国与丹麦两国留为惩戒儿童之用。所以，各国刑法，死刑居于次要，自由刑及罚金居其多数。

自由刑，由惩役、禁锢、拘留三种构成。中国在这三种之外，还有充军、外遣两项。近数十年以来，充军、外遣的人犯，逃亡者大约有百分之七八十，逃跑安身之后，又因无法维持生计，复又滋生事端。这个社会问题，始终没有找到解决的良策。事穷则变，这也是社会情势逼迫我们去寻找解决的途径。

光绪二十九年（1903年），刑部奏请删除充军名目，奉旨允准。只因新律未经修定，至今仍沿用旧制。是年，刑部议准升任山西巡抚赵尔巽的建议，将军遣流徒酌改为工艺（狱中工艺劳动）。光绪三十一年（1905年），复经臣与伍廷芳议覆前两并总督刘坤一等条奏，改笞杖为罚金，均经通行在案。这已与各国办法无异。

因此，拟改刑名为死刑、徒刑、拘留、罚金四种，其中徒刑分为无期、有期。无期徒刑惩役终身，相当于旧律的遣军，有期徒刑三等以上者，相当于旧律三流，四等及五等相当于旧律的五徒。拘留专科轻微之犯，相当于旧律的笞、杖。罚金性质之重轻，介于有期徒刑与拘留之间，实际仍用赎金旧律。

第二项，酌减死刑。

对于酌减死刑，这老位臣，还是想通过历史的演变与世界各国的比较，来陈述自己的想法。相对于欧美刑法，中国封建社会的死罪繁多，虽然各个朝代也有所不同，比如唐太宗时，政治开明，死刑就较少，多改为流放。但宋、元、明各代，因政治混乱，刑法也很混乱。元拟判死罪者，大多永远关在监狱里；从明开始，斩、绞分为立决与候监，死刑的阶级，也更加繁密。

他没有论述清朝各代的死刑。而是笔锋一转，回到西方各国。在他看来：欧美刑法，简单而完备。除意大利、荷兰、瑞士等国废除死刑外，其余如法、德、英、比利时等国，死刑仅限于大逆、内乱、外患、谋杀、放火等项。日本承用中国刑法最久，也只有二十余种。中国呢，虽然死刑条目繁多，但历年处以死刑的犯人以命盗为多。而且，秋审制度详核实缓，每年真正执行的还不到十分之一。很多有死罪之名的人犯，并没有处以死刑。比较中西各国，亦累黍之差尔。

因此，他所主持修订的新刑律，现拟准唐律及国初并各国通例，酌减死罪，也是囿于中国的风俗，一时难以骤减，如强盗、发冢之类，别辑章程，以存其旧。再根据人民进步的程度，再一体改从新律。

当然，他也考虑到反对派的想法，继续陈述道：

或有人会认为罪重法轻，会导致社会混乱。那是因为不知刑罚与教育相辅相成，互为消长。秦法严苛，人们常因私下的言语而遭到诛杀，但又怎么能禁陈胜、吴广之徒起于草泽。明洪武时期所颁大诰，非常严酷，但是弃之街头的尸体还没有移走，新的人犯又被押上来了。历史上这样的记载，是很多的。况且，现在还有警察为之防范，并设监狱为之教养，此弊可无顾虑也。

沈家本的思考，与法律本身一样严谨，接下去他要陈述的便是：

第三项，死刑唯一。

旧律死刑以斩、绞来分轻重，斩因为断颈，身首相异，所以较之身首相属的绞刑而言，更为严酷。虽然，二者都是极刑，乃有重轻之分，彰明警戒之意。

考察各国刑法，德、法、瑞典用斩，奥地利、匈牙利、西班牙、英、俄、美用绞，俱系一种，惟德国的斩刑通常用斧，亚鲁沙斯、庐连二州用机械，因为这二州以前属于法，而割给德之后，犹存旧习。惟军律所科死刑用火枪，是取其义不同，而不是以示轻重之别。

现拟死刑仅用绞刑一种，仍于特定的刑场秘密执行。如谋反大逆及谋杀祖父母、父母等等，俱属罪大恶极，仍用斩刑，则别辑专例通行。至开战之地颁布戒严的命令，亦可听临时处分，但这些均属例外。

第四项，删除比附。

比附，是指没有明确法律条文的，根据类推来定罪。新律规定：凡律例无正条者，不论何种行为，不得为罪。

这一条，也是最不能为现在各层大小官员所接受。沈家本还是不厌其烦，继续从历史的演变来陈述为何要删除此条。

比附始于汉。在汉之前,周所推行的是:实律无正条不处罚。简而言之,法律没有明文规定的,不处罚。《汉书·刑法志》中高帝诏:狱疑者廷尉不能决,谨具奏附所当律令以闻。这是比附的开始,然而仅限于疑难案件。至隋,才成为定例,即《唐律》所谓:出罪者举重以明轻,入罪者举轻以明重。明律改为引律比附加减定拟,与现行律同。

唐神龙时,赵冬曦曾上书痛论比附之非,并且说:死生罔由于法律,轻重必因乎爱憎,受罚者不知其然,举事者不知其法。诚为不刊之论。对赵冬曦的看法,沈家本深为赞同,进一步指出:况定例之旨,与立宪尤为抵触。

为何尤为抵触,他又分析了一番:

立宪之国,立法、司法、行政三权鼎峙,若许司法者以类似之文致人于罚,是司法者兼立法者矣。这是第一弊。人有严酷慈祥之分,各随禀赋而异,因律无正条而任其比附,轻重偏畸,转而使审判不能统一。这是第二弊。

现拟删除此律,于各刑酌定上下之限,凭审判官临时审定,并别设酌量减轻,宥有恕减各例,以补其缺。虽无比附之条,至援引之时亦不致为定例所束缚。

有人认为人情万变,断非科条数百所能核载。但却不知法律之用,简可驭繁,例如谋杀应处死刑,不必问其因奸因盗,如一事一例,恐非立法者可以考虑周全。

最后一项,惩治教育。

惩治教育,在西方具体为感化教育。沈家本对西方的感化教育,十分赞赏,他写道:

犯罪有无责任,向来是以年龄来衡量,各国刑事丁年自14岁以迄22岁不等,各随其习俗而定。中国幼年犯罪,向分7岁、10岁、15岁三等,刚刑事丁年为16岁以上。刑罚为最后的制裁,丁年以内乃以教育为主体,而不是以刑罚为主体。

如因犯罪而拘置于监狱，薰染囚人恶习，将来矫正非易，如让家族负责，恐生性桀骜，非父兄所能教育，而且还有些家庭因贫困，根本无力教育，所以惩治教育不可缓矣。

惩治教育最早实行于德国，管理之法略同监狱，实参以公同学校之名义，另名为强迫教育，各国仿之，而英国尤励行不懈，颇有成绩。

现拟采用其法，通饬各直省设立惩治场，凡幼年犯罪改用惩治处分拘置场中，视情节轻重，定年限之长短，以冀渐收感化之效。如同我国古话所言：明刑弼教。

沈家本的这个建议，大致相当于我们现在的少年管教所。

也许，那时老臣沈家本对西方刑法中的人权、法治思想，还没有深刻的识见，也许他已经有很深的体会与自己的理解，但表现在他的文字中，还是从传统的德治、仁政角度去解释，拿历史的演变来说事。

这也是一种策略？

他已然苍老的目光，在他自己亲笔所写的奏折上流连良久，之后缓缓抬起头来。

窗外，阳光灿烂。

几案上的《大清新刑律》草案，还有他的奏折，都沉浸在明亮而清新的阳光中。

他断然决定，将《大清新刑律》草案连同他的奏折，一同向朝廷呈上。不能再拖延了。

改变这个古老国家的急切感，再一次涌上他的心头。

3 个月后，新刑律分则草案终于告成。11 月 26 日，他又向清廷上了一折：《刑律分则草案告成缮具清单折》。

字里行间，没有大功告成的喜悦与轻松，反而充满了担忧，这担忧自修律之日起，一直伴随着他。

他比已经离去的伍廷芳，对这个古老的国家，有着更深刻的切肤之痛，周旋其中的曲折，也更为了然。

他的这份奏折，用我们今天的目光来看，很像一篇启蒙的说理文，从容不迫，其中最主要的一段话，翻译成今天的白话文，大致如下：

制订法律，应适合社会的变化。过去，律书体裁，虽专属刑事方面，然而军事、民事、商事以及诉讼等项，错综其间。现在兵制既改，军律已属陆军总部的专责，民商及诉讼等律，已奉旨分别编纂，刑律则应专注于刑事这一部分。

据穷通久变之理，今昔实不宜相袭不变。修订法律的宗旨，应折衷各国大同之良规，兼采近世最新之学说，并且不违背我国历世相沿的礼教民情，集类为章，略分序次。

这便是修律大臣修律的宗旨。

具体条款，则涉及社会生活的方方面面，很详尽。上至立宪国的通例，比如内乱、国交、外患、泄露国家机密、妨碍公务等等。下至改变旧的社会风俗，提倡文明，比如赌博、诱奸、破坏水道及水源，等等。

其中更引人注目的则是，把国民的个人利益，生命、身体与财产，也列入法律的保护范围，诸如杀伤、堕胎、遗弃、强奸、泄露他人隐私、毁坏他人名誉等，也都要受到法律的制裁。

共计 53 章，387 条。

在这份奏折的末尾，他甚至直言不讳地说出了他的担忧，并且试图说服那些反对者们，语气却仍然和风细雨：

可能会有人认为现在实行这样的法律，为时过早，因为国民与审判官的程度都没有达到。本人认为此不足为虑。虽然，现在国民品行不一，亦有愚昧之众，但教育的大权实际上掌握在朝廷手中，如若推行新法，民众则会遵行，就像《论语》中所说：草上之风，必偃。我们又怎么能以一时的旧风习而限制国家将来的发展之途？此为一。

并且，现在各省法政学堂依次推广，审判人材已渐有储备，即使一时人才还难以满足社会需求，正可以利用试行新法来尽力培养，而不宜惩羹止沸，过于小心，归咎于新法难以实行。此为不足虑二。

　　况且，列强竞峙，不藉法律不足以杜绝其对我主权的觊觎。本年荷兰海牙保和会提议公断员一事，各国都以我国法律不同，抑居三等，幸经外务部暨专使陆惩祥等往复抗辩，悬而未决。然而，下一届会期就在眼前，虽贻亡羊之悔，宜为蓄艾之谋，这也是臣所深为忧虑的。

　　他所陈述的理由，能说服朝廷与王公疆臣们吗？还是反之，引火烧身？

　　瘦小的修律大臣，抬眼向窗外望去，无意之间，竟看到对面房屋瓦上的白霜。

　　阴历的十一月，京城已经有些寒意，庭院里的菊花一片金黄，其间也簇拥着几簇洁白，地上亦散落着片片凋零的花瓣，黄白斑驳。

　　风已嗖嗖，冬天即将来临。

42 触犯王公疆臣

清廷依然将修订完毕的《大清新刑律》草案，交由宪政编查馆办理，再由宪政编查馆层层下达。

官场的脚步总是拖沓的。

《大清新刑律》草案，一如往常，由京城再至外省，层层转达。朝廷的很多指示，就在这样的层层转达中，悄然无息，再没有下文。

而这一次，虽然转达的速度依然如故，缓慢、拖沓，从 1907 年冬天开始转达，直至 1908 年春天，京城内外，大大小小的官员们才陆续看到这部新刑律。但是，反响却异常强烈。

从京城乃至偏远外省，官场上下，一片哗然。

犹如水溅油锅。

签注如同雪片一般，纷纷扬扬，王公疆臣大为恼火，几近翻脸。

修律大臣沈家本的担忧，也不再只是担忧，而是很现实地向他涌来，如同暴风骤雨。

当然，王公疆臣们心里也很清楚，处于动荡不安中的国家，本来就不堪一击，要是什么都不变，恐怕很快便会灰飞烟灭。也只有变法，才能使眼下衰弱不堪的国家，不至于被洋人灭了。对于必须变法，这个大方向，大小官员基本认识还是一致的，关键的问题是如何变。

1908 年 5 月，签注陆续涌向朝廷。

杖死腹中的，有；只是提出疑义，或意见的，也有。其中，有些意见与想法，不无道理，甚至很中肯。

人无完人，金无足赤。

修订法律大臣，以及他手下的精英们，也不可能在短短的三年中，制订出一部完全符合中国国情，又具有世界先进思想，并且毫无缺陷的法律。何况时间还那么匆促，国家又处于混乱之中。

毁弃一部旧法律容易，而修订一部新法律困难多，阻力也大。建设总是比毁弃更为艰巨。

现在，让我们从那些纷纷扬扬的奏折中，略摘抄几份。

直隶总督杨士骧在奏折中这样写道：

现我国国会未开，立法机关尚未完全，而旧刑律核与现今情事又渐不适以墨守，如海禁改为保持商律另辑专条之类，其应行酌改者正多。此项新刑律草案，经修订法律大臣采取各国成法，逐条详考沿革，诠述大要，并著引用之法，纂定至为精博。

江西巡抚冯汝骙在奏折说：

自海禁大开，交涉日益，中西狱讼，往往以彼此刑律轻重，坐视夫法权丧失而莫可如何。事穷则变，亦不得已之势也。查新定刑律草案，用心良苦。

很多地方官员与杨士骧、冯汝骙一样，在大方向上还是肯定这部新法的，但落实到具体内容上，则批判多多，抵触的情绪也很深，包括给新律很高评价的杨士骧。

其中，有些批判，不无道理。比如，许多地方官员都很难将这部新法一气读完，语言的晦涩，再加上陌生的法律名词术语，使他们难以下咽，望而却步，也就不愿意深入思想。那些陌生的法律名词术语，自然是从日本专家那儿直接植入的。

江苏巡抚陈启泰，就在奏折中专门提出了这个问题：

至于采用日本名词，骤见之虽觉新异，细按之尚属简赅，惟语句艰涩，颇多费解，未必知愚共晓。虽中律亦有非注不明者，而草案实为尤甚，此非名词稍新之足病，实文义太晦而难明也。

安徽巡抚冯煦的分析，更是一针见血：

至于名词文法，似宜精益求精，不宜专采诸日本。日本人以西书之名词翻我国之汉字，有渊源故书而确有考据者，有俯拾俗字而失其真义者。我国修订法律，取舍之间，应由权衡，雅典之字不妨相仍，桀骜之词概宜摒而不录。盖法律为诗书之补助，即刑罚亦系教育之一端。若条文词义与本国文学或相背戾，解释不易。奉行遂难。

即法律名词，宜因者因，宜创者创，亦非难能之事。若似中非中、似西非西方之日本书法，断不可略相摹仿，使其浸入我国。倘列编诸法典，恐舞文弄墨之辈，有将利用此等文法自便私图，其流弊尤有不可胜言者。

督抚们的担心，很实际，不能说没有道理。如果，执法者不能明白理解法律条文的含义，万一引用的时候，造成歧义，岂不糟糕？

修订法律馆的博士们，与王公疆臣乃至地方普通官吏，还是有一段距离的。所处地位不同，思考方法乃至语言方式都有区别。

地方官员更看重的是：是否可行。

无法实行，也就只能束之高阁，再好，又有什么用处呢？

这部新刑律，在督抚大臣们看来，理想的色彩很浓，与当下社会现实不免脱节。江苏巡抚陈启泰，将其概括为：三失。

其一，失之太轻。

在他看来，现行律例，死刑七百六十条，益以历年加重章程。虽然，法网已经很繁密，但是凌迟枭示，业已免除。立决监候，又复层递降，足以显示朝廷的宽大仁义。况且，秋谳时，还会再一次将处于死刑的案例交由法部与大理院复审，实际处以死刑者，不到十分之一，最初被判死刑的人，都还有生的机会。东西各国死刑较少，我们中国法律的改良，对原来的旧律不得不稍加删节。

他统计了一下，草案中对罪犯判处死刑的，仅46条，和现行例章相去太远，不只数十倍，甚至谋反叛逆强盗强奸，都可以不判死罪。而这各项未遂罪，又都可以交罚金了事，恐怕这样下去，犯法的人会更多矣。

其二，失之太混。

他认为：校订如果统一的话，立法本无二门。所以，自斩绞至笞杖，等级井然，对于罪犯的用刑也应该是统一的，不可介于两可之间。如果有出入，虽然只是一杖一笞，吏议都不能宽恕。草案对罪名等级划分的条文，往往设为某等刑至某等刑，上下起讫，相去太远。易刑附刑，界说不明。即如第一百八十二条里说：处死刑、无期徒刑或一等有期徒刑。同一罪状而论刑则分三等，凡此类，不胜枚举。其条文内又未明确划分说明，只是让法官酌情处理。当下，裁判人才缺乏，官吏对法律又不熟悉，势必会导致高下任意，判处不公平。

其三，失之太疏。

对于失之太疏，他是最有非议的，他的想法是：比附加减之法，三代已有行之，并非自秦汉以来才创始的。天下事变化万端，有些则是法律所不能骇载的，故特设此条为用法之准则，此正是执简御繁的好办法，虽曰援引比附，而仍不超越正律的范围，一向是司法的惯例，与立法迥然不同，岂能指比附为司法而兼立法，与三权分立之义不符，可以删除不用。况且，考查外国法律，并不是没有比较参照的办法。即草案内尚有准照某条适用之文。但只有第十条著明：凡律例无正条者，不论何种行为不得为罪。好像教唆人如何作奸，回避法律制裁。

广西巡抚更为不满，在上一年《刑事民事诉讼草案》公示时，他就大发牢骚：新纂刑事民事诉讼各法，广西尚难通行，盖俗悍民顽，全恃法律为驾驭，闲以不测示恩威，若使新法遽行，势必诪张百出。未足以齐治外，先无以靖内讧。

河南巡抚张人骏得出的结论则是：碍难试办。

各省巡抚大多同意广西巡抚和张人骏的看法，认为没有办法实行。

更有官员私下议论，新刑律只不过是打着收回领事裁判权的幌子，其实对收回领事裁判权，并没有什么作用。修订法律馆的那帮喝洋墨水的博士们，太看重外交的作用，而忽略了内治。他们对社会上的人与事，又有几分了解？这帮人修订出的法律，又怎么能够适用呢？

王公疆臣们对新刑律的签注，大多都是不满的，很有抵触情绪。其中有一个人，拍案而起，非常之愤怒。而这个人是有份量的——时任学部大臣张之洞。

此一时，彼一时矣。

七年前，张之洞与两江总督刘坤一联衔所上的江楚会奏变法三折，主旨非常鲜明：整顿中法，学习西法。那三份奏折，曾在朝廷上下引起震荡，也曾激动人心。

那时候，张之洞的思想开明，带着几分迫切，主张学习西法。

1902年的2月，当光绪皇帝下诏，责成他与袁世凯、刘坤一保荐修律大臣，沈家本是袁世凯提名，他首肯的两个保荐者之一。

然而之后随着修律的深入，他的思想、心情与情绪，都随之大变，甚至带着几分恼怒。人与事，都不能让他称心。特别是对在两位修律大臣主持下所修订的《刑事民事诉讼草案》，让他忍无可忍。1906年，伍廷芳离开刑部后，沈家本仍未放弃，继续修订，并拿出成稿。

1907年7月间，他就针对《刑事民事诉讼法草案》，上奏《遵旨覆议新编刑事民事诉讼法折》，洋洋洒洒写了几大篇，龙飞凤舞的墨迹中饱含着愤怒，仿佛胸口堵着一口恶气，不吐不快。

曾是他推荐的修律大臣沈家本，思想早已逾越了他所能承受的界限，他几近恼怒。

张之洞的奏折，还是他原先一贯的文风，博古论今，锋利如刀，刀刀见血。其见解与思想却是顽固的，绝不退让，颇带卫道士的坚韧，居高临下的盛气凌人。

奏折很长，这里简略摘录几段：

《书》曰："士制百姓于刑之中，以教祗德。"汉臣班固有言："名家者流，原于礼官。"盖法律之设，所以纳民于轨物之中，而法律本原，实与经术相表里，其最著者为亲亲之义，男女之别，天经地义，万古不刊。

乃阅本法所纂，父子必异财，兄弟必析产，夫妇必分资；甚至妇人女子，责令到堂作证。袭西俗财产之制，坏中国名教之防，启男女平等之风，悖圣贤修齐之教，纲沦法斁，隐患实深。

至于家室婚姻，为人伦之始；子孙嗣续，为宗法所关。古经今律，皆甚重之。中国旧日律例中，如果审讯之案为条例所未及，往往援礼法以证之。本法皆阙焉不及无论。勉骤行，人情惶惑，且非圣朝明刑弼教之至意。此臣所谓于中法本原似有乖违者也。

张之洞最不能容忍的就是——启男女平等之风。
男人与女人之间怎么能够平等？
对于"平等"二字，他打心眼里反感。
他引经据典，要反对的也就是平等。
接着，他又写道：

恭绎谕旨，殷殷以现在民情风俗为念。仰见圣虑周详，曷胜钦服。

这两句赞扬朝廷的话，也是一般套话，而他真正想要说的却在下面：

夫立法固因时，而经国必先正本。值此环球交通之世，从前旧法自不能不量加变易。东西各国政法，可采者亦多。取其所长，补我所短，揆时度势，诚不可缓。然必须将中国民情风俗，法令源流，通筹熟计，然后量为变通，庶免官民惶惑，无所适从。

外国法学家讲法律关系，亦必就政治、宗教、风俗、习惯、历史、地理，一一考证，正为此也。在法律大臣之意，变通诉讼制度，以冀撤去治外法权，其意固亦甚善。

惟是各国侨民，所以不守中国法律者，半由于中国裁判之不足以服其心，半由于中国制度之不能保其身家财产。外国商民冒险远至，其本国欲尽保护之职分，不得不计其身家性命之安危。乃因各省伏莽充斥，盗贼横行，官吏虽多而不能保民；警察虽设而不能偏及，致为外窃笑。

而谓变通诉讼之法，即可就我范围，彼族能听命乎？纵使所定诉讼法条理完密，体例精详，亦必指瑕索瘢，借端责难，又安能尽餍其欲耶！矧所纂各条，按之西律，不无疏漏混淆之处。

近年与英、美、日本订立商约，彼国虽允他日弃其治外法权，然皆声明，"俟查悉中国律例情形、审断办法及一切相关事宜皆臻妥善"等语。是已失之法权，不能仅恃本法为挽救，其理甚明。所谓"一切相关事宜皆臻妥善"十字，包括甚广。其外貌则似指警察完备，盗风敛，税捐平允，民教相安等事。其实则专视国家兵力之强弱，战守之成效以为从违。

观于日本实行管束外国商民，实在光绪二十年以后可以晓然。若果不察情势，贸然举行，而自承审官、陪审员以至律师证人等，无专门学问，无公共道德，骤欲行此规模外人貌合神离之法，势必良懦冤抑，强暴纵恣，盗已起而莫惩，案久悬而不结。此臣所谓难挽法权而转滋狱讼者也。

且西洋各国，皆先有刑法、民法，然后有刑事、民事诉讼法。即日本维新之初，亟亟于编纂法典，亦未闻诉讼法首先颁行。如刑法及治罪法俱施行于明治十五年，旧民法及民事诉讼法俱公布于明治二十三年是也。有诉讼之法，尤须有执行之官。故必裁判官权限分明，而后诉讼法推行尽利。如德国之旧诉讼法与裁判所编制法同时实行是也。中国律例，详刑事而略民事，即以刑事而论，亦与西律悬殊。综观本法所编各条，除"中外交涉"外，大抵多编纂刑法、民法以后之事，或与厘定裁判官制相辅之文。此时骤议而通行，非特大碍民情风俗，且于法律原理枘凿不合。

　　臣惟编纂法律，有体有用，先体后用，其势乃行现行律体。以吏、户、礼、兵、刑、工分类，本沿明律之旧，官制改后，名实已乖。近年新政新法，渐次增行，国际交涉日益繁重，实非旧例所能赅括，即如轮船、铁路、电报、邮政、印花、钞票。在外国莫不严防碍交通之罪，设侵害信用之防。又如杀外国使臣，勾通外国军队，伪造外国通行货币，违背战时中立条规，有一于此，足碍邦交，在外国莫不特设专条，预为防范。至于商务各条之别有商法，军政各项之别有海陆军刑法。各国又为通例，未有与刑法相混者，而民法一项，尤为法律主要，与刑法并行。盖东西诸国法律，皆分类编定。中国合各项法律为一编，是以参伍错综，委曲繁重。今日修改法律，自应博采东西诸国法律，详加参酌，从速厘订，而仍求合于国家政教大纲，方为妥善办法。律条订定以后，再将刑事民事诉讼法妥为议定，则由本及支，次第秩然矣。至目前审判之法，祇可暂订诉讼法试办章程，亦期于民情风俗一无阻碍而后可。

　　张之洞对草案的评价，归纳起来，也就是他自己所说的两句话：非特大碍民情风俗，且于法律原理枘凿不合。

　　他所要强调的则是：而仍求合于国家政教大纲。

　　国家的政教大纲又是什么呢？

　　其实，说白了也就两个字：礼教。

　　他对草案260条中的59条作了批驳，其中最主要的两条驳词都因不合中国传统礼教。

　　草案中的第130条：凡下列各项不在查封备抵之列；一本人妻所有之物；二本人父母兄弟姐妹及各戚属家人之物；三本人子孙所自得之物。

张之洞的按语如下：

> 西俗父子兄弟别籍而居，姐妹戚属皆许承产。法律因之，故财产之权各有界限。中国立教首重亲亲。定律：祖父母父母在，子孙别立户籍分异财产者有罚。列诸十恶内不孝一项小注。而卑幼私擅用财，又复定为专律。今以查封备抵之故，而强为分析财产，则必父子异财，兄弟分炊，骨肉乖离，悖理甚矣。

> 西国自罗马法以来，即以分析财产权为法律要义。近来各国编纂法典，一部民法辄千余条，财产之事居其大半，故遇查封产物之案，何产归何人所有，柯以按册稽考。然夫妻财产，苟不于结婚时订明分析者，妻之私财即作业与夫共有。是夫妻财产已不能分析矣。且财产有动产不动产之别。西律不动产以注册为凭。若动产则凡持于他人之手者，其权利即为他人所有。中国田房税契祇载花户姓名，其一家之内，何人名下应分若干，在所不问。是不动产之为何人所有，尚无册籍可考，何论动产乎？即使本人财产确然可指，亦尽有不能查封备抵者。日本之法，公服祭器等概不设为官物。按之贫不鬻祭器，寒不衣祭服之例。中外同符，国家明法，敕罚原以厚风俗而正人心。中西政教各异，此法万不可行。

这段批驳，其实要维护的还是亲亲之义，男女之别。要将男女平等之风在法律内就灭了它。

再看下一条按语。

第242条，凡职官命妇均可由公堂知会到堂供证。

张之洞按：

> 职官供证，本非失礼，惟需视案情如何。若职守攸关，则泄漏公事，例禁甚严，拒客在堂供证。东西各国凡官吏就其职分

之事，得拒绝证言。其有不得已者，必俟上司允准。中国服官之义，亦宜有殊。此必须于本条声明者也。

至命妇到堂人则必不可。春秋之义，保母不在宵不下堂，周礼凡命妇不躬坐狱讼。郑康成注以为不身坐者，必使其属若子弟于例妇人小事牵连，提弟兄子侄代审；如遇亏空赔累，追赃搜查家产杂犯等案，将妇女提审，永行禁止，所以养廉耻全名节也。以言经义则如彼，以言国法又如此。然则妇女到堂供证为万不可行之事，初不必问其为命妇与否，如实系案内紧要人证，尽可令其子侄兄弟到堂。此为名教所关，断不宜藉口于男女平权之说。中西风俗各殊，此亦其一端也。

在张之洞看来，妇女到堂供证，是万万不可的，因此为名教所关，断不宜借口于男女平权之说。他对于男女平等或曰男女平权，敏感而反感，乃至厌恶。

伍廷芳与沈家本两位修律大臣共同呕心沥血的《刑事民事诉讼法》草案，终究还是在张之洞为首的朝廷重臣的围剿下，被迫停止进一步修订，胎死腹中。

张之洞也总算是出了一口恶气。

然而，当他看到修订法律馆刚完成的《大清新刑律》草案，火不打一处来，泼墨挥毫，将心中的怒火，尽情喷泄。

又写了一折。

副大臣宗室宝熙，按照惯例，也须在折奏上署名。然而，宝熙看了他的奏折，大惊失色。

43 平等之祸，张之洞拍案而起

张之洞所签注的奏稿，语涉弹劾，且指沈家本勾结革命党。

字字句句，怒火中烧。

宝熙小心翼翼地试探着问："公与沈某有仇隙矣？此折朝上，沈某暨员夕诏狱也！"

张之洞吟哦片刻，回答："绝无此意，沈某学问道德，素所敬佩，且属葭莩戚也。"

葭莩，即芦苇中的薄膜，比喻关系疏远的亲戚。

沈家本当然不会是张之洞的亲戚，只不过沈家本赴天津上任前，曾去张之洞府上，拜见过张之洞。两人交谈了些什么，不得而知。也许，只是礼节性的拜见。后来，袁世凯推荐沈家本为修律大臣，张之洞也是认可的。

两人之间，既无深交，亦无私人过节。在官场上，关系确实比较疏远。

宝熙见张之洞这般回答，便又与他商量："然则此稿宜论立法之当否，不宜对于起草者加以指摘。"

张之洞默然。

低头踱步，徘徊再三，对宝熙说："那便劳驾您给改改吧。"

长叹一声，还是不能平息心中的怒火。

宝熙也不推辞，提笔细细修改了一番，把语涉弹劾以及勾结革命党的段落统统删去。

然而，被删除之后的这份奏折，在维护封建纲常伦纪方面，仍然是十分强硬的。

译成今日的白话，大致如下：

古时候的圣王，根据人伦来制订礼教，又遵循礼教，来制订刑法。人伦的轻重等差，是源自维护社会秩序；而礼节的制订，则是根据天理人情。《书》曰："明以五刑以弼五教。"《王制》曰："凡听五刑之讼，必原父子之亲，立君臣之义以权之。"此我国立法之本也。

各国立法之本不同，所以法律也是不同的。我国以立纲为教，故无礼于君父者，罪罚至重。

西方各国以平等立教，故父子可以同罪，叛逆可以不死。这是因为各国的政教习俗不同，所以不能强求同一。

今将新定刑律草案与现行律例大相背离之处，条举于左：

中国制订刑法，首先是以君臣之伦理道德为基础，所以旧律对于谋反叛逆者，不问首从，凌迟处死。新律草案，对于颠覆政权者，虽为首魁，却不处于死刑；对于侵入太庙宫殿等处射箭放弹者，其处罚只是一百元以上的罚金。

此皆罪重法轻，与君为纲之义，大相违背。

中国制订刑法，又以父子之人伦为基础。故旧律中殴打祖父母、父母者，要判处死刑；殴杀子孙者，杖。新律草案，则伤害尊亲属，致死或致残者，都不处以死刑，这是视父母与路人无异。与父为子纲之义，大相违背。

中国制订刑法，还以夫妇之人伦为基础。故旧律中，妻殴打夫者，杖；夫殴打妻者，没有重伤则不论。妻殴杀夫者，斩；夫殴杀妻者，绞。而条例中，妇人有犯罪连坐丈夫的多，是责备男子之意，尤重于妇人，法意极为精微。新草案则无妻妾殴打夫之条，等同于常人，是与夫为妻纲之义，大相违背。

中国制订法律，是以男女之别为基础。故旧律中，犯奸者，杖；强奸者，死。新律草案则亲属相奸，与常人没有区别。对于未满12岁以下男女有猥亵行为者，只处于30元以上的罚金；强奸者，处以二等以下的有期徒刑。并且认为犯奸之罪，与酗酒懒惰之类行为差不多，不是刑罚可以改变的，也就没有刑罚制裁，此种非道德行为，亦未必因为这样的处置而增加。这是足以破坏男女之别的。

中国制订法律，是以尊卑长幼为序。故旧律，凡殴打尊长者，相对一般常人，加罪一等或数等。殴杀卑幼者，相对一般常人，减罪一等或数等。干名犯义诸条，立法尤为严密。新律草案则并无尊长殴杀插进幼之条，等之于一般普通者。这是足以破坏尊卑长幼之序的。

本人认为今日改律，最当紧之处，在于删繁减轻。

减轻一节，已经说明罢除凌迟、枭首等刑，而且停止刑讯，整顿监狱，朝廷已经是相当的仁厚了，也为各国所认同，人民所拥戴。

朝廷已经下达指令，要京城与地方刑官遵行。

至于删繁一节，在此之前，修律大臣奏请删定现行法律，实为扼要办法。拟请该大臣将中国旧律旧例，逐条详审，何条应存，何条可删。再将此项新律草案与旧有律例逐条比较。

其无伤礼教的条款，斟酌至当，择善而从。其有关伦纪之处，应全部改正。

总之，要以不背于礼教为宗旨，限期修改完成，再交宪政编查馆核议后，恭呈皇帝钦定，颁行海内，以收变法之益，而无变法之害。

经过7年的时间磨洗，张之洞的思想还停留在江楚会奏变法三折时期，那时他是倡导变法者，也算是时代的弄潮儿。而如今，当变法触及到封建制度的核心——人与人之间的平等原则，他又回到了过去，很坚硬的维护者。

还是不能忘怀老佛爷对他的恩情，抑或还是：君臣—父子—夫妇—男女—长幼，这些封建纲常，已经深入到他的骨髓，是万万不能改变的。

还有"平等"二字。

和许多朝廷重臣一样，"平等"二字虽然新潮，但却难以下咽。除了几千年来的传统理念，传统教育，还有他们个人与家族的既得利益也在其中。

君臣、父子、夫妇、男女还有卑幼，全都一视同仁，平等了，国家岂不乱了套？

还有，平民百姓，又怎么能和王公疆臣平等？

这是绝不能容忍的，也是绝不能允许的。

张之洞的奏折，自然得到大多数王公疆臣的拥戴。

清廷将学部及部院督抚大臣的签驳，连同《大清新刑律》草案发交沈家本与法部，责令重新修改。

纷纷扬扬，如同雪片一般的签注，堆积在修律大臣的几案上，重如雪山。翻阅言词或激烈或严苛的签注，虽然纸轻如鸿毛一般，然而，眉须已然如雪的老臣沈家本，仿佛又一次置身于由贵州归来途经的雪山下，寒冷而苍茫。

举步维艰。

在这个古老的国家，习惯的力量，根深蒂固，稍作改变，便会引起轩然大波，更何况这一次，他旗下的修订法律馆同人，已经远远地走在国人的前面，大量引入西方法律思想。

西方的自由与平等原则，深深触痛了大小官员们的神经。

张之洞的支持者，比比皆是。

沈家本随手从中捡拾一张，他老家浙江的巡抚增韫的奏折，增韫并不支持他，批判的冷风迎面刮来，字里行间，一腔怒火：

刑法变更可以与时为进止，不容削足而适履。纲常名教断难自弃，防闭除恶惩奸，尤宜加重刑典。若徒摹文明，概从宽滥，且恐法权未渥，内溃先形，驯至不可收拾。

纲常名教？

历史悠久的民族，亦往往被其悠久的历史所束缚，相沿数千年的纲常名教，像沉重的枷锁。用它进行打压对方，是最强大的武器。

沈家本对这历史，还有历史的沉重，再了解不过。

这一关难过矣。

就连支持律改的直隶总督杨士骧，对具体法律条文，也是一肚皮的不满：

夫中国治民之道，断不能离伦常而更言文明，舍礼制而别求教化。今徒骛一时之风尚，袭他国之名词，强令全数国民以就性质不同之法律。在执笔者以为，时令既趋于大同，法典宜取乎公共。不知师长去短则可，削足适履则不可。若以中国数千年尊君亲上之大防、制民遏俗之精义翻然废弃而不顾，恐法权未收，防闲已溃，必致奸匿放恣不可收拾。

湖南巡抚岑春蓂更为直截了当：

夫制定法律必有精神所专注之处，是为定律之宗旨。未有宗旨不明而法令颁布施行者也。我中国法律缘于礼教为古今制法唯一之原则。

今危及帝室亦可罚金，毁尊亲属墓罪止徒刑，恶逆之罪不辑专章，强奸罪名不至于死。则忠孝之道具衰、廉耻之防弛。世俗方兢嚣张，一溃更难收拾。

都是拿礼教来说事。

破坏礼教，则大逆不道矣。

沈家本低垂的目光，久久徘徊在那些咄咄逼人的文字中。现在，他考虑的不是全身而退，而是如何化解这些愤怒与质疑，让凝聚着修订法律馆全体同人的心血与努力的新刑律，能够早一点儿问世，早一点儿为国家的长治久安服务。

还需进一步深思。

当然，新刑律本身也确实存在东西方如何契合的问题。

老友陈宝琛私下里就提醒过他：求新不能忽视习惯。一个国家，一个民族，皆有自己的习惯。习惯绝不能忽视，民法以一地习惯为习惯，刑法则以一国习惯为习惯。制订法律，如若忽视习惯，是会有大麻烦的。

果然，如他所说，麻烦来了。

他不怕麻烦，可是究竟应如何化解呢？

老臣颤微微地放下手中的奏折，缓步走到庭院中，想透透气。

春末夏初，不冷不热。庭院中间，一株古槐傲然蓝天，浓郁的绿叶中倒挂着一串串雪白的花朵，散发出微甜的清香。

院子里很安静，几近悄无声息。前些日子，这里一直很热闹。从早到晚，都沉浸在热烈的交谈抑或激烈的争辩中。

和朝廷的其它衙门不同，修订法律馆的同人，大多喜欢辩论，都愿意发表一己之见，每当开会讨论都争着抢着发表意见，嗓门大，声音亮，掷地有声。

谁和谁都不谦让。

当然，馆中的同人，思想也不尽然相同，也有持不同"政见"者。

比如吉同钧，他就自称自己为保守者。

其实，草案还没有问世时，在修订法律馆里，激进者与守旧者之争就已经开始。不过，那时只是不同思想的争论，与王公疆臣们相互之间，带着强烈权力色彩的斗争是不同的。

在修订法律馆的小小院落里，占上风的却不是守旧派，而是激进派。每天清晨，十余馆员，挤在并不宽敞的大堂里，逐条议论，发表各自的态度与想法时，站出来反对大家意见的常常总是吉同钧。

吉同钧提出反对意见的立场，是和王公疆臣们不同的。大多王公疆臣，对法律是隔膜的，也是陌生的，他们的反对意见，相当部分说不到点子上，隔靴搔痒。只是声音大，调子高，气势汹汹。有一种大权在握的趾高气扬。

吉同钧却是不同的。

吉同钧是一个深谙法律，有着丰富实践经验，又懂得制度的保守者。他在刑部多年，曾先后任奉天、四川等司正主稿，又任秋审坐办三年，任提牢一年，又兼充京师内外工巡局审判官三年。可谓阅历既多，情伪尽知。

在办案的过程中，他也深有体会：律之为道，因人立法。

有一次，他被派往哲里木盟审判案件，周游奉天、蒙古各地，方知关外风俗与内地不同，而蒙古人情又与关外有别，始恍然大悟，为何大清律例只可治内地，不可治外藩。

从此，他狠下了一番功夫，悉心研究理藩院、蒙古律例与大清律不同之缘故。

他曾经还是一个走在众人之前的先锋者。他从不反对修律，光绪二十九年，也就是1903年时，他就在刑部内倡言删除重法。

也许，是因为这一年，民间的书坊中像泉水一般，涌出大量从日本翻译过来的法政书籍，并且门类齐全。从来没有走出过国门的吉同钧，沉浸其中，也就有机会了解西方法学的完整面貌。

东西方法学，虽有不同，但也有很多相通的地方。

深谙中国法学的吉同钧，极其敏锐地从中汲取了思想，在中规中矩的刑部，率先提出：现今中国之法网密矣，刑罚重矣。

谨守法度的刑部大小官员，向以思想沉稳而著称，吉同钧的思想在当时算是很激进的了。而他的《上法律大臣酌除重法说贴》，写于光绪三十年（1904年）5月，修律大臣沈家本与伍廷芳建议朝廷删除重法，却是在光绪三十一年，两位修律大臣是不是听取了他的建议？

虽然，不得而知。想必两位修律大臣，还是从这位下属的说帖中，汲取了思想，并采纳了他的建议。至少是与他不约而同。

而现在，不过几年的时间，吉同钧却坚定地站在《大清新刑律》草案反对派的立场上。他的反对也是有底气的，有他自己的思考。

在他看来，良好的法律系统，要依靠具备道德器识的法律人来维持。而这些法律人，须识法外之意。吉同钧所言的法外之意，内涵复杂，包括纲常，还包括人情风俗，以及法律的固有之理。比如人情风俗，关外的与关内的不同，汉人又与蒙古人不同。而这些不同，在立法时，是必须考虑清楚的。

他在给律学馆的学生讲课时，就提倡：律之为道，应因地制宜，因人立法。

《大清新刑律》草案，在修订法律馆逐条讨论时，他站出来反对，不是因新刑律的条文不好，而是觉得有些条文与国内现实有很大的距离，实行起来困难重重，如若这样，还不如保守一些更为合适。

在修订法律馆里一大群以激进自居的海归面前，吉同钧孤独而孤立，同时也是孤傲的，不为他人的思想所动摇。

我行我素。

尽管思想的分歧很大，相争不下，但修订法律馆的同人，目标却是一致的，那就是认真修订大清刑律，对社会、人民、国家负责任。不管是海归，还是像吉同钧这样的保守派，都满腔热忱，确实是想成就一番事业，改变大清王朝现状。

在这样一个业务单位里，权力斗争的色彩不能说没有，但毕竟要比官场冲淡了很多，而且其中很多人还兼着别的衙门的职务，相互之间的利益冲突也要少得多。

但是，修订法律馆的馆员们，修订法律的理念与王公疆臣们很不同，用他们自己的话来说就是：折冲樽俎，模范列强。

他们口中的折冲樽俎，比古意更进一步：是指用外交手段，在杯酒之间制胜征服列强。落到实处，则是与西律一致，以此来收回治外法权。

疆臣与督抚呢，则很现实，且抛开他们的个人利益不说，他们更关注的则是：此法能否行于现实之中国。

这一点倒是和吉同钧有相通之处。

《大清新刑律》草案被打回来重新修订，当然是疆臣们纷纷打压的结果，与吉同钧的理性的分析没有多大关系。但对修订法律馆的大多成员来说，却是挺大的打击。年轻气盛，自视甚高的海归们，在现实面前大大地碰了一个钉子

自然，馆内的气氛也就凝重而沉重，谈笑风生也就随风而去。

朝廷责令修改，法律馆不能不执行。

老臣沈家本在老槐下，沉思良久，又转身回到大厅，向年轻的精英们布置任务。他的意见是：将伦纪各条，恪遵谕旨，加重一等。具体如何措词，比较妥当，易于通过，还是开会讨论，各人说说各人的看法。

一番缜密的思考与讨论之后，沈家本又将新刑律做了一番修改，有让步之处，也有妥协之处，但大原则大方向却没有变化。

然后，送交法部审查。

此时，法部的满尚书是曾经与沈家本共过事的廷杰，汉尚书是戴鸿慈。

虽然，沈家本与廷杰共事时，没有什么个人矛盾冲突，两个人在官场的关系，也还算平和。但是，沈家本对廷杰这个人的作风与思想深有了解，心里不免有些打鼓。

廷杰是守旧的，而且很顽固，难以通融。

果不其然。

廷杰看到那份草案，心态与情绪都与张之洞相仿佛，自然是极力反对，并上奏：

中国名教必须永远奉行勿替者，不宜因此致令纲纪荡然。

那种愤怒的情绪，比张之洞有过之，反应也更为强烈。

随即，指派吉同钧总司修改。

廷杰信任吉同钧，也器重他的才干。

吉同钧的思想脉络与廷杰并不完全相同，他在刑部多年，既有实践经验，更有自己的法律思想。虽然，他提出的一些做法，深得廷杰的支持，但思想的出发点并不一样。吉同钧是一个有自己思想与见解的保守者。他的保守，与执政者的固执是完全不同的。

吉同钧接手了这个烫手的山芋，并没有完全站在廷杰的立场上，向法律馆的同人们发威。虽然，他不同意馆内同人的一些意见与看法，在修订草案中，不时提出反对意见，但此时他却调和其间，向廷杰提出一个折中的方案，告之逐条改正不大可能，并且时间也不允许，不如另拟章程五条，附于律后。

廷杰同意了吉同钧的建议。

于是，草案正文之后，又加上《附则》五条：

第一条　本律因犯罪之情节轻重不同，故每条依照各国兼举数刑以求之审判。但实行之前仍酌照旧律略分详细等差，另辑判决例以资援引而免歧误。

第二条　中国宗教尊孔，向以纲常礼教为重，况奉上谕再三告诫，自应恪为遵守。如大清律中十恶、亲属容隐、干名犯义、存留养亲以及亲属相奸、相盗、相殴并发冢、犯奸各条均有关于伦纪礼教，未便灭弃。如中国人有犯以上各罪，应仍照旧律办法，另辑单行法以昭惩创。

第三条　应处死刑，如系危害乘舆、内乱、外患及对尊亲属有犯者，仍照臣馆第一次原奏，代以斩刑，俾昭炯戒。

第四条　强盗之罪，于警察及监狱未普设以前，仍照臣馆第一次原奏，另辑单行法，酌量从重办理。

第五条　卑幼对于尊亲属不得援用正当防卫之例。

这次经由吉同钧担纲斡旋的修改案，定名为《修正刑律草案》。

1909 年，由廷杰与沈家本联名上奏。

而此时的清廷，已经改朝换代，再一次陷入政权交替的动荡之中。

1908 年的 11 月 14 日，光绪皇帝在瀛台，凄凉地撒手人间。第二天，也就是 1908 年 11 月 15 日，慈禧也随之驾鹤西去。

关于光绪皇帝的死，众说纷纭，迷雾重重。当然，这不是本书需要探讨的。然而，光绪皇帝在死前，一直被慈禧囚禁在瀛台，基本与外界隔绝。而且，他确实被疾病纠缠着，不得安宁。但那病是否可以置年轻的皇帝于死地，则另说了。

所以，1908 年的夏秋之季，被囚深宫的光绪皇帝，病骨支离，心情也是十分暗淡的，处理朝政事务的谕旨，想必相当部分不是出自他的亲笔，即便是出自他的亲笔，相当部分，也不是他的本意。大概，对修订法律馆所奏报上的《大清新刑律》草案，他无心也无力仔细批阅，发表自己的政见。

对于光绪皇帝来说，那是一段自顾不暇的日子，悲哀与悲愤相交集，还有无限的凄凉与孤独。

至于慈禧皇太后，那一段日子也在病中，且病得很重。国事纷繁，病中的太后，最不能释然的还是权力。对于她来说，最重要的便是大清皇室的家事，权力的继承与传递问题，而不是朝政。

所以，以慈禧当时的身体状况与处境而言，她也无法仔细批阅《大清新刑律》草案，并且她对刑律也是隔膜的，比那些疆臣们更隔膜。想必，她既无心情，也无能力进行批驳。

《大清新刑律》草案的命运，自然也就落在朝廷重臣的手中，比如军机处的张之洞与宝熙。

然而，对《大清新刑律》草案反对最为激烈的朝廷重臣张之洞，在光绪皇帝与慈禧太后离世后的第二年深秋，也就是宣统元年（1909 年）的 10 月里，也离开了人世。

大清法律改革之路，是不是会因此而发生什么变化呢？

44　宣战

　　然而，由《大清新刑律》草案所引起的朝廷重臣的争论，并没有随着《修正刑律草案》的上奏，张之洞的去世，而风平浪静。

　　虽然，张之洞的去世，使那些以礼教为大旗的朝廷大臣与地方疆臣，失去了很重要的思想与权力的靠山，可是这些人又怎么可能轻而易举的放弃他们早已习惯的思维方式与行为方式，更何况这其中还纠缠着很多的个人既得利益。

　　群起而攻之。

　　其中，反对最激烈者便是劳乃宣。

　　一个并不怎样起眼的人物，官位也不高。而且，他是在张之洞去世的前一年，1908年，才来到京城。他和王公疆臣也是绝然不同的。

　　在来到京城之前，劳乃宣在杭州。是求是书院的监院，还兼任着浙江大学堂的监督。

　　文官。

　　不过，在担任求是书院的监院与浙江大学堂的监督之前，劳乃宣曾经做过很多年基层工作，比如直录知县，河北省南皮、完县、午桥、临榆、清苑等县知县，风吹雨打。所以，他对民间疾苦，风土人情，也深有了解。和整日待在翰林院里的翰林大学士们，很不一样。

　　说起来，他和沈家本也算是半个老乡了，浙江桐乡人。年龄呢，也相仿佛，生于1843年，只比沈家本小三岁。

　　不过，他的科考之路却比沈家本平顺，1871年，高中进士。那一年，他才 28 岁。可是，中了进士之后，他的官运似乎并不亨通，一直在基层，前后盘桓了 20 多年。

虽然，劳乃宣在县知府的位子待了很多年，却并没有像许多外省官员那样，拼命地给自己捞油水，买房置地。回到老家浙江时，他依然是两袖清风。

所以，他的官声很好。

当时，人们对他的评价是：清廉。

可是，清廉的劳乃宣，思想却是：食古不化。

1908 年，他奉诏进京，任宪政编查馆参议。这一年，他已经 65 岁了。65 岁的他，依然道义担肩，颇带着几分义不容辞的大义凛然的风骨。

1909 年底，张之洞去世后，王公疆臣们也因此失去了思想与权力的领袖，再加上政局的动荡，尽管对《修正刑律草案》大为不满，还是沉入短暂的沉默之中。毕竟，《修正刑律草案》是由廷杰出面主持的，虽然具体修改工作多是吉同钧做的，但也得到了廷杰的认可。

当然，沉默也暗藏着暴发。

这一次，暴发的领军人物不是大权在握的王公疆臣，而是宪政编查馆的参议劳乃宣。位不高，权亦不重矣。

但他的底气却很足。

劳乃宣从已经去世的张之洞手里接过一面大旗：礼教。他以《修正刑律草案》有违礼教，在朝廷与社会上掀起轩然大波。

他比廷杰更坚持礼教，也比廷杰更顽固。廷杰还能接受吉同钧的方案，也认可了以《附则》规定填补草案正文对礼教的"欠缺"。劳乃宣却不能接受，认为这样做是：本末倒置。

宣统二年，也就是 1910 年，6 月 23 日，一个已经让人感受到夏日气息的日子。晴朗、干燥，红日高悬，白云飘飘。风卷着沙尘，迎面扑来，带着几分干热。

修订法律馆的馆员汪荣保，因为公干，前往宪政编查馆。他已有所耳闻，宪政编查馆的参议劳乃宣，对《大清新刑律》草案，一肚皮的恼火，但还是硬着头皮去见了他。

劳乃宣很瘦，颌下也是一把长长的胡须。一口地道的江浙口音，目光炯炯，不过显得有点儿硬。老年人的刚硬与僵硬。

然而，劳乃宣却没有老年人的拖泥带水，一见面，他就向汪荣保出示了所撰新刑律驳论。

汪荣保匆匆浏览，飞快地将全文扫了一遍，虽然有所耳闻，也有心理准备，但还是很吃惊：凡涉及礼教方面的内容，措词都十分严厉，不留余地。

在修订法律馆里，年轻的汪荣保自然是新派，很难苟同劳乃宣的想法与见解。

几天后，7月6日下午，汪荣保再次来到宪政编查馆，参加讨论新刑律草案。人不太多，也就五六个，但却争论得异常激烈。年老的劳乃宣竭力反对，舌战良久，不得要领，亦不欢而散。

愤怒之下，劳乃宣向宪政编查馆上《修正刑律草案说帖》。

这篇说帖，像一枚炸弹，炸开了沉默的僵局。

说帖要坚持的内容，具体大致如下：

首先，关于伦常诸条，并未按照旧律修入正文。虽然，《附则》中已经加上这些条文，比如：大清律中十恶、亲属容隐、干名犯义、存留养亲、以及亲属相奸、相盗、相殴、并发冢、犯奸各条；但是却又留了一条尾巴，那就是中国人犯上以上各罪，仍照旧律办法；言外之义，外国人若犯以上之罪，可以不照以上旧律的办法。

他极痛恨这种中外不一致的办法，气势汹汹地发难：

凡中国人及在中国居住的外国人，皆应服从同一法律。是此法律本当以治中国人为主，外国人也包括在内，不能对外国人另眼相对，因为这些法律条文也并非专为外国人所设。如今却按照旧律另辑中国人单行法，是视新刑律专为外国人所设。本末倒置，莫此为甚。

他的建议是：

一定要将旧律中有关伦常诸条，逐一修入新刑律正文之内，方为不悖上谕修改宗旨，这样才能够维护伦纪与纲常，确保社会安定团结。

至于，修订法律所以收回领事裁判权为理由，在他看来根本不足为理由：此论实不尽然。

为何此论实不尽然，他缓缓而叙：

西方各国凡外国人居住其国，都要服从其国的法律。而各国的法律，也是互有异同。比如，有的事根据甲国的法律有罪，而根据乙国的法律则无罪。乙国人居住在甲国，犯了这样事，即应治罪，不能因其本国法律无罪而不遵守；甲国法律罪轻，乙国法律罪重，甲国人居住在乙国犯了这样罪，即应治以重罪，不能因其本国法律罪轻而不遵守。

并且，法国、日本、荷兰、瑞士、俄国、德国，这些国家的法律，都对弑杀、忤逆、犯奸有相应的处罪条款。各国也并没有因为法律定罪的轻重并不完全相同，而行领事裁判权。因此，外国人尊奉所居国法律，不必与其本国法律相同，确有明证。

如今，我中国修订法律，乃以收回领事裁判权为由，尽弃原固有的礼教风俗，一一摹仿外国，以为只有这样才能收回领事裁判权。不知各国法律彼此有同有异，合乎甲即悖乎乙，从乎丙即违乎丁，无论怎样迁就，都是不能完全相符的。如果，外国人在中国犯罪，一定要以中国律内罪名与其本国律内罪名毫发无异，然后方能遵守，这怎么可能呢？与甲国法律相同，必与乙国法律相异，按照甲国法律处置，乙国必反对，按照乙国法律，甲国又会反对，这样一来，将如何办呢？

所以，他得出的结论是：

总之，一国之律必与各国之律处处相同，然后才能令在国内居住的外国人尊奉，万万无此理，亦万万无此事。以此为收回领事裁判权，是终古无收回之望也。

接着，他继续分析：

光绪二十七年（1901年），英国商约第12条款云：中国深愿整顿中国律例，以期与各西国律例改同一律，英国尤愿尽力协助，以成此举。一俟查悉中国律例情形及其审断办法，及一切相关事宜皆臻妥善，英国即允弃其治外法权。

日本商约第11款，除"各西国"称作"东西各国"，"英国"称作"日本"，其他与英国商约内容是一样的。

所以，他认为整顿本国律例，以期与东西各国改同一律，只是期望大体相同，如罢除笞杖、停止刑讯、裁判独立，监狱改良之类，并非罪名条款，一一相同也。

东西各国的法律，罪名条款，本来就各自不同，而偏要一国之律与各国法律条款一一相同，为理所必无之事，"改同一律"也不是这样的意思。

英国商约中，所谓"审断办法及一切相关事宜"是指民刑诉讼等律及民律、商律与法院编制法等而言。商约中"查悉皆臻妥善即允弃其治外法权"，所谓"妥善"即以上所述各节，而不是要条款一一相同也。只要上述各节，大体与外国法律条文相通或相符，就可被各国视为妥善，即有收回裁判权的希望。

所以，今日修订刑律，以期收回领事裁判权，应当力求妥善，而不必悉求相同。此确凿有凭，毫无疑义。

现今修订刑律，若是一定要舍弃我国固有的礼教风俗，一一摹仿外国，以收回领事裁判权为理由，所以敢冒天下之大不韪而毅然为之，用前面的分析来证明，这种说法的理由根本不存在，亦不攻自破。

因而，以收回领事裁判权为由来反对将义关伦常诸条写入法律正文，是没有道理的，而对于上谕的宗旨：凡我旧律义关伦常诸条不可率行变革，则应坚决执行。

国家用刑法来辅助教化，一国之民有不遵守礼教者，以刑来规范他，然后人民不敢逾越。这就是所谓礼防未然，刑禁已然，两者相辅而行，不可缺一。所以，各省签驳草案，都以维持风化立论。

　　而法律所的人却认为不能将道德与法律混为一谈，他们在论及无夫奸时说：国家立法期于令行禁止，有法而不能行，反而会使民众视法律为儿戏，肆无忌惮。和奸之事，几近于禁之无可禁，诛之不胜诛，即使有具体的法律条文，也只是条文，必须教育普及，家庭严格管教，舆论强盛，使之生发廉耻之心，方能使淫靡之风得到遏制。他们还说：防遏此等丑行，不在法律，而在教化，即使有具体的法律条文也没有什么实际意义。

　　他们这些人的立论，就是建立在法律与道德相分离的基础上，视法律为全无关道德教化之事。就因为他们视法律全无关道德教化之事，所以才一味地摹仿外国，而对旧律义关伦常诸条，弃之如遗。

　　外国的法律，其中有一些国家是视尊长卑幼完全平等，也有一些国家卑幼触犯尊长罪加一等，至于尊长犯卑幼，则按照一般法律条文来处理，毫无区别。

　　今草案内卑幼触犯尊长列有加重之条，并非尊重伦常，而是摹仿外国。如尊长对于卑幼，则完全和一般的人一样，虽然是祖父杀了孙子，也要处于死刑；祖父致孙子轻微伤害，亦要处于三等至五等有期徒刑。以中国人心风俗来衡量，我以为是不公平的。

　　再比如，假如，今天有未婚的女子与人通奸，而其父将她杀掉，以旧律论，当以奸夫抵命，而其父无罪；若按今天的法律草案论处，则奸夫无罪，其父反而要以杀人罪判处死刑。

　　分析至此，劳乃宣气愤异常，拍案而起：

　　如果真是这样的话，恐怕将会是万众哗然，激为暴动也！非但不能维持伦纪，且将无以保证社会治安稳定。

　　这样的法律又怎么能用呢？！

　　以我们今天的眼光来看，劳乃宣所要坚持的实在是很荒谬，祖父可以随意将子孙处死；未婚女子与他人通奸，其父亦可以一怒之下就将女儿杀掉，但抵命的却不是亲手杀女的父亲而是奸夫。但在那个时代，劳乃宣所代表的却是——正统主流意识。

接下去，他又絮絮叨叨、不厌其烦，亦振振有词地数落：

虽然，法律与道德不是一回事，但却是相为表里。一定要说法律与道德毫不相关，实谬妄之论也。那些人说："和奸之事，几近于禁之无可禁，诛之不胜诛，即使有法律条文在，也只是一纸空文。"又说："防遏此种丑行，不在法律而在教化。"按照这种逻辑推理，虽然有法律条文约束，但犯者依旧，是因为道德教化水平没有达到，所以法律也无法禁止，法律即为无用之条文，不如去之。

然而，有杀人判处死罪的法律条文，却仍然有杀人犯，是不是也可以说是因为道德教化水平没有达到呢，因此就将这条法律条文也去掉！有惩罚盗贼的法律条文，但仍然有偷盗者，是不是也可以说是因为教化水平没有达到，就将惩罚盗贼的法律条文去掉？抽鸦片之罪，赌博之罪，是不是也与奸罪一样，是因教化未达到，何以不把惩罚这些罪行的法律条文统统去掉？

无夫和奸之罪，因禁之无可禁，诛之不胜诛，就以教化为托词，而从法律条文中去之；有夫和奸之罪，同样是禁之无可禁，诛之不胜诛，为何不以教化为托词从法律条文中去之，而要定之有罪呢？以子之矛陷子之盾，法律与道德教化无关之说，不攻自破。此理既不通，则上谕的宗旨：凡我旧律义关伦常诸条不可率行变革，就应当牢牢恪守。

笔墨至此，劳乃宣似有一种出了一口恶气的痛快淋漓，自认为已把对方批驳的体无完肤：

以收回领事裁判权为由，以道德与法律不应当混为一谈为由，来抵制将纲常名教写入法律条文，这些谬论，已经被我批判廓清，不用再重复。则旧律中有关伦纪礼教各条，万无另辑中国人单行法之理，无疑必应逐一修入刑律正文。

尽管如此，他也觉得旧律词意过于繁重详密，与草案全编体裁不相适宜，应本旧律之义，用新律之体，每条兼举数刑，以期简括。

他要简括的又是些什么内容呢，大致如下：

十恶

十恶之名本来自《唐律》，历代相沿，列于名例，以律例中每有关涉十恶之文，故本条虽无罪名，亦资引用。今新刑律内已无十恶诸名，则此条无关引用，似可不列。

亲属相为容隐

草案第十一章《藏匿罪人及湮灭证据之罪》第183条云："犯罪人或脱逃者之亲族，为犯罪或脱逃者利益计，而犯本章之罪者，免除其刑。"即与亲属容隐之律相同，无庸另辑。

（从这一条来看，草案还是相当迁就如同张之洞、劳乃宣这些人的礼教观点的。）

干名犯义

干名犯义之律，与亲属容隐之条相为表里。俗话说：证父相攘羊，有乖大义。儿子出庭作证父亲偷羊，是有违大义的，父子相互隐瞒，才符合人性，是天理人情之至的表现。前条已具备这样亲属之间的关照，而此条未备，我的看法是：告亲属者犯罪，是事实的话，处四等有期徒刑，尊亲属同自首免罪，诬告者处死刑，无期徒刑。亲属相告，若属实，被告同去自首免罪，卑幼处一等至三等有期造型，尊长处拘役。

犯罪存留养亲

旧律：罪犯如果有年老而有病的祖父母父母需要伺俸的，除非罪大恶极，死罪以也都应允许留养，让他们伺俸家中的老人，就是孝道。新刑律中有宥恕、减轻、酌量减轻、缓刑、暂释诸条，用意至为仁厚。但是，却没有存留养亲之条，实属漏义。我的看法是：罪犯的祖父母、父母老而有病，家中又无次丁者，死刑以下，皆应存留养亲。

亲属相奸

亲属相奸，古称内乱，如同禽兽。以中国习俗，是大犯礼教的事。所以，旧律定罪极重。在德国法律，也有加重之条。如果我国刑律不特立专条，是无法维持人伦，防止渎乱的。我的看法是：奸父、祖妾、伯叔母姑姐妹子孙之妇、兄弟之女的罪犯，处死刑、无期徒刑。其余亲属相奸的罪犯，处一等至三等有期徒刑。

亲属相盗

旧律亲属相盗，罪比一般人轻，因为亲属之间的财产，有些是共同的，难以清楚分割，所以法律对此较宽。草案第 32 章中第 366 条与 376 条为窃盗罪，380 条是这样说的：于本支亲属配偶者、同居亲属之间犯第 366 条及 376 条之罪者，免除其刑。于其余亲属之间，犯前项所揭各条之罪者，须待告诉始论其罪。非亲属而与亲属共犯者，不得依前三项之例论。这与旧律中的亲属相盗大致相同，可不再另辑。

亲属相殴

旧律：亲属相殴，卑幼殴打尊长则加等，尊长殴打卑幼则减等，所以重伦常、正名分，维持世道人心，意义深远。今草案，对于伤害尊亲属的身体，及对尊亲属施加暴行者，均有加重于一般人的专条，但对于旁支尊长尚无加重明文；而尊长对于卑幼，则无论直系旁支，皆无减轻之典。所以，虽祖父打伤子孙，亦与一般人同论罪，是不符合中国礼教的。今天，我补拟数条，来弥补这个缺憾。

旧律妻殴打夫者，罪加等级；夫殴打妻者，与尊长卑幼相同，这是本着夫为妻纲之义。但是，夫妻之间，有相对立的一面，与尊长卑幼略有不同。西方各国皆主张夫妻平等，日本与中国同，但如今已经改为平等。今草案里无夫妻相犯专条，也是视为双方平等。但这与中国礼俗尚很不协调。《传》曰："妻者，齐也。"又曰："妇人伏于人也。"是于平等之中又有服从之义。

考察旧律：妻之子殴打父之妾者加等，妾殴打妻之子者以凡人论。这是与夫尊于妻，而妻不卑于夫，情形最为相近，可以比拟规定。所以，我认为不妨这样规定：

凡妻伤害夫之身体，并施加暴行，未致伤残者，与卑幼对尊长同；致死者处死刑。夫伤害妻者，照一般人处断。

发冢

（发冢，也就是我们今天所说的盗墓。）草案第258条："凡损坏、遗弃、盗取死尸者，处二等至四等有期徒刑；若损坏、遗弃、盗取遗骨、遗发、其余棺内所藏之物者，处三等至五等有期徒刑。"259条至263条，业已规定的非常详细，虽然较旧律稍轻，亦足以示惩戒。可不再另辑。

犯奸

旧律：和奸杖八十，有夫者奸，杖九十。有夫本重于无夫。今草案专列有夫奸罪，其无夫犯奸者不为罪，则失之太过矣。中国风俗，是不能容忍奸情的，特别是处女、孀妇与他人通奸，丢人现眼，万众唾弃。可是，今草案竟不以为罪，太有失人心。惟有仍按照旧律，分为有夫奸罪与无夫奸罪两等，最为公平。但旧律只有杖罪，而新律草案加至四等以下有期徒刑，又有些重了；各省签驳，又于修正草案加至三等有期徒刑，则未免太重了。我认为有夫奸者仍定为四等以下有期徒刑，而无夫者定为五等有期徒刑，比较公允，改此条为：

凡和奸处五等有期徒刑，有夫者处四等以下有期徒刑。

子孙违犯教令

旧律：子孙违犯教令者杖，屡次触犯呈请发遣者发遣，祖父母、父母呈请释回者，也有释放的案例。子孙治罪之权全在祖父母、父母，实在是教育子孙孝道的好途径。

草案未列此条，是不以孝道治天下。考察俄国的法律，与我们中国相仿佛，可见人心所向。

我的补充如下：

凡子孙违犯祖父母、父母教令，及不奉养祖父母，父母者，处拘役；屡次触犯者，处一等有期徒刑。但乃须祖父母、父母告上法庭，乃判罪。如祖父母、父母代为请求减少期限、或宽免，可从。

这便是劳乃宣的宣言。

为了表示他自己誓死捍卫礼教的决心，此时的他，还给自己起了一个号：韧叟。

坚忍不拔，决战到底。

官位平常的劳乃宣，便赫然成为礼教派的领袖。一呼百应，王公疆臣纷纷支持。

内阁学士陈宝琛、京师大学堂总监刘廷琛，乃至德国人赫善心等，一干人，挺身而出，坚决支持劳乃宣。

面对韧叟咄咄逼人的质问与讨伐，还有众多王公疆臣们的支持，沈家本与他麾下的修订法律馆的同人们，又将会如何应对呢？

是退缩，还是坚持？

45 简短的反驳

张之洞发难问罪时，沈家本是沉默的。

没有反驳。

虽然，沈家本对张之洞的保守与僵硬，毫不认同。但是，他还是选择了沉默。

最主要的原因，还不是因为张之洞位高权重。在沈家本内心深处，最柔软的一角，充溢着传统的儒家思想。毕竟，张之洞曾与袁世凯、刘坤一联名上奏，举荐他为修律大臣。

张之洞给了他一个主持修律的机会。

而现在，阻挡他痛快淋漓地发表自己政见的张之洞已经作古，且棒喝他的劳乃宣，过去与现在，两人之间既没有瓜葛，也没有打过交道，就更谈不上友谊。

只是政见不同者。

劳乃宣思想的保守与僵化，比张之洞有过之无不及。但是，劳乃宣却又是一个道德品行都无可指摘的人，更是一个忠诚于朝廷的普通官员。所以，他的挺身而出，很有份量。

王公疆臣的指摘，批判，随之而暴发，像潮水一般，汹涌澎湃，几乎吞灭修订法律馆的声音。

新刑律大有从根本上被推翻之势。

是继续沉默，还是站出来反击？

在人们眼中，一贯温和，言语不多，很少锋芒毕露的老头儿沈家本，选择的却是：反击。

沈家本的反击，也很有意思。深藏着内心的巨大的不满与不屑，不是从理论上，而是从具体法律条例上，或逐一批判，或委婉解说。有些地方，如同在普及法律基本常识。

结论却很简单：劳乃宣的看法既不合旧义，亦悖新理。

两头都不沾。

好在沈家本的文字不长，简洁，明白，题目直指主题《书劳提学新刑律草案说帖后》。而且，大部分文字已经是白话文，只有少许地方，白话与文言相掺杂，录译如下：

干名犯义

"干名犯义"这个词，我们今天读来已很陌生，但却是传统法律中的一个非常重的罪名，也是张之洞、劳乃宣维护封建体制的杀手锏，上两章均已提及。此罪名，确立于元朝，是指除了反叛、谋逆、故意杀人之外，儿子不许为父亲所犯的罪行作证，奴隶不许告发自己的主人，妻妾、弟弟、侄子不许告发自己的丈夫、哥哥、叔叔伯伯，如果违背法令，站出来告发至亲的犯罪行为，就是违背伦理道德、大伤风化的"干名犯义"。

如果，有人不遵守法令规定，告发至亲所犯罪行，对于被告作自首处理，对于告发的人则给予严厉惩罚。这是元朝加强对诉讼人身份控制的一种强硬措施，目的自然是为了维护封建的伦理道德。明、清继承了元朝的这种极不合理的制度。沈家本在他的文中，没有批判这种不合理的现象，只用一句话便打发，用心却很深远。

此告诉之事，应于编纂判决录时，于诬告罪中详叙办法，不必另立专条。

犯罪存留养亲

存留养亲，上两章也已提及。此制度针对于犯死刑、流刑等重刑犯，如果该罪犯家中有需要其奉养的直系血亲，则准许死刑犯在家"侍亲缓刑"，准许流刑犯在家"权留养亲"，等到被奉养人去世后，再令罪犯服刑。

存留养亲制度在北魏时期开始，在唐朝时期定型完善，一直延续到明清。让我们来看看沈家本是怎样看待这种制度的。

古无罪人留养之法，北魏太和中，才开始有这条法律。《金史．世宗纪》：大定十三年，尚书省奏邓州民范三，犯了杀人罪，当判处死刑，但双亲已经年迈且无人俸养。上曰："与人发生矛盾时不争吵斗殴，谓之孝；孝然后才能俸养双亲。如果这个人以一时之忿，而忘其责任，哪里又会有事俸双亲的心呢？以法处死。他的双亲由官府赡养救济。"

从此例可看出，此条不尽合理，前人已有议论。

嘉庆六年，上谕论及承祀、留养两条时说："凶恶之徒，明知法律有条文，杀人偿命，但自恃身系单丁，逞凶肆恶。是因他亦知法律有承祀留养之条，杀人可以不偿命，所以很放肆。这样看来，承祀留养的法律条文，并不一定好，实在是助长邪恶风气，引诱有恶习的人犯罪。"等等，不一而足，这里就不再详细引述。

我朝祖训也曾谈到承祀留养的弊病，因此不编入草案，似尚无有悖于礼教。

亲属相奸

新草案和奸有夫之妇，处三等至五等有期徒刑。较原案又加一等者，原包括亲属相奸在内，但未明言。

通奸的行为，如同禽兽，固然是大违礼教传统的，然而毕竟是个人品德问题，并未危害社会。旧律对这种行为处以死刑，并且立即执行，未免过严。这种事到处都有，却从无人举报，是因为法太重啦。间或因其他事的牵连，而带出男女通奸的丑行，办案者亦多曲为声叙，由立决改判为监候。一方面是因为认为判处死刑太重，另一方面也因为不惮其烦。

这样的法律，过重矣。法太重，则势必难以执行，定律便如同虚设。法稍轻，则人可受，遇事尚可示惩。如有此等案件，处三等有期徒刑，与旧法的流放罪，约略相等，似亦不为宽。

应于《判决录》详定等差，毋庸另立专条。

463

亲属相盗　亲属相殴

此两条并在酌量减轻之列，应于《判决录》内详定等差，毋庸另立专条。关于殴打尊亲属者，修正草案内已有定文。

故杀子孙

《公羊传》僖五年："晋侯杀其世子申生。曷为直称晋侯以杀？杀世子母弟，直称君者，甚之也。"

何休注："甚之者，甚恶杀亲亲也。"

《春秋》说："僖五年，晋侯杀其世子申生。襄26年，宋公杀其子痤。残虐枉杀其子，是为父之道缺也。"

由此可见，故杀子孙，实在是有悖《春秋》之义。

《康诰》称："于父不能字厥子，乃疾厥子。"在"刑兹无赦"之列。

古圣人对于这样的人的处置，并没有比对一般罪人稍轻。

《唐律》："子孙违犯教令，而祖父母、父母殴杀者，徒一年半。以刃杀者，徒二年。故杀者，各加一等（二年、二年半）。即嫡、继、慈、养杀者，又加一等。"

《明律》改一年半者为满杖，改二年及二年半者为一年，既失之太轻；其嫡、继、慈、养之致失绝嗣者，复加至绞，又失之过重。

此本当损益者。

今试以新草案而论，凡杀人者处死刑、无期徒刑，或一等有期徒刑（此条专指谋杀而言）。如系故杀子、孙，可以处一等有期徒刑；再以酌量减轻，犯罪的事实较轻，减为二等之法，还可减为三等有期徒刑；而三等之中，又可处以最轻的三年之内，则与《唐律》的轻重相等。

此条可以明定于《判决录》内，毋庸另立专条。

杀有服卑幼

宋李延（缺绞丝边）言："风俗之薄，无甚于骨肉相残。"是说同宗自相杀伤，即使是尊长杀伤卑幼，亦不是善良的风俗。

如果，一定要将此条明定于律文之中，亦只能使世风日下。且因故谋杀卑幼，旧律中判处死罪者，与新草案中"同凡人论"，尚无出入。其殴死及殴伤者，按照新草案，虽与凡人同论，而按旧法，亦无大出入。

这一条与《判决录》里的规定相等，不必多立专条。

妻殴夫夫殴妻

《唐律》："殴伤妻，减凡人二等；死者，以凡人论。以刃及故杀者，亦同凡人论斩。妻殴夫，徒一年；伤重者，加凡人三等；死者，斩。"

故杀亦止于斩，相比之下，与凡人罪名相去不远。

《明律》："殴妻非折伤，勿论；折伤以上，加凡人二等。死者，绞；故杀亦绞。殴夫，满杖；折伤以上加凡人三等；笃疾，绞决；死者，斩；故杀者，凌迟处死。"

夫则改轻，妻则改重，遂大相径庭。

夫妻者，齐也，本肌肤相亲的一家人。乃罪名之轻重，悬殊如此之大，实非妻齐之本旨。

今酌拟办法：凡致人之死的罪犯，判决相同。伤人或致人死者，即照伤害人身的条例处置。夫从轻，妻从重，与凡人稍示区别，似不至于有违礼教。亦于《判决录》内详细规定，不必另立专条。

发冢

修正草案已有此条，在第20章。与此条所拟大略相等，不必再补。

犯奸

无夫之妇与人通奸，欧洲法律并无治罪之文。

俄律"污人名节门"，有14岁以上，尚未及岁之女孩，为师保人及仆役诱奸一条；"违禁嫁娶门"，有奸占无夫妇女一条；前条指师保人等言，后条指奸占言，非通常之和奸罪名。

近日学者多主张不编入律内，此条最为外国人注意。如果必增入此条，恐怕此律必招致多方指摘。

此事有关风化，当在教育上别筹办法，不必编入刑律之中。

孔子曰："齐之以刑"，又曰："齐之以礼"；自是两事。"齐礼"中国有许多设施，用来教育防范，而非空颁文告遂能收效。后世不讲教育，而惟用刑法来防范，岂是圣人之意！

子孙违犯教令

所谓"子孙违犯教令"是指：子孙必须服从家长的命令，听从家长的教导，如果不听话，便是违反教令，家长有权任意处罚或将不听话的子孙送交官府，由法律去制裁。

违犯教令出于家庭，此全是教育上的事。应别设感化院之类，以宏教育之方。此无关刑事，不必规定于刑律之中。

沈家本指名道姓反驳劳乃宣的文字就这么一小把，短而简洁，就法律条文，一一陈述；相比劳乃宣的长篇大论，他几乎没有涉及理论。

其实，他的思想，他的理论，他对法律的熟稔，是蕴含在简洁之中的。一个思想混乱的人，是没有办法用简洁的语言，清楚地表达出自己的识见与思想的。

也许，也是因为他眼中的劳提学，对法律并无深刻的识见，又没有深厚的实践基础，有些话，在这篇反驳中，他也就不说了。

当然，两个人思想交锋，他的简短，也是让人看了很不过瘾。就仿佛一个人在那里拳脚相交，另一个呢，则在屹立一旁，气定神闲。淡淡的，是想化干戈为玉帛？

然而，气定神闲的反驳，哪一条都很锋利，毫无退缩。

沈家本对劳提学的说帖，当然会有很多心得与议论。作为一个阅历丰富的老官僚，他深知哪些话应该在哪种场合中去讲述。反驳劳提学的说帖，也只能是就事论事，不旁及其他，也不要把枝蔓拉扯得太远。

最高当权者，哪有心思去读解深刻的思想？简洁，明白，把事情说清楚即可。

再者，也是为了提防王公疆臣们又把修律扯进权力斗争中，增加一些不必要的麻烦。

劳提学呢，只是愤怒，侃侃而谈，事先并没有细读或者根本没有读过法律大臣沈家本以前的一些文本，比如《死刑惟一说》《汉律摭遗》《刑制总考》《狱考》《监狱访问录序》《设律博士议》，等等，还有他曾经所上的奏折，比如《删除律例内重法折》《实行改良监狱宜注意四事折》，等等。

和劳提学一样，沈家本也是一个有学问的人，也很读过一些书。所不同的则是，劳提学来京前，所读有关法律方面的书籍，是少而又少的，因为他做的不是这个事，个人的兴趣也不在这方面。他与沈家本所思所想，也就相去甚远，甚至水火不容。

劳提学也有多年的丰富的基层实践经验，也曾当过很多年的县知府，他的担忧也不无道理：法律一定要适应当下的社会。因此，应重在：不变。

沈家本呢，则也是因为：法律一定要适应当下的社会。主张在山河飘摇，列强侵入中国的当下，为了图强，一定要变。

他的想法很实际：以法律来整治破碎的山河。

另一种救国方式，体制内的救国方式。自然没有驰骋疆场的悲壮，也没有为国捐躯的英雄气概。

改良者。

很实在，慢慢来。

慢慢来，没有一蹴而就的痛快。但是，很多时候一蹴而就是不可靠的，很快又会退回到原来的起点。

沈家本和修订法律馆、宪政编查馆里那些年轻的海归、激进的年轻人是不同的，他与他们：和而不同。

在他眼里，新学旧学，也就是年轻海归嘴里的西学与中学，各有其是，学者不应有门户之见，更不该彼此轻视，相互倾轧，他的想法是：

现今学术上分为二派，守旧派与图新派。守旧派与图新派，各持己见，分道扬镳，时相倾轧。世人以为这是祸害，其实并不然。

旧有旧的道理，新有新的道理，究竟谁为真是，不能说守旧派就代表着真是，也不能说图新派手握的就是真是。守旧者，是想以他们的学术思想拯救天下，不能遵循社会发展的客观规律，又怎么能够拯救天下？图新者，也是想以自己的思想来定天下之局，同样的道理，不遵循社会发展的客观规律，又怎么能够平定天下之局呢？在社会发展的过程中，必然会发现真理，相对立的双方，矛盾也就随之融化，所以说这并非是祸害。

这种看法，也是一种胸怀：包容。

已经 70 岁的沈家本，经历了种种磨难之后，即使是在理论争论之中，他也怀有一种包容性，并不是：非此即彼。

他在《法学名著序》中写道：

今天有关法治的学说，洋溢四方，方兴未艾。朝廷专门设立了修订法律馆，编纂法学著作，将改弦更张。于是，新旧学者纷乱，各立门户。我国旧学，自成法系，精微之处，仁至义尽，新学要旨，已包涵在内，怎么可以不复研求。新学往往从旧学推演而出，事变愈多，法理愈密，然而宗旨总不出两个字，那便是情理。无论旧学新学，都不能舍弃情理来立法。最可贵的则是融会而贯通，保守经常，革除弊俗，旧不俱废，新亦当参考，但愿如是推行，不可持门户之见也。

他所要坚持的宗旨则是：

折衷各国大同之良规，兼采近世最新之学说，而仍不违背我国历世相沿之礼教民情。

平心而论，他远没有修订法律馆里那些年轻的海归们激进，也并不赞同将西方法律全盘接收。毕竟，人情风俗，五洲攸殊。比如，欧洲各国的礼教风俗，与中国就大相径庭，就连近邻东洋日本，也不尽相同。

礼教风俗不同，法律自然也就不能完全相同。

他的想法是：

古法不同于今，也不行于今，并非一定是古不如今，或者古胜于今。而今人习法者，其中有些人一提及古时之法，反而以为泥古，另外一些人则认为古胜于今。

认为古法皆可行于今，诚然不对。然而，认为古法皆不可行于今，又岂不是同样错也。西方法律对于中国而言，是相同的道理。不可全盘接收，亦不可全盘排斥。

现在，国家积重难返，正值改变之时，究其法之宗旨如何，经验如何，崇尚者不愿变通，鄙薄者因循成见。然而，要想究其宗旨如何，经验如何，不去考察，又怎么能够得到真知呢？

当然，他比年轻的海归们也更稔熟官场，对王公疆臣们的心里那些猫腻，守旧、僵硬还有自私，深有所知，对他们的思想观念也是了然于心吧。

所以，他一方面站出来，虽然还是温和的，却又很坚持：方今五洲交通，大非闭关自守之时，变法亦是大势所趋；另一方面呢，他又认为要想在中国现在就实行新法，是会有很多阻碍的，惟以渐进为主义，才能够使众人议论不至于纷乱，新法才可以决定下来，事情的次序本当如是，不能违背也。

虽然，他毫不犹豫地站了出来，这时也惟有他站出来，驳斥劳乃宣，才是有分量的。但是，他心中还是充满了忧虑。

王公疆臣大权在握，他们的思想，他们的行动，依然左右着朝廷。而眼前的朝廷，虽然衰弱不堪，权力之争却并没有随着老佛爷慈禧与光绪皇帝的逝去而稍稍平息。

修律难也。

劳乃宣看了他的奏折，又将会怎样呢？

46　支持者的跟帖

沈家本简洁而温和的文字，虽不咄咄逼人，只列举事实，也没进行说理阐述，但却也像一枚炸弹，炸开了官场上一边倒的局面。

虽然，王公疆臣，鲜有支持他的。但是，法律馆和宪政编查馆的年轻人，却备受鼓舞。本来，这些思想前卫的青年俊杰们，心里就不服气，私下里更是牢骚满腹，但却没有公开发表自己政见的机会。

话语权紧握在王公疆臣们手里。

舆论一面倒。

那种沉闷的气氛，让青年俊杰们很不爽，极郁闷。

现在，沈大臣的识见，像一面旗帜，在王公疆臣的一片喧嚣之中，独树一帜。

另一种声音。

虽然，《书劳提学新刑律草案说帖后》语词温和，但态度却很坚决。

宪政编查馆编制局的年轻同仁们，迅速跟帖，动作之快，用词之尖锐，也让王公疆臣们始料不及。

他们的反驳，远不像长者沈家本那么简洁，只就事论事，而是滔滔理论，很带有几分火药的气味。

且让我们来看看他们是怎么说的。

他们选择了和修律大臣同样的路径，也是一条一条地阐述。

干名犯义

谨按：《唐律》中，状告祖父母、父母及亲尊长，卑幼同罪。

470

明律删除卑幼同罪一层，并为一条。其正名曰：干名犯义，各朝皆有之，因循过去的办法。

唐律尊卑一视同仁，俱以相容隐为限，犹不失平恕之意。明改定之律，反就尊长一面之言，已涉偏重。

细细考察律义，所谓干犯者，实际上是指祖父母等对于他人有所冒犯，故律注有祖父母等自首者免罪一条。可以类推，其子孙为被害者，不在此例。

现在设立审判，并附设检察官，负责提起公诉，如亲尊长对于他人有犯，悉由检察起诉，并不牵连子孙卑幼。

若子孙为被害人，则立宪之国，应以保护人权为主，不能听便尊长倚法专横，略宽呼吁之途，这也是礼教的准则，并未违背。

本草案不设干犯之例，并非遗漏。至于有犯伪证或诬告之罪，固然不会因系子孙卑幼的缘故，酌处以本条最重之刑。

存留养亲

谨案：亲老单丁，留养之例，本来是我国教孝之特典，应否查办，限制极其严格。

例如死罪的案件，斗殴必共殴，须有理而伤轻，死者并非独子。

窃赃逾贯，必须并非游荡忘亲徒流之案，仍以情节轻重为衡。

军流之案，虽无不准留养明文，然而历年查办者，百不见一。是留养旷例。最初，并非什么人都可以得到这种待遇。

现在改良监狱，采用教诲主义，除死罪暨流遣罪，常赦在原地服刑，俱收本地习艺工作，若为人子者，正可借工作收入，来供养父母长辈；其亲属亦可在获得狱官的许可情况下，随时探视。

以事实而论，留养本在可删之列。

至于新刑律所定刑罚，一以核实为主，其应拟死刑，及无期徒刑，在旧律本不准其留养，其一等以下徒刑，既不移乡远戍，更无须留养。

且假释之例，过刑期四分之三，可由狱官酌予释放，与从前长年幽系不同。

草案未经采入，似非漏义。

又按：新定刑事诉讼律草案，第487条，囚徒现有事故，致发生于处刑之目的之外重大不利时，因其请求，可以于预定期间内，停止推行。囚徒如果遇有父母重病或病危，夫人侍奉，亦可援刑诉于一定期限内，暂时回家奉养。但不能作为无罪人，较旧律限制稍严。

亲属相奸

谨案：草案中无此条，因为已经包括在奸罪之内。议者增立条文，并定其为死刑，非常不合法理。

遍查世界法律，亲属相奸，只有德意志刑法有此条。即第173条：有血缘关系的亲族之间，尊长与卑幼相奸，尊长处5年以下惩役，卑幼处2年以下禁锢。姻族之间，尊长与卑幼，及兄弟与姐妹相奸者，处2年以下禁锢。其刑仅止惩役禁锢。

我们认为此罪不宜判处死刑的理由有以下三条：

一　私生子列入户籍，各国皆同。即现行法律亦责令奸夫收养之例。私生子虽未能等同一般百姓，而对于奸夫奸妇来说，父母的责任还是存在的。

假如亲属之间，因奸而孕，根据法律，奸妇需在产后百日才可收监。而奸妇所生下的私生子，也不能因其父母通奸的缘故而将其处死，根据法律，这个婴儿即由奸夫的家属收养。于是，孩子存活下来，而他的父母却因通奸都要被处于死刑。将来这个孩子长大后，必会浑浑噩噩，如同野草一般，缺乏教育，没有知识；待他稍有知识，也就是我们今天一般人口中所言的：开窍了，知道自己是私生子，父母已被诛灭，试问他何地自容？

朝廷尚有让这个孩子存活下来的宽宏大德，而法律却让这个孩子成为形容畏缩，哀哀无告之民，忍乎否乎？

二　奸罪，亲属告发才判刑，此中外通例，刑事诉讼律中亲告罪，允许其随时撤销，与非亲告罪不同。此律条很矛盾，一方面允许其撤销；另一方面，又处极刑，其中宽严相距实在太远。

考察各国的法律准则，实在没有如此自相矛盾的立法例。

三　旧律沿自隋唐，与现今风俗、人情，不尽吻合，条目虽多，有相当的属于徒有其法，不过是一纸空文，亲属相奸就是其中之一。

立宪以后，一切法律应以实行为主，如仍蹈故辙，多立死罪条文，故令不能实行，不但使法律的威信扫地，又将如何焕发立宪的精神？

以上三条，都说明亲属相奸，不应处以死刑。

昔汉高祖入关，与民约法三章，杀人者死，伤人及盗抵罪。此数语最为简要。同光间，长安薛大司寇，官秋曹，治狱有声，海内奉为圭臬。他曾对刑部的司员说，奸罪究竟与谋杀不同，不宜判处死刑。他的看法与西方学者相同。

由此可见，法律乃专门科目，只能与专业者讨论。

看到最后这句话，令人不禁哑然失笑。在宪政编查馆这些青年俊杰的眼中，劳乃宣就不是一个专业者，跟他讨论，犯不着，如同对牛弹琴也。

亲属相殴　妻殴夫夫殴妻

谨案：以上这条，详沈大臣说帖，兹不赘及。

犯奸

谨案：旧律犯奸一事，由杖而至斩决，以一事竟备全部之刑名，用心良苦。然而，历年关于犯奸的案子，大多都是因为他事牵连发现，纯粹只是奸案，由父母本夫亲属告发的，非常少见。

从国家这方面来说，用刑来维护礼教，未尝不是用法律来纠正人们的行为。从社会实际方面来看，这种丑恶的行为，各地都有，羞耻之心，人所同具，谁又愿意诉诸法庭，自曝其闺门之丑德。

由此可见，礼与法，并不是一回事，应分为二事。

风俗改良，主要还要靠教育，圣人的教导，是千古不灭之论。修订法律，起因于商约，是为了收回治外法权，并非是要采用大同之制。

持异议者说，治外法权的收回与否，是有种种方面的原因，并非只是因为刑律方面的不同。他们还说：近今奉天审判厅，有外国人愿来控诉，愿意遵行中方的惩罚，而此时中国的旧律，并未变更只字也。以他们的前一种看法，收回治外法权，未免太难；以他们的后一种看法，又未免太过容易。

收回治外法权的意思是，外国人为被告，遵从我审判衙门，依中国法律判断。若外国人为原告，则所在地方官厅，均可申诉。天津条约还在执行，可以复批，所以不得以此就认为是已经收回治外法权的证明。

违犯教令

谨案：根据宪法大纲，钦定臣民权利义务，只要没有违犯法律所规定，就不能随意逮捕监禁处罚，人民是否应该处罚，应以法律明文为断。

本草案，凡子对于尊亲属，俱用特例，与旧律相比，更加详细。即第316条，对尊亲属施加暴行未至伤害的规定，包括了旧律触忤不孝各项行为。一无遗漏。

今于各项规定之外，又添加违犯教令，语涉含混，并没有明确指出其事项，与旧律的比附援引，及不应为等条，弊害相等，其为不按法律可知。

人的禀赋是不一样的，在普通人群中，中等智力的人，居大多数。如果教令是对的，则可以从或者故意违反，还可以曲解；假设教令是不对的，而用法律来助尊属强迫其子以行乱命，这样做有道理吗？

又宪法大纲，君上大权，总揽司法权，委任审判衙门，遵钦定法律行之。审判衙门的审判权，是司法官根据君上之命来行事的。何等郑重。

旧律子孙触犯，呈送发遣仅凭父母的意愿，真是以君上的大权，行之于个人之手。凡此均与立宪宗旨不符。

家庭之间，宜以道德涵养来教育后代，以形成慈孝之风；不宜细微行为举止，动辄以国家法律绳之，致使天性泯灭，世道浇漓，人心日下。这就是孟子所说的父子之间不责善，汉桓宽所言的闻礼义而刑罚中，未闻刑罚行而孝。

悌兴是也。

各国民法，亲权最重；遇有必要情形，本可酌施重大惩戒。我国现在编辑民律，自应仿照增人。

总之，教令一事，属于亲权则可，属于刑律则不可。如游荡不务正业，迹近违犯，则违警律固有治罪专条。至于奉养有缺，已定于草案第339条，原定为三等以上有期徒刑，（原案第338条第2项）因为湖南签注，增为无期徒刑。持异议者所补之文，仅予拘役，反而轻重悬殊，此几乎摘取耳闻，没有花时间就原案加以认真研究的缘故。

以上的批驳，大体内容与沈家本相同，都是劳乃宣奏章中最封建的部分。

用我们今天的眼光来看，劳乃宣所要坚持的相当地不可思议，也不近人情。

比如，存留养亲，只要是独子，父母还活着，即使犯了死罪，也可逃过法律的制裁。就是只因为他是独子，父母需要赡养。一如沈家本的诘问，他明知自己是独子，父母需要他赡养照顾，为何还要去犯死罪？这样的人活着，又岂能赡养照顾父母？

还有，亲属之间通奸，抑或普通人之间通奸，都要判处死刑。男女通奸，在那个时代，可真是大逆不道的滔天罪行，社会绝不能容忍，要以死来惩戒。

可是，另一方面，那个时代的王公疆臣，妻妾成群也并不鲜见。合理而合法。比如，袁世凯就有7个老婆，朝廷也并没有拿他问罪。更何况，王公疆臣们逛妓院，捧女戏子的，也不在少数。如同酱缸，腥而臭。

只许州官放火矣。

可是，在大清即将灭亡的晚清末年，这些明明白白的不合理，却代表着社会的主流思想，想把它翻个个，却也不容易。

挑头站出来的沈家本，只是小心翼翼地从律条上，一一推翻，驳斥。没有打出旗帜，也没有宣扬他的主义。很低调，只是他的看法，就事论事，就律条论律条。

编制局的后来者，那些年轻的后生，则不一样。

他们打出的旗帜很鲜明：立宪。

他们的主义也很明确：以法律保护人之权利。其实说白了也是两个字：人权。

一般而言，他们虽然旗帜与主义都很鲜明，用词也比温和的老先生沈家本前卫激进，带着几分火药味，可还算是就事论事吧，谈主义与理论的地方也并不太多。

而他们中有一个人，却大不相同，更前卫地冲入这场纷争与角斗，扯出一面理论的大旗——国家主义与家族主义。

这个人便是杨度。

47　一匹黑马

杨度是个人物，很传奇，也颇具非议。

当时，沈家本想必是很欣赏他的，给他撑过腰，也给他解过围。

杨度并非世家子弟。

他原名杨承瓒，生于 1875 年，湖南省湘潭县姜畲乡石塘村人。很普通的农家子弟，人生经历却颇为坎坷，大起大落。

他的祖父杨礼堂参加过湘军，当过哨长，最后官至四品都司，在总兵属下驻守一地。他的大伯杨瑞生，年少时便随其祖父参军，父子同在一营。祖父后在一次战役中阵亡，大伯父杨瑞却死里逃生。多年的历练之后，杨瑞生因军功升为总兵。官位比他的祖父还高一个等级。

他自己的父亲杨懿生，在家中是老四，因他的二伯与三伯都很小就夭折了，他父亲也就没有跟随祖父去当兵，而是留在了家乡务农，农闲时也兼作吹鼓手。

很普通的一个农民吧。

可是，这个很普通的农民，却早早地撒手人寰。

父亲去世那一年，杨度十岁。他底下还有一个弟弟和一个妹妹。少年丧父的悲痛，让杨度早早地品尝到人生的苦涩。好在，他还有一个当总兵的伯父。父亲过世后，他就过继给了伯父。伯父驻扎归德时，将他和妹妹接到了府中。16 岁时，改名为杨度，字晳子。

后来，他的伯父赴关外朝阳镇时，他和妹妹又回到湘潭。

猜想，杨度的父母虽然身处乡村，不过是普通的乡民，但却智商过人。

因为,他们的三个孩子都非常聪明。杨度的弟弟杨钧,擅长诗、文、书、画、印;而他的妹妹杨庄呢,亦工诗文。杨度则比弟妹都聪明。

13岁那年,蹦蹦跳跳的他,遇上了船山书院的大名儒王闿运。这次相遇,在冥冥之中,改变了他的命运。

因为,王闿运一眼就看中了这个小男孩,喜欢上了他。还亲自到他家中,将他收为自己的学生。13岁的杨度,也没有辜负王闿运的期望,很用功,也喜欢动脑筋。王闿运在《湘绮楼日记》中,常常称他为:杨贤子。

随后,他的弟弟妹妹也跟着他拜师王闿运。后来,他的妹妹还嫁给了王闿运的四子。

他跟着名儒王闿运学习了三年。

1892年,也就是光绪十八年,他考取了秀才。第二年,顺天府乡试又考中了举人。可是,好运也并没有总跟着他。光绪二十年和光绪二十一年,甲午科、乙未科会试,他都落第了。

会试期间,京城正处在动荡的浪潮中。1895年春,乙未科进士在北京考完会试,正在等待发榜的时候,忽然传来清廷与日本签订《马关条约》消息,一个让中国人脸面全无的耻辱条约——割让台湾与辽东半岛,赔款二万万两。

参加应试的举人群情激愤,杨度也是激愤人群中的一员,等待发榜的忐忑不安,自然也就被冲淡了几分。

那段日子里,他认识了梁启超、袁世凯、徐世昌等,眼光骤然又开阔几分。这些人,都是他过去不曾接触过的。

然而,他等来的还是落第。只得还乡,再一次师从王闿运。

不过,和几年前相比,他的思想与情感,都有了相当大的变化。从前,他曾对友人说:"余诚不足为帝王师,然有王者起,必来取法,道或然与?"其实,深藏在他心中的理想,就是成为帝王师。

而现在,新学更吸引他。

1898年,谭嗣同、熊希龄、唐才常、梁启超在长沙办时务学堂,杨度常去听课，参与讨论国事。像当时的大多青年才俊一样，他也很热衷于政治，心里充满了指点江山的慷慨。

四年之后，也就是1902年，他终于不顾恩师王闿运的劝阻，悄然地离开了家乡，东渡日本，自费留学：东京弘文学院师范速成班。

留学期间，他不是一个只啃书本的好学生，他很活跃，思想也日趋激进，还和湖南留日同乡创办了一份杂志——游学译编。

为了筹集《游学译编》的经费，半年后，他回了国。回国期间，奉师命，拜见了张之洞。一番交谈之后，其见识与胆识，让张之洞刮目相看。

他留给张之洞的印象自然很好。

1903年，他被保荐入京参加新开的经济特科进士考试，初取一等第二名。一等第一名则是梁士诒。然而，他并没有因此而"高升"，反而被牵连。缘由说来很可笑，是因为一等第一名的梁士诒的名字。梁的名字被说成是"梁头康尾"，而康有为、梁启超都因戊戌变法，为慈禧太后所痛恨，所以梁士诒被除名，杨度随之受到牵连。因他既是湖南师范生，在日本留学期间也有攻击朝廷的言论，疑为革命党，也被除名，并受到通缉。

很败兴，只得逃回家乡，躲藏起来。

而此时，他的弟弟和妹妹都考上湖南省第一期官费留学生，去了日本。

1903年，杨度再次赴东京，又来到弘文学院，继续他的学业。这一年的秋天，他与梁启超在横滨相遇，惺惺相惜。

像大多喜欢吃辣椒的湖南人一样，杨度身上也有一种湖南人的勇敢精神，他在《湖南少年歌》里言：若道中华国果亡，除非湖南人尽死。

而《湖南少年歌》就发表在梁启超主办的《新民丛报》上，还有和梁启超的《少年中国说》。

梁启超很欣赏他的勇敢，两人很快便成为莫逆之交。

1904年，他又由弘文学院转入日本法政大学速成科，和汪精卫成了同学。不过，他和汪精卫的政见大不相同。那一时期的他，既不是保皇派，也不是排满的革命派，整天沉浸在各国政宪的研究中。

政宪成了他心中的一面旗帜。

虽然，他从不介入两派论争，但因为他为人友善，才华出众，在留学生中还是很有威望的。

1905 年，他被选为留日学生总会干事长，不久又被推举为留美、留日学生维护粤汉铁路代表团总代表。

那一年，他 30 岁。而立之年的他，心中充满了爱国的热忱与悲愤，率领一干同学请愿，还发表了《粤汉铁路议》，要求废除 1900 年中美粤汉铁路借款续约，主张收回路权，维护国家主权。

又以总代表的身份回到中国。先拜见恩师王闿运，再拜见朝廷重臣张之洞。恩师给他的建议是：官绅筹款自办。张之洞听后，思索片刻，首肯，认为是个好办法。

很快，粤汉铁路收回自办。

他回到日本，名声大震。

在东京，孙中山约见了他。孙中山与他聚议三日，几乎是夜以继日，不分昼夜，探讨：中国的路在何方？孙中山的革命思想，丝毫没有打动杨度。两个人，谁也没有说服谁。

还是各行其是。还是各自坚持自己的主张。一个要革命，一个要立宪。

不免都有点儿扫兴。好在，杨度将黄兴介绍给了孙中山，促成了孙黄二人的日后合作。

1906 年，清廷派遣五大臣出洋考察宪政，为了交差，熊希龄赴日，请杨度和梁启超捉刀起草报告。杨度欣然应允，很快便交了稿《中国宪政大纲应吸收东西各国之所长》与《实行宪政程序》。

大大地出了一回风头。

清廷很快便做了回应，根据他的报告，下诏预备立宪。

杨度心中的理想，如小荷一般，露出了尖尖角。心情自然也很爽。

1907 年，他在东京创办《中国新报》月刊，自任总编撰，公开宣言：不谈革命，只言宪政。梁启超想必是很气愤，两个挚友至此也只能是分道扬镳。

这一年，对杨度来说很重要，他写了很多文章，还发表 14 万字的长篇大论《金铁主义》，宣传君主立宪。秋风微带寒意的 10 月间，他回到家乡湖南，因为养育他的伯父去世了。

他又见到了恩师王闿运。

那时，他还不知道，他的命运将会因为这次回国有怎样的变化。

当他乘坐的轮船还在大海上漂泊的时候，军机大臣奕劻与袁世凯，正在颐和园里参见慈禧太后与光绪皇帝，谈话的内容居然还涉及到他。一个离朝廷远而又远的留学生。

慈禧对立宪究竟意味着什么，并不很清楚，她担心的是："如今的立宪活动与当年皇上的戊戌变法是不是一样啊？"

这也是慈禧为何召见奕劻与袁世凯的因由。

奕劻答道："自然是不一样。康梁搞的是乱法，不是普通法。眼下的普通法，是根据祖宗的成法，又参照了外国宪法。立宪与乱法，根本不是一回事。"

慈禧脸上的神情缓和下来，不再是一副绷紧了的忧心忡忡。

袁世凯乘机进言："臣赞同奕劻大臣的奏请，能实行立宪是朝廷之福啊。臣还有一请求，荐修律大臣沈家本，与留日学子杨度为王公亲贵讲解宪法，伏乞太后恩准。"

慈禧未加思索，便恩准了："也好。这几年，革命党闹得厉害，朝廷除派兵进剿之外，还应该恩威并用，立宪也该是恩抚之一法。"

满门心思都是立宪与权力的袁世凯，大喜。

那时，还在海上漂荡着的杨度，做梦也不会想到还会有这样的一个机会在等待着他，不过在浩渺的大海上漂荡的时候，他的心里塞满了梦想，国家的和个人的掺杂在一起。

他从小就是一个有自己想法的人，要不然名儒王闿运也不会看中他。

回到家乡，处理了伯父的后事，他还没有从哀伤与旅途的疲惫中稍事喘息，就又投身到湖南的宪政运动中。12月湖南成立宪政公会，众人便推选他担任会长，他当仁不让。

一上任，他便执笔起草了《湖南全体人民民选议院请愿书》，又请恩师王闿运仔细推敲、修改了一番，接着就联络湖南各界名流联名上奏，开全国之先河，轰动一时。

1908年的春天，他便离开了湖南，来到了京城。他去京城，当然和袁世凯是分不开的，还有张之洞。两位军机大臣，联名保荐他：精通宪法，才堪大用。

给了他一个官：宪政编查馆提调，候补四品。

袁世凯亲自安排沈家本与他在颐和园，向皇族亲贵与朝廷重臣们演说立宪精义。

杨度与修律大臣沈家本不期而遇。

先登场讲解的自然是老臣沈家本。历来的规矩，沈家本毕竟是老者，身份摆在那儿。论资排辈，也要修律大臣沈家本先讲。杨度毕竟年轻，是晚辈。

沈家本的讲解是温和的。深谙王公疆臣心理的这位老臣，在讲解的过程中，很委婉地避开了王公疆臣们最关心，也是最反对的焦点问题，锋芒不露。

很专业。

因为专业，王公疆臣们也就听不大懂。所以，法律大臣在讲解时，底下也就一片叽叽喳喳小声说话声。

加之，讲解的场所又设在颐和园。湖光山色，绿树成荫。王公疆臣们，大都懒洋洋地斜卧在躺椅上，身旁是一张紫檀雕花小茶几。茶几上精致的盖碗里，飘出缕缕清淡的茶香。

心里本来就没有把法律大臣的讲解当回事，此时或闭目养神，或与同僚说几句不咸不淡的话，便也是人间一乐。

皇家的享受。

沈家本的讲解，像流水一般，缓缓流淌着，没有引起特别的反响。

几天后，杨度也来到了这里。

沈家本已经到场，静静地等候他。这位老者对他早有耳闻，可以说久闻大名。两人已在宪政编查馆打过照面，他清瘦、俊朗的面容，给沈家本留下了聪明过人的印象。

当然，对他的演讲，老臣沈家本也有几分担心。毕竟，年轻人的狂放与桀骜不驯，脸上一堆皱纹的沈家本也是深有了解的。不过，沈家本还是非常想听听这位从日本留学归来的年轻俊杰会说些什么，他们也是他了解外边世界的一扇洞开的窗。

果然，不同凡响。

面对王公疆臣，杨度毫不怯场，滔滔不绝。简短的开场白之后，便直奔主题：金铁主义和君主立宪。

何谓金铁主义？

王公疆臣闻所未闻，本来有当无地听一句忘一句，突然被提起了精神头，这小子到底想说些什么呢？

杨度面带笑容地解释："所谓金者，黄金也，即金钱，即经济，欲以此来求得人民的生活富裕。所谓铁者，即铁炮，即军舰大炮，欲以此来求得国家的力量强大……"

他早想到了坐在下面的这些王公疆臣中不乏酒囊饭袋，料到他们不知他在说些啥，很通俗地解释了一番。

接下来，他便十分激情地描述了他所设想的具体途径：工商立国，扩张民权，人民拥有自由，并可以组成政党。之后，再产生国会，监督政府，建立一个君主、国会、责任内阁三位一体的国家体制。

王公贵族坐不住了，交头接耳，议论纷纷。当即有人站起身来，喝问："这岂不是邪说？！你是不是唯恐天下不乱？"

"人民拥有自由？这不是胡来嘛！"

"何谓人民？何谓自由？"

……

质问声，接二连三，几近叫嚷，连成一片。

杨度倒不慌乱，继续慷慨陈词："人人自由于法律之中，不得自由于法律之外。这是常识。我不是唯恐天下不乱，而是唯恐天下不治，所以我主张立宪之后，要实行立法、司法分权。"

听他这样解释，王公亲贵的愤怒情绪愈发不能忍耐，吵嚷声愈加放肆，大有把杨度赶下演讲台的劲头。

"诸位，请静一静，听我来说几句，"

人丛中站起一个矮小瘦弱的老头儿，颔下那一把几近雪白胡须，很惹眼。

"是啊，旧刑律是沿袭唐宋元明，直至本朝，相沿不变的。量罪判决刑，律无明文，只好援引比附。司法官员兼有立法之权，这是不合适的。所以，我们正在着手再次修订《大清新刑律》。"

说话的人就是沈家本，杨度的几句开场白之后，他就料到会出现责难，乃至谩骂的场面。

沈家本还是一贯的作风，就法律谈法律，不牵扯敏感话题。他的一番话，和杨度的演讲并不紧密相连，但却给杨度打了圆场，解了围。

会场上虽然还是一片议论声，但气氛却缓和下来，不再是唇枪舌剑。王公贵族们，喝茶的喝茶，交头接耳的交头接耳，也有人不时地反问杨度几句，到底还是因为老臣沈家本的缘故，没有在哄闹中把杨度赶下台。

杨度对这位不显山不露水的修律大臣，心存敬意。虽然，他们的作风截然不同，他们的政见也未见得完全一致。但是，老头儿的温和与开明，还有临阵不乱的机警，深深地打动了他。

在这场演讲中，这位老头儿才是他真正的听众，真正的支持者。

不知那时的张之洞听了杨度的演讲，心中会怎么想？是不是会后悔把这小子给调到北京城里来了？

不过，那一次，张之洞并没有向杨度发难。

是因为他的恩师王闿运？还是因为他是张之洞推荐进京的？不得而知。

现在，张之洞已经离开了人世，替代张之洞发难的是劳乃宣。面对劳乃宣的发难，杨度又会如何表现呢？

48　赫善心的一席话

　　清瘦而刚硬的劳乃宣，敏感而锐利，他已经嗅到了暴风雨即将来临的气息。宪政编查馆里青年俊杰们的咄咄逼人，让他深感不安，比如那个张扬不安分的杨度。

　　年轻人的桀骜不驯，他并不怎样放在心里，问题是朝廷最高领导层的态度也是含糊的，语焉不详。

　　没有鲜明的倾向性。

　　如果，张之洞还活着的话，可能会是另外一种情形。

　　他的内心充满了忧虑。

　　和修律大臣沈家本一样，他不是为自己，而是为了风雨飘摇中的国家。

　　劳乃宣与王公疆臣们是不一样的，他在宪政编查馆的官位不高，一个普通的参议，算不上主流社会中的既得利益者。

　　虽然，他做过多年的基层长官，基本上还算是个文人吧。而且，他也是一个喜欢思想的人，道义担肩。

　　然而，他又是一个固执的人，非常坚持己见。

　　可是，当他看到沈家本与他的同事们的辩驳，几经思考，他也就承认了自己所拟的修正纲目欠妥，收回了大部分修正意见。

　　只有两条，他绝不善罢甘休——无夫奸与子孙违犯教令。

　　在他眼里无夫奸是天然的犯罪，大逆不道，是绝对不能容忍的。我们现在的人，一定很奇怪，这位老夫子，为何对男女私情如此之愤恨，大

486

有斩草除根的决绝。

提学劳乃宣，是发自内心地维护封建社会的伦理道德，对于这两条，如鲠在喉，不吐不快。他还是很快地就进行了反驳。

他的反驳也是理直气壮的，言词咄咄逼人，大概意思如下：

天下刑律建立的基础是礼教，凡事合乎礼教，彼此相安无事；若不按礼教行事，必会发生争执。一旦争执，必会妨碍社会治安，所以要以法律来制裁，以保证社会治安。

如果说法律与礼义两不相涉，教育与用刑两不相关，纯粹是一派胡言。

外国礼俗，夫妇终身相处，子女呢，到了法定年龄，就应该自立自主，不受父母管束。所以，夫妇关系重于父子关系。有夫之妇与人通奸，其夫必不能容忍，一定会发生争端，发生争端，就会妨碍社会治安，所以国家就可以定罪。如果是未婚妇女与人私通，他人绝不讪笑其父母，其父母也不会引以为耻。姑舅之辈，对于寡妇，更不能过问其私生活。所以，无夫妇女与人通奸，不会发生争端，也就不会妨碍社会治安，国家也就不以为罪。

在外国这样做，是合适的。

中国则不然。

成了家的女子与人通奸，为家门之辱，也被外人所耻笑，丢尽了其父母的老脸，其父母对女儿的忿怒甚至超过其丈夫；寡妇与人通奸，其舅姑亲属所蒙受的耻辱与忿怒，与女儿和人通奸的父母差不多，断无不发生争端就妨碍社会治安之理。

如果，不明定罪名，民心必不能服，地方治安也会受到扰乱。如果，现在有处女、寡妇与人通奸，为其父母舅姑所捕获，事发送官，官却判无罪释放。如果这样做，我恐怕其父母舅姑羞愤相交，无地自容，强者会用刀把自家女儿杀掉，弱者将会自杀，其左邻右舍，哗然。社会也将哗然。

这样做，能不妨碍社会治安吗？凡有害社会治安的事，即应以法律来制裁。所以，中国法律对无夫之妇女犯奸一事，万万不可不定罪。

总之，将礼教的内容加入刑律之中，中外是一致的。无夫妇女犯奸，在外国礼教不以为非，所以不必治罪。而在中国礼教，则被视为大逆不道的事，故不能不治罪，此理至明，不能狡辩。

现在，有人说，这一条最为外国人所注意，如果一定要增加这一条，恐怕将会遭到外国人的指摘。

说这样话的这些人，怎么只怕外国人的指摘，就不怕中国人的指摘？况且，外国无此律，并不妨碍社会治安，中国若无此律，将会大大妨碍社会治安。只因怕外国人指摘，而要损害本国治安，我认为这是得不偿失的。

并且，中国自定法律，为何要畏惧外国人的指摘呢？我看就是因为畏惧外国人的指摘，所以不能收回裁判权。要知道裁判权能否收回，原因是多方面的，不仅仅只是刑律这一个方面，更不仅仅只是刑律中无夫奸罪这一项。

如果各方面的条件都成熟了，收回裁判权断不会因为这一个原因而受阻，如果各方面的条件都不具备，也不会因这一个原因而收效。又何必自己先放弃本国礼教，取媚洋人呢，这样做只能是反而扰乱了自己本国的社会治安。

收回裁判权，在我看来，最主要的是文明审判，而律文是否相同，实在是在其次。

即近如今，奉天审判厅办理的案件就很得当，已经有外国人愿意来控诉，愿意听从他们的惩罚，而此时中国旧律并没有改变呀。这不就是一个证明？！

细细咀嚼劳乃宣的这一番批驳，帽子也是扣得够大的，用我们今天的话来说，就是——崇洋媚外，说得再严重一点，大有卖国的倾向。

接下来，劳乃宣又就"子孙违犯教令"这一条，大发感慨，也是洋洋洒洒，以古论今：

《周官》八刑之一,曰:不孝之刑。俄国刑法亦有呈送忤逆之条。认为违犯教令全是教育方面的事,与刑法无关,几乎是没有道理的。

感化院之类,现在中国各州县,一时何能遍设。若子孙不孝顺,触犯父母,官府没有惩治的办法;祖父或父亲又没有呈送的地方,实在是违背民情的事。并且,律中如果设有此条,于收回裁判权决无妨碍。

为何这样说呢,是自有道理的。将不孝之子孙呈送法办,是出于其祖父母或父母的自愿,若外国人不以子孙违犯为罪,完全可以不把子孙呈送法办。此条存于律中,于彼此都没有妨碍与损害。

此条对我国人民来说,则是有非常重大的关系,仍应遵照旧律,万不可删。

劳乃宣的反驳,赢来一片掌声与支持。

支持他的也不全是王公贵族,还有他的同人们,比如时任宪政编查馆一等咨议官的陈宝琛,工部员外郎蒋楷,德国法学专家赫善心,等等。

陈宝琛当即著文助阵。

陈宝琛也是一位头上已经落下霜花的老人,颇有来历,在官场上也曾经历过大起大落。他和劳乃宣、沈家本是同一辈人,而且他与沈家本还很谈得来,是相当铁的好朋友。

他生于1845年,家学渊源。他的曾祖父陈若霖,乾隆年间的进士,官至刑部尚书;祖父陈景亮,道光年间进士,官至云南布政使;父亲陈承裘,咸丰时期的进士,入选翰林。而他自己呢,1868年,刚刚20岁时,就考中了进士。1875年,又擢升为翰林侍读,授翰林院侍讲学士。

也算是少年得志者吧。

进了翰林院后,他因喜好评论时政,与学士张佩纶、通政使黄体芳、侍郎宝廷,被誉为"清流四谏"。在当时,是锋芒毕露的年轻学者。

1882年,他出任江西省教育厅厅长,次年晋升为内阁学士兼礼部侍郎。

1885年,中法海战之中,陈宝琛因荐人不当,导致中方大败,因此受到牵连,被朝廷连降五级。他所推荐的人就是"清流四谏"之一的张佩纶。

祸不单行。

就在他被贬的这一年里,他的父亲陈承裘去世了。心情想必是黯淡到了极点,索性以为父守孝为因由,辞官回到家乡福州。

他自己也不曾想到,这一待,竟在家中待了25年之久。直到1909年,已经61岁的他,才再次被朝廷想起,重新起用,回到久违的京城。

年轻时锋芒毕露的陈宝琛,此时已经垂垂老矣,思想也不再有锋芒,反而趋于保守,成了劳乃宣的铁杆支持者。

他的文章与他的想法,已然完全是一个老人的心态,在他看来:

中国就是中国,西方就是西方,各有不同的风俗与习惯。而法律呢,不能与风俗习惯相反,这是立法的原则。我们中国的刑法,在世界上本为独立的一种法系,与西方法律宗旨最大的不同之处就在于注重伦常礼教。

所以,改良刑律,只是应该把我国旧法中不合理的部分去掉,而不应该一一求合于外国法律,将我堂堂大中华数千年来的文明抛弃。

比如说贞节吧,是为良俗。既为良俗,就不应该抛弃,而是要永远保留。现在西方思潮涌入我国,西化思想严重,诸如妇女解放,男女平等之类,令人心痛不已,世风日下矣。

虽然,法律不能代替教育,也应当辅助教育所不能及之处。因而,必须把无夫和奸罪列入正文,以免今后女子道德堕落。

陈宝琛的驳斥和劳乃宣一样,也是很愤然的。

工部员外郎蒋楷,心情更是迫切,专程南下青岛,求助德国法律专家赫善心。

和劳乃宣与陈宝琛相比,蒋楷稍年轻,不过此时的他,也已迈过知天命的门槛。他生于1853年,现年57岁,离耳顺之年只一步之遥,也算是个老人了吧。

说起来,蒋楷的仕途,也是一路坎坷,几多辛酸。他是湖北荆门阳田村人，祖父、父亲乃至兄弟都是读书人。他自己自然也是从小苦读，但是，屡考屡败，直至30出头，才考了个拔贡。

所谓拔贡，即会试及第未经殿试者，由各省学政从中选拔品学兼优者，保送进入国子监。经朝考合格，择优分等，授京官，或知县与教职。

蒋楷被选拔贡时，已经娶妻生子，有了三个女儿。家累相当沉重吧，又过了5年，也就是1890年，他才出任山东莒州署理知州，这一年他已经38岁啦。

之后，他还任过山东东平知州，奉命治理过黄河。1897年，正式补授莒州知州。可是，他的官运并没有因此而一帆风顺。光绪二十四年，也就是1898年，他的知州座位还没有捂热，麻烦就来了。

那一年的农历九月，莒州百姓与诸城、日照的民众共两万多人，联合攻打教堂，并焚毁教堂多所，蒋楷因镇压不力，遭到罢斥。

他所遭遇的是和沈家本同样的麻烦。

1899年春，蒋楷又从莒州调署平原县。他接手的还是一个烫手的山芋。平原县正处于教民与百姓矛盾白热化之中，教案此起彼伏。作为代理知县，蒋楷深感窝囊，他既不能惩处教民，又不愿意按照上司的意图，让义和团去打击教民。因为，他本人对义和团从无好感。这样一来，他也没有办法维护平民百姓的利益。

结果，上司、义和团、教会，乃至百姓，各方都不说他的好话。义和团起义时，他要镇压，教会却反告刁状，说他镇压不力。山东巡抚毓贤，对他很不满意，嫌他没有把握好分寸，横加指责。于是，被罢官革职，狼狈而又满肚子的窝囊。

回到家乡，他越想心里越气愤，便写了一本书：平原拳匪纪事，陈述事实原委，也对山东巡抚毓贤的行为表示了强烈的不满。

光绪二十七年（1901年）5月24日的《北京新闻汇报》，还全文刊载了他的这篇文章。

也就是这一年，两湖总督张之洞拉扯了他一把，让他做了自己的幕僚。张之洞对蒋楷还是相当器重的，当年他督学楚北时，蒋楷就是他所选中的拔贡。现在，张之洞又命他与李平书一起担任湖北武备学堂稽察。

转年，也就是 1902 年的 5 月，张之洞上奏皇帝——请开复蒋楷原官折，详细陈述蒋楷蒙冤的经过，要求为他恢复官职。张之洞讲话，在朝廷还是有份量的。一个月后，即 6 月 20 日，皇帝准奏，撤销对蒋楷的处分。

此时，蒋楷已经 50 岁了。虽然，朝廷撤销了对他的处分，可以再做官了，但不等于他还能回平原或莒州，继续当官，因为当时官场上候补等官的人太多了，所以蒋楷只能是耐心等待。

直到 1906 年的冬天，蒋楷才又当上知州，还是在山东，山东濮州。之后，张之洞进京后，便把蒋楷也调进了学部。时来运转，此时任东三省总督的徐世昌，也拉蒋楷去东北帮忙。蒋楷又继续北上，但在东北待了不到一年，终因水土不服又回到学部。候补员外郎，官从五品。也就在这时，他结识了劳乃宣。

1909 年，中国和德国协商在青岛办一所合资学堂：青岛特别高等专门学堂，简称：德华高等堂。设农林、医学、机械与法律，四个专业。

按照当时清廷学部的惯例，凡外国人在中国设立学堂，本一概不予批准，理由很简单：洋学堂的宗旨、课程与中国迥然不同。不过这一次，学部却网开了一面，理由也很简单：德国的办学计划，系政府之意，与私立者不同，而且能够提供巨资、选派专员商定章程，这些都是私立学堂所办不到的。所以，只要德方提出的办学宗旨不违背中方要求，课程设置与中国教育相符，同意由中国派官员驻堂稽察，就应该开绿灯，准其通行。

在筹建过程中，中方代表是张之洞。具体谈判事宜，则由张之洞推荐的工部员外郎蒋楷担当。

之后，学部便派蒋楷兼这所学校的第一任总稽察。

而赫善心呢，此时就在这所学堂任教，担任法政科学长，大致相当于我们今天的系教务主任。赫善心的德文名为：Kurt Romberg，在来青岛任教前，他曾是胶澳帝国高等法院的法官。他倡导拟订了若干计划，这些计划的目的就是将德国的法学与法律制度在中国进行传播与普及。

在办学的过程中，蒋楷与赫善心，一来二往，也就比较熟悉，并且很多看法也挺一致，渐渐就成了朋友。

蒋楷赶到青岛时，已近傍晚。

学堂里很安静。这儿离海不远，海浪拍岸的涛声，起伏跌宕。

学堂的建筑，德国式的风格。铁灰色的楼房，地上两层，地下一层。方方正正，有点儿像火柴盒。主楼的东端，与另一座两层楼相连，而这座楼的北端又接着一幢与主楼平行的两层楼，三座楼构成一个 U 字形。U 字形的怀抱里，是一个大花园。古槐、梧桐、银杏与松柏错落其中，树下则是鲜花与草坪。

主楼的正中是顶部呈圆拱形的双推玻璃大门。大门两旁各有一尊铜狮，铜狮伏在雕刻着精美花纹的汉白玉基座上，很是威武。

过去，在青岛的日子里，太阳落山的黄昏中，蒋楷常偕伴着赫善心在楼前的花园里散步。悠然，悠哉。

现在，他却没有这种超然物外的心情。

见到赫善心，便直入主题。

两人的交谈是在赫善心的宿舍里，窗外便是星光闪烁的天空与大海，月光皎洁，涛声阵阵。然而，蒋楷的心情却没有以往的悠然与悠哉，颇带着几分焦躁。

蒋楷问：泰西同等国，有彼此两国因法律不同而争论的吗？

赫善心答：数百年前有的，近年来各国法律相差无几，从没有不承认的。

蒋楷问：此国认为最重要的，彼国不以为然，那又怎么办呢？

赫善心答：法律以民情为根柢，西教同出于耶稣，西律同出于罗马，所以没有特别不同之处。

蒋楷问：前些日子所送给您的新刑律草案与现行律案语及核订各本，您看了吧？

赫善心答：大清律有英、法各译本，现行律就是原本改订，所订各条非常妥当。新刑律草案是日本律，非大清律也。请问今天贵国修正刑律，以大清为本呢，还是以新刑律草案为本？

蒋楷答：以新刑律草案为本。

赫善心叹息：将来收效必难矣。

蒋楷问：那为何日本收效很好呢？

赫善心答：日本无法律，向用中国律，继抄法国律，近则抄德国法律。因其无所主，所以外来者得而据之。而中国法律，自成体系，与罗马律的体系并峙，一旦尽弃所有，强制实行新律，则窒碍甚多，绝不会有日本那样的收效。

蒋楷问：大清律有可取之处吗？

赫善心答：距今百年之前，你们中国有位法学大家曾说，汝等笑大清律，不知其中有极精之处，将来泰西尚有改而从之的。确实如此啊！《大清律例》，向为法学名家推崇为地球上法律之巨擘，其中许多规则，他国亟应仿效。它的精神，甚至可以在最近的瑞士（1908 年）、澳大利亚（1909 年）、德意志（1909 年）诸国刑律草案中找到影子。贵国又何必自贬呢？

中国现在宜就大清律改订，与泰西不甚相违即可。泰西近年改律，亦有与中律相近的，将来必有合龙之日，若全改，甚非所宜。

蒋楷问：为何无夫妇女通奸，泰西不以为罪？

赫善心答：在泰西不得不这样，因为婚嫁太晚，而且婚姻自由，所以不得以此为罪。中国婚姻由父母做主，过 20 岁才结婚的人非常少，而且通奸有违礼法，自不能与泰西同论。

蒋楷问：以此订律，会不会为泰西各国所反对？

赫善心答：订律没有什么不可以的，但删去"有夫"二字，笼统订罪，则不合适。与有夫之妇通奸，得罪两方面，与无夫之女通奸，则只得罪一方，而且其女是自愿的，似应较轻一等。如果是强行，则应受到法律惩处。

蒋楷问：子孙未能自主时，有违犯教令者，又如何处分呢？

赫善心答：小过由家庭管教，大过由其祖父、父亲送裁判所，由裁判所送感化院，感化院须由裁判送入，不能自送也。

蒋楷问：近来有人说西律源于社会，中律源于礼教，是不是这样的？

赫善心答：悖于礼教，未有不碍于社会的；碍于社会，未有不悖于礼教的。总之，齐之以刑，不如齐之以礼。孔子之言，可行于万国也。中国万不可自弃自己的文明之礼教，以迁就外人也。

一番探讨之后，蒋楷来时焦躁不安的心情慢慢平静下来，颇感欣慰，请求赫善心把他们所探讨的问题，尽快形成文字，并将西方各国法学大家的学说充实进去，加以论证。

赫善心亦欣然应允。

蒋楷便又在青岛盘桓了几天，直到赫善心完成文稿《中国新刑律论》，很兴奋地携稿北上，心情也像被海水冲洗过一般。

49　议场发飙

　　年近花甲的蒋楷，虽然一路奔波，车舟劳顿，身体十分疲累，但精神却很抖擞。

　　不枉此行。

　　他手里又增添了一把有份量的尚方宝剑，迫不急待地去见劳乃宣。而此时的劳乃宣，心情如同蒋楷去青岛之前，焦虑万分。已经好几个夜晚辗转反侧，彻夜不眠。

　　本来，苍白消瘦的他，现在就更加消瘦了，灰色的长袍，飘飘似仙。长袍里的人体，似有似无。眼神很严峻，深不见底。眼袋却松松地垂下来，眼睑下鼓着两个软软的胞。

　　苍老而疲惫。

　　国家政局飘摇动荡，而在他看来，已经沿袭几千年的礼教，是维系国家安定的根基，现在的年轻人连这根基都想连锅端掉，安定与稳定又在哪里？

　　取代礼教的，却是普通民众对西方生活的向往。过去，耕读人家，是社会的楷模。而现在，在乡下务农的年轻人，却纷纷弃农弃学，涌入城市，到饭馆、旅馆、茶楼、戏院，甚至妓院、烟馆去谋生，做店伙、招待或帮工。在他的家乡浙江，更是得风气之先，年轻人无论男女，投亲靠友，争相进城。安心在乡村专事耕织者，越来越少。城里的电气灯、自来水、照相玻璃、马口铁、洋木器、洋钟表，深深地吸引着他们，眼花缭乱，如同一首竹枝词所描绘：莱罗中外酒随心，洋式高楼近百寻。门外电灯明似昼，陕西巷深醉琼林。

城市生活，也改变了人们的价值观念，只要有钱，身家不清不为耻，品行不端不为耻，目不识丁不为耻，口不谈文不为耻。金钱成了普通民众的向往与追逐，也成了衡量一个人社会地位的标尺。

除了金钱，还有生活方式。传统的父母之命、媒妁之言，现在反受到指责，甚至有人在报纸上公开发表文章，指出中国的婚礼有六大弊端，早婚更是：中国人种日劣之大原。男女青年呢，也学洋人，不愿再过大家庭的生活，一结婚就要另立门户，财产也要和父母分开。这种风气，最初是在上海与天津的租界里，现在也慢慢渗入中小城市。

痛心疾首啊。

长此以往，我泱泱大国几千年来的礼教将会荡然无存。

已经在斗室里徘徊许久的劳乃宣，越往深处想，越盼望蒋楷早点儿归来。

看到蒋楷脸上的笑容，劳乃宣沉重的心情浮起几星漪涟，眉心稍稍舒展。给蒋楷泡上一杯浓茶，他掩上了书房的门，不希望家人打扰他们的谈话。

书房里很安静，蒋楷连茶都没有顾得上呷一口，就把赫善心的文稿拿了出来。他要说的话，都在赫善心的文稿里了。

劳乃宣捧读赫善心的《中国新刑律论》，眉宇渐渐舒展，口角也露出一丝微笑。

阅罢，大喜。

如获至宝，立即定夺：刊印200册，资费嘛，由我个人承担。

尽管如此，他心里的担忧与沉重，还是不能完全释然。

宪政编查馆与修订法律馆里，那些年轻的"黑马"们，比如汪荣保、董康、江庸们，还有那个狂放的杨度，会善罢甘休吗？

在劳乃宣与蒋楷、陈宝琛这些老者的眼里，这帮年轻后生，个个都不是省油的灯，也都是得理不让人的主，更何况他们身后还有一个重量级的支持者——修律大臣沈家本。

宪政编查馆里，讨论新刑律时，劳乃宣已经领教过这帮年轻的后生，机敏、机智，见多识广，罗马法典，大陆法系，说起来头头是道。有时候，绕来绕去，不免让他们这些老者眼晕。每一次辩论都是口干舌燥，喉咙几近喊破。

果然。

这一回，跳出来发难的又是在颐和园里演讲的杨度。

而且，杨度是在资政院的议场里向他们这些老者发难的。

资政院，在当时要算是个新鲜事物，也是宪政改革的产物——准国家议会机构，下设地方咨议局。其章程规定议员共 200 名，钦选、民选各半。民选议员，须由各省咨议局互选产生。

中央资政院和地方咨议局之设，目的在于培养议员议事能力，为建立两院制国会奠定基础。

这个机构得以成立，也是很曲折的，颇为艰难。先是驻外公使一而再，再而三地倡导，接着是各省督抚连衔陈请，再加上满汉开明大臣和民间杰出的思想家们，以各种方式，不断向慈禧太后、光绪皇帝乃至朝廷重臣进行思想灌输。1906 年，在各路精英的说服下，朝廷这才痛下决心，耗巨资，派出以五大臣为主的宪政考察团，出洋进行环球政治考察。

1908 年 7 月下旬，慈禧已病入膏肓，整日沉沉昏睡，难得打起精神来，无力也无心再理朝政。可就在这时，清政府颁布了《各省咨议局章程》及《咨议局议员选举章程》，规定地方议员有议决改革地方大政、监督地方财政和行政之权。

这些职权已与当时西方国家的地方议会有所相似。

想必还是朝廷中有识见的重臣与各路精英所共同做努力所获得。

1910 年 9 月，资政院正式成立，其章程却还没有最后定夺，仍在修改之中。初步拟定，设总裁 2 人，副总裁 2 至 4 人。会期分常年会（每年一次）、临时会两种。职权是议定国家出入预算、决算、税法、公债、制定法规、弹劾大臣等。采一院一制。

此时，慈禧太后与光绪皇帝已经离开大清的世界一年多了，早已夕阳西下的大清王朝，政权更加摇摇欲坠。

不过，与此同时，民间的思想却异常活跃，新鲜的外来思潮，纷至沓来，新与旧，东方与西方，激烈碰撞，同时也渗入到朝廷的大小官员之中。

在政权的衰弱与没落之中，各种思潮却喷涌而出。汪荣保、董康、江庸乃至杨度，这些年轻的官员，也就都成了新派思潮的代表。虽然，他们之间的想法与观点并不完全一致。

杨度在这些年轻的官员中，思想更激进，态度似乎也更激烈。当然，也就更令人注目。

木秀于林。

身材修长的杨度走上讲台，落落大方。因为有了在颐和园为王公疆臣讲课的经历，这一次他更是胸有成竹。

还是他一贯的风格，简洁明了，很有几分单刀直入的意味。甚至连开场白都省去了，话锋直指劳乃宣们所要坚持的无夫奸入罪之律条。

杨度认为无夫奸入罪定律，有四不便：

第一，于立法上不便。世界上各个国家，对于本国女子通奸一事，大致采取三种办法：为维护社会道德风化起见，有夫之妇无论和奸、强奸都在禁止之内，此为第一种办法。然而，要想让全国妇女都坚守贞操，国家也是做不到的，比如娼妓，各国都没有禁止的办法。此为第二种办法。至于无夫妇女与人和奸，国家对此既不禁止，也不允许，放任自流。这是第三种办法。国家对奸罪若不采取这三种办法，必不公平。而国家立法，又必须以公平为准则，所以不能不作如此之区别。

第二，于司法上不便。和奸必须搜求证据，而这种事搜求证据非常费力，于审判上实有不便。

第三，于外交上不便。刑律改良，原是为撤去领事裁判权所做的准备，新律如果与各国法律原理原则不同，不能得到各国的赞成，则必会增加外交交涉的阻力。因为各国刑法没有此条，如果将此条加入正文，将来如果中国男子或女子与外国人和奸，中国要按法律办理，外国人势必不受裁判，这又成为不能撤去领事裁判权的借口。

第四，于礼教上不便。管子云：礼义廉耻，国之四维，四维不张，国乃灭亡。礼义廉耻是礼教的条目，但就"耻"字"慈"字二字表面的意思而论，无夫妇女与人和奸是最可耻的事。

因为可耻，所以一家人都会因社会舆论而深感耻辱。女子如果有此事，其父母必然深以为耻。父母既深以为耻，在平日的教育中就会格外教育女子，以防止子女与他人通奸。

如果，因教育不善，子女做出了这种丑事，父母颜面扫地，哪里又肯自己将子女送到审判厅去判决，以致口口相传，报纸登载，家庭名誉尽毁。

假如，父母都不以此为耻的话，才会将这种事公布于众，让外人说三道四。这种父母与无耻的儿女也就差不多了，没有什么家庭荣誉感。

如果，父母真以此为耻的话，必会秘而不宣，决不会让国家用刑法来公开审判。因此，无夫奸不列入正条罪名，正是为了维护礼教，对于家庭父慈子孝之间，也是一种维持的方法。

父母是绝不会想让子女蒙受这种耻辱，让他（她）身败名裂，终身不能嫁娶。刑律即使有此条，也形同虚设。所以，国家对这种事并不是不理，因为是在教育的范围内，而不是在法律的范围内。

杨度的这一番演说，赢得支持者阵阵叫好。

当即有年轻的同人站出来，补充：

道德与法律本来就是两件事，不可同日而语。礼教的维持，靠法律起不了什么大的作用。还是要依靠日常生活中的教育来维持，如果要靠刑法来维持礼教，这个礼教也就算是完了。

底下一片哄笑声。

又有人接着插语：

道德的范围宽泛，法律的范围相对狭窄，有限制。法律是国家制裁，道德是个人修养。所以，有关道德品质的事，法律并不能全部囊括。我们就以社会现实来分析，无夫通奸，是一种社会现象，哪朝哪代都有。社会上向来都有行为放荡、不道德的人，可是，他们奸淫别人的妻女，却也不敢公然肆无忌惮地去强行，为什么呢，他并不是怕法律上有杖八十的刑罚，而是怕社会舆论，怕自己名誉扫地。还有呢，则是怕被他所奸妇女家中的男人忿恨，一时怒起，或杀了他，或打伤他。因此，法律上没有设这一条，社会风俗也不致一败涂地；法律上有这一条，社会上与无夫妇女通奸的事也阻止不了。总而言之，这种事实属道德范畴的事，法律并不能全部解决。

杨度的演讲很成功，获得相当的支持。当然，支持他的多是宪政编查馆与法律修订馆里的年轻同人。

还有一位手握重权者，那便是庆亲王奕劻。

值得人们深思的是，向以贪婪为世人所唾弃的庆亲王奕劻，却一直态度鲜明，坚决支持法律改革。

他到底是一个什么样的人呢？双面人？既贪婪，也想为这个已经没落的王朝做点儿挽救的事情？对未来的趋势，他还是有自己的想法与见解的？

10月4日，宪政编查馆将《修正刑律草案》核议完毕，改名《大清新刑律》，并以奕劻的名义上奏清廷。因为，此时的奕劻，是主持宪政编查馆的大臣。

奕劻的奏折，对摄政王载沣来说，还是有份量的。

尽管这样，奕劻的奏折，也还是老套路，以古论今。清廷的高官们，似乎谁都不敢直接陈述自己的想法与观点，都要以祖宗的做法与思想来为自己撑腰，包括修律大臣沈家本。

老谋深算的奕劻更是如此。

虽然，这份奏折，大概不会是他亲笔所撰，但用的也是这种套路，奏折开篇就表达了对祖宗的敬仰，改律嘛，自然也是为了遵循祖制，大概意思如下：

本人以为议律与议礼，皆为历代朝野所关注，也常常引起争论。特别是创改之初，新与旧，很难一致。

法律是用来维持政治，规范人民的，这是历来朝野共同的看法。尧舜时期，歌颂康衢；叔季之世，桁杨比户。都是因用法者仁暴不一样的缘故。

如今，世界各国刑律，全都解除了过去的酷刑，趋于大同。刑律的是与非，应以维护社会治安为目的，而不必以中外不同作为界限。

紧接着，又提出四项基本原则：

一曰：根本经义。

自然还是以古代圣人言论作为依据。比如古训家曰："刑者，平也。平之如水。"《尧典》《吕刑》屡言赎赦，《周礼》详列三宥、三赦之法，也都是重视人的生命与人格的意思。《论语》曰："齐之以刑，民免而无耻。"又曰："善人为邦百年，可以胜残去杀。"至圣垂训，尤为深切著明。

这些都是新律所持的理论基础，与历史渊源一脉相承。

说白了，就是为改律，从古人那儿找理论依据。

一曰：推原祖制。

还是从古人与历史中寻找支持：

大清的法律，一向崇尚仁厚。刚入关时，即废除了锦衣卫镇抚司的各种酷刑，废除廷杖诸法。对于刑律有比照逆案减轻之旨；对有些条例也进行了更正，比如祖、父受后妻与爱子的蒙蔽，为财产继承，捏告自己的子孙；卑幼为拒绝尊长的非礼，而致伤尊长，不为罪。

光绪三十一年，朝廷废除了自秦汉以来相沿数千年的酷刑，凌迟、枭首、缘坐等，更是为历代所无。

这也是新律的又一贡献。

一曰：揆度时宜。

这一条进入了实质，表达了他们对法律改革的基本看法与态度：

现如今，学校教授已不用科举旧法，并且兴办了女子学校。凡对国民教育有益的，皆力行之。军队则用外国编制、战术，交通则兴建了铁路与轮船航行。凡此之类，不胜枚举。亦如夏葛冬裘，因时而变。

现在朝廷博采各国成法，预备立宪，其要旨重在保卫人权。旧律与立宪制度背道而驰之处，亦应逐步改变，或增或减，力求一致。上年，臣馆奏定禁止买卖奴婢之律，即本此意。

法律与宪政统一，才能够保护臣民的权利，以尽义务。刑律不改，则国民主义得不到赞助，练兵兴学，阻碍多多，是欲北辙而南其辕，会生发很多弊端。

这也是新律宜行的主要原因。

一曰：裨益外交。

裨益外交，自然是以收回领事裁判权为由：

英、日、美、葡商约，皆以中国改用各刑律，订立条约，为撤去领事裁判权之本。日本以修改刑律收回法权。暹罗亦如此。而土耳其等国，不愿改律，则各国谓其半权国。韩、越、印度、西域等诸国，沿用旧律，则全部灭亡了。得失如此，国家宜从速决定。

并且，各国商约订后，对于以改刑律收回法权的约定，从无疑贰之词，盟府昭然，必会履行自己的承诺。

现在，如果用同一法律，以收回法权，则将来各国领事所驻之地，不至于还是沿用领事裁判权。

这是新律应当实行的又一个原因。

前两条讲贡献，后两条讲为什么要实行新律原因。用心可谓良苦矣。

而这四条，劳乃宣为首的保守派，也可接受。二者之间，并无太大分歧。

对于沈家本与劳乃宣为代表的双方之间的论战焦点——子孙违犯教令与和奸无夫妇女，他显然还是站在了沈家本们这一边。

大意如下：

旧律中的所谓违犯教令，本与十恶不孝有别。所以，罪止十等罚。历来控告违犯教令的案件，大抵都是因为游荡荒废、不务正业而引起，现行的违警律，对于游荡不务正业者，本有律条明白规定，足资引用。比如，殴打漫骂父母或不履行奉养职责，则新刑律原条例中有暴行、胁迫、遗弃尊亲属之罪，此次又拟增了侮辱尊亲属各条，皆可援引，没有什么疏漏之处。

对于和奸无夫妇女一项，旧律止八等罚。历年的案子中，此项罪名，都是因其他案件牵涉连带出来的，专门告此罪的，绝少。各国刑法不设此例条，均以移风易俗与教育为主，也并不是放任自流。

家庭的和睦相处，全依赖于道德涵养的培育，尊老爱幼，慈孝贞洁，不宜动不动就绳之以法。汉桓宽曾说："闻礼义行，而后刑罚中，未闻刑罚行，而孝悌兴也。"原草案中没有立此条，似乎没有什么不对。

至于草案的附则各条，其中第一条就是因刑律的范围较宽，拟另立辑判决例，以资援引，系各国通行之例，实为重要。唯新律未实行以前，无适当的成案作为标准，应由该大臣按照原奏暂行，等拟就以后，再辑为判决例，迅速奏交臣馆核订。其第二条列举各项仍用旧律。

……

清廷收到奕劻的奏折与宪政编查馆核定后的《大清新刑律》后，旋即谕批交资政院议决。

劳乃宣得知之后，怒不可遏，拍案而起。

50 资政院的风波

1910 年的秋天，很快随风而去。初冬，呼啸的北风，踩着满地的黄叶，飘然而至。

11 月的北京，风冷，霜白。

资政院的议场里，却是一片争论不休的吵吵嚷嚷，很是热闹。

1910 年 9 月 1 日，资政院召集议员正式开会。11 月，议员议决《大清新刑律》。宪政编查馆，指派馆员代表政府，到议场解说新刑律的立法宗旨。

被指派者，又是杨度。

而这次会议的主持者，则是修律大臣、兼资政院副总裁的沈家本。

杨度还是过去的作风，一上场便滔滔不绝，热情洋溢。

很有鼓动力与煽动力。

场下听众，犹如当时在场的一位官员所形容：听众神往，记者腕疲。

与杨度同样观念的江庸，对杨度阐述的评价很高：最为透彻。

反对者，对杨度的评价则是：危言耸听。

双方的评价，无论是最为透彻，还是危言耸听，都足以见杨度的演说给听众所带来的震慑力。

其实，杨度的演说，一开始还是中规中矩，从新刑律的立法宗旨说起。语调也颇为平和，所阐述的也都是他一向坚持的观点，法律馆和宪政编查馆的同事们耳熟能详。

简而言之：

根据立宪的原则，立法与司法审判是应该分开独立的，绝不能混为一谈。而旧律的援引比附原则，却与此背道而驰，使司法审判机构又同时兼有立法之权。

在立宪之国，人民是自由的。而这自由又限制在正当的法律之内，并不能逾越。而正当的法律，关于自由是有明确的条文规定。现在，国内正处于宪政改革进行时，所以新律必须与宪政相符合。

中国要立于世界之林，就必须与世界各国法典的原理与原则大体相同，只有这样，彼此才能够互相尊重国权。如果，哪一国法律与各国法律原理原则相违背，则外国人在其国中就不能遵守那个国家的法律。我国数十年来教案接连不断，就是因为我们的法律与世界共同的法律原理与原则不相符合。所以，我们应尽快改用新律，与世界各国法律接轨，然后方可根据条约，使西方诸国撤去领事裁判权。

接着，他话锋一转，语出惊人：

我们现在的新刑律与旧律是有精神上主义上的分别。而这两者的分别就在于旧律是依据家族主义制定的，而新律则是依据国家主义制定的。

又是两个新名词：家族主义与国家主义。

对这两个主义，不管是家族主义，还是国家主义，台下的听众大都非常陌生，也是为之一震。

杨度继续侃侃而谈：

我所说的家族主义，也就是以家族为本位的国家制度。国家以家族为本位，那么对于家族的犯罪，就是对国家的犯罪。国家须维持家族的制度，才能有所凭籍，以维持社会。

听众还是不大清楚他的葫芦里卖的什么药。

而杨度呢，要的也就是这个效果。

会场很安静，杨度的声音越发显得响亮：

我们中国数千年来，分立之时少，而统一之时多。言治国者少，言治天下者多。而天下，既不与国家并立，对外也无竞争，只求内部之安宁，即所谓的平治。

而毫无界限的天下，就不可不以界限来限制，以免散漫而不可治。于是，以家族为界，使家成为一个小团体，族则为一个群体，各自谋生。按照天然的年龄长幼，来设家长。家长的权利义务，要比家人重。家人全体坐食，家长一人谋食。这是家长的义务。头发已经白了的儿子，一切行动，还是要听命于老父亲。此为家长的权利。

国家法律亦本此意。

家人有罪，家长连坐，此为义务也。所谓家法，就是家长可以自行其立法权，拟具条文。又可以在神堂祖祠里，自行其司法权，处分家人，国家皆不管束。此权利也。

于是，天子治官，官治家长，家长治家人。

中国的礼教与法律，其精神主旨就是家族主义。

世界各国则不然。各国自建立国家以来，就与其他国家并立于世界之林。与其分一国之人而为无数家，竞争于内；不如合一国之人而为一家，竞争于外。这样就会使人人都能够独立谋生，尽纳税义务。成年以后，也不至于一直让家长养着。这样就使人人都有谋生居住的自由权利，不至于成年以后仍被家长所压制。而未成年时，家长要尽抚养与教育的义务，同时也兼有管理的权利。

若以君主立宪国论之，国君如家长，而全国人民，人人皆为其家人，由君主直接管理。而不允许间接家长，以代行其立法与司法权。于是，上下一心，共同对外。人人有生计，则其国富，人人有能力，则其国强。所以，各国的礼教与法律，皆以国家主义为其精神宗旨。

如果，有人说：我宁舍国家主义，而维护家族主义。

度不敢苟同。

如果，有人采取折中的方法：今中国与列强并立，危在旦夕，不实行国家主义，不足自立。然而，中国固有的礼教，亦不必变也。取他国的国家主义，留我国的家族主义，并行不悖，不是更好吗？

度以为倘能如此，又无冲突，岂不尽善？然而，是不可能没有冲突的。

实行国家主义的国家，必使其国民直接对国家负有责任，而不是间接对国家负有责任。以此眼光看如今的中国，乃直接者至少，而间接者至多。

虽然，中国有四万万人，而实无一国民也。一国之人，却分两级：一曰家长，一曰家人。家人之中，又分为两种：一为男家人，乃家长所豢养，而管束者也；一为女家人，家人中的附属品，没有丝毫能力，坐食者也。这两种家人，皆与国家没有丝毫关系。一没有义务，二没有权利，又没有谋生的能力，是社会的蠹虫，也是国家的蠹虫。

而其家长，则为家人生计所迫，要在社会上做事，或从商或做工。至于为官者，则不仅于国家有权利义务关系，且为国家治理人民，国家也赋予他一定的权力。

然而，做官者，自始至终都是为家族利益而来做官的。虽然说他有职务，而他心里并非对国家负有义务，而是为家族负有义务。若其有财力，对上能赡养父母，对下能抚育妻子，廉洁超然，人们会对他很敬仰。若是贫者，便要想方设法为子孙谋求长久的生计，为家庭寻找财路，做些违法乱纪的事，也就不以为耻。而社会上的人，也不以这样的人为耻，彼此都是为家族而来嘛，相互安慰，如从商者追求利润一样。而国家既以家族主义治民，就不能以这样的行为为耻。

为什么呢？

这样的人在社会上，虽有贪官污吏之名，而在家庭中实有慈父令兄之德。家族主义的社会，岂能对慈父令兄有诋毁之词。

以国家主义的观点来看，多数家人，不能为国家做出任何贡献。少数家长，则又以办国家之事的官位，谋求家庭利益。贤者为自己家庭谋求利益之外，仍为国家做些事；不肖者，除了为自己家庭谋求发财之道，根本不为国家做事。

于是，国家设官，不是为了治理国家，反而成了家长养家的手段。有家人之繁累在后，又怎能让官吏不贪呢。一家哭，何如一路哭。这是各国绝无之事。

为什么会这样呢？

就是因为家族主义呀。全国无一国民，又无一为国事而来的官员，国家又怎么能不弱呢？又怎么能不贫呢？

如果，要想让国家转弱为强，则必须从让官吏能够尽心为国家做事开始。要想让官吏尽心尽力地为国家做事，则必从除去其家人对其的拖累开始。要想除去家人的拖累，必须从让家人有独立谋生的能力开始。要想让家人有独立谋生的能力，则必须给予他们营业、居住、言论等各种自由权力，从纳税、当兵的义务开始。要想给予他们这些权利，要他们为国家尽义务，则必须让他们从家人变为国民开始。

假令如此，是与国家主义，日行日近；而与家族主义，日行日远也。所以，家族主义与国家主义，是不可能并行不悖的。

所谓不两立又不并行，也不是此存而彼绝，而是各占多少成分而已。英美各国的家族主义，不过占十分之二，日本则占十分之三，中国呢，却占十分之八九。留此不改，则无论如何布宪法，改官制，都是虚文。因全国之中，大多数为家人，要被家长所养；少数家长，出来做官，身为官吏或议员，都是为了家庭的生计。可以断言，如此下去，国事将会更加腐败，国势也将会更加贫弱。

所以，这个问题，并非只是刑律的问题，更非只是刑律中一二条文字的问题。这是中国积弱的根本原因，也是今后中国存亡的关键问题。

于此而论新刑律。国家之所以想改旧律，决非是想把此律作为新政的装饰品。而是因为我国旧律阻碍国家发展，为了振兴国家，必须改革旧律。

而这次所派修律大臣，有数十年旧律的经验，又经过数年对新律的探讨与研究，论者所举浅薄之义，他岂能不知。但现在有些并不怎样懂法律的人，又没有经过认真的讨论与思考，就贸然指摘新律定稿者，弃旧主义，从新主义，并欲复其旧。如此一来，国家改律岂不多事？反不如仍用旧律，首尾贯注，全篇一辙，犹为完备。根本不必别订新律，修修补补，劳而少功也。

度所论者，不止法律一端。我认为政治、法律、教育等等，皆应有一定之宗旨，作为改良之本，如果像如今，不新不旧而欲求前进，是鞭其速行，而又缚其足也。即刑律以论刑律，也是如此。

今馆中宜先讨论宗旨，如果认为家族主义不可废，国家主义不可行，则宁废新律，而用旧律。且不惟新律当废，宪政中所应废者甚多。如果认为应采用国家主义，则家族主义绝无并行之道。

而现今的新刑律，是以国家主义为其精神，即宪政精神也。必宜从原稿所订，而不得将反对宪政精神的条文加入其中。所以，现在的先决条件是用国家主义，还是用家族主义，一言可以定之，无须多辩。

杨度的演讲还没有结束，场下一片哗然。

瓦解家族制度？

解放个人？

打碎家庭的束缚？

这些言论，骇世惊俗。

疆臣王公及与会议员，大多都很陌生，但却难以赞同，纷纷交头接耳：

大清原本就是以家族为社会之根本，新律若不顾及这个事实，贸然而行，麻烦多多矣。

两广总督张人骏，慨然道：以立法的内容来说，西人用人格主义，不用家族主义，日本新刑法亦如此，但我国绝不能援用。上征国史，下察民情，皆莫不以家族团体为国家之根本。现在，如果忽将家族主义抛弃一边，普通百姓的国家观念又浅，恐怕人心将更加涣散也，国家也就更难以治理。

张人骏也是个老者，清瘦如劳乃宣，他的话很沉痛，亦有份量，也说到了很多疆臣的心里。

支持他的人附和道：言之有理，社会失范，天下将会大乱也。那时候，恐怕局面就难以收拾了。

一片议论纷纷之中，颔下雪白的胡须飘飘飘然的劳乃宣，激动异常，疾步走上讲台，毫不示弱，冷峻的目光，带着几分凛然，面容也是凛然的。对杨度的国家主义与家族主义，他在宪政编查馆早已耳熟能详。

有备而来。

会场霎时安静下来，他的声音很低沉，甚至带着几分暗哑，但却很有力量。虽然，他的浙江口音很重，与会者听起来不免吃力，但会场仍然很安静。

年老的劳乃宣，却丝毫没有老年人的拖泥带水，直截了当地进入反驳杨度的主题：

法律何自生乎？生于政体；政体何自生乎？生于礼教；礼教何自生乎？生于风俗。风俗何自生乎？生于生计。

接着开始陈述他的理由与想法，而这些理由与想法，也都是经过深思熟虑的：

宇内人民之生计，其大类有三：曰农桑，曰猎牧，曰工商。

农桑之国，田有定地，居有定所，死徙不出其乡，一家之人，男耕女织，主伯亚旅，同操一业，而听命于父兄。故父兄为家督而家法以立。是家法者农桑之国风俗之大本也。其礼教政体皆自家法而生。君之于臣，如父之于子，其分严而其情亲。故父兄为家督而家法自立。是家法者农桑之国风俗之大本也。其礼教政体皆自家法而生。君之于臣，如父之于子，其分严而其情亲，一切法律皆以维持家法为重。家家之家治，而一国之国治矣。所谓人人亲其亲其长而天下平是也。

猎牧之国，结队野处，逐水草而徙居，非以兵法部勒不能胥匡以生，故人人服从于兵法之下，是兵法者，猎牧之国风俗之大本也。其礼教政体，皆自兵法而生。君之于臣如将帅之于士卒，其分严而情不甚亲。一切法律皆与兵法相表里。所谓约束径易行君臣简可久，皆用兵之道也。

工商之国，人不家食，群居于市，非有市政不能相安。故人人服从于商法之下。是商法者工商之国风俗之大本也。其礼教政体皆于商法之下。是商法者工商之国风俗之大本也。其礼教政体皆自商法而生，君之于臣如肆主之于佣侩，其情亲而分不甚严。君主之国如一家之商业，民主之国如合资之公司中，一切法律皆与商法相览表。凡所为尚平等重契约，权利义务相为报酬，皆商家性质也。

《记》曰："中国戎夷五方之民，皆有性也，不可推移。"又曰："广谷大川异制，民生其间者异俗。"修其教不易其俗，齐其政不易其宜。是故风俗者法律之母也，立法而不因其俗，其凿枘也必矣。中国农桑之国也，故政治从家法；朔方猎牧之国也，故政治从兵法；欧美工商之国，故政治从商法。若以中国家法政治治朔方，以朔方兵法政治治欧美，不待智者而知其不可行也。今欲以欧美之商法政治治中国，抑独可行之无弊乎？

汉唐之臣服朔方也，从其猎牧兵法之旧，不以中国家法之治治之，元魏辽金元之入主中国也，自以猎牧兵法之旧治其种人，而以中国家法之治治华夏之民，凡以此因其俗焉尔。我朝龙兴东土，兼耕猎以立国，故八旗之制兼家法兵法而有之。定鼎之后，以兵法御朔漠，而以家法治中原，正圣人之善于因也。

劳乃宣得出的结论是：法律不能与风俗相违，非数千年来实地试验，确有成绩，不容以空言理想凭空臆想断者哉。

他稍稍停留片刻，以让人们思考，话锋一跳，转而开始批判杨度的观点：

今中国诚贫弱矣，说者乃归咎于家法政治之善，谓一国之民，但知其家不知其国。欲破坏依古以来家法之治，而以欧美尚平等重权利之道易之，未始不出于救时之苦心。

然而误矣。

夫中国之民但知有家不知有国，果由家法政治而然哉？试思春秋之世，正家法政治极盛之时也，而列国之民无不知爱其国者。晋侯之获于秦也，卫侯之将背晋也，皆朝国人而问之，国人莫不忘身以殉其上。弦高之犒师也，越民之事吴也，国人莫不毁家以卫其国。家法政治之下，民何尝不爱其国哉。

然则今日民之不知爱国也，何故？

则秦以来专制政体之所造成也。秦并天下，焚诗书以愚其民，销锋镝以弱其民，一国政权悉操诸官吏之手，而人民不得预闻；田野小氓，任耰锄供租税之外，不复知有国家之事；其爱情之所施，一家之外无所用也。则其但知有家不知有国也，不亦宜乎。今乃谓民之不爱国由于专爱家，必先禁其爱家，乃能令其爱国，亦不揣其本之论矣。且欧美之民，何尝不爱其家哉。

近人之论有云：东亚之民，以一家为单位，故与国为间接而爱国之情疏；西欧之民以个人为单位，故与国为直接而爱国之情切。

则亦不然。

彼以西人壮则出分，为个人独立之证，而忘其尚有夫妇，同居不得目之为个人也。今使有一夫一妇而生二子，则四人为一家，中西所同也。而二子者各娶妇。在中国则子妇皆从父母，以六人为一家，西国则子妇分居而为三家矣。二者又生四孙，以六人为一家，西国则子妇分居而为三家矣。二子者又生四孙，又可娶妇。在中国则十四人，仍为一家，而西国则分七家矣。盖中国之家以父子为范围，西国之家以夫妇为范围，西国之一家，犹中国之所谓一房。而其有家则一也。

今西人诚人人知爱国矣，而其爱国之所由来，则由于深明家国一体之理，知非保国家无以保家，其爱国也正其所以爱家也。而其所以人人深明家国一体之理，则由于立宪政体，人人得预闻国事，是以人人与国家休戚相关，而爱国之心自有不能已者。

今中国已预备立宪矣，地方自治之规，国民代表之制，次第发生矣。假以岁月，加以提撕，家国一体之理渐明于天下，天下之人皆知保国正以保家，则推知其爱家之心，而爱国之心将油然而生，不期然而然者。是上之人惟恐其不爱家也。今乃谓必破坏家族主义乃能成就国民主义，不亦傎乎？不是颠倒错乱吗？

且夫三代之法，正家族主义国民主义并重者也。封建世禄固为家族主义矣，井田学校非国民主义乎？寓兵于农非今日宇内所崇拜、最推重、人人皆兵之军国主义乎？是今所谓新法，其法理之原，固我国之所固有也。修其废坠，进以变通，不待外求而道在是矣。何必震于他人之赫赫，而皇皇焉弃其所学而学之哉。

至于一家之范，此限于父子，彼限于夫妇，则沿乎风俗，本乎生计，有未可强同者。然人子爱亲之心则根于天性，中外所同。西国以孝亲著称之人亦所恒有，有依恋其亲而终身不娶妻者，有寻亲于万里之外者，近且有家制复兴论，极端主张家族制度之学说出焉，亦可见人心之同。然不以方隅习俗限矣。人方欲复兴家族制度，我乃欲举我国固有之家族制度而破坏之，亦可谓不善变矣。然则居今日而谈变法，将何适之从哉？曰：本乎我国固有之家族主义，修而明之，扩而充之，以期渐进于国民主义，事半功倍，莫逾乎是。

劳乃宣言毕，台下响起一片热烈的掌声，那些掌声当然都是出自于他的支持者。

不过，劳乃宣有一点倒是与杨度相同，那就是二人都强调：法律必须与当下社会相适应。所不同则是：劳乃宣的与社会相适应，侧重于不变，以不变来维持社会的稳定，维护几千年来的文化传统——礼教。杨度呢，则侧重于变，以变图强，法律则应建立在新的基础上——以个人主义或国家主义为原则。

大会的主持者沈家本，脸上的神情依然是平和的，但内心却也波澜起伏，杨度与劳乃宣，两个人的观点与看法，都与他有距离。

虽然，杨度是新刑律的热忱支持者，但老臣沈家本对杨度的激进态度与观点并不完全认同，并且他也并不完全服膺西方法学，他谈到西文近代法学时，曾为中国法学的式微沉痛叹息：

独吾中国，寂然无闻。举凡法家言，非名隶秋曹者，无人问津。名公巨卿，方且意味夫足轻重之书，屏弃勿录，甚至目为不祥之物，远而避之者，大可怪也。近十年来，始有参用西法之议。余从事斯役，访集明达诸君，分司编辑，并延东方博士，相与讲求。复创设法律学堂，造就司法人才，为他日审判之预备。规模略具，中国法学，于焉萌芽。

劳乃宣所宣扬的"好"法律，就更不被他认同。他心目中的好法律只三个字：公而允。

然而，在他看来，要达到公而允的境界，非得用至精至密的心思，方能企及。这个境界本身是不分中西的，因此，拘泥于中西之别，新旧之分，反而落于下乘。

他不是一个空头理论家，对社会深有了解，对各类案例更是非常熟悉的他，平心而论，他是个有理论支持的实践者。他的实践方案是：参用西法，会通中西。

参用西法是手段，会通中西才是目的。

他想会通的不仅是中法与西法，还有旧法与新法，传统与现代。

这些想法，亦如潮水一般，刹那间蜂拥而至。可是，不容他细想，又一个发言者登上了讲台。

51 韧叟的坚持

这时，议员林芝屏走上了讲台。林芝屏与劳乃宣的思想，基本一脉相承。他也和两江总督张人俊一样，内心充满了忧患感：

现如今，青黄不接，我们在尚不知将来的社会究竟会是怎么样的情形下，还不如保守一点。

此言一出，议场中的纷乱与交谈，又一次安静下来。

这也是大多数议员的担忧，外患内忧，清廷笼罩在一片惨淡的愁云之中，江河日下。谁也不知不久的将来，究竟会怎样。

大清王朝还能继续吗？

林芝屏稍停片刻，继续陈述。他的语气是沉重的，语速却很缓慢。以缓慢来加深听众对他发言的思考，简单而清晰，从四个方面来论证新刑律采用国家主义是不适合中国的现实状况的：

就经济政策而言，原先家族主义的法律强调同居共财，今一旦抛弃，个人经济能力又不足以自立，则必然会使个人难以维持生计，滋生动乱，造成社会的不安定。

就本国宗教而言，孔子提倡的亲族伦理道德，对现在的社会仍然很适用，而国家主义与此相悖。

就政治现象而论，现在正处于预备立宪时期，国家主义的基础尚未确立，骤然施行，于政治无裨益。

最后，就我国的人口繁殖来说，施行国家主义，人口减退难以避免，于生产无益。

林芝屏的发言刚结束，人群中又站起一个瘦小的老者，向大会的主持者沈家本示意，他要补充几句。

沈家本摆摆手，请众人安静，请听这位老者陈述。

此人便是陈宝琛。

虽然，陈宝琛与沈家本对新刑律的看法截然不同，但两人却又是相知的朋友。

我们今天的网络有一句流行语：我坚决捍卫你的发言权，我坚决不同意你的观点。便是当时这两位朝廷老臣的写照。

陈宝琛的语气很沉重：我们现在社会的情形，皆源自历史的沿袭，全然抛弃历史所形成的思想观念，突然以新的理念代替，势必会与社会发生冲突，与社会发生冲突的法律，无益而有害矣。

可谓言简意赅，语重心长。

又是短暂的沉寂。

法律馆的董康举手要求发言。董康是沈家本的得意弟子，前后两次去日本考察，对日本法律他是深有心得的，他所要阐述的则是一个事实：新刑律并非盲目依照外国法律，照葫芦画瓢，也并非像某些人所攻击的那样，是抄袭日本成法。

董康的发言，只是一条一条地分析新刑律，哪些是国外均没有的，哪些是沿袭历史而来，哪些又是新刑律有的，外国也有的，属世界通律。

比如，总则的第一条，原本唐律，今东西各国均无；第二条，世界的通例，并非模范一国；第三条至第八条，于交通繁盛时代，必不可少，都是根据法理，及实际现实状况而定，并非拘泥一国之例；第十一条，采先教后刑之义；第十二条，各国古来之定法。

俯拾皆是。

他得出的结论是：总之，新刑律草案四百余条，都是根据《大清律例》，参以各国刑法，权衡其重轻，用意在先教后刑，皆以忠孝为本，亦即古先哲王之刑期无刑也。并不违背我国良法美意，符合现时国情。

不像杨度那么激进,董康的发言很简短,也很低调、温和,仅以事实说明新刑律并不违背礼教传统。

是因为他和沈家本在一起工作的时间久了,也受了沈家本的影响?即便是辩论,也不咄咄逼人。

紧接着发言的吴廷燮,就没有这么温和、低调了。

吴廷燮,是光绪甲午年间(1894年)顺天乡试举人,仕途也是从基层的知府开始的。现任民政部右参议,兼宪政编查馆编辑,法制局参议。他是个史表专家,对近代掌故研究颇有心得,一生编纂非常丰富,著述有《明春秋草》《万历百官表》等9种100余卷。

潜心研究学问的知识分子。

而此时,这位潜心研究学问的知识分子,却对这场争辩很投入,也很激愤,亦是长篇大论:

今天的所谓法律礼教,实在是不足以使中国得以继续存在,反而会加速中国的灭亡。为何这么说呢,不是危言耸听。金元灭宋,我朝灭明,日本灭高丽、越南、缅甸等,今所谓法律礼教之国,皆被欧洲民族所灭。

所以说:旧律是唐宋明灭亡的主要原因。

有人会说:这岂不是谬论?

本人认为:非也。

旧律,沿于唐明,其本则来自秦律。秦以一人之私治天下,而又恐天下的人不服,则制订家族为重的法律,以系百姓之心,又可为所欲为。

其弊远大于利。

家族之义盛,国民之义亡。百姓只知有家,而不知有国,只知自己的利益而不顾及他人。唐宋明三代,国家的官吏们只知争门户,而不忠于自己的国家,今天我朝还国债、筹军费,颇为困难,都是因为这些缘故啊。

当今,有钱的人,只顾及自己的财产;没有钱的贫者呢,则只顾及自己的安危,视改朝换代如逆旅之送过客。只要因循旧法,不损害我个人利益,则可为君王也。

这种时候，还要处处坚持我国的礼教，并且以之讥讽别人，如同皇帝所责骂的钱谦益，一生谈节义，而事两姓君王也。此非苛论，庚子时的顺民就是这样。所幸战火仅及京城与东三省，如果遍及全国各省，又将会如何啊？

所以，凡自外域而入我中原者，刚开始时没有受到我国法律的约束，上下联合，君臣豁达，通一国之人，集一国之事，故有所向无敌之势。从古沿袭至今的法律，使国家变得涣散，如同一盘沙；公者私，千百万户，如同千百万国，虽然没有敌国外患之来，已有不可终日之势。

今有人说中国的人情不合于世界各国，都是因为其法律的缘故。岂止是法律，宋明以来的礼教，亦是如此也。今不改律则已，已议改律，就应该深入研究，弄清楚东西各国的法律，而不能只是一味地墨守唐宋明的亡国之律，因循守旧，此为大患也！

日本变法时，朝鲜国与之绝交，曰：此禽兽夷狄也，不可与之通。现在，日本存乎？高丽存乎？不研究强弱之本，而空谈今之所谓礼教，坚持说，我有伦常，而他国无伦常，是又一高丽国也。

所以说，墨守今日的旧律，是不能拯救中国的，反而会加速中国的灭亡。

吴廷燮的这番言论，其实很明白，就是说现如今还以坚持礼教为说词，只不过是求虚名，而置国家安危不顾。

纲上得也很高，不免有些偏激。

接着，他继续慷慨激昂：

如果，真是从国家的利益所出发，就应该从实际出发，而不是争虚名。郭侍郎曾说：宋明灭亡的原因，就是争虚名。法律是政治之本，法律不变，政治未有能变的。议新律而用旧说，南辕北辙也。旧说违背商约，违反宪政，这是人人都清楚的。而不敢抗议，是因为要避碍礼教的虚名。

我今天在这里断言：用旧说议新律，不止背商约，妨碍宪政，而且阻碍社会进步，会危及大局。

宋明已经历史久远，我们就用近六十年的事来证实。道光时期，中英不平等条约签订，众臣愤怒，一致要求：请变军器，希望用新型武器装备我方军队，以提高战斗力，可是却遭到一些人的阻挠。同治期间，总理各国事务衙门派遣京员，到同文馆去尽力，讲解各国政治法律，依然又遭到一些人的阻挠。光绪初年，李文忠、刘壮肃，创开铁路，练海陆军，仍然有人议论、阻挠。

假如，道光皇帝没有听那些人的话，已变军器，用新的武器武装军队，提高了军队的战斗力，则一定不会有粤匪之乱。倭文端诸公，不阻碍总署之议，那么清流派就不会以向西方学习为耻，国家的发展必会超越日本。文忠诸人修铁路的建议也就早已实行，那么今天交通便利，军备完整，国家将会兴旺得多。

倭文端是理学名臣，对新学的发展有很大阻碍。他的言说，认为中国名教礼俗最为重要，与今天争论新刑律大致相同。从今天来看，文端与阻挠修铁路的那些人，不可谓不误国也。以上所举之例，皆阻碍国家的进步。

甲午战争之前，各国就都认为日本是正确的，而我朝则错也，（右日而左我）说日本用的是各国法律。今日俄订立协约，我国更加孤立，假设我国又背弃商约，曰：我国不能用各国同一律例，以破坏我国的风俗礼教。唯我独尊如此，哪一个国家又会与我国联合。

晚近士大夫，喜欢清谈名义，不顾国家的实际危急。曾文正在处理天津教案时，曾说：敢得罪清议，不敢贻忧于君父。今燮敢言：愿得罪空谈名教之人，不敢阻碍国家之进步，造成大局之孤立。

吴廷燮的发言，也引起议场上一片热烈的议论，支持者有之，反对者亦有之。

热烈的议论中，编制局里杨度的同人也走上了讲台，为杨度的国家主义理论进行辩护：

纵观各国的进化过程，均由家族主义而至国家主义。国家主义者，最鲜明的旗帜是保护人权。人生在世，与国家有直接的关系，所以称为国民，而国民对于国家有应尽的义务。国家对于国民，应予于权利。

而人权之说，并非始自泰西。按《康诰》称：于父不能字厥子，乃疾厥子，在"刑兹无赦"之列。用我们今天的话来说，就是做父亲的不能爱其子并教育他，反而厌恶其子，在刑法中属于无赦之列。《白虎通》亦云：父杀其子当诛。

为什么？

天地的原则是以人为贵，我们所有的人都是上天之子，只不过是通过父母生下来而已。古时候，王者养育长子，并对其进行教育，就是为了将来传位于他，做父亲的也不能专权。而这些都是天赋人权的萌芽，只不过后人不知陈述，于是便让古义湮没了。

国家主义以国家的利益为准则，虽然国家现陷入艰危的境地，然而群策群力，终可逐渐恢复，而不致遭受灭亡之灾。

家族主义的弊病则是，急公奉上，不敌其自私自利之心。且有执"抚我则后，虐我则仇"之说，对频频改朝换代习以为常。人民消极，振作无由，这都是自宋元以来空谈名教之流所造成的。

今新刑律草案，除对于尊亲有犯特别规定外，凡旧律故杀子孙、干名犯义、违犯教令，及亲属相殴等条，概从删节，其隐寓保护人权之意，维持家族主义，而使渐进于国家主义者，用心良苦。

保护人权，是立宪的基础。议者不察，痛事诋毁，是为了反对新刑律？抑或藉反对新刑律来反对立宪？德宗景宗皇帝，谆谆以立宪告诫中外，四海皆知。及至我皇上入承大统，多次警告廷臣，要成就先王的志向。凡与宪政有关系的，朝廷上下大小官员，都应兢兢业业，集合众志，努力实现。若仍坚持旧说，并以此为排击他人的资本，试问何以告慰先帝在天之灵？

议场上，辩论激烈，双方各执一词，谁也说服不了谁。

于是，争论又漫延到会下。纷纷写文章批驳对方，阐述自己的观点。

那时候的文官大多都是写文章的好手，笔墨都很犀利，而且对历史也都相当熟悉。其中有一篇文章很吸引读者的眼球，著者是议员崔云松。

崔云松，大概当时还是个年轻人，他的文字很清新，明白晓畅，让人读起来很轻松，大致意思如下：

我国自尧舜有文字以来，无论国家政治，还是个人事业，皆以伦理道德为唯一的标准。凡典章所规定，人文所讴歌，千条万绪，全归于伦理。

而维护伦理的方法，有两大形式：一曰礼，二曰刑。礼，是告诉人民在现实生活中伦理道德的规矩，刑，则是对现实生活中人民违反伦理道德的制裁。二者相辅而行，一个是积极的倡导，一个是消极的处分。非礼不可治国，没有刑法亦不可治国，二者同为国家的大典。

旧律滥觞于李悝，大成于唐，直至我朝，才日益完整。一部《大清律例》，条文多达数千百条，但这些条文都是以抽象的伦理道德为基础，礼的反面而已。如何谓之犯罪？如何始加以刑罚？都是以伦理道德为标准，也是定刑判罪的标准。

新律，模仿世界各文明国的法律，所根据的原理与原则，也多源于近世科学应用的法理，而不是出于各国遗传的事物。公例发明、推之人类社会而皆准。所以，为世界立法家所采用，我国新刑律不过是其中之一而已。

今以犯罪观念与刑罚对象来做一个比较，其异同优劣，一目了然：

先看犯罪观念。

旧律是建立在辅助伦理礼制的基础上，所以，所谓犯罪不过是违反了伦理道德标准。

人若有不善的行为，不管他对他人的伤害有多大，对社会的危害有多么严重，只要不违反伦理礼制，国家就不能判他的罪。然而，只要逾越了伦理礼制的规矩，哪怕只逾越了一小步，便是大罪，绝不能逃脱法律的制裁。所以，其他罪行，都可以减赦，而十恶大罪，其中无论情节如何，全部都要处以死刑。

并且，审判一个犯人时，不论他犯下了什么罪，性质如何，首先要以他的身份来做伦理的判断，夫与妇有别，官与民分等，良与贱、主人与奴仆，族制师承，等等，虽然同样杀人，而刑罚却大为悬殊。法律根据人的身份判处，而与法理不相干。

在全世界各国刑法专家看来，这都是百思而不得其解的。而我国以伦理为根据，结果必然如此，无足为怪。

新律的观念，以生物学为根据，人类社会乃是细胞动物，保护共同的生活，为人生第一要义。个人生活竞争，超出范围以外，社会受到其侵害，就是犯罪。德国法学家谓之反社会性，又曰危险性；伊法派谓之恶性，如果其性质危险，未遂亦为罪，过失也为罪。

徒罪一科，旧律定为三年，新律则延长十五年。如果，其性质不反社会，虽杀人只罚五百元以下的罚金，甚至刑罚不即执行，期满而刑即消除。

且旧律注重于伦理，无论民事刑事案，官吏惩戒皆规定于一编之中。新律以危险为标准，涉及社会治安、危害他人生命安全都要判刑，属于刑事案件。关于赔偿，则归于民法。民事以实际利益侵害为主，故以财产作为赔偿。刑事案件基本都危害生命安全，财产怎么能使生命失而复得，所以不能不另编民法。

对于何为犯罪，观念不同，处理的方式也就不同。

再看刑罚对象。

做出什么样的事，应算犯法，要接受处罚，则曰：犯罪。具体而言，就是什么样的行为，视为犯罪。就行为而进行刑罚，新律旧律都是相同的。所不同则是，什么问题导致这样的行为发生。旧律谓之偶然，新律谓之因果。两者的分歧很大，所以处分的方式也很悬殊。

我国推重儒家哲理，尊崇人性为善，数千年如一日，故曰：天降下民皆有恒性；又曰：三代之民直道而行。以此原理推演，认为人类没有不善良者，只是因为一时教化没有达到，没有能够使他信服，不幸犯罪不过是一时之失，并非这个人本性不善良。对他施以刑罚，是惩罚他所犯下的罪行，而不是惩罚他这个人，所以法律只针对他的行为，而不是他这个人，刑罚之轻重，视犯罪之大小而应报之。

刑罚的轻重，是根据犯罪的轻重来判断。同样是死刑，可以处以斩刑或绞刑；同样是惩罚，可以笞也可杖；同样经济处罚，罚金可以是钱也可以是两；都是根据其罪行的轻重来判处。也有出人意外的，如情罪重时，行刑时可加刀数；杀害别人的儿子，使人绝嗣的罪犯，也可将其子阉割，使之绝嗣。如此相报，令人不禁捧腹。好在以上三条，沈大臣已经删去。且行为犯罪乃一时之不幸，故有赎罪之刑，以其人之性质为根据，区区数金，乌可赎者。

新律根据生物学的法则，认为人类的性质无不由两大因果规律所形成，一是遗传，一是社会。犯人或因祖先所遗传的恶性，及社会生活环境的影响，使其有这样那样的恶习，但这些恶习是可以矫正的。行为上的犯罪虽大，不可以刑罚加重，如犹豫行刑不论罪等章程规定。恶习不可矫正者，必用社会的排除方法，如累犯判处重刑、长期徒刑。且刑法中有量刑的规定，皆设以最上限与最下限，由审判官临时酌量。与旧律的绝对规定多相反。此是因为根本不同的缘故所致。

总而言之，新旧二律系统组织不同，稍有掺杂，法理即不能通。古时候的社会若与当今社会没有大的不同，则古时的制度与学理，都可以在今天推行。然而，今日的社会日趋复杂，旧律大部分久已不适合于当今社会。伦理学不过是维系社会的一个方面，欲诸事皆以此为根据，不知改革，国家岂能安稳？

与崔云松观点相同的文章很多，这里就不一一拣拾。

然而，这些文章并不能说服坚持礼教的旧派人物，比如劳乃宣。他反而被这些文章所激怒，更加坚持己见。

毫不动摇。

为了以示坚忍，绝不后退，劳乃宣还给自己起了一个晚号：韧叟。此时，他身兼数职，资政院的议员、京师大学堂的总监、学部副大臣及代理大臣。

京师大学堂，就是我们今天北京大学的前身，总监相当于今天的校长。

在朝廷的文官中，也算是很有些地位的了。

其实，劳乃宣是一个沉浸在中国古文化中的学者，在语言文字学方面颇有造诣，精通等韵字母学，还著有《等韵一得》。除此，还精通古算学。

一个学者化的官员。

然而，这位学者官员，对传统的礼教，既热爱，又深怀敬意，情有独钟，根本不能容忍摒弃。他的坚持是发自内心的，是一种信仰。

杨度的发言深深地激怒了他，还有董康、吴廷燮、汪荣保们，当然也包括第一个站出来的沈家本。

不过，沈家本不慌不忙的逐条反驳与解释，也颇让他为难，因为一涉足法律专业领地，他就不免英雄气短。那个领域，他毕竟相当陌生，虽然也曾恶补了一把，可以长长短短论说一气，可到底不是沈家本的对手。沈家本的解释与反驳，他不得不接受其中的相当部分。但是，最核心，也是最关键的问题：无夫奸与子孙违犯教令，他是绝不会退让的。

现在，他也要像已故的张之洞那样——发难。

坚决、果断。

劳乃宣发难的对象首先是宪政编查馆核定的《大清新刑律》，还有杨度对新刑律的解释，以及洋洋洒洒的国家主义。

这一次，他和沈家本一样，选择了挺身而出，做一只领头的羊。他以资政院硕学通儒议员、第三股股长的身份，邀集105名亲贵议员，向朝廷递交了他们的"请愿书"——新刑律修正案。要求修改、移改、复修、增纂有关礼教条款13条又2项。

说白了，这13条又2项，还是过去的那一套，简单概括就是两方面的内容：

增加和加重卑幼对尊长、妻对夫杀害伤害等罪的刑罚；

减轻尊长对卑幼、夫对妻杀害伤害等罪的刑罚。

宗旨即：全面维护我国几千年来固有的纲常名教——亲亲尊尊。也就是要维护两个方面的不平等：卑幼与尊长之间是不能平等的，女人与男人之间也是不能平等的。

资政院的议会，也就天天浸泡在这两大问题的争议之中。

会议的主持者，身为资政院副总裁的沈家本，虽然已迈进古稀之年，但还须天天参加会议，更是经常主持会议。

身心俱疲。

沈家本的身体不是太好，年轻时的磨难，使他的身体元气大伤，加上本来也瘦弱，已经 70 岁的他，白天在吵吵嚷嚷的会议中勉力维持，晚上回到家中，疲劳不堪。茶饭不思，只想闭目养神。

静静的，一个人待在书房里，思索。

因为，睡不着。

长久以来，一直折磨着他的失眠，现在就更为严重了。议场上争论不休的问题，在他心里盘桓不去。

他还是坚持着，煞费苦心地经营。

不管怎么着，想方设法，过五关斩六将，也要让新刑律得以通过、实行。这是他的一个心结。也是他这么多年来，一直竭尽心血在实践与历史的探索中，努力研究的一件事。

岂肯轻易罢手？

就像劳乃宣对传统礼教情有独钟，沈家本对改革中国旧律亦是情有独钟，亦有和劳乃宣一样的韧劲。

两个官僚系统里的传统老知识分子，像两条老牛，犄角顶着犄角，互不相让。在他们身后，是各自的支持者。支持劳乃宣的大多是手握重权的王公疆臣，而支持沈家本的则多是年轻气盛的学者，在这些年轻学者之外，还有一个位高权重、贪名在外的奕劻。

将会鹿死谁手？

　　当然，这并不取决于他们两人的个人思想深度，权力，以及对社会的认识。作为个人，他们也只不过是历史进程中的一枚小小棋子。不过，有的时候，小小棋子也会起到巨大的作用。

52　兴师问罪

宣统二年，公元 1911 年，12 月 8 日，议会对劳乃宣为首的礼教派所提出的两条：无夫奸与子孙违反教令，进行议决。

此时，距第一届资政院大会闭会仅只剩下 3 天时间。

会场就设在与资政院一墙之隔的法律学堂。修订法律馆的董康，因兼职宪政编查馆科员，作为咨询员被政府派遣参加了这次大会。王荣保、汪有龄，自然还有杨度等年轻俊杰也都参加了大会。

劳乃宣的身后，也簇拥着一大群支持者，位高权重的王公疆臣，陈宝琛那样的资深官员，还有年轻的官员。

双方阵容不相上下。

大会主持者，还是修订法律大臣沈家本。

天气干燥而寒冷，屋檐的灰瓦上，蒙着厚厚一层白霜。太阳被厚厚的云层包裹着，光芒也像灰瓦上的霜花，淡淡的，遥远而苍茫。

会场里，炉火熊熊。

然而，熊熊的炉火，依旧不能抵挡屋外呼啸来去的寒风。

会议还没有开始，交头接耳的议论，就一浪高过一浪，气氛颇为紧张。会场上弥漫着浓烈的火药味，一触即发。

第一个辩题：子孙对尊长能否使用正当防卫？

辩论？！

在几千年来的封建王朝中，这场辩论颇带着几分资产阶级自由化的倾向。自由像海风一样，越过重洋，和几千年的时光，在议场中轻舞飞扬。

具体这个辩题而言，自然还是一个绕不过去的陈旧话题，已经过几番来回拉锯战。沈家本在新刑律草案的按语中，早已有相当明白的解释：

正当防卫，在中国古代法律中早就有了。唐律明律的"夜无故入人家"条，就含有正当防卫之意。具体而言，正当防卫就是指为保护自己或他人不受侵害，所必要的防卫行为。因为，这种行为是正当行为，所以不受法律制裁。

而这种正当的防卫行为，不以何等行为为限，凡系防卫所必要的行为，于审判上一切皆不论罪。除了自身之外的"他人"，是指防卫者以外受加害的其他任何人。只要防卫者发现"他人"正在被加害，就可代"他人"进行防卫。但是，不论是为自身还是为"他人"进行防卫，防卫所用方法，都不得逾越防卫所必要的范围，变为以暴易暴。

沈家本的解释，并没有得到王公亲贵督抚大臣的认可，签驳中提出很多反对意见，归纳起来就一点：

对加害人的身份没有做出明确规定。

在王公亲贵督抚大臣的眼中，人与人是有区别的，尊长与卑幼又怎么可能同日而语。

说白了：人与人是不能一视同仁的，也是没有平等可言的。

法部尚书廷杰，当时就拍案而起，大怒！在他的授意下，吉同钧在《修正草案》的《附则》中加入补充说明：

凡对尊亲属有犯，不得适用正当防卫之例。

以此限制草案中第 15 条关于正当防卫加害人的范围，宪政编查馆核定时，将此条列入《暂行章程》第 5 条，原文只字未动。

之后，杨度又为这一条作了专门解释：

因为，刑律本来就有正当防卫之例，今既对尊亲属不适用，就是说子孙防卫是不正当的。而尊亲属不管对子孙做什么都是正当的。社会生活极其复杂，既有为父不慈的，亦有为子而不孝的。父子之间发生冲突，坐定父亲一面为正当，儿子一面必不正当，岂不是还在维护宋儒学说——

天下无不是的父母。

我们从国家的立场来看，宋儒的学说未必完全正确。国家刑法，是君主对于全国人民的一种限制。父杀其子，君主治以不慈之罪，子杀其父，君主治以不孝之罪。从法律而言，既不偏向父亲，亦不偏向儿子。只有这样，才为公平。

所以，此条不列入刑律正文。

但是，由于中国的旧风俗习惯，现在还不能完全实行，因此，在《暂行章程》中仍按旧律，加入卑幼不得使用正当防卫之条。

素以激进著称的杨度，在这一问题上，也还是选择了：退让。

可是，出乎人们意料，资政院法典股的长官与司员们，思想比杨度走得还要远。在审查的过程中，资政院法典股认为《暂行章程》没有存在的理由，并全部予以删除。

劳乃宣愤怒已极，当然不会退让，这是他所要坚守的最后阵地。

果然。

和奸无夫妇女，是议会中双方争论最为激烈的一个问题，议决的过程也极其漫长。

当然，议决的过程也极其热闹。争执、叫喊，起哄，乃至乱呼乱叫不已。当年的《时报》，在 12 月 16 日，头版发布了详细的报道。那种乱糟糟的场面，让今天的我们也心惊不已。

为何这么一个在日常生活屡见不鲜的事，会让当时的王公大臣，官员乃至知识分子，如此之看重，又如此争论不休？

整整争论了 5 个小时，唇枪舌剑。

这一次，法理派在舌战中首当其冲的不是杨度，而是汪荣保。这个从日本早稻田大学归来的留学生，表现得异常激动，说着说着，就和礼教派的人士干起仗来。

当仁不让。

首先发飙的是礼教派的议员高凌霄，他省去了辩论，直截了当地要求：请将无夫奸有罪付表决！

汪荣保立刻打断他：此系道德上的罪过，不应以刑律制裁！

议员康咏，冷着脸，回敬汪荣保：错也！就是有罪，现在就表决！

另一议员万慎，挥舞双臂，乱呼乱叫：对，表决！表决！

法理派的议员陈敬第站起身来，摆摆手：

讨论当心平气和，以理服人。我个人以为，无夫奸是不能入罪的，理由如下：

不待陈敬第叙说，康咏便打断他：本人认为可列为报告罪。

又一议员陈树楷接口道：此条立意甚佳，但中国人民程度不够，不适用。

汪荣保反问道：既然程度不够，又何必成立资政院？

议员陈懋鼎，笑曰：国会亦可不要。

场下又是一片哄笑声。

法理派的议员雷奋，在笑声中站起身来，走上讲台，义正词严：

刑法是一种公法，一方面要维护国家治安，一方面要保护个人自由，因其为公法，必须公诉后有罪，试问无夫妇女和奸，以何人为原告？

高凌霄冷笑着大声批驳：

无夫奸，在我们中国社会普通大众的眼里，就是有罪的。而国家法律的标准，不能不偏离社会基本大众的标准。在我看来，必须规定无夫奸为有罪，以制止无夫妇女与人和奸，防止社会风气日渐败坏。

汪荣保当即反驳：

无夫妇女和奸，乃是道德上的罪过。而道德上的罪过，就不应以刑律制裁，退一步来说，即便入律，在现实生活中，也很难执行。

比如妾的问题。现在民法未定，妾在家庭关系中是否合法，就是一个悬而未决的问题。按照立宪原则，应该实行一夫一妻制，是不允许纳妾的。但实际情况却不是这样的，在我们现在的现实社会中，不少人都有妾。如果，以后民法按照立宪原则修订，不允许纳妾，那么妾与无夫妇女身份相同，而非正式婚姻中的妻子，即等于和奸，若刑律定入无夫奸有罪一条，那么有妾的人也就有罪了。

礼教派的先生们，很担心无夫奸不定罪，会造成社会风气败坏。在我看来，并非如此。哪个地方都有放荡不羁的男人，奸人妇女，破坏别人的家庭。可是，这些男人或强奸妇女，或与别人的妻女通奸，都是偷偷摸摸的。

为何？

这种男人不是害怕旧律中的刑罚：杖八十，而是怕自己的名誉受损，怕女方家中的男人收拾他。所以，法律即使不写这一条，也不会导致社会风气败坏。我们再反过来看，就是法律定了这一条，而奸无夫妇女的事还是时有发生。旧律中规定无夫奸有罪，但各地很少发案，不正是说明法律有这一条也只是具文。

再者，就审判而言，这种事既然是和奸，男女双方就是自愿的。所以，在审判过程中，双方都会予以否认，供词一致，即便供词不同，也找不到证人。而且和奸要加罪，就是审清楚了，加谁的罪呢？加女方还是加男方？不管加哪一方的罪，都不免不均不平。因此，法律上加了这一条，审判反生出种种干扰。

从司法方面来看，这种事既然是和奸，男女双方就一定都是自愿的，在审判时，双方口供相同，纵然口供不同，也找不到证人。而且和奸要加罪，审清楚后，加谁的罪呢？不管加男方还是加女方，都未免不均不平。因此，规定了这条，审判上反生出种种扰乱。

又有支持汪荣保的议员跟着补充：

当然，无夫奸可以亲告罪写入刑法，用法律来维持社会风化。但在我看来，却不如他的父兄以教训子弟的方法来禁止他更好。何况，即使法律没有这款条文，他的父兄也应该尽这份责任。维护社会风化，社会教育和家庭责任缺一不可，并不在国家有无这条法律。所以，没有必要将无夫奸写入法律。

场下一片哗然，又有人高喊：下去，下去！

此时，礼教派的康咏疾步登上讲台，振振有词地反驳道：

请问，如若无夫奸只关乎教育，不关乎刑法，男女都可以和奸，和奸以后生下的子女，又可以和奸。社会岂不乱了套。若是家庭教育能管的了这种事，无论什么事，就是杀人放火，也是可以教育的，又何必要处以刑罚？

汪荣保立刻反唇相问：

您有什么理由断定私生子多秉戾气，将来必不是好人，又将和奸。这完全是迂谬之论。古来私生子为贤哲者亦属不少，未必非私生子都是好人。《周礼》载：仲春之月，男女私会，奔者不禁。可见，古时并不认为无夫奸为有罪。你们咬定无夫奸有罪是因为有悖礼教，那么请问，你们又将解释《周礼》呢？

曾前往青岛请教德国专家郝善心的老叟蒋鸿宾挺身而出：

就当下的社会情形而言，我们中国女子的知识程度还是很低的，大约很少人会懂得什么是平等与自由，对无夫奸若没有法律加以制裁，非但不能维护社会治安，更不能保护女子自由。即使今后女子的知识程度提高了，在我看来，无夫奸之罪条，仍然不能废除。政体无论专制还是立宪，教育无论发达与否，断不会使全国人民皆圣贤。若全国人民皆圣贤，则自无犯罪之人，也就不必制定此法律也。

此言甚对！说得好！

礼教派的主将之一万慎，一时兴起，大声呼叫。

全场又是一片哗然，双方情绪都很激愤。

法理派的文和，亦不示弱，不慌不忙地反驳：

无夫奸在法律上是否有罪，各国制定法律不同，是因其历史与国情，而并不是根据女子的知识程度，也与平权不平权无关。按照中国旧律，无夫奸有罪，但犯者不知有多少；外国百姓知识程度比我们高，奸无夫之妇者也不知有多少。可见，知识程度之说，与无夫奸是否应定罪毫无关系，女子知识程度足与不足，都不应定罪。

文和的话音还未落地，高凌霄又喊叫起来：

刑法的根本就是伦理道德，舍伦理道德教育而讲刑法，还算什么刑法？

法理派的议员陈敬第，很温和地摆手示意会场安静，提议：

希望我们大家讨论的时候，火气都不要那么大，心平气和才能把问题理清。

会场稍稍安静，汪荣保继续侃侃而谈：

我来谈谈这个问题。我们这个国家历史悠长，向来主张礼教，然而也不能依仗刑律来维持礼教。如果要靠刑律来维持礼教，这个礼教也就算亡了。道德与法律是两码事，法律要维持的是最低的道德水准。道德的范围宽，法律的范围窄。法律是约束人们最基本的社会行为的，所以关系道德的事，法律并不能全部包括。

我们中国自从有法家以来，礼教就算是亡了。因为，自三代以后刑名之学兴，刑法掺杂于道德之内。刑法既掺杂于道德之内，则所谓道德者不姑息而已。所以后来中国只有法律，并没有礼教。现在，你们要提倡礼教，办法就是不要把礼教规定在法律之内。

总而言之，无夫奸在道德上是天然的罪名，但由于事情暧昧很难提起公诉，所以法律上不问。若是定了有罪，国家立法上就不得其平。

汪荣保慷慨激昂，滔滔不绝。

滚下去！

滚下去，快滚下去！

礼教派的议员们忍无可忍，在汪荣保登台演讲大约 15 分钟左右，陈树楷、陶毓瑞、王绍勋等纷纷喊叫，要他下台，公然阻止他发言。

这时，法理派的议员胡礽泰忍无可忍，欲登台发言，反对者又是一片制止的喊叫声。胡礽泰的声音也很激动高昂，飞步台前，说：

本议员今日尚未说话，你们总得给我一个说话的机会。本议员赞成礼教，然而，礼教绝不可与法律混为一谈。

高凌霄、万慎等大哗，杂以笑声、呼号声、骂詈声，于是秩序愈乱，会场骚然。

良久，秩序始定。

主持会议的议长沈家本年事已高，在长达5个小时的争论与争吵中，身心俱疲，满脸倦容。

待众人安静下来后，他登台宣布：分两次表决。

首先，投票表决：认为无夫和奸有罪的用白票，认为无罪者用蓝票。

每个议员同时得到蓝白票各一张，任其选择，投入票箱。这也许是中国民主的端倪，议员们可根据自己的意愿来进行决策。

很神圣的一票。

议员们也是第一次经历这样的投票，很慎重。鱼贯将自己的意愿，一一投入票箱。

唱票也是公开的，在众议员的监督下进行。

喧嚣的会场陡然静了下来，连掉一根针的声音仿佛都能听得见，只有唱票者的声音，高高低低地回荡在议员们的耳际。

每个议员的心似乎都悬在半空。

白票77张。

蓝票42张。

好哇！

高凌霄第一个高兴地喊出声来。

好啊！好哇！

礼教派们一片欢呼。老者劳乃宣与蒋楷自然也很激动，眼睛都有些湿润了。

法理派的年轻人，虽然已料到会是这样的结局，但仍不免失望，还有沮丧。

沈家本呢？

作为一个资深的老官僚，水深水浅，他心里一本清账。他是持重的，也很坚持，但他的坚持往往是不露声色的，迂回的。官场的游戏规则，官场里的人和事，他比那些年轻人熟悉得多，感同身受。喜怒哀乐，当然不会挂在脸上。

今天的结果，他早已了然于心。

还是和以往一样的沉静，目光深邃，语气平和，议员们从他的脸上看不出他内心深处的翻江倒海。

接下来，他宣布开始进行第二项表决：

主张将无夫奸有罪一条纳入《暂行章程》者起立。

《暂行章程》共5条：

　　第一条　凡犯第89条、第101条、第312条、第314条，处以死刑者仍用斩。

　　第二条　凡犯第352条第2项，第353条、第355条至357条之罪，应处三等以上徒刑者，得因其情节仍处死刑。

　　第三条　凡犯第370条应处一等有期徒刑及第371条至375条之刑者，得因其情节，仍处死刑。

　　第四条　凡犯第289条之罪为无夫妇女者，处5等有期徒刑、拘役或一百元以下罚金。其相奸者同。前项之犯罪须待直系尊亲属告诉乃论其罪。若尊亲属事前纵容或事后得私行和解者，虽告诉，不为审理。

　　第五条　凡对尊亲属有犯，不得适用正当防卫之例。

唰唰唰，会场中站起一大片。

还是礼教派占了大多数。

两项议决，均以法理派的失败而告终。在礼教派的一片欢呼声中，法理派的年轻人，心情很是暗淡，且很不服气。

沈家本的心情却是矛盾的。在暗淡之外，还夹杂着些许欣慰，毕竟还是比老佛爷在世时开明了几分，那时根本没有众人插嘴的份，一言定天下。现在，虽然很难说服王公疆臣，但还是能够让两方议员坐在一起，各说各的理。

进步。

然而，事情并没有完。

另一个劳乃宣又拍案而起。

京师大学堂总监刘廷琛，愤怒上书。

京师大学堂，即北京大学的前身，在当时可是非常受瞩目的，青年学子的向往之地。它创办于1898年，轰轰烈烈的戊戌变法之中，由光绪皇帝下诏，孙家鼐主持。第一任校长便是孙家鼐。不过，那时的校长称之为：总监。中学总教习是：许景澄；西学总教习是美国传教士丁韪良。

刘廷琛是京师大学堂的第七任总监。

当然不会是等闲之辈。

刘廷琛比老臣沈家本年轻许多，他生于1867年，可以说是沈家本的晚辈了。字幼云，晚号潜楼老人。不过，他的晚号，那是后话。刘廷琛是江西德化人，父亲小贩出身，苦读中举，历任义乌、金华、嘉义、秀水、邺县知县，最终职务为江浙盐运使。刘廷琛自幼聪慧，才思敏捷，科考也算是一帆风顺。1893年，他在家乡中举。次年，又一次跃龙门，考中进士，并被选为庶吉士，授散馆编修。1897年，简放山西学政。1900年，八国联军入侵北京，他随慈禧与光绪逃到西安。之后，告假回到家乡，在庐山修建了几间石屋，安心读书。两年后，他又被朝廷召回京城，出任国史馆协修，功臣馆纂修。1904年，充任清代末科会试同考官。

从此，官阶一步一个台阶。

1906年，刘廷琛出任陕西提学使。一年后，1907年，迁升为学部右参议。1908年，改任京师大堂的总监、学部副大臣。

一帆风顺。

和戴鸿慈、张仁黼一样，刘廷琛的职业之途，多在教育部门。也许，就是因此，他的看法也与戴鸿慈、张仁黼们大体相同。与修律大臣沈家本乃至沈家本旗下的那些年轻俊杰们的思想，相距甚远，他甚至视修律大臣沈家本的思想为邪道。

宣统三年2月，也就是1911年的2月，刘廷琛在给清廷的奏折中写道：

政治与时变，纲常万古不易，法律可随世局推移而改，因修律而毁灭纲常则大不可。

政治坏，其祸在亡国，有神州陆沉之惧；纲常坏，其祸在亡天下，有人道灭绝之忧。法律馆所修新律，不但刑律不合吾国礼俗，即将上奏之民律稿本，亦显违父子之名分，溃男女之大防。新律既导人不孝，亦导人败节，如若颁布施行，将使天理民彝渐灭寝尽，乱臣贼子接踵而起。

法律大臣离经叛道，置本国之风俗于不问，专取欧美平等之法。恳请朝廷再定国是。不问新律可行不可行，先论礼教可废不可废。断不容法律馆阳奉朝廷尊崇礼教之旨，而阴破纲常自行其是；天命未改，岂容抗命之臣。

该大臣倘再行拒改，即重治以违旨之罪。

兴师问罪，言辞之激烈，让人感到不寒而栗，大有置之死地而后快的杀心。

张之洞在奏折中曾被删去的话，又一次被刘廷琛所抬出。离经叛道的修律大臣沈家本，又将何去何从呢？

第 五 篇

退隐官场

53　北京法学会

大雪纷飞。

北京的冬天，雨少而雪多。漫天的雪花，飘飘洒洒，一如老臣沈家本纷乱的思绪。

他再次面临选择，是继续留在修律大臣的位子上，还是转身离去。

对他而言，继续还是离去，这是一个问题。

仍然是夜不能寐。

年过七旬的他，本来觉就少，又很轻，很难沉入熟睡之中。刘廷琛的愤怒斥责，犹在耳畔：

> 断未有朝廷明崇礼教，该馆阴破纲常，擅违谕旨，自行其是，天命未改，岂容抗命之臣，该大臣恐不能当此重咎。

胡敬思在奏折中更是明白地指他为奸党。

官场险恶。

当然，他心里并不怎样担心或害怕。毕竟，军机大臣奕劻在大方向上是支持他的。而摄政王载沣，在修律问题上，则是遵从奕劻的主导思想与意见。

不过，他早已深感疲倦。身与心都很疲倦，并且带有几分厌烦。修律大臣，虽说一个业务色彩很浓的职位，但毕竟还是有很多事务性的工作缠身，繁琐、忙碌，很难有整块的时间，静下心来读书、思考与著述。

而读书、思考与著述，在他生活中却是不可或缺的。

和一般行政官员不同，沈家本是一个喜欢思考与思想的人，笔头子也很勤。那时候，大多清廷官员都有记日记的习惯。沈家本也不例外，他的日记或三言两语，或长篇大论，几十年如一日，记下了他的所行所思。当然，他不只是记日记。他还有很多著述，大多都是关于法律方面的思考。

想写的，而没有时间付诸文字的更多。

来日无多的忧伤，像潮水一般，漫过他的心头。立言的愿望，也就愈发强烈起来。他想全身而退，用不多的余年，完成他还没有完成的著述。

最终，他选择了——激流勇退。

宣统三年，1911 年。

一年的序幕才刚刚拉开，沈家本便向朝廷递上了辞呈，恳请辞去资政院副总裁与修律大臣的职务。

1911 年 2 月 22 日，1911 年 3 月 22 日，清廷下谕：

> 以大学士世续，为资政院总裁。学部右侍郎李家驹，为资政院副总裁。

又谕：

> 命法部左侍郎沈家本回任，以大理院少卿刘若曾，为修订法律大臣。

沈家本重又回到法部。

4 年前，因部院之争，他调离大理院，与张仁黼换了个位子，去了法部，任右侍郎。官阶虽一致，但多少有几分暗降的意味，毕竟在大理院他是一把手，而到了法部只不过是右侍郎，上面还有两位顶头上司，尚书廷杰与戴鸿慈。不再是独当一面。

也就是那一年的秋天，9 月 6 日，光绪皇帝下诏，命他与英瑞为修律大臣，专司其事，而他在法部的右侍郎一职，则由王垿代理。上一年，也就是宣统二年，公元1910年的年尾，12月28日，清廷对法部的领导班子，又进行了一次大调整。左侍郎绍昌提升为尚书，沈家本则由右侍郎升为左侍郎，实授王垿为右侍郎。同时，又因沈家本那时还在专事修律，命左丞曾鉴，代理左侍郎。

部院之争，礼法之争，一波接着一波。修律前前后后，将近十年，沈家本一直在风浪中忙碌着，颠簸着，几乎没有喘息的时间。

甘苦也只有他自己心知肚明。

现在，他终于可以卸下身上沉重的磨盘，干点自己想干的事情。他想干的事，很简单：著书立说。

虽然，他还身兼着法部左侍郎的职务，可那只不过是一个虚职，就像我们现在那些享受部级待遇的官员一样，不用再管事，退居二线。

清廷的文官制度，官员致仕的年龄，通常为70岁。所谓致仕，也就是退休。若要展期，也以5年为限。不过，清廷在执行的过程中并不严格，年过70，甚至年过80，升官的也大有人在。而且，官越大，空间也就越大。三品以上的官员，只要身体条件允许，能够继续为朝廷办事，一般都可连续任职。

应该说，清廷还是对沈家本网开一面的，并没有因为刘廷琛与胡思敬的弹劾，而将他置于死地。

也许，在摄政王载沣的眼里，修律大臣无足轻重，也并没有将修律风波怎样放在心里。摄政王载沣最看重，也是最认真对待的，则是军权。枪杆子里面出政权，这是他去德国谢罪时，从德国皇帝威廉·亨利那儿得到宝贵经验，军队一定要控制在皇室手里，皇族子弟要当军官。修律的激烈争论，到了他那儿，便变得无味而寡淡，不过是文官们的斗嘴，哪里就会动摇一个国家的政权基础？

或许，还有奕劻的面子。这事，本是奕劻在那儿主持的。不看僧面看佛面。

不过，沈家本只在这闲职上轻松了一个来月，风波接踵而至。

和他个人无关，是因为政局动荡。

1911 年 4 月 17 日，孙中山领导的中国同盟会，在广州发动起义。一夜之间，"驱除鞑虏，恢复中华，创立民国，平均地权"的口号，震撼民心，像一面巨大的旗帜，席卷整个中华大地。

已经千疮百孔的清王朝，却不愿心甘情愿地退出历史的舞台，命奕劻组织内阁。5 月 8 日，奕劻挑头的内阁成立。

支持法律改革的奕劻，在组建内阁时，却竭力排斥汉族官僚。在 13 名内阁成员中，只有 4 名汉人，满族贵族 9 人，其中皇族成员 6 人。当时的人们称之为：皇族内阁。

在这样的皇族内阁中，当然不会有沈家本一席之地，他的法部左侍郎一职也随着皇族内阁的成立而解除。

终于，彻底地离开了官场，无官一身轻。

没有了官职的老叟沈家本很轻松，可以心无旁骛地沉浸在写与读之中。况且，他还有发表的园地——法学会杂志。

法学会杂志，与他的热心支持，也是分不开的。

对于办学堂，办杂志，沈家本一向是热心的，不仅出力，而且自掏腰包——出钱。

自朝廷命他修律以来，他还一直兼任着京师法律学堂的管理大臣。京师法律学堂管理大臣，职位虽然并不高，却是沈家本十分看重的。在修律一波又一波的周折中，他对这份差事，一直尽心尽力，事无巨细，亲自过问，从经费乃至招生，学生学习结业后的任用与待遇。

1910 年 12 月 24 日，他还就京师法律学堂乙班学员毕业后的去向与任用，向朝廷提出自己的建议：

拟请将乙班毕业考试及格员，除给予付贡出身外，其原有官职在七品以上考列最优者，各就原官应升之品极，专以相当之司法官改用。考列中等者，按照原官改用。

惜才之心，跃然纸上。

朝廷对沈家本的这份奏折，当然并不在意，大笔一挥：下部议。也就是交由学部核议。学部的核议意见则是：

凡原官在七品以上，考列最优等、优等各员，经第二次考试合格，准其比原官升一级之法官补用。余悉照上年8月5日党支部附奏乙班毕业办法办理，毋庸再事纷更。

学部自然是嫌这位老者多事了。而在那所大堂里学习过的年轻人，对这位老者的提携之心却是没齿难忘。

还是在这一年的冬天里，礼法之争的纷乱中，修订法律馆和京师法律学堂的一批年轻人，汪有龄、江庸、汪宋园和陈鲤庭等，筹议成立北京法学会。

很敏感的学会，也曾引起当政者不满与恐慌的学会。

其萌芽是在戊戌变法时期，湖南长沙的黄嶟、何廷藻，在梁启超、谭嗣同的推动下，率先创办了法律学会，接着毕永年又创办了公法学会。法律学会的宗旨很明确：志在讲求法律，贯穿公理，浏览群体，洞悉时务。而公法学会则专门研讨公法之学，将中外通商以来所订立的条约和具体事务，一一比较利弊，试图从中寻找出一条自强之路。

不过，这两个地方性的法学组织，生命都很脆弱，随着变法的失败而消亡。

稍纵即逝，犹如一星火花。

现在，汪有龄们筹议的北京法学会，却是中国第一个全国性的法学组织。他们当然是慎重的，希望拉出一面大旗作为他们的后盾，以壮声势。

第一个想到的自然是沈家本，最合适的人选。既是修律大臣，又兼任着法律学堂的管理大臣。

非他莫属。

那时还深陷在礼法之争的是非漩涡中的老臣沈家本，心情是很纠结的。但听到汪有龄们创办法律学会的初衷，很是兴奋，在日记中写道：

筹设法学会，来质于余。余吉法学之甫有萌芽者，渐见滋生也，亟赞成之，并捐资为之励，而属汪君子健总其成。

子健是汪有龄的字。

这一年的 11 月底，北京法学会成立。沈家本任会长，汪有龄任总理会务。

接着法学会又筹备创办会刊：《法学会杂志》。创刊号的问世，是在1911 年的 5 月间，此时沈家本已经告别了官场，手里有了大把的时间。

从容思考。

礼法之争中的争论，还有盘桓在他心里的忧虑乃至焦虑，都在深思熟虑之后，化为缜密的文字，——在《法学会杂志》上刊出。

思考与思想的通道。

虽然，那时的官员都是经过严格的科考筛选出来的，四书五经都熟，大多也都能舞文弄墨。但陈旧的八股文居多，自己的独立思考是少而又少的。

而思考与思想，还有写作，都是艰苦的。

沈家本的写作无关文学，更无关风花雪月，很严肃。除了法学，便是律学。他试图从古代法学中找到一条路径，从理论上梳理清楚法学与律学的关系，构建新的法学体系。

还有，国人对法学的漠视，沈家本一直难以释怀，就连纪晓岚那样的大学者，在编纂四库全书时，都不给法令一席之地，认为法令是不必学的。

沈家本如鲠在喉，不吐不快。

《法学盛衰说》，呼之即出，发表在《法学会杂志上》。

这篇文章，如众多法学教授所评价，是奠定中国近现代法学的担纲之作。

在这篇文章中，他想要告诉当政者与世人的则是：

有法而不守，有学而不用，则法为虚器，而学亦等于空话。这是我纵观历史，从中寻找到的缘由，足令人叹息痛哭也。

我常常不理解，违法的人，往往就是制定法律的人。梁武帝诏定律令，对权贵宽大而对百姓严苛。隋文帝下诏废除惨刑，而猜忌任智，至于殿庭杀人。翻阅历史，这样的例子不胜枚举。

法律订立，而不遵守，却动辄便曰：法不足尚，此为古今之大弊病。自古以来，有权势而识见短浅的人，大抵不知法学为何事，想要叫他遵守法，他反而会破坏之，这就是为什么法所以难行，而法学所以衰败的原因。

他希望法学由衰而盛，天下有志之士，学习探讨，使社会上人人都有法学思想，一法订立而天下共遵守，时局将会随着法学的昌盛而变迁。

写到最后，他掷笔叹息：法学之盛，馨香祝之矣。

接着，他又在《法学会杂志》上发表了——设律博士议。

沈家本笔下的博士，和我们今天的博士，内涵相差很远，并不是指学位，而指是官位。

律博士，是律学博士的简称。始设于晋，为司法部门的官员，专门教授法律。南朝沿置。梁、陈时期，称律博士。北魏太和时，定官品为第九品上阶。北齐时期，律博士则为大理寺的官员。隋沿置，唐初将律博士归属国子监，定官品为八品下。高宗显庆三年，又将律博士改归大理寺。宋亦沿置，隶属国子监，专门传授法律及主持考试等事宜。

自元朝，废除律博士。

从此，律博士，淡出。渐渐地也就被人们忘怀了，不再提起。而在沈家本看来，法律是一专门学问，司法部门的官员，并非什么人都可以担当的，一定得通晓律例，经过专门的学习与训练。

1906 年，清廷进行官制改革时，沈家本就提出建议，在新官制的设立中，增设律博士一职，恢复自元朝中断的传统。不过，他的建议并没有得到朝廷的重视，当然也就不会采纳。权力的再分配过程中，位高权重者，考虑得最多的还是位子与权力，很少有人把他的建议放在心上仔细盘想。

可是，这个想法，却一直在他心里徘徊不去。虽然，他只不过是个中层官员。

于是，写了这篇短文。

垂垂老矣的沈家本，对衰落的清廷，此时已心如死水，但是对自己的民族与国家，他还是想尽自己的微薄之力。他深知自己人微言轻，所言，朝廷重臣未必能听，但他还是要进言，希望没落的清廷，能在中央官僚编制上，给法学家一个位置。

此举，此文，皆在众官僚意料之外。虽然，他还以他一贯的温和风格，以古论今，用历史的真实资料，来说服当政者，而不是像修订法律馆与宪政编查馆的年轻才俊们，直接就把西方的先进思想与制度拿过来，以新为标榜。

可是，最高统治者载沣乃至朝廷重臣，并没有人重视他的提议，也没有人回应他的提议。

莫名的悲哀。

虽然，得不到回应，他的思考与思想，他的建议与呼吁，像打了水漂，只在水面上溅起几星涟漪，便悄然沉没；而他还是继续把他自己经过深思熟虑的想法落实在文字中。

《裁判访问录序》《法学名著序》《大清律例讲义序》《法学通论讲义序》等，如雪片一般，接踵而至。

宣统三年的初夏，天空湛蓝的北京城，又沉浸在一片绿色的海洋中，垂柳飘絮，古槐摇曳着满树串串白花。宣武门外，金井胡同深处的沈家本宅第中，也是一片绿色的喧腾。

离开官场的纷争后，老叟沈家本的心情很平静，几乎成天蜗居在小楼的书房里。说是楼，其实不过是由院子里的东耳房扩展的五间二层小楼，真正是很小的楼。

名曰：枕碧楼。

楼虽小，却也是藏龙卧虎。因为，楼里的藏书很多，丰富如海洋。沈家本自己的短文，就是从这里一篇篇送出去，发表在报刊上。不过，那些短文，只是他的副产品。

现在手里有了富裕的时间，他却充满了时不我待的迫切，迫切地想把自己未竟的心愿完成。他的心愿无关个人，还是和法律、书籍相牵连：将三部古籍《刑统赋解》《粗解刑统赋》和《刑统赋疏》整理出来，以示世人。

鲁迅先生诗曰：躲进小楼成一统，管他春夏与秋冬。

那时，老叟沈家本的心情是否也是这样的？

54　革命与三鞠躬

好景不长，1911 年的 9 月里，沈家本正埋头整理三部古籍，读书著述的平静，便随风而去。

因为，时局的动荡与变化。

虽然，他已经离开了官场。几十年的官场生涯，却早已让他养成了关心时势，关心政局的习惯。

他不看好没落的清廷，但是这个国家将何去何从，却也从来不曾在心里放下。

每天早饭后，他泡上一杯茶，来到书房的第一件事，便是翻看报纸。读报，犹如一日三餐，是他退出官场之后，仍然继续的一项内容，雷打不动。

习惯使然。

日子便在报纸的翻阅中飞逝，秋天飘然而至。同盟会与同盟会的领袖们，几乎日日都在报纸上与他相会，耳熟能详。偌大的中国仿佛坐在火山口上，随时都会爆发。

他的心情，想必也是在巨大的震荡中震荡，不可能隔岸观火，事不关己，高高挂起。不过，他那一年的日记，现在已经找不到了，没有留下很具体的痕迹。

终于，火山爆发。

1911 年 10 月 10 日，中国同盟会在武昌发动新军起义，全国响应，如火燎原。随后不久，全国 22 个省中就有 17 个省宣布独立。

清廷慌不择路。年轻的摄政王载沣，面对汹涌澎湃的革命浪潮，一时竟不知如何是好。惊慌失措之中，不得不起用他的心头之患袁世凯。

万般无奈的选择。

袁世凯是慈禧在世时的大红人，也曾翻手为云，覆手为雨。1901年，42岁的袁世凯，继李鸿章后受任为直隶总督、北洋大臣，权倾一时。在军事方面，他牢牢抓紧枪杆子。那时，由他的小站练兵时渐渐发展起来的北洋六镇师，已成为清廷国防军的主力。这支主力不但武器配备精良，且训练有素。更为重要的则是，军中将校只效忠于袁世凯一人，除他之外，几乎无人可以随便调动。虽然，正规国防军将领中还有一个吴禄桢，支持革命党人，但是吴禄桢的部属还是在袁世凯的操控下，吴禄桢很难随心所欲地指挥与调动，所以还是没办法撼动袁世凯的军权。

而在政治方面呢，袁世凯还是个新派人物。在当时的立宪运动中，他也是个主要的推动者。

然而，1908年，摄政王载沣上台之后，立刻就给袁世凯一个下马威，强迫他退休，差一点没把他杀掉。袁世凯悄悄地回到河南老家，住在豪宅里，静养，等待东山再起的时机。

现在，机会来了。

10月14日，摄政王载沣诏授袁世凯为湖广总督，命令他赴武汉，节制各军。袁世凯并没有喜形于色，走马上任，而是找了个冠冕堂皇的理由：因腿有毛病不能就职。当年，摄政王载沣就是以他的腿有毛病，把他赶出朝廷的。现在，他当然不能一口答应，还是要拿拿架子，腿疾便成为最好的借口。

4天后，10月18日，急不可耐的摄政王载沣又下诏，催促袁世凯就任。

10月20日，端足了架子的袁世凯，向朝廷提出自己的要求：召开国会，组建责任内阁，解党禁，宽容起事党人，总揽兵权，增加军费。

毫不含糊。

摄政王载沣，不得不退让，满足他的要求。

10 月 25 日，袁世凯奏派冯国章、段祺瑞率领第一、二军，奔赴武汉前线。

10 月 27 日，清廷下诏，授袁世凯为钦差大臣，节制陆海各军；隆裕太后拨内帑百万，用于武汉军事。清军于汉口击败国民军。

10 月 29 日，袁世凯致信黎元洪，率先提出和议。第二天，也就是 10 月 30 日，他自彰德南下。

11 月 1 日，清廷下令解散了皇族内阁，同时下诏，授袁世凯为内阁总理大臣。袁世凯婉辞，诏优勉。

11 月 13 日，袁世凯抵达北京。清廷又下诏令，近畿各军，均受袁世凯节制。

11 月 16 日，清廷任命袁世凯为内阁总理大臣。

这一次，袁世凯没有再推辞。其实，这个位子，他已经垂涎了很久。走马上任之后，他做的第一件事便是：组建责任内阁。人选很快就定了下来，各部大臣为：

外务大臣梁敦彦、民政大臣赵秉钧、度支大臣严修、学务大臣唐景崇、陆军大臣王士珍、海军大臣萨镇冰、司法大臣沈家本、农工商大臣张謇、邮传大臣杨士琦、理藩大臣达寿。

已经赋闲在家的老叟沈家本，这一次没有拒绝。于是，再次被卷入官场的漩涡中。

对官场已经深感厌倦，而且对清廷也已不抱什么希望与幻想的沈家本，为何会出任呢？

是因为他与袁世凯的私交还不错？

在天津任上，沈家本就与袁世凯打过交道。对这位比他年轻 19 岁的后辈，沈家本是温和的，也看重他的才华。后来，在部院之争与礼法之争中，袁世凯都是支持老臣沈家本的。这也许就是沈家本出任的原因吧。

对袁世凯而言，沈家本这位老臣则是他手中一枚挺重要的棋子。让沈家本来担任司法大臣，是最合适的人选，于公于私都无可非议。不久前的两场论争中，沈家本都首当其冲，也正是因为他首当其冲，方显示出他在法学领域的领军地位。不仅德高望重，而且法律学养也无人可以比肩。这几年他主持修律，成绩赫然，在国际法学界也享有一定的声誉。

更为重要的则是，袁世凯一直标榜自己为"新政"派，他与礼教派守旧的官员之间也有着很深的矛盾，用沈家本也就公开标明了他自己的立场。

在沈家本被任命为司法大臣的同时，袁世凯又任命梁启超为司法副大臣。年轻的梁启超，在部院之争时，对沈家本颇有微词。不过，那时他并不完全清楚内里的曲折，只是听了戴鸿慈的一面之词，深感气愤。

沈家本对梁启超的指责与微词，从没有回应过。对一个比自己年轻太多的后生，老叟沈家本一向是温和的，更何况，在他的眼中，梁启超才华横溢，且有思想，也想有所作为。

对于人才，沈家本一向是厚爱有加。

梁启超，1873 年生人，字卓如，号任公。祖籍广东新会。出身于传统的耕读之家。用我们今天的眼光来看，他似乎是个神童。4 岁开始学习四书五经，9 岁就会写八股文了，而且长达千言。12 岁中秀才，16 岁中举。1890 年，17 岁的他，只身赴京会试，不过这一次却没有考中，落第了。

虽然，落第了，却因为年少，没有太多的失败与失落感。回乡途经上海时，他看到了介绍世界地理知识的《瀛环志略》，眼前一亮，第一次从书本中了解世界各国，从此开始接触与钻研西学。除了收获了书中的思想，那一年的秋天，他经同学介绍，还结识了一个很重要的人——康有为，并拜康有为为师。

之后，他在康有为的万木草堂，跟着康有为学习了整整 4 年，并协助康有为编撰《新伪学经考》《孔子改制考》，深受康有为维新变法思想的影响。

1894 年 6 月，梁启超随康有为进京，再次参加会试。7 月，中日甲午战争爆发。1895 年，中国战败，签订了丧权辱国的马关条约。21 岁的梁启超代表广东 190 名举人上书清廷，陈述对时局的意见，并随同康有为发起"公车上书"。秋后，他又与康有为一起创办《万国公报》，组织强学会，活跃政坛，成为一面很显眼的维新旗帜，与康有为一样，也成了维新派的领袖人物。

1896 年，他担任上海《时务报》主笔，发表了《变法通议》《论君政民政相嬗之理》等一系列重要政论文章。他的政论文章，文笔非常流畅，又饱含深情，在社会上影响深远。

1897 年秋，他应湖南巡抚陈宝箴之邀，担任湖南时务学堂中文总教习。

1898 年"百日维新"期间，他回到北京，自然是非常积极的参与者。7 月 3 日，受到光绪皇帝的召见，奉命进呈《变法通议》，赏六品官衔，负责主持京师大学堂译书局。9 月，政变发生，他逃离北京，东渡日本。

在日本，他也是个活跃人物，先创办了东京高等大同学校，接着又创办了《清议报》与《新民丛报》，撰写了一系列介绍西方资本主义国家社会、政治、经济、文化教育的文章，礼赞改良。

1906 年，清政府宣布"预备仿行宪政"，他立即表示支持，撰写文章，介绍西方宪政，鼓吹立宪政体。

在老者沈家本的眼里，此时 36 岁的梁启超无疑是一个青年俊才。而在梁启超的眼里，老叟沈家本也绝不只是一个昏庸的官场老头儿。

一天傍晚，年轻的梁启超走进了沈家本的"枕碧楼"。算不上宽大的书房，简单朴素，除了书橱、书桌和靠椅，别无他物。待客的也唯有一杯绿茶，茶的清香绕室徘徊。

梁启超是一眼望去就非常聪慧的年轻人，饱满的天庭，深邃的目光，朝气蓬勃。相形之下，沈家本颔下冉冉的白胡须，温和的目光，却带有几分世事洞察的平静，还有长者的练达。

两人只是简单的客套几句，还是深聊，隔着漫长的岁月烟尘，已经无法得知与还原。

不过，那时年轻的梁启超与老叟沈家本有一点却是相通的，那就是他们都希望通过改良之路，来改变中国的现状，而不是用轰轰烈烈的革命来推翻一个旧世界。

然而，后来年轻的梁启超一直坚持保皇，而老叟沈家本却在生命即将结束之时，坚决表示要与这个旧王朝一刀两断。

此为后话。

这时，两位刚刚上任的司法大臣，对时局的变化，谁都不能有十分的把握，古老的中国正处在一个巨大的变化与动荡之中。

11 月 27 日，就在沈家本与梁启超上任不过 10 天之后，清军攻占汉阳，民军死伤 3000 人。

12 月 1 日，在袁世凯的斡旋下，武汉停战。

12 月 2 日，江浙联军攻克南京，清军守将、袁世凯的嫡系旧属张勋，接连向内阁发去电报，乞援。而袁世凯却置之不理。各省代表议决，袁世凯如果反正，就公选他为临时大总统。

大总统的位子，袁世凯心仪已久，不过因为深谙官场曲曲弯弯，他并没有马上首肯。

12 月 5 日，摄政王载沣被迫引咎退位。他很无奈地启用了袁世凯，但是到底还是没有保住自己的皇位，反而把自己的政敌推上了权力的舞台。

12 月 7 日，袁世凯派唐绍仪前往武汉和谈，与民军议和，并暗示他是赞成共和的。

12 月 9 日，袁世凯令全国作战 15 天，后又延长；联军方面回电，如果袁世凯反正，就选他为总统。

12 月 15 日，各省代表聚集南京，议选总统，但是，没有结果，只好虚位等待袁世凯倒戈。

12 月 25 日，孙中山抵达上海，受到广大革命群众的热烈欢迎。

12月29日，各省都督代表，在南京集会，选举孙中山为临时大总统。孙中山随即致电袁世凯，表示自己只是暂代临时大总统，随时可以让位。

1912年1月1日，宣统三年，11月13日，徐徐降落的夜幕中，南京前两江总督府，张灯结彩，庄严而悠扬的军乐，震荡着古老的南京城，也震荡着人们的心。孙中山先生，在人们的簇拥与欢呼声中，宣誓就职中华民国第一任临时大总统，并宣誓誓词。

誓词很简短，但却震撼人心：

> 倾覆满洲专制政府，巩固中华民国，图谋民生幸福，此国民之公意，文实遵之，以忠于国，为众服务。至专制政府既倒，国内无变乱，民国卓立于世界，为列邦公认，斯时文当解临时大总统之职，谨以此誓于国民。中华民国元年元旦。

自此，古老的中国由帝制而转入民制，几千年的封建王朝终于被革命的浪潮所埋葬。

1912年1月2日，孙中山通令各省改用阳历，同时改皇帝纪元为民国纪元。

可是，此时在北京紫禁城里，清廷的皇帝仍然是小宣统，袁世凯的责任内阁仍然掌握着清廷的实权，袁世凯也并不承认南京政府。

也就是在这一天，孙中山致电袁世凯，诚恳表示：虽暂代，然虚位以待。

明确告诉袁世凯，他随时都可以让出临时大总统的位子。

袁世凯心动了，与奕劻密谋，将民军优待皇室及旗民的条件和盘托出，希望奕劻能够出面说服朝廷，与民军议和。

1912年1月16日，同盟会的三个革命党人，试图在北京城里的丁字街炸死袁世凯，但是没有成功，三位豪杰却为此献出了自己年轻的生命。

袁世凯大惊，心里多少有些胆颤，以此为借口，从此不再入朝。并密奏太后：早顺舆情，赞成共和，以免乘舆出狩。

1月17日，清廷召开御前会议。禁卫军总统领导弼良和恭亲王溥伟为首的一批年轻的满族亲贵，极力主战，他们甚至想杀掉袁世凯。太后叹气：我何尝要共和？都是奕劻同袁世凯说，革命党太厉害，我们没有枪炮，没有军饷，万不能打仗……胜了固然好，要是打败了，连优待条件都没有，岂不是要亡国么？

1月22日，清驻外各使馆电请清帝退位。

1月26日，又发生一件震动整个京城的大事。革命党人彭家珍，刺杀禁卫军总统良弼的念头已久，也做了充分的准备。没有想到，两人竟在大街上巧遇，彭家珍掏出炸弹，投向良弼。

轰的一声，烟尘腾空而起。彭家珍自己当场身亡，良弼的腿也被炸飞了，鲜血淋漓，第二天不治而亡。

彭家珍那一颗英勇的炸弹，炸得全京城亲贵鸡飞狗跳，魂飞魄散，四处逃亡。

年轻的隆裕太后，如坐针毡。不得已，只好又去求助袁世凯。隆裕太后，幽居深宫，根本没有政治经验，又糊涂胆小，且不要说主宰国家的命运，她连自己的命运也无法左右，在这样混乱的局面下，也只能是泪水长流，哀哀求告，恳请袁世凯保护他们母子性命安全。

溥仪在《我的前半生》中，曾描述过当时的情景。那时年幼的他，只记得太后在哭，跪在太后面前的一个老头子，也泪流满面。那个老头子便是当时并不怎么老的袁世凯，时年53岁。

袁世凯抬起满面泪水的脸，仰望着太后，很真诚的表情，但他说出的话却更叫太后心神不宁。他告诉太后，革命军无孔不入，非常厉害；孙中山更是非凡之辈，又非常之有钱，这次他带回海外华侨的捐款就有数千百万。而我清廷官军粮饷皆缺，如何能与革命党打仗？

一听这话，太后的眼泪更是哗哗往下淌。

袁世凯接着劝说，如若继续相战，胜败难卜。倒不如现在就赞成共和，将来的国民政府会优待皇室，优待费一年400万两，足可以让太后衣食无忧，安享晚年。

这是唯一的选择。没有选择的选择。

太后含泪点了点头。

1912 年 2 月 12 日，宣统三年辛亥 12 月 25 日，隆裕太后携幼帝溥仪，在紫禁城乾清宫举行颁布退位诏书仪式。

清王朝的最后一次典礼。

袁世凯却没有参加。很充足也很简单的借口。自从前不久，他在丁字街遭遇暗杀之后，他就向朝廷告假，在私邸办公。凡需要入朝办理的公务，则由外务大臣胡惟德代表他办理。

也许，在那样悲哀与正式的情景下，他与隆裕太后相见，毕竟有几分难堪与尴尬。

能不去也就不去了。

所以，接诏书的那一天，仍旧是胡惟德代表袁世凯，领着一干国务大臣入宫。其中有民政大臣赵秉钧、度支大臣绍英、陆军大臣王士珍、海军大臣谭学衡、学部大臣唐景崇、司法大臣沈家本、邮传大臣梁士诒、农工商大臣熙彦、理藩大臣达寿。加上外务大臣胡惟德，共 10 人。

在侍卫武官唐在礼等 4 人护卫下，10 位朝廷大臣，缓缓步入乾清宫。高大的宫殿，一如往常，肃穆而庄严。

10 位朝廷大臣，心情各不相同，但多少都有几分悲凉与感慨，世事难料，如同白云苍狗。一个王朝就这么完了？说完就完了！

隆裕太后还没有出来。

大臣们稍等了片刻，两个太监走了出来，轻移碎步，分站两边。

随后，隆裕太后携小皇帝溥仪走进了宫殿的大厅。隆裕太后的心情想必是灰暗而沮丧的，过去的摆谱与隆重，荡然无存。

仪式简短而简单，带着几分应付的潦草。

太后与小皇帝溥仪在皇位上坐定后，外务大臣胡惟德领着一干老臣与四位侍卫官，向太后与小皇帝鞠了三个躬。接着胡惟德又代表袁世凯发表了一个简短的讲话。

随后，隆裕太后领着小皇帝溥仪退朝，各位大臣也就跟着胡惟德缓步离开了乾清宫。

历时 268 年的清王朝，至此正式结束。

冬天的太阳，照耀着巍峨的乾清宫殿。宫殿，辉煌依旧。然而，老臣沈家本的心里却有一种怪怪的感觉，仿佛有点儿不真实。一辈子都是向皇帝行跪拜礼的他，现在则是以三鞠躬告别了这个没落的王朝。这是大臣们上朝改变礼节的第一次。

其他大臣的想法是不是也与他相同，不得而知。一干大臣谁也不说话，默默地跟在胡惟德身后。出了宫门后，各自上了自己的马车，直奔石大人胡同的外交部大楼。

孙中山没有食言，让出了临时大总统的位子。

袁世凯如愿以偿。

清帝退位仪式 3 天之后，1912 年 2 月 15 日，临时参议院选举袁世凯为临时大总统。

1912 年 2 月 17 日，旧历的除夕，临时大总统袁世凯发出布告：

> 现在共和政体业已成立，自应改用阳历以示大同。应自阴历壬子年正月初一起所有内外文武官行用公文一律改用阳历。署中华民国元年二月 28 日即壬子年正月初一日字样。

虽然，南京政府早已在 1 月 1 日通令使用阳历，但是当时的北京因清朝皇帝尚未退位，所以仍然使用的是皇帝年号纪年。

此至，全国统一使用公历，清王朝彻底淡出历史。

沈家本在日记里很简洁地记下了这件事，如实照录袁世凯的布告，虽然没有任何评价，其复杂的心情仍旧依稀可辨。

现在，沈家本已经脱下了朝廷的命官官服，不再是官员。然而，却还是不能够无官一身轻。在中华民国新政府正式组阁之前，原清廷袁世凯组建的责任内阁，仍然在行使政府权力，司法大臣沈家本自然还要参加一些政务活动。

1912 年 2 月 18 日，壬子年的春节。早晨，天气阴沉沉的。沈家本静静地呆在书房里，没有出门。虽然没有出门，他的心里还是装满了事。

本来这一天，按照惯例，像他这样的大臣，应该到皇极殿向皇帝拜年的。可是，已经脱下朝廷官服的他，若是穿着便服进宫觐见皇帝，便有些不伦不类，也不合礼数。

不过，若是什么表示也没有，似乎又太绝情。

思来想去，传统儒家思想根深蒂固的老臣沈家本，还是向朝廷表示了他的一份心意：呈献如意二柄。

隆裕太后并不领情，将他的如意退了回来。

他在那一天的日记里写道：

> 元旦，晨阴午晴。未出门。今日本应诣皇太极殿行朝贺礼，因服色不便未去，同人相约如此。呈递如意二柄，仍赏还。

字里行间，似不带任何感情色彩，只不过是叙说事情经过。但其复杂的心情，还是依稀可辨。

毕竟，他为这个朝廷服务了将近 50 年。

1864 年，他 24 岁，遵从父命，一个人独自离开家乡，进了京城，是在朝廷的刑部，开始了他漫长的职业生涯。

弹指一挥间。

现如今，他已经 72 岁，垂垂老矣。他的大好年华，全都贡献给了这个没落的朝廷。

现在，大清帝国已经不复存在。对于民国政府，他还是缺乏清晰的认识。这位朝廷的老臣，对于革命，当然也还是有距离的。

55　章太炎的提议

虽然，民国成立，清廷老臣沈家本将逐渐淡出政坛；但是，他手里还有一些事务性的工作需要交接与处理，还不能日日呆在他的枕碧楼里，与书稿相伴。

时局的风云变化，也时时敲击着他的心。

他的副手，司法副大臣，也是一变再变，像走马灯似的变换。梁启超走了，代之而来的是由王炳青署理司法副大臣，但不几日，王炳青又以养老告终为由，辞去了这一代理职务，并要求免去他的少卿一职。接着，又由许玑楼暂代理司法副大臣，许玑楼接任数日，也提出了辞呈，又由季龙暂时代理。

大多清廷官员的心情都是惶惶不安的，不知道民国政府将会怎样安排或处置他们。

焦虑的等待中，沈家本最关心的还是国家的命运与前途。这一年，他的日记很完整地保留下来了。我们可以沿着他的日记，寻找他的心路历程。虽然，他的日记非常之简短，但那些简洁的文字，仍然很真实地折射出了他的心声。

旧历的正月初二日，他在日记中写道：各国公使有来贺总统者，日、俄不至。

日本与俄国为何不至，他没有分析，也没有评价。但很显然，他对这件事很关注。

旧历的正月初三日，他又写道：今日总统拜晤各国公使。先到英国，英使朱迩典欢迎，令其子女齐出瞻仰，沿途拍照者甚多。

这些想必不是他亲眼所见，而是从报纸上读到的消息。

第二天，也就是旧历的正月初四日，他的日记只一句话：南京政府必欲临时政府在南，而亦有不以为然者。

他自己是什么样的想法与态度，没有明确的表示。

隔了一天，在旧历正月初六日的日记里，他明白表示了自己的观点：一钟二进署，南京参议院会议亦以临时政府在北为宜，而孙文政府则与之反对，此公私之别也。当此共和初成之时，而仍循个人之私见乎？

他当然是希望临时政府设在北京。是因为清廷的首都设在北京，习惯使然？

旧历正月初八日，他在日记里叹息：星期。午后一钟二进署，忘其为星期也。署中各司皆无人，少坐即归。

像我们今天许多年老的官员一样，办公室，那时曰之为衙门，已经成为沈家本生活中的一部分，对那日日忙碌其中的办公场所，不由自主地产生一种依恋的心情，也是一种习惯。

那天坐在空荡无人的衙门里，环顾静悄悄的四周，老叟沈家本的内心深处，想必还是有些许茫然的失落与惆怅。

然而，令他始料不及的却是这种淡然的平静，很快便被打碎了。

混乱。

三天后，旧历的正月十二日，晚饭后他正在小楼的书房里整理书稿，年轻的属下献臣急匆匆地来到他的书房，一脸的热汗：内东城兵变啦，听路人说是因为三镇兵因放饷滋事，正沿途放火，抢夺民财呢。外边十分的混乱。

听了献臣这番急匆匆的诉说，他疾步走出书房，扶着廊沿的栏杆，仰望夜空，只见火光烛天。远处，噼噼啪啪的枪声，一阵紧似一阵，打破了夜晚的宁静。

献臣问他：是不是要避一避？

这时，一家老小也紧张地围拢到二楼廊沿上，叽叽喳喳，莫衷一是。

一夜未眠。

天亮时分，枪声渐渐稀落。他才在家人的劝说下，回到卧房，小闭了一会眼睛。

心情当然是不安静的，不知外边究竟发生了什么事。

沈家本在当日的日记中写道：变兵得财后，多由西便门豁子出城，沿城根火车道行走，距金井甚近，幸已满载，不暇波及。

第二天，旧历的正月十三日，他又在日记中记写了这次事件的来龙去脉：

天明后始探得，东安门外丁字街焚烧最烈，延及东安门已被烧尽，丁字街迤北之东西铺面存者亦稀。东四牌楼自条胡同起，自北而南无不被祸。单牌楼以南尚称完善。二条胡同以北至石大人胡同被烧者，尚不过数家。变兵起自朝阳门，故朝阳门一带挨户被抢，声言："袁大总统将南行，我等必在遣散之列，借些盘川回家。"可见此次之肇祸，南行其一端也。儿辈恐今晚尚不能安静，因在六国饭店留屋一间，85号。下午妇稚暂移居于彼。下午季龙来。是夜内西城门又焚抢，闻有姜军在内，而土匪为多，天明始定。

事情的经过，大致如老人家的日记所记述。但是，这次兵变是袁世凯授意的呢，还是一个偶然事件，历史学家争论至今，仍无定论。

坊间有传说，这次兵变是袁世凯的长子袁克定的阴谋，想以黄袍加身的办法，在京城劫持溥仪，逼乃父称帝。而台湾历史学家吴相湘教授经过严密考证，认为这次兵变并非袁世凯的预谋，而是一次偶然事件。

不过，这个偶然事件，却帮了袁世凯的大忙。当时，孙中山与黄兴，力主定都南京，而黎元洪与上海光复会的领军人物章炳麟等，还有临时参议院内的投票结果，以及革命党自己所办的报纸《民立报》都主张定都北京。

如此一来，袁世凯既然不愿意南下，再加上个兵变，定都北京，也就无可争议了。

对于袁世凯来说，这次兵变是峰回路转的契机，但对于普通百姓来说，便是苦不堪言的灾难了。

旧历的正月十四日，沈家本在日记中记录了他们一家避难的经过：

因六国饭店需费太钜，拟将妇稚送往天津，余移居六国饭店。两儿同行，迨到彼后，风闻火车有被抢之事，又不敢行，因将妇稚移居北京饭店。是日姜军在西城拿捉土匪，正法数十人。刑部街北头当铺白昼十钟被抢，皆本街人。闻大理院巡警首先砸门，法部之皂隶人等亦无不混杂其间。内城总厅闻之，派巡警来弹压，人始散，故南头一家未抢。总统命令各营军队，夜间不准出营，各地面责成军统领，巡警厅分段巡逻，夜间渐就安靖，不闻枪声矣。

政府官员尚且如此慌张逃难，遑论普通百姓了。

人心惶惶。

阳历3月3日，是旧历的正月十五元宵节。兵荒马乱之中，元宵节的团圆与欢乐气氛几近于无，愁云惨淡之中，这个合家团聚的节日，几乎被人们忘怀，也没有心情去享受这个传统的团圆节日。沈家本在日记中写道：

早九钟晤馨吾、仲和，知临时政府地方在北京。前日有代表四人，总统亦派代表四人同往组织临时政府事宜。

馨吾，即胡惟德；仲和，即章宗祥。

胡惟德，生于1863年，在沈家本面前，当然是晚辈了。他与沈家本还有另一层关系，那就是他的祖籍也是浙江吴兴，和沈家本是老乡。两人的来往，自然也就多一些，也有话说。章宗祥也是浙江湖州人，在当时也是很显眼的年轻俊才。

从胡惟德与章宗祥那儿得知民国政府设在北京，沈家本的文字没有表现出赞同还是否定。不过，从他前几日的日记来看，他还是赞同民国政府定都北京。

局势稍平静后，沈家本就带着家人离开了饭店，回到家中。一方面是因为饭店的费用高，另一方面呢，沈家本住不惯暖气烧得很热的饭店。他已经在北京生活了多年，习惯了寒冷，却没有福气享受暖气。而且他住在饭店的三楼，年事已高的他，上下楼还是感到有些不便，步履蹒跚。

家是一个人最温暖也是最自由的地方，俗话说：在家千日好，出门日日难。人老了，对家也就更加依恋。

回到家中的第二天，胡惟德便又来看他了。这一次，胡惟德告诉他一个很重要的消息：大总统明日三钟在石大人胡同大楼受职，各首领须前往行礼。

身为袁世凯政府的司法大臣，沈家本自然是要去参加的。

他在旧历正月二十二日，阳历 3 月 10 日的日记里，很完整地记叙了袁世凯受职的经过：

午后二钟，赴阁。大众齐集后上大楼，依次排立，请大总统就位。大众一鞠躬，总统宣誓誓词，宣毕（将誓词）面递与欢迎使。欢迎使（节）诵颂词，总统有答词，毕，二喇嘛递乌达，总统回赠，乌达挂于其颈间。于是大众在总统前一鞠躬，先各署首领依次行礼，总统退位，大众又一鞠躬，总统退入别室。各领带同亟参司员谒行一鞠躬。礼毕下楼茶会，归来未四钟。

与孙中山的就职宣誓仪式相比，袁世凯的登位，还是完全沉浸在封建朝廷的遗风之中，等级分明，而没有民众的欢呼与期待。

仅就仪式本身而言，孙中山的宣誓就职，很喜庆，气氛也很热烈。相形之下，袁世凯的宣誓就职，则显得沉闷，一派官方的色彩。

之后的一段日子，古老的京城，一直被冷风所笼罩。沈家本的日记中充满了对风的描述：大风，天气甚冷。是日风未止。晨风息，午后又作，夜大风。风微小。大风。

他的心情，犹如初春的风暴一般，时起时伏，跌宕不定。实在是有些疲倦了，很想躲进小楼成一统，管他春夏与秋冬。

然而，他却无法让自己的身与心都安静下来。那一段时间，枕碧楼里的客人挺多的，他的客人当然也多是官员，小道消息，大道消息，流长飞短。

旧历的二月二十五日，阳历的 3 月 13 日，他在日记里记了一句话：总统令特任唐绍仪为国务总理。

总理既定，新政府的组阁便提上了议事日程，司法大臣一职，由谁来担当，也是组阁中不可避免的人事问题。而他，已经不想再担当了。

他心里当然还是有些烦的。

几天后，他的同僚罗石帆来看他。两人刚刚在书房里坐定，罗石帆便对他笑着说："我的侄子在上海，不久前来了封信，说南方有推举您担任司法总长一职的传言。不知您意下如何？"

沈家本苦笑，摇头，叹息：虚名累人也。

此时，他对官场已经毫无留恋，很想彻底地抽身而退。

罗石帆的侄子所言南方推举沈家本担任司法总长的传言，具体来说，推举沈家本的那个人便是章炳麟。

章炳麟也就是我们耳熟能详的章太炎先生。说起来，章太炎与沈家本也算是半个老乡吧，浙江余姚人。他生于 1869 年，在老叟沈家本面前，自然是个晚辈，此时正值盛年，一个男人的黄金阶段，阅历丰富，精力旺盛。

那时的章太炎，在社会上不仅是个名闻名遐迩的革命家，而且还是著名的国学大师，经学与史学，他都深有研究，著述十分丰富。

不过，章太炎并非科班出身。他没有中过举，也没有考出个状元探花什么的。他只在 16 岁时，参加过一次县试，因为癫痫病突然发作，没有考成。从此放弃科考。

用我们今天的眼光来看，章太炎是个自学成才者。

他在 30 岁之前，一直在学习，除了学习便是著述，讲学。1895 年的 4 月，中日《马关条约》签订，偌大的中国再也放不下一张平静的书桌，这一年的11月,他寄会费16银元,要求加入康有为在上海设立的强学会。从此,投身于一浪又一浪的拯救民族与国家的革命运动。

1897年,他由杭州来到上海,担任《时务报》的撰述。《时务报》创办于1896年,经理就是汪大燮的表弟汪康年,主笔则是梁启超。章太炎的加入,如虎添翼。

可是,章太炎很快便与康有为闹翻了。原因很简单,一山容不得二虎。章太炎当然不会崇拜康有为,他对康有为倡言建立孔教深为不满,桀骜不驯的他,自称"教主",于是遭到康有为的追捧者围攻与殴打,愤而离开了上海,回到杭州。回到杭州后,他又与同人创办了"兴浙会",为《实学报》和《译书公会报》撰稿。

1898年7月,他又回到了上海,担任《昌言报》主笔,发表了一系列言词激进的文章,如《商鞅》《弭兵难》《书汉以来革政之狱》等。戊戌政变后,为躲避清政府迫害,携家避难台湾。

他当然不会在台湾悄无声息地苟且偷生,第二年的春天,他又和在日本的梁启超与康有为联系上了,并在梁启超主编的《清议报》上发表了很多诗文。6月,应梁启超及留日学生之邀,东渡日东,与孙中山相识,彼此相见恨晚。

不久,他离开日本,回国。

这一年的冬天,他在上海,担任《亚东时报》的主笔。

1900年,义和团运动风起云涌。6月,八国联军攻入津京,清廷宣战。7月,他参加了唐常才发起的中国议会。剪掉自己脑后的长辫子,以示与清廷决裂。而后,随着唐常才自立军的失败,他的思想也随之发生了很大的变化,心情沉重。

1901年,他来到苏州,任教东吴大学。当然,他不会只教学生学习古文,讲课之余,他常向学生灌输民族民主革命思想。因此,引起江苏巡抚恩铭的注意,并找碴设法逮捕他。

1902年2月,迫于自身的安全,他只好再次东渡日本,暂时借住在横滨《新民丛报》社。4月，他又与友人发起：支那亡国二百四十二年纪念会。7月，由日本返回故乡杭州。

那几年，他一直生活在动荡之中，东奔西走，然而著述依然非常丰富。1903年3月，他又离开了杭州，去上海爱国学社任教。在那里，他结识了邹容与章士钊。5月，邹容完成《革命军》一书，章太炎为其撰序，并发表《驳康有为论革命书》，两人的著述轰动全国。

此时，已由陈范接办的《苏报》，推波助澜。接二连三地发表《读〈革命军〉》《序〈革命军〉》《介绍〈革命军〉》等一系列文章，痛斥皇帝与清政府，高呼革命为神圣的"宝物"，要求建立资产阶级的"中华共和国"，推荐《革命军》为国民必读的第一教科书。同时，又对各地学生的爱国运动进行跟踪报导。

原本还没有当回事的清廷，再也坐不住了，照会上海租界当局，以"劝动天下造反""大逆不道"的罪名，将章太炎逮捕。邹容出于义愤，自动投案。

1903年7月7日，《苏报》被查封。

这便是当时轰动全国的《苏报》案大致经过。

1904年5月，章太炎被判决监禁三年，邹容则被判决监禁两年。1905年，邹容在狱中被折磨致死。章太炎却活到了刑事满释放，在狱中他还耐心研读了佛经。

1906年，章太炎出狱后，孙中山派人来迎接他，于是他再次东渡日本，加入同盟会，主办《民报》。在东京留学生欢迎会上，他发表了一通演说，慷慨激昂：当前最要紧的，第一是用宗教发起信心，增进国民的道德；第二，是用国粹激动种姓，增进爱国的热肠。

在主办《民报》的几年里，他也曾因为经费问题，与孙中山发生过一些不愉快。后来，他又与张继、刘师培等在日本东京成立亚洲和亲会，主张：反对帝国主义而自保其邦族。

章太炎在报纸上所发表的文章多是政论，一篇接着一篇，令人目不暇接。而他对国粹的研究也并未中断，不断有新著问世，比如：《春秋左传读叙录》《古音娘日二纽归泥说》《古双声说》等等。很深奥，也很专业，非一般读者所能涉及。

同时，他还为留学生开设讲座，讲授《说文》《庄子》《楚辞》《尔雅》等。还曾为鲁迅、周作人、朱希祖、钱玄同等古文底子深厚的学生，单独开设一班，另行讲授。

1910 年，已经 43 岁的章太炎，与同盟会闹翻了，矛盾公开。那一年的 1 月，先是黄兴在《日华新报》发表了一篇文章：章炳麟背叛革命党人之铁证，斥责章太炎为清政府特务、革命党的叛徒。

章太炎怎么能咽下这一口恶气，2 月便同陶成章等于重组光复会，他自己任正会长，陶成章任副会长。创办《教育今语杂志》作为机关报，与同盟会正式分手。

夏初，他的学生黄侃创办《学林》杂志，刊登章太炎《文始》《封建考》《五朝学》《信史》《思乡愿》《秦政记》《秦献记》《医术平议》等许多重要著作。

除了杂志上刊登的这些文章，这一年他还撰写了《文始》《齐物论释》。编定《国故论衡》上卷小学十篇，中卷文学七篇，下卷诸子学九篇。还在《国粹学报》发表了很多文章。

1911 年，他继续在东京讲学，可是当武昌起义的消息传到东京后，他立刻中断讲学，准备回国。

11 月 15 日，章太炎回到上海，在上海国民自治会上发表演说：宜先认武昌为中央政府。当黄兴就同盟会扩大一事，询问他的意见时，他回答：革命军兴，革命党消。

之后，他又在《光华日报》上发表长篇政论——诛政党。

这位革命浪潮中的风云人物，回国后，在他的《宣言》中，对民国政府重要职位的人选，也提出了自己的看法：

总理莫宜于宋教仁，邮传莫宜于汤寿潜，学部莫宜于蔡元培；其张謇任财政、伍廷芳任外交，则皆众所公推，不待论也。海陆军主干者，军人中当所推，非儒人所能定。若求法部，惟有仍任沈家本，为能斟酌适宜耳。

虽然，这只是章太炎的一家之言，却也道出了许多有识见者的想法。

56 年轻的俊杰们

章太炎就司法总长一职的人选提议，并没有得到临时政府的认可。

国务总理唐绍仪走马上任之后，新政府任命王宠惠为司法总长，徐谦为司法次长。

新任的司法总长王宠惠，相当年轻。生于 1881 年，字亮畴，祖籍广东东莞。而他本人则出生在香港。他的父亲是个虔诚的基督教教徒，非常重视子女的教育。他在幼年时，便被送进香港的圣保罗学校接受英文与西方科学知识教育，课余在父亲的督导下，又在家中学习《论语》《孟子》等儒家经典。由圣保罗学校毕业后，他又进入皇仁学院，学业长达四年。

1895 年，清政府在天津开设北洋西学学堂，并在全国招生，王宠惠报名参加这次考试。这一年，他才 14 岁，考试成绩却出类拔萃，被北洋西学学堂头等学堂第四班录取，攻读法科法律学。

1899 年，王宠惠以全校最优成绩毕业，获得毕业文凭。这张文凭是我国本土第一张大学毕业文凭，毕业文凭上并印有"钦字第壹号"字样。现在这张章文凭仍保存在台湾。

1901 年，他留学日本，继续攻读法律。他在日本留学的时间并不长，一面翻译西方法学家的作品，一面撰写文章，呼吁国人起来革命。

1902 年初冬，他转赴美国求学，先就读于加利福尼亚大学，随后又转入耶鲁大学，获得法学博士学位。在美国留学期间，他结识了孙中山，一见倾心，交往非常密切。在孙中山的影响下，1905 年同盟会成立，他当即加入，毫不犹豫。

之后，他又去了英国，继续研究国际公法，并获得英国律师资格。在英国期间，他还游历了欧洲各国，考察各国宪法，并被选为柏林比较法学会会员。

在英国，他用英文翻译了《德国民法典》，1907 年由伦敦著名的出版商斯蒂芬斯书店出版。此书一问世，便很受到国际法学界的好评，很快又为欧美各大学的通用教材。年轻的他，也因此在西方学术界名声大震。

他是第一个将《德国民法典》翻译成英文的人，其译本一直到 20 世纪 70 年代都被公认为最好的英译本，在美国很多大学都以此译本为教科书。

1912 年 1 月 3 日，经孙中山提名，王宠惠被任命为南京临时政府外交总长。

在那个动荡的年代里，他仿佛一颗冉冉升起的政坛新星，非常耀眼。

徐谦比王宠惠年长 10 岁，生于 1871 年，字季隆，安徽歙县人。1904年应试及第，成为进士，并被选入翰林院仕学馆攻读法律。1908 年任京师地方审判厅厅长、京师高等审判厅检察长。沈家本与他也是比较熟的，因为共过事，并且沈家本的日记里曾多次出现他的名字。

1910 年，徐谦随同许世英，前往华盛顿参加国际司法会议，继而又转道欧洲，考察了英、法、德、俄等国的司法制度。

王宠惠与徐谦，一个风华正茂，一个年富力强，并且两位都是学法律出身的，都有深厚的专业基础。

年轻化，专业化。

老叟沈家本在心里相当挺认可这两位人选的，他是一向提倡司法大臣一定得懂法律。

其实，这两位，对于沈家本来说，并不陌生，都共过事。当年在选调英才进入法律修订馆时，王宠惠就是他看上的人才之一。

5 月 1 日，沈家本在日记中写道：

午后风，入夜方息。暮时微雨数点。王总长今午抵京，寓国
务院。

此时，沈家本退出政坛之意已很坚决。在王宠惠来到北京之前，他
就将移交工作提前做了充分的准备。搞了一辈子的法律，老头儿做什么
都是条理清晰，从不喜欢拖泥带水。

对权力，他亦毫无留恋。

交结工作很顺利，也很清爽。5月7日与5月8日，只两天时间，就
全部移交完毕，沈家本随之也就彻底淡出政界。

5月10日傍晚，新上任的司法总长王宠惠与次长徐谦，一同来到金
井胡同深处的枕碧楼，拜会前辈沈家本。

两位后任，对这次拜见很郑重，都是一袭笔挺的西装，打着领带。特
别是王宠惠，深黑色的西装，配着深灰色的领带，而手表与西装上的纽扣
却都是银色的，很有几分英国绅士的风度。

天，微阴，小风习习。

沈家本的枕碧楼，一如往常，茶香伴着书香。王宠惠手捧一杯清茶，
心情大爽。虽然，他一派英国绅士风度，但却不喜欢喝咖啡，只喜欢喝茶。
而沈家本待客的茶，是南方老家捎过来的，品质优良。

这次礼节性的拜访，想必是平和而愉快的。三位法律界的同仁，也
算是老、中、青三代人了，经历虽不相同，但对法律的看法，法律在中国
未来国家建设中的作用，话题多多。

灯影下，沈家本端详两位后任，卸任的轻松油然而生。现在，他终
于可以腾出手来，整理旧稿，把自己想写或者是已经开了头还没有完成
的书稿完成。像他这样的传统知识分子，立言也是生命中很重要的一项
工程。

夜晚，送走两位后任，他伫立小楼的廊沿，抬头仰望夜空，阴沉沉的
天空没星星，也没有月亮。小楼前的那株老槐，黑黢黢的，斑驳一片。

地老天荒。

人生也就要走到了尽头，心里不免还是涌出几分淡淡的悲哀，还有时不我待的紧迫感。

毕竟，他已经老矣，得抓紧时间完成自己尚未完成的著作。除了这些没有完成的著作，他对人世已很少眷恋。

可是，他还是没有能够完全清静下来。人算不如天算，时局又发生了变化。一个多月后，唐绍仪辞去了总理一职，甩手不干了。之后，经参议院推选，陆征祥出任总理。

司法总长一职由谁来担任，又成为陆征祥组阁的一个难题。因为，此时刚刚上任不过三个月的司法总长王宠惠，与同盟会的内阁成员一起辞职了，以示对袁世凯独裁的抗议。王宠惠辞职不几天，徐谦也辞去了司法次长一职。

陆征祥很头疼，王宠惠甩手离去，谁能接替他呢？最合适的人选，还是老叟沈家本吧。章太炎所言：若求法部，惟有仍任沈家本，为能斟酌适宜耳。这也并非章太炎一个人的看法，代表当时相当一部分有识之见者的共同看法。

于是，旧话重提，说客不断。

胡惟德、张杏生、施伯彝，乃至段祺瑞，如走马灯一般，今天你来，明天他来，或枝枝蔓蔓，绕道主题，或言词恳切，开门见山，但目的都是同样的，请他出山。老叟沈家本不胜其烦。他在日记中写道：

> 27 日。馨吾来，言国务同盟会人总统留之不得，不得不另访替人。与陆总理拟四人，孙毓筠、胡瑛、沈秉堃，而欲以司法属余。陆因与余不识，馨吾转致此意，余婉谢之，久病未愈，实难再出应世事。

> 28 日。张杏生来，仍是馨吾属来谈项者，并言参议院可不到，国务院亦不必常到，可在总其大成，余仍以疾辞。

29日。施伯彝来，乃陆子兴属来。余告以病不任事。伯彝
见余病状，亦不甚怂恿。段芝泉来，总统属来劝驾，余仍以病辞。
连日政界人来，言语过多，气急之症益甚。

初一日。黄昏斗华自馨吾处归，复以不入耳之言来相劝勉，
无如余病体之不能支持。

初二日。余托言赴西山养病，客皆不见。是晚杏生又来探
口气。二儿见之，告以病不能行，杏生言只好敦请仲和、伯勤来
诊视，开方服药。

以上所摘几篇日记，都是旧历的日期。虽然，已经改用新历，年老的
沈家本似尚不习惯，他的日记一直沿用旧历。

从日记来看，沈家本实在无意再出山。身体有病只是借口，另一方
面他也不愿意再掺和到同盟会与袁世凯的矛盾之中。

他对同盟会不甚了解，而对袁世凯呢，虽然认识得很早，在他1898
年的日记里就曾出现过"慰廷"的名字，但此一时，彼一时，对现在已是
临时政府大总统的袁世凯，他还是心存几分疑虑的。

人总是在变化中。人对人的认识与了解，也是在不断的变化。对那
些离他远而又远的革命者，沈家本一向都是十分关注的，也很想了解。

除了对人，还有对国事的关心，这位老头儿还是不能完全漠然处之。
动荡之中的国事，依旧时时盘绕在他心头。

在接下去的几天里，他的日记中记写的多是国家大事，或对国事的
个人看法：

初四日。连日党论纷纭，内阁尚未能组织完，可叹。

初六日。总统提出总长六人，参议院无一人通过者。竟至
陷于无政府地位，可叹，可叹。同盟会主张其事统一，共和党附
和之。共和党人数不及二党之多，此其所以难通过也。

初八日。今日总统请参议院议员茶会，闻到会者五十余人，

总统演说良久,议员汤化龙答词尚平和。

基本淡出政坛的沈家本,还是不能将国家的事置之度外。这位清廷的旧官僚,在动荡的纷乱中,期望着国家能有一个安定、逐步发展的未来。对轰轰烈烈的革命,他还是持一种观望的态度吧。

1912 年 7 月 25 日,沈家本在日记中记道:

阴。总统送法律顾问状来。

是总统袁世凯亲自送来的,还是派下属送来的,不得而知。沈家本的日记里也就只这一句话,很无奈的了结。他以身体有病为由拒绝担任司法总长,总不能把这个司法顾问的头衔也拒之门外。

好在顾问是一个虚职,并没有具体的工作要担当。可以顾而问,也可以顾而不问。

随后,炎热的 8 月如期而至,雨不再滴滴答答,热风中的太阳如火球一般,当空高悬,照耀着干渴的北京。一个原本远离京城,离民众生活也很遥远并不怎样出名的人物——张振武,却在这个炎热的夏季里,轰动了整个京城,乃至全国。

张振武还很年轻,时年 35 岁。然而,他的生命却永远定格在 35 岁。

张振武生于 1877 年,湖北竹山县茅塔镇人。他原本是个小学教员,人很聪明,但性格却有几分暴躁,如同山野里的一棵树,无拘无束,自由而任性,平时很喜欢打抱不平。

当革命的思潮蔓延到乡村,他便成了那浪潮中一朵跳跃的浪花。甲午战争后,他变卖家产,自费留学日本早稻田大学,攻读政治法律。1905 年,加入同盟会,成为一名革命者。1907 年,他回到国内,执教于武昌黄鹤楼小学。他当然不会仅安于一个小学教员的安稳生活,继续鼓吹反清革命,遭清廷通缉。

1909 年 9 月,他又加入了湖北共进会,协助孙武建立共进会湖北省总部,任理财部长。1911 年 9 月,他了出席文学社与共进会的联合会议,预选为起义后湖北军政府理财部副部长。其实，他这个理财部副部长手里并没有资金，为了筹集资金，他随即回到家乡，变卖祖产，充当革命经费。

1911年10月初，清廷大肆缉拿革命党人，张振武于危难中，四处联络各方，准备发动起义。武昌起义后，他参与组建湖北军政府，任军务部副部长，代行部长职责，主持军务。他主持军务的时间不长，不过十余日，但部署有序，颇具胆识，深得属下信任。

尔后，阳夏之战、汉口失陷，汉阳危急期间，他都表现得很勇敢，身先士卒。汉阳激战中，他负伤落水，差点儿淹死。后退守武昌，鼎力协助守城。他对黎元洪临阵出走，非常有看法，主张去掉黎元洪，另举贤能，因而埋下了两人之间的仇恨种子。

1911年11月，南北议和，黎元洪投靠袁世凯，并在暗地里结交孙武，合伙排挤张振武。这时，南方各省北伐呼声高涨，黎元洪令张振武携现款40万元，前往上海，购买枪支。张振武到上海后，四处结交与之志同道合者，游说革命，并与他的随员军务部参议方维等，谋划另组北伐军，倡言二次革命。购买枪支武器，便成了他捎带完成的一个小任务。

1912年1月间，奉命在上海购买枪支的张振武，与孙武相遇。孙武正领着一批失意军人发起组织"民社"本部，以卢梭的《民约论》为宗旨，反对共进会。不知为何，在孙武的几经游说下，张振武竟同意加入其中，而"民社"推举的首领居然就是张振武深为不满的黎元洪。

随后，张振武回到湖北，分别在武昌与汉口设立"民社"支部，之后又因与孙武关系闹僵了，加之其他原因，就将"民社"搁之一边，再也没有过问过"民社"的社务与活动，埋头就去干他自己想干的事了——办学与办报。他与方维将在武昌的编余军官组成"将校团"，由方维任团长。又创办了《震旦民报》，和男女中学各一所。兴头很高，亦轰轰烈烈。

黎元洪坐不住了，如芒在背。在他眼中，张振武就是一匹野性十足的狼，他驯服不了这匹狼，只有置之死地方能安心。但是，他又不敢在武昌动手，怕激起事变。于是，密请袁世凯授张振武为总统府顾问，调其进京。

张振武拒绝了。

黎元洪不死心，当然也不会善罢甘休，又密电袁世凯，告张振武的黑状："蛊惑军心，勾结土匪，破坏共和，图谋不轨，方维同恶相及，请均在京正法。"并设一计，调张振武进京，那就是任他为蒙古调查员。

1912 年 8 月 14 日，张振武来到了北京，并在德昌饭店宴请同盟会与共和党要人，希望：消除党见，共维大局。15 日夜，为调和南北感情，他又在六国饭店宴请北洋将领姜桂题、段祺瑞。席中，把盏交谈，气氛热烈，他根本没有料到他将死在这个热烈的夜晚。

晚，十时许，酒宴方散。张振武乘马车回旅社，途经正阳门时，突然遭遇军警拦截，并将他五花大绑，押送西单牌楼玉皇阁京畿军政执法处。张振武这才如梦初醒，然而已经太迟了，没有办法逃脱。

16 日凌晨 1 时许，整个北京城还沉浸在睡梦之中，张振武与他的同伴方维，却被绑在木桩子上，即将离开这个世界。临刑前，他仰望满天的繁星，愤怒地大喊："不料共和国如此黑暗。"

子弹毫不留情地射向他与方维。

枪声划破了黎明前的黑暗，张振武与他的同伴方维却倒在了黑暗之中。

第二天，1912 年 8 月 17 日，金台旅馆门前张贴出袁世凯签名的布告，布告除照录了黎元洪请求处理张振武的原电文外，并准照上将例赐恤。

全国震惊，舆论哗然。参议员纷纷提出弹劾，黄兴及各界人士亦纷纷函电质问。

已经淡出政界的沈家本，和全国民众一样，深感震惊。除了震惊，他还非常关注，在日记里不断提到这件事：

> 天气又热。黎元洪来电，请拿张振武、方维二人，于今日九钟拿住，十一钟枪毙。

沈家本当然只能是从报纸上读到这则消息，也许是年老的原故，也许是报纸的报导有误，他日记中张振武与方维遇害的时间稍稍有误。

接下来的几天里，他一直非常关注事态的发展：

乞巧日。晴。连日因张、方正法，湖北议员大发怒，已有质问书。

初八日。晴。闻张振武领三十万赴沪买枪械，一月之中挟妓应酬报馆，花了二十四万，此必罪状之一端也。

初十日。连日天气复热。黎元洪来电，张振武十大罪已登报，其中以蓄意二次革命情节为重。

张振武一案，大报小报，连篇累牍，想必是什么样的报导都有，议论纷纷。老叟沈家本还是从纷乱的报导中清醒地认识到，张振武是因二次革命而丧身。

革命，离沈家本是遥远的，革命党人，离他更是遥远。他只能从报纸上了解革命党人，一星半点，到底还是隔膜的。但他对革命党人却很关注，也很想了解，充满了好奇心。

很快，他就接触到一位年轻的革命党人。

陈英士。

陈英士和沈家本还是老乡，也是浙江吴兴人。

现在，大多年轻人已经不大知道陈英士这位革命先烈了，他的英名也因久远而变得陌生。甚至，他还没有他的两个侄儿陈果夫与陈立夫名气大。可在那个时代，陈英士如同他的名字，英名远扬。孙中山先生曾赞誉他为：革命首功之臣。

陈英士，名其美，字英士。1878年，出生在一个富商家庭，从小受到完整而良好的教育。1906年，留学日本。很快便加入了中国同盟会，成为孙中山先生的得力助手，还与秋瑾、徐锡麟结为好友。

1908年春，他从日本回到上海，联络东南各省革命志士，计划军事起义。可是,起义的机密被泄露,组织亦遭破坏。他却不死心,亦不灰心,又和宋教仁等组织了中部同盟会干部,拓展长江各省革命势力。

1909 与 1910 年间,忙忙碌碌的革命运动空隙中,陈英士还创办了两份报纸《中国公报》与《民声丛报》,鼓吹革命,在当时影响很大。除此,他又协助于右任与宋教仁等,筹办《民立报》,进行推翻满清的革命宣传。

1911 年,他与宋教仁等在上海创办了中国同盟会中部总会,并被推选为庶务部长。这一年,他还与黄兴等发动广州起义,失败后回到上海,策划在长江流域发动革命。10 月 10 日,辛亥革命爆发,他率江浙革命党人立即响应,又联络上海商团,于 11 月 3 日发动起义,攻打满清政府设在上海的兵工厂:江南制造局。

在双方的对峙中,他自己一个人,单枪匹马,徒手进入制造局,向驻军宣传革命思想,希望得到他们的支持,结果被驻军扣留,并用铁索把他锁在椅子上。而包围在制造局外的同志,以为他已遇难,悲愤交加,发动猛烈的进攻,直到第二天,终于攻破制造局,才把他营救出来。

后来,孙中山先生在追述此事说:"时响应之最有力,而影响全国最大者,厥为上海。陈英士在此积极进行,故汉口一失,英士则能取上海以抵之……"

1911 年 11 月,上海光复,清政末代道台刘燕翼被迫下台,革命党人成立沪军都督府,陈英士自然被推举为都督。说来陈英士是推翻帝制后,上海第一任军政领导。

其后,他又组织了江浙沪联军,并率军攻克了南京。

1912 年元旦,中华民国宣告成立。年轻的陈英士为中华民国的建立,立下了汗马功劳。

最初,沈家本是从自己的侄儿沈云抱那儿听说陈英士的种种神奇传闻。1912 年 5 月间,他的侄儿云抱从老家湖州来到了北京,就住在他这位老伯父的家中。朝夕相伴之中,云抱说得最多的是陈英士,这位陈英士在家乡的父老眼中,可谓英雄,无人不知,无人不晓。

很多年前，沈家本曾见过陈英士，还曾在日记中记下过一笔。不过，那时陈英士还是一个毛头小伙子，热情，有很多的想法，但并没有给沈家本留下特别深刻的印象。

而现在，这个人的名字，这个人的传奇经历，这个人对革命的热忱，都在垂垂老矣的沈家本心里留下了深刻的印象。出乎他意料的却是，就在张振武事件发生一个来月后，陈英士竟又出现在他的生活中。

1912 年 9 月，袁世凯邀请孙中山来京城磋商国事，孙中山欣然前往。但是，孙中山的得力助手陈英士却深为担忧，他对袁世凯根本不信任，担心中山先生此次进京会遭遇不测。于是，就在中山先生拜访载沣的那一天，他与黄兴一行也抵达了北京。第二天，也就是 9 月 12 日，载沣奉前清皇太后隆裕之命，设宴为孙中山、黄兴与陈其美洗尘接风。

陈其美如同英雄凯旋，在京城的公务活动十分繁忙，但是他还是抽空参加了在京的湖州同乡会为他举办的欢迎会。老叟沈家本也参加了这次欢迎会，他在阳历 9 月 21 日的日记里写道：

> 八月十一日，晴。午后二钟，湖州同乡在江苏会馆开茶会，欢迎陈英士都督其美。英士三钟到，由李子裁代表朗诵欢迎词。旋由英士演说，颇以吾乡民主生计为念。语中渐辨报界谤伊之言。演说毕，拍照，入茶座。谈至五钟始去。客去后，公议会馆事，散时归来五钟三。

沈家本的日记向来都是非常之简洁，不过从他简洁的文字中，亦可看出他对晚辈陈英士的首肯，很赞赏他对家乡百姓民主生计的关切。

令他没有想到的则是，两天后的下午，陈英士竟专程到金井胡同来拜访他。沈家本自然非常热情地接待了这位贵客，待客的自然还是家乡的绿茶。

陈英士与王宠惠一样，都属于青年俊才，都喝过洋墨水，鼻梁上都架着眼镜。与西装革履的王宠惠所不同的则是，陈英士一身戎装，更显现出几分干练的挺拔。

晚清的法律大臣沈家本，与这位民国的上海都督，两人促膝相对，会谈些什么呢？不得而知。

革命离沈家本是遥远的，他是一个希望通过改良之路来改变中国的改良者，他所深思熟虑的则是中国的法律改革与建设。

陈其美则是时代的弄潮儿，他希望通过轰轰烈烈的革命，创造一个崭新的中华民国。他年轻的生命也如同革命一般，轰轰烈烈，闪耀着灿烂。而法律与他则是隔膜的，至少他是不熟悉的。

这样的一老一少，坐在一起，会谈些什么呢，唯一能把他们牵在一起的那便是家乡湖州。

沈家本在那天的日记写道：

> 十三日。午后五钟，陈英士来。

只一句话。

57 馨香祝之

随后，中秋节如约而至。

对一个老人来说，团圆的欢聚中也夹带着几许秋的清静与悲凉。早晨起来，泡一盏浓茶，坐在庭院的老槐树下，透过密密层层泛黄的绿叶，可以看到高而深远，灰蓝色的天空。信鸽掠过树梢，忽地闪去，渐行渐远，像一缕飘忽着的白云。

心情亦如飘忽的白云？

沈家本在日记中写道：

> 中秋。民间仍以为节，照常要账。各署则不然，不放假。是
> 日，晴朗；夜，月色甚好。

他笔底的文字，似无情感与情绪的色彩，波澜不惊。其实，细细咀嚼，则不然。

今夜明月人望尽，不知秋思在谁家？

不再为官之后，他在小小的庭院里栽种了许多花草，丁香、朱藤、夹竹桃、蜀葵，还有菊与腊梅，不一而足。与花草相伴，洗尽岁月铅华。

大多老人都是喜欢侍弄花草的，浇水、施肥、清扫枯落的黄叶，活儿虽细致，但并不怎样繁重。养眼，亦养心。对于沈家本而言，辛勤的劳作，亦饱含着诗意，他竟为庭院中的花草写下一组诗句：小园诗二十四首。

开篇第一首如下：

小园蚤诵兰成赋，吾爱吾庐拓数弓。

但得眼前生意满，不须万紫与千红。

其实，他对自己的著述，如同小园，辛勤耕耘其中。就在他与革命党人陈英士相见的前几日，他刚刚完成《法学会杂志序》，而在张振武案发前几日，他在日记中欣然道：自正月无事以来，纂《汉律摭遗》22卷，今日方毕事。然其中尚多未备，著述不易言也。

22卷，浩荡如长河。那时没有电脑，老叟又惯用毛笔，横竖点捺，一笔一划。蝇头小楷，密密麻麻地落在纸上，其中艰苦的思考与考证，更是艰难备至。他总是想从历史的长河中，梳理法律的脉络，寻找东西方法律的契合之路。

和那些从国外归来一肚子洋墨水的留学生们不同，他从不寻找一蹴而就的捷径，也很少寄希望一蹴而就。他比他们更懂得这个古老的国家，也许因为他自己就是一个老人。所以，他总是想从历史古老的渊源中，抽丝一般，整理出一条适合的，大多数人能接受的途径。

比如，在理法之争中，他有些做法就是退让的。而那些退让，也是为了进步。退一步，进两步。

他曾这样评价自己：余性钝拙，少攻举业，进步极迟。也许就是因为"钝拙"，他做事做学问从来都是本着刨根究底的精神，很实际，从不随手拿来。随手拿来的东西，也常常会随手就扔掉了。

研究汉律，自然还是为了寻找东西方法律的异同与融会贯通的路径，在序言的结尾，他感叹道：

我已年老，且体弱，常常需要卧床休息，工作一整天，收获却不多。自春至夏，如今又已进入秋天，这才编述完毕，前后共22卷。虽然，不能将三代先王之法全部整理出来，可是若有想探究古代之法的学者，或可从中得知一二。

在这部专著的总述中，他再次提醒人们：一代之法，不能只是看其在立法上是否完善，还要考察它在运用中是否平顺。

接着，他又将汉律与唐律、魏晋时期的法律，一一比较，用刑之轻重得失，法条与结构的设置，是否得当。甚至还和西方法律，进行比较，希望从中找到汉律与现代法律的相通之处。

在和外国洋教士的几次交手之中，他从他们的眼神中很清楚地读到：蔑视，比如法国传教士杜保禄，在他的眼中，中国根本就没有法律。美国传教士丁韪良也曾说过：中国在法律方面是非常落后的，她应当完全感谢从西方引入的这些知识。

而沈家本，并不完全认可。

他的著述，就充分显示了中国法律的厚重与古老。

然而，他更想从这份古老与厚重之中，建筑一条通往现代法律的路径。

法律是不能脱离本国历史，更不能脱离本国社会，它与政治，紧密相连。在官场多年的历练之中，他对这一点，认识尤为深刻。

他是个喜欢用事实说话的人，所以这本著述的资料非常详实，如同他自己所述：目之可考者，取诸《晋书》；事之可证者，取诸《史记》及班、范二书，他书之可以相质者，亦采附焉。

所倾注的心血与精力，是他人不可想象的。

浩浩荡荡 22 卷著述，老叟却说收获不多。

自谦也。

在辛苦的著述中，他还拨冗给《法学会杂志》复刊写了序言。

杂志从创办至停刊，再至复刊，也是随着国家的波澜而起伏，他很有些话想说。

最初的创办，相对而言，还是比较一帆风顺的。1911 年的春天，他与法学同仁萌发创刊想法，初夏，6 月 11 日，就出版了第一期。行动之果断、迅速，令人耳目一新。

发刊词为杨荫杭所著。杨荫杭即钱钟书的夫人杨绛的父亲。杨荫杭在当时社会上很有些名气，是知名的法学家，也是知名度很高的律师。

杂志的栏目，也是颇费了一番脑筋，很吸引人的眼球：论说、社会政策、刑事政策、各国法制史、监狱协会报告、中国法制、法制解释、丛谈、译丛、判决录，等等。

版式设计更是别出心裁，内文有刊眉，每面侧边印有篇名，页码也很别致，各篇各自为政。相比现在的杂志，寻找其中一篇，便比较费劲了。

印刷由崇文门外兴隆街北官园益森公司承担，这家公司的印制水平在当时还算是比较精良的。

杂志的总发行处就设在汪有龄的家中，发售则由琉璃厂第一存正书局承担，每月发行一期。

每一期里都有或名家或当时年轻精英的文章，乃至外国专家的文章。沈家本自己就带头在上面发了好几篇文章，许世英、徐谦，紧跟其后，发表了自己的论述，日本法律专家冈田朝太郎、志田甲太郎、小河滋次郎等，也都贡献了自己的论述。

杂志办得有声有色，在社会上的反响也很大，一出场就成为当时法律刊物中最有影响，也是最吸引人的一种。

不过，杂志只刊行了五期，便戛然而止。

停刊，是因为辛亥革命的爆发。在颠簸的革命浪潮中，平静被打破了，社会动荡，杂志便也难以为继。

然而，这本杂志，一直记挂在老叟沈家本的心里，念念不忘。1912年8月间，政局稍安，沈家本便又念叨起这件事来。汪有龄、许世英乃至章宗祥，每每到他家中拜望，闲谈之中，他总要提起这件事：北京法学会与《法学会杂志》。

对于他而言，这是至关重要的两件事，应该认认真真去做的事。

第一个带头响应的自然还是汪有龄。本来，汪有龄对办杂志的兴致就很高，而且《法学会杂志》创办时，他把家中的住房都贡献了出来。

很快，汪有龄便与章宗祥等一起，约集同仁，筹划如何先将法学会的工作开展起来，接下来就准备《法学会杂志》杂志复刊事宜。

有条不紊。

经过一番讨论，众人推选王宠惠、许世英、刘崇佑、章宗祥、曹汝霖、江庸等为学会维持员，修订了会章，又划分了会务之责。

会毕，《法学会杂志》的复刊，便也就提上了议事日程。

沈家本当仁不让，为《法学会杂志》复刊写了序。序文也很短，简洁是他的一贯风格。但短短的文字中，却包含着相当丰富的思想含量，还有期望：

自李悝著《法经》，法学兴。秦时，以吏为师，天下学习法律的人都集中在丞相府。西汉沿袭了这种风气。东汉不用秦法，学习法律者常聚集在一起，由老师讲授。如郭弘习小杜律，郭躬继承父业，常常有数百人聚集在一起，听他讲授。吴雄家三代都是著名的法学家，全以传授律令为家业，其后宠、忠也都学习熟悉刑法。那一时期，对律令深有研究的有十余家，像郑康那样的大儒，对法学亦有很深的造诣。那时虽无法学会这样的名称，而其传授者则源源不断，学习者也非常之广泛，所以法学昌盛也。

近世纪，欧洲学者孟德斯鸠之辈，发明法理，立说著书，风行全社会。一时学者递衍，流派各持其是。相继成立协会，深入研究，相互探讨，新理日出，社会政治也因之得到了改革，人民生活便也有了保障。这样的风气，遂成主流，并渐及东海，法学会极为盛行焉。

唯独中国寂然无闻，对于法学家的著作，除了在法律部门供职的人，竟无人问津，社会文化名流与高官者，都认为是无足轻重的书，摒弃不录，甚至有人认为这些著作是不祥之物，远而避之。

近十年来，方才渐渐有采用西方法律的建议。我本人从事这项工作，遍访名流，分类编辑；并聘请东方博士前往我国，参与这项工作，一方面与他们讨论东西方法律之异同，一方面请他们传授新的知识；同时还创办了法律学堂，以便为国家培养出更多更好的人才；此时，中国法学还处于萌芽状态也。

庚戌之冬，汪君子健、江君翊云、陈君鲤庭等诸君，集合同志，筹设法学会，前来征求我的想法。我心里非常激动，我国的法学虽然还处于萌芽状态，但已渐渐成长起来。我极赞成他们的建议，并捐资为之鼓励。

复刊的具体事宜都是由汪君子健来承担的。汪君子健是个热心的人，为此做了大量的工作，订章程，筹经费，现在已初具规模。于是准备先设立法政研究所和编辑出版杂志。

于是，辛亥之春，在财政学堂设研究所，子健约同冈田、志田两位博士，各尽义务，分班讲课。并延请著名学者数人，担任杂志各栏目主编。3月份出版了第一期。研究所于炎夏时暂停，杂志则已出5期。不料8月国事变迁，人情惶惑，事遂中辍，良可惜也。

而我老病缠身，入春以后，足不出户，只能在家静养，不再与政界相周旋。子健非常惋惜斯会之已成而又中辍，便又与章仲和君重加整顿，并请求政府给予经费资助。斯会复又成立。一时知名人士，纷纷支持，解囊资助。

我虽老病缠身，不能亲临会所，聆听伟论，仍暗自为杂志之复刊，深感欣慰。因此述其缘起，题于杂志卷端。

今后，我中国法学昌明，巨子辈出，得与东西各先进国家媲美，斯会实为先河矣。在此，馨香祝之。

心中迫切的期望，跃然纸上。他最期望的也就是我们这个古老的国家，法律能够与东西方各先进国家媲美。

然而，就在他的心情还沉浸在兴奋的期待中时，他却在秋风中病倒了。脑后生了个疽，肿胀而坚硬，也就是民间俗称的：毒疮。

是因为夏日里的急火攻心，毒气积聚在那里，无法散去？

连日无法安睡，他的心情亦如秋天里席卷枯叶的晚风，带着几分无奈的悲凉。那几日，他的日记里出现的最多的一个字，便是：风。

几乎夜夜有风。

睡不着的夜晚，他便披衣枯坐床头，听风。

风举云摇。

风行草靡。

抑或：风雨对床？

风雨飘摇之中，老友也是老搭档的俞廉三，来向他告辞了，准备南归。

告老还乡。

俞廉三只比他小一岁，也是年过七十的老叟了。俞廉三与他共事的时间并不太长，但工作中两人的配合相当默契，私下里也对脾气，常有往来。

而且，他与俞廉三都是浙江人，在远离家乡的京城中，更添几分老乡的情谊。

两年前，有一天他在俞廉三家小酌。几杯老酒下肚后，话渐渐稠密，兴致愈高。俞廉三将他请至书房，在宽大的书桌上摊开了珍藏已久的一幅画，明朝著名画家吴缣的——卧游图。

吴缣的画清朗、古朴，逼真而传神。

沈家本细细欣赏，心中赞叹不已：

> 吴缣画出旧家山，把酒题诗一解颜。
>
> 万壑千岩归眼底，昔游都在卧游间。

吴缣笔底的树与清泉，峻岭与悬崖，触动了他内心深处最柔软的一角，万千思绪，蜂拥而来。这几年官场的纷争，法律改革中，一路的磕磕碰碰，酸甜苦辣，除了他自己，谁又能解其中之味呢？

一时情不自禁，挥毫泼墨，八组绝句，一气呵成。

开篇自然是为俞廉三而作，因为俞廉三是浙江绍兴人，而绍兴的名胜则是兰亭，他便以兰亭为由，牵出心中万千思绪：

> 兰亭春禊镜湖秋，无限山光取次收。

如此仙都天许住，何须更作少文游。

接着便是感慨：

宦辙年年在客中，晋阳修竹楚江枫。

翻教舍却湖山好，难得归舟系短篷。

写着写着，他不由自主便想起了自己的家乡：

吾家老屋枕苕溪，溪上烟岚面面低。

何事忍抛山水去，劳劳人海久羁栖。

最后一首，则是他向俞廉三推心置腹的叹息：

何日脱离尘网去，与君同泛五湖船。

推篷支枕寻山水，朗月清风不要钱。

而现在，俞廉三就要回家乡了，他却还要留在京城里，什么时候才能脱离尘网，与老友泛舟湖中？

58 晴窗理旧稿

暮年的苍凉，宛如窗前纷纷飘落的枯叶。

一叶而知秋。

老叟沈家本的人生之秋，也只剩下一截短短的小尾巴。来不及细细品尝已经完成的收获，比如呕心沥血的《汉律摭遗》。只是感叹时间不够用，还有许多想要写还没有动笔的著述构思，让他欲罢不能。

不能像俞廉三那样回南也罢。

叶落归根的想法，也只是偶尔在他心里驻留。在他心里徘徊不去的，还是那些未竟的著述。除了几年外放，他一辈子都在刑曹，从具体的审案、判案，乃至立法，心得点点滴滴，经验的累积，也堪称深厚。

即便是外放的几年里，繁杂的公事之余，夜深人静之时，他读的也还是法律方面的书籍。而经他手所处理的几桩案件，比如天津拐卖儿童一案，保定府的教案，都堪称干净利落，丝毫没有拖泥带水的犹疑，迅速平息社会骚乱，让市民对这位瘦弱的白胡子小老头儿刮目相看。

和那些一辈子都在翰林府的大学士们不同，他的思想与思考，很少书生意气，没有指点江山与挥斥方遒的英雄气概，而是多落在实处，很实际。

他到底还想留下些什么样的文字？

立法的过程与结果，有待历史评判的争论，诸如：部院之争、礼法之争，还有早年具体案件审判过程中的细微而深入的思考？

当然，立言，也是大多传统知识分子所倾心的，老叟沈家本自然不会例外。

只是，他所立之言，多与民生有关，远离风花雪月。在他的日记与他的随笔中，著述的心情与意愿，是很明白的。

他在《日本享保末明律跋》中有这样一段话：

> 我一直很奇怪好古之士，搜寻前人的遗著，常常都是有关风云月露之词，游戏应酬之作，把这些东西都做宝贝珍藏起来，而有关掌故方面的遗著，多不关心，法家的著作，更是多遭遇摒弃。要知道历代的因革损益，以及法系之源流，非取其遗著参考会通，不能深明其故。

所以，他给我们留下的文字，多是与他一辈子沉浸其中的法律事业相关联，还有他对社会政治的思考。

那些文字，也都是长期坐冷板凳的收获。耐心与耐力，还有不为外界所动的平静，都在其中。

古人曰：诗言志。

而他的诗，就是他晚年心情与心态的最好写照：

> 名都赫赫走英豪，病骨支离不耐劳。
> 独许闭门观物变，高吟坡句首频搔。

> 与世无争许自由，蜗居安稳阅春秋。
> 小楼藏得书千卷，闲里光阴相对酬。

虽然，他对社会的变迁与变化依然非常关心，但并不想再参与其中了。他只想把不多的时间全留给自己，做一些自己喜欢做的事情，写一点自己想写的东西。和纷繁的外界，保持一定的距离。

毕竟，他确实已经垂垂老矣，生命无多。

在另一首诗中，他叹息道：

颓龄住人海，闭户谢胶扰。

蠖居斗室中，见闻遂简少。

典籍聊自娱，神茶畏勤讨。

春归渐和煦，晴窗理旧稿。

故闻启新得，意解贵明了。

说之不厌祥，疑义乃通晓。

世事偶然书，亦足备参考。

倦来便静坐，冥心澹物表。

这首诗，颇有几分鲁迅先生的诗意：躲进小楼成一统，管他春夏与秋冬。

对他而言，只要有典籍相伴，足矣。

可是，初建的民国政府，如一叶飞舟，跳跃在上下起伏的波涛之中，国家政权，百姓生活，皆难以安定。

偌大的中国，也难以放下一张平静的书桌。

这一年的9月里，陆征祥内阁政府下台，替代陆征祥内阁的则是赵秉钧内阁。乱哄哄的，很像曹雪芹在《红楼梦》里所言：乱哄哄你方唱罢我登场。

沈家本在10月10日的日记里写道：

十月初十。国庆节，在琉璃厂设会。追祭革命死事诸人。赵总理代总统主祭，陪祭者大理院长、参议院议长及九部总长，各署放假一日，各学堂放假三日。天坛开放三日，任人游玩。

对于赵秉钧与陆征祥，他没有任何评价，只是遥遥地注视着他们，而对民国政府，这位清廷最后一位法律大臣，心里是认可的，希望他们的革命能够开花结果。

第二天，他在日记里继续写道：阴，微雨。今日天坛放烟。

国庆节的欢乐，还是在他心里荡漾起点点波澜。

第三天，他又在日记里写道：初一日以前谣言极多，此三日内幸而平安无事，可喜也。

那些谣言，他没有记述，只一笔带过，欣喜的心情却跃然纸上。对于民国，他还是寄以很大的期望。

几日后，法律馆馆员一起聚会，照相。老叟欣然前往，对于他来说，这一天便如同节日一般，隆重而快乐。他在日记里写道：

> 十二钟一刻赴徽辅先哲祠，法律馆馆员约往照相以作纪念品。到者二十六人，瑞臣、仲鲁、仲和、润田、子来、子健、士可、宴南、巩伯、棣生、霖叔、绶金、聘三、次之、任先、郁堂溯、伊海饶、桓乐园范与秦。及冈田博士。一钟二照相毕，入座共三席，三钟散。

对于这样的聚会，老人家显然很重视，在日记里很详细地记下到会者的姓名，昔日的心血与辉煌，在这一个下午，重又回到他身边。连同那些激烈的争论，甚至当初那些想把他打入死地的言词，在这一刻，也都变成了温暖的回忆。

到会者中有很不少都是他的得意弟子，比如绶金、子健与仲和。

绶金，即董康。

那天下午，董康告诉他的老师沈家本，他刚刚买到《永乐大典》16本，价千余元。书内有湖字韵，还有湖州志，他已经顾人抄写，等抄毕，即赠送给他。

他苍老的面容上浮现出微笑，心情大爽。

与董康的交谈，还有董康准备赠送给他的手抄本《永乐大典》，都让他心里非常受用。

　　他与弟子董康之间，一个说不完的话题便是书。董康也是一个读书多而杂的人，当年他去日本短短的几个月间，公务之外，他还搜寻了一大堆书回来，比如：己卯本的《红楼梦》。当代台湾著名作家高阳，还在文中提及过这件事，还有董康这个人。

　　显然，那天董康的心情也很好，因为他又得到《董斯张吹影录》两本，他问他的老师沈家本想不想要，若想要的话，他可以请人由西京寄来。

　　当然想要。

　　沈家本是个极喜欢书的人，在他的枕碧楼，藏书五万余册。不过，对于藏书，他并非一味求多，或藏之深山，秘不示人。

　　在他看来，喜欢藏书的人，有时也会有两个毛病，其一呢，便是贪多。以多为目标。所收藏的书，虽多，但却真伪杂糅，有些并不值得收藏的书也混入其中。那些唯利是图的书商，因此也就故意把一些本不值得收藏的图书，吹得神乎其神，而收藏者却没有分辨的眼光。其二呢，便是不愿意把自己收藏的好书给别人看，固然有些孤本很难获得，但是好书不与喜欢书的朋友分享，那又有什么意义呢。如同把有用之物，置于无用之地。

　　书是给人读的，而不是放在书橱里作为装饰的。

　　随后，冬天来临了。早晨起来，水缸里的水已结了一层厚厚的冰。他在日记里叹息：寒气甚重，须穿大毛。

　　北京的冬天，向来是寒冷的，风也大，漫天黄沙。但狂风停息的时候，依旧天高云淡，干爽，晴朗。不像南方冬日里的冷，阴阴的，湿湿的，叫人无处躲藏。

　　书房里带烟囱的大铁炉子，整日炭火熊熊。就着炭火，喝着茶，或读书，或伏案疾书，老人的幸福与享受，也莫过于此了。

　　董康如约给他送来两册《永乐大典》，一册残缺的《六模糊字韵》，其中包含《湖州府志》《湖州故事》，还引有《吴兴续志》《吴均人东记》《统纪图经》《余英志》等书的内容。

　　仔细翻阅着残缺不全的旧籍，老叟面露笑容，很是兴奋。不过，他还是不由得叹息：可惜前后皆不得见，不能完全也。

　　这样的日子，平静得像一盏茶。

　　常常来走动的，多是董康。而董康每次来，大多都是为了书。他饶有兴味，在日记中一一记述：

　　绶金送宋椠《自警编著》来，与余所藏本校勘，系属一本，以甲乙丙丁戊五字分卷。伊书缺丙卷，而余缺戊卷，因假伊书补抄。

　　第二日，他又在日记中补充：

　　绶金来言，《自警编》曾见洪武本，系九卷，其以甲乙丙丁戊分卷，此确系宋椠。伊假余丙卷去抄补，伊书留在此，余亦可抄补戊卷也。余书为沈慈藏本，当时书估将目录后亦行割去，故沈氏亦不知此书之不全也。

　　日记中所言：宋椠，即宋版。

　　《自警编》为宋朝赵善所撰。内容共分八类：学问、操修、斋家、接物、出处、事君类、政事、拾遗。每类下均有子目，总计五十多。文中记载了北宋名臣大儒嘉言懿行可为楷模者，记事止于靖康间。

　　沈家本的读书趣味，由此可见一斑。

　　然而，平静如茶的日子，却没持续多久。人老了，病也就跟着来了。俗话说：生老病死。谁也无法躲避的人生旅程。

　　他的脖颈又开始疼痛，颈后发现筋疙瘩。请医生伯勤来诊视，伯勤常来给他看病，已是很熟的老朋友。伯勤给他号了脉，细细诊视一番，便开了几味中药，说是因为受风。

　　似无大碍。

　　可是，第二日他的头与脸皆痛，而且赤红一片。只好又请伯勤来给他换药方。

　　他在日记中感慨：老病之动辄不如愿如此。

　　半躺在书房的躺椅上，膝上搭着一条厚厚的毛毯。虽然，生了炉子，依旧寒气逼人。

窗外，风声如海浪咆哮。小楼亦在风声的震撼中摇晃，像一叶小舟在海浪上颠簸。

这样的天气，人心也是不定的。他在这一日的日记中写道：

是日交大雪节，夜骡马市瓷店火。近来宾宴楼、东安市场连次火，今夜又火，连三次矣。天不降雪，奈何？近日向道生银行提款者络绎不绝，道生票相戒不用，此等无意识之风潮，其起也一哄而已，初无结果。中国人惯技如此，徒增交涉之波澜，何益于大局，徒为外人所笑耳。

对市井百姓的盲目行为，他言下之意，颇有几分恨铁不成钢的无奈。

哀其不幸，怒其不争。和鲁迅先生相仿佛。

脖颈的疼痛稍稍减轻，他又开始沉浸在几桩没干完的"活儿"中，或校对书稿，如《刑统赋疏》《刑统赋解》《说文引经异同》《河南集》《汾河诗话》，等等，或编辑，或撰述，如《豫州》《冀州》《凉州》《幽部》，等等，不一而足。

几乎没有闲暇。不过，忙碌中，他的哮喘病又犯了，整日咳个不停。

冬至后，天愈加寒冷，雪也渐渐稠密。人老了，在寒冷的夜晚，觉更轻。有时候，竟会睁眼到天亮，毫无睡意。

有一天夜晚，将近午夜时分，他发现下雪了，窗外飞起零星几片雪花。渐渐，那雪花便如同柳絮一般，漫天轻舞飞飏。

他咳得厉害，根本不能躺下，便披起棉衣，斜靠床头。心绪亦如同窗外的雪花，飘飘洒洒。

一辈子，如同一条小径，蜿蜒而绵长，往事纷纷涌到眼前。湖州、贵州与京城，还有天津与保定府，都让他难以释怀。

家乡的温暖，离他是越来越远了，也许就是因为远，反而更加怀念那可望却不可及的温暖。

还有科考，屡考屡败，屡败屡考，直至43岁，才跌跌撞撞地考中了进士。

读了多少无用的书，浪费了多少青春年华。

满纸辛酸泪，谁解其中味？

而遥远偏僻的贵州，让他看到了京城与江南小城湖州之外的穷困。路途之坎坷自不必说，还有沿途乡间的凋败，因为穷，人活得很卑微，几近没有尊严。除了难以忍受的脏乱、饥饿与险峻，还有父亲的官场。

那是他第一次，最直接也是最近距离地接触外省官场。父亲沈炳莹，一个胆小、谨慎，一辈子都本本分分的小京官，初到偏远的贵州，因为不会逢迎，不会巴结，不知道用重金贿赂顶头上司，而不敌那些花钱买官的小人，灰头灰脸地被彻底地赶出了官场。

虽然，父亲的官声很好，也有一些政绩，甚至在苗民暴乱中，他这个文官，也手持长矛，日夜巡视在城墙上。但是，终究不敌那些会送银子的卑鄙小人。他也不是完全不想送，逆官场的潜规则而行。他没有那么崇高。只是，一方面忙于政务，应付暴乱，没有来得及送。另一方面呢，则是因为囊中羞涩，拿不出多少银子。

在一片腐败的官场，清廉也是要付出代价的。

这个代价，不仅是对他的父亲沈炳莹，对他自己而言，也是刻骨铭心的。

父亲不想让他重复自己的路，他也不想重复父亲的路。

然而，他还是和父亲一样，进了刑部。

最初，在刑部的日子，他的心情是很压抑的。科考的失败，像沉重的磨盘，压着他的心，而且那时尚很年轻的他，对法律也没有格外的热情，那只不过是他谋生的一个饭碗，所做的也是很重复的工作：抄写与记录。

渐渐的，时间与环境，改变了他的志趣。他对法律有了感觉，不再当它只是一个谋生的饭碗。他开始研读历代法律书籍，只要他是能找到的。都用工整娟秀的小楷，详细地记下读后的心得与思考，还有疑虑。

他是一个不惜"笔力"的人，严谨、周详，凡事都喜欢记录在案。具体的案子，甚至审案的过程与程序，比如秋审与朝审的异同，他都一一记了下来，连同自己的思考。

很少有人做他这样的"无用"功。

也很少有人像他这样，下如此的笨功夫，且不为人知。

俗话说：好记性不如烂笔头。

他用他的烂笔头，很详尽地记录下了他的职业生涯。

职业生涯？

那时候，还没有这样时髦的词汇。

然而，确实是他的职业生涯成就了他。他对这个古老的国家的贡献，就是从漫长的职业生涯中，一点一滴积累而成。

当然，还有偶然的机遇。

第一次，是因为天津知府邹岱东因病出缺，他才得以踏上仕途，要不然会一辈子都在刑部，做一个毫不起眼的小司员。

第二次呢，则是因为他的好朋友赵舒翘挺倒霉的把船翻在了阴沟里，被朝廷赐了"死"。如果，赵舒翘还活着，后来刑部当家堂官的位置也轮不着他，他也就没有办法做他自己想做的事情。

不过，话还得说回来，能够得到偶然的机遇，也是与他平日里的点滴积累分不开的，你手里没有两把刷子，谁又会想起你呢？更何况，像他这样没有靠山与后台的小司员。

睡不着的雪夜里，思前想后，他想得最多的还是在刑部，还有后来在大理院与法部的那些日子。

那些日子，日复一日，年复一年，重重叠叠，是很平淡的。除了没完没了的案子，便是律文。他一生所做的事情，有些成就感的，无非也就两桩。

审理案件与修律。

经他手审理的案件，很多。记录在案的就有厚厚的几大卷，上百万字。除了几桩大案，他任天津知府时的拐卖孩童案，郑文锦被谋杀案，还有他任保定知府时的教案，其他大多都是他刑部时所处理的日常琐碎的民事案件。利益纠纷，邻里争斗，鸡鸣狗盗，强奸与通奸，斗殴与诈骗，五花八门。社会生活中的污泥浊水，人心的弯弯曲曲，全都映照在这些大大小小的案子里。

典型的案例与很特殊的案例，他都很过心，细小之处，特别之处，从不放过。

比如，周正万案。

周正万素习白莲教，但他的父亲与他的妻子，则习青莲教。周正万想让他的父亲与妻子改从他所习的白莲教，但是他的父亲与妻子皆不从，于是他同父亲及妻子之间的关系非常紧张。一天夜晚，他的父亲带着他的女儿在东厢房里歇息，而他与妻子住在西厢房。半夜里，他趁妻子熟睡之际，悄悄来到东厢房，先将老父打死，又用刀把熟睡中的女儿杀死。接着，他又回到西厢房，这时他妻子已闻声而醒，披衣下炕，正想出去看个究竟，不料与他撞了个正着，他把刀一横，就势杀死了妻子，随后又将在炕上睡着的小儿子也给杀了。

次日，他来到州府衙门，说他家被强盗抢了。审官见他神情恍惚，讯问中又发现他语无伦次，心里充满怀疑。便将他看管起来，亲往他家勘察，怀疑他本人就是凶手。便让手下看押好他，以防逃跑。

看押期间，周正万对他的继胞兄弟说，是他自己杀了父亲妻子与儿女，他兄弟听了他这番诉说，立刻将他捆绑起来送进州府。而周正万在州府衙门里，供认不讳。

他在日记里最后概述：局员连日研讯，都认为周正万习教入魔，似疯非疯，可以疯定案。

再比如，非常小的借钱案，他也记在日记里：

连日研讯李志奎，今日始供认，因郭大向伊借钱，伊不允。郭大缠扰不清，伊向其嗔斥，并称如在缠扰，定将其逐出。郭大节下难过，愁急自尽。画草供。案可结。

就在他走马上任天津知府的前半个多月，也是刑部秋审最忙的时候，有两天竟通宵达旦，审理了 29 起案件。

这些大大小小的案子，他都不厌其烦，一一照实记录。尔后，梳理、分析。日积月累，涓涓细流，汇聚在一起，便也浩浩荡荡，气势雄厚。

此乃修律的基础。

张之洞、刘坤一与袁世凯三人联名推举他担任修律大臣，可以说都是出于公心。这个位子，在那个特殊的时期，非他莫属。

对于他自己而言，赴任的欣然之外，亦如履薄冰。

修律，这个担子可谓沉重，牵扯到社会的安定，国家的前途，最根本的则是老百姓的生存保障。

尖锐的，甚至可以说是势不两立的争执，伴随整个修律的过程。

想起这些，寒冷而寂寂的长夜里，也唯有仰天长叹。

那些是是非非，还有那些法律条文，又一次涌进他的脑海里。

他最不能忘怀的还是经过他手，费了老鼻子的劲，千呼万唤始出来的种种律文。

59 雪夜忆往昔

修律，那条除旧布新之路是从哪儿开始的？

六年前。

1906年，旧历的阳春4月2日。他给清廷上了一道折奏——诉讼法请先试办折。在折奏中，他很清晰地阐述了自己的想法：

查考我国当下的诉讼断案，以刑律来看，是沿用唐明旧制，用意简括。以当今的国情而言，亟应扩充，建立完整详备的制度。

西方各国诉讼之法，均另辑专书，分为民事、刑事两项。凡关于房屋、地亩、契约及索取赔偿方面的案件，都隶属于民事裁判；关于叛逆、伪造货币官印、谋杀、故杀、抢劫、盗窃、欺诈、恐吓取财及他项应遵刑律拟定，隶属刑事裁判。所以，断案之制秩序井然，可依据律条清楚明白地断案。

日本过去，沿用的是我们中国的法律，维新之后，仿效西方，于明治23年间，先后颁布了民事、刑事诉讼等法，卒使各国侨民归其管束，并藉此挽回了治外法权。因此，裁判与诉讼全都得到了改善。

中国本土百姓与外国人发生矛盾打官司的事日益增多，外国人以我国法律与他们国家的法律不同为借口，常常心存歧视；商民又不熟悉外国法律制度，往往疑为偏袒，感到不公平，因而一些很细小的寻常争讼，就会酿成涉及外交的问题。这几年以来，这样的争讼数不胜数。

若不变通诉讼之法，纵令事事向西方学习，极力追赶，努力发展生产，繁荣经济，但制度不变，于法政仍无济也。中国旧制，刑部专理刑名，户部专理钱债、田产，也有分析刑事、民事之意。而外省州县长官，俱以一身兼行政司法之权，虽然官制攸关国家大事，不能骤然改动。但是，民事、刑事，性质各不相同，虽同一法庭审理，也要想办法区分开来。

这便是修律大臣创建近代意义上的诉讼法的总体指导思想，很明确：一定要把民事诉讼与刑事诉讼分开来，再不能像过去一样，把两者搅混在一起，眉毛胡子一把抓。

榜样是日本，采取的模式，也与日本相同。

同一天，身为修律大臣的他，还将拟定的《刑事民事诉讼法》草案，送呈光绪皇帝。光绪很支持，谕旨：法律系重要，该大臣所纂各条，究竟于现在民情风俗能否通行，著诸将军督抚都统等，体察情形，悉心研究，其中有无扞格之处，即行缕析条分，据实具奏。

草案将刑民诉讼合为一编，下分五章：总纲、刑事规则、民事规则、刑事民事通用规则、中外交涉案件，共计 260 条。

其中还提出增设陪审员与律师，并使其制度化。

陪审员与律师？

将军督抚都统，闻所未闻，朝廷上下一片哗然。

这部草案，第一次打破了古老而又封建的中国两千多年来诸法合体之立法例。历史上凡第一次改变过去的人，几乎都没有什么好果子吃。

第一个跳出来反对的就是曾经提名沈家本担任修律大臣的张之洞，督抚大臣们支持张之洞的签注，亦如雪片一般，铺天盖地。

这部草案自然也只能流产。

张之洞是朝廷重臣，他身后的支持者也都是位高权重者。相比之下，他这位修律大臣便人微言轻也。

他沉默了，但并没有退缩。

另辟蹊径。又组织人力分别制订《大清刑事诉讼律》草案与《大清民事诉讼律》草案。他与搭档也是老朋友的俞廉三，还一同上奏朝廷，陈述修订大旨：

臣等受命以来，朝夕督率馆员，或担任译述，或从事编纂，兹拟定刑事诉讼律六编，总计515条，谨将修订大旨，为我皇上缕析陈述：

一曰诉讼用告劾程式。经考察，世界各国诉讼程式有两种方式：纠问与告劾。纠问是以审判官为诉讼主体，凡案件不必待人告诉，即由审判官亲自诉追，亲自审判，不告亦受理。告劾则以当事人为诉讼主体，凡追诉由当事人决定，不告不受理。

过去各国多用纠问的方式，现如今则一概都用告劾的方式，使审判官超然屹立于原告、被告之外，权衡两者，以听取两方面的陈述进行判决。以这样的方式进行审判，最为公平。

一曰检察提起公诉。犯罪行为与私法上的不法行为是有区别的。不法行为只是伤害了私人的利益，而犯罪行为则损害了国家的治安。公诉即实行刑罚权，以维持国家的公共安全；而私诉之权仅为私人而设，所以提起公诉之权，应专属于代表国家的检察官。

一曰摘发真实。其义有三：

一为自由心证。证据之法，中国旧用个人口供，各国通例，则用众供，众供比个人口供更加公正，优越之处，无须细述。然而，证据只根据法律预定，事实全凭推测，真实情况反会被蒙蔽，宜悉凭审判官自由取舍。

一为直接审理。凡与该案有关系的人和物，必须直接讯问、调查，不能只凭他人申报的言辞及文书，辄与断定。

一为言辞辩论。于原告、被告两方面的言辞与辩论而折衷听断，经过辩论之后，于被告一方，亦可察言观色，以验其情之真伪。

一曰原告、被告待遇同等。同等的意思并非地位相同，而是指诉讼中攻击防御全以同等便利而言。原告的起诉，既为熟悉法律的检察官，若被告系无学识经验的人，怎么能与之相抗，所以允许被告用辩护人及辅佐人，并为其搜集有利证据，给予最终辩论权，这样原告被告双方，才能够平等地保护自身利益。

一曰审判公开。此为宪政国的第一要旨。公开法庭审判，允许无关系的人旁听，他们可以根据自己的判断，表示自己的意见，这样做可以杜绝吏员营私枉法等弊病。

一曰当事人无处分权。查民事诉讼乃依私法上请求权，请求权之保护者，当事人于诉讼中均得随时舍弃。唯刑事诉讼乃依公法上请求权，请求国家科刑权之适用者，其权固属国家，虽检察官亦不得随意处分，被告更不待言。所以近来各国立法例，除亲告罪之外，不准检察官任便舍弃起诉权，不许犯人与被告人擅自私和，并在诉讼中撤回公诉。

一曰用干涉主义。民事诉讼当事人有处分权。审判官不得干涉。至刑事诉讼当事人无处分权。审判官应断定其是否有罪，应干涉调查一切必要事宜，而不为当事人之辩论所拘束。

一曰三审制度。三审制度者即《法院编制法》所定，不服第一审可以提起控告而请求第二审之审判，不服第二审可以提起上诉而请求第三审。

诉讼用告劾程式、检察提起公诉、摘发真实、原告被告双方待遇同等、审判公开、当事人无处分权、三审制度，等等，完全不同于中国传统的诉讼程序。

两部草案都在张之洞死后，宣统二年，也就是1911年1月24日完成。后人评价：这部草案的制订，标志着中国古代重实体、轻程序的传统终结，是中国刑事诉讼法走向近代化的标志。

而那时沈家本与俞廉三并没有站在这样的高度，来审视与评判自己的工作。他们只是在给皇帝的上谕中强调：以上数端，均系各国通例，足以补我之所未备。

很实际。

三天后，1912年1月27日，他与俞廉三，又一同向清廷呈上：奏民事诉讼律草案编纂告竣缮册呈览折。

仍像以前一样，坦陈自己的看法与想法：

司法要义，本非一端，而保护私权，实关重要。虽然，东西各国法制悬殊，但对人民私权秩序维持至周，既有民律以立其基，更有民事诉讼律以达其用。所以杜绝了专断的弊病，而且彰显了明允之效。

中国民、刑不分，由来已久，刑事诉讼虽无专书，然而其规章程序，尚互见于刑律；唯独民事诉讼，因无整齐划一的规定，百弊丛生。若不速定专律，曲防事制，政平讼理未必可期，司法前途不无阻碍。

话说得可谓沉重尖锐：司法前途不无阻碍。

由两位司法大臣领衔制定的《大清民事诉讼律》草案，总计4编22章800条。西方资产阶级国家法律的先进理念与原则，乃至具体制度，大量汲取。比如：四级三审、审判公开、律师、辩论、不告不理和检察提起公诉等诉讼制度；再比如：确定自由心证、直接受理、原告被告待遇平等、司法独立、反对刑讯逼供等司法原则。

然而，这两个草案上奏清廷之后，宪政编查馆还没有核议完毕，清廷便在革命军的炮火中灰飞烟灭了。

不过，民国政府所颁布的司法令中，向民众明确宣布部分援用这两部法律草案。

除此，他参与其中，改造与制定的还有哪些旧律与新律？

自从清廷进入仿行立宪之后，修律便成为一个很重要的内容。在修律的整个过程中，随处可见他的身影。

修律是一项浩大的系统工程，触角涉及社会生活的方方面面，遗漏之处，说不定哪一天，就会蹦出一星两星火花，引发社会混乱与动荡。

还是1906年。那一年可谓：忙碌。4月16日，伍廷芳就请假回老家修墓了，从此再没有回刑部。所有的责任重担，都落在他一个人身上。

除了向朝廷上《奏呈诉讼法拟请先行试办折》，与《大清刑事民事诉讼法草案》，其他则是没引起朝廷大小官员倍加注意或者引起骚动不安的法律建设。也许，是因为不涉及官员们的切身利益，也没有观念上的冲突，大小官员也就谁也不会关注，但与民众的切身利益，社会的安定，却息息相关。

比如要求削减死刑条目的《虚拟死罪改为流徒折》。清朝的死罪条目一直名目繁多，而且是日益增多。顺治时期，律例内判处死罪的条目293

条，附加杂犯斩绞36条。而到清末，已经增加到840多条。而其中有不少死罪之名，只是虚名，从来没有执行过。比如：戏杀、误杀、擅杀三项。戏杀，初无害人之意，死出意外，情节最轻。误杀，虽有害心，而死者并非相互争斗的人，亦为初意始料不及。擅杀，情节轻重不等，而死者究系有罪之人。这三项在其他各国仅判处禁锢之刑。

他的建议是：嗣后，戏杀，改为徒罪；因斗误杀旁人，并擅杀各项罪人，现律应拟绞候者，一律改为流罪。

朝廷认可了他的建议。

还有《伪造外国银币拟请设立治罪专条折》、与商部共同所上的《破产律》，这些都是针对社会转型时期出现的新问题而制定，也没有引起疆臣王公的注意，很顺利地得以通过。

接着便是《禁革买卖人口变通旧例议》，主张废除奴婢律例。虽未引起大范围的争议，但因牵涉旗人的利益，遭到大多旗人的反对，亦被清廷束之高阁。

这一年的秋天，因官制改革，他的职位又有所改变，被任命为大理院正卿。上任一个来月，忙碌的筹建中，他又向朝廷上奏了《审判权限厘定办法折》与《大理院审判编制法》。用词与要求，还是颇费了一番脑筋。

《大理院审判编制法》顺利通过。

年尾，他又上奏了《拟编审判章程折》，请求朝廷编定全国性审判章程。

很忙碌的一年，但还算是风平浪静吧，工作设想，法制建设，想做的事情，都有条不紊地进行着。

虽然忙，虽然累，但心情大抵还是畅快的。

1907年，则不然。矛盾、风波，接踵而至。不过，在矛盾与风波的旋涡之外，事情便平顺得多。比如，这一年的4月间，他向朝廷上奏的《实行改良监狱注意四事折》，内里的思想是很深刻的，但却也没有引起朝廷注意与政敌们的反对。

7月里，清廷在内外交困的形势下，被迫提出化除满汉界限，特令：礼部暨修律大臣，议定满汉通行礼制刑律，请旨颁行。

不得已而为之。

过去，清廷一直实行的是满汉异制。满人是有许多特权的，在官场上，官缺是分满汉的，满族官员可以任汉缺，汉族官员却不能任满缺；同一职务，如尚书、侍郎，满族官员的权力大于汉族。而在日常生活中呢，首先满汉不准通婚。尤其禁止旗人女子嫁汉人。而且满人的职业只能是军人，不准从事生产活动，满人的生活全由政府供给。如果满汉发生纠纷，对满人实行的也是与汉人不同的法律，审判机构也是单独的。当然，法律对满人常常是网开一面的，满汉纠纷中满人所受的处罚总要轻一些。

满汉绝无平等可言。

官制改革，使本来就非常尖锐的满汉官僚之间的矛盾更加深刻，再加上民族革命的浪潮一浪高过一浪，法律上的不平等，便成为革命党的重要武器，清廷不得不退让。

统一满汉法律，这是沈家本由来已久的想法，早有成熟的设想。所以，接到清廷的旨令后，他立刻行动，8月2日就向清廷上奏《旗人遣军流徒各罪照民人实行发配折》。

他在奏折中写道：

为政之道，首先要以立法来规范人民的行为，法不一致，人民则会心存疑虑，一些不法之徒，就会从中寻找可乘之机，胡作非为。所以，欲安民众，必须立法先于统一。法律统一，则民众才会遵法守纪，社会才能够安定平静，一切奇谈怪论，自不足以蛊惑人心。

他也略述从前为何满汉法律不一，是因历史的渊源而形成，给了朝廷一个挺体面的台阶，尔后荡开一笔，建议：嗣后旗人犯遣军流徒各罪，照民人一体同科，实行发配。现行律例折枷各条，概行删除，以昭示统一而化除满汉界限。

光绪皇帝收到这个奏折后，当即批示：大会议政处议。

之后，清廷便将《大清律例》中满人犯罪各制，进行了修改、删除、移改与修并，从此满人犯罪和汉人在刑法适用上基本一致，再没有什么特权了。

12 月 7 日，他又和新上任的法律大臣俞廉三一起上奏了三个折奏：《奏遵议满汉通行刑律折》《旗人诉讼统归各级审判厅审理折》，以及《变通旗民交产旧制折》。

前两个奏折，建议满汉通行刑律，改变旗人的诉讼制度，对旗人的案件审理也进行了改革。而后一折，则要求朝廷改变过去不准旗人与民人交换财产的做法，在两位法律大臣看来，这样做既断绝了旗民的生机，也使国家背上了沉重的包袱。

旗人不准与民人交换财产的做法，也是有历史渊源的。满清王朝是以少数游猎民族入主中原，他们本来从未从事过生产，所以当权者也就规定，旗民不事生产，由政府划给田地、房屋、发给饷银、负担衣食住行。同时又规定：旗地、旗房概不准民人典卖，违者不但卖地亩房屋的银两入官库，而且业主售主都要受到刑罚的制裁。旗人也不准在各省置买产业，违者，不但所置产业变价归旗，同样要受到刑罚的制裁。

咸丰同治年间，户部放宽了对旗人产业的限制，允许旗民在一定的条件下与民人交换买卖。但是，很快又禁止了。

沈家本与俞廉三竭力主张废除这种过时的禁令，使八旗子弟能够自谋生计。此折上奏之后，也得到了光绪皇帝的认可，清廷很快下旨：删除旧律中不准旗民与民人交产的条款，允许旗人与民人相互买卖房地，旗人在外省居住谋生，允许随便置办产业。

从此，中国历史上通行了两百多年的满汉异法制度，彻底退出历史舞台。

而这些，既没有引起政敌的关注，也没有招致攻击的炮火，甚至连民众也没有投以太多的关心，悄然而有序的进行。

对沈家本与俞廉三而言，这便是相当丰硕的收获。

60 参酌中外，择善而从

1908 年呢？

在激烈的风波之外，他还做了些什么？几乎没有停下脚步来，也不容他喘息。他想要做的事情很多，比如王公疆臣们并不怎样在意的商律。

其实，他对商业与商律都不怎样熟悉。然而，自 1840 年鸦片战争始，伴随西方军舰而来的还有另一场战争——商战。闭关自守的传统被冲击得七零八落，西洋商品，像潮水一般涌进古老而衰败的大清帝国，都市商场也随之变得异常混乱，严重扰乱了整个社会秩序。

到了庚子之乱的前夕，各大埠口城市，都有一些不法商人，专门欺诈倒骗，并以破产为名，骗取百姓钱财。而经营不善的商人，破了产反而没有办法。当时身为两江总督的刘坤一，常常为都市商场的混乱深感不安，也常常为了维持一个公正公平的商场秩序颇为费神费力。他令江苏按察使朱之榛拟定保护办法，专门针对不法奸商。

所用还是旧法：无论新旧开设，均令五家联名互保，报官存案。具体条款也与旧法基本相同，没有什么新内容，只能勉强维持社会治安，和现代商律依旧天壤之别。

1903 年，刘坤一与张之洞联名条陈变法时，便提出制定商律的建议。清廷听取了他们的建议，决定组建商部，并令载振、袁世凯、伍廷芳修订商律。然而，袁世凯并没有参加。这一重任便落在载振与伍廷芳肩上，两人于这一年的年底，编写出商人通例 9 条，公司例 131 条，总计 140 条。上奏后定名为《钦定大清商律》，颁行。

这是大清的第一部商律，也是我们这个古老的国家第一部商律。可这部商律只是急就章，还需进一步完善。

1908 年初，春节刚刚过去，他就向朝廷提出对东南各省风俗进行调查的请求。朝廷首肯了他的建议。他和法律馆的同仁们为此专门制订出《法律馆调查各省商习惯条例》。条例分为五章，第一章为总则。以我们今天的目光来看，总则很像调查问卷，共计 20 条。这 20 条，还是很动了一番脑筋，也很具体。参与制定这份调查表的老叟沈家本，很想从这次调查中得到真实的社会状况。

然而，他的预期，与当时的社会还是有一段距离的。

这样的调查，在当时要算新潮了，与商人们也是有距离的。但他还是很想通过这样的调查问卷，详细了解社会的发展趋势，给立法提供翔实的资料与依据。

春节刚过，法律馆选派的调查员朱汝珍就前往上海，开始调查。但与预期相差甚远。还遭到当时《东方杂志》批评：

> 今馆员无延访之实意，商人无酬对之特别组织；馆员视商人为万能之神圣，商人视馆员为一阅之过客，则交相为伪而已。于立法宜民之意岂有毫发之补哉。

然而，身为修律大臣的沈家本却不这么悲观。他当然深知社会的复杂，人情世故的错综，也深知商人们会怎样应付，但在众多的问卷表中，总可从中寻找到真实情况的蛛丝马迹。调查了，走出了这深入实际的第一步，总是会有收获的。

调查员朱汝珍离京时，冰雪尚未融化。等他回到京城，柳条已然飘绿。旧历的 5 月 25 日，初夏的热风，卷着热浪，在滚烫的长安街上徘徊不去。

这一天，沈家本又向朝廷上了一折：谨拟咨议调查章程折。奏请以各省提法使与按察使，兼任法律馆的咨议官，他们一方面要对各种案件与法律事宜下文要求各州县详细调查与报告外，还要派员协助法律馆人员进行民事调查，为制定民法、商法打下坚实的基础。

然而，奏折呈上之后，朝廷迟迟没有批复，调查的日程也就拖延下来。

6月18日，为此沈家本会同法部，又向朝廷上了一折：议复苏抚奏请定贩卖吗啡等治罪专条折。折中所言的苏抚即陈启泰。陈启泰曾上折，请求禁止贩卖注射吗啡。

这是国门被打开之后的新问题，吗啡与鸦片一样同为毒品。针对这一新的毒品对社会的危害，沈家本与法部共同制订了法律，规定：拿获制造施打吗啡针之犯，不论杀人与否，应比照畜蛊毒律，斩罪上酌减，为极边烟瘴安置。其贩卖吗啡之铺户，如查系未领海关专单者亦照知情卖药律与犯人同罪。同时，还采取了一系列的措施：查封烟铺，各海关严禁私贩，等等。

这一奏折，很顺利地得到朝廷的允准。

这一年的秋天，激烈礼法之争中，沈家本分身无术，而修律却刻不容缓，他只得又向朝廷请求，聘用日本法学博士志田钾太郎、冈田朝太郎、小河滋次郎等，分别编纂商法、民法、刑民诉讼法等草案，清廷亦允准了。

1908年，就这样艰难地过去了。

1909年，依旧不太平。这是礼法之争最为激烈的一年，也是他焦头烂额的一年。已经69岁的他，也该歇歇啦。可是，他却没有办法歇一会儿，甚至难以稍稍喘口气。

他一方面要应付礼法之争，另一方面还有许多具体的事要做，他要做的事，当然还是修订法律，且刻不容缓。

春节刚过，他就向朝廷上奏了《大清国籍条例草案》。制定国籍条例，是因为1908年冬天，发生在印度尼西亚爪哇岛，荷兰殖民者欺侮华侨的事件。那时，印度尼西亚是荷兰的殖民地，荷兰殖民者逼迫当地华侨入籍。理由是：中国当时尚无国籍法，海外华侨的国籍无法可依。

爪哇泗水埠商会召开会议，通过决议，坚决不同意。全岛华侨商学会迅速给清政府农工商部发电报，请求中国政府出面阻止。上海商务总会也多次给农工商部和外务部发电报，要求政府出面干预此事，保护侨民的尊严。

农工商部收到电报后，立刻上书清廷，请求制订国籍法。

清廷的最高统治者，深感此事不可小视。现在已不同以往，大清再也不可能回到闭关自守的状态，当然也希望自己的子民能够遍布世界之林，制订国籍法也就被提到议事日程上来。

而此时，沈家本早已有准备。上一年底，他已耳闻爪哇华侨被逼入籍一事，缺位的国籍法也就成了他的一块心病，当即在筹备立宪清单中补上了《国籍条例》的内容，同时在法律馆里组织讨论，酝酿《中国国籍法草案》。

1909 年正月 26 日，他向朝廷奏报法律馆开馆一年多的工作进展情况报告，其中就已经有了拟订国籍条例会同外务部一同办理的内容。

当朝廷下令制订国籍法后，法律馆当即与外务部会商，仅用了 20 天的时间，就拿出了《国籍法草案》。动作之迅速，效率之高，大大出乎朝廷意料之外。

这一年，不可开交的礼法之争，占据了他大部分时间与精力，但他却不能像某些官员那样，整日都浸泡在这一争论中，他还有很多具体的事务要处理，还有礼法之争之外的法律事宜与问题要思考，要处理。具体而实际，比如：修改秋审条例。

秋审是清朝的一种审判制度，沿袭明朝的朝审制度，但又有所发展。清朝将明朝的朝审制度，发展为两种：朝审与秋审。秋审是复审各省上报的被判处死刑的案件，朝审则是复审刑部在押的死刑犯。审判官，则由中央各部院的长官担任。

就时间而言，秋审顾名思义是在秋天，朝审则要稍晚一些，在秋审之后。

程序大致如下：首先要求各省督抚将本省所有被判处斩与斩监候的

案件，会通布政使与按察使复审，分别提出四种处理意见：情实、缓决、可矜、可疑。然后将意见汇总报送刑部，囚犯则集中到省城关押。

情实是指：罪情属实，罪名恰当，奏请执行死刑。缓决则是指：案情虽属实，但危害性不大者，可减为流三千里，或减为发遣烟瘴边远地区充军，或再押监候办。可矜是指，案情属实，但有可矜之处，可免死刑，一般减为徒、流。可疑是指：有疑问之处。

每年 8 月间，中央各部院长官在天安门金水桥西会审后，提出处理意见，再报皇帝审批。如果，皇帝确认情实，秋后便处决。如果，连续三次缓决，就可以免去死罪，减轻发落。如果定为可矜，也可以免去死刑，减等发落。可疑，则退回各省重新审理。

雍正时期，还增加了一种减刑方式，叫做：留养承祀。所谓留养承祀，就是说如果死因是独生子，将其处死，其父母和祖父母就无人供养、送终，这样的犯人，经过皇帝的批准，可改判重杖一顿，再加枷号示众三个月，免除死罪。

秋审，对犯人而言，可谓关系重大，生与死的决定权，全在那一审。亦如法律大臣沈家本所言：一字增损，动关生死，未可以寻常文牍薄之。

这一年的秋天，他与俞廉三编定《现行刑律》初稿后，向朝廷请求重新编订《秋审条款》，上奏《编辑秋审条款片》。理由很简单，他们的陈述亦温和明白：

秋审条款最初编定于乾隆三十二年（1767 年）；乾隆四十九年（1748 年），又进行了一次增补；基本条款就再也没有大动过。历时悠久，例文虽然经过一些修改，条款却沿用至今。现如今秋审条款已有一百多年的历史，这一百多年来，中国的变化翻天覆地，原订子目录四十多条，大半不能适用于当今社会。就以《现行刑律》来对照，罪名等次，与以前相比，也多有轻重不同。

为了使今后秋审时有法可依，希望将《秋审条款》按照现行刑律一一改定。

已经苟延残喘的清廷，同意了他们修改秋审条款的要求。

不过，他与俞廉三并不满足于此，这只是他们试探性的第一步，到底如何做，那时他们的想法还不成熟，又正处于焦头烂额的礼法之争中，只得先缓一缓再进行。

秋末，他又撰写了《删除奴婢律例议》。这一例议，还是从被朝廷束之高阁的《禁革买卖人口变通旧例议》而来。

对于买卖人口，身为修律大臣的沈家本，深恶痛绝，此旧习不革除，将永远是他心中的痛。

废除奴婢，再一次被他提到议事日程上来，虽然《禁革买卖人口变通旧例议》被束之高阁，他还是不死心，再次以另一种方式提出。还是很委婉地劝说朝廷能够：参酌中外，择善而从，尊重人格。

当然，他也非常清楚，废除奴婢制的社会阻力在哪儿。他对那些阻力也进行了分析，以及变通的办法，以便让朝廷痛下决心。

反对废除奴婢制的，都是既得利益阶层。原因很简单，和自己的切身利益分不开，但是总可以变通的。

沈家本的建议，被宪政编查馆全部采纳。这一年的年底，宪政编查馆奏请删除奴婢律例，得到清廷的允准，并被修入核订的《大清现行刑律》中。

这是1909年中，最让老叟沈家本深感欣慰的一件事。他所争取的人格平等，终于落在了实处。

也许，是因为大清王朝早已失去昔日的辉煌，摇摇欲坠；所以，最高统治者，也无心认真对待宪政编查馆的奏请，删除奴婢律例，很快便允准了。

过去，朝廷对旗人的利益与特权是寸步不让的，现在却也无心坚持。原因很简单，内外交困。革命党的火种，星星点点，撒播在南方各省，年轻的摄政王载沣，当然会嗅到革命即将来临的气味。不堪一击的朝廷，像是坐在火山口上，随时都会被爆发的燎原大火吞灭。对自己的既得利益，也只能或割舍，或退让。

于是，沈家本又得到一个夹缝中的机会。

他不是一个革命者，他也从未想过用革命来实现他的想法，或者说是理想。他所想做的事：修律，属于建设。摧枯拉朽的革命之后，也还是需要用法律来规范人们的行为，维护社会的稳定。

1910 年，匆匆而来。

他已经 70 岁啦，按照中国人的传统计方式，他应该说是 71 岁了，已然迈进：古稀之年。

可是，他却停不下脚步来，因为手上的活还没有完。他很想把已经开始还没有完成的活，都做完。因为，他非常清楚，修律这个活，并非大而化之，有个纲领即可。很细致，也很具体，方方面面，每一条都要仔细考虑，因为它所涉及的是——人。

正月 21 日，他又给朝廷上了一折：修订法律大臣奏请派员分赴各地调查考察民事商事习惯折，还是没能忘怀上一年，派遣朱汝珍去上海及各省调查商事这件事，老头儿当然不会拿到朱汝珍的调查报告，便了事。

这不是他的风格。

他在奏折中写道：

> 上年臣等会奏派翰林院编修朱汝珍，调查有关商律事宜，该编修遍历直隶、江苏、安徽、浙江、湖北、广东等省，博访周咨，究其利病，考察所得多至数十万言，馆中于各省商情具知其要。

从沈家本的奏折中可以看出，上一年朱汝珍的调查，也并非完全只是走马观花，那数十万言的考察报告，更不会全是空穴来风。

而他现在想要做的却是在商事调查之后，继续进行民事调查。

这个奏折得到清廷批准后，他又制定了《调查民事习惯章程》。章程很具体，共十条，其中第一条可视做这次调查之纲：

> 民事习惯比商事更为复杂，且东西南北，各自有各自的风

气，不像商业偏之于东南，拟派员分途前往调查，以期详悉周知，
洪纤毕举。

其它各条，很具体地针对调查中可能会碰到种种的问题，一一提出
解决方案，相比上一年的调查，这一次的调查，范围更为广泛，内容也更
为具体细致，调查员的足迹遍及全国各地。

事前，沈家本就已经考虑到仅靠法律馆的人员，很难完成这一项工
程浩大的调查，必须依靠地方政府的力量。他奏请朝廷：以各省现任提
法使、按察使充任法律馆的咨议官。咨议官有责任协助法律馆所派调查
员进行调查，还要随时接洽办理各项具体事务。

朝廷同意了他的建议。

于是，各省的提法使、按察使便成了法律馆的兼职咨议官，法律馆的
触角很顺利地延伸到各省。调查员们到外省开展调查工作，便有了很多
方便之处，由地方政府接待，亦由地方政府派人协助工作，省去了很多麻
烦，又不至于被架空。

并且，由法律馆牵头所建立的咨议官队伍，还是很有质量的，其中有
不少咨议官在社会上有一定的知名度，大多都有东洋或西洋的留学背景，
或是国内知名的法学家。这项调查，前前后后，历时4年，调查报告多达
828册，具体、细致入微，确实对清末的立法产生了很重要的影响。

虽然，老叟沈家本自己因分身无术，不能亲往各省调查，但当他仔细
阅读那一册册调查报告时，心里颇感安慰。这些调查报告，也给起草《大
清商律草案》的日本专家志田钾太郎提供了很重要的依据。

2月，沈家本与俞廉三又向清廷上《请求变通秋审复核旧制折》。秋
审，是审判独立中一个绕不过去的坎。上一年度，他和俞廉三所上《编辑
秋审条款片》，得到朝廷的认可。而现在，他们则要求进一步变通秋审复
核制。

他们要求变通的则是秋审中的核心部分：废除京师九卿会审制度和

外地督抚布政使会审制度。

九卿会审制度，是清沿袭古代的一种司法制度。就是对于特别重大和疑难案件，最高统治者皇帝会交给九个主要行政机构的主官，即六部尚书、大理寺、都察院左都御史、通政使司通政使，共同审理，或进行复核审议，但最终判决仍须皇帝批准。清代朝审、秋审都请九卿参加会审，这是清朝与古代的区别。

这个动议的提出，起因缘于高等检查厅检察长徐谦的一份奏折。徐谦本是沈家本的爱将，两人的思想自然也是一脉相承的。徐谦在奏折中提出五个问题：分别民刑；重罪减轻，轻罪加重；停止赎刑；妇女犯罪，与男子同罚；次第停止秋审。

沈家本对这五个问题中的最后一个问题：停止秋审，最为关心。他的批语是：复检阅该检察厅长原奏，其前四事应待编辑之时，再行参酌甄择，惟"停止秋审"一节，关系审判制度，亟应先事提议。

在给朝廷的奏折里，老臣沈家本照录了徐谦的原奏：

复核之制，原本是为了谨慎用刑，可是用行政人员来进行复审，即属干预审判，与宪法精神相违背。况且，复核者仅凭一纸空文，对于案情的真伪虚实，并不掌握，所能做的也不过是挑剔字句，舞文弄墨。其实，实、缓、矜、疑皆可随案而定，如果一定要拖到秋审之时再定，必然会延迟判决，使相当的囚犯病死狱中。情实者不能够立即处死，缓决者长时间地拘押在监狱里，明显该杀的拖延不办，无辜者却得不到平反，弊病重重。

现在京师审判制度业已完成，外省审判厅，正在筹建之中。司法独立之义，已属确凿不移。依照法律程序，对犯人进行审判，公正而公平，也可减少冤假错案。以旧律而言，立决之案，无须等到秋审；以新律而言，尤其是审判之法与秋审不能同时并存。将来，等各省审判厅全部成立，秋审势必废除。现在，审判厅已经成立的地方，可先停止秋审。

徐谦的原奏，可谓一针见血，言词犀利。

显然，沈家本很赞同，亦很欣赏，所以照录在自己的奏折中。不过，作为一个资深的老官僚，他也考虑到朝廷当政者的心理承受能力，在中间加了一些润滑剂。

还是他一贯的作风，由历史的渊源说起，从明初的设制，直至康熙十六年，漫长的历史演变过程，对徐谦的建议，朝廷不能接受的地方，他也给了一些缓和的处理意见：

康熙十六年以后，始依照朝审之例，九卿会议定拟，沿承至今。在本人看来，政治的演变，不外乎改革旧体。旧制的合理之处，固然适宜永远遵行。旧制的不合理之处，也应随时废止。原奏里说："秋审之能事，不过挑剔字句，舞文弄墨"，因之而停止秋审，则未尽然也。秋审本为监候犯人而设。人之犯罪，情节不同，若要公平判处，必须细致入微。现行律例，死罪固多，全待秋审之时为之调剂宽严。至于秋、朝审，节略其中的遣词，叙事一向按照案情原型，一字增损，动关生死，绝不能草率从事，更不能以一般的公牍文字对待。

东西方保存死罪的各国，凡宣告死罪确定之后，都要报送司法省，仍由该大臣详查案情，上奏减免。即使是情重人犯，也要再审时经检事的请求，才向省里发令，并非判决书刚刚定下，就予以执行。其用意与我国秋审大略相同。即使我国将来颁行新定刑律，死刑较少，放火及杀人诸条，仍系旧律中的监候之罪，似不能骤然改为立决。这也是为何秋审不宜遽行停止的原因。但徐检察长所请次第停止秋审的建议，应毋庸置疑。

为何停止秋审的建议，毋庸置疑，他继续缓缓而道：

秋审事例虽不像现行律例之繁，但考虑到是为囚犯最后定案，更加要细致慎重。同样为情实犯，有立即执行的，也有申诉者需要根据调查再判的；同样为缓决，有年例减等者，有三次后始行查办减等者，以及阵亡之忠裔、老疾之单丁，种种法律条目，必须研习几年，才能在实际判案不会贻误。

……

并且，秋、朝审上班的时间很紧张，一年的积案，要在短短数日中解决，如唐太宗所言：虽然有五审，一日即了，没有时间审思，五审何益？

这也是拘泥虚文应变通之处。臣等共同商酌，拟请：嗣后秋审人犯，外省直接由按察司或提法司审判，审判意见，咨呈法部核议。其督抚、布政司会审之制，即行停止。朝审人犯概由法部核议，无须奏派复核大臣，其秋、朝审会同九卿审判之制，亦即停止。

这个奏折，虽然是沈家本与俞廉三两个人共同署名，想必是由沈家本执笔的，用词的委婉，与骨子里的坚持，和沈家本的文风一脉相承。

两位修律大臣的建议，经宪政编查馆核议，朝廷没有再驳回，终于获得批准。

从此，延续了二百多年的九卿会审和外地督抚布政使会审制度，终于彻底地退出了历史舞台。清末的秋审制度，在司法独立的道路上又迈出了一大步：行政官员不能再干预司法审判。

不过，他并不满足于此。他总是希望，把这些做法落在实处。炎热的 7 月里，《秋审条款》经过反复磋商，思考与研究，终于修改告成。他与俞廉三，会同法部尚书廷杰，一同上奏朝廷。

这一次的修改，主要有三个方面：删除旧文。编纂搜集新事。折衷平恕。具体而言，经过这一次的修订，《秋审条款》共订定 165 条，比原条款减少了 20 条。从内容到制度，都较以前有很大的改变。最大的改变便是：平等。在法律面前：人人平等。

清廷收到这份奏折后，没有推三阻四，倒是很爽快，当即下令颁行。

礼法之争的激烈矛盾中，《秋审条款》得以顺利通过，对老叟沈家本来说，算是一个小小的安慰。

忙里偷闲。

阳历 8 月初，京城还是沉浸在一片炎热之中。老叟沈家本一向觉就少，天热，觉更少，常常睁眼到天亮。与劳乃宣们的矛盾很纠结，更是让他难以一觉天明。

8 月 7 日，因是休沐日，他可稍稍放松一下，不用再去衙门。

所谓休沐日，也就是我们今天所言的法定休息日，相当于星期日吧。称休息日为休沐日，很古雅。当然是由古而来，因为古时的男人都留着长发，时时要洗，必须把头发晾干了，挽好了髻，才能戴上纱帽，出去办公，一整天的休息的确是必要的。

虽然不用去衙门，可天刚蒙蒙亮，他便起了床。他这个人觉轻，却没有赖床的习惯，醒了就一定起床，或做事，或读书，那样无所思想也无所事事地躺在床上，于他而言是一种折磨，也不习惯。

尽管，一夜都没怎么睡着，习习的晨风中，他的精神倒还清爽，并不觉得怎样疲劳。还是出去走动走动吧，散散心，透透气。

那一天，沈家本又去了南河泡。他想放松的不仅是身体，还有心情。而南河泡，是一个好去处。

南河泡，就在京城西南角，那儿有一个池塘，状如一弯明月，是金中都鱼藻池遗址。中都城是金按照宋代都城规模修建的：大城、皇城、宫城。而鱼藻池就在宫城的正南门应天门旁。

据《金地理志》记载：鱼藻池，瑶池殿位，贞元元年建。这里本是金帝王游玩之地，元灭金后，此处逐渐荒芜，形成马蹄形的水面。

到了清代，这里重又渐渐地繁华起来，有几分像我们今天的公园。马蹄形的水面上铺满了绿色的荷叶，粉白的荷花随风摇摆。池塘畔，围以林树。郁郁葱葱的古树，掩映着青砖灰瓦的建筑。

于是，南河泡便成了士大夫们放飞身心的好去处。

南河泡往北，不到三里路，便是天宁古寺。

沈家本偶尔也到这里来，徜徉在池塘畔的林树中，有时也就顺便前往天宁寺，在寺中的静谧中沉思默想。为官多年，他仍不改文人习气，池塘与古寺，都是他喜欢的。

那一天，虽然热，但慢步古树下，倒还是挺阴凉的，相伴他的除了幽静与凉爽，自然还有诗。

他在诗中吟道：

> 宿雨云犹渍，携尊出郭来。
>
> 西山清若沘，便觉隔尘埃。
>
> 陈迹重寻处，蹉跎十九年。
>
> 荷花依旧好，香气落尊前。

本是想出来散散心的，哪里料到置身于绿树荷池畔，19年前的往事，骤然又回到他身边。那时，他还窝在刑部，没有得到外放的机会。年复一年的京城小职员生活，心情和生活都是灰暗的。

然而，升迁之后呢？

人在江湖，身不由己。他是想做事的，然而处处掣肘。没有一件于国于民有益的事，做起来顺汤顺水。特别是他想做的事——改律，与政治相牵连，更是难上加难。

而国家呢？如他在诗中的悲叹：

> 高亭今不见，胜有树阴圆。
>
> 残础余三两，瓜棚豆架边。
>
> 新起辒轩路，柴门迤半荒。（京张铁路割去白莲池12亩）
>
> 白头老翁在，絮语说沧桑。

眼前的国家，如同老百姓的唉声叹气：王小二过年，一年不如一年。天傍黑时，他当离开南河池时，心情愈发暗淡：

> 村头荒店远，水际断查横。
>
> 惟有门前柳，依依管送迎。

61　遗愿：汉服便装

回忆，有时也像一江春水，在他的咳嗽声与脖颈疽疮的疼痛中，浩浩荡荡。他的那些回忆，无非是早年的坎坷，晚年在修律与立法之中种种遭遇与坚持。没有风花雪月，更没有什么浪漫可言。

他的人生，像他的职业一样，很严肃。除了严肃，便是在平淡中的坚持，还有思考。

当他把那些经他手，或经过他艰苦的努力，方艰难问世的《大清刑事民事诉讼法》《大清民事诉讼诉律》《大清现行刑律》，还有《法院编制法》《违警律》《国籍法》等，一一从心中再滤过一遍时，多少还是很有几分安慰的。没有枉费他在刑部，也就是当今法部的几十年的似水年华。

他没有辜负提携他的长辈薛允升。薛允升是一个相当严谨的大律学家，而他比薛允升走得更远一些。因为，在国破山河在的年月中，他有幸接触到西方思想与西方法学，除了传统的继承与评判，他还有了超越。

有人这样评价他：研究与改革传统律学的第一人。

他自己大约是不会这样想的，这也不是他的期待。活到他这把年纪，虽然不能说他是个大思想家，至少可以算作一个思想者，是不会把个人的名誉与声望，看得那么重的。特别又是整日盘桓在法律与案子中，世事洞察，那些虚名，一笑了之。

他注重的是实际，这是从事法律这个职业的人，最基本的要求与素质。

不过，那些有争执的法律思想与律文，还是时时像流水一般，在他心里缓缓地流过，像一条思想的河流。

退出官场之后，他的生活相当平静，但并不闲。很少有闲暇之时，读书与著述，几乎占据了他吃饭睡觉之外的所有时间。

他读书，涉猎的范围很广泛。在他的枕碧楼书房里，高高低低的书橱中，摆放着五万多本书。他为这些厚厚薄薄的书写过一副对联：

> 数亩薄田唯种秫，
>
> 几间破屋只堆书。

自谦中也有自得。

书是他生命中的一部分，快乐的所在。但他对于书，与一些藏书家却不同，他最烦的就是：秘不宣人。像把一件宝物藏之深山，而不愿向世人展示，变成一种炫耀。

看破世事的老叟，是喜欢与人分享的。在他看来，书的用处，可以用来考古，可以用来征集古往今来的故事，亦可以帮助人们解疑释惑。或一家之言，或古人的微言大义，都可以由书传达给世人。

而藏书者，向喜欢读书的人提供了两种便利。其一，是提供了所藏之书的精要，叙述其源流，编成目录，风行于世。好学者就可以从目录中选择自己所需要的，或借读，或抄写下来留用。这样，就会从一家之书，变为数家之书，乃至数百家之书，流传于民众之中。这些书也就不再束之高阁，不但为世人所知，也为世人所用。其二呢，借书的人，抄写固然好，如果有精力亦有财力去刻印，那就更好。这样就会使那些"孤本"不孤，"秘本"不密。喜欢读书的人，都能够读到它。比起藏之深山，秘不宣人，这些书便起到了它的作用。秘不宣人的书，等于无用。书若只让一个人享用，不如公诸天下，让天下的人都能够从中受益。这是一个很浅显的道理。还有，如果好的书只由一人私藏，从不公之于众，若遇到意外的灾难，或者兵火之劫，那些书便永无与世人相会之日，这种事也是很难预料的。如果公之于天下，虽然也会遇到兵祸与其它意外的灾难，但东方不亮西方亮，总有保存下来的。所以，好书还是公之于众，才能有希望长久的保存于人世。

由此可看出，老叟对书犹如他对人世，都是豁达而开明的。

有书的相伴，再孤独的日子，也就不再寂寞。阅读之外，他还是想把他自己在实践中碰到的问题，还有思考，都付诸于笔墨。能够用笔墨表达出的思想，相比只在脑子里过一过的想法，更加明晰。

1913 年，就在他的读与写中，飞一般来临。

初春，温暖的阳光，静静地盘桓在他的书房里。离开官场，也有一年多了，家中的客人，日益减少。也没有人再来相劝、说服他这个老叟出面主持什么公众事务，他的那些弟子们，在纷乱的年代，各人有各人的事业与目标，也有不少已经离开了京城，前往南京、上海，乃至世界各国。

对于他而言，则有更多的时间沉浸在思想中，剪不断，理还乱。也许，像他这把年纪，是应该进入整理的阶段，收获付出了一辈子精力与努力的成果。

他付出精力最多的一件事，还不是他自己的著述，而是整理古籍。他所整理的古籍，当然都是与法律相关的。而他的整理，也不是简单地将古籍汇集在一起，编成丛书便了事。

题跋、撰序、校勘，一一写出详细的校语，并附注释。犹如慢火炖汤，费的是功夫。

笨功夫。

也唯有下这样的笨功夫，才能使这些尘封的古籍，以清新的面目，进入现代人的视线，提供与当下社会所不同的思考，而不再永远被尘封。

日子就在这样费时费力的劳动中，周而复始，日复一日。很平静。不过，以外人的眼光来看，亦很单调。

老叟沈家本，显然是一个耐得住寂寞，亦很能享受孤独的人。

认真做事的人，目光与注意力，往往都聚集在那件事中，不为外界所动。沈家本在他自己的诗中也这样说：倦来便静坐，冥心澹物表。

可是，就在冰雪刚刚融化的春天里，一件政治血案，打破了老叟的平静。

1913年3月20日深夜，将近11时，上海火车站北站检票口，并不十分拥挤的人群中，突然飞出一颗子弹。那颗子弹，越过零星的人群，准确地射向革命党人的领袖宋教仁的胸膛。

枪声，划破了夜的安恬，也划破了平静的人心。

当众人还没有从混乱中清醒过来，年仅31岁的宋教仁，便已倒在喷涌的鲜血中，他用手支撑着自己的腰部，痛苦地大叫：我中枪了，有刺客。

为他送行的黄兴、廖仲恺、于右任等，急忙将他送到医院急救。

子弹并未击中致命处，但是那颗子弹是带毒的。22日清晨，年轻的革命领袖宋教仁，还是带着对革命的无限向往，离开了人世。

年迈的老叟沈家本，与年轻的革命领袖宋教仁，思想方式与行为方式，隔山隔水，相距十分遥远。但是，他对这位年轻的革命领袖，颇为关注。就如同他对待修订法律馆里那些年轻人一样，很珍惜他们的才能，又寄于很大的希望，希望他们能够拯救这个古老已经没落的国家。与他过去的下属相比，宋教仁，更是一匹出众的骏马。

宋教仁生于1884年4月5日，湖南桃源县人。六岁入私塾，17岁入桃源漳江书院，才思敏捷。在漳江书院，年方17岁的他，深受书院山长瞿方梅与县教谕黄寿彝影响，淡薄科举功名，关心天下大事，萌生反清思想。

1902，他以优异的成绩考取武昌普通中学堂。"九省通衢"的武汉，又给了他一片崭新的天地。秘密的革命团体，还有秘密的革命党人，都深深地吸引了他，他常常参加吴禄贞等革命党人在武昌花园山的聚会，由此而踏上反对清王朝的革命道路。

1903年8月，他结识了黄兴，很快便成为志同道合的挚友。11月，他与黄兴、刘揆一、陈天华还有章士钊，磋商成立兴华会。

1904年2月，华兴会在湖南长沙正式成立，黄兴任会长，宋教仁为副会长。11 月，他们计划在长沙进行起义，反抗清政府，但是由于起义计划泄露而失败，他逃往日本。

1905 年 6 月，他入读日本法政大学，并创办革命杂志《二十世纪之支那》。这一年的 8 月间，孙中山在东京成立同盟会，宋教仁是热烈的支持者与参与者，并担任了同盟会的司法部检事长，同时还将他创办的杂志《二十世纪之支那》改为同盟会的机关报《民报》。

1906 年，他曾秘密回到国内，在辽宁安东筹建同盟会辽东支部，并策划在沈阳发动武装起义，没有成功，只好又返回东京。虽然，起义没有成功，但他在东北期间却有另外的收获。因获悉日本企图吞并"间岛"的阴谋，在日本友人的帮助下，他打入日本阴谋活动组织长白山，冒着生命的危险，侦获该会大量假证据。回到东京后，他又查阅大量典籍，很快写出《间岛问题》一书，论证间岛及延吉地区自周秦即属中国领土。日本政府得知此事，以五千巨金索购书稿，他拒绝了。而将书稿转递清政府，清政府在与日谈判中，凭借此书的有力论据获胜。

1911 年，宋教仁由日本回到上海，组织反清运动。接着又赴香港，参加广州起义的准备工作。10 月 10 日，武昌起义爆发后，他与黄兴于 28 日一同抵达武昌，参与起草《鄂州临时约法草案》。

1912 年 1 月 1 日 中华民国在南京成立，他被任命为法制院院长，起草宪法草案《中华民国临时政府组织法》。4 月 27 日 出任唐绍仪内阁的农林总长。7 月 因不满袁世凯破坏《临时约法》，辞去农林总长之职。 7 月 21 日 当选为同盟会总务部主任干事，主持同盟会工作。 8 月 25 日 国民党成立，当选为理事，并受孙中山委任，代理理事长。 10 月，他南下回家探亲。

即使是探亲，宋教仁仍不忘肩负的重任，沿途广泛宣传他自己的政治主张。他的演说，既有理论深度，又饱含情感，大获人心，使各地的选举越来越有利于国民党，而且拥戴他当选内阁总理的呼声也越来越高。

宋教仁的威望，对袁世凯来说，无疑充满了威胁。更何况，他们两人本来就不是一路人。一个是年轻的革命者，一个是前清的旧官僚。一个有理想，一个有野心。

此次北上，就是因为接到袁世凯的急电：即日赴京，商决要政。袁世凯在陆征祥辞去内阁总理时，曾请宋教仁担任内阁总理，但宋教仁拒绝了。宋教仁对官位无兴趣，民国元年南京临时政府成立时，宋教仁仅被任命为法制院院长，不少人为他没有担任内务总长而抱屈，他却说："总长不总长，无关宏旨，我素主张内阁制，且主张政党内阁，如今七拼八凑，一个总长不做也罢。共和肇造，非我党负起责任，大刀阔斧，革故鼎新，不足以言政治。旧官僚模棱两可，畏首畏尾，哪里可与言革命、讲共和？"

虽然，他对袁世凯深有看法，但他还是满怀着一腔革命热忱，前往商谈。然而，他却万万没有料到壮志未酬身先死。

死不瞑目。

消息传出，举国哗然。

已经远离政坛的老叟沈家本，从报纸上读到这则消息，非常震惊。震惊之余，还有悲愤与万千感慨，他在诗中叹息：

> 可怜破碎旧山河，对此茫茫百感多。
>
> 漫说沐猴为项羽，竟夸功狗是萧何。
>
> 相如白璧能完否？范蠡黄金铸几何？
>
> 处仲壮心还未已，铁如意击唾壶歌。

虽然，远离政坛的他，年迈体弱，已无力涉足国事。并且，已无任何官职的他，对国事也没有任何发言权。然而，对国家的命运，民族的命运，他仍然难以释怀，心里还是充满了深深的忧患感。

儒家士大夫的爱国热忱，始终伴随着他，深入骨髓。

而现在，他所能做的，也唯有整理古籍，给后人留下历史的借鉴。这是他力所能及的，也是他沉浸其中难以自拔的。

春末夏初，京城的天空不再是黄尘弥漫，暴雨过后，碧蓝如洗。天气，不冷不热，很清爽。就在这清爽的日子里，沈家本终于完成了《枕碧楼丛书》的整理与编辑。交付刊印前，他又为丛书作了序。

他在序中说：余抱此愿久矣。庚戌辛亥间，始检旧藏钞本，陆续付刊。初意仿不足斋之例，分若干集。世变猝来，此事多阻，蹉跎岁月，仅成此编。凡得书十二种，皆旧钞本世所罕见者，庶以免固秘之病。龄颓神衰，赓续无力，姑存此虚愿而已。

语气中颇带着几分悲凉。但我们只姑且草草扫一眼书目，就可知老叟所花费的心血是难以言表的：

《南轩易说》倦圃曹氏旧钞本

《内外服制通释》绣谷吴氏旧钞本

《刑统赋解》毗陵黄氏钞本

《粗解刑统赋》璜川吴氏钞本

《别本刑统赋解》此本从上本分出

《刑统赋疏》江阴缪氏钞本

《无冤录》朝鲜钞本

《河汾旅话》旧钞本

《河南集》日照许氏钞本

《花溪集》日本钞本

《来鹤亭诗集》四库馆原本

《玉斗山人集》四库馆原本

前后十多年，稍有空闲，他就埋头在这些古籍整理中，其中的艰涩与枯燥，亦是我们这些后辈们难以想象的。大约很多读者，读到这些书目，便会一眼扫过，很快地跳过去。连浏览，都会觉得枯燥。

但是，有些事，必须要下苦功夫，笨功夫，耐得住寂寞与孤独。这也是一个大学者的定力。

除了整理古籍，还有他自己的著述。爬格子。那时候没有电脑，爬格子，可谓艰苦，用毛笔，在宣纸抑或毛边纸上，点横撇捺，可谓字字皆辛苦。

老叟给我们留下的著述是很丰硕的，大十六开本，八卷，将近一千万字。大多都是有关法律方面的著述，还有诗，随笔与日记。他的日记从20几岁始，直至他生命的终结。可惜的是其中最重要的几年，遗失了，不知流落何方。

时光不会倒流。在我们的想象中，1913年的初夏，老叟端坐书桌前，明亮的阳光照耀着他清瘦的面容，须发皆白。然而，精神却依旧抖擞。

不过，他依旧感觉到生命在流逝。上一年的下半年，他的身体就越发虚弱，病痛不断，虽无大碍，但小病缠绵，仿佛阴雨连绵的天气，晦暗、潮湿。

身体很不舒服的时候，他也只好放下手中的笔，抑或正在捧读的书稿，稍稍闭一会眼睛。有时，也会走到书房外，扶栏望一会儿。

小楼前的皂荚，枝繁叶茂。树下的花草，茂盛而英姿勃发，姹紫嫣红。给点露水、雨水，就活得灿烂的太阳花，顺着花坛，一路燃烧；而挂在篱笆上的牵牛花，淡粉、深紫、浅蓝，像一把把张开的小喇叭，热热闹闹地指向天空。

他心里最柔软的一角被触动了，鼓胀着的不是生的欲望，而是死与身后事。

人，终是要离开人世的。那时，他的妻子已先他而去。他自己呢，也迈过了古稀的门槛。对生命的去与留，他的态度很平和，随遇而安吧，但还是有一件事，在他心里盘桓了许久。

那件需要交待的后事，也是他对自己人生的一个交待，对他所服务了一辈子的朝廷的一个态度。

一个安静的夜晚，他把他的二儿子叫到了书房里。离开官场之后，他的绝大部分时间，都是在这间并不怎样宽敞的书房里流连徘徊，这里也是他最后的精神故乡。

和儿子的交谈很郑重。

他叮嘱儿子，在他去世后，请一个画师，给他画一幅身着汉服便装的画像，作为遗像。

儿子想必是惊讶的，父亲怎么突然就想到了死，而对他身后事的交待的却又只是——遗像。

按照一般世俗的观念，清末的高官遗老去世后，逝者的画像都是身着清代官服，以示尊贵，光宗耀祖。

那也是逝者与家人的愿望。很少有人能够舍弃生前的尊贵，与死后的哀荣，还有世代延续的光宗耀祖。

沈家本执意不要的，却是官场上绝大多数官员不能舍弃的。

是希望国家从此走向共和？还是，只不过是他个人一个小小的愿望与要求。

还是他一贯的作风，简洁，不罗嗦。没有谈及原因何在，只是说这是他的愿望与嘱托。

儿子想也没想就答应了。这个愿望与要求，太简单，没有任何难办的。不过，那时儿子也并不太在意。人老了，总会想到这些后事的，父亲的身体只不过有些弱，哪里真的就会一去不返呢？

日子又回到从前的平静。他还是像先前一样，整日盘桓在书房中，握着笔，颤巍巍地在纸上或与历史、或与法律交谈。偶尔也写诗，抒发一下自己的情感。

6月9日，星期一，端午节。天气晴朗，一大早，太阳便已高挂空中，小楼前的皂荚树哗哗地响，风也有点儿热热的，满院都弥漫着粽叶的清香。

沈家还是老式的传统，讲究过传统的节日。并且，讲究过节的规矩。沈家的规矩是，逢年过节，一定要给佣人们发赏银，一点心意，图得是大家心里都高兴。

那天早晨，老叟沈家本还是同往常一样，很早就起床了。浇浇花草，在庭院中闲步几圈，便亲自打开柜门，取出赏银，一一送交佣人手上。

　　早餐后，女佣张妈到楼上书房去送开水，想给老爷子泡杯热茶。不曾想，却发现老爷子伏在书桌上，已经过去了。

　　他的死很平和，没有给晚辈添麻烦，他自己也没有经受病痛的折磨，虽然这几年也时常有些小病小灾。

　　就这么走了，安安静静的，在端午节的阳光抚慰下。

　　事后，女佣张妈常常对人唠叨：老爷是个清官，一辈子清清白白，所以死也就不会受罪。好人有好报！

尾声

沈家本的离去，是在一瞬间里，没有惊动任何人，包括他的儿女与家人们。

悄然无息地离开这个世界。

也许，他连轻轻地招手都没有，便作别了这个世界的一切，连同他的思想，与表达他的思想的文字。

不过，他的离开是平静的，在美好的清晨里，没有病痛的折磨，也没有撕心裂肺的痛苦。

在日常生活中，他也是安静的，平和的，不喜欢惊扰别人，包括自己的家人。离开官场与政坛后，他就是一个居家的老头儿，读读书，写写文章。偶尔，也带着孙子出去听听戏，与他的学生和朋友，到公园里走一走，喝一杯清茶，佐以诗作。

因为，有自己的事情要做，远离官场的纷扰与热闹，于他，便也是一种难得的人生享受。有人把他称作技术官僚。其实，于官僚之外，他还是一个学者。一个对中国古代律学深有研究的学者，且对西方法学也深有研究。除此，他对历史虽说不上有深入的研究，但却是十分熟悉的，了然于心，有自己的感受与想法。

像他这样的一个老叟，又经历了那么多的坎坷与磨难，生前的荣耀都难得有时间在心里流连一会儿，更何况死后的哀荣。留下的自然会留下，留不下的，强留也留不住。

他对一切都看得很淡，除了他挚爱的法律事业。

然而，他的离去，还是引起了法学界的震动。他的学生，老友，政坛，还有公众。毕竟，没落的清廷在它最后进行宪政改革的那一时期，老臣沈家本为改造旧律，制订新律，做出了巨大的贡献。

他不是一个革命者，他只是一个很认真也充满了热忱的改良主义者。他希望通过改良，推动民主的进程。是他所主持的修订法律馆，以博大的胸怀，吸收了一大批从海外归来的年轻学者，还有国内的新、老学者，虽然这些学者政见并不相同，还常常很"顽固"地各持己见，但就是在这一批人的共同努力下，中国的法律进程迈上了一个新的台阶。这也是他的开明之处，和人格魅力所在。

做事的人，留下的是他所做的事业。

而他的事业，关系民生，与社会中的每一个人都息息相关。一个没有法治的社会，是混乱的，充满了血腥与火药味，个人也是难以生存的。虽然，很多人与法律很疏离，也并不关心，但是法律的触角却很细微地伸入到社会每一个角落，维护着社会的秩序，也保护着个人生活的安定，关系幸福与快乐。

花圈伴着挽联，纷至沓来。金井胡同中的枕碧楼被一片雪白的纸花所簇拥，沉浸在哀伤中。小楼依然，书房依然，书橱里的五万多卷书也依然，乃至书桌上的笔墨纸砚也依然，一切如故。唯有天天与它们相伴的老叟悄无声息地离开了。

楼下的客厅里悬挂着老叟的遗像，一袭深蓝色的便袍，端坐在扶椅上，颌下一把灰白的胡须，飘飘然，一如往常。眼神是安静的，很温和。仿佛胡同深处，随处可见的邻家老大爷，路上相遇，亲切笑问：您呐，早晨好。

遗像上方有他的老友陈宝琛的题诗：

> 研经治律几能兼，硕果秋官见此髯。
>
> 重译讨论推法学，等身著述始郎潜。

沦形桑海聊观化，归梦湖山早逊尖。

一幅萧闲巾服在，典型长与世人瞻。

陈宝琛与他政见不同。他们俩，一个坚守礼教；一个却是法理派的领袖人物；但这并不妨碍两位老叟之间的友谊，相知甚深的友谊。

萧闲巾服，很形象。沈家本活着的时候，就是这般家常，逝世后的遗像，也是这般家常。如同他的内心世界，他来自民间，也归于民间。

沈家本的后代，也有人对"萧闲巾服"的评价有看法，认为其中含有批评之义，是批评沈家本不愿再出山为朝廷与国家服务。

其实，陈宝琛虽然是沈家本的老朋友，但两人本来就是不一样的，在生命的最后一段路途中，沈家本选择了与没落的王朝分手，而陈宝琛却为了大清王朝的复兴，当了帝王师。

在众多的挽联中，有一幅出于他的下属，当时刚刚30出头的江庸。年轻的江庸，是以年轻的目光来评价这位温和的长辈：

修刑律力排众议兴学校乐育群英耗先生毕世苦心身后只留公论在

德望为中外所倾学术则古今一贯问国家百年大计眼前尚有老成无

而他的另一个学生，与江庸同年相仿的唐洽鉴，所写的挽联是这样的：

任支那法系于一身合周汉唐元明以迄清朝酌古准今岂徒考据词章融通国粹

识世界大同之主义参英美法德日而成新律治内安外宜乎环瀛裨海洋溢声名

他的女婿汪大燮携子所献的挽联，写的是：

尾声

是千秋史乘有数完人何图天不憖遗凄绝噩音来海国
忆念载恩私真同罔极此后吾将安仰悲吟楚些泣端阳

北京法学会的全体会员送来了哀诔：

民国二年六月九日，吴兴沈子惇先生考终京师。先生精研
法学，沟通中外，著述之富，髦期不倦，培植后进，成就尤多，
觥觥巨行，举世所仰，固已无待扬榷。庚戌之冬，本会甫议草创，
先生即蠲金督促；本年杂志赓续发行，重赐弁言，其所以维持之
者至矣。胡图龙蛇绝笔，哲人萎落，一瞑弗视，神归于穆。哀
哉！同人不文，谨据诔词。

其词曰：

茫茫宇宙，世运推移。欧风东渐，畴导先机？惟公宏达，审
其精微。纂修法典，镕铸东西。法以薪治，策以驭时。万目瞯
瞯，争相诃讥。公曰斯学，今甫树基。爰辟校舍，广取师资。灌
输新理，渐息群疑。不为古囿，不畏俗嗤。巍然一老，后进之师。
法家泰斗，非公而谁？范蠡铸金，平原修丝。公神已往，公泽弗
衰。谨抒毫素，以诏来兹。

虽然，这段话，我们今天读来实在有些拗口，细细品味，却是很概括
地把老叟平生所做出功绩，老叟的治学精神，都一一摆在我们面前，如数
家珍。

1913 年 7 月 13 日，由北京法学会发起与主持，为逝去的老叟沈家本，
召开了一个在当时相当隆重的追悼会。

追悼会的会址设在湖广会馆。

湖广会馆，始建于 1807 年，坐落在宣武区虎坊桥西南隅，是湖南、
湖北两省在京人士为联络乡谊而修建的同乡会馆。大约中国人不论走到
哪里，哪怕是天涯海角，也都喜欢寻找自己的老乡，一杯淡酒，几盏浓茶，

是情感的联络，也是利益的同盟。笔者不知那时的会馆和今日的驻京办事处是否有几分相同？

在京城大大小小的会馆中，湖广会馆是很跳眼的，宽敞而富丽堂皇，总面积竟有43000多平方米。馆内有戏楼、正厅、乡贤祠乃至风雨怀人馆、宝善堂，等等。雕栏玉砌，金碧辉煌。庭院中，绿树浓郁，清泉宛若时隐时现的白云，漂浮天空。

很有几分王府的风范。

沈家本生前是非常朴素的，除了喜欢书，他对物质的东西都看得很淡，既便是书，他也不会珍藏起来，秘而不宣。因为，早年生活的困顿与艰难，一直到离开这个世界，他都保持着自己的本色，粗茶淡饭，于他，足矣。

也许，就是因为他生前的朴素与平和，把声誉与物质看得同样淡，他离开后，下属、挚友还有同僚们才想在这里召开一个追悼会。给他些许慰藉，还有哀荣。

参加追悼会的人，大约二百余人，其中有不少人还是从天津与保定府专程赶来的。

追悼会的主持者是年轻的江庸。

在哀伤的吊唁者中，有一个老人的身影很触目。花白的眉毛，颤巍巍的脚步，面容饱经沧桑。

伍廷芳。

伍廷芳与沈家本共事的时间不算长，前后不过三年。但那三年却是在风浪的颠簸中度过的，忙碌、紧张，还要顶着方方面面的压力，那些压力像一张巨大的网，几乎让他们喘不过气来。

沈家本与他，和而不同。也许，就是因为他的到来，才使沈家本从历史的古籍中跳出来，把目光投向西方。是他，为沈家本打开了另一扇窗。

而他，虽然对西方深有了解，但却实在无法忍受朝廷的污泥浊水。也许，是因为他在国外生活了多年，已经不能习惯中国式的官场。他以为双亲修墓为名，选择了离开。尔后，再次出任驻美国、墨西哥、秘鲁、古巴公使。继续他的外交生涯。

他是一个出色的外交官，全世界有目共睹。

而修律在他选择离开后，却是在沈家本的继续领导下，从围攻与棒喝中，经过艰苦的努力，绝地拔起。

现在，画像上的沈家本，正笑微微地注视着他，一如往常。他心里的感慨颇多，可惜阴阳相隔，两人已不能如同往昔，从忙碌中抬起头来，偷几分闲暇，喝喝茶，说几句家常话。

而且，他也已经老矣，生命也正从他的身边悄悄逝去。

刚刚成立不久的民国政府，也对沈家本的离去，表示了哀悼与敬意。于这一年的秋冬之交，发布公文：

前法部正首领沈君之碑

公文 政府公报 11 月 24 日 第 560 号

国务总理熊希龄呈大总统：据铨叙局呈称，撰拟前法部正首领沈家本碑文业已完竣，恳转呈核定颁发等情，请鉴核示遵文并批为转呈事。据铨叙局呈称：前法部正首领沈家本，修订法律，沟通新旧，贯彻中西，厥功至伟。前经由局请撰碑文，呈由大总统核定，在司法部衙门建立碑碣，用垂纪念，奉批如拟办理在案。现在本局已将次项碑文撰拟完竣，应请转呈大总统核定交下，以便颁发等因，理合转呈，鉴核示遵。谨呈。

批：据呈已悉，应由国务院查照颁发。此批。

大总统印

中华民国二年十一月二十二日

国务总理熊希龄

司法总长梁启超

具体碑文如下：

前法部首领沈君之碑

吾国号礼治国，历代沿袭之律，未必悉中于今日之用。清德宗有鉴于此，特于光绪二十八年二月诏举娴习中西律例者，编纂法典，于是直隶、两江、湖广总督，首荐法部左侍郎沈君家本于朝。越二年四月，君于京师开修订法律馆，广延各国法学名家及吾国之习东西法典与老于秋曹者为之佐，未逾时，译成法、俄、德、日各法律书数十编，则犁然知异同之原。与改革缓急之计，乃请先去旧律之过当者，曰凌迟，曰枭首，曰戮尸，曰缘坐，曰刺字，俾天下咸晓然于缓刑之意。又请设法律学堂以课吏士，使他日有所取材。又请废《大清律》，改颁《现行律》各条，以济新陈递嬗之穷，而新律师粲焉粗备。纲举目张，循序渐进，删繁补漏，镕旧铸新，于光绪三十三年八月成《新刑律总则》十七章，十一月成《新刑律分则》三十六章；宣统二年十二月成《民事诉讼律》四编，《刑事诉讼律》六编。当时一孔之儒，非议丛起，或疑祖宗成法不当变，或恐法宽不足以防奸，或恐与中国习俗龃龉。君反复讨论之，究之以精心而持之以毅力，盖有百变而不渝者。当清之末季，所兴作者众矣，上下交替，卒泄沓无所就，惟君之制作，历层累曲折而终底于成。其后君虽解任去，然后之人犹得循君所制，掇拾而赓续之。迨国体猝更，凡百草创，而至繁至重之典，法司日夕所承用者，大抵仍君之旧。乌呼，君之有造于吾国，岂浅鲜哉！

君于宣统三年冬为法部大臣，赞成共和。民国成立，为法部正首领，旋引退。民国二年五月，以疾卒于家。乃下所司议所以报功者，佥曰：君之修订法律者，革历朝之秕制而主轻刑，采列国之成规以薪合辙，实伯夷降典以来所未有，不可以湮没勿彰。夫革秕制而主轻刑，则可以生死屬绝，使感化寓乎惩戒，而发展其人民保障之能，民之福也；采成规以薪合辙，则可以一道

同风，使法权宏及版图，而恢张其国势平均之渐，邦之荣也。有
斯二者，可以刊石纪功，垂诸不朽矣。

君为官，治绩甚著，所著书凡数十类，皆见于家乘，不具书。
书其尤重要者，以示来世。

中华民国二年□月□日　大总统撰

这便是立在司法部门前的碑文。

叶落归根。

虽然，沈家本去世前并未留下遗嘱，要将自己的灵柩运回家乡湖州。
他的儿女们还是按照当时的习俗，将他的灵柩运回了家乡。

1914 年的春天，沈家本的两个儿子沈承煌与沈承烈，还有他的长房
长孙沈仁垓在其他亲属的陪同下，取道大运河，将他的灵柩运往家乡湖
州。那时，归安、乌程两县合并为吴兴县，湖州自然归属吴兴县。

停灵 20 天后，于 4 月 21 日，谷雨日，老叟的两个儿子承煌与承烈，
以及长孙仁垓在其他亲友的陪同下，将沈家本安葬于湖州妙西渡善桥畔
姜家浜东侧。

西渡善桥畔的姜家浜，是一个非常安静的小村庄，远离城市的喧哗。
喜欢在沉静中思考的沈家本，终于重又回到大自然的怀抱，清风与雨露，
将永远陪伴着他。

墓前的碑文，是由他的学生王式通所撰。王式通和江庸一样，也是
当时很出众的年轻俊杰，他在刑部、大理院都任过职，深受老叟沈家本的
青睐与重用。虽为碑文，他的字里行间却常常于有意无意之间，流露出
深厚的个人情感。

且让我们来读一读王式通所撰的碑文：

吴兴沈公子惇墓志铭

清之季年，有以耆年硕德治法家言名于时，当变法之初，能
融合古今中外之律使定于一而推行无碍，蔚为一代不刊之盛典，

则今世海内所推仰吴兴沈公者是也。

公讳家本，字子惇。祖讳镜源，举人，庆元县学教谕，妣卜氏、宗氏、李氏。父讳麟书，妣□氏。本生父丙莹，进士，刑部郎中，贵州安顺府知府，妣俞氏。安顺公以忤时解官归，公才弱冠，即援例以郎中分刑部。公之学律，自此始。中本省同治四年补行辛酉科举人，回京供职，历充直隶陕西司主稿。时吴县潘文勤为尚书，公尝为同舍郎某拟稿进，文勤诧其不类平日所为，诘之，某以实对，文勤叹曰："吾固知非沈君不办此也。"公以律鸣于时，又自是始。成光绪九年癸未科进士，充奉天司主稿，兼秋审处坐办，律馆帮办提调、协理提调、管理提调，在部十年，无日不以纂述为事。

十九年，简放天津府知府。津俗故剽悍，喜械斗。前守持之严，风稍敛。公履任，以宽大为治，群不逞之徒以为可欺也，聚百人閧于市，公敕役擒其魁四人戮之，无敢复犯者。望海楼者，法兰西教堂也，以庚申毁于火，至是重建成。津人感念前衅（衅），讹言繁兴。又适有侦获诱卖孩童人犯事，旧律非迷药不处死刑。公曰："是岂可以常例论乎？"竟置之法，而民大安。于是又知公之用律，能与时为变通也。大吏才公，调保定府知府。北关外有某国教堂，甘军过境毁之。公闻变，即偕清苑县令驰往，多方抚慰。教士感公诚，但乞城中一地易之。而当路慑于外人之势，遽派员查办。于是教士亦电告其留京主教，百端索要，势张甚。卒赏五万两，且与清河道旧署犹不可，以郡廨东偏为道署旧址，应划归教堂为辞。将许之矣，公独持府志斳斳辩，教士始无言而退。于是又知公于外交，能守正不阿如此。拳匪之变，萌于山东，蔓延于畿辅。民初有私习者，公辄侦得其首要重惩之。俄尔，朝贵多为所惑，卒不可遏。保定密迩京师，故受祸尤烈，英、美教堂相继被毁。公时已升通永道，擢山西按察使，未及行而两宫西狩，联军入保，大肆搜索。某教士衔公前争郡廨之隙也，则诬公附和拳匪，百计中伤之，卒无左验而难解。公遂驰赴西安行在，被命以三四品京堂皇用，授光禄寺卿，升刑部右侍郎，迁左侍郎。

自嘉、道以来，各国互市，开拓及于内地。传教订诸约章，民教龃龉，日远而益多。方其起衅之初，大抵薄物细故，州县吏不解各国法律，往往坐失机会，酿成巨案而莫可收束。而中外用律，轻重悬殊，民益不能堪。恶官长之薄视己也，则惟有迁怒于外人。庚子之变，万口同声者，此其症结所在耳。公尝私忧，以谓欲使民教相安，当令官吏普知法律。然中律不变，而欲收回领事审判权，亦终不可得。会二十七年两宫回銮，变法议起。今大总统袁公荐于朝，设修订法律馆，命公与伍公廷芳总其事。公于是先译东西各国现行法，每一卷成，必考其沿革，审其轻重，三复而后已。又请先废凌迟、枭首、戮尸、及缘坐、刺字等刑。又别设法律学堂，毕业者近千人，一时称盛。补大理正卿，旋改法部右侍郎，仍兼修律事。三十三年，专充修订法律大臣。宣统二年，兼充资政院副总裁，仍日与馆员商订诸法草案，先后告成，未尝以事繁自解。盖公生平之学之志，至是乃大发摅矣。

公虽终身于法律之学，然于他书无所不读。其所自著已刊者：《刺字集》二卷、《历代刑官考》二卷、《寄簃文存》八卷又二编二卷。未刊者：《历代刑法考》三十八卷、《汉律摭遗》二十二卷、《明大诰峻令考》一卷、《明律目笺》三卷、《律例偶笺》三卷、《驳稿汇存》一卷、《雪堂公牍》一卷、《奏谳汇存》一卷、《压线编》一卷、《学断录》一卷、《文字狱》一卷、《刑案汇览》三编一百卷、《读律校勘纪》五卷、《秋谳须知》十卷、《日南读书记》十八卷、《说文引经异同》二十五卷又附录一卷、《史记琐言》三卷、《汉书琐言》六卷、《后汉书琐言》三卷、《续汉书志琐言》一卷、《三国志琐言》四卷、《三国志校勘记》七卷、《汉书侯国郡县表》一卷、《李善文选注引书目》六卷、《古今官名异同考》一卷、《枕碧楼偶存稿》八卷、《日南随笔》八卷、《枕碧楼诗稿》六卷、《古书目》三编共八卷。此外又有《周官书名考古》一卷、《借书记》一卷、《奇姓汇编》一卷、《金井杂志》一卷、《寄簃文存》三编一卷，皆未成书。其零篇断楮有待汇集者，尚盈箧也。匪所谓博学多识者耶？

三年十二月共和诏下，乃引疾不出。以民国二年六月九日薨于京师，距生于道光庚子年七月二十二日，年七十有四。原聘郑氏，未娶，殉发匪之难。继配陈氏，先公卒。子四：长承焕，分省盐大使，先卒；次承熙，举人，内务部佥事，出嗣公兄子佳公；次承烈，附生，英国留学毕业，财政部佥事；次承煌，司法部署主事，出嗣公弟子祥公。女二：长适教育部总长汪大燮，次适前度支部员外郎徐士钟。孙四人：仁垓、仁堪、仁培、仁坚。女孙二人。将以（于）三年四月二十一日葬于渡善桥之原。式通尝从公问律，受知最深，曷敢不铭。铭曰：

五刑之属，厥有三千，仍世损益，大体不愆。瀛海既通，远人来萃，主客互淆，如蜩如沸。穷则必变，窒则思通，谁其尸之，翼翼沈公。首除残酷，与民更始，仁风扇和，吉祥止止。孰是孰非，何去何从，较之毫厘，偕之大同。亦有讥诽，徇时蔑古，浩然不顾，群疑消阻。公学大成，匪惟明刑，掩被众艺，培兹盛名。公功在世，刻辞贞石，以讯无竟。

从王式通所撰写的碑文中可见老叟的著述之丰，一生的丰富经历也概括其中。

袁世凯特为沈家本的墓碑题了词：

尾声

　　　　法学匡时为国重

　　　　高名垂后以书传

文辞倒也简洁、贴切。

中华民国初年，由北洋政府设馆编修的清王朝正史——清史稿，其中有《沈家本传》。文不长，照录如下：

　　沈家本，字子惇，浙江归安人。少读书，好深湛之思，于《周官》多创获。初援例以郎中分刑部，博稽掌故，多所纂述。光绪九年，成进士，仍留部。补官后，充主稿，兼秋审处。自此遂专心法律之学，为尚书潘祖荫所称赏。十九年，出知天津府，治尚宽大，奸民易之，聚众哄于市，即擒斩四人，无敢复犯者。调剧保定，甘军毁法国教堂，当路慑于外势，偿五万金，以道署旧址建新堂，侵及府署东偏。家本据《府志》力争得直。拳匪乱作，家本已擢通永道、山西按察使，未及行，两宫西幸。联军入保定，教士衔前陈，诬以助拳匪，卒无左验而解。因驰赴行在，授光禄寺卿，擢刑部侍郎。

　　自各国互市以来，内地许传教，而中外用律轻重悬殊，民教日龃龉。官畏事则务抑民，民不能堪，则激而一逞，往往焚戮成巨祸。家本以谓治今日之民，当令官吏普通法律。然中律不变而欲收回领事审判权，终不可得。会变法议起，袁世凯奏设修订法律馆，命家本偕伍廷芳总其事。别设法律学堂，毕业者近千人，一时称盛。补大理寺卿，旋改法部侍郎，充修订法律大臣。宣统元年，兼资政院副总裁，仍日与馆员商订诸法草案，先后告成，未尝以事繁自解。其所著书，有《读律校勘记》、《秋谳须知》、《刑案汇览》、《刺字集》、《律例偶笺》《历代刑官考》《历代刑法考》《汉律(书)摭遗》《明大诰峻令考》《明律目笺》，他所著非刑律者又二十余种，都二百余卷。卒，年七十四。

644

　　这便是他的一生，有目共睹。众人的看法亦大体一致，他倾一辈子的心血与精力，所做无非两件事：修律与著述。

　　他的业绩，全在于年复一年的坚持。

附　沈家本小传

对于芸芸大众而言，沈家本的名字，是遥远而陌生的。而在法学界，这位已经作古一百多年的清末修律大臣，却随着我们国家现代化的进程，再一次引起学者与法律工作者们的强烈关注。他的思想与业绩，还有他对我们这个古老的国家所做出的贡献，也再一次引发了法学界的深入思考与研究热忱。2010 年，中国政法大学出版社隆重推出 16 开、八卷本的《沈家本文集》，洋洋近千万字。

著名法学家张晋潘对他的评价是：沈家本是晚清爱国忠君并具有改良维新思想的新官僚，也是博古通今，连贯中西的法学大师。他对于中国法制的近代化、法学的繁荣和法律人才的培养，做出了彪炳史册的功绩。

另一位著名法学家杨鸿烈先生则认为：有清一代最伟大的法律专家不能不推沈家本了！他是集中国法系大成的一人，且深懂大陆、英美法系，能取人之长，补我所短。

台湾地区著名法学家黄静嘉更为热烈地赞扬：归安沈家本为我国法制现代化之父。

德国学者陶安也认为：沈家本既是中国近代法之父，又是中国法律史的奠基人。

然而，这位生于 1840 年的伟大法学家，究竟是怎样一个人？

沈家本，字子惇，号寄簃。清浙江归安人（今浙江湖州）。生于 1840 年 8 月 19 日，逝于 1913 年端午节。享年 73 岁。

他出身于清末一个小官僚家庭。其父沈炳莹，道光壬辰科举人。考中举人时，沈炳莹年仅22岁，春风得意。然而，此后他的科考之路却是坎坷多多，一路跌跌撞撞，直至1845年他才考中进士，位于第三甲第15名，总算打开了他的仕途之门：补官刑部，为陕西司主事。

已经5岁的沈家本，随父举家迁往京城。他的童年与少年，是在京城温暖的阳光照耀下开始的，波澜不惊。

咸丰九年（1859年），沈家本的父亲沈炳莹终于得到一个外放的机会，升迁为贵州安顺府知府。父亲升迁，并没有给沈家本带来好运，他的科考之路却因之拐了一个弯。

咸丰十年（1860年），列强的炮火烧进了京城，咸丰皇帝巡幸木兰，京城一片混乱，百姓纷纷逃离。沈家本一家，先后两次离开京城，避难于西山。原本心中充满诗情的沈家本，亲眼目睹了火烧圆明园的余烬，悲愤难捺。

咸丰十一年（1861年），当沈家本全力备考之际，父亲却命他带领家人前往贵州，科考便与他擦肩而过。一路艰难的跋涉，乡村的贫困景象，以及外省官场的肮脏与人事纠葛，都给年轻的沈家本留下了至为深刻的印象与思考。

同治三年（1864年），沈炳莹官场失意，沈家于无奈中只得回浙江老家归安。沈家本却再一次遵从父命，独自北上，重回京城，供职刑部。

同治四年（1865年），他回浙江参加乡试，取得举人功名。此后，屡试屡败，直至1883年，他已经43岁，才考中进士，但职位并没有得到升迁。

光绪十九年（1893年），年已53岁的沈家本，奉旨简放天津知府。光绪二十年（1894年），中日甲午战争爆发，身为知府的沈家本，在日记中详细记写了他的耳闻目睹，痛彻心扉。

光绪二十三年（1897年），沈家本调任保定知府。光绪二十四年（1898年），保定发生"北关教案"，身为知府的沈家本，参与了平息教案的整个过程。在与法国主教杜保禄等人的周旋与谈判过程中，沈家本不卑不亢，奋力保护国家权益。然而,他亦从中深刻地认识到国家积弱的原因,官场的腐败与无能。

光绪二十六年(1900年),古老的大清王朝迎来的却不是新世纪的曙光,而是八国联军的践踏,朝廷远遁西安。联军占领保定府后,9月初,沈家本与藩司廷庸等5人被联军拘禁。9月15日,廷庸等被联军处死。虽然,沈家本逃过此劫,但却一直被联军囚禁,直至12月26日方重获自由,辗转前往西安。

光绪二十八年(1902年)2月,张之洞、刘坤一、袁世凯三总督保荐沈家本、伍廷芳出任修律大臣。此时,沈家本已年过六旬,垂垂老矣。然而,他却以极大的热忱,强烈的责任感,迈进了他的职业之春。

光绪三十年(1904年)4月,温暖的阳光中,沈家本与伍廷芳共同主持的修订法律馆正式开馆,目标坚定而明确:大量翻译外国法律条文及著作,同时大刀阔斧地对《大清律例》进行整理与删改。

光绪三十一年(1905年),于沈家本与伍廷芳而言,是最忙碌也是最为紧张的一年。从开春二月开始,他们一路马不停蹄,制订出一系列律例,其中最重要的是向朝廷上呈了《删除律例内重法折》,力主废除凌迟、枭首、戮尸、缘坐与刺字等酷刑。同时,筹办法律学堂,并奏请派员前往日本考察学习。

光绪三十二年(1906年)3月,伍廷芳因不堪忍受没落朝廷的保守、缓慢与拖沓,以为父母修坟为由,拂袖而去。修律的前景更为艰难。沈家本顶着重重压力,紧锣密鼓,仅四月一个月内,就连续向朝廷上呈了一系列有关法律改革的奏折,其中最为重要的为《大清刑事民事诉讼法草案》,并撰文《禁革买卖人口变通旧例议》,力主废除奴婢制。

1906年9月,沈家本调任大理院正卿,成为中国近代最高法院第一任院长。在大理院艰难的创建过程中,因"部院之争"——法部与大理院之间的尖锐矛盾,1907年4月,沈家本调任法部右侍郎。同年9月,沈家本出任修律大臣,重新组建官制改革后的修订法律馆。同时出任中国近代第一所中央官办的法律学校——京师法律学堂的管理大臣。

然而，也就在 1907 年，沈家本的为官之路更为坎坷。以张之洞为首的礼教派，与以他为代表的法理派之间的思想交锋已初见端倪，风雨欲来。

1908 年月，张之洞逝世，但礼法之争非但没有平息，却愈加激烈。王公疆臣，大多站在礼教派一边，强硬维护封建伦理道德：亲亲之义，男女之别。沈家本所要坚持的却是——平等。官与民平等，男人与女人平等。

朝廷上下，轩然大波。

资政院里，开始一轮又一轮的讨论与辩论。此时，身为资政院副总裁的沈家本，每天都处在唇枪舌剑之中。拥戴支持他的多是修订法律所与宪政编查馆的年轻人，而他的对手多是与他年龄相仿佛的老者。

弹劾随之而来。

宣统三年（1911 年），年逾 70 的沈家本终因礼教派一再弹劾，于无奈之中辞去修订法律大臣与资政院副总裁之职。

然而，在礼法之争的激烈交锋中，法理派虽败犹胜。至少是在思想与理论层面上，明显占上风。这与沈家本的全力支持是分不开的。虽然，他没有走出过国门，但他对西方法学所表现出的开放态度，与当时留学海外归来的年轻学者相比，毫不逊色；更难能可贵的则是，他以深厚的传统律学知识，加以西方法学作为参照，使得他的法律改革方案既全面又富有针对性，也加快了古老帝国世界化的步伐。

他不仅忧国忧民，古道热肠，而且具有丰富的官场历练与谋略，从而确保法律改革得以顺利进行，并取得丰硕的成果。

退出官场以后，年老体弱的他，并没有颐养天年，而是以极大的热忱，继续他的著述与编纂。他的著述与编纂，丰富而深刻。其中最有创举的则是《历代刑法考》。这部具有总结性的研究专著，在整理我国古代法制史资料方面，不仅内容丰富取材广博，而且对文献考订精核准确，更难能可贵的是，他的研究基于实事求是的客观态度。

沈家本像一座桥梁，联结着古代与近代，甚至现代，也联结着东方与西方。以我们今天的眼光来看，他的思想仍然具有前瞻性。

跋

第一次听到沈家本的名字，是"文革"后期，在姑姑家。那时，姑姑家在一座假山上的木头房子里，只两间，简陋而破败。由年久失修的凉亭改建而成，潦草马虎。多雪的冬天里，那房子四处漏风，摇摇晃晃，仿佛随时都会倒地不起。

春节前夕，我们从遥远的陕北高原回到北京，照例到姑姑家包饺子，很难得的团聚。还没有被"解放"的姑姑问我们：知道沈家本吗？

不知道。

异口同声，很茫然。

后来，这样的问题，我们也曾问过不是法学界的教授或文学家，虽然是在四人帮被打倒之后，改革开放的阳光已普照中国大地，大多教授与文学家也和我们当年一样，很茫然：不知道。

接着便问：他是谁？

除了法学界的人士，知道沈家本的人不多，对他深有了解并心怀敬意的人就更少。我们也问过很多毕业于法律专业的大学生和在法院工作的法官。他们多不假思索地回答：他是清末法学家、修律大臣。但问到沈家本的人生轨迹和给中国法律事业的具体贡献时，多数只能泛泛地说上一些，但对具体的情况多不甚清楚。

沈家本不是叱咤风云的时代英雄，更少传奇与浪漫色彩。他的前半生，虽然也经历了很多苦难与磨练，但却如同他自己的叹息：磨驴陈迹踏年年。抑郁而苦闷。他对我们这个古老民族的贡献，是在他60岁以后，垂垂老矣之际。

具体而言，他的贡献，其中最主要的一个内容便是修律。修律，与我们普通大众是有距离的，关心的人不多，对其了解也就更少。然而，它却与我们每一个人的生活牵牵绊绊，有着千丝万缕的联系，它也维护着整个社会的安定团结。

当我们沿着散乱零碎的历史资料，不多的几本沈家本评传，还有沈家本自己所留下的文字，一步步走近他时，渐渐明白姑姑为何希望我们了解与认识这位先祖。在一个没有法治的社会里，个人是难以安身立命的。已经辞世的姑姑，还有我们这些经历过"文化大革命"的后代，对此都深有体会。

杜万华大法官曾向我们提过，你们真应当对你们的老祖宗沈家本好好研究，写一本他的传记，让后人了解中国法治进程的艰难，推进中国的法治建设。于是，我们萌发了为这位先祖写传的想法，希望更多的读者，能够了解他，更希望他的法学思想能够得到传承与发扬。可是，怎样才能使这部传记更具可读性，而不致因为理论或法律的枯涩影响读者的阅读兴趣。这个问题，使我们徘徊良久，迟迟没有动笔。

沈家本是个严肃的"技术"官僚，既不风流也不倜傥，他的家庭生活安详平静，毫无浪漫可言。修律的交锋，多是思想上的尖锐冲突，落实在文字中也就很少故事。修律的过程，是严肃而寂寞的，得有坐冷板凳的精神，其中的辛苦与艰难，也很少故事可言。

好在厚铎叔叔送了我们一套《沈家本文集》，其中有沈家本1861年至1912年的日记，虽然其中最有故事性的几年日记散失了，但这些日记还是向我们提供了许多生活细节与情感脉络。再读他的断案笔记，其丰富更令我们汗颜。沈家本是一个不惜笔力的人，凡是他所经手的案例，并认为有思考价值的，他都记录了下来，并一一分析。徜徉在他的文集之中，只要细心耐心，还是能够采集到许多丰富传主生平的第一手资料。

厚鉴叔叔，虽然年逾八十，但在酷暑之中，他还是非常仔细地阅读了我们的初稿，并写下许多批注，意见与建议。他的认真，再一次让我们深深地感受到笔的力量与分量。

亦非常感谢北大法学教授李贵连先生，正如台湾地区"中国法制史学会"理事长黄静嘉先生所言："李教授之著述及搜遗，及经李教授所直接间接推动而召开之上述两岸两次会议（1990年，为纪念沈家本诞生一百五十周年，在杭州举行'沈家本法律思想国际学术研究会'；1992年，为纪念沈家本诞生一百五十二周年，在台北召开'中国法制现代化之回顾与前瞻国际学术讨论会'）及其刊行之论文，推动了两岸及国际间沈学或寄簃学之研究。"李贵连教授的专著《沈家本评传》，是中国思想家评传丛书之一。因它的受众是高端学术群体，更注重思想内涵，简洁明晰，我们从中得到许多教益与启迪。

而另外两本沈家本评传，及其他牵涉到沈家本的资料集，则更具草根气息，枝蔓很多。我们顺着这些枝蔓，寻找到更多的枝蔓，也丰富了传主的生平。

中青年学者的理论与历史考察著述，如张从容的《部院之争——晚清司法改革的交叉路口》、陈煜的《清末新政中的修订法律馆——中国法律近代化的一段往事》、俞江的《近代中国的法律与学术》、夏邦的《黄旗下的悲歌——晚清法制变革的历史考察》、姜鸣的《龙旗飘飘的舰队——中国近代海军兴衰史》，以及台湾地区历史学家苏同炳的《中国近代史上的关键人物》，等等，也给了我们许多思想上的启迪与借鉴。

其他如《帝国的回忆——"纽约时报"晚清观察记》《花甲忆记——一位美国传教士眼中的晚清帝国》《图像晚清》《大城北京》《耶稣会士中国书简集》《一九零零年的北京》《北京的前事今声》，等等，也从不同侧面与角度给我们提供了当时社会的风俗人情，细致入微的历史画面，以及不同的思想与观念。生活其中的沈家本，也就不再孤零零地侧立在陡峭的悬崖边。使得我们能够懂得他，走进他的心灵，也走进他的思考。

于我们两位作者来说，写作的过程是漫长而艰苦的，有时不免灰头土脸,难以继续。而支持我们继续写下去的力量,说来也很简单,那便是沈家本对自己的评价:驽钝。也只有像他这样驽钝的人,才能在那么险恶的局面中坚持修律,而不致拂袖而去。因为驽钝,他的研究,他的学问,所下的都是笨功夫,收获全在于日复一日,年复一年的坚持。

我们也就笨笨地坚持写了下来。

不知道我们笨笨的努力,能否换来读者轻松而又充满兴趣的阅读,以及思想上的启发。

在我们艰难的坚持中,特别要感谢我们的朋友、大法官杜万华先生。最初是他鼓动我们写这本书的,在写作的过程中,也是他一直在一旁给予热忱的鼓励。一稿、二稿,乃至三稿、四稿,他都在百忙中拨冗仔细阅读,并提出许多有益的意见与建议。

在此,我们还要深深感谢人民法院出版社给予我们的支持与鼓励,第一版就是在他们的一再支持与鼓励下,才得以问世的,特别是责任编辑吴秀军先生和肖瑾璟女士,在编辑过程中做了大量艰苦而细致的工作。

这一版,我们在上一版的基础上,做了较大的修改。非常幸运的则是,商务印书馆的责任编辑王兰萍女士,本身就是法制史博士,她渊博、严谨、细致。她对原稿提出了许多建设性的修改意见,比如整个框架的构建,观点的斟酌。每一章,她在耐心阅读之后,又标出需要修改之处。其之严谨、之认真、之细致,还有她的渊博,令我们叹服、汗颜。在此,向她表示深深的敬意与感谢!

修律的过程非常枯燥,但官场权力的纷争,大大小小官员们的各种心态,乃至思想的碰撞,却比虚构的小说更为丰富与精彩。为这样一位先祖写传,虽然非常之辛苦,我们姐弟却也收获多多。希望我们的努力能够让普通大众了解他,走近他,不再用疑问的眼光反问:他是谁?

相比前一版,这一版更具可读性,希望能够得到广大读者的认可与热忱支持。我们更期待批评与指正。

张之洞(1837—1909)[1]

---

① 以下图片引自闵杰:《晚清七百名人图鉴》,上海书店出版社 2007 年。

荣禄(1843—1903)

戴鸿慈(1852—1910)

伍廷芳(1842—1922)

汪大燮(1859—1928)

杨度（1875—1932）

作者简介

沈小兰

1952 年 6 月生。编审。祖籍浙江吴兴县（今湖州市）。1968 年毕业于合肥一中初中部。同年下放至安徽省长丰县邵集公社双郢生产队。1969 年秋，因父母相继去世，随长兄转至陕西省甘泉县王坪公社大庄河生产队。之后，担任民小教员。1974 年调入甘泉县县委宣传部通讯组。1976 年，进入延安大学政教系学习。1978 年底回到合肥，先后供职安徽文艺出版社与安徽科技出版社。著有《所思 所闻》《钱钟书与读书》《书香岁月——杨绛》。

蔡小雪

1954 年 2 月生，一级高级法官，最高人民法院行政审判庭第三合议庭原审判长、首届全国审判业务专家，2010 年被评为全国优秀法官。1969 年秋，父母相继去世，随长兄到陕西省甘泉县王坪公社大庄河生产队插队。1972 年底，招工到宝鸡铁路分局拓石工务段当养路工。1979 年考入安徽大学法律系，1983 年大学毕业获法学法士学位。1983 年至 1987 年在铁路运输高级法院工作，先后担任书记员、助理审判员。1987 年至 2014 年在最高人民法院工作。先后任行政审判庭助理审判员、审判员、第三合议庭审判长。2015 年至 2019 年返聘到最高人民法院第二、第六巡回法庭帮助行政审判工作。

内容简介

沈家本（1840—1913），清末著名政治家、法学家。清末钦定修订法律大臣、法部尚书、宪政编查馆副总裁。沈家本著述丰富，有传世经典《历代刑法考》。沈家本犹如一座桥梁，联结着中国古代与近代甚至现代，同时，联结着世界东方与西方，被誉为中国近代法学的奠基人。

本书是清末法学家沈家本的传记，通过描述他的一生，使人们更多地了解了这位法政宿将的日常生活和精神世界，也客观地揭示了清末的社会和政治状况。

全书史料丰富，可读性强。分五篇：第一篇初入官场，第二篇教案，第三篇重整刑部旗鼓，第四篇礼法之争，第五篇退隐官场。本书以沈家本的日记（1861—1912）为基础，还原沈家本的一生，特别是他在1893年至1913年，围绕着清末修律活动展开他波澜壮阔的政治生涯。沈家本作为中国封建法制的掘墓人和中国近代法制的缔造者，在其所处历史场景中有社会的、政治的、国家的和法律的方方面面的问题，面对真实困境和尖锐矛盾，他都能担当大任，敢于化解风险，革故鼎新，矗立时代潮头。